中华文化通识

姜义华　朱子彦　主编

图书在版编目(CIP)数据

中华文化通识/姜义华,朱子彦主编. —北京:北京大学出版社,2018.5
ISBN 978-7-301-28402-5

Ⅰ.①中… Ⅱ.①姜… ②朱… Ⅲ.①中华文化—基本知识 Ⅳ.①K203

中国版本图书馆 CIP 数据核字(2017)第 109386 号

书　　　名	中华文化通识 ZHONGHUA WENHUA TONGSHI
著作责任者	姜义华　朱子彦　主编
策 划 编 辑	王炜烨
责 任 编 辑	王炜烨　杨书澜
标 准 书 号	ISBN 978-7-301-28402-5
出 版 发 行	北京大学出版社
地　　　址	北京市海淀区成府路 205 号　100871
网　　　址	http://www.pup.cn
电 子 信 箱	zpup@pup.cn
新 浪 微 博	@北京大学出版社
电　　　话	邮购部 62752015　发行部 62750672　编辑部 62750673
印 刷 者	北京大学印刷厂
经 销 者	新华书店 730 毫米×1020 毫米　16 开本　46 印张　700 千字 2018 年 5 月第 1 版　2018 年 5 月第 1 次印刷
定　　　价	99.00 元

未经许可,不得以任何方式复制或抄袭本书之部分或全部内容。
版权所有,侵权必究
举报电话:010-62752024　电子信箱:fd@pup.pku.edu.cn
图书如有印装质量问题,请与出版部联系,电话:010-62756370

目 录

总述

003 第一章　　"中华"词源解析

010 第二章　　文化界说

013 第三章　　文化的结构与属性

016 第四章　　中华文化的地理环境

024 第五章　　中华传统文化的基本特征

035 第六章　　中华传统文化的基本精神

第一编　　多元一体

049 第七章　　多元并举,辉煌起步

056 第八章　　四海一统,九州攸同

066 第九章　　北方民族,文化重塑

072 第十章　　天可汗,四海一家

082 第十一章　　兄弟盟誓,分治天下

091 第十二章　　漠北雄风,席卷欧亚

099 第十三章　　中华之人,文化身份

第二编　天人合一

- 113　第十四章　天人合一的宇宙观
- 127　第十五章　和合会通的精神境界
- 131　第十六章　立德、立功、立言的人生不朽观
- 135　第十七章　中庸之道
- 141　第十八章　义利、理欲之辨

第三编　人文化成

- 151　第十九章　表情达意的语言
- 161　第二十章　意蕴深厚的文字
- 172　第二十一章　绚丽多姿的书籍
- 189　第二十二章　薪火相传的教育
- 202　第二十三章　重教尊师，教学相长
- 211　第二十四章　"尊德性"与"道问学"

第四编　星汉灿烂

- 219　第二十五章　诗歌
- 243　第二十六章　散文
- 273　第二十七章　小说

第五编　格物成器

- 295　第二十八章　敬天授时

307　第二十九章　《九章算术》

316　第三十章　《齐民要术》

327　第三十一章　岐黄之术

338　第三十二章　四大发明

第六编　礼仪之邦

349　第三十三章　周孔制礼

370　第三十四章　礼治教化

380　第三十五章　祭祀问吉

396　第三十六章　婚嫁同喜

405　第三十七章　交际尚宾

420　第三十八章　丧葬慎终

第七编　东方神韵

435　第三十九章　气韵生动

444　第四十章　传神写照

453　第四十一章　境生象外

466　第四十二章　意象浑成

475　第四十三章　山水清音

484　第四十四章　歌舞曼妙

第八编　四海一家

499　第四十五章　　大漠圣影——张骞通西域

509　第四十六章　　梵音化为唐声——玄奘取经

521　第四十七章　　永恒的使者——鉴真东渡

532　第四十八章　　海风好个大——郑和下西洋

544　第四十九章　　西学东渐——利玛窦来华

555　第五十章　　　跨出帝国门槛——严复译书

第九编　诸教会通

567　第五十一章　　概述

575　第五十二章　　分化中的成长

588　第五十三章　　会通态势

597　第五十四章　　诸教合流

609　第五十五章　　古道西风

624　第五十六章　　风雷激荡

第十编　文化遗产

645　第五十七章　　民族精神象征——长城

653　第五十八章　　帝王之尊——故宫

663　第五十九章　　千古一帝——秦始皇陵及兵马俑

671　第六十章　　　皇家祭坛——天坛

678　第六十一章　　东方艺术宝库——三大石窟

690　第六十二章　　雪域明珠——布达拉宫

695　第六十三章　　林泉之致——中国园林

710　第六十四章　　古城风韵——丽江、平遥

718　第六十五章　　真武道场——武当山古建筑群

725　参考文献

727　后　记

总　述

中华文化博大深邃,气象氤氲,绵延悠久。中华文化是在中华的自然环境、经济结构、价值取向、心理素质、宗教观念、文字选择以及众多民族共同生活的基础上孕育涵养、成长发展起来的,是中华民族的物质财富和精神之源。中华文化上下五千年,几经兴衰变化的严峻考验,表现了极其顽强旺盛的生命力和无与伦比的延续性,使中华民族牢固地凝聚在一起,始终坚强地立足于世界民族之林,保持着一个伟大民族的生机与活力。

中华文化是中华民族五千年积累下来的智慧、感情、意志、能力的结晶。几千年来,中华文化引导中华民族不断发展前进,是中国人极为宝贵的精神纽带和思想资源。中华文化在今天更应当得到发扬光大,从传统走向现代,从本土走向世界。中华文化经由传承与创新,对未来中国和世界文明的发展,必将产生无可估量的深刻影响。

第一章

"中华"词源解析

"中华"一词源远流长,不仅是中华民族的伟大称谓,而且具有广泛和深刻的内涵意义。据研究,"中华"一词最初是从"中国"与"华夏"两词中各取一字复合而成的。

第一节 "中"与"中国"稽论

"中"字在甲骨文、金文中象形作意指在部落社会人们擅长弓箭打猎,又往往以习射或比箭法定水平高低,故这一象形字表示在旗帜上的节旄间挂上一供射击的圆物,射中者称"中"(音重,去声)。而"中国"一词始见于1963年在陕西宝鸡贾村出土的西周铜器何尊铭文中:"……唯武王既克邑商,则廷告于天曰:余其宅兹中国,自之辟民。"而文献中最早见于《尚书·梓材》,周成王所语:"皇天既付中国民越厥疆土于先王。"意谓皇天将"中国"的人民与土地交给周武王治理。这两段史料可相互印证,即周初时的中国指原商人统治的中心区域——黄河中下游一带。因此,先秦的"中国"一词,初始只是一个地域性和文化性概念,并不具有统一的国家实体含义。

综观先秦时期历史文献资料中所出现的"中国"含义,主要有以下几层意思:

其一,指天子所居京师,相应地将西周版图以外称为四方、四国。如《诗经·大雅·民劳》:"惠此中国,以绥四方";"惠此京师,以绥四国"。郑玄《笺》:"中国,京师也。"在这里,"国"与"邑""都"是同义词,均是"城"的意思。正如《汉书·地

>>> 先秦"中国"一词,初始只是一个地域性和文化性概念。图为清代钱维城《江山万里图》。

理志》谓"昔周公营雒邑,以为在于土中,诸侯蕃屏四方,故立京师"。

其二,指"天下之中"的地域。此义源于殷人自称其地域为"中土",而殷都又地处中央,故又称"中商"。罗振玉《殷墟书契前编》中就有甲骨文的占卜词:"戊寅卜,王贞:受中商年。""中土"是相对东南西北"土"的制度与地理划分。如《左传·昭公九年》载周景王使詹桓伯对晋国云:"及武王克商,蒲姑、商、奄,吾东土也;巴、濮、楚、邓,吾南土也;肃慎、燕亳,吾北土也。"后世又将"中国""中土"称为"中原"。

其三,指诸夏所居的城与地区。《孟子·梁惠王上》:"欲辟土地,朝秦、楚,莅中国而抚四夷也。"《庄子·秋水》:"计中国之在海内,不似稊米之在大仓乎?""中国"皆指诸夏各诸侯国。《说文》曰:"夏,中国之人也。"龙山时代(距今约4000—5000年)晚期各地已开始由氏族到国家的转变,社会首领、国君都筑城而居,成为一方的中心。由于住在黄河一带的夏人所处地望居中,故"中国"指夏人所居之城,而最早的中国人也就是夏人。已知先秦文献中,以"中国"统称诸夏列邦者,近一百五十次,突出列邦同一族群、同一文化体系,不仅血缘一致,而且语言文字、观念形态、风俗习惯乃至社会、政治结构也都相近或相同。

其四,"中国"的"中"字还体现了先秦深厚的伦理与政治思想观念,是中国"尚中"文化模式的滥觞。在甲骨文中,"方"是一个原始的政治地域概念,常用来表示蛮夷戎狄政体,所以中央、中国相对四"方"而言,已有一种地理文化上"统摄四方""华夷之辨"、泱泱大国的自傲优越感。在周人居于岐山时,只能称"西伯",待武王克商,才宣称占有天下之中。如《尚书·周书·召诰》:"王来绍上帝,自服于土中。"故《荀子·大略》曰:"欲近四旁,莫如中央,故王者必居于下之中,礼也。"《孟子·尽心上》云:"中天下而立,定四海之民。"这里均表明商周时代已形成"中央"意识,即居中而治,一统天下。同时,"中央"意识还同三代的天命观念相联系。如殷人自号天邑商,《逸周书·度邑解》:"王曰,呜呼,旦,我图夷兹殷,其维依天室,其有宪命……"其中天邑、天室,均谓天所依止,天命所集。故居中央是与受天命相提并论的,甚至还演绎为一个与宇宙结构和神界沟通的祭祀结构,如五方神之中央为黄帝等。此外,先秦"中央"观念还可以在"九州"(豫州为中州)、《易》的"九宫图"、五岳、四灵二十八宿和阴阳"五行"学说以及孔子的"中庸"之道、中和之美思想中找到其文化源流。《列子》中说:"南国之人,祝发而裸;北国之人,鞨发而裘;中国之人,冠冕而裳。"《战国策·赵策三》记述赵国公子成一段评论:"中国者,聪明睿知之所居也,万物财用之所聚也,贤圣之所教也,仁义之所施也,诗书礼乐之所用也,异敏技艺之所试也,远方之所观赴也,蛮夷之所义行也。"这些观念都表明,早在先秦时代,"中国"一词已有相当明确的文化含义和地域含义。

秦汉统一后,"中国"一词经常被用于代表大一统国家,具有了相当稳定的政治含义。地域上、族类上、文化上,范围也逐渐扩大,原先所谓东夷、南蛮、西戎、北狄,先后陆续成为"中国"的一部分。"中国"一词的文化意义,这时更为突出,并较前进一步提升。西汉董仲舒《春秋繁露·三代改制质文》曰:"天始废始施,地必待中,是故三代必居中国,法天奉本,执端要以统天下,朝诸侯也。"扬雄《法言·问道》谓:"或曰孰为中国?曰,王政之所加,七赋之所养,中于天地者为中国。"《公羊传·僖公元年》何晏解诂:"王者封诸侯,必居土中,所以教化者平,贡赋者均,在德不在险。"《汉书·律历志上》指出:"中央者,阴阳之内,四方之中,经纬通达,乃能端直。于时为四季,土稼啬蕃息。信者诚,诚者直,故为绳也。五则揆物,有轻重圜方平直阴阳之义。四方四时之体,五常五行之象,厥法有品,各顺其方而应其行。"这里"于时为四季"后的主要意思是从节令上言,中位四季之间,能和四时之气;从"五行"上说,中属土能繁殖生灵万物;从"五常"上说,中属信,能真诚无伪、正直无私。故人以此为准则,方能揆平取正,方圆物类。上述"以中为尊"和"中央"崇拜的正统理论,不仅反映了时空观中王者必居中建国均政平治的理想,体现了意识形态领域中的伦理道德的深刻内涵,而且由方位时空概念演绎抽象为哲学思想概念,并展示了一种文化上的思维方式以及一种礼制的统治秩序和世界文化中心的观念。

《礼记·中庸》所谓:"中也者,天下之大本也。"《中庸·章句》云:"是以声名洋溢乎中国,施及蛮貊。"唐代韩愈《原道》一文云:"诸侯用夷礼,则夷之;进于中国,则中国之。"坚持文化为区别华夷的最高标准,其核心就是礼义,"中国"就是这种礼义文化的代名词。宋代石介《中国论》谓:"天处乎上,地处乎下,居天地之中或曰中国,居天地之偏者曰四夷。四夷外也,中国内也,天地为之乎内外,所以限也。"陆九渊《象山全集》中谓:"圣人贵中国贱夷狄,非私中国也。中国得天地中和之气,故礼义之所在。贵中国者,非贵中国也,贵礼义也。"明太祖朱元璋曾下诏谕曰:"自古帝王临御天下,中国居内以制夷狄,夷狄居外以奉中国。"(《明太祖实录》卷二六)这说明,虽然古代中国没有一个朝代以"中国"为国名,但是自西周以后的各朝代,无论哪一个民族政权入主中原,皆以"中国"自居;只有"入主中原"、继承华夏文化方为"正统"王朝。这实际就是以"中国"为政治与礼仪文化上的正统、正宗。十六国北朝时期在中原立国的北方少数民族政权,均推行汉化政策,以中国正统自居,反斥东晋南朝汉族政权为"南伪"。《魏书·礼志》载北魏孝文帝中书监高闾论正统曰:"臣闻居尊据极,允应明命者,莫不以中原为正统,神州为帝宅。"《元史·许衡传》载:元朝统治者认为"北方之有中夏者,必行汉法,乃可长久",遂改蒙古旧俗而从"亡国之俗",继承中原文化。明初明成祖派太监郑和七下西洋"宣德化而柔远人","不服则耀武以慑之",其意图也基于"帝王居中,抚驭万国"的观念。晚明以后,西方来华传教士称明清帝国为"中华帝国",又简称为"中国"。南怀仁、利玛窦等传教士为了便利传教,迎合明清官民固有的中国乃世界中央帝国的传统文化心理,将中国绘制于世界舆图的中央位置。1689年清朝康熙皇帝委派钦差大臣索额图同沙俄政府签订《尼布楚条约》,时索额图的全衔是"中国大圣皇帝钦差大臣分界大臣议政大臣领侍卫大臣",这乃是"中国"作为主权国家专称正式用于外交事务的开端。这时,"中国"作为一个地理名词和主权国家的政治名词,已涵盖清王朝统治的整个区域,包含汉、满、蒙、回、藏等生活在这片土地上的各个民族。于此可见,在历史的发展中,"中国"这一概念已从一种礼制文化的秩序和范畴,演变为一种确定的政治范畴、地理范畴乃至种族范畴,一种"以夏变夷"的价值观标准,成为中华民族的徽帜和象征。

第二节 "华"与"中华"释义

据学者研究,"华夏"的"华"字与"花"通,本义是文采、精粹、光辉,最初用于部族名称。林惠祥《中国民族史》中曾说:"'华'为图腾名称,意即'花族';'夏'为自称之语,意即'人'。"《尚书正义》注释"华夏"云:"冕服华章曰华,大国曰夏。"《尔雅·释诂》:"夏,大也。"又《春秋左传·定公十年》孔颖达疏曰:"中国有礼仪之大,故称夏;有服章之美,谓之华。华夏一也。"因此,有学者认为,华夏就是居于中原,以农业为主,因而以谷子和黍子开的小花为图腾,冕服上有华章的部族。而西周时期,由于文化认同和分封诸侯,又称诸侯国及其所辖族人为"诸华"或"诸夏",合称则为"华夏";诸侯国以外的"四土""四方"所居之族,则统称为"四夷"。故从"中华"这一复合词来看,不仅含有文化发达之意,而且与"中国"蕴涵着同样的政治伦理化的文化意义以及"华尊夷卑"的价值取向。如《唐律名律疏议释义》曰:"中华者,中国也。亲被王教,自属中国,衣冠威仪,习俗孝悌,居身礼义,故谓之中华。"同时,正因为这种对于"中国"文化(教化)的重视以及对于族源血缘的相对轻视的传统观念,促使中华文明几千年传承不断。即便数千年来许多次改朝换代,也仅是皇族姓氏的更替,而不是文化的灭亡与传统的中绝。

总之,中华既是一种地域概念,又是民族与文化类型的名称。几千年来,中华作为一个蕴涵着中华民族、中华文化、中华自然地理环境多重含义的统一体,它的形成、存在和延续,不仅是多元一体民族发展的必然选择,而且是中华传统文化多元多样而又紧密联系、不可分割的表征,是炎黄子孙精神世界永恒的光辉、伟大的称谓与高尚的情怀。

第二章

文 化 界 说

　　文化作为一种包罗万象的庞大体系,迄今为止国内外学术界为之所下定义约有四百多种。这正从一个方面说明了文化的恢宏璀璨、绚丽多彩和历久而弥新的特性。

　　美国文化人类学家克罗伯(A. L. Kroeber,1876—1960)和克拉柯亨(Clyd-Kluchohn,1905—1960)撰著的《文化:概念和定义的批判性回顾》认为:"文化是包含各种外显或内隐的行为模式;它通过符号的运用使人们习得及传授,并构成人类群体的显著成就,包括体现于人工制品中的成就;文化的基本核心包括由历史衍生及选择而成的传统观念,尤其是价值观念;文化体系虽可被认为是人类活动的产物,但也可被视为限制人类作进一步活动的因素。"1974年的《大英百科全书》认为,"一般性"文化概念应是"总体的人类社会遗产",而"多元的相对的"文化定义应是"文化是一种渊源于历史的生活结构的体系,这种体系往往为集团的成员所共有",并包涵集团的"语言、传统、习惯和制度,包括着有激励作用的思想、信仰和价值以及它们在物质工具和制造物中的体现"。1973年的《苏联大百科全书》认为,广义的文化概念应"是社会和人在历史上一定的发展水平,它表现为人们进行生活和活动的种种类型和形式以及人们所创造的物质和精神财富";而狭义的文化概念,"仅指人们的精神生活领域"。以上三种对文化概念的阐释可称是国际学术界中比较具有权威的定义。

　　在中国语言系统中,"文化"一词源于"文""化"二字的复合使用。商代甲骨文中,"文"字像身上有花纹的人形,似文身之人;"化"字像一正一倒的人形,喻变化之义。《周易·贲卦·象传》曰:"观乎天文,以察时变;观乎人文,以化成天下。"孔颖达的《周易正义》注释谓:"观乎人文以化成天下者,言圣人观察人文,则诗书礼乐之谓,当法此教而化成天下也。"由此可见,这里的"人文"与"化成"体现的是"以文教化"的思想观念。而"文"与"化"联缀为一词,最早见于西汉刘向所作《说苑·指武》:"圣人之治天下也,先文德而后武力。凡武之兴,为不服也,文化不改,然后加诛。夫下愚不移,纯德之所不能化,而后武加焉。"这其中的"文化"一词意思也是以文德教化天下。因此,中国传统语言系统中的"文化"含义,同现代词汇中的文化(culture)概念有所不同。而现今使用的翻译词汇"文化",其词源于拉丁文cultura(英、法、德文皆同),词意具有多种含义,如耕种、居住、练习、注意、敬神等。此后英文 culture 又由此引申出教育、知识、修养、礼貌、情操、风尚、人类能力的发展以及科学和美术的修养等意义,并逐渐地演绎成现代词汇中的专门术语。

"文化"一词与"文明"的概念相近,以至二者往往相互通用。如美国学者亨廷顿(Samuel P. Huntington)《文明的冲突》中即把文明界定为"文化实体"(cultural entity),并强调今后世界冲突的根源既不是意识形态,也不是经济,而是文化。而中国《辞海》中载:"文明,犹言文化,如物质文明、精神文明。""文明"一词,在中国古代文献中,最初见于《尚书·舜典》:"濬哲文明,温恭允塞。"其含义宋代蔡沈《书经》释作帝舜具有"深沉而有智,文理而光明,和粹而恭敬,诚信而笃实"四种"幽潜之德"。而据孔颖达疏曰:"经纬天地曰文,照耀四方曰明。"又《周易·贲卦·彖传》:"文明以止,人文也。"王弼注曰:"止物不以威武而以文明,人之文也。"而孔颖达疏云:"用此文明之道,裁止于人,是人之文德之教。"可以看出,古代汉语中的"文明"与"文化"都具有道德伦理的文化意义。现代汉语中"文明"是作为西文 civilization 的翻译词汇,而 civilization 源于拉丁文 civilis(城市)和 civis(公民),意思含有比外国人或蛮族的原始生活方式优越之义,其定义也有许多种。18 世纪欧洲才将这个术语用于正式文献中,至 20 世纪中期方广泛运用于人文科学各领域,一般指阶级社会出现以后的人类社会历史,并与原始社会——野蛮社会相对立。正如摩尔根《古代社会》中将人类历史划分为三个阶段:蒙昧时代、野蛮时代、文明时代。而英国著名学者汤因比名著《历史研究》认为,在人类历史上共出现过 26 个文明形态,随着历史演进过程,有的衰落,有的中断,有的被征服,有的消亡了,至今尚存七大或八大文明,其中具有强大生命力的中华文明绵延数千年之久而从未中断过。现代史学界一般认为"文明"社会的主要标志应是:出现了政治组织上的国家;已有城市作为政治、经济、文化(包括宗教)各方面的活动中心;已发明文字,并能利用文字作记载;已能冶炼金属等。当今国际学术界对"文明"概念比较流行的认识,是将其理解为广泛意义上的"文化",即指人们有目的的活动方式及其一切成果的总和。

第三章

文化的结构与属性

文化研究,不仅要考量广义文化的宽阔背景,而且也要研究狭义文化与广义文化两者互为因果、相互作用的联系。把握文化涵有的各种因素的内在关系及其所形成的结构,也是文化研究的重要方面。

关于文化的结构,目前学术界通常将文化分为三个层面:一是精神文化层面。精神文化又称意识文化、观念文化或心理文化等,包括价值观念、思维方式、道德思想、审美情趣、宗教感情、民族心理或性格等纯意识领域,也包括音乐、绘画、文学、诗歌等理论化和对象化意识领域。二是物质文化层面。恩格斯《在马克思墓前的讲话》一文中指出:"人们首先必须吃、喝、住、穿,然后才能从事政治、科学、艺术、宗教等等;所以,直接的物质的生活资料的生产,从而一个民族或一个时代的一定的经济发展阶段,便构成基础,人们的国家制度、法的观念、艺术以至宗教观念,就是从这个基础上发展起来的。"物质生产和物质生活是精神文化的重要载体,是人类从事一切文化创造的基础。这是广义的文化。这里所说的物质文化层面,主要指精神、观念、意志、情感的物化形态,或物质生产和物质生活中的文化内涵,包括人类为满足生活和生存发展进行的物态创造活动及其文化产品。三是制度文化层面。制度是人类在社会活动中建立各种社会关系规范的总和。既包括反映社会形态和社会性质的制度;奴隶制度、封建制度、资本主义制度、社会主义制度等;也包括各种具体制度,如家庭、婚姻、宗教、经济、政治等制度;还包括风俗、习惯以及其他种种约定俗成的日常生活方式与行为方式。制度文化则主要指文化发展、文化生活如何制度化以及上述各种制度所体现的文化性质、文化功能及其他多重文化内涵。

文化结构中的三个层面是互相渗透的整体。这是因为文化是人类区别于其他动物的一项根本特征。文化代表了人类对真、善、美的不懈追求，它推动人们的智慧、情感、意志从自发状态向自觉状态不断提升，使人们的精神发展与物质生活的再生产、制度的再生产融为一体。

任何一种文化都具有时代性和民族性，这是文化的两个基本属性。每一代人都生活在一个特定的时代环境中并进行文化的活动。物质生产方式不同，先前文化积累和外来文化资源不同，每一代文化活动必然深深打上本时代的烙印，他们的文化保存和文化创造都不能完全脱离既定的历史条件及其所提供的可能空间，这就是文化所具有的时代性。维科将历史时期区分为神权时代—英雄时代—人权时代，资本主义以前是迷信和权威支配一切的宗教文化统治，故属于神权、英雄时代；文艺复兴、启蒙运动使人们进入科学、理性和人性自由的时代——人权时代。这种时代划分方法只是具有代表性的一种，除此之外还有各种时代划分方法。文化作为人类的社会活动是由具有地域性特征的社会共同体民族创造的，由此形成不同的文化类型差别，这就是文化的民族性。法国艺术哲学家伊波特里·丹纳在其著《艺术哲学》中对民族特性阐述道："你们不妨把一些大的民族，从他们出现到现在，逐一考察；他们必有某些本能某些才具，非革命、衰落、文明所能影响。……在最初的祖先身上显露的心情与精神本质，在最后的子孙身上照样出现。这便是原始的花岗石，寿命与民族一样长久，那是一个底层，让以后的时代把以后的岩层铺上去。"这是因为任何文化都不可能凭空创造，它只能在先前世代积累的基础上，通过批判、转型而前进。文化的民族基因贯穿于民族语言、文字及各种文化的表现形式之中。文化的民主性使之成为不以人的意志为转移的客观存在。民族性和时代性也是相互关联的，如严复《原强》中说："夫今日中国之民，其力智德三者，苟通而言之，则经数千年之层递积累，本之乎山川民土之悠殊，导之乎刑政教俗之屡变，陶冶炉锤而成此最后之一烧。"说的是民族性会随着历史发展而变化。一般而论，物质和制度文化层面较富于时代性，因而是比较活跃的因素；精神文化层面更多地表现出具有民族性，因而变化起来比较缓慢。

民族精神是指一个民族文化传统的相互凝聚与整合，是一个民族文化的内核和精华，能够激发民族的自豪感和凝聚力，能够引导民族进步、推动国家社会发展的精髓思想。民族精神是民族文化继承性和时代性的统一，也是传统精神和时代精神的融会，传统精神构筑了民族精神的基石和主体，而时代精神则展示了民族文化的特色与活力，是民族文化积极适应于社会历史发展所富有的时代气息和与时俱进、朝气蓬勃的文化意识和风采。

民族精神指民族文化中占主导地位的思想观念和价值取向，是文化的深层结构。毋庸置疑，民族文化中既有精华，也有糟粕；既有优秀部分，也有落后部分；既有积极因素，也有消极因素。在旧时代曾经被视为糟粕者，在新时代可能被视作精华；历史上积极的东西，后来很可能转化为消极的东西。任何一个时代、任何一个民族的文化中都含有良莠的二重性，这是历史的客观存在。人类文化正是在社会矛盾运动中，也是在文化自身的矛盾运动中，通过自身的批判、改造和扬弃，而实现自我更新与自我完善，在适应和推动社会发展中与时俱进。

第四章

中华文化的地理环境

梁启超在《饮冰室合集》中比较沿海与内陆地理环境对民族文化发展的不同影响时说:"海也者,能发人进取之雄心者也。陆居者以怀土之故,面种种之系累生焉";"试一观海,忽觉超然万累之表,而行为思想,皆得无限自由。彼航海者,其所求固在利也,然求利之始,却不可不先置利害于度外,以性命财产为孤注,冒万险而一掷之。故久于海上者,能使其精神日以勇猛,日以高尚,此古来濒海之民,所以比于陆居者活气较胜,进取较锐。"从历史而论,任何一种文化在演进发展过程中,都离不开地理环境的制约与影响。因此而论,地理环境是文化创造的自然基础,是文化发展的历史舞台。而各个民族面临不同地理环境下的生存挑战,正是民族文化发展差异的一个重要因素。正如列宁指出:"地理的环境的特性决定着生产力的发展,而生产力的发展又决定着经济关系的以及随着经济关系后面的所有其他社会关系的发展。"(《列宁全集》第 38 卷)

欧洲地理学派创始人孟德斯鸠在其著《论法的精神》中认为,地理气候环境对于不同民族文化性格与精神的形成有着决定作用。如他说:"炎热国家的人民,就像老头子一样怯懦;寒冷国家的人民,就像青年人一样勇敢",因此"你将在北方气候下看到邪恶少、品德多、极诚恳而坦白的人民。当你走近南方国家的时候,你便将感到自己已完全离开了道德的边界;在那里,最强烈的欲望产生各种犯罪,每个人都企图占别人的一切便宜来放纵这些情欲。在气候温暖的国家,你将看到风尚不定的人民,邪恶与品德也一样无常,因为气候的性质没有充分的决定权,不能把它们固定下来。"孟德斯鸠的"地理环境决定论"将人类复杂的社会文化现象简单地归因于地理环境,认为地理环境决定人类社会的进程以及文化精神,是一种理论的偏颇和失误。历史唯物主义认为地理环境是民族文化发展的重要因素,却不是唯一的决定性因素。一种文化是文明还是野蛮,是先进还是落后,是清新灵动还是僵化沉重,除了地理环境因素外,人文的作用更是不可或缺的。普列汉诺夫指出:地理环境主要通过生产力,通过社会组织影响社会的发展;只有根据自然和社会、地理环境和生产方式相互影响的观点才能正确了解地理在社会发展中的作用。从辩证思想角度而论,地理环境对民族文化发展的影响主要有直接和间接两种方式。间接的方式就是地理环境对民族文化发展的作用主要是通过物质生产活动这一中介来实现的。人们通过自身积极力量对自然的征服和改造活动,逐渐地将地理环境转化为人类社会文化发展的重要因素。故地理环境只是在一定程度上影响了民族文化的发展,而这种影响是要通过各民族自身的活动才能实现的。因为除地理环境外,民族文化发展还受到包括生产方式、社会形态、政治制度、文化习俗等在内的社会环境之影响。正如黑格尔在《历史哲学》中说:"我们不应把自然界估量得太高或者太低:爱奥尼亚的明媚的天空固然大大地有助于荷马史诗的优美,但是这个明媚的天空决不能单独产生荷马。"

早在五千多年前,亚洲东部的黄河、长江流域已经孕育着中华文明的萌芽,灿烂辉煌的中华文明发展有着这片辽阔土地自然地理环境的深刻烙印。钱穆《中华文化史导论》在比较古代四大文明发源地时指出,古代中国同埃及、巴比伦、印度具有不同的特征之重要原因就在于其地理环境,"古代文明在小地区的肥沃区域里产生……独有中华文化因苦瘠而较广大的地区产生,因此不断有新刺激与新发展的前途,而在其文明生产过程中,社会内部亦始终保持一种勤奋与朴素的美德"。的确,由于中国国土辽阔几与欧洲面积相等,在气候上南北跨度达 30 个纬度,横跨热带、亚热带、暖温带、中温带、寒温带,南方暖湿而北方寒旱;地形西高东低,多山地丘陵(约占全国总面积的 69%),陆地平均高度是全世界陆地平均值的两倍,属于自然地理环境十分复杂的国家。汤因比在《历史研究》中就指出:"人类在这里(指黄河中下游平原)所要应付的自然环境的挑战就要比两河流域和尼罗河的挑战严重得多。"在四大文明发源区域中,黄河流域的气候偏寒,黄河落差又极大,流经土壤疏松的黄土高原带走许多泥沙,这使黄河经常泛滥,甚至改道。黄河的径流量只占全世界总径流量的 0.16%,而年输沙量 16 亿吨却占全世界河流总输沙量的16%,含沙率和输沙总量均居世界首位。黄河中下游平原地区虽是农业发祥地,但由于铜铁矿资源较少,使金属农具的使用远晚于其他文明。如公元前四千年左右,古埃及尼罗河流域已使用铜制锄、刀、斧,进入金石并用时代;两河流域苏美尔人也开始使用铜制工具。公元前三千年左右,印度河、恒河流域已广泛使用铜制鹤嘴锄。公元前两千年时,小亚细亚赫梯人已使用铁犁,其冶铁术还传入南欧古希腊等地,从而拉开了以铁制剑、斧、犁为标志的"英雄时代"的帷幕,然黄河流域直到夏代(约前21—前16世纪)才出现铜器,直到春秋时期(前770—前476)青铜还很珍贵,只能用来制造礼器和兵器,很少用来制造农具。而《诗经·噫嘻》中所谓"十千维耦",意指以人力进行耕作,说明在农业上使用畜耕也明显晚于其他文明地区,约春秋中后期牛耕才有所普及。现今出土的秦始皇陵兵马俑中大量武器也绝大多数为青铜制造,很少有铁制的。正是在这种地理环境与生产方式的影响和作用下,促使上古先民们必须依赖较大的氏族部落群体力量方能生存发展,并且群体力量越强大,应付自然环境挑战而生存发展的机会也越多。因此在中国的上古时代传说中,从伏羲—神农—炎帝—黄帝以及炎黄联盟战胜蚩尤部族,直至黄帝实现黄河流域各部族的联合统一,人们看到的不是血缘部族的分化和解体,而是血缘部族的不断强化以及在此基础上融合成更大的社会联合群体。这一社会特征,对中华文化的历史发展产生了深远的影响。

第一节　中国地理环境是中华民族多元一体格局的自然基础

中华民族的生存空间是三面深入亚洲大陆腹地、一面是大海的地理环境。其格局为西北是高原沙漠戈壁,西南是高山峻岭,东面濒临沧海,四周的自然屏障形成一个相对封闭的独立地理单元。而这一特殊的生存空间与地理环境对中华文化的发展具有深远的影响与作用。费孝通曾在《中华民族的多元一体格局》一文中指出,东亚大陆"四周有自然屏障,内部有结构完整的体系……这一片地理上自成单元的土地一直是中华民族的生存空间……而民族格局似乎总是反映着地理的生态结构"。这就是说,中国的自然地理环境是中华民族各族群之间存在的一种天然联系。费孝通认为,中华民族多元一体格局的形成进程可以划分为三步:"第一步是华夏族团的形成,第二步是汉族的形成……从华夏核心扩大而成为汉族核心";第三步则是在秦汉时期,中原地区以汉族为核心实现了农业区的统一,北方游牧区形成了以匈奴为核心的统一体,"这两个统一体的汇合才是中华民族作为一个民族实体进一步的完成"。中华民族各族群的起源是多元的,然中国这一多民族国家之所以被称为"中华民族大家庭",就是因为这些民族群体不仅是生活在中国这一相对独立的地理生态系统中的共同主人,并且这些民族群体在这一地理生态系统中并非各自孤立发展,而是在政治、经济、文化方面密切交往乃至血缘的不断交融中不断分化、融合和发展形成的。尤其是这些民族群体围绕着居住在这地理生态系统的中心地带,具有悠久、浓厚和优秀文化传统的核心群族——华夏族和汉族集团,形成了具有强大向心力、凝聚力的政治、经济、文化实体。而华夏族——汉族之所以能成为中华的核心民族与主体民族,其重要原因之一就是因为他们是生活在适宜于农业生产发展的黄土高原、华北平原(即中原地区)及长江流域,形成和发展了农业民族所特有的先进发达的农业文明,从而使自身的经济文化和政治军事始终处于领先的优势地位,并在文化方面具有主导作用并积极影响了周边的民族群体,逐渐使他们在多次的民族大融合中,融入到华夏族和汉族之中。这一方面正如费孝通所指出,中华民族这个统一体经常在发展,没有哪一个民族在血统上可以说是"纯种";另一方面,这不仅促使中原地区成为整个华夏文明和汉文化的中心,而且农业文化的安土重居与以农为邦本、国本的意识以及强烈的乡土和疆域观念与必须建立统一政府的要求,也成为多民族统一凝聚力、向心力和稳定性的坚实基础。

第二节 中国地理环境对中华一统趋势具有重要影响

法国年鉴派历史学家费尔南·布罗代尔在其名著《法兰西的特性·空间和历史》中说:"事实上,我力图解释的乃是法国的历史和领土之间多种多样、错综复杂、难以把握的关系;领土容纳着和承载着历史,以一定的方式解释历史,尽管还远不可能对历史作出完美的解释。"由于中国地理环境是个相对独立的地理单元或一个环境区域,局部地区的差异性一般受到整体所具有的统一性制约;对外交往阻碍较多,内部交往则相对便利,故中华民族都关注内部交往,热衷于向内发展。在这种自然的内向性作用下,促动了民族的大融合以及文化共享的和合性、交融性和文化的多元统一。同时,中华周边环境的相对封闭性和中原环境的相对完整性、易达性,尤其是中原地区作为中华民族核心华夏族和汉民族的主要活动地域,不仅使其较发达的文化成为民族凝聚力和稳定性的基础,而且有利于政治、经济和文化的一统趋势。从《禹贡》按照华夏形势将全国分成九州,《尚书·尧典》中"光被四表""以亲九族""平章百姓""协和万邦"到《诗经·小雅》中"溥天之下,莫非王土,率土之滨,莫非王臣";从孟子说天下必将"定于一"到荀子称"四海之内若一家";从秦始皇一统天下在全国推选郡县制与推行车同轨、书同文、行同伦等政策措施到封建中央皇朝"四夷咸宾""万国来朝"的思想意识,皆使统一政治成为中华民族的深层观念和思维方式。辛亥革命时,孙中山提出"合汉、满、蒙、回、藏诸地为一国,即合汉、满、蒙、回、藏诸族为一人——是曰民族之统一",是这一历史传统发展的必然结果。由此可见,中华民族历史上的统一观念和多民族统一趋势,中国地理环境影响是重要原因之一。

第三节　中国地理环境与中华文化多样性的构成

中国早已形成多民族统一的国家,而不是任何一个特定民族的国家。这种民族群体的交流与渗透已有几千年的历史,在文化方面形成了中华各族群之间各种内在的或潜在的共性,构成"中华民族多元一体格局"的深厚文化基础。然而中国广博辽阔的土地上,自然地理环境面貌迥异。从西北的帕米尔高原、青藏高原和戈壁沙漠到西南的云贵高原、十万大山;从长城以北的内蒙古高原与大草原到长城以南的华北平原、长江中下游的丘陵平原地带;从东北的大兴安岭到南海的曾母暗沙等等,自然气候千差万别,地形地貌彼此不同,构成了多种生活与生产方式、多种文化纷呈的多元生态文化圈的物质基础。据考古学统计,从公元前六千年起至公元前两千年,中国各省区发现的新石器文化遗址就有七千多处。如黄河中游地区的仰韶文化、河南龙山文化;黄河下游地区的青莲岗文化、大汶口文化、岳石文化;长江中游地区的大溪文化、屈家岭文化、青龙泉文化;长江中下游地区的河姆渡文化、良渚文化、崧泽文化以及燕山南北的红山文化等,都是著名的新石器文化遗址。上古时代的部落联盟,如华夏炎黄联盟、东夷联盟、西南苗蛮联盟、西北羌狄联盟等,都是通过征伐、兼并、融会,在一定地域范围内形成的各具文化特色的民族集团。迄至商周时期,由于地区性多元文化的发展以及民族社会经济发展的不平衡,各地区不仅表现出不同的风俗习惯,而且形成了区域性的民族性格和精神风貌。如《晏子春秋》谓:"古者百里而异习,千里而殊俗。"而《荀子》言:"居楚而楚,居越而越,居夏而夏。"指的就是入乡随俗。如果说地理环境是民族文化的摇篮,那么地理环境同样也是民族性格的熔炉,不同的地理环境就会孕育和熏陶出不同区域的文化性格。《礼记·王制》记载:"王使太师陈诗以观民风",即通过搜集、整理诗歌以体察各地的风土民情。《诗经·国风》会集了十五个地区的诗歌,生动地呈现了多姿多彩的地域文化特征。及至汉代,班固《汉书·地理志》曰:"凡民函五常之性,而其刚柔缓急,音声不同,系水土之风气。"其记载:秦地人好稼穑、务本业,以力气为上,以射猎为先;河南殷墟人性格刚强、多豪杰,喜相侵夺,薄于恩礼;晋地人深思俭陋;周地人巧伪趋利;晋北戎狄等地人慷慨悲歌,好作奸巧;齐地人舒缓迂阔,奢侈夸诈;鲁地人长幼相让,尚礼义,重廉耻;宋地人性格重厚,多君子;卫地人性格刚武;楚地人怯懦偷生,信巫鬼,重淫祀;汝南人性格急剧,有气势;吴越人好勇轻死等等。这些区域性的风俗习惯与文化精神正是中华文化及其精神的源泉。中华文化内涵之所以博大深邃、璀璨夺目,正是这些区域性民族多元文化交融、会集的成果。

　　由于自然地理环境、人文环境的双重影响,中国地域文化的特征也十分显著。在古代学术思想方面,《宋元学案》《明儒学案》即以地域作为学派的标志。春秋战国时期由于地域的差别,就产生了邹鲁文化、荆楚文化、三晋文化、燕齐文化四种文化类型。各个学派的流传分布,往往也有其地域特点。如先秦思想史研究者所述,如儒墨以鲁国为中心,而儒家传播于晋、卫、齐;墨家则向楚、秦发展。道家起源于南方原不发达的楚、陈、宋。楚人还保留着比较原始的巫鬼宗教,同样在北方偏于保守的燕国和附近的齐国,方士也很盛行,后来阴阳家就在齐国发展起来。法家主要源于三晋。周、卫位于各国之间的交通孔道,是商业兴盛之区,先后产生了不少专作政治交易的纵横家。由此可见,自然地理环境对风土民情、地域文化的影响不可忽视。

第四节 中国地理环境与中华文化的延续性和封闭性

错综复杂的自然地理环境,为中华文化多元化、多样化发展提供了适宜的生态空间,而相对独立的地理单元和难以逾越的地理障碍所具有的封闭性,使以陆路交通为主的古代时期的中华文化几千年中一直未受到外部力量或异质文化的毁灭性冲击。与外部世界的相对隔离,使中华文化传统长盛不衰,既能以自身独立的姿态保持前后递进、陈陈相因的延续性,又通过在内部环境系统中完成的统一,形成共同的民族心理与伦理观念。然而中国地理环境的封闭性以及先进和稳定的农业社会文明,使先秦以来的中国人均将中国视为天下的中心来构想世界的格局。在中国先民的观念中,中国的礼仪文化及其价值系统是普天之下都应奉为楷模的文明形态;天下由中国与四夷即东夷、南蛮、西戎、北狄所共同构成;中国的朝廷是"天朝",中国的皇帝是"天子"。《尚书·大禹谟》中曰:"皇天眷命,奄有四海","无怠无荒,四夷来王。"这是治理天下的理想境界。"帝王居中,抚驭万国,当如天地之大,无不覆载。"这种构想一方面为中国长期维持大一统政治局面奠定了思想基石;另一方面在这种思维方式、文化心态和认知理路下,中国古人最为关注的是"华夷之大防"和"用夏变夷",容易囿于唯我独尊、自我中心、自我陶醉、自我封闭的观念和文化优越感中,丧失对外积极开拓进取的动力与精神。中国人生活于大陆民族的文化圈中,近代终落伍于海外列强。汤因比曾言:"没有好奇心的创造性的激动,历史上最熟悉和给人印象最深的纪念物纵然演出了它们感人的哑剧,也不会发生影响。因为它面对的观众的眼睛是视而不见的。没有像挑战一样的应战,就不会产生创造性的火花。"清朝时期,乾隆皇帝在接见英国赴华贸易通商使团代表马戛尔尼时,仍秉持农业社会自然经济自给自足和专制统治的心态高论道:"天朝无所不有,原不管外洋货物以通其无。特因天朝产茶叶瓷器,是西洋各国及尔国必须之物,是以加恩体恤。"正因中国古代缺乏睁眼看世界的开阔视野,缺乏外部力量的冲击与刺激,也就必然缺乏走向世界的冲动欲望。从世界文明发展史而论,一种文化如缺乏外部环境的巨大刺激,就不能与其他文化产生全面的交流、挑战和冲撞,其发展和嬗变的步伐往往会沉重迟缓,其历史进程往往富于积累性的渐变和量变,而难以产生飞跃性的突变和革命性的质变。

马克思主义唯物史观对于人与自然的辩证关系一向认为,环境改造人,人也改造环境。恩格斯指出:"自然主义的历史观……是片面的,它认为只是自然界作用于人,只是自然条件到处在决定人的历史发展,它忘记了人也反作用于自然界,改变自然界,为自己创造新的生存条件。"(《马克思恩格斯选集》第3卷)中国各民族对其生态环境的文化适应,并非多是消极被动的,也有许多积极能动的实践。所以在理性审视与正确把握地理环境因素与人文因素的相互关系以及在认识地理环境对中华文化的影响和作用时,应肯定人类社会政治、经济、文化因素对地理环境改造的积极动力和创造性、主导性作用。重视地理环境与民族文化相互依存、相互制约的规律,重视人和自然的和谐发展,当是人类社会发展所追求的理想。

第五章

中华传统文化的基本特征

中华传统文化是历史上曾生活在中国大地上的中华各民族共同创造的文化成果和精神财富。对中华文化基本特征的概括,应透过纷繁复杂的文化现象,结合中华民族文化的多样性与统一性,从社会的经济、政治、文化思想等主要形态方面进行审视与考察,以便从整体理解与把握传统文化的内核与脉络。对中华传统文化的基本特征,就其主体内容而论,大致可分为以下四个方面。

第一节 经济形态基本特征——农业文明

自古以来,中国传统社会就是一个以小农经济为基础的农业社会,虽然中原广大地区周边少数民族游牧经济也是中华文明的一种经济类型,但其只是主体经济的补充形式,在中国社会政治、经济发展中始终没有成为占支配地位的生产方式和生产关系。所以,传统的中华文明首先表现为农业文明。公元前四千多年,兴起于黄河中游各支流台地上的仰韶文化已基本上实现了从原始的渔猎向农耕的过渡,长江流域同时期的河姆渡文化也已进入农耕时代。夏商时期,农业已是当时重要的经济部门。从西周到战国,农业得到了很大的发展,铁器渐次采用,施肥、防虫害、选种等农业技术逐渐得到推广,作物产量逐渐提高。

商周时期,统治者为不懈怠农事,不仅设立官守,"以教稼穑""教民稼穑树艺"等,而且每年"天子亲率诸侯耕地籍田"(《吕氏春秋·上农》),举行籍田礼,即象征性的亲耕仪式,以示农为邦本。春秋战国时期,由于农耕经济既是社会财富的主要来源,又是社会秩序稳定和征募兵员的主要途径,故为了争霸战争的需要,各国诸侯竞相推行"耕战"政策,以农为本的重农思想正式形成。如齐国管仲推行"富国强兵"主张,其主要措施就是实行"重本(农)抑末(工商)"政策。如《管子》中曰:"夫富国多粟生于农,故先王贵之。凡为国之急者,必先禁末作文巧。"秦国商鞅变法,也是以农为国本。《商君书·农战》谓:"国不农,则与诸侯争权,不能自持也,则众力不足。"据《汉书·食货志》载:"秦孝公用商君,坏井田,开阡陌,急耕战之赏,虽非古道,犹以务本之故,倾邻国而雄诸侯。"故成书于战国末的《吕氏春秋》对这一时期的重农思想与耕战政策总结道:"古先圣王之所以导其民者,先务于农,民农非徒为地利也,贵其志也。民农则朴,朴则易用,易用则边境安,主位尊;民农则重,重则少私义,少私义则公法立,力专一";又曰"霸王有不先耕而成霸王者,古今无有,此贤者不肖之所以殊也。"春秋战国时期,不仅诸侯政治家们认识到农业是立国之本,诸子们的重农思想也非常突出。如重视农事,实现每个农夫"五亩之宅""百亩之田"的理想,就是儒家孟子王道仁政学说的重要组成部分。《荀子·富国》云:"田野县鄙者,财之本也;垣窖仓廪者,财之末也。百姓时和、事业得叙者,货之源也。"强调农业是财富的源泉。而法家韩非则视工商游食之民为国家之蛀虫,《韩非子·五蠹》中道:"夫明王治国之政,使其商工游食之民少而民卑,以趣本务而寡趋末作。"可见,这时农为邦本、国本以生产奢侈品的工商为末业的重农思想已是社会的普遍认识。

  秦汉以后,重农思想继续发展,仍为中国传统社会的经济、政治上的主导思想。如《汉书》记载,汉代皇帝屡屡颁布诏书强调以农为本。汉文帝刘恒颁诏曰:"农,天下之大本也,民所恃以生也。而民或不务本而事末,故生不遂。"汉昭帝刘弗陵下诏云:"天下以农桑为本。"西汉政治家晁错有名的"贵粟论"就提出:"方今之务,莫若使民务农而已矣。"这种重农思想在正史《二十四史》中皆有重要体现,是历代统治阶级的基本国策,对中国传统社会产生了深远的影响:

  其一,中国成熟的农业文明,使奠基于农耕生产之上的自给自足的自然经济成为中华传统文化的物质基础和主导力量,从而形成了一个潜在的农业文化圈,畜牧业和手工业不易发展成足以和农业抗衡的经济部门,定位在补充小农经济之不足和满足大一统国家的需要上。同时,"重本抑末"传统思想以及建立在其上的政治思想,使中国古代的科技思想和知识常常被当作"奇技淫巧"而遭鄙薄轻视。中国历史上,张衡、蔡伦、诸葛亮、马钧、祖冲之、一行、郭守敬等人的科技发明,若不是他们身居官僚行列而被顺带记载,恐也难有一席之地。15世纪以后,中国科技发展落后于西方,这是重要原因之一。

其二,农业文明的发达使人们养成安土重迁的乡土性格。农业社会和农业民族的特点为安地定居,世世代代生活在同一块土地上。久而久之,人们对其生活的地方产生深深的依赖和眷恋,如果没有天灾兵燹,决不会轻易迁离家乡,这种安土重迁的思想深深根植于中华文化之中。《易经·系辞》曰:"乐天知命,故不忧;安土敦乎仁,故能爱。"《礼记·哀公问》对这一思想进一步阐论道:"不能爱人,不能有其身;不能有其身,不能安土;不能安土,不能乐天;不能乐天,不能成其身。"而《汉书·元帝纪》中将中华民族的这种乡土特性概括为"安土重迁,黎民之性"。《朱子语类》云:"安土者,随寓而安也,敦乎仁者,不失其天地生物之心也。"这种民族特性在我国古代的民间谚语及文学作品里有更广泛的反映。如"举头望明月,低头思故乡"是妇孺皆知的名句;"君自故乡来,应知故乡事;来日绮窗前,寒梅著花未",远离故乡的人们更是对家乡的一草一木魂牵梦绕。农民长期附着在土地上,面朝黄土背朝天,日出而作,日落而息,长期生活在固定而闭塞的环境中,"鸡犬之声相闻,民至老死不相往来",这是中国古代社会农民的真实写照。这种民族特性,一方面使华夏汉民族滋生了"厚德载物"、中庸尚和道德观念、务实重民思想以及勤劳节俭、知足常乐和平主义的生活情趣,在文化功能上起着巨大的凝聚力作用;另一方面,自给自足的自然经济结构,分散的小农经济,地理、心理以及经济、文化上的闭塞性,也助长了血缘、亲缘、族缘、乡缘、地缘关系的发展,成为宗法观念与关系、家长制和纲常伦理、专制主义的经济基础。1894年,孙中山在《上李鸿章书》中,曾尖锐批评的中国人"恒守古法,不思变通"的心态与行为模式,正是同安土重迁的乡土观念浓厚有密切联系的。

其三,促进了中国古代农学著作与思想的发展,使中国古代农业科技领先世界。据国家图书馆《中国古代农书联合书目》统计,中国古代有名的农学著作就有643种之多。中国古代农书卷帙浩繁、内容丰富、题材多样,农业思想极富哲理。春秋战国时期,"农家"已是诸子百家中的一个重要学派。先秦时,农学著作大致可以分为三类。

第一类重点讲农时，有《夏小正》《诗经·七月》《吕氏春秋·十二纪》《礼记·月令》等方面的著作。《夏小正》和《诗经·七月》约成书于春秋时期，记载了大量的物候观测，按照一年的十二个月份分别记载每月的物候、气象以及进行的各项政事，其中大量为农业生产事项。《吕氏春秋·十二纪》和《礼记·月令》在《夏小正》基础上有所发展。这一类著作开以后农家月令体裁农书之先河。

第二类土壤研究，为适应"任地作贡"或"相地衰征"而作，有《尚书·禹贡》《管子·地员》《周礼·职方》。《禹贡》虽是古代地理学的经典著作，但其中包含了许多关于土壤学和农业地理的丰富内容。《管子》中有许多篇章含有农学的内容，《地员》则专门记载土壤和植物的关系，对土壤的分类比《禹贡》和《周礼》更为详细，还提出不同的地势、土壤与其植被之间相互依存的关系，可以说是中国最早为农业服务的有关生态的植物学著作。

第三类农业政策和农业技术，现存的文献只有战国晚期《吕氏春秋》中的《上农》《任地》《辨土》和《审时》四篇。《上农》是中国现存最早的关于农业政策的论文之一。《任地》《辨土》和《审时》三篇是关于农业技术方面的论文。《任地》主要论述土壤耕作的原则和方法。文章一开始就提出有关农业生产技术的十个问题，其中六个问题围绕着为农作物创造良好的生长发育条件而提出的技术要求。后四个问题提出农业生产的基本目标，既要产量高，也要质量好。《辨土》论述土壤条件和栽培技术。《审时》主要论述适时播种和收获等农事操作的重要性，还列举了六种主要的粮食植物耕作和收获及时和不及时成败的关系。三篇大体构成了一个整体，带有农作物耕作栽培技术通论的性质。这几篇著作第一次对农业中的天、地、人三者之间的关系作了科学的分析，成为中国古代农业精耕细作思想的理论支柱。它们是以前农学技术的总结，又是以后传统农学的理论基础。此后历代农学著作层出不穷，著名的有西汉氾胜之的《氾胜之书》、北魏贾思勰的《齐民要术》、宋代陈旉的《陈旉农书》、元代王祯的《农书》、明代徐光启的《农政全书》等，皆为中华文化宝库中十分珍贵的财富。同时，中国古代农学的发展与古代天文学、地理学和科技发明也有着密切的关系。

经济不仅是政治的基础，而且也是一个社会思想文化的基础。故农业文明乃是中华传统经济形态基本特征,也是政治形态、社会形态和文化思想形态基本特征的基础,对中华传统文化特质的塑造历史地提供了决定性的影响。

第二节　政治形态基本特征——王权主义

在几千年的中华传统文化政治形态中,王权主义始终处于核心的地位,尤其是春秋战国以后,王权至上、中央集权和官僚体制三位一体的王权主义始终支配着中国社会政治文化的发展,形成重人治、轻法治等诸多特征。

春秋战国时期,王权至上的政治格局已经形成,如管子曰"权势者,人主所独守也";商鞅云"权者,君之所独制也";韩非谓"权势不可以借人,上失其一,臣以为百",又曰"能独断者,故可以为天下主。"自从秦始皇一统天下创立皇帝制度以来,"天下事无大小皆决于上",皇帝总揽一切大权,"视天下犹一家,中国犹一人焉"(《阳明全集·大学问》)。尽管历代皇帝皆有庞大的官僚机构体系为办事机构,但君主仍最大限度地将权力集中于个人手中,举凡官制、行政、立法、司法、财政、民政、军事等主要权力均由皇帝亲掌,即"乾纲独断""躬揽大权"。汉代时,在董仲舒"天人感应"理论指导下,进一步强化了王权与神权的结合。董著《春秋繁露》中曰"故之造文者三画而连其中谓之王。三画者,天、地与人也。而连其中者,通其道也,取天、地与人之中以为贯而参通之,非王者孰能当是";"王者,天之所予也"。皇帝依仗天命以立权威,借天命以成人事,成为王权至上的传统。如明太祖朱元璋"每断大事,决大疑,臣下唯面奏取旨"(廖道南:《殿阁词林记》)。清代康、雍、乾三朝是中国王权专制的巅峰。康熙声称"今天下大小事务,皆朕一人清理,无可旁贷。若将要务分任于人,则断不可行"(《东华录·康熙朝》卷九一)。雍正的治世原则是"以君心之是非为是非,以君心之好恶为好恶"(雍正《大义沉迷录序》)。而乾隆则宣称"本朝家法,自皇祖皇考以来,一切用人听言大权,从无旁落"(《东华录·乾隆朝》卷二八)。由此可见,一人独治天下,权力不可以假人,是中国皇帝制度的核心原则。

应该说,中国传统社会的血缘宗法关系是王权至上的逻辑起点,分散的小农经济则是王权至上的社会经济基础。而与王权至上相辅相成的则是中央集权制。在中国这样一个广土众民和小农经济的国家,只有地方权力集中于中央,中央权力集中于君王,才能巩固和强化王权统治。而奠定几千年中国中央集权制的基础,则是秦始皇废诸侯而建立郡县制。这一制度的关键在于地方郡县官员必由中央皇帝任命,地方官员必须听从中央皇帝的指令以实行管理。故郡县制度对中央权力的运作就如手之使臂,臂之使指,不仅体现着中央对地方的直接监控与管辖,而且通过官僚等级制的组织体制,形成了从中央至地方各级组织层层节制的金字塔结构,并由此产生了维护与巩固这一体制的一整套规章制度及思想意识形态。作为中国传统政治形态支柱的思想价值观,有中国传统政治精神支柱的天命论,有以天子为大一统政治核心的国家大一统和思想大一统观念,有致力于巩固统治社会基础的民本论,有倡导德治、推行"内圣外王"的伦理政治文化观,有在传统政治思想及其运作中规范人际关系基本原则的纲常论以及作为开科取士考选人才和全部政治活动指导思想的经学思想等。

中国古代文化思想上的"独尊一家"也是王权至上的一个重要表现。其主要表现为限制学术争鸣,钳制自由思想。尽管程度不同、做法不一,历代统治者的基本趋向总是尽量桎梏人们的言行、牢笼人们的精神,把知识变成政治,把经学变成官方哲学,成为进入官场科考的唯一途径。

中华传统文化中以王权主义为核心的政治意识形态,不仅对中央集权的大一统国家起着巩固和强化作用,而且通过各种渠道,直接地广泛地影响人们的思想意识。围绕着王权主义思想,儒家的仁政与礼治学说、道家的无为而治主张、法家的法治理论以及天地君亲师(即敬天、敬地、忠君、事亲、尊师)的社会秩序观念,长时期支配着社会政治发展的方向。此外,专制王权不仅采取各种措施"重农抑商""重本抑末",以维护其社会经济基础,而且注重官僚体制及文官制度的建设,以巩固和扩大其社会统治基础。从隋唐开始的考选人才的科举制,使一般寒门庶族的子弟均有同等机会考试,打破了官僚贵族世家通过推荐垄断仕途的局面,有利于吸纳社会精英到统治秩序之中。然而王权专制下庞大而严密的官僚体制对社会的统治,易于因循守旧,导致官冗政弊,官民矛盾激化。天地君亲师和三纲五常伦理型政治文化使人们形成崇拜权力的意识和仆从的习惯。因此,中国历代即便有主张革新者,也多打着"法先王"的旗号,进行"托古改制"以颂古非今。这一方面形成"非先王之法服不敢服,非先王之法言不敢道,非先王之德行不敢行"(《孝经·卿大夫》)的保守性格;一方面也反映了"布衣改制,事大骇人,故不如与之先王,既不惊人,自可避祸"(康有为《孔子改制考》)的改革者心理。故中华文化思想有一个明显的特点,即在极大层面上受到君权天授的天命观、君民相维的思想观、上下相依的伦理观、天下一统的政治观等政治哲学与思想体系的深刻影响,依从于专制王权统治的政治需求,成为维护王权主义的精神支柱。

第三节 社会形态基本特征——宗法制度

宗法制度渊源于由血缘来作为纽带连接和沟通社会的原始父系家长制。而中国古代社会的宗法家族制度,不仅是社会组织重要支架的细胞和基石,也是政治结构的重要支架。

夏代伊始,中国进入了"家天下"的阶级社会,宗君合一的宗法形态就已形成。所谓宗,《说文解字》释其原始义为"尊祖庙也"。王筠《说文句读》谓:"宀示者,宝中之神也。天地神祇,坛而不屋,人鬼则于庙中祭之。"故宗君合一,就是将敬天、法祖、先王崇拜的神权与君权的合一。而祭祀、崇拜与神化祖先或先王之目的,就在于宣示后王的神性以及血缘的正统,强调后王权威的神圣性。先秦三代,尤其是商周时期,王对宗庙祭祀乃是"国之大节",有严密的礼仪制度。如《礼记·王制》曰:"天子七庙,三昭三穆,与大祖之庙而七。"自周代起,宗庙就是王室和国家权力的象征,祭祀祖先活动也成了宗法与政治的合一,宗庙被毁也就意味着王朝的灭亡。

同宗君合一紧密联系的是嫡长子继承制,它是宗法制的核心。在以血缘为纽带的父系原始社会,家庭成员以同男性家长血缘关系的亲疏、尊卑为依据,来调整与确定自己的地位、身份,并以此维持与巩固父系家长的统治特权。商周之际,为确保王位继承的秩序性和稳定性,继承王位渐从"兄终弟及"过渡到"父死子继"的嫡长子继承制。诚如王国维《观堂集林》中所指:"立子以贵不以长,立嫡以长不以贤者,乃传子法之精髓。"即至周代,为适应大规模封邦建国和封建等级制的政治需要以及协调和巩固贵族统治秩序,将嫡长子继承制作为一种完备的宗法制度在统治阶级内部推行,并以"亲亲""尊尊"的宗法观念作为建设各级政权的指导思想。这就是宗族中有大宗小宗之分,周王为天子因而是天下大宗,同姓诸侯则为小宗;诸侯在其封国内是大宗,卿大夫为小宗;卿大夫在其采邑内为大宗,士为小宗。从王位到诸侯、卿大夫之位,都由嫡长子(宗子)继承世袭。因此贵族的嫡长子总是不同等级的大宗,不仅享有对宗族的统治权,而且享有政治上的特权。与此同时,以尊祖敬宗作为维系纽带,宗子掌握主祭权是神圣原则。在同一祖先的名义下,"别亲疏,序昭穆",以使君臣父子尊卑有分、亲疏有别、贵贱有等、长幼有序,致等级森严,不可逾越。

先秦以来形成的宗法观念,尤其是儒家传统宗法伦理思想,其核心是三纲:君为臣纲,父为子纲,夫为妻纲。其根本原则是长幼有序、尊卑有别。这种宗法关系,使中华传统文化社会形态具有以下一些基本特征:

一是在社会形态中确立了家庭本位制,使社会中宗族凝聚力不断加强,成为国家与社会的基本结构。

二是"家国同构",以血缘亲情为本位的家庭与国家在组织结构方面具有共同性,父权与君权互为表里。家庭是国家之缩影,国家则是家庭之放大,两者的秩序、形态和宗法精神观念是同构的。同时,国家以法律和手段促进和保护家庭制度和关系以及其公共财产。而家庭权力与地方政权、神权相结合,维护封建统治秩序。

三是统治阶级不仅倡导"以孝治天下",而且"孝道"成为社会道德规范和行为准则的是非善恶标准,并在此基础上形成比较强大的社会舆论以及礼教,成为指导和统一社会的意识形态。如《孝经》开宗明义宣告:"夫孝,德之本也,教之所由生也。"这种观念不仅推及天子如父、臣卿如子、忠孝相通的政治伦理和三纲五常观念,而且使"修身、齐家、治国、平天下"成为个人追寻与实践的理想人生目标。

四是在社会的各种关系、生活方式、价值取向和理论形态方面,形成异常成熟的社会宗法礼仪文化以及伦理性政治文化,成为中华传统文化的主轴。

中华传统文化中的宗法观念与礼教的紧密结合,具有很强的道德吸引力和感召力,深刻影响了社会生活与文化的各个方面。与中华农业文明紧密结合的宗法制度,不仅创造了一种稳定的有利于文化积累和延续的社会环境,而且也催发了华夏民族从对神的崇拜到对人自身力量的热情关注。它催生了孝顺父母、敬老扶幼、注重家庭观念和道德修养、讲究群体意识、尚古传统、忠君爱国和社会责任感等等优良传统,同时,又滋生了老人政治、宗法小团体、地方宗派、狭隘民族主义以及重血缘、亲族和人情,成为中国古代社会长期延续和社会超强聚合的关键。

第四节 文化思想形态基本特征——儒道思想

中华传统文化以儒道思想为主体构架。作为思想形态领域内主干的儒道思想对几千年的中国社会发展产生广泛而深刻的巨大影响。

以孔子提出"仁"为核心学说的儒家思想产生于春秋时代,至战国"百家争鸣"中渐成"显学"。随着秦汉中央集权统一皇朝的建立,儒家学者董仲舒创立了以儒家学说为主导的君主专制政治思想,迎合了加强中央集权制度的时代形势,使汉武帝采纳了"罢黜百家,独尊儒术"的建议,定儒学于"一尊"。这使儒家思想成为国家意识形态,以儒学为主导的汉民族文化思想也开始正式形成。尤其是儒家经学的确立,成为全社会的指导思想,影响渗透到了社会生活的方方面面,经学作为科举选拔人才的必然途径,使儒家思想成为广大士阶层与社会精英的习惯思维和行为模式。

儒家思想作为一种主导性社会思想资源,其发展有一个历史过程,它是在与各种思想文化的融契、浸润中不断丰富发展起来的,内部也存在不同的流派。从先秦儒学到汉唐经学,从宋明理学到明清实学及考据学,每一个时期的儒学代表人物都有其理论特色。宋明理学是儒学发展的最高理论形态,既兼备前说又融会佛道,既探究天人宇宙和心性本源哲学,又关注现实社会人生的伦理政治问题。综而论之,儒家思想的基本特点大致如下:一是注重天人之学和人与自然关系的探讨,强调以人为本,追求天人合一的至高境界;二是关注社会人际关系与道德伦理,以忠恕孝悌修养为本,以"仁"为最高原则,以"礼"为行为规范;三是讲究以"中和"观念为核心的中庸之道作为儒家思想的重要方法原则;四是倡导经世致用、知行合一和笃行精神,具有安邦兴国的强烈历史与社会责任感。对于儒家思想,从不同的视野角度还可以总结出一些特点,如对宗教的批判与容纳等等,然而以伦理为本位的道德理想主义则是其最大的理论特质。

对中国古代科学文化深有研究的李约瑟在《中国科学技术史》中指出:"中国人性格中有许多最吸引人的因素源于道家思想。中国如果没有道家思想,就会像是一棵某些根深已经烂掉的大树。"林语堂《中国人》一书以为"中国人的性格"是:老实温厚、遇事忍耐、消极避世、超脱老滑、和平主义、知足常乐、因循守旧等。这实际上反映了先秦以来以老庄为代表的道家思想对中华传统文化的深刻影响。道家思想也是一个不断发展变化的体系,从先秦老学和田骈、慎到、宋研、尹文等学说,从庄周学派到汉初黄老之学、汉末道教,再至魏晋玄学等阶段,其流派众多,思想庞杂。在思想派别上道家虽是儒家的主要对立面,但又是儒学的重要补充者。如儒家学说具有阳刚特征,表现出积极有为、自强不息的人生态度,弘扬以天下为己任的强烈社会责任感,肯定立德、立功、立言为"三不朽"事业,强调以伦理道德教化人民,倡导和实践内圣外王之学等等。从先秦孟子提倡的"穷则独善其身,达则兼善天下"到宋代理学家强调"为天地立心,为生命立命,为往圣继绝学,为万世开太平",都是这种阳刚特征的典范。而道家学说却具有阴柔特征,其理想人格与人生态度表现出清心寡欲、返璞归真、超越物外、顺应自然、重生贵生、以柔克刚、急流勇退、无为而无不为,治国之道寻求无为而治,钟情山林田园生活。先秦老子提倡"道法自然""不敢为天下先",庄子提倡"无己""无功""无名""无待"的逍遥游思想,就是道家阴柔特征的楷模。此外,儒道两家思想还有一个重要的不同特点,即儒家强调个体对于群体和社会的服从,宣扬重义轻利、忠君爱国,主张通过以个体融入群体和社会的方式来保持群体和社会的和谐统一,具有忧国忧民的忧患意识,推崇大同社会公天下的理想;而道家则关注个体的价值和精神自由,讲究保持个体的身心和谐与自我实现意义,以协调人际关系,达到社会秩序的安定,憧憬"小国寡民"的社会理想蓝图。道家思想在封建专制压抑和束缚人性的状况下,具有超越世俗和对人身心调节的功能。历史上许多士人特立独行、放荡不羁、性格耿介、清高孤傲,同道家思想影响有很大关系。

儒道两家作为主导的社会思想资源，既有相互对立、相互针砭批评对方弊病的一面，更有互相渗透、互相融通、互相吸取的一面。如儒家思想吸取道家思想主要有宇宙生成论和宇宙本体论以及清心寡欲的养心学说等，它们为儒家伦理提供了自然哲学心性之学的基础；道家思想吸取儒家思想主要是有关道德伦理学说，以加强自身人文方面的内涵。在"天人合一"思想观念上儒道两家也颇有会通之处。而儒道两家思想的融合，不仅最早可追溯到孔子向老子问礼的思想交往上，而且表现在中国古代历史上学术思想发展的高峰——宋明理学中儒道（包括佛学）的融会贯通。因此，在中华文化史上儒道两家思想相辅相成、互相交替递补的过程，在思想形态上陶冶与塑造了中华民族的思维方式。

第六章

中华传统文化的基本精神

  一个民族如果没有一种积极有为、奋进向上的文化精神,是不可能屹立于世界民族之林的。中国古代文明延续数千年之久而不辍,在世界文明史上独一无二,必然有其内在的积极性特质。20世纪以来,许多学者热衷于从不同视角对中华传统文化的精神进行论述。这些学者往往以西方文化为参照,提出自己对中西文化精神或特征的不同看法,例如他们认为:中华文化重直觉体悟,西方文化重逻辑实证;中华文化重社会群体,西方文化重个人主义;中华文化重义轻利,西方文化重利轻义;中华文化重道德教化,西方文化重宗教伦理;中华文化重礼治人治,西方文化重民主法治;中华文化重精神生活,西方文化重物质生活;中华文化重人文,西方文化重科学;中华文化重传统经验,西方文化重现实理性;中华文化内省、重情,西方化外求、重智等。然中华传统文化是内涵极其丰富的一个范畴,在其中占主导地位并具有积极历史意义的基本思想、基本观念构成民族精神。民族精神具有相对的稳定形态,可视为文化的深层结构,是民族文化的灵魂与精髓。这里谨就中华文化中具有普遍意义、覆盖面广泛、统摄性强,能渗透和会通于思想行为、心理结构、价值观念、思维方式和社会生活各个领域的基本精神作一概述。

第一节 天人合一——自然与人文的统一精神

  中国古代士人常言道:"大人者,以天地万物为一体。"故究天人之际,通古今之变;重天人之学,循天道尚人文,这种对天人关系的不懈探索,不仅成为中国古代不同思想流派共同关注的主题,而且是一切学术思想之根本。而在这一持续了几千年的"天人之辨"中,始终贯穿着一个"天人合一"的观念和思想主线。"天人合一"作为一个含蕴极深、涵盖极广的概念,渊源于上古农业文明中人们的生存发展与自然环境之间的密切关系和观天测地之思维方式,成熟于先秦老庄、孔孟等诸子流派的论述。如《老子》曰"人法地,地法天,天法道,道法自然";"故道大、天大、地大、人亦大。域中有四大,而人具其一焉"。庄子《齐物论》则云:"天地与我并生,万物与我为一。"而《孝经》引孔子言谓:"天地之性人为贵。"总而论之,"天人合一"的精神特质与根本含义就是肯定自然界和人的精神的和谐统一、生命价值与伦理道德的和谐统一。而儒道两家哲学思想则构成"天人合一"思想的主流。道家的思想表现为以人合天,认为一切顺乎自然、顺乎其本性的精神境界、实践境界,就是一种天人合一的境界;儒家思想则倡导以天合人,其思想原理的体现就是天道即人道,讲求天人相知、契合贯通。"天人合一"观念中"天"主要有三层意思:一是自然之天;二是义理之天或称道德之天;三是宗教之天或称神性之天。从思维模式而论,"天人合一"的思想观念就是以人道理解和规范天道,反过来又以宇宙终极的天道观诠释和论证人道,追求人与天地自然的协调和谐关系,追求真、善、美合一的境界。

"天人合一"是中华民族一个既根本、又独特的思想观念,是崇尚自然、走向自然的中华传统文化的基本原型和深层指南,故对中华传统文化各个方面都具有渗透、浸润、贯通与统摄的作用,并对古人价值取向、行为模式、审美情趣、思维方法等产生深远的影响。如哲学家冯友兰指出:"道家的最高境界,是'得道'的境界。佛家的最高境界,是'证真如'的境界。'证真如'的境界以及'得道'的境界,都是所谓同天的境界。"又如中国古建筑文化的特点就是追求与天同源同构,与自然和谐统一,屋宇与宇宙的起源观念上相似相通。战国《尸子》云:"天地四方曰宇,往古来今曰宙。"而《说文》则曰"宇,屋边也";《淮南子·览冥训》高诱注"宙,栋梁也"。清代陈梦雷《周易浅述》谓:"栋,屋脊,承而上者;宇,橡也,垂而下者,故曰上栋下宇。风雨动于上,栋宇覆于下,雷天之象,又取壮固之意。"再言古建筑屋顶、屋檐、翘角向天的张力,把视线引向天穹,都强烈地表现了在天人合一观念意识中展开的建筑思绪。尤其是中国古都建筑设计思想更是充溢着法天象地、"象天设都"的寄喻和比附,宫殿的每一部位可以说都寄托与象征着天地相应、人神一位的观念意识。明清故宫、天坛以及山陵的布局形制中就渗透着天人合一观念的象征艺术和精神,给今人提供了一个充满神秘魅力的天朝帝都典范。"天人合一""万物一体"也可称是中国审美文化之精魂。如中国古代音乐观就是建立在天人相"和"之思想基础上。《尚书·尧典》曰"八音克谐,无相夺伦,神人以和";《吕氏春秋·大乐篇》则云"凡乐,天地之和,阴阳之谓也"。中国古代对书画艺术品的最高赞誉,就是其合于天地造化,书画线条流贯着宇宙之气和人性之情。如唐代张彦远《历代名画记》赞颂绘画祖师史皇:"始善图画,创制垂法,体象天地,功侔造人。"张怀瓘《书议》等对书法美学要求"幽思入于毫端,逸气弥于宇宙";"探文墨之妙有,索万物之元精"。而清代布颜图《画学心法问答》则赋诗曰:"放眼空天境始开,烟消一点一尘埃,鸿蒙万古朝元意,要汝聪明会得来。"人必先有其魂,方可言艺术之作为。中国古代"天人合一"的观念始终是"精骛八极,心游万仞"的古典文学的核心观念。如刘勰《文心雕龙》主张文"与天地并生","为五行之秀,实天地之心。心生而言之,言立而文明,自然之通也"。皮日休曾赞李白诗文"言出天地外,思出鬼神表。读之则神驰八极,测之则心怀四溟";翁方纲推崇杜甫的诗曰:"诗至杜而天地之元气畅泄于此"。由此可见,正是"天人合一"的精神观照,为古代士人创造了一个自由思想的文化空间,使生命意识与天地自然、宇宙意识融契时,获得提炼、升华和超越,如此士人才会有涵盖天人之意、吞吐宇宙之象、包容乾坤之情怀的不朽之作传世。中国古代著名的岳麓书院讲堂匾额上书写着四个大字"学达性天"。宋代理学家邵雍指出:"学不际天人,不足以谓之学。"元代学者认为:"士为学,当笼络宇宙,天之所覆,地之所载,宜皆知之。"(元刘敏中《安南志略·序》)这正是古人在"天人合一"思想指导下的一种博学精神。正是这种"笼络宇宙"的博学精神,促使中国古代士人在天地之间追求一种坚忍达道的精神,创造出无数可歌可泣的动人事迹。综而论之,中华传统文化中凡是精神的升华、思想的超越、情操的高拔、气质的陶冶、真理的感悟等等,无不以天人合一为最高境界,无不以天人合一为最终依据。

第二节　重民思想——以人为本的精神

重民思想是中华文化的悠久传统，它体现了中华文化的人本主义精神，对中国古代政治思想有着巨大的影响。

重民思想源于先秦，《尚书·五子之歌》记载夏代太康兄弟述大禹训诫曰："民可近，不可下。民唯邦本，本固邦宁。"《尚书》中《盘庚》《无逸》《康诰》《酒诰》《召诰》等篇章中还记载有商周统治阶级提出的"古我前后，罔不惟民之承""重我民""施实德于民"以及要"慎刑民罚"等以民为本的思想。周初的统治者在总结小邦周之所以能取代大邦殷的统治原因时，认为这是殷商对人民实行暴虐无道统治而激起反抗的结果。故周武王提出"天视自我民视，天听自我民听"（《尚书·泰誓》）。将天意归结为民意；而周公施政则提出了"敬德保民"的观念。春秋战国至西汉前期，重民思想迭兴高潮，诸子思想从多角度论证君主治国应"以德配天"，民是国家兴亡、事业成功的决定力量及社会财富的源泉。这一时期重民思潮有三个方面的意义：

一是从神本到人本，在天人关系中突显人的地位。如《周易·说卦》曰："立天之道曰阴与阳，立地之道曰柔与刚，立人之道曰仁与义。"这是将天道和人道相提并论。《左传》载，子产谓："天道远，人道迩，非所及也，何以知之?"申繻曰："妖由人兴也，人无衅焉，妖不自作。"又云："夫民，神之主也。是以圣王先成民而后致力于神"；"国将兴，听于民，将亡，听于神。神，聪明正直而壹者也，依人而行。"从这几段文献资料中，可以看到在春秋战国社会变迁时期，对社会发展与国家兴亡根源的思考已从神本转向人本。而这种重人、重民的人本观念意识在儒家思想中也得到集中体现，如孔子曰："务民之义，敬鬼神而远之"；"未能事人，焉能事鬼……未知生，焉知死"。孟子谓："仁者，人也。"《荀子·王制》曰："人有气有生有知，亦且有义，故最为天下贵也。"儒家五经之一《礼经》云："人者集天地之德……五行之秀气也。"这种人本观念的抬头，正反映了从信仰社会向理性社会的跨越。

二是从君本到民本，在国家与社会关系中彰扬民为国本和民为君本的思想。

孟子认为:"桀纣之失天下也,失其民也;失其民者,失其心也。得天下有道:得其民,斯得天下矣。"为此,孟子提出:"民为贵,社稷次之,君为轻。"(《孟子·尽心下》)而荀子则将民众看成是社会与国家事业发展的决定性力量。如《荀子·王制》云:"《传》曰:君者,舟也;庶人者,水也。水则载舟,水则覆舟。"《荀子·王霸》谓:"用国者,得百姓之力者富,得百姓之死者强,得百姓之誉者荣。三得者具而天下归之,三得者亡而天下去之。"有民众支持,得民心者就能够王天下的观念,在战国的许多著作中都可以看到。如《管子·五辅》中道:"古之圣王,所以取明名广誉,厚功大业,显于天下,不忘于后世,非得人者,未之尝闻。"这些民为君本、民为国本的思想观念,是先秦诸子思想家们对历史经验教训的总结,此后历代有作为的统治者大多接受了这一思想观念,因此成为中国传统政治的基石。

三是民无不本,突出民众是一切事业成功的力量。儒学思想家孟子谓:"天时不如地利,地利不如人和。"(《孟子·公孙丑下》)这就是说,在任何事物中同自然天地相比,民众的作用和力量是根本的。在经济方面,诸子思想家们认识到民众是社会财富的来源,《论语·颜渊》记载孔子所言:"百姓足,君孰与不足?百姓不足,君孰与足?"《慎子·威德》谓:"百姓之于圣人也,养之也;非使圣人养己也。"在军事方面,诸子思想家们认识到民众是战争胜负的决定力量。《荀子·议兵》曰:"士民不亲附,则汤武不能以必胜也。故善附民者,是乃善用兵者也。"《管子·重令》则云:"凡兵之胜也,必待民之用也,而兵乃胜。"民众是国家与社会的最广大基础,是政治与经济、军事及各项事业的决定性力量。西汉初政治思想家贾谊在《新书·大政》中总结道:"闻之于政也,民无不为本也。国以为本,君以为本,吏以为本。故国以民为安危,君以民为威侮,吏以民为贵贱。此之谓民无不为本也";"与民为敌者,民必胜之!"贾谊的论述,正是一代又一代士子坚持"德主刑辅"以德治国、为民请命的思想动力之所在。

得民者昌,失民者亡。"得民心者得天下",这是中国历代的贤明君主都懂得的重要道理,是每一盛世皇朝的主要经验总结,凡重民思想能行其道,社会上下津津乐道,那必定是一个朝代国家政治、经济和文化发展的鼎盛时期。西汉文、景二帝与"文景之治"、唐代的李世民与"贞观之治"以及清代康熙、乾隆与"康乾盛世",就是开明君主能够从主观上体恤民情、关心民瘼、重视重民思想并加以实践的典范。

中国古代的重民思想,是历代贤臣良相和进步思想家为维护整个社会与国家利益去制约王权的理论,具有积极的思想价值。但是传统的重民思想并非民主思想,它是巩固君主政体长治久安的一种手段,一种有远见的治国策略。重民的主体仍是君主,还是属于人治的范畴。其人本意识突出的是肯定人性的作用,注重的是人生伦理道德的意义。而民主思想的基本含义则是民众为国家权力的主体,人民直接参政,推行法治,这与王权至上政体是背道而驰的。西方文艺复兴时期倡导的人文主义,强调的是人权,突显的是个性的自由、平等和个体的独立发展。其与人本观念虽有一些内在的相通之处,但是这两种思想毕竟是不同历史时代条件下的产物。

第三节 和合中庸——以"和"为贵、为美的精神

"和合"可称中华文化精神之元,贯通于中华文化的方方面面。"和合"作为一种文化精神,源于阴阳之间相互关系的哲学。《周易·系辞下》曰:"乾,阳物也。坤,阴物也。阴阳合德而刚柔有体,以体天地之撰,以通神明之德。""和合"的本体义体现在《周易》乾卦卦辞:元、亨、利、贞。这四字在《周易·乾文言》称之为"君子四德",释曰"元者,善之长者;亨者,嘉之会也;利者,义之和也;贞者,事之干也。君子体仁足以长人,嘉会足以合礼,利物足以合义,贞固足以干事。君子行此四德者……"又《周易·象传·乾卦》谓:"乾道变化,各正性命,保会大和,乃利贞。首出庶物,万国咸宁。"由此可见,"和合"作为一种价值观,在《周易》思想中已基本确立。《周易》中的和合思想,已将"阴阳合德"原理推演到社会政治关系以及君臣、夫妻、父子等关系的方方面面。

在先秦哲学思想中,从《周易》的"阴阳合德""君子以厚德载物"到《道德经》的"阴阳和谐"、墨家的"兼相爱"以及孔子"中庸之道"的和谐精神,依据对阴阳关系的辩证定位,展示了民族文化中贵和尚合持中的普遍社会心理。先秦至西汉典籍中对"和合"的阐论范围极为广泛,如"和实生物""天物合而成""天施地化,阴阳和合"

"天地合气,人偶自生""天地和合,生之大经也"等,体现了对天地间生命的普遍关怀,孕育了中华文化对普遍生命价值的尊重,对社会和谐理想的追求。《礼记·礼运》中描绘的大同世界理想,就是社会和谐太平的形象体现。和合思想在孔子和谐理论中表现为"中庸"。在《广韵》《广雅》等书中,"庸"有"和"的意义,"中庸"实即"中和"之义。如《中庸》曰:"喜怒哀乐之未发,谓之中;发而皆中节,谓之和。中也者,天下之大本也;和也者,天下之达道也。致中和,天地位焉,万物育焉。"中庸以礼为标准,以中、和为范畴。如《论语·学而》曰:"礼之用,和为贵;先王之道,斯为美。小大由之,有所不行。知和而和,不以礼节之,亦不可行也。"既强调以礼为标准的和谐,又突出了"和为贵"作为思想原则。中庸之道的"和"指的是矛盾事物的统一、和谐。所谓"极高明而道中庸""执其两端而用其中于民""中行""中正之道"等就是这种哲理的运用。从先秦以来产生的和合思想,使中华文化传统具有"有容乃大""兼容并包"的精神底蕴,它已逐渐泛化为普遍的民族和社会心理习惯。在政治上"大一统"观念中,董仲舒《春秋繁露·循天之道》就揉合进"中和"内容,其谓:"中者,天地之所终始也;而和者,天地之所生成也。夫德莫大于和,而道莫正于中。中者,天地之美达理也,圣人之所保守也。《诗》云:不刚则柔,布政优优。此非中和之谓欤!是故能以中和理天下者,其德大盛;能以中养其身者,其寿极命。"在经济上"不患贫而患不均"的思想,文化审美上的"以和为美"的情趣,人际关系上"温""良""恭""俭""让""以和为贵"的准则,夫妻关系上"琴瑟之和"的观念以及家庭关系上"家和万事兴",人体养生上"顺应四时",人生观上"知足常乐"和君子"安贫乐道",君臣关系上"君仁臣敬",民族关系上"协和万邦",思想流派上"和而不同""求同存异",教派关系上的儒释道三教合一,治国思想上"为国以礼""为政以德""揖让而天下治"等,皆是和谐精神浸润会通的体现。

贵和尚合持中庸思想观念的历史积淀,使注重于社会协调的价值取向成为中华民族的普遍思维原则。这一深刻而广泛的思想观念具有双重意义。一方面对保持社会稳定和发展,对维护统一的多民族国家有着重要的积极作用;另一方面,其不偏不倚、允当适度、过犹不及等理念,使中华文化在竞争、进取与创造精神方面存在保守与不足之处,从而在面对近代以来西方文化的严峻挑战时相当一段时间中应对不力。正确地、科学地理解与弘扬中华文化"和合"精神,至今仍是一个不可忽视的问题。

第四节　经世致用——实践理性的精神

"经世致用"是中华传统文化的基本精神之一,它体现了中华文化中积极入世、注重现实、重功效和实践理性的价值取向。

"经世致用"的精神滥觞于先秦诸子百家的思想观念,而《周易·象传》赞扬的刚健精神可称首开其端。其云:"刚健而文明""刚健笃实辉光""天行健,君子以自强不息"。在儒家文化中,强调力行意识,倡导积极入世是一项重要内容。如《中庸》谓:"唯天下至诚,为能尽其性;能尽其性,则能尽人之性;能尽人之性,则能尽物之性;能尽物之性,则可赞天地之化育;可赞天地之化育,则可以与天地参矣。"这里的"赞天地之化育""与天地参"的意思就是指参与天地化育万物的活动。故《中庸》引孔子名言曰:"力行近乎仁。"这是将力行与儒学核心思想和道德理想"仁"相并论述。而《中庸》所云"博学之,审问之,慎思之,明辨之,笃行之",不仅反映了孔子学以致用的思想和追求理想价值实现的精神,而且成为两千多年来士子的座右铭。《论语·宪问》载孔言:"士而怀居,不足以为士矣。"钱穆《论语新解》释曰:"士当厉志修行以为世用,专怀居室居乡之安,斯不足以为士矣。"孔子提倡学以致用,其弟子子夏更提出"学而优则仕",而孟子则主张"穷则独善其身,达则兼善天下";"得志,与民由之;不得志,独行其道。"荀子也曾谓:"君子博学而谋,修身端行。"这些儒学思想不仅体现了经世致用、入世重行的人生观,而且展示儒家求道、乐道的精神面貌。《礼记·大学》中提出"大学之道"有三个纲要:明德、亲民、至善;还有八条:格物、致知、诚意、正心、修身、齐家、治国、平天下。这既是儒家倡导的教育思想,更是一种儒家的入世品格和"经世致用"的价值观和文化精神。春秋战国时期,身体力行、知行合一"经世致用"的观念,在诸子思想流派中有较多阐论,如《墨子》曰:"摩顶放踵,利天下而为之。"《左传》载子产言:"思其始而成其终,朝夕行之。"子皮言:"非知之实难,将在行之。"反映这一思想观念已相当普遍。

"经世致用"不仅是一种教育思想或学术观念,甚或是一种匡时济世的方法论,更重要的是有着"精义入神以致用"的丰富精神内涵。可以说,在中华文化中占有主导地位的儒家精神正赖此支撑和践行。"经世致用"突出的是"用"的意义，"知行合一"彰显的是"行"的意义。"用"和"行"不仅是检验思想理论的标准，并且也是衡量是非善恶的尺度。因此，"用"和"行"必须具有高尚的人品、人格和人道，必须具有崇高的气节和操守精神。这才是"用"和"行"的真谛，其表现如下：

第一，自强不息的奋发精神。在"用"和"行"上，注重士人内心品格的修养，崇尚至大至刚、傲然卓立的气节操守。《论语·雍也》载孔子对弟子颜回"一箪食，一瓢饮，在陋巷，人不堪其忧，回也不改其乐"之精神大加赞扬，并提出"三军可夺帅也，匹夫不可夺志也"(《论语·子罕》)。孟子认为气节就是"至大至刚，以直养而无害，则塞于天地之间"之"浩然之气"(《孟子·公孙丑上》)。《孟子·告子下》曾列举一批受困厄而奋发有所作为者："舜发于畎亩之中，傅说举于版筑之中，胶鬲举于鱼盐之中，管夷吾举于士，孙叔敖举于海，百里奚举于市。"认为只有在困境中磨练、百折不挠的奋斗者才能有所成就。司马迁《报任安书》曰："文王拘而演《周易》；仲尼厄而作《春秋》；屈原放逐，乃赋《离骚》；左丘失明，厥有《国语》；孙子膑脚，兵法修列；不韦迁蜀，世传《吕览》；韩非囚秦，《说难》《孤愤》；《诗》三百篇，大底圣贤发愤之所作也。"这是他列举历史上身处逆境而奋起、遭遇厄运却不馁、发愤著书的先人来激励、鞭策自己，从而"就极刑而无愠色"，撰成千古"史家之绝唱"的《史记》。"经世致用"中必须具备一种坚忍顽强、不屈不挠、自强不息的奋发精神。

第二，正道直行的人生观念。这种观念表现为注重操守、弘扬志气、主持正义、推崇仁义。孔子所说的"己所不欲，勿施于人"；孟子提倡的"富贵不能淫，贫贱不能移，威武不能屈"；历代所褒扬的见义勇为，当仁不让，"杀身成仁""舍生取义""死守善道"，所推崇的道义气节、刚正不阿、扶正压邪以及"穷且益坚，不坠青云之志"和"出污泥而不染"的精神等，这种正道直行的观念孕育、熏陶、激励了中国历史上无数志士仁人、民族英雄，为坚持与捍卫正义，忍辱负重、宁折不屈、视死如归，成为中华民族的典范。

第三，以天下为己任的爱国精神。春秋战国以来，"经世致用""力行"精神又表现为强调将国家民族的前途命运放在首位，倡导以治国平天下为士人力争达到的至高境界。《论语·泰伯》曰："士不可以不弘毅，任重而道远。"司马迁在《史记·廉颇蔺相如列传》中赞扬"先国家之急，而后私仇"；岳飞《满江红》中"怒发冲冠,凭栏处,潇潇雨歇,仰天长啸,壮怀激烈……待从头,收拾旧山河,朝天阙";文天祥在狱中所作《过零丁洋》诗中震铄千古的绝唱"人生自古谁无死,留取丹青照汗青";晚明东林党人首领顾宪成所书的对联"风声、雨声、读书声,声声入耳;家事、国事、天下事,事事关心";顾炎武大声疾呼的"天下兴亡,匹夫有责",以及黄宗羲"锋镝牢囚取次过,依然不废我弦歌"等。这些名诗名言,无一不是以天下为己任,为国家鞠躬尽瘁、死而后已的情怀与精神的生动写照。正如鲁迅所指出的:"我们自古以来,就有埋头苦干的人,有拼命硬干的人,有为民请命的人,有舍身求法的人……虽是等于为帝王将相作家谱的所谓'正史',也往往掩不住他们的光耀,这就是中国的脊梁。"

第四,具有历史责任感的忧患意识。徐复观《中国人性论史》中说:"忧患心理的形成,乃是从当事者对吉凶成败的深思熟虑而来的远见;在这种远见中,主要发现了吉凶成败与当事者行为密切关系,及当事者在行为上所应负的责任。忧患正是这种责任感来自要己力突破困境而尚未突破的心理状态。"经世致用中的忧患意识最初萌芽于周代初期诸王忧政不稳、民不安业,而以敬天保民为己任的思想观念。而《周易》就是一部抒发忧患意识的著作,其《系辞》中云:"易之兴也,其于中古乎?作易者,其有忧患乎?"又曰:"君子安而不忘危,存而不忘亡,治而不忘乱。"这是教导士人应以国家社稷安危为重,从而将忧患意识升华为居安思危的民族性生存智慧。司马迁《史记·屈原列传》曰:"离骚者,犹离忧也。"指楚国诗人屈原的《离骚》是一部对国家社会充满忧患情怀的杰作。先秦儒家对忧患意识可谓注入更多的内容。《论语·述而》载孔子言:"德之不修,学之不讲,闻义不能徙,不善不能改,是吾忧也。"这是孔子在忧虑道德教化能否推广天下,故提出忧道意识,即"君子忧道不忧贫"。《孟子·离娄下》曰:"君子有终身之忧,无一朝之患也。乃若所忧则有之;舜,人也;我,亦人也。舜为法于天下,可传于后世,我由未免为乡人也,是则可忧也。"这是孟子在追求自我道德完善过程的一种忧思。当然,作为儒家学说的代表者,孟子对于战国之动乱局面,其既有"夫天未欲平治天下也;如欲平治天下,当今之世,舍我其谁与"(《孟子·公孙丑下》)的大丈夫气概和历史责任感,更多的则是"忧以天下""忧民之忧"(《孟子·梁惠王下》)的忧国忧民忧天下之忧患情怀。由于儒学在中华文化思想上的主导地位,忧患意识的影响是深远的,作为一种具有历史使命感的思想传统不断陶冶和激励着中国古代士人。宋代政治家范仲淹所撰《岳阳楼记》中抒发忧患情怀曰:"不以物喜,不以己悲。居庙堂之高,则忧其民;处江湖之远,则忧其君。是进亦忧,退亦忧。然则,何时而乐耶?其必曰:先天下之忧而忧,后天下之乐而乐矣!"范氏之忧,不仅可谓儒家忧患意识之集大成者,而且可称是经世致用之学的最高境界。毋庸讳言,囿于时代历史条件的局限性,儒家经世致用的爱国精神、忧患意识是与封建道德伦理以及忠君思想联系在一起的。然而作为古代社会的一种文化精神和行动哲学,其积极的正面价值观不可低估。

中华文化传统中"经世致用"精神以及国家民族与社会的观念,不仅孕育、涵养和激励了历代士人为国为民为天下锲而不舍追求真理、建立事业的传统,而且其重实践、重人事的理性,力行践履的积极入世品格,"死有重于泰山,或轻于鸿毛"之人生哲理以及有所作为、刚健自强的精神,抑制了中国士人对虚幻出世和彼岸世界的沉迷,陶冶和融炼了中华文化非宗教性特征。正如梁漱溟在《中华文化要义》中指出:"几乎没有宗教的人生,为中华文化一大特征。"这使中华文化的理性拓展和文化自觉减少了桎梏与束缚。

中华民族精神是中华民族文化价值体系的方向,体现了民族共同心理素质和把握世界的思维模式,是中华民族的精神源泉。中华民族精神是中华民族在长期社会历史发展中凝聚而成的。作为中华民族的思想文化价值的集中体现,作为一种精神凝聚力(又称内聚力),它们是维系国家统一、民族团结的精神纽带,发挥着推动社会进步、培养人格精神的思想动力作用。美国社会学家戈登(Milton. M. Cordon)曾提出研究民族集团融合程度的七个方面或变量:第一,文化差异的消失;第二,(正式与非正式的)社会组织网络的相互进入;第三,族际通婚增加;第四,民族意识的淡化;第五,民族偏见的减弱;第六,民族歧视行为的消除;第七,价值观与权利冲突的减少。从这一组复杂的变量系统反观中华文化传统中共同的思想价值观和心理素质所形成的精神凝聚力以及人们由此形成的趋同行为,可见它们在整合、协调、完善、统一社会内在力量以及激发民族自尊心、自信心和民族自豪感方面所具有的伟大作用,对中华民族的内部团结、国家统一以及社会稳定所发挥的极大维护与巩固的功能。中华民族精神中彰扬生命的价值在于道德升华的意识,强调经世致用、知行合一以及以天下为己任的爱国精神,突显正道直行的人生观念,追求自强不息的奋发精神和具有历史责任感的忧患意识等,对培养人们的道德修养和高尚情操、提升人的精神境界具有陶冶、激励作用。对中华传统文化的积极因素加以发掘、继承和吸收并注入新的时代精神,必能有力地推动中华文明实现传统向现代转化,实现传统民族精神的现代超越,实现中华民族的伟大复兴。

第一编

多元一体

中华文化是中华各族人民创造的文化财富的总称,中华文化的主体是创造多元文化的各族人民。理解中华文化,就要了解中华民族的发展历史。

中华民族是一个动态的概念,是历史不断演进的结果。上古时期,其一部分被称作华夏中国,另一部分被称作蛮夷戎狄。秦与汉的统一使之获得了后世广泛认同的主要的统一称谓:至今世界称中国为China,即源于秦;而汉在后来的历史时期里,成为民族主体部分的称谓。南北朝时期中华各族大迁徙、大融合。至隋唐统一,中央与边裔的基本格局大体稳定,而"唐人"至今仍为外人用来称呼中国人。辽宋夏金诸政权并存,其中心呈微弱优势不断转移,中华各族又一次大迁徙、大融合。此后之元、明、清诸王朝分别由蒙古族、汉族、满族所建,而以大元、大明、大清称之,王朝名那时便作为民族整体的代表性称谓。

但是,以往这些称谓,总存在着一种中心和边缘的意味。尽管中国历史上有许多民族团结的佳话,但各族事实上的不平等又大量存在。到了近代,整个中华民族遭遇前所未有的危机,帝国主义的侵略使我们这个民族濒于崩溃的边缘。辛亥革命在推翻清王朝的同时,举起了中华民族的大旗,于是,"中华民族"成为全体中国人的统一称谓。

中华民族是一个整体称谓,是中华各民族群体的总称。在历史上,这个多民族的群体有着共同的生活地域,且相对与外界隔离,如东面是大海、西面是高山、北面是大漠、南面是丛林,中华民族就在这样一个自成一体的地域里生息繁衍。在数千年历史演进中,各民族文化相互交流、相互借鉴,呈现出你中有我、我中有你的局面。在制度上、文化心态上,有着较高的一致性。农业、手工业和畜牧业的相互依存是中华民族经济生活的重要特征,各民族生产因地域或历史的因素形成分工和差异,这种分工和差异成为他们互相交流的前提。而政治上的大一统是中华民族一体化的重要依据。所以,中华民族这个概念是一种历史的实在,而不是现实杜撰。如今在中国境内生息的56个民族,除朝鲜族、俄罗斯族等少数几个是从境外迁入的之外,其他各族都是在中国这片土地上诞生和发展的。各族人民以自己的智慧和劳动创造了各自的文化,并会合而成中华民族文化的华美乐章。

多元一体是中华民族历史与现实的写照。各民族有碰撞,但融和发展却终究是主流。多民族共同创造文化,多民族共享文化成果,是中华民族这一伟大民族长盛不衰的秘诀。一个封闭的民族必定灭亡。中华民族是开放的,不仅表现为对外来文化的开放,更重要的是内部各族文化的共享。经过了夏商周三代不断发展,至秦汉之际,形成了一种以汉字典籍为核心的文化传统,成为后世各族群认同与归向这个伟大民族的标尺。此后各族所建立的政权,大体上都以这些资源为立国之本。对文化传统的这种认同,不是简单的汉化,而是对传统资源的占有、继承、丰富与发展,故无论哪一个族群,都是中华民族这份文化遗产的主人。

中华民族面临着伟大复兴的契机,在这一时刻,我们可以更深切地感受到其历史发展的雄浑气势。

第七章

多元并举,辉煌起步

第一节 前文明时期的古老人种

生活在亚洲大陆上的中国人有着十分悠久的历史。在远古旧石器早期,这片大陆上就有直立人在活动。

云南元谋发现的直立人门齿化石、头盖骨化石和下颌骨化石,是我国最古老的直立人遗存。元谋直立人是南方古猿纤细型向直立人过渡阶段的一种形态,他们能够使用较为粗糙的石器,其体态尚带有猿类特征,而直立行走及脑容量的增长,使他们逐渐跨入人类种属的门坎。他们生活在距今约一百七十万年前。

陕西蓝田的直立人生活在距今115万—60万年以前,就所发现的头骨来看,蓝田人头骨骨壁较厚,额部后斜,前额低平,平均脑容量为778毫升,与现代人差距较大。但他们能够使用石制手斧及刮削器。

北京人的出现代表了中国古人类划时代的进步。他们生活在北京周口店一带,距今大约五十万年。北京直立人头顶比较低矮,前额较扁塌,颅骨顶部与底部之间呈圆弧形过渡,没有枕骨圆枕,却在中部有一块突出的枕外隆突,门齿粗壮,呈铲形状。其平均脑量为1075毫升,男性身高约为1.62米,女性身高1.52米左右。他们除了能够使用丰富的石器外,还能使用天然火。

在智人阶段,即旧石器中期的古代先民也留下了丰富的文化遗存。早期智人比直立人头盖骨更薄,脑容量更大,动脉枝更复杂,颧骨更加突出,眉嵴较平直而非前突弧状,与欧洲、非洲以及西亚的早期智人明显不同,已经表现出蒙古人种的某些特征。大荔人、丁村人、马坝人和长阳人等都是这一阶段人类的代表。

大约距今五万年前，人类进入了晚期智人阶段。这一时期我国境内的古人类已经基本属于蒙古人种。他们是中华民族的直系祖先。山顶洞人、柳江人、资阳人、河套人、安图人和丽江人等，已经具备了蒙古人种的大部分基本特征。他们的共同特点是：脑容量、脑内动脉枝以及智力水平已经与现代人接近，面部形貌和现代人相差无几，如颅骨变高变薄，头骨宽度上移，额部丰满，眉弓变矮，吻部后缩，牙齿变小等。他们的工具变得较为细致，石器丰富，骨角器有较大的发展，出现了骨针和工艺品及装饰品。

大约从公元前一万年开始，我国先民进入了新石器时期。从工具上看，主要有磨制石器、陶器，精美的彩陶也出现了；从产业上看，原始农业、畜牧业产生了；从社会制度上看，先民已经进入了母系氏族社会，并开始迈向父系氏族社会。宗教信仰也十分丰富，艺术创造进入了一个新的时代。中国新石器时期的文化是中华文明的直接源头，新石器时期的先民是中华民族的直接祖先。新石器时期的文化有丰富的遗存，仰韶文化和河姆渡文化分别代表了北方粟作农业与半地穴居所村落文化、南方稻作农业与干栏式居所村落文化。北方的红山文化、马家窑文化也异彩纷呈。

大约从公元前三千五百年开始，先民进入了铜石并用时期。这时文明程度进一步提高，生产能力加强，文化有更加长足的进步。后代的许多文化观念、宗教信仰均能在这一时期人们留下的遗迹中找到踪影。其代表性的文化有龙山文化、良渚文化，在那里，文明的曙光开始照耀大地。那时期不同区域的先民，直接繁衍了后代中华各族人民。

前文明时期的古老人类是中华各族人民的祖先，这说明中华文明：第一，历史悠久，时代古远。第二，多元生成，遍地开花。尤其是在新石器时期，东西南北均取得了独特的文化成就，为多元的中华文明奠定了基础。第三，这些多元的群体表现出相对的一致性。从人种学上看都是蒙古人种，说明我们的先民在生物学意义上大体同一，有共同的血缘基础。而文化上也表现出大陆文明的统一特征。这为一体化建设在多方面做好了准备。先民们在文化和生理方面的统一性说明，各群体间的交流是历史的实在，也是民族走向融合与发展的动力。

古老的人种演进为中华民族的孕育提供了基本的生理前提和文化前提。

第二节　传说时代的族群

新石器时期后期,尤其在铜石并用时期,历史发展状况通过传说保留了下来,结合考古资料,我们能大致勾画出那个时期古老族群的基本情况。传说中的帝王大体上是不同族群的领袖与祖先。

从伏羲、女娲到炎帝、黄帝,再到尧、舜,这段历史扑朔迷离,而此时的族群关系也十分复杂。古今学者对此有多种理解,大致有以下几种看法:

(一)司马迁据《大戴礼》等文献,认为黄帝、颛顼、帝喾、尧和舜是一脉相承的,即五帝属同一统绪,为同族。此说影响很大,以后的史学著作大多沿袭其说。当代一些史家认为黄帝及其后续诸帝统治下的万国与诸侯是一种联盟关系。五帝下的群体掌控核心权力,在联盟中起到主要作用。这个联盟长期主导整个大陆主要区域的社会生活。

(二)今人蒙文通的江汉民族、河洛民族、海岱民族"三民族说"。他认为,上古时期,民族众多,她们各有所自。江汉之族,共工氏主之,来自女娲、炎帝系,蚩尤、鲧也属此类;河洛之族,黄帝之后主之,颛顼最著;海岱之族,伏羲之后,太昊、少昊统治其间。这种将地域与民族联系起来的分析方法,是分析多民族历史的一种新视角。

(三)今人徐旭生的"三集团说"。他在名著《中国古史的传说时代》中,认为古代三集团为华夏集团、东夷集团、苗蛮集团。华夏集团即炎黄集团,是炎帝和黄帝的后代,它发祥于陕西黄土高原,沿黄河散布于中国的北方和中部一些地区。东夷集团为太昊、少昊和蚩尤集团,活跃于山东、河南以及江苏的运河以东地区。苗蛮集团祝融氏出于颛顼,谓之三苗,但颛顼不属苗蛮,欢兜也是其中领袖,其中心在湖南湖北。

我们认为这段历史中的族群关系可以氏族外婚理论来解释。

在氏族生活中,一个氏族是不能单独存在的,它必须与另外一个氏族组成婚姻联盟才能使氏族社会得以维持和发展。这就是人类学中的两合婚理论,它强调

>>> 从伏羲、女娲到炎帝、黄帝,再到尧、舜,这段历史扑溯迷离,族群关系也十分复杂。图为山东钟祥出土的有关黄帝的画像石。

在氏族发展过程中,两合婚姻联盟是必要的,单一的氏族是不能存在下去的。而图腾外婚制度也有力地说明,没有单独生存的氏族存在,他们必须是成双成对的。据此,帝王的单线传承模式,不同区域的某一氏族独自经营或者同一集团的不同派系共同经营的解读模式,便难以成立。三皇五帝的单线传承就不如两两联盟更能反映传说时代的实在。

就现有传说和考古材料分析,我国传说时代确实存在着不同程度的两合婚的氏族联盟。他们或者呈代际关系上下传递,或分立各处各治一方,但两个氏族总是以两合的形式如影随形地相伴在一起。在考古资料中,在仰韶文化中就已存在的蛙与鸟的结合图案,一直延续到马家窑文化中,证明以蛙为图腾的氏族与以鸟为图腾的氏族具有联盟关系。在陕西宝鸡出土的鸟鱼相衔图、陕西武功出土的鸟鱼相衔图、四川三星堆的鸟鱼相对图案,都是图腾外婚的证明。

在传说中,氏族的两合联盟呈代际和区域关系排布,存在着高度统一性。伏羲、女娲是最古老的一对联盟,最初活跃于陕、甘一带,于仰韶文化和马家窑文化中均有表现。他们是传说中的第一代联盟。他们的后代遍布神州大地,很多还袭用他们的名号。中原、西南和东南一带都能见到这一联盟文化的强烈影响。其在陕西一部演为少典氏和有蟜氏,诞生出新的一代,即炎帝和黄帝联盟,他们各传八代,成为影响中国历史的重要一支,他们所建立的道德伦理规范为后代广泛继承。我们看到他们的后裔不断东移,颛顼和帝喾的联盟进入河南一带,把仁爱与和平的精神传承下来。颛顼对古代宗教进行了整理,并由此而建立了新的秩序,影响十分深远。他们的直系后裔是尧、舜联盟。尧、舜的婚盟关系是显而易见的,他们共同主持联盟事务也是显著的事实。他们的事业进一步东移,在今山东、江苏、浙江一带展开了波澜壮阔的历史画卷,而其政治伦理体现出的崇高境界更成为神圣的楷模,深为孔子及其后儒所仰慕。

传说时代的四代主要联盟:伏羲—女娲联盟、炎帝—黄帝联盟、颛顼—帝喾联盟、尧—舜联盟,构成了一脉相承的文化传统和种族谱系,是早期中华民族的文化奠基者。如果说中华民族有一个中心为后世广泛继承,那肯定是由这四代联盟所奠定。后代各族人民认同他们为祖先,主要是认同其德治文化。民族的统一性源于文化认同,已成为历史的实在。中华民族不是种族集团,而是文化集体,这是我们认识中华民族的一个基本立足点。

其他的联盟大都与以上联盟有密切关联。鲧与禹是一对联盟,鲧为尧所分化的一支,其图腾为三足鳖,禹为长蛇氏族,联盟所体现的标志是龟蛇一体的玄武,这已逐渐成为学界的共识。他们之间有父子关系,与鲧禹联盟并不矛盾。禹父为鲧,反之鲧族子女之父也来自禹族。鲧禹既是首领名,也是氏族名。由于禹族的励精图治,他们开创了一个新的时代,成为三代文化的直接奠基者,而禹王因其自身的辉煌业绩,也成为新一代精神领袖,并作为社神广受崇拜。许多族群因此将他认同为自己的祖先,进一步扩展了文化统一的空间。

南方的重与黎的联盟,是尧舜联盟南浙两湖流域的结果。而在西南,黄帝族后人与嫘祖(蚕氏族)的联盟以及与肜鱼(肜鱼氏族)的联盟还在继续。东部的太昊少昊也在继续其事业。他们与四大联盟之间存在着较多的关联,在边缘地带与其他氏族融和。

传说时代的族群与文化为夏商周三代的民族发展奠定了基础。

第三节 夏商周族群关系

建立王朝标志着中国跨入了文明时代的大门。夏商周是三个王朝,也是三个族群。他们之间既是并存的,又是前后相继的。他们之间有文化差异,但从本质上讲是统一的。依《史记》记载,他们都是黄帝族的传人,三者应是一家。所谓三代,实际上是势力消长的另一种表述。而所谓王朝与后代的专制国家是不一样的,它大体上是一种以盟誓为基本手段建立起来的联盟。夏主天下时,商族与周族属之;而商主天下时,周族与夏族属之;周主天下,夏族之杞与商族之宋等依然活跃,只是处于权力边缘而已。

在这种并存状态下,在夏商时期,他们之间有较为明显的地理分野。大体上,夏商居东,而周处西。由于每个族群都有复杂的成长历史,他们之间虽有地理之异,实际上交流密切。夏商的活动区域主要在河南境内,相互关系密切,相对而言,周最初则显得孤立一些,文化相对落后一些。直至统一天下后,接收夏商文化遗产,才取得突飞猛进的发展。

夏为龙族,为禹长蛇之族发展而来,故夏王多乘龙者。夏之治所在河南登封。"夏"意为大,则夏有大国之义,也有中土之义,而所谓华夏即是中国。这个概念意义极为深远,后来的中心与四方格局即是此时开始奠定的。龙成为夏族的基本文化标记。

商为鸟族,神话有所谓玄鸟生商,说商祖契乃其母简狄吞玄鸟卵而生。一般认为,这是后世凤的基本来源。夏商文化构成了中国龙凤文化的基本格局。

商族文化颇多浪漫色彩,商人好祀鬼神,并创造了发达的青铜文化。我们现在所知的文字主要是商代文字,可见其文化水准已经很高。但商文化继承了夏的遗产,并自称是大禹之后。商不毁夏社,实际上还在祭祀夏禹,明显地表明文化的一致性。商朝国家的边裔有着非常多的族群生息,他们与商族存在复杂的关联。

周为巨人族的后代。周灭商,但其文化兼有夏商之长,并制礼作乐,开创又一新局面。文王本生于东夷,后移于西部。但周主宰国家后,便不再是夷狄,而是中夏。中夏、华夏本是地域之名,只是该地域较为特殊,是文化中心区域和政治中心区域。于是,在周代文化观念中,形成了关于族类的中国(华夏)与蛮夷戎狄的族群观念。华夏为周族及其盟友,居天下之中。部分派往他方,以变四夷。西戎大抵为氐羌之族,是炎黄后裔。北狄据称为黄帝之后,始均为其祖。南蛮为重黎氏后,尧舜苗裔。东夷则二昊之后。这种族群格局从种族上讲没有差异,都是一脉所传。周强调中夏的主导,又承认文化的差异,力图建立一种和谐的族群格局。

东周时期的百家争鸣,诞生了儒道等几大文化派系,确立了中华民族的基本的文化价值取向。而分封制度下的地域特色也成为后世区域文化的基本标志,如齐鲁文化、三晋文化、吴越文化、荆楚文化、秦文化等,在华夏文化内部也构成多元局面。

三代族群的交融已经为一个强大的共同体的产生作好了文化准备。

上古时期,中华民族孕育出健康的胚胎。一体多元的雏形基本铸就。

第八章

四海一统,九州攸同

第一节 文化根本的确立

战国后期,地处西北荒野、一向被中原视为西戎的秦国励精图治,广纳贤才,终于成为"七雄"中实力最强的国家,并于公元前221年扫平六国,建立了我国历史上第一个专制集权的封建帝国。随后,秦王朝在政治、经济和文化诸方面推行了一系列对后世影响深远的措施,以巩固统一形势。继秦统一中原的汉朝是中国历史上王祚最久的朝代,历时四百余年。汉朝继续实施卓有成效的巩固中央集权的政策,成为大一统的政治局面巩固发展的重要阶段。

秦汉时期,中华文化主体的基本形成,得益于秦汉统治者的诸多措施:

(一)汉文字的统一和规范化。许慎在《说文解字·序》中指出:战国之时,"分为七国,田畴异亩,车涂异轨,律令异法,衣服异制,语言异声,文字异形"。各国的文字虽基本相同,但字形繁简和偏旁位置却有较大的差异,对各国之间的文化交流相当不利。秦朝建立后,李斯受命统一文字,他以秦篆为基础,制定小篆,写成范本,推行全国,这是中国历史上首次实行文字的统一。汉代流行隶书,当时称为今文,而小篆及先秦的其他文字则称为古文。以后历经东汉、三国和东晋书法家的改进,创造出楷书这一通行至今的书体,汉字实现了规范化。汉字是中华文化的主要媒介,在传播华夏的辉煌文明、维护国家的政治稳定、塑造共同的民族心理、巩固和发展中国的统一方面发挥着持久的影响力。

为配合文化统一,厘定和统一字义、词义的工作也同时展开,早在先秦,即已开始有辞书、字书的编撰。传世至今的第一部汉语词典《尔雅》即于战国开始编撰,最后完成于西汉。两汉时期完成的字典辞典代表作还有扬雄的《训纂篇》以及他在实地调查的基础上所著的《方言》,东汉刘熙的《释名》,许慎的《说文解字》。大量字书、辞书的编撰,顺应了全国政权统一后各地文化交流的客观要求,同时也促进和加强了这种时代的统一大势。

(二)儒家思想统治地位的确立。秦始皇统一全国后,有感于思想领域诸说并行,一些食古不化的读书人以古非今,散播裂土分封的言论,妨碍国家统一,遂断然采取了焚书的措施,并下令禁止私学,只允许"以法为教,以吏为师"。尽管统治苛暴的秦王朝很快就自食其果,在斩木为兵、揭竿为旗的人民起义中被埋葬,但是自秦开始的统一行政、统一文化的措施却被各朝各代所遵奉和强化。汉初暂行黄老之术,到汉武帝时,经董仲舒、公孙弘等《春秋公羊传》学派代表人物的理论鼓吹和政治实践,"天人相与"的自然哲学与人生哲学、"大一统"的政治主张、"三纲五常"的伦理观念以及"习文法吏事,而又缘饰以儒术"的施政准则得以确立,汉武帝推行"罢黜百家,独尊儒术"的政策,实现了儒法的合流,树立了孔孟学说的统治地位,奠定了民族认同的基础。

(三)移民浪潮的开始。秦汉统一全国后,中原地区的人口流动也以前所未有的广度和深度展开,掀起了波澜壮阔的移民浪潮。首先是流动范围大大地拓展了,不再是一个诸侯国内部的转移,或是从一个诸侯国迁往邻国,周游天下的侠士和辩士毕竟是零星的和小规模的,而秦汉时期在统一王朝的疆域内,长途跋涉数千里、历时数月的移民行动则不在少数。其次是迁徙规模大,动辄上万人,浩浩荡荡地移居异地。每一次移民实际上都是一次文化的转移和传播,最终使全国各地的文化差异缩小,共同点增多。在王朝的军队里,我们能见到各族战士的身影。

由于这些措施的推动和经济、文化的发展,秦汉统治区内初步形成了一个民族共同体。秦建立后即"南戍五岭,北筑长城,以备胡越",采取一系列措施经营国防。继起的汉朝在此基础上在各个方向又有所开拓,从而确立了东自辽东,西及帕米尔高原,北起长城,南至百越,纵横各数千里的广袤疆土。以长城为界,其整个南部都成为秦汉人民活动的舞台,在这个舞台上,人民从事男耕女织的小农经营,和其他游牧民族之间具有鲜明的界线,形成"长城以北,引弓之国,受命单于;

长城以内,冠带之室,朕亦制之"(《史记·匈奴列传》)的格局。在这个广阔的疆域内统一度量衡、修驰道、统一车轨宽度、统一货币,这些措施有利于秦汉统治区内商业的发展,促进了各地区间的经济交流。一个建立在各地区互补交流、密切合作的基础上的经济实体初步形成。由于政府的大力倡导和社会发展的客观要求的吸引,统一的文字、统一的语言得到推广使用,地区方言也因长期交融而日益接近。儒家伦理规范深入人心,成为指导人们言行的共同准则。宗教观念则以敬天祀祖为核心,同时也相信万物有灵,对各种宗教信仰兼容并包。居处则往往合族而聚,重视家族宗法,形成根深蒂固的同姓同宗的宗亲观念。概括言之,即是《中庸》所述:"今天下车同轨,书同文,行同伦。"凡此种种,都表明一个"有共同语言,共同地域,共同经济生活及有表现于共同文化上和共同心理状态的稳定的人们共同体"——民族,已然成型。

第二节 汉族族称的确定

先秦时期,中原的主体民族称为"夏""华""华夏",或以王朝名称之。在华夏族内部,诸侯国之间则互以国名区分。秦始皇统一诸夏后,区域内的属民被他族呼为"秦人",因其自认居天下之中,亦称中国人。

"汉"作为族称源自汉代。由于汉朝存在了四百多年,在我国历史上和民族关系史上起过重要的作用,因此,这一族称不仅用于指称汉朝,也成为这一族体的通称。随着时间的推移,它甚至逐渐取代"夏""华"和"华夏"而得到更广泛的认同。

"汉"最初是用来指称秦亡后趁机崛起的义军中的刘邦一支,由于他被项羽分封到险峻的汉中为汉王,故其军队以汉军为名,及至刘邦扫平天下,建立政权,便以汉为其王朝之名。从此,在汉与其他民族的交往中,无论是自称还是他称,都广泛地使用"汉"这一名称,如汉军、汉兵、汉吏等,此时的"汉"尚与汉王朝政权有较密切的联系,打上了较深的王朝名称的烙印。汉武帝之后,又出现了"汉人""汉民"之类的称呼,例如,公元前101年(武帝太初四年)贰师将军李广利复征大宛,围攻宛城,城内贵族杀死其王向贰师将军请和,曰:"汉毋攻我,我尽出善马,恣所取,而给汉军食。"平帝时,中郎将平宪奏称:"羌豪良愿等种,人口可万二千人,愿为内臣,献鲜水海允谷盐地。平地美草皆予汉民,自居险阻处为藩蔽。"到了东汉,"汉人"和"汉民"之类的称呼愈来愈多起来。公元33年(建武九年)司徒掾班彪上书提到,"今凉州部皆有降羌,羌胡披发左衽而与汉人杂处,习俗既异,言语不通"。公元136年(顺帝永和元年)武陵太守上书建言:"蛮夷率服,可比汉人,增其租赋。"和汉前期相比,这时的"汉"已经不知不觉地转换成了人们共同体的标志,与国家政权的联系渐趋淡化,纯粹作为族称之"汉"已经呼之欲出。

三国两晋南北朝时期,"汉人""汉民"之类称呼不但没有随汉朝政权的覆灭而退出历史舞台,反因为入主中原的民族成分更加复杂,而时常见诸时人的言论和典籍。隋唐及以后的历朝,除以朝代指称人民外,"汉人""汉民"也始终被沿用。如南齐王融在上世祖武皇帝的疏状中称,"房前后奉使,不专汉人,必介匈奴,备诸觇狱",以汉人与匈奴对称;又如,《水经注》中说,"吐京郡故城,即土军县故城也。胡汉译言,音为讹变矣",以汉语与胡语并举。大唐不但被称为唐朝,且可被称为汉朝。可见,"汉"已成为稳定的族称,广泛地被各民族人民使用来作为他称或自称了。

汉族的形成是中国历史上一件极为重大的事件,因其在我国境内分布最为广泛,人口最为众多,文化最为先进,自然成为我国的主体民族,对我国历史产生至为深远的影响。

对于汉族这个强大的族群,以一般的民族概念是难以解释的,它的文化复合程度,族群的交融程度,与现代一般意义上的民族存在很大差异,实际上更多的是一种文化共同体。汉族内部的差异,在有的时候远远大于与其他民族的差异。汉族是一个以汉字文化为基本交流工具、以汉字经典为基本价值取向的文化共同体。汉族的形成是中华民族文化得以长盛不衰的一种保障。

第三节 汉匈和亲

对匈奴的战与和,是秦汉民族生活中的一件大事。

匈奴族发源于今内蒙古自治区大青山一带,是先秦时期的北方诸族相互交往融合并吸收周围各族人民而发展起来的一个强大族群。莫顿任联盟首领时首次统一了广袤的大漠,控地东尽辽河,西达葱岭,北至贝加尔湖,南以长城为界,与中原王朝相抗礼,使"诸引弓之民,并为一家","皆以为匈奴",从而结束了中国北部边疆各族群长期不相统属的分散局面,成为秦汉北方最强大的游牧政权。时称"南有大汉,北有强胡","强胡"即是匈奴。

  鼎盛时期的匈奴和中原王朝屡有争战。西汉前期,在对匈奴的战争中一度处于劣势。直到汉武帝时期,西汉空前强大,具备了反击匈奴的条件,公元前127年、前121年、前119年,汉武帝连续发大军出击匈奴,使匈奴遭受重创。尤其是公元前119年的战役,把匈奴的势力彻底赶出了河套及其以西地区,"是后匈奴远遁,而幕南无王庭"。

  抛开匈奴与秦汉的争战,友好往来也是双边关系的重要内容。在双方绵长的交界地上,中原人民和匈奴人民之间物质产品贸易和文化的交流从未中断。这一过程中,发达的秦汉文化居于优势地位,双方交流的结果更多地表现为匈奴对中原文明的吸收和移植,如"匈奴谓孝曰'若鞮',自呼韩邪后,与汉亲密,见汉谥帝为孝,慕之,故皆为'若鞮'"。自呼韩邪单于之子复珠累单于始,谥号皆加"若鞮"。匈奴族本没有文字,但同时,匈奴与汉朝之间又有大量的书信往来,显然,这些书信只可能是用汉文书写,一些典籍和文物为此提供了佐证。生产技术上秦汉对匈奴影响更大。在和农耕民族长期比邻而居的过程中,匈奴也逐渐产生了农业,吸收引进了许多优势的生产方式和工艺,比如匈奴在长期的生产实践中总结出的丰富的畜牧经验,就被汉人所借鉴,为汉地的生产发展做出了贡献。所谓"自古凉州畜牧天下饶",凉州的成就与毗邻的匈奴是分不开的。休屠王的儿子金日䃅归附汉朝后,以丰富的养马经验博得汉武帝的赏识。

  人是文化的最活跃的载体,文化的交流首先是人的接触,人民的错居杂处则是文化融合的较高形式,其结果不但是带来了文化的传播,还能够产生血缘的融合,消弭了民族之间的种族界限,促进民族间的认同。历史上有大量的民众脱离自己的种族,加入到另一边的种族中去,他们不自觉地担当了文化使者的职责,为先进文化的传播作出了贡献。大漠自然环境恶劣,人类抗拒自然灾害的能力很低,灾荒时节,为生活所迫,往往有大批的部民背井离乡,其中很多就流落到南方的中原地区,融入汉人的洪流中。还有一部分,由于内部的矛盾激化,或在部落争斗中失利而亡奔中原。此类事例,史不绝书。《汉书·匈奴传》《史记·景武昭宣元成功臣表》中都记载了大批归附而受封的原匈奴王侯。汉人流入匈奴的原因也很多,他们或是被匈奴劫掠而去的边民,或是辗转被贩卖到匈奴的中原人民。仅汉文帝三年到昭帝元凤三年百年时间里,匈奴在边塞掳掠的汉民就多达十万以上。匈奴还从他族购买了数量可观的汉人奴隶。公元78年(永初三年),南单于一次归还所抄汉的穿井、筑城、治楼、冶铸等技术。

当然,文化的交流从来都是双向的,中原在输出文物制度的同时,也从匈民及羌族掠卖转入匈奴者万余人,被劫卖至匈奴的汉民人数之多可想而知。另一部分是汉匈战争中的战俘和降卒,仅有案可稽的就超过十万人。三是自愿逃入匈奴境内的汉民。每逢中原战乱,都有大批人民避走大漠。汉时侯应上表指出:"又边人奴婢愁苦,欲亡者多,曰:'匈奴中乐,无奈侯望急何!'然时有亡出塞者。"显然是屡禁不止。

汉匈和亲是汉匈历史上值得浓墨渲染的一笔。双方通过缔结婚姻结为姻亲,密切了关系,在一定程度上阻止了战争,加强了双边的友好往来,为生产的恢复发展和人民的安居乐业提供了稳定的环境,在历史上留下了一段传唱千古的佳话。汉匈和亲历史上有好几次。和亲政策最早是刘邦于公元前198年确定的。平城战败后,汉高祖采纳了建信侯娄敬的对策。娄敬认为:"冒顿杀父代立,妻群母,以力为威,未可以仁义说也,独可以久远子孙为臣耳。"据此,他提出三个对策:其一是嫁长公主与单于,用嫡长公主的尊崇地位满足匈奴单于的荣誉感,确立汉对匈奴在姻亲关系上的上游地位。其二是送给单于大量的物品,用丰厚的物质利益诱使单于放弃穷兵黩武的掠夺政策。其三是输出中原的精神文明,以期逐渐熏陶匈奴从性贪暴进至温良儒雅,明辨长幼之序、甥舅之礼,以强化和亲的效果。

刘邦听从了娄敬的建议,于是派娄敬为使者与匈奴缔结姻亲,并每年送给匈奴大量的絮、缯等物,这是汉匈第一次和亲。继任的惠帝、文帝、景帝继续执行这一政策,先后向单于冒顿、老上、军臣遣送公主,奉送财物。公元前53年(宣帝甘露元年)南匈奴呼韩邪单于遣子右贤王入汉做质子,甘露三年亲自到长安朝拜汉宣帝,归附汉朝。汉元帝竟宁元年,呼韩邪请求与汉室通婚,元帝应允,即以宫女王

>>> 王昭君以实际行动维护和巩固了汉匈两族的和平,带来了六十余年的安定局面。图为明代仇英《明妃出塞》。

昭君赐予呼韩邪单于。呼韩邪以王昭君为宁胡阏氏,因为匈奴人认为,"匈奴乱十余年,不绝如发,赖蒙汉力,故得复安"。呼韩邪单于又上书汉元帝,表达愿为汉王朝戍守边疆的诚意,建议汉朝裁撤边塞吏卒,以省减人民的徭役负担。出塞后,王昭君利用她的特殊身份积极为汉匈和睦作贡献,她的亲属也为此奔走呼号,如她的侄儿王歙、王飒分别被汉廷封为和亲侯和骑都尉展德侯,充当汉廷和单于之间的使者。王昭君的大女婿须卜是匈奴重臣,他曾为促成双方继续和亲而积极奔走。由于汉匈双方人民的共同努力,这次和亲之后,汉朝"边域晏闭,牛马布野,三世无犬吠之警,黎庶无干戈之役"。匈奴人民也迎来了一个难得的太平盛世,自宣帝以来,"数世不见烟火之警,人民炽盛,牛马布野",社会生产得以恢复发展。

王昭君被视为民族友好的象征受到人民世世代代的歌颂和怀念。面对艰险的出塞之路,面对荒远的大漠,她毅然地挺身前往,以实际行动维护和巩固了汉匈两族的和平,给双方人民带来了六十余年的安定局面。同时,她将南方先进的文化技术引入大漠,推动中原文化向漠北地区传播,扩大了汉匈两族经济技术的交流,进一步消除了双方的隔阂,在历史上功不可没。有道是:"昭君自有千秋在,胡汉和亲识见高;词客各抒胸臆懑,舞文弄墨总徒劳。"

第四节　文物交通,泽惠天下

"六王毕,四海一。"秦统一中原六国后,继续向四周的所谓"蛮夷"之地开拓,先后将百越的大部、西南诸族的一部分纳入帝国的版图。汉继秦而兴,在继承秦帝国原有版图的继承上又有很大的拓展。尤其是汉武帝时,开疆拓土达致鼎盛,北逐匈奴,收复秦河南地,置五原、朔方等郡;降服匈奴浑邪王,置河西四郡,开通西域;东北灭卫氏朝鲜,建四郡,后并为两郡;东南平东瓯、闽越,置会稽郡;灭南岳置岭南九郡,又打通西南夷,置越巂、武都、犍为等郡。公元前68年(宣帝地节二年)在西域置护鄯善以西使者,护南道;公元前60年(神爵二年)在西域的匈奴日逐王降汉后,以郑吉为都护建立西域都护府,节制西域诸城邦。少数民族奉中原统治者为天子,史书解释说:"君天下曰天子,天子谓外及四海也,今汉于蛮夷称天子,于王侯称皇帝。"至此,四方少数民族基本上都和中原王朝建立了一定程度上的臣属关系,纳入帝国的统治疆域之中。

广大地域范围内统一政权的建立,为经济文化的发展创造了和平的环境,也为在更广阔的空间内进行文化交流提供了条件,民族融合的速度大大加快了。秦征服岭南后,在那里推行郡县制度。为了加强对岭南的控制,秦始皇调五十多万将士长期驻守岭南,又从内地征发赘婿、亡人、贾人、贫民入岭南,与当地土著杂居。至秦末迁入岭南越人区的中原人民不下六七十万,和当地土著越民约七八十万的规模相去不远。这数十万中原人民后来大多落户于岭南,成为传播中原先进文化的先锋,极大地促进了民族的融合。据《汉书·地理志》记载,南海、苍梧、郁林、交趾、合浦、九真、日南7郡,共有编户25 000户,计1 372 000余人,郡县编户,绝大多数是汉民,可能包括少量汉化的少数民族。东南越区较其他民族地区开发得要早,发展程度要高,与此不无关系。

中原人民的向外迁徙不限于东南,几乎向各个方向都有,移民戍边是最主要的方式。移民主要是屯田将士,如在西域出于守备边疆的需要,派驻大批军卒屯田,同时还招募内地人民屯垦。汉民在西域屯垦,既解决了一部分汉民的土地问题,又使西域空闲的耕地得到开发,是一举两利的事,所以也受到西域的欢迎。有些西域民族首领主动提出邀请。公元前77年(元凤四年)鄯善王向汉昭帝请求:"国中有伊循城,其地肥美,欲汉遣一将,屯田积谷,令臣得依其威重。"

在西南方,武帝时为开凿西南夷道而征发到西南的汉民就有数万人,加上汉朝派到西南夷的官吏士卒人数众多,所需物资数量庞大,仅巴蜀地方财政尚不足以供给,为此,武帝采取徙民屯垦的政策。屯垦队伍由三部分人构成:一是招募内地地主、豪商等到西南屯田,所获谷物留供当地吏卒使用,豪民则获得凭证,据以到内地府库领取钱钞。二是将内地犯人、奔民、谪民等驱赶到西南屯垦,有的甚至整个家族都被迫迁徙。如汉武帝时开西南夷,置郡县,徙吕氏以充之,因曰不韦县。也有破产农民应募而来。三是驻守郡县的郡兵。到边疆屯垦的军民很多就和当地族群人民长期相处,互通婚姻,逐渐融合。史载,巴氏蛮夷君长"世尚秦女"。秦时法律明文规定:少数民族人民和秦人结合所生的子女,法律上视为秦人,这在客观上也有利于民族间的往来与融合。

弘化礼义。随着大批汉民迁徙到民族地区和少数民族混居杂处，互通婚媾，民族间的文化交流也以空前的规模开展起来。除了中原的先进生产技术和文物制度被引进边疆地区外，中原的精神思想也播扬到这些"化外之区"，改变着少数民族的社会伦理规范和落后的生活风习。在秦汉政权直接管辖的民族地区由中央派遣官员推行教化，帮助各民族发展生产和文化教育；在秦汉政权无法影响的地区，则主要是通过双方人民在交往中的熏染，这个过程是潜移默化的，也是长期的，但因为是双方人民的自愿选择，反而更显根深蒂固。汉朝派驻西南的地方官员纷纷兴办学校，大力传播中原文明，此类记载史不绝书。岭南有两个郡守更是因兴教办学而被广为传颂，有口皆碑。一个是九真太守任延，他在任期间，"教民田器，垦辟，移书骆越使民知父子之性、夫妇之道"，致力于弘扬儒家伦理。另一个是交趾太守锡光，"教导民夷，渐以礼义，化声侔于延"，史称"岭南风化始于二守焉"。由于中原文明的先进性，西南各族人民也虚心向学，涌现出许多熟读儒经、知书达礼的饱学之士。东汉末，牂牁郡人"尹珍自以为生于荒裔，不知礼义，乃从汝南许慎、应奉受经书图纬，学成，还乡里教授，于是南域始有学焉"。乃至有蔚然成家者，名显一时。东汉苍梧广信（今广西梧州）人陈元世习《左氏春秋》，与大儒刘歆同时而自成一家，与桓谭、杜林、郑兴等俱为时人所重。

从历史上看，汉族与游牧经济为主的西域之间的互补，比汉族与同为农耕经济的南部诸族之间强得多。汉族与西北地区的联系主要是通过丝绸之路进行的，自张骞通西域后，丝绸之路得以开通。从此后，它就成为中原和西域乃至和整个西方进行经济、文化交流的大动脉，正是通过它，中原的冶锻、养蚕、丝织、农耕、凿井等先进生产工艺和辉煌瑰丽的文化艺术传播于西方，汉文书写的文档通行于各国，于阗国的钱币铸上了汉文。通过它，草原上的牲畜良种引进到中原，游牧民族热情奔放的歌舞丰富着汉族人民的生活，博大精深的佛教也在汉地生根开花；通过它，中原和西域不仅在文化上相互吸取，同时也在血缘上水乳交融，伟大的中华民族的胚胎正是在这个过程中孕生、发育、成长。

秦汉时期，民族共同体的核心形成了，中央与边地的和亲创造性地发展出来，民族管理制度也日益健全，为多民族国家的发展、为民族自身建设积累了宝贵经验。

第九章

北方民族，文化重塑

自西晋至隋三百年间的中国北方，民族交融进入了一个新的阶段。汉、匈奴、羯、氐、羌、鲜卑各族在这片土地上演绎了血与火、情与爱的故事。

第一节　一般大势

公元 280 年，西晋结束了三国分裂局面，一统天下。可惜，这个政权十分腐败，自相残杀，为自己挖掘了坟墓。在西晋短暂统一时期里，天灾人祸相继，各族人民流离失所。西晋统治者压迫各族人民，弄得民不聊生，人民纷纷起义。结束西晋统治的是匈奴族的刘渊建立的汉政权。刘渊之子刘聪相继攻陷洛阳与长安，西晋统治终结。晋朝王室移往江南，司马睿在江东重建政权，是为东晋。南北互相对峙，北方文化的主旋律表现为各民族的冲突和融合。

由刘渊推翻西晋至隋统一，北方经历了十六国和北朝两个时期。十六国时期北方呈现分裂局面，其中氐人政权前秦在杰出的政治家苻坚的率领下统一了北方，并使社会经济有所恢复。而一场"淝水之战"，使北方再次陷入分裂的局面。鲜卑族北魏政权的建立，标志着十六国的结束。北朝开始，与南方的南朝对峙。北魏不仅在政治上、军事上统一了北方，在文化上也开展了空前的统一与建设运动，开始了前所未有的民族文化融合的历程。北魏经孝文帝改革而强盛，孝文帝的汉化政策对北方社会的发展产生了深刻的影响，无论是制度还是一般习俗，鲜卑族自身都发生了巨变。北魏后期政治腐败，人民起义连绵不绝，内部分崩离析，北魏被肢解为东魏与西魏,后分别演为北齐北周,遂有北齐北周的对峙。北齐为鲜卑化的汉人高欢所建,北周为鲜卑宇文氏创立。北周厉行改革,最后统一北方各族,为整个中华民族的再统一创造了基本条件。至公元589年隋统一中国,这三百多年的北方各族因互相融合而出现了全新的文化景观。

第二节 族群新貌

首先,所谓北方汉族无论是在体质还是文化形态上都与两汉时期有了巨大的差异。一些原来本不是汉族的群体现在加入了汉族的阵营,汉族空前地扩大。一些汉族因与各族发生婚姻以及经济文化方面的联系,本身异质化。所以,汉族已不是原来那个汉族,而是新汉族。

其次,所谓"五胡"经过三百多年的相互接触、广泛冲突与融会,本身已发生质变。匈奴、鲜卑、羯、氐已从整体上消失,羌人除了少量部族外,主流也融合到其他民族之中。这一重大的民族变局是前所未有的。两汉时期,汉王朝与匈奴的冲突尖锐,汉王朝的实力远较西晋王朝强大,无论是战争的规模还是和平的力度,汉王朝统治时期,汉匈的交流程度都远比西晋时期为深,但是,匈奴的鲜明个性却保持着,并没有因外在压力强大而屈服。那时的匈奴虽然控弦百万,英武雄健,屡窥边关,其凌厉的气势主要张扬在朔漠大野之中,并未入主中原。像刘渊这样在中原建立政权,统治各族人们,在匈奴历史上还是第一次。可是,这种统治最终却带来了匈奴自我的改变,这是为什么?鲜卑族建立的北魏无疑是北方世界里最为强大的政权,在两晋南北朝三百多年的岁月里,北魏傲立神州,鲜卑人创造了前所未有的辉煌,然而,鲜卑族却从历史长河中逝去。这种现象是这一时期中华民族文化最引人入胜的地方。

最后,这时的北方民族融合不是双边融合,而是多民族的广泛融合。如匈奴之铁弗部,多是匈奴男子娶鲜卑女子所生,是一个匈奴、鲜卑交杂而成的新的部族,而这个部族却又要以大夏为国号,表现出崇尚汉文化传统的价值取向。羌人与汉融合,可羌人也表现为一定程度的鲜卑化倾向。北魏鲜卑族推行汉化,是北方最明显的民族融合事件。这种多民族的文化融合奠定了文化统一的基础,唐宋宏大的民族文化洪流,与这种空前的民族融合存在着内在联系。

第三节　文化动力

这三百多年间的北方,众多民族交杂,起初文化差异明显,且冲突不断,何以最终能汇成民族文化的雄浑交响呢?

这其中有复杂的文化背景。仔细分析,有如下一些因素颇值得关注:

(一)北方各族的活动舞台,不是原先各自居处的故土旧疆或者穷乡僻壤,也不是仅仅在边地掠夺男女与牛羊。他们在中华民族文化舞台的中心驰骋,在中原逐鹿,故其境界和目的与昔日完全不同。这三百多年间,活跃于北方的各族人民已不是像过去那样谨守旧土,或者是一度杀入中土,掳掠一阵后便重回故土,而是将中原当作了故乡。三国时期的杀伐,使北方土地上人口锐减,西北诸郡遂有各族迁入居住。北方大族匈奴五千余户在西汉末年即南归汉王朝,汉割并州安置之,匈奴人即大举入居朔方诸郡,与汉人杂处。其部落所处郡县,与一般汉族编户齐民一样,只是不输贡赋。匈奴在这种相对安宁的环境下发展很快。曹操将其分为五部,选匈奴人地位高者为帅,选汉人为司马,管理这个群体。各部大致居住在今天的山西境内。西晋建国之始,又有二万余户南归,晋将其安置在今陕西境内。284年(晋太康五年),有匈奴29 300人归来。286年(晋太康七年),有匈奴各部十余万人归来。次年,有匈奴1.5万人归来。各族人民的内迁杂处成为西晋时期的重要的文化现象。

居住在中原地带的原边地各族的心态完全不同。古代中华文化的区分,有一个重要的标准就是地域标准。一般说,人们把中原一带称为中、华或夏,边地则称夷,或者蛮夷。只要在中原地带,就是中国,就是华夏,而在边地,则称蛮夷。称蛮夷戎狄并不全是蔑视人。如对儒家圣人,人们一点也不忌讳他们的出身,说舜为东夷之人,禹出于西戎,文王生于东夷等,没有贬义。但在事关王权的时候,中国便成为权力的代表,是统治的中心。鲜卑慕容儁在建立大燕政权后,便对东晋使者说,回去告诉你们的天子吧,我为中国所推,已为皇帝了。既然是中国皇帝,那就是正统的政权。而在江南的政权是不合法的。就连一般的史学家也这么看,如把东晋称为偏安政权,也就是说不是正统的政权。北方各族政权都这么认为。苻氏氐人的前秦政权的正统感很强,苻坚最放不下的是:"东南一域,未宾王化",时刻想着"薄伐南裔"。很明显,他们认为自己才是中华文化的主人,而东南边裔是蛮夷。北魏孝文帝主持一次关于"帝德"的讨论,因为有人否定刘渊以下至于前秦后秦等政权的合法性,中书监高闾发表了气势雄健的演说,力主北方政权的合理性,其中的一项主要依据就是这些政权建立在"中国"。高闾说:"秦、赵及燕,虽非明圣,各正号赤县,统有中土,郊天祭地,肆类咸秩,明刑制礼,不失旧章。奄岱逾河,境被淮汉。非若醒醒边方,僭拟之属,远如孙权、刘备,近若刘裕、道成,事系蛮夷,非关中夏。"(《魏书·礼志》)明确地传达了这样的信息:入主北方的政权,居于中原,定都于长安或者洛阳等历朝古都,这就是正统的王朝,就是中国,而一旦离开了这片土地的王朝,就是蛮夷,所以东晋、南宋、南齐都是僭拟伪政。这是古老而正统的文化观念。具有这种主人心态的王朝,必然要继承主流的文化。北方各族政权由于占有文化地理中心,因而对自身的文化产生巨大影响。他们放弃一些固有的文化传统,都与占有中原这片特殊的土地有关。

(二)这三百多年的北方各族都有一个情结,就是对汉王朝的怀念与仰慕。汉王朝建立了强大的政权,并培育了多元而丰富的民族文化,实施灵活而有弹性的制度,创造飞扬而浪漫的艺术。国力强盛,生活富裕,社会相对安定,与三国两晋南北朝时期的社会分裂相比,不啻天壤。西晋政权十分腐败,北方各族政权没有认同感。除了东晋的司马氏继续扛晋的旗号,北方十六国没有谁再建一个什么晋政权就是一个证明。西晋统治者对各族底层民众压迫深重,十分不得人心。汉王朝不是十全十美的,但时间把它令人不愉快的一面冲淡了,所以它是令人神往的。就像在春秋战国时期,人们所向往的周礼一样。

刘氏匈奴所建立的政权为汉政权,而政权的主体是匈奴的屠各部的成员,他们对政权的名称为"汉"没有什么异议,这说明刘渊称"汉"是明智的选择。当时的矛盾主要不是汉匈矛盾,而是晋王朝与各族民众的矛盾。尽管在军事上,刘渊的军队有摧枯拉朽之势,但他们感到自己缺乏感召力,需要一种文化资源去整合晋王朝统治下的各族人民。刘渊这样说:"汉有天下世长,恩德结于人心,是以昭烈崎岖于一州之地,而能抗衡于天下。吾又汉氏之甥,约为兄弟,兄亡弟绍,不亦可乎?且可称汉,追尊后主,以怀人望。"(《晋书·刘元海载记》)当年汉高祖以宗女为公主嫁匈奴单于冒顿,约为兄弟,这是真实的历史。至于刘渊是否冒顿之后,实难确定,有学者指其为假托,或有可能。然而,刘渊坚持是汉氏之甥不移,正代表着当时的普遍文化取向。晋王朝已不得人心,汉王朝是一个过去的辉煌,缅怀它,是对社会繁荣、国力强大的时代的向往,并不一定是向往做一个汉族。从刘氏匈奴汉政权对汉人反有排斥这一点可以看到当时普遍崇汉的实质。

十六国时期,少数民族建立的以汉为名的政权还有成汉,为巴氐人李雄所建。并不因为有一个"汉"字,就与东晋这样的汉政权十分友好。李雄成汉政权反倒被汉人政权东晋消灭了,这再次说明,建立以汉为名的政权只是表达对两汉王朝辉煌岁月的向往,可能有一点让汉族民众的心理得到安慰的动机,但不是一开始就是汉化政策。北方民族建立的政权,除了明确带有"汉"字以外,其他所谓赵、魏、秦、燕等,都有一种对先汉各部族的崇拜趋向,这都是周代的诸侯国而不是蛮夷戎狄的部族名称。选择这些国名,大多与当时各族所处的地理位置有关,也有对文化传统崇拜的意思。

(三)北方各族是文化传统的真正继承者。中华民族有一份文化遗产,自上古各族人民开创,于秦汉时期基本定型,这就是先秦两汉用汉字记录下来的文化典籍。在当时的世界,没有一个文化种类能与这种文化资源匹敌。这是民族的共同遗产,在汉代得到了前所未有的重视和运用,因而汉王朝是这一遗产的最全面而直接的继承者和发展者,这些先秦两汉的典籍也便成了汉王朝文化的代表。它是民族文化发展的集成。无论是儒学经典、诸子百家之书、史家撰述,还有辞赋乐府,自汉王朝流传下来的这些典籍成为后代王朝和民众的共同遗产。这些典籍主要是先秦典籍,但经过秦火之后,这些典籍主要在汉代经过重写而流传,所以,把传统文化典籍视为汉遗产也很正常。汉王朝自己也创造了丰富的文化典籍,堪称经典。当时北方民族对汉典的崇尚实际上是对当时流行在中原之地的高水平的主流文化的崇尚,是对文化传统的崇尚。北方民族的领袖对汉文经典表现出高度的热情,使他们在占领了中原故土的同时,把文化传统也真正继承了下来。

北方各族政权继承文化传统是通过阅读汉文经典来实现的。匈奴人刘渊自幼喜欢《毛诗》《京氏易》《马氏尚书》，尤其爱读《左氏春秋》《孙子兵法》《史记》《汉书》等，诸子百家之书也无所不观。刘氏一门，究通经史、诸子百家、诗文赋颂，并擅长书法。他们对汉典的精通程度远比西晋的皇帝深。鲜卑慕容氏的皇族精通经学，懂天文，亲自到学校教育子弟，并编写教材《太上章》《诫典》，宣扬儒家文化。氐人苻坚博学多才艺，即位后，一月三临太学，使周孔微言不坠。赫连勃勃为了炫耀自己的才学，当着刘宋的使者口授回书，令舍人书写，使得南宋的土包子皇帝刘裕也自叹不如。北方各族政权为文化的传承做出了重大贡献。

（四）由于各族政权对汉典的普遍崇尚，于是在自我的身份确认过程中，表现出明显的对汉典传统的皈依倾向。各族政权在表达他们的身份时，将文化身份作为种族身份的标志，事实上是将自己的种族身份隐去。各族统治者纷纷在汉典的传统故事里寻找自己的族源，于是，中华民族的阵营急剧扩大。匈奴刘渊认为自己是汉之外甥，赫连勃勃称自己是夏禹之后，鲜卑慕容氏认有熊氏为始祖，而拓跋氏则宣称自己是黄帝后裔。事实上，各族统治者在自觉或者不自觉地把自己的族源跟传统汉典所记载的伟大帝王接轨联宗。

传统的阴阳五德终始的历史观对北方各族政权的文化产生重大影响，它们不仅在族源上努力与德治传统接轨，在政权性质上也十分讲究循着五德转移的模式进行形象识别，表明政权的正统与传承。汉为火德，火生土，魏即是土德，土生金，则晋为金德。慕容儁建立的燕所行的德是水德，旗帜尚黑。为确定北魏行什么德政，孝文帝在朝廷上举行了大规模的讨论会，一种意见是承晋金为水德，一种意见则是承前秦火德为土德。讨论会水平之高，对传统之精通，都达到了相当的高度。孝文帝自己也是一个专家，其对周秦经典的熟悉程度，当时的南朝皇帝是很难达到的。所谓的汉化政策实际上是对一个伟大传统的皈依，是对一种文化欣赏崇拜的必然结果。

北方各族人民在一个伟大的文化传统背景下走到一起，形成了一个新的强大的文化共同体。北方民族融合的历史，生动地说明：文化是民族的形成与维系之本。

第十章

天可汗,四海一家

第一节 开放、开明的民族政策

隋唐时代一直是中国人引以为豪的一段历史,在将近三百年的这段时间里,中国政治清平、经济繁荣、文化昌盛、民族关系融洽,当仁不让地以世界强国的姿态傲立于东方。

隋唐的辉煌与和谐的民族关系密不可分。可以肯定地说,在这一时期,我国各民族之间关系之融洽是古代历朝历代中罕有其匹的。如同它的文治武功一样,在中国古代历史上树立了一座丰碑。

经过三国两晋南北朝的民族大交融,中国境内的各民族都已发生了很大变化,不仅此汉族非彼汉族,且各少数民族也是今非昔比了,无论血缘体质还是文化精神都是你中有我、我中有你,难分彼此。民族交融的一个重要的结果是改变了人们的民族观念,"华夷之辨""夷夏大防"等民族隔绝状态下的陈旧思想被一种更加开放、更加博大的胸怀所取代。

唐朝史学家杜佑在所著《通典》中认为:"缅维古之中华,多类今之夷狄,有居处巢穴焉,有手团食焉,有祭立尸焉,聊陈一二,不能遍举。"因此实际上"古之人朴质,中华与夷狄同"。他将造成华夏与诸夷后世巨大差别的根源归结为物质环境的迥异,即所谓的"地"与"气"。这种观点破除了相沿已久的中华与夷狄"种类乖殊"的偏见,反映了时代的变迁和人们思想观念的与时俱进。隋唐两朝皇室均兼有汉族和少数民族的血统,在所谓华夷问题上抱持一种开阔的胸襟自不足怪。隋文帝杨坚曾说:"朕受天命,子育万方……圆首方足,皆人类也。"唐太宗告诫臣下"夷狄亦人耳,其情与中夏不殊",因此"人主患德泽不加,不必猜忌异类。盖德泽洽则四夷可使如一家,猜忌多则骨肉不免为寇雠"。

在处理民族事务时,隋唐统治者选择了"修文德以来之"的政策。647年(贞观二十一年),唐太宗总结治国经验:"自古皆贵中华,贱夷狄,朕独爱之如一,故其种落皆依朕如父母。"(《资治通鉴》卷一九八)对待各族人民一视同仁,无分彼此。薛延陀投降后,即令赎还曾被其奴役的室韦、乌罗护、靺鞨三部劳动者;对内附的"四夷降户"与汉民同等对待,"附从宽乡,给复十年",不偏不倚,真正做到"天子之于万物也,天覆地载,故归我者,则必善之"。

鉴于汉武帝穷兵黩武不仅所获无几,反而疲敝中国的后果,隋初和唐朝诸帝都较好地奉行了偃革兴文、布德施惠的方针,尽量避免两败俱伤的战争破坏,放弃对虚名私利的追逐,而代之以寻求名实相符的和睦共处。作为大唐帝国的开国之君,面对众将提战胜之师东指高丽的请缨,高祖淡然地说:"名实之间,理须相副。高丽称臣于隋,终拒炀帝,此亦何臣之有!朕敬于万物,不欲骄贵,但据有土宇,务共安人,何必令其称臣,以自尊大。即为语述朕此怀也。"不仅不对其他政权"威之以兵",而且主动"抚之以仁义,示之以威信"。这种"以仁为宗,以刑为助"(《贞观政要》卷八《刑法篇》)的方针在处理民族关系中产生了积极的效应。贞观初,岭南少数民族冯盎等叛乱,群臣中大多主张诉诸武力。太宗不许,派使持节宣谕,避免了兴师动武,使得南方平安,皆大欢喜。

唐在偏远少数民族地区推行保障民族自治的羁縻府州制度。羁縻府州的最高长官都督、刺史均由当地民族首领担任,且职位世袭,中央只派汉官参治。羁縻府州内的财政贡赋也不必上交中央。羁縻府州对中央政府的义务只是定期朝贡和出兵助战而已。唐对于归附的少数民族人民实施轻徭役、薄赋税、休养生息、发展经济的优惠安抚政策,以使"民无故而不思骚动,尽其力而各司其业"。

隋唐在文化上的成就使之面对各种外来文化的进入秉持兼容并包、一体待之的姿态,充分地显示了自信和从容。唐时境内大部分少数民族流行的宗教都和中原地区的不同,如北方民族多信萨满教,西北人民多信伊斯兰教,而西南地区佛教流行。其他各种宗教信仰几乎都有或多或少的信众。因此,尊重不同的宗教信仰

>>> 唐朝对少数民族实行主动的怀柔招抚政策,将民族关系建立在相互信任和合作互利的基础上,赢得真诚拥护。图为唐代阎立本《步辇图卷》。

和信众是保证民族团结的关键之一。隋唐实行的诸教并奖的宗教政策,对各种外来宗教均采优容态度。伊斯兰教于唐时由西北民族带入中土,唐时长安一百多万人口中,穆斯林近两万人,在他们聚居的地方,一般都建有清真寺,依故俗举行宗教活动,对此政府并不干预和阻挠,反而时常资助他们举办宗教活动。其他如袄教(即琐罗亚斯德教)、摩尼教(又称明教、明尊教)、景教(即基督教聂斯脱利派)等均在唐境得以合法传播。这种宽松的宗教政策为民族交流顺利开展创造了合宜的氛围。

唐朝对少数民族实行主动的怀柔招抚政策,将民族关系建立在相互信任和合作互利的基础上,因而赢得了他们真诚的拥护。公元630年(贞观四年),西南民族首领尊请唐太宗为"天可汗"。此后,各少数民族相继奉唐皇为"天可汗""天至尊",并开"参天可汗道",唐皇成为各族人民的共主。

第二节 唐蕃和亲

唐朝与周边民族政权多有联姻,有唐一代,仅有案可稽的少数民族向唐请婚的活动就有四十余次之多,共有二十多个唐朝公主肩负加强民族团结的使命,离开烟雨京华,远赴边疆。通过和亲,唐和突厥、吐谷浑、回纥(后改称回鹘)、南诏、吐蕃、奚、契丹、宁远国等八个民族政权结为舅甥关系。这些公主以自己的青春年华和奉献精神谱写了民族亲情的颂歌。

在这些和亲事件中,文成公主入藏是影响最为深远的一例。隋唐以前,青藏高原上尚处于多个游牧民族各自为政、不相统属的状态。唐初,松赞干布统一高原各部,开疆拓土至与唐毗邻,建立了空前强盛的吐蕃政权,文治武功堪称一时之盛。松赞干布听说突厥、吐谷浑皆尚唐公主,遂遣使向唐求婚。民间流传着许多优美的传说,为这一过程抹上了浪漫的色彩。松赞干布的使臣嘎东赞在和众多的求婚者角逐中,以过人的智慧和胆识脱颖而出,为藏王赢得了公主,也为吐蕃争得了荣耀。

公元641年,文成公主辞别长安,踏上了西去的漫漫征途。公主入藏有大批中原工匠、乐队随从，并携带大量金银、珠宝、丝帛和作物种子、手工艺品以及各种书籍。见诸索南坚赞《王统世系明鉴》记载的就有：释迦牟尼佛像、奇珍异宝、金玉书橱；营造与工技著作 60 种、卜筮之书 30 种、经典文献 360 种、可治 404 种疾病的医方 100 种、诊断法 5 种、医疗器械 6 种、医学论著 4 种；另有绸缎、文物、牲畜等。这不啻一次中原文明的博览会，借此机会，毫无保留地展现在吐蕃人民面前。文成公主在沿途还教当地藏胞垦田种植、安设水磨、编制绳索、制作甜食等技术。文成公主博学多才、笃信佛教，在她的指导和影响下，佛教在藏区兴盛起来。文成公主在中原汉族和高原藏族人民之间架起了一座沟通的桥梁。在此以后，中原地区的碾磨、纸墨等产品，农具制造、纺织、制陶冶金等生产技术也先后传入吐蕃。高原藏区和中原汉族之间的差距大大缩小了。

文成公主的功绩受到藏族人民的世代传唱，文成公主入藏以及随后的金城公主入藏已经成为汉藏两族亲密无间的友谊的象征，深深地铭刻在两个民族的历史记忆里，并构建了两个民族和谐共处的心理基础。在公元 822 年树立的唐蕃长庆会盟碑中对此有明确表述："神圣赞普弃宗弄赞（即松赞干布）与唐主太宗文武皇帝通聘和亲，于贞观之岁迎娶文成公主。此后神圣赞普弃隶缩赞与唐主（中宗）圣文显武皇帝重结旧好。景龙之岁，复迎娶金城公主。永崇甥舅之好矣……重寻甥舅之盟，何日忘之。"

第三节　黠戛斯回归

黠戛斯是我国西域一个古老的民族，唐以前被称为坚昆、结骨、契骨等，隋唐之际始以黠戛斯之名行于世，是当时西域强族，鼎盛时期一度降服回纥，建立大黠戛斯汗国。黠戛斯与众不同的是人种，据史载和考古发掘，黠戛斯的族众分属两个种族，主体是"身悉长大、赤发、皙面、绿瞳"的白种人，然另有黑发、黑睛的黄种人，他们自称"（李）陵苗裔"。考之于史，似也有案可征。李陵乃汉朝名将李广之孙，公元前 99 年以骑都尉统兵五千，出击匈奴，兵败而降。匈奴封其为右贤王，主剑水所出的叶尼塞河流域。因此，唐时的黠戛斯中的黄种人或即来源于当年李陵统领的汉军旧部和同属蒙古利亚人种的他族部民。

至唐时,这些"李陵苗裔"仍以中原汉民自处,并因其姓李而与唐皇室攀亲。

公元 648 年(贞观二十二年),黠戛斯首领俟利发失钵屈阿栈亲自入朝,受到太宗隆礼接待。俟利发主动请求称臣内属,唐以其地为坚昆府,拜俟利发左屯卫大将军,即为都督,受燕然都护辖制。

黠戛斯在唐时的回归,不仅有政治、军事上相借重的考虑,也有文化和血缘上的认同因素。黠戛斯的黄种人念念不忘自己的中原血统,唐也乐于承认黠戛斯与自己同宗,对中原血统的认同为双方的交往增添了强大的亲和力。双方还有意强化这一点,"叙同姓以亲之",使双方关系平添了浓浓亲情。

第四节　唐诏盟誓

"在唐代,几乎找不出民族团结的事件能够舍弃盟誓的。"除了婚盟之外,唐与少数民族之间还有大量政治、军事的盟誓。比如和吐蕃就有八次会盟,公元 783 年(建中四年)的清水会盟和公元 821 年(长庆元年)的长庆会盟均于盟后勒石为碑,以贻戒子孙。长庆会盟后分立于逻些和长安的石碑至今犹在,成为汉藏世代友谊的见证。

唐和南方的南诏政权的关系跌宕起伏。云南一带初有六个部落联合体,南诏只是最南部的一个。后来在唐朝的支持下,南诏统一六部,因此南诏国建立后,长期依附于唐,为唐的藩属。南诏前后 13 个王中有 10 个分别接受唐朝封授的"刺史""台登郡王""云南王""南诏王"等官职,并通过和亲与唐结成舅甥关系。南诏社会各方面都深受汉文化影响。

安史之乱后,南诏曾一度亲近吐蕃。但终因不堪吐蕃的压迫,又转而归向于唐。公元 749 年(贞元十年),唐和南诏会盟,双方关系开始了一个新的阶段。对于这次会盟的过程,《蛮书》中有详细记载"贞元十年,云南诏异牟寻及清平官、大军将,与剑南西川节度使崔佐时,谨诣玷苍山北上";"谨请西弥河、玷苍山神祠监盟,牟寻与清平官洪骠利时、大军将段盛等,请全部落归附汉朝,山河两利"。双方约定共击吐蕃,永无二心。此外,各自安边保民,互不侵扰。会盟后,唐册封异牟寻为"南诏王",赐银巢金印"贞元册南诏印"。唐与南诏四十多年的干戈化为玉帛,南诏也再次纳入唐王朝的管辖之内。

第五节　高句丽人的内迁

高句丽,出于秽貊或夫余,亦有以为出于高夷、商人或炎帝者,长期生活在东北地区。西汉年间,夫余人朱蒙在汉武帝所设玄菟郡高句丽县辖区内建国,而称作高句丽。该政权从公元前37年延续至公元668年,历时705年。高句丽长时间称雄东北边疆地区,但相对中央王朝,包括三国两晋南北朝分裂时期各政权,一直处于臣属地位,接受册封,如《通典·边防·高句丽》所说:"自东晋、宋至于齐、梁、后魏、后周,其主皆受南北两朝封爵。"唐朝建立后,高句丽又主动"上封域图"。中间一度"不臣",致遭隋、唐征伐。如唐太宗所说:"辽东旧中国之有,自魏涉周,置之度外。隋氏出师者四,丧律而还,杀中国良善不可胜数。今彼弑其主,恃险骄盈,朕长夜思之而辍寝。将为中国复子弟之仇,为高丽讨弑君之贼。今九瀛大定,唯此一隅,用将士之余力,平荡妖寇耳。"(《册府元龟·帝王部·亲征二》)

公元668年,高句丽为唐朝统一,其辖境归唐安东都护府管辖。高句丽族人大部分被迁到内地。据统计,高句丽灭亡时,高句丽族人约70万,迁居中原各地区近30万,投奔靺鞨(渤海)约10万人,散奔突厥约万余人,一部分散居辽东各地,他们大多数后来都融入汉族之中,小部分融入周围各族。仅约十万人投归朝鲜半岛南部的新罗,后融入半岛民族。两唐书中高句丽族人泉男生、高仙芝、王毛仲、王思礼、李正己等都有传,他们作为唐朝臣民,为唐朝统一大业立下汗马功劳,故青史留名。

第六节　有容乃大

在天下一统和各族人民和睦共处的政治环境中，各民族之间的文化交流得以充分展开。无论广度还是深度都远远超迈前代。

唐时的强盛铸就了唐人恢弘开放的气度，在向少数民族学习中少了许多作茧自缚的束绊，而多了许多无所顾忌的洒脱；少了许多瞻前顾后的犹疑，而多了许多不拘一格的豪爽，以至有唐一代的中原文化呈现一派"胡气氤氲"的景象。西域的胡食如烧饼、胡饼搭纳等都成为唐人日常饮食的一部分，"时行胡饼，俗家皆然"。回鹘豆、波斯枣、偏桃、西瓜、野悉蜜等作物新品种也在中原落户。与此同时，中原的艺术中也浸染了浓厚的少数民族特色，唐朝十部乐大部分是少数民族的音乐，如高丽乐、龟兹乐等。所用乐器也琳琅满目，各族乐器荟萃一堂，各展所长。号称"诸乐之首"的"燕乐"所用的乐器就有玉磬、方响、挡筝、筑、大小箜篌、大小琵琶、大小五弦、大小笙等中外乐器二十多种，唐代音乐之盛由此可见一斑。

西域绘画的技法别具一格，隋朝的于阗人尉迟跋质那及其子尉迟乙僧是西域画家的杰出代表，"时人以跋质那为大尉迟，乙僧为小尉迟。画外国及菩萨，小则用笔紧劲如屈铁盘丝，大则洒落有气概"（张彦远《历代名画记》卷九）。他们带来的凹凸画法丰富和发展了中原的绘画技法，受到时人的推崇。

由于权贵们的示范作用，少数民族的许多风俗习惯也被中原汉地所接受。打马球、化胡妆、穿胡服均在社会上风靡一时，以至元稹《法曲》里慨叹："自从胡骑起烟尘，毛氀腥膻满咸洛。女为胡妇学胡妆，伎进胡音务胡乐。火凤声沉多咽绝，春莺啭罢长萧索。胡音胡骑与胡妆，五十年来竞纷泊。"就连唐人的气质和社会风尚也浸润了胡风胡气，而展现出不同于汉晋谦谦君子之风的气象。男儿负气尚侠，追求功名；女子抛头露面，不拘古礼。

另一方面，通过文化的交流，少数民族从中原获益颇多。汉地先进的生产技术和生产工具大大改善了民族地区的经济生活，促进了当地的社会发展。在少数民族相继内附和文化互摄全面开展的情况下，唐的政治制度和精神文明给他们很大的影响,许多民族政权的建设都是直接以唐朝的政治制度为样板稍加损益而建立起来的。在羁縻府州长官"请颁正朔""请颁历行年号"的请求下,唐的历法被各羁縻府州奉为正统。

其次,车书混同。在唐境内,许多羁縻府州将唐中央文字作为其官方语言文字,在公文史籍中应用,并在社会上广为提倡。应羁縻府州长官的要求,唐派汉族文人代为表疏,在中央国子学和太学中招收少数民族子弟,向少数民族地区赠送汉文典籍,在民族地区开设学校,传习儒经等,为少数民族培养了一大批博古通今、知书达理的知识分子。公元754年(唐天宝十三年)下敕:"如闻岭南州县,近来颇习文儒,自今已后,其岭南五府官内白身,有词藻可称者,每至选补时,任令应诸色乡贡,仍委选补,准其考试,有堪及弟者,具状闻奏。"(《唐会要》七五)岭南儒学之盛,已引起中央重视,由此扩大在岭南擢用的人才比例。对于岭南的教化之功,后人也多有褒赞:"爰自前代及于唐朝,多委旧德重臣,抚字其地,文通经史,武便弓弩,婚嫁礼仪,同于中夏"(《太平寰宇记》)。今天在新疆若羌等地发现了大量汉文书写的籍账、过所、市券、书信等文书,及《诗经》《文选》、典言等书籍残页,充分表明汉文化已经成为许多民族文化不可或缺的一部分。

语言文字的传播带来了深层次的文化交流,这就是思维方式、价值观念的潜移。藏传佛教即有汉地佛教的明显痕迹。东北的渤海国长期感受儒家精神的濡染,而"稽古有文,颇极一时之盛"。西域高昌王朝俨然是汉文化在中亚的一个样板,其王热衷儒学,不仅于坐室画鲁公问政于孔子像,而且兴办学校,以民族语言讲授《毛诗》《论语》《孝经》等;高昌国民还普遍崇信汉地传入的道教天帝神和佛法,无论是生活习俗还是意识形态都深度汉化了。

唐代的民族政策以宽容和谐为主流导向,创造了一种前所未有的民族团结的文化景观。

第十一章

兄弟盟誓,分治天下

第一节　一般大势

公元907年,统一的唐帝国在内忧外患中瓦解,此后的一段时期,史称五代十国。这段时期,北方地区兵连祸接,生灵涂炭。与此形成鲜明对照的,则是长江流域以南地区先后建立的几个国家,多以保境安民为职志,劝课农桑,人称"耕织岁滋,文物彬焕"。

中原地区的分裂,削弱了中原王朝对周边少数民族的控制,这些少数民族乘机发展壮大起来,并建立了自己的政权,与宋王朝长期共存,在广袤的中华大地上演出了一幕各民族间通过战争的、主要是政治的和平手段解决争端,促进与加速中华各民族的沟通与融合的历史活剧。分治是这一时期民族生活与政治统治的主题。

公元960年,宋太祖赵匡胤结束北方战乱,建立宋朝。在以后的几年时间内,宋陆续灭掉南方的几个小国,其后即把统一的矛头指向北方。公元979年,宋太宗亲率大军征山西,平定内地最后一个政权——汉,使广大的黄河流域和长江流域及以南地区再度归于统一。但遗憾的是,北宋王朝并没有统一全国,其周围始终存在着几个独立的政权。

夏国由党项族建立。党项族,大概是鲜卑与羌两个民族的后裔,所以文献称为"杂虏"。宋朝建国后,封党项族夏州政权的掌权者为太尉,其死后又赠封夏王。银州防御史之后李继迁则向辽圣宗称臣请婚,辽册封他为夏国王。李继迁之子李德明即位后，一面向宋朝纳贡求和，一面向辽朝请求册封，在辽宋之间寻求平衡。后来势力不断壮大，其疆域东到黄河，西至今甘肃敦煌西小方盘城，南到今甘肃环县北，北抵今内蒙古。疆域最后稳定时，有二十二州，加上实际领有的几个州，共有三十二州之地。1038年，李德明之子李元昊正式称帝，国号大夏。1227年，大夏向蒙古献城，大夏亡。它在历史上共存在了190年。

在宋的北部及东北地区是契丹族建立的辽政权。契丹族是与鲜卑、乌桓族有渊源关系的民族。辽的版图相当于今东北、蒙古、河北及山西北部一带。公元916年，耶律阿保机建立契丹国，他就是后人所称的辽太祖。中世纪西方人称中国为Kitai，大概与此国名有关。947年，耶律德光在占领开封后，举行即位仪式，改国号为大辽。宋太宗灭汉后，曾想一举收复被辽占据的幽云十六州，但高梁河一战，宋军大败，辽军完胜。《宋史》称"败绩"，《辽史》则称"宋主仅以身免，至涿州，窃乘驴车遁去"。982年(宋太宗七年)，辽景宗逝世，12岁的圣宗即位，由萧太后摄政，内部"族属雄强"，可谓"主幼国疑"。宋利用这一机会，兵分三路，再度出征辽国，但旋即失败。1004年(宋真宗七年)，辽萧太后率大军二十万南侵至黄河岸边。宋的新任宰相寇准力主真宗亲征，渡黄河北岸澶州(今河南濮阳境内)，这种不退反进的政策，鼓舞了宋军的士气，也使辽军颇感意外。结果，双方达成了"澶渊之盟"，此后，宋放弃攻辽的计划，对辽取守势，辽在萧太后的治理下强大起来。

灭辽的女真族建立的是金政权。女真族即隋唐时的靺鞨。北宋初年时，女真族分为两部分，生活于辽阳一带，接受辽文化的称为熟女真，生活在今松花江以北江宁州(今吉林抚余)以东、保持本民族习俗的部落称为生女真。他们过着逐水草而居的狩猎、游牧生活，向辽纳贡，并保持经贸关系。在女真日益强大时，辽却日益腐败，江河日下。1115年正月初一，完颜阿骨打(《金史》称为太祖)称帝建国，国号大金，定都在会宁府(今黑龙江阿城南白城子)。后乘辽衰落之际，向辽进攻。1125年灭辽。1127年，金军第二次南下时，俘虏了北宋的徽宗、钦宗两个皇帝(两个皇帝后死于五国城，即今黑龙江依兰)，北宋亡。徽宗的九子康王赵构于1127年在南京的应天府即位，改元建炎，以后的宋朝称南宋。1234年，金朝被蒙古族灭亡。1279年，元灭南宋。

辽宋夏金时期，中国古代各族人民以盟誓相互联接，分治天下，共同演绎了中华民族历史上繁荣、开拓进取的文化局面。

第二节　亲情盟誓

两宋以及与之同时并存的几个少数民族政权,都是由诸多民族构成的,只是其统治阶级的主体族属不同。各政权间曾相互攻伐,企图用战争的方法去征服对方或统一全国,但最终均未成功。他们都意识到,只有和平相处,才能共生共存。于是他们在战争之外,通过外交途径——即政治谈判的方式解决战争不能解决的问题。为使这种外交谈判的结果具有法律效力,他们交涉后,还签订盟约。这种盟约类似今天的双边条约。

宋与各族政权之间,均签订过盟约,有的还签订过多次。

地处宋西北的夏,在宋初时常与宋对抗。宋虽然全力抵抗,终不能胜。李德明时期,与宋改善关系,宋真宗每年以"赏赐"名义,给其绢一万匹、茶二百斤、银一万两、钱三万贯,并重开榷场贸易,换得了西北边境三十多年的和平。1038年,西夏称帝建国后,双方关系一度紧张,双方在陕西进行了三次大战,每次都以北宋的惨败告终。西夏虽然能战胜宋军,但并不能占领北宋的领土,每次抢劫之后,就匆匆退走,双方的损失都相当惨重。《宋史·夏国传上》载:"元昊虽数胜,然死亡创痍者相半,人困于点集,财力不给。"战争不仅没有给西夏带来财富,反而使其国力大为削弱,他们认识到与北宋和平相处远比战争获利更大。于是元昊派使者到宋,表示愿意息兵议和。宋的多数大臣认为,息兵可以减省军费,宋仁宗也厌倦了"对西鄙用兵日久"。双方都向往和平,于是转而通过外交途径解决双边的问题。经过双方使者多次交涉,1044年(庆历四年)达成协议:元昊向宋称臣,宋册封其为夏国王;宋岁赐西夏绢十五万三千匹,银七万二千两,茶三万斤;在边境地区重开榷场,恢复双边贸易。从内容看,双方均达到了自己的目的。战争的结束,使宋夏之间民间经济文化联系又密切起来,丰富了人民的物质、文化生活,符合各族人民的共同利益。但夏的统治者经常违约,因为他们的誓言"要皆出于一时之言,其心未尝有臣顺之实也"。所以北宋一朝投注财力、兵力最多的地方是西夏而非辽。

在各族政权间签订的盟约中,信守时间最长、作用最大的是宋、辽之间的"澶渊之盟"。

宋、辽之间,除宋朝为了收复被辽占据的幽云十六州发动的几次战争外,绝大多数时间是和平共处的。至1004年,宋对辽的军事行动均以先胜后败而告终。但灭亡宋朝也不是辽的目的,况且远征宋境也非辽军所长,这在《辽史·兵卫志》里有明确的记载:"不许深入,不攻城池,不伐材木,但于界外三百里内,耗荡生聚不令种养而已。"所以,当宋朝提出议和时,辽痛快地答应了。这就是"澶渊之盟"。"澶渊之盟"的内容在《辽史·圣宗纪五》中有记载,宋"以太后(辽)为叔母,愿岁输银十万两,绢二十万匹"。见于其他记载的相关内容尚有两国沿边州郡,各守疆界,不得互侵,不得收容对方逃亡者;双方不得创建城堡,改移河道;两国恢复边贸。从以上内容看,盟约的内容相当广泛,涉及了两国的边界、边防、边贸、边民等问题,可以说是一个和平友好的互助同盟条约。对此盟约,大多数宋人是赞同的。1041年,当契丹又准备南犯时,负责与辽谈判不辱使命的是富弼。他后来劝神宗说:"愿二十年口不言兵。"仁宗时期,辽以斡旋宋夏双边的紧张关系为由,又使宋答应每年增加银十万两、绢十万匹。盟约中虽然不见"兄弟"字样,但在《辽史·兴宗纪三》有这样的记载,可以作为宋辽兄弟亲情盟誓的佐证,耶律宗真对大臣说:"朕与宋主约为兄弟,欢好岁久,欲见其绘象,可谕来使。""澶渊之盟"维持了双方一百余年的和平。黄仁宇认为,"澶渊之盟"是一种地缘政治的产物,表示着两种带竞争性的体制在地域上一度保持着力量的平衡(《赫逊河畔谈中国历史·澶渊之盟》)。

两宋与金之间也多次签订过盟约,最早签订的是"海上之盟"。面对金人的进攻,辽人尝说:"女真兵若满万,则不可敌。"金的强大,唤起了宋联金灭辽、收复幽云十六州的欲望,便准备背弃"澶渊之盟"。1118年,宋派武义大夫马政以买马为名,从海上乘船到金探听虚实。此后,双方使者多次秘密接触,终于在1120年签订了宋金"海上之盟"。盟约就双方共同出兵夹攻辽及分割辽的土地等问题达成一致。

辽的灭亡,改变了宋金之间的合作关系。

金与南宋之间是打打谈谈,但多数时间是和平的。南宋与金签订过两个重要的和约:一个是1141年11月的"绍兴和议",这次和议内容,除划定边界、宋向金贡银等物品外,还约定,宋向金称臣,"世世子孙,谨守臣节"。每年皇帝生辰并正旦,遣使称贺不绝。《金史》卷七七《宗弼传》中宋派遣端明殿学士何铸等进誓表中,表述得相当清晰。进誓表中还有"有渝此盟,明神是殛,坠命亡氏,蹐其国家"。南宋遵守盟约,可是由于金朝政权内部人事变动频繁,对外政策也时常变动,所以,宋金之间多次发生战争,双方于1164年再度签订和约,这就是"隆兴和议",除保持"绍兴和议"的内容外,还规定:宋对金不再称臣,改称侄皇帝。此后,宋金之间休战三十年。

第三节　友好往来

两宋与各族政权之间在缔结友好盟约后,虽偶尔有争执与战争,但在绝大多数的时间里是和平、友好相处的。

在"澶渊之盟"中,辽与宋约为兄弟之国。《续资治通鉴长编》卷一八五载:"初,契丹主宗真送其画象及隆绪画象凡二轴,求易真宗皇帝及上御容。既许之,会宗真死,遂寝。至是,契丹遣使再求……故命升(回谢契丹使张升)等谕令更持洪基画象来,即予之。"双方皇帝即位,皇帝、皇太后生日以及新年,都派致贺的使者。耶律洪基去世前,曾告诫耶律延禧说:"南朝通好岁久。汝性刚,切勿生事。"又告诫大臣说:"嗣君若妄动,卿等当谏止之。"(《契丹国志》卷九《道宗纪》)双方的皇帝、皇太后去世,也互相告哀、吊祭。如1063年3月,宋"仁宗皇帝崩,遣使讣于契丹",耶律洪基"执使者手号恸曰:'四十二年不识兵革矣'"(《辽史拾遗》卷一〇引邵博《闻见后录》)。"来祭(辽朝方面派使者到宋朝方面吊祭),以黄、白罗为钱,他亦称是。"(《辽史拾遗》卷一〇引陈师道《后山谈丛》)

宋辽双方的友好关系,直到女真族强大后灭辽的过程中,才发生了变化。

西夏与辽的关系一直很好。西夏常向辽进贡,例如,1067年10月,"进回鹘僧、金佛、《梵觉经》",1068年—1069年、1073年、1079年都曾"来贡"。双方还是姻亲关系。当辽即将被金灭亡时,西夏还给予支持。如1122年,"天祚播迁,乾顺率兵来援,为金师所败。乾顺请临其国"。同年,耶律延禧"遣使册乾顺为夏国皇帝"(《辽史》卷一一五《二国外记·西夏》)。而辽与宋又约为兄弟之国。这种特殊的关系,使辽在宋夏两国关系紧张时能起到斡旋、沟通的作用。

由于战争所造成的民族大迁徙,形成了少数民族与汉族杂居的格局。辽、金统治者不仅仰慕中原先进的文化,而且自觉地学习、接纳汉族的先进文化。辽与金的皇室、贵族都娶汉女为妻,通婚是促进民族融合的最好方式。在治理不同的民族时,他们也采用不同的制度,特别是对汉族的治理,都仿照唐宋制度。

辽境内生存着生活方式完全不同的两个民族:一是以汉族为主体的农耕民族,一是以契丹族为主体逐水草而居的渔猎民族。根据这种状况,辽政权确立了蕃汉分治的二元政治体制,"以国制治契丹,以汉制待汉人"。正如《辽史·百官志》所说:"蕃不治汉,汉不治蕃,蕃汉不同治。"夏的官制与辽一样,也是蕃汉分治。但随着经济的发展和各民族的融合,不同民族生活方式的差异逐渐消失,辽统治者适应形势的发展需要,取消了治契丹的"国制",而专行汉制。

金朝猛安谋克组织功能的变化与民族融合最具特色。猛安谋克是女真社会中一种重要的组织形式,其成员是多民族的,除女真外,尚有契丹、渤海、奚和汉人等。最初是一种地方氏族组织,首领都称勃极烈。但随着女真族势力的强大、金政权的建立及向南方的发展,这种组织的功能一变再变,到熙宗以后变为既是军事编制,又是生产单位,同时也是地方行政组织,三位一体的一种特殊组织形式。这一组织的负责人,在战时称"猛安""谋克",带兵打仗;平时称"勃堇",领导生产。这种组织的战斗力极强,辽人曾说过:"女真兵若满万,则不可敌。"随着金政权势力的南进,猛安谋克的组织也在南徙。其本质是以军事部落移民来实现对新占领区的统治。在同一个地区,两种不同政治、经济组织的并存,为北方文化的发展增添了新的特色。

猛安、谋克的南迁,客观上造成了各民族的杂居状况,他们"杂厕汉地,听与契丹、汉人昏因以相固结"(《金史》卷四四《兵志》)。婚姻是沟通猛安、谋克与汉族的最好方式,王室娶汉女为妃,普通吏民也与汉人互通婚姻。女真人"后来生于中原者,父虽房种,母实华人,非复昔日女真"(《历代名臣奏议》卷二三四),反之亦然。各民族间不仅互通婚姻,而且女真人穿汉服、改汉姓、使用汉语的情况也相当普遍。

南迁后,猛安、谋克的贵族很快学会和继承了北方汉族地主的生活方式和文化习俗,"习辞艺,忌武备",过着与汉人士子同样的生活。这种风气发展到后来,竟至于"虽贵家,刻苦为诗如寒士,喜与士大夫游",整日"恶衣粝食,以吟咏为事"(刘祁:《归潜志》卷三)。这导致了应当袭猛安、谋克者不愿就,而"策论进士第"的情况。生活方式、生产方式的改变,使猛安、谋克这种组织的军事功能、战斗能力逐渐削弱,徒留组织编制的形式而已。

第四节　共享传统

辽宋夏金时期,各族人民共享文化传统,不仅带来了空前的文化认同,也使本民族的文化得以提升。这个传统就是先秦、秦汉时期所创造的儒道文化及后来不断中国化的佛教文化。

辽统治者非常仰慕中原文化,并将中原文化融入了本族的文化中。自建国初,辽就引进儒学,用以吸引汉族地主及知识分子帮助自己实行统治。如韩知古,"太祖召见与语,贤之,命参谋议。……久之,信任益笃,总知汉儿司事,兼主诸国礼仪。时仪法疏阔,知古援据故典,参酌国俗,与汉仪杂就之,使国人易知而行"(《辽史·韩知古传》)。而儒学的引进也为契丹贵族造就了一批自己的知识分子和统治人才。耶律阿保机、耶律德光和耶律倍及其儿子耶律隆先、耶律道隐,都是这样的人才。但最初,他们是把儒家思想作为一种宗教引进的。公元918年,"诏建孔子庙、佛寺、道观"(《辽史·太祖上》),把孔子庙置于佛寺、道观之前。919年,耶律阿保机亲"谒孔子庙",而"命皇后、皇太子分谒寺观"(《辽史·太祖纪下》),表明对三者之中的孔子庙特别重视。

辽朝各代皇帝中,耶律隆绪、耶律宗真、耶律洪基对儒家经典的重视和学习最为突出。耶律洪基"尝听侍臣讲《论语》",他的祖父耶律隆绪好读唐《贞观政要》,并说:"中国之英主,远则唐太宗……近则宋太祖、太宗也。"他们以唐太宗等人为楷模,说明他们的当政精神是与儒家精神相符的、一致的。在契丹妇女中,也有"涉通经义的人",邢简妻陈氏就以儒家经典教育子女,她的子女都以儒学闻名。耶律洪基时,有一个契丹贵族妇女,叫耶律常哥,她"自誓不嫁",笔耕不辍地写作诗文,阅读史书以"见前人得失"。

在文学方面,耶律隆先"博学能诗",有诗集问世。耶律倍"工辽、汉文章",又有《乐田园诗》。在逃往中原地区时,他"立木海上,刻诗曰:'小山压大山,大山全无力。羞见故乡人,从此投外国'"(《辽史·义宗倍传》)。词句质朴,诗意悲凉。他还善画人物,保留下来的一些画作后来被选入宋秘府珍藏。耶律洪基的皇后萧观音工诗,善谈论,自作歌词;而且还善琵琶。耶律延禧的文妃萧瑟瑟"善歌诗。……帝畋游不恤,忠臣多被疏斥,妃作歌讽谏"(《辽史·天祚文妃萧氏传》)。契丹皇族中,好文学、好音律、好绘画的人很多。在辽中后期,皇族不仅在群臣中物色诗友,且以诗赋考士人,大力培养士人对文学的爱好。辽的文学集唐、五代、宋文学的优点,并结合本民族的实际,形成了我国文学史上独具特色的地方文学。

夏、辽、金不仅接受、研习儒学,而且还接受了中原王朝重视史学的传统,留心史实,并有所著述。他们写史书,能坚持中原史学秉笔直书的优良传统。

在儒学发展的同时,佛教也有了极大的发展。多次出使辽朝的苏辙对辽的文化有这样的记载:"北朝皇帝好佛法……所在修盖寺院,度僧甚众。"(《栾城集》卷四一《北使还论北边事札》)由于当时崇佛,还刻了很多佛经(石经)。

金在灭辽并把宋赶出北中国后,不仅承继辽与北宋的文化,而且达到很高的水平。"金用武得国,无以异于辽,而一代制作能自树立唐、宋之间,有非辽世所及,以文而不以武也。传曰:'言之不文,行之不远。'"(《金史·文艺列传》)他们不仅创制了自己的文字,还接受了中原地区的儒家文化,好读史书,并编修辽史和记录当代当朝皇帝的起居注。特别值得注意的是,金朝皇族亦多"敦崇儒术"。章宗时下诏"修曲阜孔子庙学"(《金史·章宗纪》)。此外,又创办各级学校,培养人才;开科举,以儒家经典取士。所以,世宗、章宗之世,"儒风丕变,庠序日盛,士由科第位至宰辅者接踵"(《金史·文艺列传》),可以说文人辈出。章宗本人就具有较高的汉文化素养,由于章宗时与南宋关系的改善,所以他与完颜亮的诗风完全不同。完颜亮作诗言志,文如其人:"大柄若在握,清风满天下。"章宗诗的意境则别具情调:"五云金碧拱朝霞,楼阁峥嵘帝子家;三十六宫帘尽卷,东风无处不扬花。"此外,金朝的绘画、书法、雕刻、音乐与舞蹈也有较大的成就。章宗时设立书画院,收集民间和南宋收藏的名画。张瑀的《文姬归汉图》是金朝难得的精品。金最有成就的书法家是任询,他"书为当时第一,画亦入妙品"。当时论者认为他:"画高于书,书高于诗,诗高于文。"元好问"七岁能诗。……为文有绳尺,备众体。其诗奇崛而绝雕刻,巧缛而谢绮丽。五言高古沉郁。七言乐府不用古题,特出新意。歌谣慷慨挟幽、并之气"(《金史·文艺列传》)。

金人的原始宗教为萨满教,但在金立国后,接受了汉人、契丹人所信的佛教、道教,"奉佛尤谨"(《三朝北盟会编》卷三)。不仅广建寺塔,而且"浮图之教,虽贵戚望族,多舍男女为僧女"(《大金国志》卷三六《浮图》)。在经典研究上,以华严宗为主;在实践方面,则以禅学为重。在金,道教也很兴盛,与"释教同"(《大金国志》卷三六《道教》)。不仅原有的教派得以发展,而且诞生了新的教派——全真派,由于他们与金政府合作,故"门人居天下者三之二。"(《金文最》卷八一《宁海州玉虚观碑》)。

西夏统治者也和辽、金统治者一样喜爱汉文化,他们不仅读儒家经典《论语》《孟子》《孝经》《春秋》《诗》《书》等,还穿汉族的服装,用汉族的历法。其最独特之处是仿照汉字创制了西夏文字,称"国书",并将儒家的《论语》《孟子》《孝经》等翻译成西夏文字。

北宋和南宋的学者也将佛学融入儒学之中,创造了理学的新境界,成为中华民族后期思想文化的新资源,为民族文化的发展做出了贡献。

宋辽夏金是文化大聚会、民族大融合时期,也是一次文化传统大辐射时期。各族人民通过各种方式自觉地共享文化传统,站到同一文化大旗之下。

辽宋夏金各族人民分治天下是中华民族的一次尝试,它以中华民族的文化传统为基本思想资源和认同前提,以盟誓为基本制度,实施了空前的文化发展和文化融合战略,是中华民族发展的一个重要阶段。

第十二章

漠北雄风,席卷欧亚

第一节 雄起漠北

公元13世纪,我国北方的漠北草原进入了又一个群雄逐鹿的时代。随着草原各部经济和社会的发展,活动范围扩大,与周围其他部落的联系也日益密切,部落与部落之间的界限也进一步被打破。势力强大的部落趁机兼并弱小的部落,扩展自己的权势,"天下扰攘,互相攻劫,人不安生"是当时漠北社会的真实写照。

这是一个风云际会的时代,是呼唤英雄和产生英雄的时代。出自蒙古部孛儿只斤氏族的铁木真就是在这种背景下登上了历史舞台,顺天应时,完成了统一草原诸部的使命。

当时,草原上存在着多个部落和部落联盟,其中克烈、乃蛮、蔑儿乞、塔塔儿等是最有实力的几个军事集团。铁木真审时度势,选择了暂时联合一些同盟者,对敌人各个击破的策略。他先是依靠克烈部与札答兰氏的援助击败三姓蔑儿乞,接着又利用汪罕部和金军,打败塔塔儿部。1201年,他与克烈部结盟,共同灭掉扎木合部,继而消灭了泰赤乌的势力。在夺取了整个呼伦贝尔草原后,反戈一击兼并了"形势盛强"的克烈部。以后的两年时间里,他又相继征服了西部劲敌乃蛮部和所谓的"林木中百姓",从而扫平了草原上的所有敌人,"七载之中成大业,六合之内为一统"。1206年,草原各部首领在斡难河源召开联盟会议,选举铁木真为"成吉思汗",承认他为一切部落百姓共同的君主;设官建制,成立大蒙古国,从而在东起兴安岭、西迄阿尔泰山、北抵贝加尔湖、南达阴山的广大地域内,结束了长期的部落纷争,建立了一个统一的中央政权。

大蒙古国的成立催生了一个新兴的族群——蒙古族。漠北各部本来就具有相似的历史文化传统,相近的生活方式。早在成吉思汗统一草原之前,各部之间已经建立了越来越密切的经济文化联系。新成立的大蒙古国有意识地打破旧有的部落组织,建立"千户制";完善政权机构;制定和颁行统一的法令"札撒";创制并推行"蒙古文字"。在长期混居杂处中,他们同甘共苦,唇齿相依,结成了命运与共的整体,原先处于分散状态的民众逐渐融合成一个具有共同经济生活、共同语言和共同族属意识的民族共同体。成吉思汗所在的蒙古乞颜部是它的核心,"蒙古"也自然成为这个新兴的民族共同体的称谓。

第二节 天下一统

刚刚实现内部统一的蒙古族充满了勃勃生机和强烈的征服欲望,而宋、金、西夏等政权的日渐衰朽给它提供了扩张的机会。"深沉有大略,用兵如神"的成吉思汗率领着精锐强悍的蒙古将士挥师南下,拉开了持续七十余年的军事征服的序幕。

大蒙古国成立的第二年即开始对外扩张,到成吉思汗辞世的1227年,先后灭亡了西辽、西夏。以后的几个继任者窝阔台汗、蒙哥汗和忽必烈汗时期,蒙古都不断地对外用兵。在南方,蒙军相继破金朝,降吐蕃,平大理。

1271年(至元八年),忽必烈汗仿照中原传统,取《易经》"大哉乾元"之义,改"大蒙古国"国号为"大元",史称元朝。1276年灭亡南宋,重新统一了中国。

在西方,蒙古军发动了三次西征,兵锋最远到达东欧的波兰和匈牙利,在多瑙河以东、天山以西、北括斡罗思、南抵印度洋的辽阔疆域内建立了四大汗国,史称钦察汗国、察合台汗国、窝阔台汗国、伊儿汗国。这四大汗国初为大汗管辖下的地方政权,后渐渐疏远而成为事实上的独立政权。

这个横跨欧亚的王朝的主宰——蒙古族,改变了中国,也改变了自己。多民族的生活在其统治期间,又生发出许多新的元素。

第三节　回族的形成

回族最早出现于北宋沈括《梦溪笔谈》一书中,初为西北民族"回纥""回鹘"的音转,渐渐地被泛化为西域各国的代称。蒙古国的官方文书或诏令中,始用以指信仰伊斯兰教的中亚各族人,其含义与"穆斯林"大致相当。今天我们所说的回族即是以这些穆斯林后裔为主体的民族。

回族的先祖最早可追溯到唐宋时期来到中国的波斯人和阿拉伯人,唐宋时期经济繁荣,国际商贸发达,大批阿拉伯人和波斯人从陆路和水路来到中国,或经商或传教。他们往往集中住在称为"番坊"的居住区内,接受当地政府的管理,同时享有一定的自治权。番坊居民众多,史载唐末仅在广州一地就多达十余万,几百年间陆续来华者为数当更为可观。

蒙古人的西征为中亚人大量涌入中国打开了通道。蒙古人在征服西亚国家后,往往就地签发青壮年从军,征调当地工匠,并强迫妇女儿童为奴。这些人或在继续西征中充当马前卒,或被东调到中原战场服役,作为元朝镇戍军的一部分,和中国境内人民交错杂处。

广袤万里的统一帝国的建立为精于商贸的中亚人提供了无限商机,而元朝对色目人的优宠则为中亚的知识分子搭建了大显身手的舞台,工匠、学者、官吏、医生等三教九流,不远万里来到中国者不绝于途。

回族是中亚民族成分和中国国内民族成分在长期友好交往中相互融合而形成的。在他们身上既体现着鲜明的中华文化的影响,同时也烙上了伊斯兰文化的印迹。

历史上来到中国的旧时所称的"回回",来自不同的国家和民族,来到中国后又分散于全国各地,他们言语不通、习俗各异,但是对安拉的信仰使他们血脉相连。由于元朝的回回人多为商人、传教士和官员,具有很大的流动性,全国各地几乎都有他们的踪影。然而回回人"皆以中原为家",散居各地的回回人往往自成村落,以礼拜寺为中心,形成大量的回回村、回回营、回回屯。在城市中则逐步出现回回人居住的街区。"大分散、小聚居"是回回人在全国分布的特点。在聚居区内,族属、国籍各不相同的回回人维持着密切的联系。生活习俗方面的差异逐渐消弭,文化上的同一性潜滋暗长,民族的凝聚力在不断地增强。

元朝对回回人集中管理,从中央到地方都设有专职机构和官员,如"回回司天监""回回炮手军匠万户府""回回国子监"等,以协助各地官署处理回回人事务。对伊斯兰信徒的统一管理和对待,加强了他们内部的认同感和归宿感。

经过二百多年的融合,回回人已经形成了民族认同的观念,"天下回回是一家""回回见面三分亲"等说法,反映了现代意义上的回族已经初步形成。

伊斯兰教把不同族属的人民召集到回族这一旗号之下,而中华文化则把他们凝聚于中华民族大家庭之中。在不断的经济交流、文化沟通和血缘融合中,各族人民之间的此疆彼界日渐消失,以至"相忘相化,而亦不易以别识之"。回回人初到中国,各操母语,名字也是原来方言的音译,给相互之间的交流带来了诸多不便。由于长期和汉族人民共处,他们的后裔逐渐学会了汉语,接受了儒家思想,喜爱汉族的诗词歌赋。汉语成了回族的通用语言,汉名取代了原来的名字。正如回回官员凯霖操着纯熟的汉语所说:"居是土也,服食是土也,是土之人与居也,予非乐于异吾俗而求合于是也,居是而有见也,亦唯择其是而从焉。"这种入乡随俗的姿态,使回族中产生了一大批通晓汉文化的杰出人物,立志以孔子为师的哲马鲁丁、诗名远扬的丁鹤年、画名与赵孟頫比肩的高克恭、《授时历》的创立者郭守敬等皆是其中的卓越代表。回族本身具有较高的文化水准,他们在吸收中华文明的同时,也以自身发达的医学、天文学、数学、水利学等知识丰富了中华文化宝库,为中华文化的发展做出了突出贡献。

第四节 冲突中的融会

元朝是又一个北方游牧民族入主中原建立的政权,面对人口和文化上均处于优势的中原汉民,元统治者承袭了前代辽金的民族分化政策。

元时全国各族人民被分成蒙古人、色目人、汉人和南人四个等级。"蒙古人"

指原居住于大漠南北的蒙古各部落人民,他们享有最多的特权。"色目人"是对来自西域和中亚的畏兀儿、回回、钦察、汪古等各族人的统称。色目人文化程度较高,善于理财经商,有元一代都受到蒙古贵族的重用。而同是汉族血统的江淮南北人民则被分为两个等级,较早臣服的北方汉族与已经汉化的西夏、契丹等族人被称为"汉人",地位高于南宋境内的所谓"南人"。

不同等级的人享有不平等的权利并承担不平等的义务,这种差别体现在社会生活的各个方面。任职上,蒙古人和色目人垄断显要职位,所有机要职务汉人和南人均无缘涉足;科举上,同等学历的儒生,汉人和南人的出身、官阶均低于蒙古人和色目人;刑律上,歧视、压制汉人和南人的法令比比皆是。蒙古人通过这种民族分化政策,拉拢色目人,共同维护对汉人和南人的统治。

元朝的民族分化政策对我国历史的发展产生了一定的负面效应,也是造成蒙元帝国短命的原因之一。但是,不管政治上如何制造民族之间的隔阂,只要人民之间有交往,文化的融会就是不可避免的。终元之世,这种民间自发的文化交流显示了旺盛的活力。

元朝时,汉族的文化是较有吸引力的高势位文化。一些游牧民族特别是内迁民族经过一段时间之后,便自然而然地汉化了。屯驻于汉地的蒙古军学会了农耕,生产和生活方式逐渐脱离漠北状态,和汉人趋于一致。

即使在远离中原的漠北地区,在汉族的影响下,也开始引入了农业耕作。元廷曾迁徙大批汉人充实漠北,让他们向蒙古民众传授农耕技艺,指导生产。元朝"兴王故地"的农业从无到有、从小到大地发展起来,甚至形成了农耕屯落。1247年张德辉赴漠北亲眼见到"当地(和林)居人,多事耕稼,悉引水灌之,间亦蔬蒲"。在克鲁伦河流域,"濒河之民,杂以蕃汉,稍有屋宇,皆以土冒之,亦颇有种艺,麻麦而已"。

治中国者,必行中国之法。以马上得天下的蒙古族统治者要长治久安,也不得不"舍弓马而诵诗书",虚心学习汉文化。忽必烈即位后,正式设置国子学,选随朝百官、近侍子弟入学,教以儒家经典。又置蒙古国子学,招收王室子弟,以蒙文讲授《通鉴节要》等汉族历史著作。漠南、漠北各路皆依中原情形设置学校,以不同形式讲解汉文化。其结果不仅使蒙古族民众的文化水准得到提高,而且涌现了一大批学贯古今的蒙古族硕学鸿儒。

实际上,任何文化的交流都不会是单向的,汉族文化向外播扬之时,也是它接受各种文化影响之际。在中国历史上留下了浓墨重彩一笔的元杂剧就鲜明地体现了这种文化互摄的积极效应。元杂剧所用唱腔和曲调主要是继承北曲传统发展而来,而当时的北曲,"盖辽、金北鄙杀伐之音,壮伟狠戾,武夫马上之歌,流入中原,遂为民间之日用"。北方民族的乐曲大量传入中原,为中原乐坛输入一股刚健清新之气。元杂剧中蒙语音训语词更是俯拾皆是。如"阿那忽""也不罗""忽都白"等曲名,莎塔巴(酒醉)、巴都儿(勇士)、米罕(肉)等词汇,显示了蒙古等少数民族对元杂剧的强烈影响。各民族的舞蹈和音乐也相互辉映、彼此渗透,使中原的艺术领域更加异彩纷呈,展现出"素袖佳人学汉舞,碧鬟官伎拨胡琴"的兴盛局面。

第五节 吐蕃的选择

元朝统治者在处理与其他民族的关系上有颇多创建,特别是对待吐蕃。而吐蕃选择归向大一统更是中华民族发展史上的大事。

1239年,所向披靡的蒙古军队突进到吐蕃境内。当时,吐蕃已经四分五裂,喇嘛教和地方势力结合,形成教派林立的局面。以款氏家族为中心创立的萨迦派称雄于整个后藏地区,是各派中势力较强的一支。前军将领多达那波了解到吐蕃政局的特点之后,建议迎致萨迦共治吐蕃。镇守原西夏一带的蒙古宗王阔端采纳了多达那波的建议,发函邀请藏传佛教萨迦派第四代传人萨班前来会晤。1246年,二人在凉州见面。双方达成协议,蒙古扶持款氏家族在吐蕃的地位,萨班则答应以本人的名义致信吐蕃僧俗各界领袖,敦劝他们归顺蒙古。在萨班的感召下,多数地方领袖都臣服于元朝。对拒不归降者,蒙古继续用兵。这样,蒙古与吐蕃在政治上确立了主从关系,吐蕃成为元朝的一个地方政权。这是吐蕃真正归向中华民族的整体国家的开始。

元朝对吐蕃实行政教合一的统治策略。蒙古统治者认识到吐蕃"地广而险远,民犷而好斗",故"思有以其俗而柔其人",于是大力尊崇萨迦派法王,通过宗教力量间接治理吐蕃。1260年,登汗位不久的忽必烈为八思巴上"国师"尊号,授玉印。后又进封他为"帝师"。终元之世,款氏家族多名法王被封为"帝师"。对于吐蕃"帝师","朝廷所以敬礼而尊信之者,无所不用其至"。"帝师"之命,也"与诏旨并行于西土",可见其地位之尊崇。

元朝设总制院负责管理全国佛教及藏族地区的军事、行政事务。总制院后改名为宣政院,是元朝设立的管理青藏高原各族军事民政的最高机构,凡吐蕃地区的"军旅、选格、刑赏、金谷之司,悉隶宣政院"。历任"帝师"都兼领宣政院,宣政院中位居第二者以下各官均由"帝师"辟举,以僧为之。具体统管吐蕃事务的萨迦本钦一职,虽是元朝政府指派,但是人选也多是出自款氏家族。

元统治者和吐蕃上层人物结成这种唇亡齿寒的关系,有助于双方势力的巩固和发展。在帝师的协助下,元朝对吐蕃地区进行了有效的管辖。元在吐蕃设置了三路宣慰使司都元帅府分管今前、后藏及阿里地区;在藏区设置驿站与兵站,并驻屯军队;顺利推行"吐蕃刑律";成功地进行了三次户口清查。这些举措表明,吐蕃已经正式纳入中央王朝的统一版图之中。

第六节　因俗而治

在元朝统治区内还存在众多的少数民族聚集地区。这些地区大多位处偏远的边疆,交通闭塞,不仅民族成分复杂,而且社会发展也很不平衡。不顾民族地区的实际情况,强制推行整齐划一的封建流官式的政治统治,显然行不通。

元以前历朝对于边远少数民族多实行羁縻政策,元朝将这一政策发展成影响深远的土司制度。中央王朝在内属的各民族或部落地区设立宣抚司、安抚司、招讨司、长官司、蛮夷千户所、寨、洞等机构,隶属所在地区的行省。由当地豪酋充任土官,授予品秩职位,佩发符印,使之成为朝廷正式委任的地方官。他们职位世袭,然而有功亦赏,政绩卓异者,保勘升官;有罪亦罚,只是"罚而不废"。

另一方面,土司机构又是统一帝国的一部分,是中央王朝下属的一个地方政权,因此必须承担相应的政治、经济、军事等方面的义务。元廷规定土官要按时朝贡;有些土官管辖地区的户口、民田要登记造册,上报朝廷,以作为向民户征税的依据;听从中央的征调,受命修治道路、设立驿站及带兵从征;服从中央约束,土司之间的矛盾由上级机关调解。

元初忽必烈进入云南时就开始实行土司制了,统一全国后,在南方民族地区普遍推广土司制度。四川、云南、湖广等省共设有大小土司机构近三百处。土司制度在元朝发挥了很大的实效,各族上层人物成为元朝在民族地区统治的得力工具,对于维护元朝的统一和各族人民的紧密联系起到了积极的作用。

元代统治者胸怀雄才大略,大幅度地扩展了中华民族的内涵和外延,为整个中华民族的发展做出了贡献。

第十三章

中华之人，文化身份

第一节　一般大势

蒙古族建立的元朝结束了宋辽夏金长期对峙的局面，在中华大地上再建了一个统一的多民族的王朝。由于长期的征伐战争，在其疆域版图扩大的同时，也带来了各民族的不断迁徙与流动，造成了各民族杂居的格局。所以，虽然元统治者将人分四等，实行民族压迫、歧视政策，但各民族杂居的客观现实，却极有利于各民族间的交流与融合。这正是朱元璋在1368年建立明王朝后虽强令推行留居中原的少数民族的汉化政策，却没有遇到抵抗的原因之一。在对待周边的少数民族政策方面，明采取了与元相反的政策：在对待蒙古后裔问题上，只要他们不进攻，则采取与他们和睦相处的政策；对待西南少数民族则取改土归流政策（但不彻底，直到清朝时才彻底实施）；对东北的女真族，让其在原地按原有方式生活，与其友好往来，并册封各部落的首领为明地方官员，让他们为大明守边。1644年满族建立的清王朝，是中国历史上第二个由少数民族建立的统一王朝，也是中国历史上最后一个封建王朝。但作为统治者的满族贵族，所采取的民族政策与蒙古统治者有很大的不同，放弃了民族歧视和压迫，奉行各民族共生、共存、共同发展的新政策；政治上处于优势的满族还虚心学习汉族相对先进的文化和生活习俗，并取得了较高的造诣。满族不仅接受儒家文化，而且以之为首的各少数民族都为我们这个多民族国家版图的奠定贡献了自己的热情、智慧乃至生命。

第二节　中华诉求

　　由于蒙古族建立的元朝的长期征战、迁徙及实行民族歧视和压迫的政策,使终元一朝各族人民的反抗不断和元末的大起义因此便带有鲜明的民族斗争色彩。在众多的义军中朱元璋所领导的一支之所以能脱颖而出,最终击败元统治者,与他提出的带有民族情绪的"驱逐胡虏、恢复中华"这一极富煽动性的口号有密切的关系。1368年(洪武元年),朱元璋下诏,指责蒙古族统治中国,是"以胡俗变易中国之制"。1369年,他又下诏"复衣冠如唐制",强迫留居中原的以蒙古族为主的少数民族一切依汉俗,禁止他们穿胡服、说胡语、习胡俗、用胡姓(《明太祖实录》卷二六、卷三〇)。但是,他也特别强调指出:蒙古人、色目人虽然不是"华夏"人,但只要他们能知礼仪并愿意做大明王朝的臣民,就会把他们当作"中华之人"一样对待。正是这种看似专制、不平等,而实际上相当宽容、颇具海纳百川气魄的民族政策,使已在中原地区与汉族杂居很久,早已深受汉文化影响的蒙古、色目等少数民族自然地接受了明王朝改穿汉服、改易姓氏的政策,而不觉得与汉人有什么不同。他们不仅可以经商,与汉人通婚,而且还可以学习儒家文化,参加科举考试,进入仕途。元明之际大量少数民族汉化的情况,在明清之际顾炎武的《日知录》中也有记载:"华宗上姓与毡裘之种相乱,惜乎当日之君子徒诵'用夏变夷'之言,而无类族辨物之道";"今代山东氏族其出于金、元之裔者多矣"。大量少数民族融入汉族,无疑使汉民族的躯体中增加了新鲜的"异族"血液,真正体现了"你中有我,我中有你"的中华民族多元一体的民族特色。

　　既强调蒙古人、色目人的汉化问题,又正视现实的中国是一个由不同民族组成的实体,所以明王朝非常注意对少数民族的安抚工作,特别是加强了对边疆地区的少数民族的管理工作。这在客观上密切了各少数民族地区与中原王朝的关系,加速了少数民族地区经济、文化的发展。

　　明政府与北边蒙古族的关系比较复杂。不仅蒙古族内部各部落间经常发生战争,他们也经常侵犯明王朝的边境,导致双方频繁的冲突。1449年也先率鞑靼、瓦剌部南犯,明军大败,英宗被俘,这就是"土木堡之变"(在今河北怀来境内)。此后双方的关系一直很紧张,以后还发生了土默特领主俺答汗率兵直逼北京、大肆掳掠之后又退兵西归的事件,史称"庚戌之变"(古应泰:《明史纪事本末》卷五九《庚戌之变》)。直到隆庆年间,由于明军事力量的加强及主动与土默特领主妥协,双方的关系才趋向于缓和。当时,明王朝对鞑靼首领进行封赐,俺答汗被封为顺义王,其他各级首领也同受封爵。此后,鞑靼与明之间没有发生大的冲突。俺答汗是鞑靼的精神领袖,他对改善与明的关系贡献最大。他的妻子三娘子仰慕中原文化,贡市一直由她主持,在俺答汗去世后,她坚持与明朝通好的政策,听从明政府的建议,相继与继任的两代顺义王合婚,以巩固民族间的友好关系。为表彰她的功绩,明政府封她为忠顺夫人。在明与鞑靼友好相处的日子里,双方通过朝贡、马市等形式进行经济、文化的交流。在汉族的帮助下,俺达汗时还在今天的呼和浩特建筑城池,使呼和浩特地区成为蒙古族手工业、商业的中心。除官方的交流外,双方民间的交流、融合从没有因战争而中断过,由于战争的掠夺行为及大量战俘被带往蒙古地区,中原地区先进的文化及生产技术传播到了蒙古地区,在客观上促进了蒙古地区文化、经济水平的提高。

在西南地区,明政府建立后,即派遣使臣到西藏,命各部酋长推举官员到京。1373年,摄帝师喃加巴藏卜到京,朱元璋封他为"炽盛佛宝国师",同时任命一批地方官员。此后,明政府又通过册封各个教派宗教领袖的方式密切了双方的关系。这些地方官员和宗教领袖要定期向政府朝贡,而且朝贡(喇嘛、官商)的人数不断增加。除教派和官方的文化交流外,明政府还考虑到"番人嗜乳酪","不得茶则困以病"(《明史·食货志四·茶法》),故而在与藏族毗邻地区设多处交易地点,以便双方进行茶马贸易。由于西藏地处偏远,贸易和宗教往来就成为明政府同西藏地区沟通、联系的主要方式。

对居住在东北地区的女真(满族)族,明朝也设定机构进行管理,从永乐年间至正统年间,设置了有名的"建州三卫",任命当地部族首领为长官。对居住在黑龙江下游奴儿干地区的元代遗民,明政府也敞开胸怀予以接纳。永乐九年,明成祖应奴儿干地方首领的请求,派遣内官亦失哈等率领军队、官员在当地开设奴儿干都司(在今天黑龙江口附近的特林),下属相当数量的卫所,卫所官吏有汉族、满族及其他少数民族,接受明政府的管理和调遣。明政府还先后两次在奴儿干地区建永宁寺,并两次立碑(《敕修永宁寺记》《重建永宁寺记》),记述了奴儿干都司的创建过程及相关情况。

在西南地区相对落后的苗、瑶、壮、彝等少数民族地区,则根据各少数民族地区社会、经济发展的不同水平,采取不同的管理方式:在相对进步的地区取流官制,由中央政府派出官员担任当地的各级官吏,以代替原来的土司,这种改派官员的管理方式称"改土归流";在比较落后的地区,仍保留元朝土司制度,任命当地头人为官,土司官职世袭;在某些地区则是"土流兼治"。

这些因俗而治的管理方式,表明明政府认同了中国是多民族共存实体的客观现实。

明王朝强调"中华之人",强调重点是文化传统,它提出"中华"这个高于汉、蒙等具体民族的概念,在中华民族的发展史上具有非同寻常的意义。

第三节 五族共和

清王朝的统治者是起于白山黑水之间的满族。1644年,他们以一个相对落后的少数民族身份入主中原、建立对全国的统治后,不仅确立了"因俗而治"的民族统治政策,而且,以自己的文治武功使"因俗而治"的民族政策得以实施。他们平息多起少数民族贵族分裂祖国的叛乱行为,抗击外国势力的入侵,维护了国家的统一,奠定了中国近现代版图的基础。承德避暑山庄及其周围的外八庙内,有很多记载征战成果的碑文,这些碑文为我们讲述了以满族为首的八旗军队为捍卫国家统一而戎马倥偬的历史。在清代,满族人"生则记档,壮则当兵","当兵是每个人丁义不容辞的义务……长年的出兵打仗,对于旗人来说不仅是沉重的经济负担,而且带来生命财产的重大损失。每一次大的战役,都给旗人增添一批孤儿寡妇"(王钟翰主编:《中国民族史》)。《啸亭杂录》的作者昭梿说:"八旗士卒,多效死疆场,故丁口稀少。"满族人民为中华民族大家庭的完整、统一贡献了自己的热血与生命。随着疆域版图的扩大、国内民族的增多,清政府不仅确定了"因俗而治"

的民族政策,而且还设置了专门管理民族事务的机构——理藩院,其"官制体统"与六部相同(《清圣祖实录》卷四)。

随着疆域版图逐渐扩大,人们的视野、心胸也逐渐开阔,人们思想中狭隘的"夷夏之防""华夷之辨"的民族观念在不知不觉中淡化,满、汉文化的对峙也基本结束,代之而起的则是夷夏不分的天下一家观念的形成。在《大义觉迷录》中,雍正皇帝的话就表达了这种思想:"自我朝入主中土,君临天下,并蒙古极边诸部落俱归版图,是中国之疆土开拓广远,乃中国臣民之大幸,何得尚有华夷中外之分?"乾隆时期,在改建承德避暑山庄丽正门时,其门额就是用满、蒙、汉、回、藏五种文字书写的,这也是"五族共和"、天下一家思想观念的体现。而承德避暑山庄周围外八庙的建立,更显示了中国境内各民族共生共存、亲如一家的观念。

满族统治者以自己的文治武功消融了汉族对其敌视情绪。而其"因俗而治"的民族政策,随着清军的对外开拓而广布天下,为各族人民所接受,成功地解决了以少数治多数、以落后治先进的问题,既保证了满族自身利益,又较好地处理了与汉族及其他少数民族的关系。

由于历史的、地理的原因,满族在入关定鼎中原之前,就与蒙古族结成了牢固的联盟。这种联盟以政治的、军事的利益为基础,而以血缘的婚盟牢固之。在满族入主中原之后,仍然执行着满蒙联盟的政策,双方的和亲更是贯穿始终。

作为统治者的满族,面对占全国人口绝大多数的汉族,反复强调"满汉一体""不分旗汉"的民族政策,并努力学习汉族思想文化,最终使那些激烈反清的知识分子,放弃了反清的念头。如黄宗羲虽然自己始终不仕清王朝,却送自己的儿子参加撰写官修的《明史》,允许门生做清王朝的官员,自己也悟出了"天下之治乱不在一姓之兴亡,而在万民之忧乐"的道理。清王朝稳固的统治,使他能在安定的社会环境中,写出《明夷待访录》《明儒学案》这样的巨著,开浙东史学研究的先河。

西南的少数民族地区,由于大量汉族的迁入,落后的土司制度已不能适应社会进步的潮流,反而成为社会发展的阻碍,为此,清政府强力推行彻底的"改土归流"政策;同时,清政府还在西南地区设立各级各类学校,推行礼仪教化,鼓励少数民族子弟上学、参加科举考试,并扩大了在这些地区的录取份额。对地处偏远、家境贫寒的学生,提供一定的经济资助。政府在少数民族地区办教育,不仅促进了

>>> 康熙第一次南巡归途经山东曲阜,亲谒孔庙。图为《康熙南巡图》。

当地文化教育事业的发展,而且也有助于移风易俗。据《清史稿·赵廷臣传》记载:由于"儒教日兴而悍俗渐变",儒家文化起到了积极的政治同化作用。文化知识的普及,减少了民族纠纷,有利于民族的团结、社会的安定和稳固。

第四节 归向传统

满族是东北地区一个落后的少数民族,靠武功而平定天下。在夺取天下并巩固政权的同时,也迅速地改变着自身。他们对汉族的文化及各少数民族的文化,取兼容并蓄的态度和政策,特别是对先进的、居主导地位的汉族文化,更是敞开胸怀接纳。还在皇太极时期,就选用汉族的知识分子充当官吏,接受了儒家文化中"自古国家,文武并用,以武功勘祸乱,以文教佐太平"的理念(《清太宗实录》卷五)。所以,不仅从康熙时起恢复了科举取士的制度,而且还不断扩大取士名额,给汉族知识分子开辟了更宽广的入仕道路。清朝的皇帝非常重视对皇族子弟的教育,不仅要求他们学习汉族的儒家文化,而且还建立了系统的教育体系,所以清代皇子中文人辈出。此外,皇族宗室及贵族子弟也要入相当的学校读书,这样,从皇室到一般满洲贵族子弟都和汉族知识分子一样读经书,写文章。他们的汉化程度很深,不仅出现了康乾这样的文治武功超凡卓绝的皇帝,而且,有清一代的文学家中,出身满族者大有人在。由于与汉族的密切接触,至乾隆时期,许多满族人的满文、满语都荒废了。

康熙帝巩固统一、奠定疆域版图的武功为后人传诵,而其汉文化素质之高,在中国历代帝王中也是罕见。他5岁读书,非常热爱儒家传统文化,凡经、史、子、集、诗、书等都用心研读。他特别尊崇宋明理学,认为:"自汉以来,儒者世出,将圣人经书多般讲解,愈解而愈难解矣。至宋时,朱子辈注四书五经,发出一定不易之理,故便于后人。朱子有功于圣人经书者,可谓大矣。"(《康熙政要》卷一六)"朱子之书,驾乎诸家之上。"1684年11月,康熙第一次南巡归途经山东曲阜,亲谒孔庙,行三跪九叩之礼,书"万世师表"匾额,悬挂在大成殿中;后来又在他亲撰的孔庙碑文中写道:"朕敬法至圣,景仰宫墙,向往之诚,弗释痞寐。"(《清圣祖实录》卷一三〇)他亲自批点《资治通鉴纲目大全》,并命学者编纂《朱子大全》《理性精义》及《康熙字典》《古今图书集成》《佩文韵府》《大清会典》等著作,这些著作至今还是我们研究中国古代历史文化的必备文献。康熙皇帝对汉文化的认同及潜心向学,化解了一大批汉族士大夫对满族统治者的敌对情绪,甚至取得了他们的合作。在康熙所倡导、营造的这种浓浓文化氛围中,中华文化史上涌现出了一批一流的国学大师。

清朝的皇帝中,乾隆的汉文化造诣也相当深厚。乾隆时期,满汉文化的对峙已基本结束。他9岁开始读书,14岁开始写诗词文章,至20岁时,他编辑刊出了《乐善堂文钞》。在这期间,他"朝夕从事者,四书五经、性理纲目、大学衍义、古文渊鉴等书"(《乐善堂集定本·序言》)。他重视、热爱中华传统文化,重视读书人,当政后,对看不起儒生的言行给予严厉驳斥:"人不读书……有不可救药者。……至于'书气'二字尤其贵,沉浸酝酿而有书气,更集又以充之,便是浩然之气。人无书气,既为粗俗气、市井气,而不可列于士大夫之林矣。"(《乾隆实录》卷五)出于对中华传统文化的热爱,他又下令组织编写《四库全书》,所收之书有两个来源:一是官方的藏书,二是从民间征集而来。乾隆还亲自裁定儒家经典要居诸书之首位,并强调:"从来四库书目,以经史子集为纲目,裒辑分储,实古今不易之法。"(《四库全书总目提要》卷首《圣谕》)《四库全书》的编撰保存了许多珍贵的文献资料,在保护和整理中国古代的文化遗产方面,乾隆皇帝功不可没。他喜爱汉族的儒家文化,所以也如一般知识分子一样喜欢作诗,曾说:"若三日不吟诗,就若有所失。"在承德避暑山庄的同一座石碑上,竟刻有乾隆的六首御制诗。但是,他的诗很少吟咏"风云月露",而是"每有关政典之大者,必有诗记事"(《御制诗余集》卷二《惠山园八景》诗注)。以诗记政事,符合他的性格和身份。所以,他的诗史料价值很高。

由于皇帝及皇室的影响,满族涌现出许多对儒学兴趣浓厚的学者。对儒家文化的共同归依,使一些满族官员对汉族官员的看法也发生了转变。最为著名的就是被誉为"清初第一词人"的满族人纳兰性德(1655—1685;他的父亲是康熙朝核心人物明珠,居相位多年)。纳兰性德,字容若,满洲正黄旗人,祖先是明代海西女真的叶赫部首领。他22岁时中进士。纳兰性德才思敏捷,多才多艺。19岁时就写了《渌水亭杂识》,梁启超读此书后认为,"使其永年,恐清儒皆须让此君出一头地也"(《饮冰室文集》卷七七《〈渌水亭杂识〉跋》)。1678年他24岁时,第一次刊行词集《饮水词》。(顾贞观为其取名,取意于禅家语"如鱼饮水,冷暖自知"。)他的经学造诣也相当高。但是,三百多年来人们喜爱他的原因,主要是他的词有一种特殊的魅力。他一反传统的词乃"诗余"的说法,认为"诗亡词乃盛,比兴此焉托"。他用心去写词,所以,他的词才能"纯任性灵,一尘不染",正如王国维所言,是"以自然之眼观物,以自然之舌言情"(《人间词话》)。同时代的师友认为,他的词集历代名家词之优点,有"周柳香柔,辛苏激亢"的特点,即使"宋诸家不能过也"。当时,他的词不仅在国内"家家争唱",而且还远播到了朝鲜。朝鲜人对他的词的评价是:"谁料晓风残月后,而今重见柳屯田?"他的好友顾贞观说:"容若词,一种凄婉处,令人不忍卒读。人言愁,我始欲愁。"纳兰性德不仅用真情、真心去填词,而且也珍视与朋友间的友谊,"好宾礼士大夫",结交了当时一大批著名文人,包括顾贞观、吴兆骞等。与这些文人交朋友,他从不摆贵族的架子,对他们的言语不恭之处,宽宏大量;还为他们的生计、困难多方奔走,设法解决。江苏吴江人吴兆骞被称为"惊才绝艳"的一代奇才,在顺治十四年的南闱科场案中受牵连被判远戍宁古塔。纳兰性德本与吴兆骞不相识,但被其词所吸引、感动,答应友人顾贞观的请求帮助营救。康熙二十年,吴兆骞终于回到了北京,在好友为吴兆骞接风洗尘的宴席上,纳兰性德第一次见到了吴兆骞。纳兰性德的义举深受汉族士大夫的赞誉,被传为佳话。

　　纳兰性德的词传世至今的约有 350 首左右,这些词可以说是他的真情告白。现录其与爱妻暂离别及其妻去世后的悼亡词各一首,以示其词的"凄婉处"与"宋诸家不能过也"的独特魅力。

客夜怎生过?梦相伴,绮窗吟和。薄嗔佯笑道,若不是恁凄凉,肯来么?来去苦匆匆,准拟待,晓钟敲破。乍偎人,一闪灯花堕,却对著,琉璃火。

——《寻芳草·萧寺纪梦》

此恨何时已?滴空阶、寒更雨歇,葬花天气。三载悠悠魂梦杳,是梦早应醒矣。料也觉、人间无味。不及夜台尘土隔,冷清清、一片埋愁地。……清泪尽,纸灰起。

——《金缕曲·亡妇忌日有感》

能为此词者,汉人有几个?

满族在对国家实施管理的这段时期里,不仅自身归向了中华民族的传统文化,实际上,他们和各族人民一道,成为中华民族文化的真正继承者和发展者。

明清统治者开始以共同文化确定国家成员的身份,将文化的认同与国家的认同联系起来,使中华民族发展的多元一体格局呈现出全新的局面。

第二编

天人合一

　　中华元价值,是中华文化的核心价值,中华民族的民族魂。它在中华民族形成和发展的整个历史进程中逐步形成,又有力地支撑着中华民族的壮大和成长,营造着辉煌的中华精神世界。

第十四章

天人合一的宇宙观

第一节 天人合一思想的发展演变历程

天人合一是中华文化的核心和基本精神所在,它主要是指人与自然("天")、天道与人道、自然与人文的融合贯通,集中体现了中国人对宇宙真理和人生真理两方面的一种最高合一的崇高信仰,是中华文化对人类文明所作的重大贡献。在中国思想史、哲学史上,第一个明确提出"天人合一"命题的人是北宋著名的思想家张载(1020—1078,字子厚,北宋凤翔府郿县横渠人,世称横渠先生),但作为一种思想观念,它产生甚早,先秦时期的各家各派都对它做过不同层面的论述。

天人合一的观念在西周时代就已萌芽。周宣王时,有个大臣作了一首有关老百姓的诗,题目叫《烝民》,说老百姓的善良品德来源于上天的赋予。孔子对这首诗大加赞赏,认为诗的作者是真正懂得人生道理的。《左传》中记载了春秋时郑国政治家子产的一段话,在那段话里,子产把人们用来安排社会生活的一系列规章制度(礼)说成是天经地义的一种东西,说人是通过效法天地来安排社会生活的。比如,君臣上下等级的建立,是取法于地;父子兄弟姐妹亲属关系的设立,是取法于天。很明显,这种言论是将天地与人事相联系,从伦理道德的角度来讲天人关系。孔子以"仁"为思想核心,"仁者爱人",通过仁爱达到人与社会、自然的和谐。所以,孔子所追求的"仁"的最高境界实质上就是一个主客交融、物我一体的"天人合一"的境界。"唯仁然后能与天地万物一体"(《朱子语类》卷六),朱熹对孔子"仁"的解释是符合孔子思想原意的。

儒家经典《易传》①提出了"与天地合其德"的思想。"夫大人者,与天地合其德,与日月合其明,与四时合其序,与鬼神合其吉凶。先天而天弗违,后天而奉天时。"就是说,在自然变化尚未发生时,人要加以合理的引导;在自然变化发生之后,人要遵循天的变化,尊重自然规律。一方面要尽量通晓阴阳变化的规律,另一方面又要发挥德行的作用,对天地的变化加以一定的制约。这种观点,既承认天与人的联系,又承认天与人的区别,主张自然与人的和谐,即强调人与自然要相互协调贯通,融为一体。儒家另一经典《中庸》②极重"性""道"两个概念,提出了"性道合一"的思想。《中庸》开篇就讲"天命之谓性,率性之谓道,修道之谓教"。天生万物而赋之以性,人性本善,禀赋自天。人的向善的天性,通过自我的道德提升,可上通天德,体悟天道,与宇宙万物融为一体,故遵循本性自然发展的原则而行动便可获"道"。人生大道根源于人性,道从性生,于是便形成了天道与人道、自然与人文的合一。《中庸》认为人性是天所赋予之物,所以它又特别强调"诚"。在《中庸》看来,诚既是自然的法则,也是人的最高精神境界。以诚为自然法则(天道),就是认为自然(天)是真实而具有一定规律的。以诚为圣人的境界,就是认为圣人的一切行为都是合乎原则的。《中庸》还把诚同明联系起来,认为人达到诚的境界之后,就能极大地理解个人的本性,进而理解人类的本性,最后也能理解物的本性,这样一来,就可以参与到天地产生万物的过程当中,也就与天地并列为三了。《易传》把天、地、人并列,称为"三才";《中庸》则称人"能赞天地之化育"而与"天地参",说明在儒家的观念中,作为万物之灵的人在宇宙自然面前,并不是消极无为的,要达到"天下至诚"的境界,离不开人为的作用。《中庸》《易传》的这些认识,充分肯定了人的能动作用。由此不难看出,儒家追求的"天人合一"的模式实质上是"天"合于"人"。

在先秦儒家建构的天人观中,孟子的贡献尤大。与《中庸》所持的性善论相同,孟子主张"天"是性善的根源。内涵于人性中的善性是天赋的,人生来就具有

---

① 《易传》是一部哲学著作,共有 10 篇,也称"十翼"《易大传》。《易传》的作者和写作时代,学术界争论很大,一说为孔子所作;一说非孔子所作,是战国时期一些传授《周易》的儒家学者假托孔子写成的。我们赞同后一种说法。

② 《中庸》这篇文字据说是孔子的孙子子思所作,这个说法虽然不尽可信,但文中确实包含了子思的一些思想。

向善的天性,具有内在的对"善"的感应。与《中庸》所不同的是,孟子把人的善性与人之"心"紧密地结合起来。在孟子看来,恻隐之心、羞恶之心、辞让之心、是非之心等善良本心是人与生俱来的,只要把人先天固有的善端扩充开来,把内涵于人性中的道德之源扩展开来,通过道德之心的修炼、提升,便可上通天道,止于至善,达到"上下与天同流"的境界。《中庸》讲"尽人之性""尽物之性",孟子则讲"尽心知性""尽性知天"。所以,孟子的"天人合一"观,合一的基础落实在人之"心"上,即通过人的道德心性修养,达到与天合一的境界。

孟子和《中庸》关于性与天道的思想对于以后的宋明理学有深刻的影响。宋明理学中的"天人合一"观念基本上是孟子、《中庸》思想的进一步发展。

与儒家追求的"天"合于"人"的观念相异,先秦道家追求的"天人合一"模式是"人"合于"天"。在道家看来,人在浩大无垠的宇宙自然面前,是非常渺小的,人是作为宇宙自然的附属物而存在的,人从自然生命到精神生命只有消融在自然和宇宙的洪流中才能找到他的最终归宿。道家的开创者老子建构了以"道"为最高实体的宇宙哲学观,把"道"看成是世界万物的总根源并给予系统的哲学论证。在老子看来,人是自然的产物,从属于"道"的法则,故人道应效法天道,人道必以天道为其依归。因此人应效法自然,人事活动应遵循自然规律,所以老子宣称"人法地,地法天,天法道,道法自然",欣赏和追求"生而不有,为而不恃,功成而弗居"[①]的人生态度。老子思想的继承者庄子比较多地谈到了人与天的关系问题,他从牛被穿上鼻子、马被套上笼头这些现象看到了人力对自然的可怕扭曲,主张回归自然,而不要以人力干预自然。在庄子看来,人类应当以宇宙大自然为背景而不是以自我为中心来审视自我和其他物类,透过与其他物类的相比较,更加清楚地认识和了解自身,把握好自己在宇宙自然中的位置,并使自己能够融入到自然和宇宙的生命洪流中去。所以庄子希望在"天地与我并生,万物与我为一"(《庄子·齐物论》)的境界中获得精神的绝对自由,追求逍遥无待的人生观,"逍遥"于自然。

道家主张自然本身就是一种完美的状态,无需人化。荀子对这种观点持尖锐的批判态度。荀子批评庄子被天所遮蔽而忽略了人,但是他也不赞同孟子"尽性

---

① 《老子·二章》,此一思想在《老子》十章、三十四章、五十一章皆有同样的表述。

知天"的认识模式。他不讲天人合一,而强调天人之分,主张发挥人的主观能动性,以积极的人为来改造自然,控制自然,役使天地。所以,荀子提出了"制天命而用之"的思想。这种"人定胜天"的思想,把人在宇宙自然中的作用发挥到了极致。像荀子这样不讲天人合一的思想家,后来还有一些,比如唐代柳宗元提出了天与人不相预的观点,认为天与人是两样事物,互不干涉。刘禹锡作《天论》三篇,对柳宗元天与人不相预说做了进一步补充,提出了天与人交相胜还相用的观点。他说一方面天与人各行其是,互不相干;另一方面,他又强调天与人又互相作用,人可以胜天。刘禹锡指出自然的职能在于"生万物",人的职能在于"治万物",即通过发挥人的主观能动性,按自然规律来改造自然,使自然为人类服务。但是,这些主张在中国思想史中不占主流。

先秦时期的天人合一思想发展到汉代,为董仲舒(前179—前104,河北广川人)所改造、镕铸,形成了天人感应论。其实,天人感应是中国古老的传统思想,上古传说中的"神人交通""绝地天通"的原始宗教信仰,殷商时期宗天、信鬼的宗教观念,墨子天志、明鬼的思想,阴阳五行家"人与天调"及其天人相应的主张,都为董仲舒改造这一思想提供了思想资源。董仲舒在改造重塑这一思想时,主要继承了阴阳五行家的思想。"天子受命于天,天下受命于天子。"君王在这里成为了沟通天、人的中介。对天来讲,君王代表人类与天对话,承上启下;对民而言,君王是他们最高的统治者、支配者。所以,天下人都要服从天子。在这里,董仲舒把天塑造成了一个有意志、有感情、能赏善罚恶的人格神,为王权统治披上了一道神的灵光。自春秋战国以来,重人的思想流行,"夫民,神之主也","神……依人而行","国将兴,听于民;将亡,听于神",重民轻神思想风行一时,天人感应学说受到了极大的冲击。董仲舒重新恢复了这一神学理论,使之成为思想界的主导思想,并借助王权的庇护取得了独尊的地位,这对周秦诸子的思想而言,无疑是一股巨大的回流。董仲舒又提出了"人副天数"说,把人说成是天的副本。认为从形体构造上说,人的一切都是按照天的模样仿制出来的。天有三百六十六日,人有三百六十六个小骨节;天有十二个月,人有十二个大骨节;天有五行,人有五脏;天有四时,人有四肢;天有昼夜,人有醒眠;天有冬夏,人有刚柔;天有阴阳,人有哀乐。总之,人是一个缩小的宇宙,而宇宙则是一个放大的人。董仲舒在天人之间建立的这种比附关系,在很大程度上是牵强附会的。董仲舒还提出,像君臣父子夫妇这些伦理原则都是归属于天的,为社会等级秩序寻找天道的根据。毫无疑问,董仲舒的"天人感应论""人副天数说"是牵强附会的神权理论,但其中也有某些值得重视的因素。比如他在承认天的主宰作用的前提下,又充分强调了人的作用。他说"人下长万物,上参天地",人"超然万物之上","最为天下贵"。他告诫统治者,不要采取竭泽而渔的方式敲骨吸髓地剥削人民,若对人民施行暴政,残民、虐民,上天必降灾异来惩罚人君。这种"雷为天怒"的"天谴论",也有用天意来规范君权、监督政事的成分,是值得分析和重视的。

与董仲舒同时的哲学家王充(27—97,字仲任,浙江上虞人)则猛烈攻击天人感应的思想,称"雷为天怒"乃"虚妄之言"。王充认为天是最崇高的,而人是非常渺小与卑微的,所以他不承认天人一致的看法。不过,王充又说天与人都禀受了宇宙间的元气("万物自生,皆禀元气"),从这个意义上看,他还是肯定天与人有统一性的。

魏晋时期,玄学盛行,士人黜六经而用老庄,提出了"名教"出于"自然""名教"本于"自然""越名教而任自然"的主张。隋唐时期,佛学兴盛,佛教"众生有性""佛向性中作""心外无佛"的思想与思想家李翱"灭情复性"的主张,开了宋明理学泛性善论的先河。到了北宋,思想家、理学奠基人之一的张载明确地提出了"天人合一"的命题。张载的天人合一观是在批判佛教的过程中提出来的。佛家认为现实世界是虚幻的,追求超越现实世界的本体真如,同时,佛家又宣扬轮回的观念。张载认为这些都是错误的,佛家讲的实际与现实生活是不能割裂为二的。实际就是天,天和人是统一的。在佛家看来,天、地、日、月、人世都是虚妄的、梦幻的,张载认为天、地、日、月、人世都是实在的。具体说,张载天人合一思想的主要观点是:第一,天和人都是实在的,天与人的用处是统一的;第二,天和人都以变化为本性。张载所说的天是指无限的客观世界。张载用天人合一的观点来解释《中庸》的诚明说。他说:"儒者则因明致诚,因诚致明,故天人合一,致学而可以成圣,得天而未始遗人。"(《正蒙·乾称》)在张载看来,如果不承认人的作用就是天的作用,就不是诚;如果不承认知天与知人的统一性,就不是明。诚明就是肯定天道与人性的同一性。即人道与天道之间因明诚而融为一体,最终达到天人合一的境界。在人性论上,张载提出了"天地之性"与"气质之性"的命题,"天地之性"即人的本性、天性,"气质之性"指的是人对物欲的渴望。在张载看来,"性于人无不善",即人的本性是善的,"气质之性"则是善恶相混的,由"气质之性"反归到"天地之性",必须要经过人后天的道德修养才能完成。所以他主张"穷理尽性",以完成人道,实现天道,最终达到天道与人道、自然与人文的合一。显然,这是一种人格修养意义上的"天人合一"。

自张载明确提出"天人合一"的命题以来,这一思想几乎为各家各派的思想家所接受和认同。"二程"(程颢、程颐)、朱熹对张载天道与人道合一的思想从不同的层面、角度做了进一步的阐述和说明。程颢(1032—1085,字伯淳,世称明道先生,河南洛阳人)强调"一天人",但他反对讲天人合一,认为天与人本来不是两个东西,所以不需要讲"合"。他实际上是反对区别主体与客体。这在某种意义上,也是对张载的批评。因为张载肯定天是外在的,而程颢认为天地不是外在的,理由是,如果天地外在于人,那么就会有两个本原,而本原只能有一个,所以,不能在人之外再立一个天。程颢所理解的天与人一,实际上是认为心就是天。由此,他对孟子的知性知天的思想作了自己的解释。因为心就是天,所以尽了本心就可以知道本性与天。程颢又强调"万物一体",认为"仁者以天地万物为一体",这是对庄子"万物与我为一"之说的一种改造。中医学上手足麻痹叫不仁,程颢由此受到启发来解释仁,认为仁者应该将天下万物都看作与自己一体。又说,人与天地本来是同一个东西,只不过人把自己看得小了,所以才会有我你之分、人物之别。程颢主张应以天地万物的总体为大我,而不应拘泥于自己身体的小我。总起来说,程颢的天人本来无二的思想,主要有两方面的含义,一是说心就是天,天不是外在之物;二是把天地万物为一体作为最高的精神境界,宣扬一种人类之爱。

程颢的弟弟程颐(1033—1107,字正叔,世称伊川先生)的讲法与他哥哥不同,不讲心就是天,也不谈仁者以天地万物为一体,而是强调天道与人道的同一性。认为道只有一个,不能说有天道又有人道,道不应该有什么天人之别,只不过对天而言就是天道,对人而言就是人道。这个道,也就是性。在程颐看来,道与性是同一的。性的善的、好的部分,被称为道;性的自然的部分,被称为天;性的形体就是心。性也好,道也好,天也好,心也好,其实都是一个东西。程颐就是这样把性与天与心等联系起来,从而对孟子的知性知天说做出了自己的解释。程颐还深入研究过《周易》。《周易》总共六十四卦,第一卦为乾卦,表示天,其特点是刚健。在说明乾的时候,《周易》用了四个字来形容,这就是元、亨、利、贞。对这四个字,学者有不同的解释,程颐认为,这四个字是表示动植物发生发展的规律,其中,"元"表示发生(始)、"亨"表示发育(长)、"利"表示成熟(遂)、"贞"表示圆满(成)。程颐又认为,这四个字所表示的特性相当于人的五常(仁、义、礼、智、信)。南宋思想家、理学的集大成者朱熹(1130—1200,字元晦,一字仲晦,号晦庵,别称紫阳,徽州婺源人)继承了程颐的这个说法并做了进一步的发展,他直接将元亨利贞与仁义礼智对应起来。按照朱熹的解释,"元"是事物开始发生,在时间上表现为春天,在人的德行上表现为仁;"亨"是事物有所进展,在时间上表现为夏天,在人的德行上表现为礼;"利"是事物初步完成,在时间上表现为秋天,在人的德行上表现为义;"贞"是事物完全成熟,在时间上表现为冬天,在人的德行上表现为智。这样,朱熹就把属于天道的元、亨、利、贞与属于人道的仁、礼、义、智直接统一起来,也就是将天道的自然规律与人道的道德原则统一起来。这就是"程朱学派"的天道与人道合一的学说。

张载与程颢、程颐兄弟论天人合一,用语虽然不同,但有一个共通的地方,那就是他们都认为"天人合一"是最高的觉悟,是人的自觉。张载肯定"天人合一"是"诚明"的境界,诚即是最高的精神修养,明是最高的智慧。以天人合一为诚明的境界,就是以天人合一为最高觉悟。程颢强调仁者以天地万物为一体,如果不承认人与天地是一体,就是自己把自己看小了,就是麻木不仁。就是说,只有承认天地万物没有不是自己的,才是真正认识了自己。

而陆王学派以"心"为宇宙本体,主张"心即性""心即理",树起了高扬人的主体精神的心学旗帜。陆九渊(1139—1193,字子静,江西抚州金溪人,学者称为象山先生)称"宇宙便是吾心,吾心即是宇宙","万物森然于方寸之间","能尽我之心,便与天同"。王守仁(1472—1529,字伯安,号阳明,浙江余姚人)进一步发挥了程颢与万物为一体的思想,认为崇高的人就是以天地万物为一体的人,这种人将天下看作一个大家庭,把中国看作一个人,渺小卑微的人正好相反,崇高的人能够以天地万物为一体,并不是主观上的一种努力,而是因为他内心所具有的仁本来就会驱使他这样去看待。所以他称"仁人之心与万物合和畅,原无间隔"。在陆王眼中,"天人合一"无非就是"心"与"天道"的合一。

在宋明理学家中,无论是程朱理学,还是陆王心学,都认为外在的天与人的内在道德有一种本质的联结,可以通过存理、存心的方式达到与天地合一的最高境界。达到此境界,就是物我一体、心物合一,仁心遍于万物。所以,他们都把"天人合一"的思想看成是人生追求的最高境界,要求人们在不断的道德践行中完善自己的人格和德性。张载"为天地立心,为生民立命,为往圣继绝学,为万世开太平"的胸襟和抱负,便是这一思想的集中体现。

此外,晚明清初的思想家王夫之、清代乾嘉时期思想家戴震在天人关系问题上也提出了一些值得注意的看法。王夫之(1619—1692,字而农,号姜斋,湖南衡阳人,世称船山先生)一方面提出,天与人在形体上是不同的,在内容上也是有差异的,因此,不可以勉强合到一起。另一方面,他又指出,从道的角度看,人与天又存在着继承的关系,也就是肯定人道与天道有一定的联系。王夫之的这个说法,实际上是对董仲舒人是天的副本的观点的一种否定,而比较接近于程颐所说的天道与人道有着同一性的观点。王夫之还主张尽人道以与天德相合。戴震(1724—1777,字东原,安徽休宁人)在讲伦理原则时,也力图为人伦道德寻求天道的根据。他认为,善的基本标准有三个,即仁、义、礼。而这三者的根源又存在于天道。天道就是生生不息,生生的基础是仁,生生呈现出的一定秩序就是礼、义,而对这种秩序的一种认识就是智。这样,戴震就把天道与人伦的善联系起来。

还需指出的是,在宋明清学者中,从张载、"二程"到王夫之、戴震,虽然都宣扬天人合一的观点,但他们的理论基础并不相同。张载、王夫之、戴震是在肯定物质世界是基础的前提下讲天人合一的;程朱学派则是在肯定超自然的观念是基础的前提下讲天人合一的。虽然如此,两者都试图从天道观中引申出人伦道德来。这是中国古代哲学的特点之一。

总体而论,宋明儒的"天人合一"观主要是建立在人的心性本善和人与万物本性为一的基础之上的。人性善的理论,赋予每一个人以善的属性,通过人的道德心性修养,把天道与人道衔接了起来,所以宋明儒的"天人合一"观,本质上就是一门强调通过人的道德实践去体悟天道与人道合一使之成圣成贤的学问。至此,天内在于人，人上通于天的"天人合一"思想，构成中华文化最显著、最本质的特征，成为中华文化的最高理想和基本精神所在。而这种天人交贯的和谐思想，又只有从人的内在超越和社会的道德本位方面去理解它，才有可能理解它何以成为中华文化的基本精神。而这一精神又深深渗透在中华传统文化的各个方面。所以，中华文化本质上就是一种"一天人，合内外"的文化。

第二节 天人合一思想的贡献与局限

中国哲学中的天人合一观念发源于周代，经过孟子的性天相通观点与董仲舒的人副天数说、天人感应说，再到宋代的张载、"二程"而达到成熟。张载、"二程"发展了孟子的学说，摈弃了董仲舒理论中的粗陋形式，达到了新的理论水平。张载、"二程"的天人合一思想分析起来，主要包括以下几个命题：

（一）人是自然界的一部分。

张载明确提出，人为天地所生，是自然界的有机组成部分。张载还认为，天好比人的父亲，地好比人的母亲，人就处在天地中间。肯定人类是天地的产物，即自然的产物。

（二）自然界有普遍规律，人也服从这个普遍规律。

张载说，构成宇宙的两种基本元素是阴气与阳气，阴气与阳气聚散升降，相互联系，相互制约，运行不息，这就是宇宙的内在规律，自然界与人都共同遵循这个规律。

（三）人性就是天道，道德原则和自然规律是一致的。

张载认为，人性与天道具有同一内容，就是变易。程颐则认为，天道、人性、人道是同一的，它们的内容就是理，也就是仁义礼智等道德原则。张载与程颐都肯定人性与天道的同一性，但张载认为这个道就是变易，而程颐则认为道就是理，两个人的见解并不完全相同。

（四）人生的理想就是天与人的和谐。

张载认为，人生的最高理想是天人和谐，这个思想是《易传》提出来的。《易传》讲"范围天地之化而不过,曲成万物而不遗",即把顺应事物发展规律、促成事物的运动变化作为人的一种追求。张载、程颐等人接受了这个观点,但没有进一步发挥。

在以上四个命题中,第一个和第二个命题基本上是正确的。而第三个命题基本上是错误的,第四个命题则包含着有价值的重要思想。要正确评价这些命题,应考虑这样三个理论问题:第一,自然界和人类精神有没有统一性?第二,自然规律与道德原则的关系怎样?第三,人类应该怎样对待自然界?

马克思主义经典作家在他们的著作中也多次谈到自然与精神的统一问题。例如,恩格斯在《自然辩证法》中就提道,人一天天学会更加正确地理解自然规律,学会认识人对自然界的干预会引起比较近或比较远的影响。人越来越会认识到自身与自然界的一致,而那种把精神和物质、人类和自然、灵魂和肉体对立起来的荒谬的、反自然的观点,也就越来越不可能存在了。恩格斯还认为,自然界不可能是无理性的,而理性是不能与自然界相矛盾的。他指出,思维规律和自然规律只要被正确地认识,必然是互相一致的。① 恩格斯的这些论述,深刻地表明人类和自然界、自然界和精神是具有统一性的。而自然规律与思维规律也是相互一致的。自然过程、历史过程、思维过程都遵循着同样的根本规律,而这个根本规律就是辩证法的规律。

应当承认,中国古代哲学家所说的天人合一的最基本含义是肯定自然界和精神是统一的。从这个意义上看,天人合一的命题基本是正确的。然而,自然规律与道德原则又是有所区别的。自然过程和人类的历史过程虽然都服从于同一的普遍规律,但是物理现象、生物现象、社会现象又各有各的特殊规律,是不能混为一谈的。

总起来说,自然规律与道德原则的关系是一个非常复杂的问题。一方面,道德不能违背自然规律;另一方面,服从自然规律的行为并不见得就是道德行为。这是因为,道德就其本质来说,是一种社会历史现象,而道德原则是人们依据社会生活的需要而设定的,具有一定的历史性,要受时代所特有的物质生活方式的制

---

① 参见恩格斯《自然辩证法》的相关论述。

约。程颐认为天道与人道是一个道,从天道就是人道这个意义来说,实际上是要求人的道德原则不得与自然规律相违背;从人道就是天道这个意义来说,在某种意义上是把特定社会的道德原则绝对化与永恒化了。至于程颢用"心就是天"这个观点来论证天与人本来无二,只能说是一种思辨的想象,在逻辑上是没有多少根据的。

张载虽然没有讲仁义就是天道,但是他把人性与天道统一起来,认为人性与天道的本质不过是运动变化,这不能不说是抹杀了人性与天道的区别。人性是指人的特性,也就是人之所以为人的东西,或者人之所以区别于禽兽的地方。人性与自然界的普遍性是有所区别的,不容混淆。张载把天地的性质当作人的本性,也有同样的问题。张载、"二程"在天人关系问题上的这些观点,溯其根源,都与孟子的了解了人性就了解了自然这个观念有关。

人类应该如何对待自然界,中华文化的总体看法是遵从自然,顺应自然,力主把人生融入自然中,与天地万物协调共存,生息相处。① 所以中华文化不主张战胜自然、征服自然、反抗自然,而是把人生纳入自然中,贵能顺应自然。这与西方文化役使天地的价值观念截然不同。西方文化比较偏重于先向外探寻自然,在对外界自然有所认识和了解后,再回过头来衡量和决定人生的价值。因此,在西方人的眼中,人是超越于自然界之外的,有支配和统治自然界的权力,因此他们看世界总表现出物我对立、天人对立、力主斗争的倾向。这种把宇宙自然看成是人类对立面而加以役使和征服的观念,必然会导致自然科学的高度发达,形成外在超越的科学型的文化精神,形成追求物质利益的功利主义价值观和以个人主义为中心的人生信条。而中华文化不主张先从宇宙大全体来探寻其形上真理,再迂回过来指导人生,而是直接面向人生实际,指导人生。就儒家言则为道德人生(自然的道德化,"天"为"道德之天"),道家则言艺术人生(人生的艺术化),皆与西方文化表现出的征服自然、宰制天地的观念迥然有别。可见,中华文化所讲的自然,是生命

---

① 关于人类应该如何对待自然界,中国思想史中有三种比较有代表性的说法:一是庄子的顺应自然(顺天)说,二是荀子的改造自然(制天)说,三是《易传》的天人调谐说。庄子的观点比较消极,荀子的观点比较积极。近代以来,西方的科学思想传入中国,讲究征服自然改造自然,因此,荀子的学说一度受到高度赞扬。然而,如果一味只讲征服自然改造自然,其结果也许会是破坏了自然。而自然界是人类生存的基础,如果盲目破坏自然,反过头来将会危及人类自身的生存。

化、精神化的自然,人生是自然化、艺术化的人生,自然建立在人生中,人生又包蕴在自然内,表达自然即为表达人生,这样自然出于人文,人文本于自然,两者便融为一体。因此,中华文化演进的趋向和途辙必然是一种"天人合一"的人生之艺术化。

17世纪以来,西方文化由于科学技术的突飞猛进而使其他文化相形见绌。当今世界,由于科学技术的突飞猛进和经济的高速发展,在为人类创造大量物质财富的同时,也在不断破坏和毒化人类生存的自然环境。无限制掠夺自然、征服自然而带来的环境污染、生态平衡失控、资源枯竭等问题,迫使人类在人与自然的关系问题上作深刻的反省。人类怎样正确处理人与自然的关系? 是对自然采取掠夺式的开发,还是与自然协调共存、相融贯通、走可持续发展的道路? 这愈来愈成为全世界关注的问题。中华文化中的"天人合一"思想,强调人与自然的和谐统一,强调工具理性与价值理性相一致,这对于挽救当今世界因科技理性的过度膨胀所造成的精神迷失、道德沦丧、自我失落和意义危机,对于无限制掠夺自然、征服自然而带来的环境污染、生态平衡失控无疑是具有重要意义的。事实上,20世纪60年代以来,西方一些有识之士开始认识到盲目破坏自然,将会危及人类自身的生存这一问题的严重性,呼吁要尊重自然、保护自然。1972年斯德哥尔摩人类环境会议提出了震撼人心的口号:"人类只有一个地球可赖以生存";"这个地球不是我们从上一代人那里继承的,而是从子孙后代手里借来的"。这正是人类对自己与自然的关系进行深刻反思的结果。与此相关,绿色环保运动在西方也蓬勃开展起来。正是在这个背景下,西方国家首先提出了循环经济理论①,并在实践中取得了成功。在21世纪的今天,生态问题是摆在人类面前的主要问题之一。如何保持生态平衡,实现社会、经济和环境的协调发展,中华文化的天人调谐说的确可以为我们提供宝贵的思想资源。按照儒家经典《易传》的主张,既要改造自然,也要顺应自然;既不屈服于自然,也不破坏自然;以天人相互协调作为最高理想。这些思想都是很有参考价值的,对西方文化也可起到补偏救弊的作用。毫无疑问,

---

① 循环经济本质上是一种生态经济,它要求遵循生态学规律,合理利用自然资源和环境容量,在物质不断循环利用的基础上发展经济,使经济系统和谐地纳入到自然生态系统的循环过程中,实现经济活动的生态化。

"天人合一"思想是中华文化对人类文明做出的最大贡献,是中华文化的基本精神和主要精髓所在。现代学者钱穆在96岁高龄时对中国"天人合一"观有这样一段新的体悟,他说,"我以为天人合一观,是中国古代文化最古老最有贡献的一种主张","此一观念实是整个中华传统文化思想之归宿处",中华文化之所以屡仆屡起,绵延数千年而不断,可以说是"因为中华传统文化精神,自古以来即能注意到不违背天,不违背自然,且又能与天命自然融合一体。我以为此下世界文化之归趋,恐必将以中华传统文化为宗主"(《中华文化对人类未来可有的贡献》)。钱穆的话,对于理解中国"天人合一"观对世界文化的贡献无疑具有启示意义。

总的来讲,天人合一的思想早在先秦时代就已出现,但它作为一种观念被人使用,则相对较晚,是由宋代张载提出的。在张载之前,汉代董仲舒讲过类似的意思,说要把天与人合而为一。不过,张载的天人合一观念主要出于先秦儒家的重要代表孟子的人性与天同一,这个观点成了宋明理学中"天人合一"思想的主要渊源。与张载同时的一些理学家,如邵雍、程颢等也讲天人合一,不过用词不尽相同。分析地看,中国哲学中的天人合一,主要有两重含义,一是说天与人本来合一,一是说天与人应当合一。就天与人本来合一而言,也有两种理论,一是讲天人相通,一是讲天人相类。所谓天人相通,意思可以分为两层。第一层意思,是认为天与人不是相对的两个东西,而是息息相通的一个整体。第二层意思,是认为天是人的道德本原,人的伦理道德都发源于天。这是将天道与人性合而为一。所谓天人相类,意思也可分为两层。第一层意思,是认为天与人在形体上相类似。第二层意思,是认为天与人在性质上相类似,与天人相通论中的天道人性合而为一的说法相似。

关于天人合一的理解,如果把天仅仅理解为自然,那么,天人合一这个命题所涉及的无非是人与自然的关系这样一个问题,它所蕴涵的智慧也主要表现在人与自然应当统一这个观点上。事实上,这也是目前很多学者对天人合一的理解。然而,如果把天人合一中的天看作神性的天,看作终极意义上的天,换句话说,这里的天就是指世界本体,具有形而上的意义,那么,就可以对天人合一作出一种新的解释。从这一视角看,中国古代的天人合一,主要就不是讨论主观与客观、人类与自然之间关系的问题,而是在表达一种精神追求。它所要解决的是人的心灵如何安顿这样的问题。就人而言，物质上的享受显然无法令精神得到满足，而个人的幸福也很容易让心灵感到厌倦。心灵需要一种崇高感来滋养。这种崇高感不能从索取中获得，而只能在奉献与给予中实现。因此，将个人的生命投入到全人类乃至全宇宙的变化洪流中，才是使心灵得到平安喜悦的唯一途径。当一个人感到已经没有我你之分、物我之别，感到宇宙就是自身、自身就是宇宙时，他的精神就达到了最高的满足。这种境界也就是天人合一。

第十五章

和合会通的精神境界

中华文化主张天人合一,强调人与自然、人与社会的相融贯通,由此便形成了和合会通的文化精神。不少学者认为,和合文化是中华文化的精髓所在,并对这一思想的起源、发展作了论述。

"和合"一词是中华民族独创的文化概念。"和""合"两字最早见于甲骨文、金文,殷周之时,"和""合"两字单独使用,尚未连用。春秋时期,"和""合"两字开始连用。《国语·郑语》称商的祖先契能"和合五教"(韦昭注:五教即父义、母慈、兄友、弟恭、子孝),使百姓安身立命。在中华文化发展史上,有所谓"和同之辨",西周末年的史伯便是这一思想较早的阐述者。史伯称:"夫和实生物,同则不继。以他平他谓之和,故能丰长而物归之。若以同裨同,尽乃弃矣。"(《国语·郑语》)在史伯看来,不同事物相配合而化生万物;完全相同的东西放在一起,只是量的增加而不会发展质变,就不能产生新事物。此一见解已包含了不同事物的差异和矛盾多样性的统一的思想。儒家学派的开创者孔子继承了西周以来"和""同"的范畴,提出了"和而不同"的文化观。他说:"君子和而不同,小人同而不和。"(《论语·子路》)君子以"和"为处事准则,但不盲从附和,有自己的见解。小人盲从附和,没有自己的见解。此处孔子把"和"与"同"的不同取舍作为区分"君子"与"小人"的标准,表现出了重合去同的价值取向。此一思想既承认不同事物的差异性,又和合不同的事物,通过互济互补,达到统一、和谐。老子提出了"万物负阴而抱阳,冲气以为和"(《老子·四十二章》)的思想,认为万物包含着阴阳两个对立面,阴阳相互激荡作用而构成和。《管子》一书正式将"和""合"两字连用:"畜之以道,则民和;养之以德,则民合。和合故能习,习故能偕。偕习以悉,莫之能伤也。"此一思想为其他各家各派进一步继承和发挥。墨子认为天下不安定的原因在于父子兄弟结怨仇,"皆有离散之心,不能相和合"。孟子重视"人和","天时不如地利,地利不如人和",强调"人和"是取得成功的首要因素。荀子提出"天地合而万物生,阴阳接而变化起,性伪合而天下治"(《荀子·礼论》)的观点,《易传·彖传》则提出了"太和"的观念,"乾道变化,各正性命,保合太和,乃利贞"。秦汉以来,和合概念被众多的思想家所认同和接受,陆贾在总结秦亡教训时称"乾坤以仁和合,八卦以义相承",董仲舒推崇和合,称"和者,天地之正也,阴阳之平也,其气最良,物之所生也"(《春秋繁露》卷一六)。道家经典《太平经》称"无阳不生,无和不成,无阴不杀,此三者相须为一家"。佛教传入中国后,以"因缘和合"解释万物存在消亡之因,提出了诸如"和合因""和合生""和合相"等概念。

由此可见,和合是中华文化中重要的思想观念,"和"是指异质因素的共处,"合"则是指异质因素的融会贯通。中华文化和合思想极富辩证思维,它积极地看待自然与社会中的差异、分歧和矛盾,提倡发挥不同个体各自的积极作用,并在此基础上实现整体的和谐与发展。反映在文化观念上,主张以广阔的胸襟、海纳百川的气概去容纳不同的意见,表现出中华文化"有容乃大"的气魄。这说明中华文化绝不是一个封闭性的文化体系,而是一个开放性的文化体系,在中华文化中,儒道互补、儒法结合、儒佛相融、佛道相通,援阴阳五行入儒,儒释道三教合一,以及对伊斯兰教、基督教的容纳吸收,都充分体现了这一点。以中华文化的主干儒家文化为例,汉武帝采纳公羊学大师董仲舒建议,"罢黜百家,独尊儒术"。其实儒术独尊,并不是完全摒弃其他学派的主张,而是以儒家思想为主体,兼取和杂揉了道、法、阴阳五行说等各家学说,主张礼治与法治相结合。宋明理学完成了对儒学的第二次改造,但宋明理学并不排斥佛道的思想,而是援佛入儒、援道入儒,建构了以儒学伦理为本位的新儒学体系。再以魏晋玄学为例,当时的玄学家们以道家思想为主体,以"有无本末之辨"为核心建构了一套新的思辨哲学体系。但是,玄学并不完全排斥儒学,而是从儒学中吸取了不少思想资源,这从当时士大夫把道家经典《老子》《庄子》和儒家经典《易经》称为"三玄"即可得以说明。玄学发展到后期,又从佛学中吸收不少养料,玄学家谈佛、佛学家谈玄蔚然成风,东晋十六国时期北方佛教界的领袖道安就是以玄学贵无论来解释般若学的"空观"而成为当时般若学六大家之一的。

中国重和合的文化观念,体现了中华文化是一种包容性和同化力很强的文化,它对外来异质文化并不采取深闭固拒的排斥态度,而是以一种海纳百川的博大胸襟去加以和合会通。中华文化消融印度佛学的过程充分证明了这一点。

东汉魏晋南北朝隋唐时期,是中国接触吸纳印度佛教文化的时期。东汉初年,主张出世的佛学东传,与主张入世的中华文化相抵触。两种文化经过一番接触、冲突后,印度佛学逐渐为中华文化所接纳。魏晋六朝时期,是中华文化消融印度佛学最重要的时期,当时中国人对印度文化那种公开而恳切、谦虚而清明的态度,对异国僧人的敬意以及西行求法的热忱、虔诚,体现了中华文化的开放性和博大胸襟。隋唐时期,印度佛学在中华文化园地上生根结果,完全成了中国化的宗教。特别是禅宗的兴起和兴盛,佛教教理更加中国化,中国人把佛教教理完全应用到实际人生的伦常日用方面,再不是印度原来的佛教了。诚如钱穆在《中华文化史导论》中所言:"在中国史上,既没有不可泯灭的民族界线,同时亦没有不相容忍的宗教战争。魏晋南北朝时代民族新分子之羼杂,只引起了中国社会秩序之新调整;宗教新信仰之传入,只扩大了中国思想领域之新疆界。在中华文化史里,只见有吸收、融合、扩大,不见有分裂、斗争与消灭。"

文化固然有冲突和变异,但中华文化的主要精神表现为融合性,这正是中国和合文化精神的集中体现。印度佛学的精华全在中国。伊斯兰教自唐宋以来,也成为中华文化的一部分。中华民族隋唐以前与印度接触,隋唐以后与波斯、阿拉伯文化接触,中国人莫不虚心接纳亚洲其他民族文化的优点而融为一炉。自鸦片战争中国大门被西方列强的枪炮轰开以来,大规模的西学东渐。中国人对西方文化同样虚心接受,只要可以消融于中华传统文化下的西方思想与文物制度,中国人无不乐于取法。可见,中国人对自己的文化传统十分自信和爱护,但对外来异质文化并非深固闭拒,而是乐于融合、肯于接纳。与西方文化相比较而言,中华文化的调和力量强,而西方文化则更重冲突与斗争。中华文化的一个重要特征,即在于能调和,使冲突之各方兼容并包,共存并处。

中国的和合文化在学术上集中表现为中华文化重和合会通。与西方文化相比,西方人重具体求知,学术贵分门别类,宗教、科学、哲学、文学、艺术等皆各自独立发展。比如,近代西方,科学、艺术、宗教分而为三,而宗教与科学则对为两橛。而中国人在学术上则重整体和合,一切学问皆和合会通,融为一体。中国传统学术分经、史、子、集四部,但中国学术并不因学分四部而隔断,而是主张将四部之学相融贯通,"总天下诗书礼乐而会于一手"。与此相联,中国传统学术又形成了尚通不尚专的学术精神。中国学术以会通为极致,主张学问先通后专,重通人而不尚专家。司马迁、郑樵、章学诚都强调会通之旨,以"究天人之际,通古今之变,成一家之言"为撰述的最高宗旨。可见,与西方学术相比较,中国传统学术的意义与价值,主要在于"通"而不在于"专",在其"合"处,而不在其"分"处。

第十六章

立德、立功、立言的人生不朽观

"不朽"犹如宗教中所讲的"永生"或"终极关怀"。在中西两大文化体系中,有两种类型的人生不朽观,一种是以"灵魂不灭"为"不朽",这种人生不朽观以西方文化为代表。基督教文化强调人的"不朽"就是要"与上帝同在",到彼岸世界去寻求永生和超脱。中华文化也有灵魂不死的观念,如殷商尊神事鬼的文化观念,但这种思想在中华文化中不占主导地位。在中华文化的不朽观中,人们并不把眼光过多地投注于彼岸世界,而是强调现实关怀,通过不断地立德、立功、立言来实现人生不朽的价值。最早阐述这一思想的是春秋时期鲁国的叔孙豹。

公元前549年(鲁襄公二十四年),鲁国大夫叔孙豹出使晋国,和晋国的大臣范宣子就何谓"人生不朽"进行了一场精彩的讨论。范宣子以家世传袭的世禄为不朽,他说:"昔匄(范宣子名"匄")之祖,自虞以上为陶唐氏,在夏为御龙氏,在商为豕韦氏,在周为唐杜氏,晋主夏盟为范氏",世代受封享禄,显贵无比,可以算是"不朽"了。叔孙豹则认为,"此之谓世禄,非不朽也"。接着,叔孙豹正面阐述了他自己对人生不朽的看法:"豹闻之,太上有立德,其次有立功,其次有立言。虽久不废,此之谓不朽。"(《左传·襄公二十四年》)

"立德"是就人生修养、性情陶冶等人格方面而言的,表现在内在的心情与德性上。"立功"是指表现在外在的事业上,有惊天动地、轰轰烈烈的功业。"立言"是指著书立说,有伟大的著作流传后世。范宣子以家世传袭的世禄为不朽,叔孙豹则认为人生的价值并不在于追求自然生命的无限,而是在现实世界中不断通过立德、立功、立言这三种方式来实现个体生命的不朽,由个体生命的不断超越来实现人生的价值。叔孙豹的这番精彩议论,正代表了中国人对人生价值的看法和追求。

在人生三不朽中,立功者,如大禹治水,卫青、霍去病北逐匈奴,张骞、班超通西域,戚继光驱逐倭寇,郑成功收复台湾,这些人在中国历史上建立了轰轰烈烈的功业,彪炳史册。立言者,如受宫刑而作《史记》的司马迁,他的那部"史家之绝唱,无韵之离骚"的伟大著作,使他名传千古,流芳百世。但是,立功、立言不仅需要外部条件和机遇,而且也只有少数杰出的人物才能做到,与绝大多数人的人生实践无关。而立德则不同,它主要是通过德性修养,使人格得以完善,这是人人都可去做的。孟子称"人皆可以为尧舜",并不是指人人皆可成为像尧、舜那样的政治领袖,而是指每一个人的人格通过不断修养、完善,可以成圣成贤,做一个"止于至善"的"善人""圣人"。所以,在中华文化中,立功、立言还是二三位的,居于首位的还是"立德"。因为个体的自然生命是有限的,但通过文化得以承传的一个民族的精神生命、文化生命则是长存不朽的。立德,就是要把有限的自然生命、小我人生投入大群的集体人生中,融入于整个民族的精神生命和文化生命之中,将个人与社会融为一体,这样自然生命就可以超越其肉体的生命而得到不朽和永恒。

叔孙豹的"三不朽论"以"立德"为首位,这对后世的儒家思想产生了莫大的影响。众所周知,中国传统儒学有两大主干,一是心性修养之学,一是治平实践之学。心性之学即儒家所谓的"内圣之学",是一种讲究正心诚意的德性之学,其内容是以个人自我的道德自觉为基点,通过自我的道德心性修炼,以成就一种完美的圣贤人格。因此,儒家的心性之学强调人应以修身为本、修心为本,主张到人的内心去寻找道德的价值之源,特别注重自尽我心、自践我性的内省自求的修养功夫。即是说,儒家的内圣心性之学实质上就是一种为己之学,它注重人的生命本身及其内在德性的自我完成,强调道德人格、道德主体性的建构和挺立。

儒家重内圣之学,强调人的德性修养,但儒家思想并不止于这一层面,它还主张以道德教化去引导政治治平,用圣贤的淑世精神去转换现实政治。所以孟子称,"穷则独善其身,达则兼善天下"。但是齐家、治国、平天下的根本则在修心、正德。换一句话说,以儒学为主干的中华文化以个人的道德自觉为始点,一轮一轮地向外投射、推开,由内而外、由近及远,通过为己到推己及人,从修身扩展到齐家、治国、平天下。

>>> 张骞出使西域,建立了轰轰烈烈的功业,彪炳史册。是人生"三不朽"中立功者的典范。图为敦煌壁画中的《张骞出使》。

叔孙豹称"太上立德",儒学的开创者孔子继承了这一思想,孔门四科,以德行为首。《易传》讲"天人合德",孟子则大讲王道、德治,宋明理学家主张尊德性而道问学,强调德性之知优于闻见之知,儒家学说的确充满着泛道德主义的色彩。当然,儒家思想并不是空言德性,德性是建构在人的道德实践中的。因为在儒家文化看来,道德并不是由纯理智的推衍而创兴的,它是一种践行,是一种躬行实践,是通过人的道德践行工夫来实现的。所以立德又必然归结到"行"上,"德"与"行"紧密相联,于是又形成了"德行合一"的文化观念。"比干杀身以成其忠,柳下惠杀身以成其信,伯夷、叔齐杀身以成其廉。"此三人以自己的操行为后世树立了榜样,成为万世师表。他们承先启后,对中国的历史文化有着不可磨灭的意义和影响。在儒家德行观的主导下,中国人评史论事、褒贬人物,不以成败论英雄,而是以是否体现道德精神为其最后依归,所以对历史上无表现但德行出众的人物也给予了充分的注意和崇高的评价。孔子把吴太伯三让天下的行为称为"至德",孔门七十二弟子中,孔子最看重德行出众的颜回。孟子表彰伯夷、柳下惠的德行,把二人与尧、舜、禹、汤并称为"圣人"。"闻伯夷之风者,顽夫廉,懦夫有立志。闻柳下惠之风者,薄夫敦,鄙夫宽。"司马迁《史记》把《吴太伯世家》列为三十世家之首,把《伯夷列传》列为七十列传之首,也是基于对他们德行的认同和肯定。此类人物,如春秋时期的介之推、东汉时期的严光、三国时期管宁等,他们虽然无显赫的事功,也无伟大的著作传诸后世,在历史上似乎没有地位,无所表现,但是他们崇高的人生理想,着力于内在心情和德性的自我修炼,追求精神生命的不朽,达到了自我和谐与统一,从而维系了中华文化精神于不坠。他们的价值,不表现在当身,而是表现在其身后。他们通过他们的德行实现了人生不朽的价值,这些人才是中华文化的中坚,才是中华文化力量最集中的体现。

  在中华民族发展史上,产生了许多流芳后世的杰出人物,他们的自然生命虽已逝去,但是这并不意味着他们精神生命的终结。人死了,只是他们的躯体在一个恰当的时候离开了世间,但是他们的志气德行、事业文章依然留在世间,依然留在后世人的心中,在他人心中引起共鸣。所以,"其身虽死,其骨虽朽",他们的精神生命长存世间。这就是不朽,这就是中国人的不朽观。

第十七章

中 庸 之 道

中庸是儒家哲学的基本概念之一,被看作是人们思维和行为的准则。而中庸之道则是儒家所提出的一种道德实践的原则和处世待人的方法,是一种调和社会矛盾使之达到中和状态的哲理,在儒家思想中居于核心的地位。

中庸之道发展的阶段性可以分为:第一,孔子提出的中庸之道;第二,子思的《中庸》把中庸之道推进到系统化的阶段;第三,以董仲舒为代表的汉儒继承并发展了中庸之道;第四,唐代中叶,由韩愈、李翱特别是李翱吸收了佛家思想,把中庸之道提到"复性"的境界,于是中庸之道不仅具有方法论的意义,而且进入到世界观的领域。宋学就是以此为契机,使儒学发展到新的阶段。

根据学者考证,用中、贵中、中庸的思想在孔子以前就已经存在了,如《论语》中记载尧禅位给舜时讲的一番话:"咨!尔舜!天之历数在尔躬,允执其中。"尧把执中看作是一种基本的治国安民方法。但最早提出"中庸"这一概念的是孔子,他在《论语·雍也》中说:"中庸之为德也,其至矣乎!"意思是,中庸作为一种道德,可算是顶高的啊。也就是说中庸是至德,是最高的道德。事实上,在《论语》中"中庸"一词仅出现这一次,另有一些和它相关的词,如"中行""中道""执其两端,用其中于民""过犹不及""乐而不淫""威而不猛""惠而不费",可以加深对中庸的理解。中行,指人的气质、德行保持均衡的状态,不偏执于一端,使对立的双方互相制约,互相补充。孔子说:"不得中行而与之,必也狂狷乎!狂者进取,狷者有所不为也。"(《论语·子路》)"狂"即狂妄,"狷"即拘谨,是两种对立的品质,"狂"者勇于进取,敢作敢为,但易于偏激冒进;"狷"者小心谨慎,思前顾后,但流于退缩无为。孔子认为,中行就是不偏于狂,也不偏于狷。他本人则"温而厉,威而不猛,恭而安"

《论语·述而》),志在"中行",是一个合乎中庸之道的典范。孔子提倡君子应有"五美":"君子惠而不费,劳而不怨,欲而不贪,泰而不骄,威而不猛。"(《论语·尧曰》)这五种品质,都是不偏不倚,把对立的品质结合起来,达到完美的境界。一方面,在孔子看来,中是事物内部和人类社会生活的一种恰当的标准,超过这一标准或达不到这一标准都是不好的;另一方面,在孔子那里,中庸更多地运用到个人修养和道德生活中,是一种德行论。

"中庸"包含两层意思:首先,肯定事物的变化超过一定的限度就要转向反面;其次,由于上面的原因,必须恪守这个限度,以免转向反面。孔子提出的中庸之道要求人们一定要把握好这个限度,控制好自己的言行,要"劳而不怨""欲而不贪",要"允执其中",否则就会"过犹不及"。也就是说要按照一定的道德原则和规范自觉地调节个人的思想感情和言论行动,使之不偏不颇,无过不及,严格保持在规定的道德规范所许可的范围之内。这样,中庸之道用在伦理道德上是父慈子孝,兄良弟悌,夫义妇德,长惠幼顺,君仁臣忠,承认一些道德观念的相互依存和相互联结,肯定道德行为应该适度,是很合理的。不管怎样,在一般情况下,在事物相对稳定发展的情况下,中庸之道有利于事物的平衡发展;而在事物发展的剧烈变革时期,中庸的原则就会阻碍事物的发展。至少从道德层面来说,从伦理学上看,孔子的中庸思想揭示了人类道德生活中的一种规律,认为人的品行应把握某种恰当的分寸或"度",不能偏执于一端,失之偏颇,走向极端。这是有一定合理性的。他把中庸作为最高的美德,出发点也是为了人与人之间能和谐相处,维护社会的秩序与稳定。

其后,子思的《中庸》将中庸之道推进到系统化的阶段。

郑玄注《中庸》时说道:"中庸者,以其记中和之为用也;庸,用也。孔子之孙子思作之,以昭明圣祖之德也。"就是说,《中庸》是孔子的孙子子思阐述"中庸之道",提出人性修养,并把中庸提得很高的道德境界的著作。

首先,《中庸》要求人们在处理人与人的关系时要合于"忠恕之道",自己不希望得到的,不要施加给别人,中庸之道的一个表现就是合于"忠恕之道"。而且对个人来说,必须"三达德""五达道",才能达到"中庸"的境界。具体说来,是用中庸之道来调节君臣、父子、夫妻、兄弟、朋友这五种基本的人际关系,这五种关系需要智、仁、勇这些美德来调节,而这些美德需要靠"诚"(诚信、善良)来培植。

其次,《中庸》把能否做到中庸作为划分君子和小人的标准,并进一步提出"时中"的思想:"君子中庸,小人反中庸。君子之中庸也,君子而时中;小人之反中庸也,小人而不忌惮也。"所谓时中是指有道德的君子在任何时候、任何条件下都能做到中庸,而小人却不能遵守礼,处世行事肆无忌惮。一方面说明君子善于权变,灵活地使自己处中;另一方面也隐含着"中"不是永恒不变的,"中"自身的定位也随着条件的改变而变化的意思。

再次,以"致中和"来解释中庸。《中庸》称:"喜怒哀乐之未发,谓之中;发而皆中节,谓之和。中也者,天下之大本也;和也者,天下之达道也。致中和,天地位焉,万物育焉。"意思是说,当人们喜怒哀乐的各种情感没发作时,因为不偏于喜怒哀乐的任何一端,可以称为中。当感情发作露行于外时,符合自然常理、社会法度,不过分,无不及,处于和谐的地步,就叫"和"。"中"是人的本性,"和"为做事的道理。只有遵循中和原则,天地万物才能各得其所而运行不息。换句话说,"致中和"不仅是指导人的情感和行为的原则,也是天地万物遵循的法则。

从以上可以看出,子思的《中庸》将中庸之道更加系统化了。一方面,子思的《中庸》对个人修养提出了更高的要求,要"诚""三达德""五达道",要慎独自修,这样个人的言语、行为才能时时刻刻中庸,才能不偏不倚。另一方面,也将原来大而化之处理人与人之间关系的中庸之道更加系统到处理君臣、父子、夫妻、兄弟、朋友这五种基本的人际关系上。最后,《中庸》试图把中庸解释为天地万物共同遵循的法则,使"中庸之道"从方法论逐渐变成了世界观,逐步形而上学化了。子思的《中庸》可以说是理解"中庸之道"的最完备的文本资料。

另外,孟子的中庸思想也颇具特色。孟子称"中道而立,能者从之"(《孟子·尽心上》)。在对"中道""中行"的解释上,他的见解与孔子大致相同,但孟子又将"执中而权"的思想补充到中庸中去。此一思想是孟子在批评杨朱、墨翟"执中无权"时提出的。这里的"权"就是权变、变通的意思,也就是说在德行中既要掌握好一定的度,又要会变通。如果执中而不知变通,对事物的特殊性、个别性不加以把握,执中也就沦为执一。孟子的"执中而权"有一定的辩证思想,是对儒家中庸思想的进一步发挥。

汉代大儒董仲舒把中庸之道运用到治理国家的政策中，提出了调均的主张，继承并发展了中庸之道。董仲舒把社会动荡的原因归结为富者太富，穷者太穷，认为这不符合中庸之道，因而他从国家的长治久安着眼，试图"限民名田"、防止兼并，用调均来缩小社会上贫富间的差别，减缓社会矛盾，稳定小农地产。这样就把中庸之道的范围扩大了，也将其世俗化了。这是董仲舒在中庸之道发展过程中最大的贡献。另外，董仲舒反对把孔子的中庸之道解释成"执中"，认为中庸之道既不违背道又能按照不同情况加以变化，并不是死守中间一点。他从孔子的《春秋》出发阐述"常变经权理"，既讲常，也讲变，还讲"常"与"变"的关系，在内容上比起先秦儒家大大丰富了。如果说《中庸》的"时中"隐含着"变"和"中"的辩证关系的话，那么董仲舒将二者的关系论证得更加清楚了，是对孟子"执中而权"思想的更直接继承。同时，董仲舒将"中""和"与四季循环联系起来，为其"天人合一"论服务。显然，董仲舒是继承和发展中庸之道的最有成就的汉儒。

在汉代的其他儒家著作中，也可以看到中庸之道的运用。比如，刘向在《新序》中，就大量地运用中庸观念来评价人物，对其行为用"过"或"不及"来评价。无独有偶，在其后的曹魏时代，刘劭著《人物志》也把中庸运用到评价人物中，他说："故偏至之材，以材自名；兼材之人，以德为目；兼德之人，更为美号。是故兼德而至，谓之中庸。中庸者也，圣人之目也。"把行中庸之道、达到中庸境界的人称为圣人，列于人物品级的最高等。

自董仲舒以后，中庸之道终于完成了从个人修养、人际关系协调到国家政治文化的跨越，具有广泛的普适性。从伦理道德的角度出发，它对人们的思想、情感方面的原则性进行约束；从社会和国家的角度来说，它渗透到世俗生活和政治生活的各个方面。中庸之道深刻影响着中国人民的生活，成为社会政治、经济、文化生活的指导原则。从某种意义上说，中庸的思想已经成为中华民族民族性的一个明显特征。

唐代思想家李翱（约772—842，字习之，陇西成纪人）作《复性书》三篇，对《中庸》进行发挥。李翱在《复性书》中，发展了韩愈的性三品说，阐述了他的性善情恶的人性论。李翱把"性"与"情"对立起来，认为人性是天赋的，不论圣人或凡人本性都是善良的。情是后天的外在表现，是邪恶的。圣人不为情欲所累，所以没有丧失本性;而一般人往往沉溺于情欲之中而迷失本性。同时他又认为性与情是互相依存、互相作用而存在的。要恢复人本来的善性,就必须做到灭情。灭情复性的性情一元论是李翱人性论的理论基础。进一步,李翱为人们设计了复性灭情的两阶段修养方法:先是"斋戒其心"(不思不虑),然后是"至诚"。这一方面继承了《中庸》提出的自律、慎独、至诚思想,又受到佛教禅宗"无念为宗"思想的影响,将佛教的方法论和中道观引进儒学。李翱把中庸提到了"复性"的境界,使其不仅有方法论的意义,也进入到了世界观的领域。其实,中庸之道在《中庸》中已经略显形而上的迹象,只是经汉儒董仲舒将其运用到治国方策上,不那么明显了。李翱对《中庸》的提倡和援佛入儒的做法为后世儒家所继承,所阐述的性命之学开宋明理学的先河。

宋代理学兴起后,中庸理论更受重视。北宋程颢、程颐极力尊崇《中庸》。南宋朱熹又作《中庸集注》,并把《中庸》和《大学》《论语》《孟子》并列称为"四书"。宋元以后,《中庸》成为学校官定的教科书和科举考试的必读书,是封建王朝官方钦定的最高经典之一。理学家们也对中庸之道作了新的解释和发挥。程颐说:"不偏之谓中,不易之谓庸。中者天下之正道,庸者天下之定理。"朱熹认为:"中者,不偏不倚,无过不及之名。庸,平常也。"又说:"中庸者,不偏不倚,无过不及,而平常之理,乃天命所当然,精微之极至也。"程朱把庸解释为常,认为中庸就是不变的天理、常理,这实际上是把三纲五常之类所谓合乎中庸之道的封建伦理看作是永恒不变的天理,并把这些"天理"与"人欲"对立起来,于是对人欲防范有加,要求人们放弃生活欲望,绝对遵守符合中庸之道的天理教条,甚至到了"存天理,灭人欲"的地步。后来,程朱关于中庸和中庸之道的解释被奉为正统,影响非常大。一方面把中庸之道提到很高的地位,另一方面也为"中庸之道"惨遭后人批判埋下了伏笔。事实上,程朱所提倡的和孔子提倡的已经有很大区别了:孔子、孟子、《中庸》、董仲舒在"执中"的同时不回避变化,含有辩证思想;而程朱更多地强调"常",强调不变的天理,强调调和。

综合看来,以孔子为代表的儒家提倡的中庸之道首先承认事物中普遍存在着矛盾的两端,企图通过不偏不倚的执中方法来调和、统一事物的矛盾,以保持事物的常态不变。在事物相对稳定的情况下,中庸之道是可以促进事物发展的。若是在事物变化、社会剧烈变革时期,提倡中庸只会束缚人的思想,行中庸之道只会阻碍社会的发展。具体地说,中庸之道应用到个人修养和人际关系协调上,要求人要慎独、至诚,明哲保身,遵守道德规范,行事不走极端,是很好的;运用到治国上,要求调和各种对立的利益冲突,维持稳定的社会秩序,也是有利的。但是,在"执中"的同时也要善于权变,在稳定的同时也要变革发展,这样才不会走向保守。

第十八章

义利、理欲之辨

义与利是中国古代哲学的一对范畴。关于二者的关系,中国历史上各学派持各种观点,或彼此对立,或互相补充和传承,由此形成了中国思想史上著名的"义利之辨"。

义(義)和利在甲骨文中都已出现。《说文》:"義,己之威儀也。从我羊。"是人在特定的伦理关系中,从言行举动、德行容止等一切方面,表现出来的一种令人敬畏、引人效法的内在威严,可以理解为"道义"。《说文》中"利,銛也。从刀;和然后利,从和省易",本义是,使用农具从事农业生产,以采集自然果实或收割成熟的庄稼,可以引申指"利益""功利"。

在对待义和利的关系问题上,分别有重义轻利、重利轻义以及义利合一或是义利并重几派。在义利之辨的过程中,各个学派对"义"和"利"的理解也是各不相同的,如义可以理解为道义、个人人格修养,也可以进一步理解为对君、父尽忠尽孝,利既可理解为个人的私利,又能说是整个社会的公利。这在看待各家的"义利之辨"时,需具体分析。但一般情况下,义大致是从道德角度来说,利是从物质角度说的。

在中国思想发展的长河中,义利之辨跌宕起伏,曾出现过三次高潮:春秋战国之际、两汉、宋明时期。

第一节　春秋战国时期的义利之辨——众说纷纭并行发展

春秋战国之际处于社会转型时期,经济生活上,井田制瓦解、私田出现,社会经济结构发生重大变化;政治制度上,宗法制度分崩离析、礼仪制度"礼崩乐坏",整个社会秩序混乱,反映到思想上就是纷繁复杂众说纷纭,出现了"百家争鸣""百花齐放"的局面。在先秦诸子争鸣辩驳中,辨析义利是其中一个重要的内容。当时,儒、墨、法等家各自提出了对义利的不同看法。

影响最为广泛的是"义以为上"的儒家义利观。

辨析义利是儒家的重要特点。朱熹曾说,"义利之说,乃儒者第一义",表明义利问题乃是儒家价值观的核心。中国思想史上的义利之辨发端于儒家的开创者孔子。孔子把义利看成两种对立的价值取向,并把对待义利的态度作为划分"君子"和"小人"的标准。他说,"君子喻于义,小人喻于利"(《论语·里仁》),"君子义以为上"(《论语·阳货》),"君子义以为质"(《论语·卫灵公》)。孔子把"义"看成是实现君子德性人格的一项必要条件。战国时期儒家的代表人物孟子称"大人者,言不必信,行不必果,唯义所在"(《孟子·离娄上》),把"义"视为高于一切的东西。梁惠王问孟子如何治国,孟子称国君不必言利,但行"仁义而已"。所以孟子再三劝告统治者,应去利而怀仁义。在他看来,当义与利发生冲突时,应"不顾其利",而不是"怀利以相接"。必要的时候,应"舍身取义",在所不惜。战国时期儒家的又一位重要代表人物荀子强调以"义"为先,"先义而后利者荣,先利而后义者辱"(《荀子·荣辱》),把言无常信、行无常贞、唯利所在、无所不倾的行为视之为"小人"的行为。

先秦儒家辨析义利,总的倾向是义利两分、尚义排利、强调"义"的价值,故《论语》称孔子"罕言利"。但这并不意味着先秦儒家完全否定和彻底取消"利"在社会生活中的价值。事实上,儒家并不绝对排斥功利。比如,荀子称"义与利者,人之所两有也。虽尧舜,不能去民之欲利"(《荀子·大略》)。但是,儒家追求的是"以义制利"的模式,即强调"利"的追求应置于"义"的制约之下,逐利应当以尚义为依归。所以孔子在《论语》中又强调"见利思义",视不义的富贵为浮云。

一度与儒学有同样影响的是墨家贵义尚利的义利观。

在先秦诸子中,儒、墨号称"显学"。与儒家一样,墨家十分重视和强调"义"的价值和作用,甚至把它放到"万事"首位。墨子称:"万事莫贵于义","贵义于其身"(《墨子·贵义》)。一个真正的墨者可以为了义而"杀己以存天下"。但墨对"义"的解释又有别于孔子,他常常是贵义尚利,爱利并提:"爱利万民","兼而爱之,从而利之"。在墨家看来,义之所以为贵主要在于它能带来功利的效果,所以《墨子·经上》把"义"直接解释为"义,利也"。这种对"义"的界定表明,"义"是建立在"利"的基础之上的,"义"本身已内在地蕴涵着功利的原则。所以,墨家既贵义又尚利,主张道德准则应以"爱人利人""兴天下之利"为目的,认为行为的道德价值在于"义可以利人",从而把义、利统一起来;在对行为的道德评价上,主张动机与效果的统一,"合其志功而观焉"(《墨子·鲁问》)。

墨家注重功利,肯定人追求功利的合理性,这毫无疑问是对儒家义利观的回应和扬弃。应该指出的是,墨家言"利"并不是指个人的私利,而是"公利""天下之利"。墨子认为"用义为政于国家,人民必众,刑政必治,社稷必安。所谓贵良宝者,可以利民也。而义可以利人,故曰:义,天下之良宝也。"(《墨子·耕柱》)知道了这些,就不难理解,为什么墨家一再宣称"万事莫贵于义",墨家三表法中为什么称"发以为刑政,观其中国家百姓人民之利"(《墨子·非命上》)的道理了。

法家义理观则是重利贱义。

与墨家相比,法家赋予功利原则以更为极端的形式。墨家主张义利统一,法家则把功利作为一切的价值之源,主张重利贱义,把功利原则发挥到极致。在法家看来,人生来就具有利己之心,追求功利是人的本性。所以《商君书》宣称"名与利交至,民之性"。同时法家认为"仁义惠爱"不足以治国,"世所谓义者,暴之道也"(《商君书·开塞》),道德教育解决不了问题,治国最有效的是严刑峻法。另外,由于法家多是政治上的实践派,在现实中辅助君王实现称霸的目的,因此,法家的功利论带有政治色彩,在承认个人私利的基础上,把利归结为君王之利,并予以重视和提倡。

春秋战国时期的义利之辨,众说纷纭,儒、墨、法三家由于对"义"和"利"这两个字的理解各异,演化出了不同的观点,孔孟的"义"在一定程度上指的是君父为核心的人伦及其国家利益和家族利益。孔孟更多地是讨论道义,"罕言利"甚至耻于言利。另外,孔孟对社会公共利益和个人的正当利益是赞可的,认为是合乎道义的。而墨家把义、利合而为一,贵义尚利。墨家言义就是利,他们所说的利是天下公利而非私利。法家轻视的义也只是儒家提倡的道义,并不是一切道德价值,而且法家所重的利也只是君王之利。同时,儒、墨、法三家的义利观各有他们的合理性和偏颇之处。儒家"义以为上"的价值原则对于人的道德节操的培养和人格完善有重要意义,在中国历史上出现了许多舍生取义、杀身成仁的志士仁人,应当说与儒家提倡的"义以为上"的人生价值观有着重要的关系。但是"义以为上"的价值观和"以义制利"的思维、行为方式又会导致对功利意思的过度压抑,中华文化重德性而轻道问学,强调德性之知优于闻见之知,道德心性层面过度发达,与这种价值观念不无关系。墨家把"义"界定为"利",义要以利为依归,突出功利思想,肯定人们对功利追求的合理性,无疑是对儒家重义思想的一种反拨,然而义固然有其功利的一面,也有超功利的一面,只讲前者而忽略后者,容易忽视对人生价值的追求,使人本身趋向于工具化。法家重利贱义,彻底否定和取消"义"的价值,功利原则成为衡量事物唯一的价值标准,必然会导致功利意识的过度膨胀,并使人的价值追求走向歧途。

第二节 两汉时期的义利之辨——儒家重义轻利价值观主导地位的确立

汉代以后,儒家取代其他各家成为主流思想,相应地重义轻利的义利观在理论上也居于主导地位。董仲舒对儒家思想进行改造,吸收和融合了法家、阴阳家的一些思想,建立了"天人感应"学说。在义利观上,又进一步发展了孔孟重义轻利的思想,认为"利以养其体,义以养其心"(《春秋繁露》卷九),"正其谊不谋其利,明其道不计其功"(《汉书·董仲舒传》),否定了人们的自利意识及行为,进一步割裂了义利之间的联系并把二者完全对立起来。事实上把重义轻利的思想权威化、绝对化、普遍化了。即便是这样,同一时期的盐铁之议,实质上就是一场关于义利问题的大辩论:以各郡国贤良、文学等六十余人为一方,以御史大夫桑弘羊等公卿为另一方,在义利问题上展开了针锋相对的争论。前者坚持孔孟以来耻言财利而行"仁义"的传统,主张罢郡国盐铁、酒榷、均输、平准,"务本抑末,毋与天下争利";后者认为盐铁酒榷是安边境、制四夷的国家大业,不可废除。后来桓宽著《盐铁论》,认为二者"或上仁义,或务权利",是一次关于义利问题的大辩论。这是一场事实上的"义利之辨"而非理论上的"义利之辨",但它反映了在儒家思想内部,在理论之外的世俗生活中,义利的对立仍然存在。尽管从整个"义利之辨"的历史沿革中看,此时此次远远算不上高潮,但由于一方面"罢黜百家,独尊儒术"使义利之辨由几家理论之争变成了以后的一家内部之辨;另一方面两汉之后,佛、道两家影响渐大,儒学渐趋衰微,义利之辨并不凸显,因此,了解两汉时期的义理之争,目的是显现中国古代义利之辨的完整历史。

第三节　宋明时期是义利之辨的第二个高潮

以"二程"和朱熹为代表的宋代理学家对义利之辨持之尤力。首先,他们把义和利绝然对立起来,程颢说:"大凡出义则入利,出利则入义。天下之事,唯义利而已。"(《河南程氏遗书》卷一一)其次,朱熹把义利之辨由孔子作为君子和小人的划分标准上升到二者的根本区别,把重义轻利视为君子的根本品格。最后,他们把义利之辨推进为理欲之辨,认为理是义的最高体现,利就是人之所欲。二程明确说:"为君尽君道,为臣尽臣道,过此则无理。"(《河南程氏遗书》卷五)朱熹也认为"理便是仁义礼知","义者,天理之所宜";而"利者,人情之所欲"(《论语集注·里仁》),具体就是"目则欲色,耳则欲声,以至鼻则欲香,口则欲味,体则欲安"。在朱熹看来,天理与人欲是绝对不相容的东西,天理存则人欲亡,人欲胜则天理灭。如此义利对立演变成天理和人欲的对立。将义利之辨归结为要"灭人欲而存天理",

从而把儒家重义轻利的义利观推向了极端。

以陈亮(1143—1194,字同甫,婺州永康人)为代表的浙东事功学派和以朱熹为代表的理学派展开了有关"王霸义利""天理人欲"问题的大辩论,这可以说是宋代义利之辨的高潮。朱熹认为,夏商周三代是讲仁政、行王道的理想社会,汉唐则是人欲横流、推行霸道的罪恶世界,故称"三代专以天理行,汉唐专以人欲行"。在朱熹看来:王道推行仁政,是"义";霸道讲求功利,是"利"。而义与利是对立不相容的,所以他推崇王道,反对霸道,主张贵义贱义。陈亮从"盈宇宙者无非物,日用之间无非事"(《陈亮集》卷一〇)的立场出发,提出了一种具有功利主义倾向的道德学说。他肯定道德和事功不可分割,反对朱熹把理与欲、义与利对立起来。他认为物质生活欲求出于人的天性,"得其正则为道,失其正则为欲",人的情欲有分有辨,能得到正当的满足就合乎道德。空说道德结果只能"尽废天下之实",造成一批于国于民"麻痹不知痛痒之人"。另外,在道德评价中动机("心")固然重要,"迹"即效果更重要,没有"迹"就无从判"心",所以应该王霸并用、义利双行。在此之前的李觏、王安石站在改革派的立场上,提出了尊欲尚利、养欲足利的功利主义价值观,强调利己和利他的统一。南宋永嘉学派的代表人物叶适(1150—1223,字正则,号水心,温州永嘉人)反对理学家"尊性而贱欲",公开宣称"有己则有私,有私则有欲",即便是圣人,也不例外。叶适提倡功利之学,认为如果没有功利,那么道义便成了"无用之虚语"。所以,他强调"以利和义","崇义以养利",反对离开功利而言道义,坚持道德和功利的统一。

两宋的义利之辨并没有随着宋王朝的灭亡而消失,明末清初的思想家黄宗羲、王夫之、顾炎武都提出了他们自己的义利观。清初的颜元更是明确提出了义利统一的观点。他在与别人的一段对话中公开声称,"正谊便谋利,明道便计功,是欲速,是助长;全不谋利计功,是空寂,是腐儒"(《习斋先生言行录》),并把董仲舒的"正其谊不谋其利,明其道不记其功"改为"正其谊以谋其利,明其道而计其功"。

由此可以看出,义利之辨特别是儒家的重义轻利思想对中华民族精神的形成具有重要意义,对道德建设以及人格的形成都有指导作用。当然,它的一些负面影响也是显而易见的,比如重义轻利而重农抑商、重本抑末思想的产生,使得中国的小农经济长久发展。我们在现阶段相应地把握了义利之辨的辩证关系,坚持义利统一,在社会发展过程中对处理经济建设和道德建设也是有好处的;在个人的价值取向上,一方面发展自由之人格,另一方面追求合理之利益;在社会价值导向上,集体主义应当提倡,但应尊重和保护个人对合理利益的追求。

第三编

人文化成

"观乎天文,以察时变;观乎人文,以化成天下。"(《易·贲卦·象传》)人之区别于动物,文明人之区别于原始人,不仅在于人能从事物质生产,而且能从事精神生产。中华文化的形成与发展,有着自己特殊的载体。汉语凝结着中华民族的智慧;汉字镌刻着民族文化的印记。而汉字书籍穿越时空,传承知识学理和文化传统。发达的教育为各种文化薪火相传、继往开来提供了保证;而尊师重教、教学相长则是中国人的传统美德;"尊德性"与"道问学",留给后人如何协调做人和治学关系问题的思考。

第十九章

表情达意的语言

语言是人类社会最重要的交际工具,也是民族文化信息的载体。语言的历史与文化的历史相伴而行。人类所有的文化活动,无论是生产劳动,还是科技发明,或是人文教化,都需要藉助语言表达出来。大约距今一百多万年前,原始的人类开始脱离动物界,创造出最初的精神产品——语言。经过漫长岁月的传承和演变,语言凝结着民族的智慧,成为民族文化最典型的表征。可以说,语言是表达人的情感、意志和思想的极重要的工具,是历史文化的"活化石"。

世界语言大约有五千种左右,汉语在世界语言大家庭中占有十分重要的地位。这不仅体现在汉语历史悠久,生命力强劲,而且体现在汉语语音和谐悦耳,词汇丰富多彩。可以说,世界上任何复杂的思想和深奥的道理,都能够用汉语准确细致地表达出来。汉语是中国的国语,全国说汉语的人占总人口90%以上。此外,以汉语为母语的人还分布在新加坡、马来西亚等地,再加上全球的华人居住区,使用汉语的总人数至少有10亿多人。汉语成为世界上使用人口最多的一种语言,世界上每五个人中就有一个人讲汉语。因此,联合国把汉语指定为七种工作语言之一,其他六种语言分别是英语、俄语、德语、法语、西班牙语和阿拉伯语。

第一节 汉语构成

语言是人类利用发音器官发出的自成体系、约定俗成的符号。构成一种语言,必须具备语音、语汇、语法三个基本要素。语音为物质外壳,语汇为建筑材料,语法为结构规律,三者共同构建成语言系统。其中,语法构造和基本语汇维系着语言的稳定性。人们通过约定俗成的语言,来表达意志、交流感情、传播思想、沟通信息。

汉语的构成也具有语音、语汇和语法三个基本要素,又形成了自身的文化特质。

其一,在语音方面,古代汉语大多是单音节性的语言。所谓单音节,是指汉语中有意义的"语位"绝大多数是单音词,即由一个字形构成一个词。单音词中有许多从古到今词义相对稳定的,如:"天""地""人""日""月""山""水""草""木""马""牛""羊""风""霜""雪""雨""大""小"等,在阅读古籍时,对这类词的理解不会产生什么困难。另外,在古代汉语中还有一些复音词和多音词。这些复音词和多音词在数量上与单音词相比,所占的比例并不大。因此可以说,古汉语基本上是一种单音节性的语言。现代汉语则以双音词或复音词为主,所谓复音词,是指两个或两个以上音节构成的词,所以也叫多音词。在现代汉语中,双音词占绝对优势,如《左传·庄公十年》中"齐师伐我"这句话,是由四个单音词组成的,翻译成现代汉语"齐国军队进攻我国",就都要变成双音词了。双音节词的增加,有利于避免单音节词同音所造成的理解上的困难。如"公""工""宫"等读音相同,在口语的表达中就容易相混而出现歧义,但扩充为双音节的"公平""工作""宫殿",就非常容易区别开来。另外,双音节语言容易形成整齐和谐的美感,比较符合汉民族使用语言的习惯和逢双大吉的心理。

汉语中有许多同音词,汉语的谐音就是在不同语义中取其同音做出的另一种表述。谐音在汉语中反复使用,构成特定的修辞方法——谐音体。它不仅在民间歌谣中经常出现,而且在日常生活中广泛使用。譬如在岁时民俗中,除夕子夜吃饺子,"饺子"是"交子"的谐音,表示除夕与元旦交替,叫更岁交子。年糕因与"年高"谐音,成为人们过年时喜爱的食品。正月十五吃汤圆,取"团圆"之意。民间向来以福为吉,所以每逢过年,必贴"福"字,有时把福字倒过来贴,以"倒"与"到"谐音,取"福到了"的口彩。人们希望年年有余,"余"与"鱼"谐音,所以民间年画中鱼是最流行的题材,并且伴之以莲花,以"莲"谐"连",表示连年有余。这种谐音的使用,表达人们趋利避害的民俗心理。

>>> 谐音在年节中广泛的使用,特别突出地表达了趋利避害的民俗心理。图为清代姚文瀚《岁朝欢庆图》。

其二,在词汇方面,现代汉语由古代汉语发展而来。古代汉语是源,现代汉语是流,源与流既有继承又有变化。词的词汇意义简称词义。词义是客观事物和现象在人们头脑中的概括反映。词义是由多种因素构成的。现代词汇学认为,实词的词义主要由理性义、色彩义、联想义构成。理性义又叫概念意义,它的作用在于确定一个词所指对象的范围和内涵。例如:"玉"为"美石",那么与"玉"相关的事物,一般都用"玉"旁来表示。《说文·玉部》载:"玉,石之美有五德者。润泽以温,仁之方也;鳃理自外,可以知中,义之方也;其声舒扬,专以远闻,智之方也;不挠而折,勇之方也;锐廉而不忮,絜之方也。"又:"琼,赤玉也。""琳,美玉也。""璧,瑞玉圜也。""琨,石之美者,琨或从贯。""瑀,石之似玉者。""玖,石之次玉黑色也。""碧,石之青美者。""瑶,玉之美者。"色彩义又叫附属意义,它的作用是表达词义的感情、语体、形象等色彩。感情色彩通常有褒贬之分:褒义表示赞扬、敬仰、喜爱等,如漂亮、聪慧、雅致、潇洒;贬义表示厌恶、贬斥、轻蔑等,如丑陋、狡猾、粗俗、拘谨。语体色彩的词分别不同场合而变通使用,如父亲——爸爸、拜会——看望、部署——安排、下榻——住宿、沉湎——着迷,或有庄重与一般的区别,或有书面语与口语的互用。形象色彩通过生动、具体的形象构成成分来表达词义,如"香喷喷",好像一股香味扑鼻而来;"金钱豹",准确地描绘了豹身上钱状的花纹。联想义表示在词语的固有属性以外会产生其他的主观联想意义。如"草原"一词,有人会联想到辽阔、美丽、一望无边,有人则会联想到荒野、孤寂、人迹罕至。而这个词的理性义是"杂草丛生的大片原野"。

汉语词汇中有非常丰富的同义词,这类同义词能使语言更好地发挥表情达意的功能,使之精细确切,委婉含蓄,生动而富于变化。从词的意义来看:一有词义轻重的差别,如"请求"和"恳求"都有"要求"的意思,但"请求"是一般的要求,含有尊重和坚定的意思;"恳求"是急切的要求,含有诚恳和迫切的意思。"恳求"比"请求"语义重。二有词义侧重点的差别,如"屹立""矗立""耸立"都有"立"的意思,但侧重点不同,"屹",着重高而稳;"矗",着重高而直;"耸",着重向上突出。从词的感情色彩来看:如"杀""诛""弑"三个词,都表示使某一对象失去生命,但感情色彩不同。"杀"是中性词,客观地表示行为动作;"诛"是褒义词,表示杀死有罪的人,带有主观上的肯定评价;"弑"是贬义词,用于下(臣、子)杀上(君、父),含有犯上作乱的意味。再如"成果""后果""结果"三个词,分别是褒义、贬义、中性义。"成果"指取得的成绩,"后果"指坏的结果或结局,"结果"则没有褒贬色彩。准确地辨析和使用词汇,是提高汉语水平的重要环节。

其三,在语法方面,汉语是汉藏语系里的主要语言,具有"孤立语"的特征。所谓孤立语,指汉语句子里的词本身不能显示与其他词的语法关系,也就是说汉语很少有构词上的形态变化。而印欧语系的语言则具有"屈折语"的特征。所谓屈折语,是依靠词的内部和外部屈折("屈折"指语音变化)来形成词的语法形式,表示各种语法关系。汉语的形态变化主要通过一种有系统的词序和虚词得以体现出来,词序和虚词是重要的语法手段。汉语通常的词序表现为"主—谓—宾"(SVO)的语法结构,而日语的词序表现为"主—宾—谓"(SOV)的语法结构。如汉语讲"我是学生",日语则说"私は学生です"。汉语词汇在句中的功用,主要取决于它们在句中的次序,如"我要学""要我学""要学我",词在句中的次序不同,语义就产生极大的差别。

第二节 汉语神韵

在汉语广袤的词林中,许多词语以其典雅、含蓄、生动、犀利而独放璀璨的异彩。其中,成语的构词形式,有时在语义上要远比一个词丰富得多。有些成语表达的内容,就是一个故事、一则典故,其间凝结着民族的历史文化和智慧,体现出汉语独特的神韵。

从成语的特征来看,成语除了基本语义之外,还有丰富的延伸语义;或富于生动的形象性,或富于广泛的联想性,或富于深邃的哲理性。如"俯首帖耳"这个成语,其基本意义是表示恭顺驯服的意思;但又形象地再现那些甘心听命于人的奴才的丑态,即像狗那样低着头,耷拉着耳朵,跟随主人,唯命是从。所以,这一成语还具有贬义色彩。再如"鹤立鸡群"这个成语,比喻人的仪表或才能出众;然而这个成语通过鹤与鸡的对比,使人联想到鹤在鸡群中的超群脱凡,从而使这一成语具有更加强烈的赞美色彩。又如"揠苗助长"这个成语,表示将苗拔起,促其生长;

但这一成语还含有哲理性的语义色彩,即暗示不顾事物发展客观规律,急于求成,结果反将事情弄得更糟糕。

成语的四字格基本结构形式,大多由它的语言原型浓缩概括而来,显得非常凝炼、精致。例如"拨乱反正"这个成语,源自于《公羊传·哀公十四年》:"拨乱世,反诸正,莫近诸《春秋》。"它的语言原型是"拨乱世,反诸正"。又如"长治久安"这个成语,浓缩于《汉书·贾谊传》中"建久安之势,成长治之业"的话语。再如"事半功倍"这个成语,源自于《孟子·公孙丑上》:"当今之时,万乘之国,行仁政,民之悦之,犹解倒悬也。故事半古之人,功必倍之,惟此时为然。"它的语言原型是"事半古之人,功必倍之"。有的成语从神话故事浓缩而来,如"画龙点睛"这个成语,源自于唐代张彦远《历代名画记》卷七:"(梁)武帝崇饰佛寺,多命僧繇(张僧繇)画之……金陵安乐寺四白龙不点眼睛,每云:'点睛即飞去。'人以为妄诞,固请点之,须臾,雷电破壁,两龙乘云腾去上天,二龙未点眼者见在。"这个故事提炼成"画龙点睛"的成语,用来比喻艺术的创作在紧要之处,着上关键的一笔,内容将更加生动传神;也用来比喻写文章或说话的时候,以关键性的一两句话,点明旨意,使其神采飞扬。

成语具有匀称而多样的结构,而联合式成语最富有匀称性。比如"审时度势""东张西望""左顾右盼""南腔北调""天长地久""内忧外患""里应外合""铭心刻骨""耳濡目染""摩拳擦掌""眉开眼笑""能说会道"等,"审时"和"度势""内忧"和"外患""铭心"和"刻骨"等,前后两两意义相对,搭配和谐、匀称,给人以修辞上的美感。另外,在成语内部的语法关系方面,有主谓式(如"昙花一现""毛遂自荐"等)、动宾式(如"锦上添花""重整旗鼓"等)、联合式(如"深入浅出""三心二意"等)、偏正式(如"世外桃源""后起之秀"等)、后补式(如"大惑不解""俗不可耐"等)、连动式(如"量才录用""沽名钓誉"等)、兼语式(如"望子成龙""引人入胜")等等,可谓丰富多彩,不拘一格。

成语凝聚着民族的智慧。从成语中可以领略前人在政治谋术、军事谋略、生产经营、举贤用人等方面的聪明和睿智。

政治谋术,是历代统治者治理国家的学问,也是志士仁人关注国家命运的哲思。在这方面,有许多成语表现了谋略上的意义。如"未雨绸缪"这个成语,源出于《诗经·豳风》：" 迨天之未阴雨，彻彼桑土，绸缪牖户。"据说这是周公写给他的侄儿周成王的誓言，劝他治国要勤政，要防患于未然。后人常以"宜未雨而绸缪，毋临渴而掘井"比喻做事情应该先有准备，防患于未然；不要出了问题，再临时想办法。再如"居安思危"这个成语，源出于《书经》："居安思危，思则有备，有备无患。"历史上许多有远见的政治家都深谙其中的道理，也就是在国家安定的时候，要有适度的危机感，想到可能发生的危难祸害。又如"大智若愚"这个成语，脱胎于《老子》："大直若屈，大巧若拙，大辩若讷。"大凡成功的政治家，为了实现其政治意图，应对各种复杂的局面，常常以愚笨来掩盖其才智，甚至甘于忍受耻辱和折磨，最后达到大智的目标。

军事谋略凝聚着军事家的战术和计谋。历代兵家都把军事谋术放在首位，由此产生许多带有智谋性的成语。如"出奇制胜"这个成语，源出于《孙子·势篇》："凡战者，以正合，以奇胜。故善出奇者，无穷于天地，不竭于江流。"也就是出其不意，攻其不备，用奇兵或奇计战胜敌人，这是对无数精彩战例的高度概括。再如"避实击虚"这个成语，源出于《孙子·虚实》："兵之形，避实而击虚。"也称"避实就虚"，指避开敌人的主力，攻击敌人力量虚弱的地方，这个成语成为军事指挥官选择攻敌目标的重要格言。又如"兵贵神速"这个成语，出自于《三国志·魏书·郭嘉传》："太祖将征袁尚，嘉言曰：'兵贵神速。'"历史上有许多以用兵神速而取胜的战例，所谓以迅雷不及掩耳之势攻击敌人，乃兵家上策。此外，如"兵不厌诈""声东击西""虚张声势""调虎离山""诱敌深入""引蛇出洞""破釜沉舟"等，都是人们熟悉的军事智谋的成语。

在生产经营中，前人积累了不少经验，由此产生了一些经营谋略方面的成语。如"量入为出"这个成语，源出于《礼记·王制》："冢宰制国用，必以岁之杪，五谷皆入，然后制国用，用地大小，视年之丰耗……制国用，量入以为出。"即根据收入的情况来确定支出的限度。再如"奇货可居"这个成语，出自于《史记·吕不韦传》："(子楚)居处困，不得意。吕不韦贾邯郸，见而怜之，曰：'此奇货可居。'"记述了吕不韦经商的策略是囤积珍奇的货物，等到这种货物短缺时，便高价出售。与此相关联的成语有"囤积居奇"。又如"疾足先得"这个成语，出自于《史记·淮阴侯列传》："秦失其鹿，天下共逐之，于是高材疾足者先得焉。"也称"捷足先得"。原意是指快步先得到大家所求的东西,可以引申为应对瞬息万变的市场,经营者要抓住商机,惟有捷足先得。此外,如"开源节流""一本万利""讨价还价""拍板成交"等,都是人们对经营之道的概括。

举贤任能、扬长避短、赏罚分明,向来被视为用人之道,由此产生许多用人方面的精辟成语。如"任人唯贤"这个成语,源出于《书经·咸有一德》:"任官唯贤才,左右惟其人。"与此相关联的成语有"任贤使能"。古人把任用有德行有才能的人,作为用人的良策;认为只有贤能之士才能成为治国安民的栋梁。再如"用其所长"这个成语,出自于宋代胡仔的《苕溪渔隐丛话·六一居士》:"凡人材性不一,各有长短,用其所长,事无不举;强其所短,政必不逮。"强调了用人要扬长避短才能发挥最大的效能。又如"赏功罚罪"这个成语,出自于宋代司马光的《应诏论体要》:"王者之职,在于量材用人,赏功罚罪而已。"意思是说,在用人的过程中,要奖励有功的人,惩罚有罪的人,只有赏罚分明才能调动人的积极性。

在成语中,对国家的兴衰、个人的荣辱多有精彩的表述。"兴"者如"盛极一时""万象更新""兴旺发达","衰"者如"江河日下""日暮途穷""满目疮痍","荣"者如"流芳百世""实至名归""飞黄腾达","辱"者如"蒙冤受屈""忍气吞声""奇耻大辱"。给人以理性的感悟和审美的情趣。汉语尤其是成语所体现出来的独特神韵,是中国语言的魅力之所在。

第三节　汉语寓意

汉语作为民族文化的积淀,不仅渗透着丰富的伦理道德观念,而且还有诸多的寓言来寄托文化内蕴。汉语的人文教化功能和深刻的寓意,受到古人的格外重视,也令今人咀嚼和回味。

语言是人性的表现。《论语·尧曰》载:"不知言,无以知人也。"在古人的心目中,"人之所以为人,言也。人而不能言,何以为人"(《春秋穀梁传》)。所以古人有"言为心声"的成语,表示语言反映了人的内心思想,闻其言知其用心之所在。强调言而有信,言必信,行必果。作为人性化的语言,又要讲究文采,"言之无文,行而不远"。语言是天道的表现。古人认为"志以道宁,言以道接"。"道者,文之根本;文者,道之枝叶。维其根本乎道,所以发之于文,皆道也。三代圣贤之章,皆从此心写出,文便是道。"(《朱子语类》卷一三九)因此,古人又有"文以载道"的成语,用书面语言来记载和阐发道理或思想。从治理天下的角度出发,古人甚至发出"一言而可以兴邦""一言而丧邦"的警世之语。不难看出,人性天道,流于语言,化成万物。

汉语中的"仁"是传统伦理最重要的观念。"仁"和"人"有同源关系。《说文解字》载:"人,天地之性最贵者也。"表达了对人的价值的赞美。在儒家看来,人只有具备完善的品德,才能成为真正的人。所以《礼记·中庸》说:"仁者,人也。"人要具有仁德,最重要的是"爱人",从"仁者爱人"出发,汉语中涌现了仁爱、仁厚、仁慈、仁心、仁政、仁人等词汇。乐于助人,对人友爱、亲切,称为"仁爱""仁厚";对他人富有同情心,称为"仁慈""仁心";当政者施行安民利民的政策,称为"仁政";赞誉有仁德的人,称为"仁人""志士仁人"或"仁人君子";对有德行、守信义的人,称为"仁人义士"。与"仁"有关的词语还有:仁洽(仁爱和睦)、仁恤(仁爱体恤)、仁恩(仁爱恩德)、仁恕(仁爱宽恕)、仁善(仁爱善良)、仁笃(仁爱笃厚)、仁诲(仁爱的教诲)、仁泽(仁德恩泽)等,不胜枚举。所有这些以"仁"为中心的词汇,都体现了儒家仁爱的道德伦理观,带有浓厚的民本主义色彩。

儒家提倡孝道,以"孝为百行之首"。在汉语中,出现一批受孝亲观念规约的词汇。以孝顺为内涵的词有:孝顺、孝敬、孝行、孝慈、孝忠等,对尽孝道的人的称谓有:孝子、孝男、孝女、孝友、孝子贤孙等,表明居丧尽孝的词有:节孝、守孝、谢孝、孝幔等,以孝服为中心的词有:孝服、孝衣、穿孝、戴孝、挂孝、重孝等。可见"孝"在汉语中的位置。

如果说"孝"主要是一种家庭责任,那么"义"更多体现为一种社会公德。儒家把重义的人称为君子,强调人在生和义不能兼得时,要"舍生而取义"。这样,在汉语中由"义"构成的词汇特别丰富。诸如,合乎正义的词有:正义、道义、仁义、大义、侠义、举义等,表达义的情感的词有:情义、义气、义愤、义正词严、义愤填膺、义形于色、仁至义尽等,揭示义的行为的词有:起义、就义、仗义、义演、义卖、义诊、义捐、大义凛然、大义灭亲、义无反顾、见义勇为、仗义执言、仗义疏财、舍生取义等,对义的称谓词有：义士、义勇、义兵、义师、义旗、义田、义仓等。

上述汉语造词中以仁德、孝亲、义理为中心的词汇,渗透着儒家的伦理道德观,具有民族文化的特殊内涵。

在汉语中,有许多成语来源于古代的神话寓言,通过这些寓言,传递出浓郁的文化意蕴。《战国策》里有鹬蚌相互争持,各不相让,结果被渔夫统统抓获的故事。后人把这则寓言故事概括成"鹬蚌相争,渔翁得利"的成语,比喻双方相持不下,而被第三者从中得利。"刻舟求剑"这个成语,源于《吕氏春秋·察今》："楚人有涉江者,其剑自舟中坠于水,遽刻其舟,曰：'是吾剑之所从坠。'舟止,从其所刻者入水求之。舟已行矣,而剑不行,求剑若此,不亦惑乎。"后人用这个寓言来比喻不问已经变化了的情况和形势,而拘泥于按老习惯办事。"守株待兔"这个成语,出自于《韩非子·五蠹》："宋人有耕者,田中有株,兔走触株,折颈而死,因释其耒而守株,冀复得兔。兔不可复得,而身为宋国笑。"后人常用这个寓言来比喻死守狭隘经验、不知变通,或想不劳而获、坐享其成。再如汉代刘向《新序·杂事》记载："叶公子高好龙,钩以写龙,凿以写龙,屋室雕文以写龙。于是天龙闻而下之,窥头于牖,施尾于堂。叶公见之,弃而还走,失其魂魄,五色无主。是叶公非好龙也,好夫似龙而非龙者也。"这个寓言故事后被浓缩为"叶公好龙"的成语,用来比喻那些表面上爱好某种事物,而实际上并非如此的人。上述寓言成语所寄托的事理,给人以无穷的回味。

第二十章

意蕴深厚的文字

文字是人类语言的一种书写符号,是语言的视觉形式,文字将语言的声音信号变为符形信号,记录在一定的载体上,成为书面语言和交流思想的工具。中华民族有文字可考的历史至少有五千年。没有汉字就不会有灿烂辉煌的中国古代文明,可以说汉字镌刻着民族文化的印记,是中华文明之母,是中国对人类文明的巨大贡献。

汉字是现今世界上硕果仅存的古老表意文字。古巴比伦的"楔形文字"、古埃及的"圣书字"以及另外一些古文字都不知所终,以至古巴比伦文化、古埃及文化因其失去载体而失传了,唯有中华文化以汉字为载体而绵延不绝。

第一节 汉字源起

汉字的诞生,是我们的祖先由蒙昧进入文明时代的标志。在文字产生以前,人们经过了很长没有文字的时代。这个时代,在人类社会发展史上,大体上相当于原始社会时期。那时候,人们要想表达思想,交流意见,只有依靠语言。可是,语言这东西,讲过就消失了;而且即使你声音讲得再响,只要稍微离你远一点,还是听不清楚,或者听不到。随着社会生产的发展,人们迫切需要了解更多的东西。当人们感到口头语言不足以表情达意,感到自己的语言有必要保存下来或告诉其他地方人的时候,创制文字的工作就开始了。

根据古代传说,原始人类在相当漫长的岁月里,除了口耳相传以外,最重要的是利用实物来帮助记忆,其中普遍采用结绳、刻木记事等形式。这类形式当然不能算作文字,却可能是最早的文字书写形式之一,是促进文字产生的重要条件。

结绳是原始民族普遍采用的一种记事法。那时候,人们把绳子打成各种各样的结,大家约定用结的大小、多少和位置,来表示不同的意义。以后,他们只要看到这些不同式样的结,就可以了解它们的意义,想起它们所代表的事情。《易·系辞下》说:"上古结绳而治。"许慎《说文解字·叙》载:"及神农氏结绳为治,而统其事。"中国古代典籍中都认为黄帝时创始文字,故将结绳记事的年代截止到神农氏时代。结绳的方法,据郑玄《周易注》说:"事大,大结其绳;事小,小结其绳。"人们把结绳与文字联系在一起,主要由于人类创造结绳记事与文字记事的想法是很一致的,一件事情要想保留在人的脑子里,只有在记忆所能达到的时间和可负荷的容量内,才有可能;反之,就必须用外部的标识来提示它。这正是激发人类发明文字的动因,也就是说赋予了结绳时代开始具备产生文字的主观要求。

刻木也是古代帮助记忆的一种方法。《释名·释书契》说:"契,刻也,刻识其数也。"所谓契刻,是在木板或竹片上刻上缺口或其他记号,用来记载数量,或向别人传达什么事情,留作记忆的根据。刻木很可能是人类最早的文字书写形式,古人利用这种形式把一些数字符号或象形符号刻在竹、木片上,用以传递某种信息,继而逐渐扩大到陶器上、青铜器上,形成为族徽文之类的文书。因此,刻木比结绳更具有促进文字产生的条件。

在有关汉字起源的传说中,最流行的说法可以说是"仓颉造字"。据说仓颉是黄帝的史官,他长着四只眼睛,看东西非常清楚。他抬头看见天上的月亮有时圆有时弯,低头看见地上鸟兽的脚印各式各样,从中得到启发,展开想象,创造了汉字。关于仓颉造字之说,古代文献中多有记载。《吕氏春秋·君守篇》说:"仓颉作书。"《韩非子·五蠹篇》载:"仓颉之作书也,自环者谓之私,背私谓之公。"东汉时的许慎在《说文解字·叙》中说:"黄帝之史仓颉,见鸟兽蹄迒之迹,知分理之可相别异也,初造书契。"又说:"仓颉之初作书,盖依类象形。"其实,汉字不可能由某一个人创造出来,而是我们的祖先在长时期社会生活中集体创造的结果。《荀子·解蔽》说:"好书者众矣,而仓颉独传者,壹也。"这就是说,仓颉之所以传名后代,是由于他可能对文字做了搜集、整理、统一的工作。鲁迅曾明确指出:"要之文字成就,所当绵历岁时,且由众手,全群共喻,乃得流行,谁为作者,殊难确指,归功一圣,亦凭臆之说也。"(《汉文学史纲要·自文字至文章》)所以,我们与其说是"仓颉造字",不如说是后人对创造文字的古代史官的追称,或者说汉字是由千千万万个"仓颉"创造的。

传说毕竟只是传说,不足为信史。现代考古学的兴起,揭开了汉字起源的神秘面纱。三千三百多年前,我国商代晚期遗留下来的甲骨文字,是中国最早的成熟文字。这说明在甲骨文之前,肯定还会有逐步形成甲骨文的更原始的文字。据已从考古发现的可能跟原始文字有关的资料,主要是原始时代遗留下来的器物上所刻画、描画的符号。这些符号大体上分为两类:一类形体比较简单,大多属几何形符号,见于仰韶等原始文化的陶器上。另一类是像具体事物之形的符号,见于大汶口等原始文化的陶器上。

第二节 汉字"六书"

汉代学者开始把"六书"解释为关于汉字构造的六种基本原则。最早做出这种解释的是刘歆,他的观点被班固采录在《汉书·艺文志》中:"古者八岁入小学,故周官保氏掌养国子,教之六书,谓象形、象事、象意、象声、转注、假错,造字之本也。"其后郑众在《周礼·地官·保氏》中注曰:"六书:象形、会意、转注、处事、假借、谐音也。"再后许慎(约58—约147)在《说文解字》中对六书进行解释,六书的名称便采用许慎的说法,次序则稍有调整,依次为:象形、指事、会意、形声、转注、假借。

关于象形,许慎的解释是:"画成其物,随体诘诎。"用今天的话来说,就是根据事物的形体特征,画出事物的形状,来记录语言中与它相应的词。大致分成两类:一类是指用线条画出某物的简要特征性图形,所表示的就是所象事物的名称;另一类是用线条画出事物的简要特征性图形,所表示的是与该事物有关的某种动作行为或性质状态。如"山"字像起伏的山峰之形,"日"和"月"是太阳和月亮的象形。象形法是一种最为原始的造字方法,是汉字发展的基础。它最大的优点是形象逼真、直观性强,但只能适用于具体的、简单的事物,一旦事物复杂或事物不具备具体的形象,象形法就会显得无能为力。

关于指事,许慎的解释是:"视而可识,察而见意。"用今天的话来说,就是看到字的形体就能够认识它,但需要经过观察分析才会领悟它的意义。大致分为两类:一类是只用抽象性符号来表示的,另一类是在象形字上加指示符号来表示某个词的字。如"本"字原指树木之根,根本之根必须依赖木才能体现,故在木下根部标注记号,写作"本"。"末"字原指树的梢部,故在木上加注记号,写作"末"。可见,指事字不像象形字那么直观,需经过观察分析方能知道它的真义。

关于会意,许慎的解释是:"比类合谊,以见指㧑。"用今天的话来说,就是把表示事类的字放在一起,并且把它们的意义合在一起,从而看出一个所指向的新意义。例如"武",由"止"和"戈"组成一个新的字,表示的意思是以武力止息干戈。再如"信",由"人"和"言"组成一个新的字,表示人说话以诚实守信为贵。另外,"众"是三个人形组合的会意字,"三"在古语中常常是多数的代指,所以三个人合在一起,就表示多数"众人"。至于小土为"尘"、不正为"歪"、山石为"岩",则是连语式的会意字。会意字大多在象形字的基础上产生出来,是仅次于形声字的一个大家族。

关于形声,许慎的解释是:"以事为名,取譬相成。"用现在的话来说,就是由表示字义类属的部件和表示字音的部件组合而成的字。例如"江",三点水为义符,"工"为声符;"河",三点水也是义符,而"可"是音符。再如用"言"作义符的字,像"话""说""谈""诗""词"等,基本上都与语言有关。形声字是汉字构形体系中最优化的结构,既可以表示读音,又可以表示该字所代表的意义。它大大丰富了汉字构造体系,最大限度地减少了产生新字的制约因素,成为最重要的汉字造字法,后世创制的新字绝大部分是形声字。现代汉字中形声字约占总字数的95%以上,形声结构代表了历代汉字的发展方向。

关于转注,许慎的解释是:"建类一首,同意相受。"意思是先立共同的义类,再注上表义的字为其类之首以统一之,使这些字同受意于这个标首的字。例如"爸",与其部首"父"同义,爸即父;"爹"与"爸"一样,也是转注字。再如"船",与它的部首"舟"同义,船即舟。转注是本有其字,而因为某种需要又造新字,新、旧字之间的关系属于同义,只是字形和字音不同罢了。转注造成了"一词多字"现象,属于文字的孳乳。

关于假借,许慎的解释是:"本无其字,依声托事。"说得明白些,就是对某一个词本来没有表示它的字,就找一个同音字用以寄托这个词的意义。例如"耳",本义是耳朵,被借来表示限止语气的语气词"耳"。再如"之",本义是往,被借为代词或连词。虽然假借法并不造出新字,但被借之字与其新增加的意义之间没有关联,仅"依声"而已。这种方法使一个字发挥了两个或多个字的作用,并且抑制了转注带来的汉字孳乳现象,体现了我们祖先的聪明才智。

"六书"所说的六种造字方法,互相联系,互相配合,互相补充,而又各有不同的特点和作用。它们合成一个系统,不能把它们分裂或孤立开来,也不能把它们并立或等同起来。虽然目前文字学界对六种造字法还存在一些不同的看法,但许慎的"六书说"仍有很大的影响。

第三节 字体流变

汉字是世界上最古老的文字之一,也是这些古老文字中至今仍在使用的一种。汉字的正式文字从甲骨文开始,汉字字体演变的过程大致经历了甲骨文、金文、篆书、隶书、楷书这几个阶段,这是汉字的主要形体。此外,还有两种辅助性字体,这就是行书和草书。

甲骨文是距今三千多年殷商时期契刻在甲骨上的一种古老文字。"甲"就是指龟甲,主要用龟的腹甲;"骨"就是指兽骨,主要用牛的肩胛骨,也有用其他的兽骨。甲骨文的最早发现地在河南安阳城西北的小屯村,这里曾经是殷商时期的都城。在秦汉时,殷都遗址沦为废墟,这一地区就被称为"殷墟",后人将在这里发现的甲骨文称之为"殷墟甲骨文"。由于甲骨文大多是殷商王室用甲骨占卜后,将卜辞契刻在占卜用的甲骨上的文字,故又称之为"殷墟卜辞"或"甲骨卜辞"。甲骨文字已具备了"六书"的造字和用字规则,表现出先人们的智慧已达到了一定的水平。

虽然甲骨文形成于三千多年前的殷代,但人们发现甲骨文不过只有一百多年,而且纯属偶然。1899年(光绪二十五年),在清朝政府担任国子监祭酒的王懿荣生了疟疾,请医生看病。医生给他开了一张药方,其中有一味叫"龙骨"。王懿荣派人到京城的中药店把药买了回来,打开一看,无意中发现"龙骨"上刻有很多歪歪扭扭的古代文字。王懿荣平时喜好金石学,对古文字颇有造诣,他料定此味"龙骨"并非一般的药材,便派人将药店里所有带字的"龙骨"全部买回,并探知京城里著名中药店"龙骨"的货源,几乎都是河南等地药材商贩运进京的。经过一番研究,王懿荣方才知道,这种"龙骨"就是中国古代的一种珍贵文物——殷商甲骨文。王懿荣便成为中国第一个发现和确认殷代甲骨文的人,吃中药"吃"出来的甲骨文也成为中国百年来最重大的考古发现之一。

甲骨文已经发现的单字,大约有三千个。经过历史学家和古文字学家的不断研究,现在能够识认的有一千多个。还有近三分之二的文字,还得做进一步的研究。甲骨文的特点是:图画性强,象形字和会意字居多。在各种研究甲骨文的著作中,由郭沫若主编、胡厚宣总编辑的《甲骨文合集》,是商代殷墟甲骨文资料的汇编,是迄今为止收集资料最丰富、最全面,并经过科学整理的一部大型甲骨著录。全书共13册,收甲骨41 956片,按甲骨卜辞所反映的商代社会状况,参照前人的分类,将所收甲骨文分成4大类31小类,基本上涵盖了政治、经济、文化等面貌。

2003年,山东大学在对济南历城大辛庄遗址进行发掘时,发现了一片完整的、刻有25个文字的商代甲骨卜辞。这片甲骨卜辞是首次在殷墟之外的地方发现的商代甲骨卜辞,距今约三千二百多年,表明甲骨文是时已经是在比较大的范围内被使用。

中国不但商代有甲骨文,西周也有甲骨文。中华人民共和国成立后,考古工作者从1954年起,先后在山西、陕西、北京等地发现了五处刻有甲骨文字的甲骨,共得有字的甲骨306片,字数在1000个以上。这些有字的甲骨,虽然数量不多,但对于研究西周的政治、经济、文化状况,都很有价值;对研究汉字的演变,也是极为重要的原始依据。

如果说甲骨文主要是占卜文字,那么金文则主要是祭祀文字。

金文是指殷商、西周、春秋战国时期铸刻在青铜器上的文字。古人称铜为"吉金",故称青铜器上的文字为"金文"或"吉金文字"。古代青铜器一般分为礼器和乐器两大类,其中礼器以鼎的样式居多,乐器以钟的样式居多,故"钟鼎"便成了古青铜器的代名词,铸刻在青铜器上的文字也就有了"钟鼎文"的称呼。

金文上承甲骨文,下启篆书,是一种字形结构比较成熟的文字。它的形体和结构,与甲骨文比较接近。所不同的是,金文大多用模子铸出,铸时先把字刻在模子上,其笔画粗壮、圆转,字的大小比较匀称。殷周时期金文的内容,主要是一些吉祥、勉励或庆功的话。现在收录的金文有三千多个,其中有两千多个字已能识认。金文应用的年代,上自商朝早期,下至秦灭六国前,约一千二百多年,与甲骨文相比,应用的时间要长得多,所以形体和结构的变化也要大一些。

篆书包括大篆和小篆,秦始皇统一中国后,下令统一全国文字,推行小篆,把原来的籀文称为大篆,于是便有了大小篆的区分。

籀文出自于《史籀篇》,史籀是西周晚期周宣王的史官。《汉书·艺文志》说,《史籀篇》是周时史官为教学童而编写的书。此书所用的字体被称为籀文,这种字体方正微长,行款整齐,笔画匀称,偏旁、结构有所限定。秦代继承了这种书体,传世的《石鼓文》,便是这种书体的代表作。

小篆为秦始皇统一全国文字所规定使用的标准字体,也称秦篆。它由大篆简化而成。从字体演变的角度看,小篆已经实现了线条化、符号化和规则化。线条化,就是把甲骨文、金文里的圆点、团块、尖笔和粗细不同的笔道改为粗细相同的线条;符号化,就是把结构复杂的图形简化为简单的符号;规则化,就是确定某个字由哪些偏旁组成,确定它们在字中的位置,使得字的基本写法规范起来。小篆笔画匀称,字体大小划一,字形呈长方,奠定汉字"方块字"的基础。小篆很多笔道圆转弯曲,不仅转折的地方要写成工整的弧形,而且许多斜笔也要写成工整的弧形。这在书法上很有艺术价值,但毕竟书写起来耗费时间,不太方便,因此作为通用文字在社会上应用时间并不长。

隶书是由篆书演变而成的一种字体,创始于秦代。晋卫恒《四体书势》说:"秦既用篆,奏事繁多,篆字难成,即令隶人(指胥吏)佐书,曰隶字。"传说秦时有个叫程邈的人,对当时在隶人中流行的隶字加以收集整理,最后编成了一部书,后世遂有程邈创隶书的说法。到汉代,隶书取代小篆成为正式的书写体,这就是"汉隶"。

汉字从篆书到隶书的演变,叫做"隶变"。这种变化表现在两个方面:其一,隶书变连笔为断笔,变曲笔为直笔,笔画有明显的粗细提顿变化,末笔大量出现挑势,消解了篆书所遗留的象形意味,使汉字彻底改变,摆脱了"描绘"而成为符号的书写。其二,隶书大量出现偏旁简化和形体省并,使汉字的形体结构发生了显著的变化。隶书美观、工整,讲求波势;其风格多样,在形式上既有以方笔为主,也有以圆笔为主。隶书的出现,奠定了现代汉字字形结构的基础。从篆书到隶书的变化,是汉字演变史上的一个重要转折点。汉字从甲骨文、金文到小篆属于古文字阶段,前后历时约一千一百多年;从隶书到楷书的使用则属于今文字阶段,至今约经历二千二百年。从古文字到今文字,在字形结构上变化很大;而从隶楷到现代文字,在形体上几乎没有变化。所以,"隶变"就成为古今文字的一个分水岭。

楷书是对隶书加以改进的一种字体,大约在东汉末年形成,到魏晋时代趋于成熟,六朝时期成为人们在正式场合通用的字体,称为真书或正书。唐代楷书大盛,其书体已彻底消除了隶书的笔意。楷书的特点是:字的笔画横平竖直,结构紧凑,气势流畅,形体优美。也许是可以作为人们学习摹仿的缘故,被称为楷书。唐代楷书名家辈出,欧阳询、颜真卿、柳公权,再加上元代的赵孟頫,各成一体,被世人称为楷书四大家。欧体刚劲苍秀,意态精密;颜体方正宽博,厚重雄健;柳体遒媚劲健,骨瘦有力;赵体流美生动,圆转遒丽。"四体"成为后人练习楷书的经典范本。到了宋代,随着印刷术的发展,在楷书基础上又形成了宋体,以后又有稍作变通的仿宋体、黑体,这些字体都取自于楷书,成为当今图书报刊印刷用字的主要字体。

草书是使汉字急剧简化的一种字体,也可以说是汉字速写的一种字体。它大约在西汉中期开始形成,到东汉时广泛流行。早期草书还带有隶书的意味,据说汉章帝喜欢这种字体,遂名之为"章草"。魏晋时期,草书消除了隶书笔画的痕迹,大量使用连笔,偏旁多假借混用,字体韶秀宛转,这种字体称作"今草"。到唐代,"今草"发展成为"狂草",其书写如行云流水,龙飞凤舞,上下贯串,奔放不羁,一般人很难辨认。因此,草书尽管出现较早,却很少有记录语言的价值,不能替代隶书成为通用字体,但它有很高的艺术价值,一直为后人所喜爱。

行书是介于楷书和草书之间的一种字体,自魏晋以来,开始成为人们手写的主要字体。行书既有楷书便于识认的优点,又有草书便于书写的长处,可谓体现了杂交优势。行书的特点是在保持楷书形体轮廓的前提下，适当地运用连笔，省减笔画，没有严格的书写规则。在行书中楷书成分多于草书的叫行楷，草书成分多于楷书的叫行草。一千多年来，行书成为人们日常普遍使用的一种字体，现今人们的手写体基本上是行书字体。

考察字体的演变，甲骨文、金文因其年代久远、存量有限，成为珍贵的文物，供历史学家和古文字学家作为研究先秦历史和文化的重要资料。篆书、隶书、草书因其不适宜日常交流便捷明晰的需要，主要作为书法艺术，给人以审美的享受。而楷书和行书当今分别作为书刊印刷和人们书写的主要字体，成为人们从事文化活动不可缺少的工具。

第四节　汉字意蕴

中国的文字以其独特的表意性体现着民族文化的内蕴，文字的人文价值尤为突出，它与汉民族的思维方式和文化精神内在地融为一体。

汉语结构中独具一格的偏旁、部首，为人们理解成类汉字的意义提供了重要的参照。以"禾"为偏旁的字，大多与农事有关；以"木"为偏旁的字，大多表示乔木植物；以"疒"为偏旁的字，大多与疾病有关；以"扌"为偏旁的字，大多表示手的动作。即使人们不能识认，也可以从中揣摩其大致的意思。具有独特表意性的汉字是帮助我们了解先人生活方式的一把钥匙。譬如"贝"，在上古时代除了表示美丽珍贵的贝壳以外，还曾一度用作货币。所以汉字中大量以"贝"做偏旁的词汇，往往跟钱财有关。买卖用贝，有购、贩、贸；借贷用贝，有贷、赊、责；纳税用贝，有贡、赋、赍；赏赐用贝，有赉、赐、赏；抵押用贝，有质、赘；赎罪用贝，有赎、赀、赇；送礼用贝，有赠、赂、赟。透过这一组文字，仿佛再现了先人的经济生活和社会交往方式。后来，"贝"字本身在意义上向表示美丽、美好、珍贵变化。例如，"贝锦"是指一种美丽的织锦，"贝阙"是指一种美丽的建筑，"贝联珠贯"这个成语是形容整齐美好的样子。宋代司马光有"贝联珠贯拱北辰，三五纵横此何夕"的诗句。现在许多年轻的父母对自己的孩子昵称"宝贝"。由此可见"贝"字意义的广泛辐射性。

我们的古人时常利用汉字的结构偏旁,含蓄地表达某种意义。有两个故事。一个是说北宋时期的政治家、文学家范仲淹,他在中年时因讥切朝廷时弊,被贬职离京到西溪任盐官。一次,他向泰州知州张纶提议修建捍海堰。张纶接受了他的建议,立即筹备动工,亲临现场观察潮汛。为避免浪潮冲毁基石,张纶派人向当地有经验的渔民请教开工日期。不久,差官回报说有个渔翁提供了下基石的时间,捎来一张字条。张纶接过字条,只见上写一个"醋"字,不知什么意思。问遍左右,也无人能作答,于是便询问范仲淹。范对着"醋"字,略加思索,说:"渔翁告诉你在二十一日酉时动工。"张纶便按时下了基石,果然直到捍海堰建成也未遭潮袭。这个故事形象地表明了字义与部首、笔画的关系。再一个是说明朝时以草书名震江南的祝枝山,生平藐视权贵,每有求书者都婉言谢绝。一次,祝枝山陪伴唐伯虎到当地乡绅华太师府上。华太师硬要祝枝山为书斋题匾。祝枝山知道华太师膝下有两个公子,不学无术,表面上衣冠楚楚,实际上腹内空空,草包两个。他便有意借机嘲讽一番,书就"竹苞堂"三个大字。太师一看匾额与眼前的景致极为和谐,连声称好。祝枝山却手捋胡须哈哈大笑。回去的路上,唐伯虎对祝枝山说:"你好大的胆子,竟敢出语奚落太师府公子。"原来"竹苞堂"隐含堂前"个个草包"的意思。这个故事也是利用了合体字偏旁部首拆开后各自独立成义的特点,祝枝山戏弄了华太师一通。

汉字中有一部分可以"望文生义",如小土为"尘",不正为"歪",日月为"明",一火为"灭",三人为"众"等,词义一目了然。汉字在构成字形时,常常有一个表义或表形的核心事物在字中出现,如"孕"字中有"子""葬"字中有"死""魂"字中有"鬼"等。正是这种汉字的具象性,使之与表现的事物紧密联系,使字形本身含有文化学的价值。再如"福"字,左半部是"示"字旁,右半部是一个"口"和一个"田"字,祈求能够有田种、有饭吃,就是"福"。而"富"字,表示家里有田种、有饭吃,就是"富"。"福"与"富"字都含有"田"字,表达了农业社会下人们对福与富的认知程度。民以食为天,田多食丰,才可能有福有富。民间祈福,实为求富,而富则必置田产。

中华传统文化是以追求善性为目的的伦理型文化,而汉字中的"善""群"都以"羊"作为偏旁,从一个侧面体现其独特的文化意蕴。"羊"是家畜,被古人当作祭品;古人还把"羊"作为吉祥之物来看待,许慎《说文解字》说:"羊,祥也。"意思是

"羊"就是"祥"。"善"字由"羊"和"言"组合而成,以羊的叫声取意。羊声和悦,不像其他凶猛动物的声音那么恐怖;羊又是好群居的动物,因而羊被视为具有仁、义、礼之德性,具有善良、温顺、美好的意思。羊言的和悦就类比仁人的善言。"群"字由"羊"和"君"组合而成,从羊君声,君又兼表意义,意为恪守人伦的君子应该像羊那样和睦相处。由羊、羊声、羊群到人群,到合乎善、合乎君的群体,其中融会着丰富的人文意蕴,给人诸多的思想启迪。

第二十一章

绚丽多姿的书籍

书籍是传播文化知识的工具。自古以来,人们的经验、知识都得靠书籍才能记录下来,流传后世。人们不可能什么事都亲身去经历,必须吸取前人和别人的经验、知识,在此基础上不断进步,而书籍在这方面起着不可估量的作用。因此,有人说:"书籍是人类进步的阶梯。"又有人说:"书籍是全世界的营养品。"

中国古代的书籍绚丽多姿。它穿越历史的时空隧道,传承着中国的文化传统,维系着中华民族统一的文明及其发展。浩如烟海的中华文化典籍,举世无双,集中反映了社会文化的发展状况和水平,凝结着民族的智慧,是一笔宝贵的精神财富。

第一节 书籍沿革

书籍是用文字、图画和其他符号,在一定的材料上记录知识、表达思想,并装订成册的著作物;是传播各种知识和思想、积累人类文化的重要工具。书籍与语言、文字有着密切的联系。人类先有语言,继有文字,然后再有书籍。文字是人类文明的起点,也是书籍产生的前提。中国在殷周时期,文字逐渐定型。而文字必须借助载体才能得以显示,而文字与载体的结合,便是初期书籍的雏形。从现存的甲骨、金文和早期石刻文字来看,殷周时期是中国书籍的萌芽期。

甲骨文书是中国初期书籍形式之一。根据河南安阳殷墟遗址出土的刻有文字的甲骨和陕西周原出土的西周甲骨卜辞,可知早在距今三千多年前的殷周时期,有文化的上层贵族已利用甲骨进行占卜,并在甲骨上刻写占卜记录。这些甲骨文字,当时本是以备查阅的资料,不具备正规书籍的含义,但这些以甲骨为载体的甲骨文书,又具有起源时期书籍的意味。济南大辛庄新发现的有25字的甲骨片,正面有一规则的人工钻孔,很可能当时已将甲骨串连成册。因此,不妨把它看作中国书籍的萌芽。

铸刻在青铜器上的铭文也是中国初期的书籍之一。殷周时期,上层贵族为了保存重要文件或纪念重大事情,就铸造一件青铜器,把文件或事情用文字记录下来,铸刻在青铜器上面。青铜器本身有其固有的用途,青铜器铭文也只是以备查阅的资料,还不具备正规书籍的含义,但这些以青铜器为载体的铭文,传播了古代知识和重大事件,又在一定程度上起到了书籍的作用,成为中国书籍的萌芽。中国初期的书籍形式还有石刻文书。大约在春秋战国时期,人们就已经在石头上镂刻文字,记录事件。陕西出土的刻有600多字四言长诗的10个石鼓,便是该时期石刻文书的遗存。青铜铭文和石刻文书在空间上有传播之便,在时间上有流传之功,具有书籍所必备的社会性,但毕竟不是正式的书籍。

中国最早的正式书籍是用竹片或木板制成的。用竹片写的书叫"简策",用木板写的书叫"版牍"。单根竹片叫做"简",把若干简编连在一起叫做"策"("策"也称"册"),编简成策的绳子或皮条叫做"编",一册就是一篇完整的文字。简的长度不一,字数也不相同,通常每一简是一行,字数有二十几个,最少的仅有几个字。一块木板叫做"版",写了字的叫"牍"。版牍的长度与简相仿,而宽为简的五倍左右,能写五行以上的文字。一尺见方的木牍称"方",汉以后用来书写私人函柬,称为"尺牍"。简牍大约在殷周时代开始使用,从春秋战国到秦汉时期普遍盛行。春秋末年的孔子很爱读《易经》,据说由于他经常读这部书,把编简的皮条磨断了三次。人们把这件事称为"韦编三绝","韦"就是皮革的意思。这个故事告诉人们,当时的书籍,是用皮条编串起来的竹木简。作为中国最早的书籍形式,简牍对后世书籍的发展影响很深。

简牍类的书籍,在历史上曾经多次发现过。第一次是在西汉武帝末年,人们在孔子旧宅的墙壁中,发现了一批战国时代的竹简。它们是当时人用古文抄写的儒家经典,包括《尚书》《礼记》《论语》《孝经》等,这些书的内容,与当时的传本有些不同,以至形成了经学上的今古文之争。第二次是在晋武帝的时候,有人发掘了战国时代魏襄王的墓,获得几十车竹简,经当时学者整理,共有《竹书纪年》《穆天子传》等16部古书,它们都是秦汉以来没有传本的。可惜这两次发现的竹木简,以后都散失了。近几十年来,竹木简不断被发现,出土的实物数量很大。1972年,在山东临沂银雀山出土了四千多根竹简,大部分是先秦的古书。其中有一本《孙膑兵法》,失传已经一千七百多年。《孙膑兵法》的出土,打消了人们长期对此书究竟是否存在的怀疑。1993年在湖北荆门郭店出土的楚简中,《老子》本的发现大大丰富了人们对道家思想的认识,至少将《老子》的学术传承提前到了战国中期。1996年湖南长沙走马楼出土的三国吴简,总数达10万枚以上,超过了20世纪所发现简牍的总和,对研究孙吴的社会经济、政治、文书制度具有重要意义。由于大量简牍的出土,人们已经能比较清楚地了解这些书籍的模样,更能从中探知中国古文化的奥秘。

在竹木的书盛行同时,用丝织品写的书也逐渐通行起来。这种书一般称为"帛书"。由于丝织品还有素、缣等名称,帛书又叫做"素书"或"缣书"。战国时期的古书《墨子》中有"书之竹帛,传遗后世子孙"的话,可见当时缣帛已经和竹木简一样作为流行的书写材料。缣帛与竹简相比,有不少优越的地方。竹简体积大而笨重,《史记·秦始皇本纪》载,秦始皇每天处理公文,"至以衡石量书",即每天称取一百二十斤,批阅完毕方才休息。竹简一旦编绳断散,容易发生脱简、错简,难以阅读。而帛书质地柔韧,可随意卷舒,便于阅读收藏;篇幅长短,可根据内容剪裁,分量也轻,便于携带。帛书的基本形式是把一篇文章书写在一段缣帛上,然后将其卷成一束,一束称之为一卷,古今图书称"卷"即来源于此。帛书的缺点是价格昂贵,不易普及,所以无法取代简牍。先秦帛书,后世发现不多。1972年至1974年在湖南长沙发掘的马王堆汉墓,出土了一批珍贵的帛书。这些帛书都用生丝平纹织成,条文细密均匀;共28种12万多字,内容涉及战国至汉初的政治、军事、思想、文化、科学等方面。其中《战国策》(《战国策纵横家书》)1.2万字,大半内容为今本所无;《周易》也比今本多出4 000字;有很高的学术价值。从这些实物中可以发现,帛书作为一种文化知识传播的工具,已经具有一定的辐射性。

纸和印刷术的发明,是人类文明史上的一大飞跃,也是书籍制作的一大变革。

根据考古发现,早在西汉初年就发明了植物纤维纸。东汉时的蔡伦改进了造纸技术,使生产出来的纸成本低廉,质地良好,更适宜书写。从此,纸张开始大量生产,经过几百年的演进,到三国魏晋时期终于替代简帛,成为主要的书写材料,为以后的书籍印刷奠定了物质基础。公元7世纪初期,中国发明了雕版印刷术。纸张和印刷术的结合,使图书可以批量生产,广泛流通。如果说,文字是语言飞翔的翅膀;书籍是文字飞翔的翅膀;那么,印刷术就是书籍的分身术,一种书籍可以在同一时间四面八方地向社会传播。宋代的雕版印刷术极为昌盛,"宋版书"是世人公认的善本书,极受历代藏书家的珍视。这不仅由于宋版书大都根据古书原本而来,经过精审的校勘,具有珍贵的文献价值,而且还由于其刻印技术臻于完善,具有很高的艺术鉴赏价值。雕版印刷术的发明又推动古籍形式的改进,即由卷轴式过渡到装订成册的册页式。这一形式至今仍为书籍的普遍形式。公元11世纪40年代,毕昇发明了活字印刷术,并逐渐向世界各国传播,促进了人类书籍的生产和文化的交流。以后,铸刻活字的材料由胶泥、木质向铜铝进化,一直发展到近代的铅字印刷。

从甲骨文书、青铜铭文、石刻文书,到简牍、帛书,再到纸质精美的图书,中国古代书籍经历了漫长的岁月。在古籍演变发展中,日益完善的书籍不受时间、空间的限制,既是记录思想和文化的载体,传承和播扬了中华文化,又具有极高的艺术审美价值,反映了中国科技和工艺的进步。进入20世纪,书籍已成为传播知识,科学技术和保存文化的主要工具。随着科学技术日新月异的发展,新的传播知识的信息手段方兴未艾。但书籍的作用,仍是其他传播工具和手段所不能替代的。

第二节 "四部"典籍

煌煌中华,五千年悠久的文明,积累、存留下绚丽多姿的文化典籍。而这些典籍犹如涓涓细流逐步汇成汪洋大海,于是人们用浩如烟海来形容典籍的宏富。各类书籍又经过前人的整理分类,逐步形成经、史、子、集四大部类。

早在殷周时代,中国就出现了书籍,所以《尚书·多誓》有"唯殷先人,有典有册"之说。春秋战国时期,诸子纷起,竞相著书立说,呈现百家争鸣的盛况,学术文化事业兴旺发达。私人藏书也渐成风气,《庄子·天下》记载:"惠施多方,其书五车。"后人便使用"学富五车"的成语,来形容某人博览群书,学问渊博。汉代在中国历史上趋于强盛,文化事业空前繁荣,中国最早的图书分类随之产生。

公元前 26 年(西汉河平三年),刘向(约前 77—前 6)奉汉成帝之命,校订前人遗留下来的经传、诸子、诗赋、数术、方技等各类书籍。他每校完一种书,便著录书篇名称,介绍作者生平、思想内容和学术源流,写成叙录,奏给皇帝。后来把这些叙录汇集在一起,叫做《别录》。刘向之子刘歆(?—23)在《别录》基础上删繁就简,编成《七略》,是为中国最早的综合性图书分类目录。《七略》包括辑略、六艺略、诸子略、诗赋略、兵书略、数术略、方技略。其中辑略是综述学术源流的绪论,带有总纲的性质;其余六略,便是按内容分类的具体目录。此书今已遗佚,但从班固所修《汉书·艺文志》中可窥见其大致风貌。西晋时,荀勖编成《中经新籍》,对刘歆的图书六部分类法进行调整,创制了甲、乙、丙、丁四部分类法。甲部收六艺及小学之书,乙部收诸子、兵书、数术之书,丙部收史学之书,丁部收诗赋、图赞等书。唐朝初年开始由朝廷官修史书,在魏徵监修的《隋书·经籍志》中,以经、史、子、集替代原来的甲、乙、丙、丁四部,著录存书 3 127 部,36 708 卷。从此,经、史、子、集的四部分类,就成为中国古籍目录分类的准则,一直沿用到清末皇朝制度的解体。

第三节　经部典籍

经部典籍涵盖以孔子为代表的儒家经典,以及历代文人学士对儒家经典的注疏。《隋书·经籍志》把经部书籍分为易、书、诗、礼、乐、春秋、孝经、论语、图纬、小学十类。最早的经书有《诗经》《书经》《礼经》《乐经》《易经》和《春秋》。相传孔子把这六种书整理出来,作为收徒讲学的课本。自汉武帝"罢黜百家,独尊儒术"后,孔子被奉为至圣先师,"六经"被视为神圣不可侵犯的经典,儒家的伦理纲常也就成了历代王朝的正统思想和精神支柱。经学对社会政治、经济、文化学术的影响日益广泛。汉代六经中的《乐经》已遗佚,儒家学者在五经之外又增加了《论语》《孝经》,合为七经。唐代又把七经扩充为十二经,即把《礼经》分解为《周礼》《仪礼》《礼记》,解释《春秋》经的三传《春秋左氏传》《春秋公羊传》《春秋穀梁传》上升为经,并增加了《尔雅》。宋代在十二经的基础上增加了《孟子》,合为十三经。

在十三经中,《诗经》是中国最早的一部诗歌总集,编成于春秋时代,共305篇,分为风、雅、颂三大类,为研究先秦社会和思想的宝贵资料,又具有重要的文学价值。《书经》亦称《尚书》,是中国上古历史文献和部分追述古代史迹著作的汇编,相传由孔子编订,其内容大部分是文诰号令,保存了商周尤其是西周初期的一些重要史料。《周礼》又名《周官》,搜集周王室官制和战国时代各国制度,掺入儒家政治思想,加以增删排比而成。《仪礼》简称《礼》,也称《礼经》或《士礼》,汇编春秋战国时的一部分礼仪制度,包括冠、昏、丧、朝聘、燕享等礼仪程序。《礼记》亦称《小戴记》或《小戴礼记》,内容大多为孔子弟子及其再传、三传弟子等所记,辑录了战国至西汉初儒家各种礼仪著作,为研究古代礼制和儒家哲学思想、教育思想的重要资料。《易经》又名《周易》,是流传至今最古老的一部占筮的书,以卦和爻来占卜和象征自然及社会变化的吉凶,在宗教迷信的形式下,也透露了上古社会的一些情况和古人片断的思想认识。《春秋左氏传》简称《左传》,又称《左氏春秋》,相传为春秋时期鲁国人左丘明所撰,多用事实解释《春秋》的古文经传,征引孔子等解经评史的言论,记事翔实,以文史见长。《春秋公羊传》简称《公羊传》,又称《公羊春秋》,所记史事简略,着重阐发《春秋》的"微言""大义",为历代今文经学家用作议论政治、褒贬人物的根据。《春秋穀梁传》简称《穀梁传》,又称《穀梁春秋》,体裁与《公羊传》接近,专门解释《春秋》经文,侧重于"义理",记事虽不及《左传》翔实,但持论较《公羊传》平正。《孝经》由孔子弟子所撰,论述孝道、孝治思想和宗法思想。《论语》是孔子弟子及其再传弟子根据记录和传闻整理的孔子言行集,包括孔子谈话、答弟子问及弟子间的谈论,成为研究孔子思想的重要资料。《尔雅》是一部最早解释词义的著作,由汉初学者缀辑周汉诸书旧文,递相增益而成,后世经学家常依据此书来解说儒家经义。《孟子》由战国时的孟轲及其弟子万章、公孙丑所撰,记载孟子及其弟子的言行,涉及政治、教育、哲学、伦理等思想学说。南宋时朱熹竭力宣扬《礼记》里的《大学》《中庸》和《论语》《孟子》是经典的基础,是为学之本,并为它们作了注,称为《四书集注》。从此经书有了"四书"这个名目,"四书"成了科举考试的命题依据。

经部书籍作为儒家经典,列为四部之首,受到历代统治者的高度重视。古代学校都以经书为主要教科书,历代研究经学的著作更是不计其数。据《四库全书总目》不完全的著录,经部书籍共有1 773部,20 427卷,包括易、书、诗、礼、春秋、孝经、五经总义、四书、乐、小学十大类。经学成为训解和阐发儒家经书的一门专门学问。历代的经学著述是研究中国古代社会历史和思想文化的重要资料。

第四节 史部典籍

史部典籍涵盖了各个方面的历史著作,可谓卷帙浩繁,汗牛充栋。《隋书·经籍志》把史部列在经部之后,位居四部第二,并把史籍分为正史、古史、杂史、霸史、起居注、地理、谱系、簿录、旧事、职官、仪注、刑法、杂传等十三类。到清代修订的《四库全书》,所列史部书籍(包括存目在内)共2 714部,37 000多卷。这些图书分为15类,即正史、编年、纪事本末、别史、杂史、诏令奏议、传记、史钞、载记、时令、地理、职官、政书、目录、史评,可谓琳琅满目。各类史书各有源流,自成体系,相互补充,交相辉映。其中纪传体(正史)、编年体、纪事本末体,为中国古代史著三大主要体裁。

所谓"正史",被认为是史书中最正规、最重要的典籍,是一种纪传体史书。其开创者是西汉司马迁(约前145或前135—?)所著的《史记》。纪传体以人物传记为中心,综合了本纪(叙述帝王事迹)、世家(记叙王侯封国和特殊人物)、载记(叙述割据政权的历史)、书志(记载典章制度原委和自然及社会等方面的历史)、表(用谱牒形式来厘清错综史事及众多人物)、史论(对历史人物和事件作出评论)各部分,形成完整的体系。《史记》上起传说中的黄帝时代,下迄汉武帝太初年间,上下三千年,是中国第一部纪传体通史。《史记》创制的纪传体,被后世作史者奉为史学正宗;《史记》中生动俊逸的文笔,树历史散文体的风范。鲁迅称《史记》为"史家之绝唱,无韵之离骚"。东汉班固仿《史记》体例撰《汉书》,记载西汉时期的历史,是中国第一部纪传体断代史。《史记》《汉书》加上范晔的《后汉书》、陈寿的《三国志》通常合称为"前四史"。到了北宋时期,加上《晋书》《宋书》《南齐书》《梁书》《陈书》《魏书》《北齐书》《周书》《隋书》《南史》《北史》《新唐书》《新五代史》等13部纪传体史书,合称"十七史"。明朝时再增加《宋史》《辽史》《金史》《元史》,称为"二十一史"。清代乾隆年间《明史》修成,合称"二十二史",再加上《旧唐书》《旧五代史》,经乾隆皇帝钦定作为正史,才始有"二十四史"的称呼。"二十四史"总计3229卷,约4000万字,以纪传体的形式记载了从黄帝到明末四千多年的历史,成为列朝相续、绵延不断的史学巨著,是中国古代史料的宝库。

所谓编年体,以时间为中心,按年、月、日的顺序记载历史事迹,起源于春秋时代。经部的《春秋》是现存最早的编年体史书,但记载过于简单,每述一事,最多不过四十余字,最少仅一字。相传春秋末年的左丘明为解释《春秋》而作《左传》,以记事为主,兼记言论,生动地记述了春秋时代的历史,为中国第一部完整的编年史。东汉末年荀悦对《汉书》加以删繁就简写成的《汉纪》,是中国第一部编年体的断代史。东晋袁宏编撰的《后汉纪》,采用"言行趋舍,各以类书"的方法,扩大了史著的容量,使编年体裁不断完善。此后,编年体开始与纪传体并列为史书的两大体裁。北宋司马光(1019—1086)积19年精力主编的《资治通鉴》,是最有影响的编年体通史巨著。《资治通鉴》上起战国时的公元403年(周威烈王二十三年),下至五代时的959年(周世宗显德六年),把战国到五代1362年的历史豁然贯通。可谓网罗宏富,体大思精。清人王鸣盛评价说:"此天地间必不可无之书,亦学者必不可不读之书。"南宋时,学人续作"通鉴"者纷起。李焘用40年工夫私撰的《续资治通鉴长编》,叙述了北宋160多年的历史;李心传撰成《建炎以来系年要录》,专记宋高宗一朝的史迹。至清代,毕沅在前人基础上,用20年时间编撰的《续资治通鉴》,上与《资治通鉴》相衔接,下至1370年(元顺帝至正三十年),续载了五代后411年的编年史迹。近世史家将毕沅与司马光的著作合刊,称《正续资治通鉴》。从《左传》到《续资治通鉴》,中国近两千四百年的历史以编年的形式前后贯通,这在人类文明史上是前所未有的。

所谓纪事本末体,以历史事件为中心,每一事件确定标题,详述始末。南宋袁枢(1131—1205)编撰的《通鉴纪事本末》,是中国纪事本末体史书的开创之作。该书将《资治通鉴》的史料排比删削、梳理归类，按照历史事件进行改编，分类编为239个题目，记载了从战国到五代1 300多年间的重大历史事件，把史书编纂推进到一个新水平。后世史家纷起仿效，著成十余部纪事本末体史著，上有《左传纪事本末》，下有《续通鉴纪事本末》(北宋至元末)《宋史纪事本末》《明史纪事本末》《清史纪事本末》等，前后贯通，丰富了以事件为中心的历史记录。

此外，以典章制度为中心的典制体史书也独具一格。唐代杜佑(735—812)编纂的《通典》，是中国最早的专述历代典章制度的通史，全书上起传说中的唐尧虞舜，下迄唐代肃宗、代宗时期，分为食货、选举、职官、礼、乐、兵、刑、州郡、边防等九门，每门再各分子目，贯通古今，溯源明流，使制度史摆脱了依附于纪传体"书志"中的地位，形成独立的体系。南宋郑樵(1104—1162)编撰的《通志》，其中专记典章制度的"二十略"(即氏族、六书、七音、天文、地理、都邑、礼、谥、器服、乐、职官、选举、刑法、食货、艺文、校雠、图谱、金石、灾祥、昆虫草木等二十类)，分类更加详备，范围更加广阔，较《通典》更能反映典章制度的全貌。宋末元初马端临(约1254—约1323)撰成《文献通考》，记载从上古至宋末嘉定年间的典章制度沿革，分田赋、钱币、户口、职役、征榷、市籴、土贡、国用、选举、学校、职官、郊礼、宗庙、王礼、乐、兵、刑、经籍、帝系、封建、象纬、物异、舆地、四裔等二十四门，把杜佑所开创的制度史编纂形式，提高到了相当完备的程度。上述三书被后人合称为"三通"。清朝时乾隆皇帝诏令修纂"续三通"(即《续通典》《续通志》《续文献通考》)和"清三通"(即《清通典》《清通志》《清文献通考》)。至清末，刘锦藻又私修《清朝续文献通考》，此书与"三通""续三通""清三通"被世人合称为"十通"。"十通"卷帙浩瀚，贯通中国几千年制度沿革，乃中国古代典章制度的渊海。

中国古代浩如烟海的史部典籍，不但列朝相承，连绵不绝，贯通古今，而且以各种体裁纵横交错，互为补充，交相辉映，构成中国历史的瑰丽长卷。其规模之宏大，气象之万千，成为世界文化史上的奇观。

第五节　子部典籍

子部典籍涵盖了诸子百家的著作。西汉刘歆的《七略·诸子略》辑录:"凡诸子百八十九家,四千三百二十四篇。"据此,遂有诸子百家之说。《隋书·经籍志》把子部分为儒、道、法、名、墨、纵横、杂、农、小说、兵、天文、历数、五行、医方等十四家。到清朝编订的《四库全书总目》中,子部典籍包括儒家、兵家、法家、农家、医家、天文算法、术数、艺术、谱录、杂农、类书、小说家、释家、道家十四部类。

在先秦诸子中,儒家学说的创始人是孔子,儒家的代表作有《论语》《孟子》《荀子》。道家学说的创始人是老子,庄周是老子学说的继承者,道家的代表作有《老子》《庄子》。法家学说的渊源可上溯到春秋时的管仲、子产,而实际的始祖是战国初期的李悝,此后的代表人物有吴起、慎到、申不害、商鞅等,战国末年的韩非为集大成者,法家的代表作有《管子》《慎子》《商君书》《韩非子》。名家学说的主要代表为惠施和公孙龙,名家著作除《公孙龙子》外,其他都已亡佚。墨家学说的创始人是墨翟,墨家的代表作有《墨子》。纵横家是战国时从事外交活动的谋士,主要人物苏秦、张仪分别代表合纵和连横两派,他们的游说之辞部分地保留在《战国策》中。杂家是一个博采各家学说的综合学派,"兼儒墨,合名法",代表作有《吕氏春秋》。农家是注重农业生产的一个学派,他们的著作没有流传下来,《管子》中的《地员》篇,《吕氏春秋》中的《上农》《任地》《辨士》《审时》等篇,保留了这个学派的思想。兵家是研究军事谋略的学术派别,代表作有《孙子》《吴子》等。阴阳五行学说的代表人物是战国末年齐国的邹衍等,他们的著作都已亡佚,《史记·孟子荀卿列传》里面记录了一些片段。另外还有:记载民间传说、寓言和神话故事的《列子》,崇尚节俭和批评儒学的《晏子》,论述法术和形名的《尹文子》等。上述典籍是中国古代思想文化的渊源,既有极其珍贵的文献价值,又蕴含着深邃的学理和智慧。

两汉魏晋南北朝有代表性的诸子书籍有:主张与民休息、无为而治的《新语》(西汉陆贾著),杂揉道、儒、法、阴阳学说的《淮南子》(西汉刘安等著),记录盐铁官营、均输、平准的《盐铁论》(西汉桓宽编),以儒家思想为中心、兼收道家思想的《法言》(西汉扬雄著),杂揉儒家思想和阴阳学说,构筑"天人感应"神秘体系的《春秋繁露》(西汉董仲舒著),批评"天人感应"说与谶纬迷信的《论衡》(东汉王充著),申明历史教训以为借鉴的《申鉴》(东汉荀悦著),评析东汉末年"衰世之务"的《潜夫论》(东汉王符著),融合神仙道教理论与儒家纲常伦理的《抱扑子》(东晋葛洪著),记载魏晋士大夫言谈轶事的《世说新语》(南朝宋刘义庆撰),阐述教子治家和立身处世之道的《颜氏家训》(北朝齐颜之推撰)等。

中国古代异彩纷呈的子部典籍,汇集了名目繁多的各家各派学说,为后人提供了研究古代经济、政治、思想和学术文化的珍贵资料。

第六节 集部典籍

集部典籍涵盖了诗文词曲和文学评论等文学方面的书籍。《隋书·经籍志》把集部分为楚辞、别集、总集三大类。《四库全书总目》中集部增加了诗文评和词曲两类,扩大为五大类。

《楚辞》是西汉刘向辑录的一部"楚辞体"的文学总集,收录战国楚人屈原、宋玉及汉代文人的辞赋十六篇。全书以屈原作品为主,其余各篇都是因袭屈赋的样式。以其运用楚地文学形式和方言声韵而得名。也有人认为它只录一种文体,还不算真正的总集。后人有《楚辞章句》《楚辞集注》《楚辞通释》等,对《楚辞》进行注释和阐发。

总集汇录多人的诗文成为一书。晋挚虞的《文章流别集》,开古代文章分类选集的先河。现存最早的诗文总集是南朝梁昭明太子萧统(501—531)编选的《文选》,世称《昭明文选》。该书收录先秦至梁的诗文辞赋130余家,分文体38类,对后世颇有影响。南朝陈徐陵编选的《玉台新咏》,是继《诗经》《楚辞》以后的古诗总集。清代康熙年间吴楚材、吴调侯编选的《古文观止》,繁简适中,流传很广。乾隆年间姚鼐编选的《古文辞类纂》选录战国至清代的古辞赋,略述各类文体的特点极其义例,也有较大的影响。上面列举的总集都是选本,也有汇录全文的。如清代康熙年间彭定求等编辑的《全唐诗》900卷,嘉庆年间董诰等编辑的《全唐文》100

卷,严可均编辑的《全上古三代秦汉三国六朝文》746卷,近人丁福保编辑的《全汉三国晋南北朝诗》等,数量不少。

别集汇录一个人的著作成为一书。多数别集以文学作品为主,但也有包括论说、奏议、书信、语录等多种形式,内容相当广泛。例如,三国魏曹操的《魏武帝集》、西晋陆机的《陆士衡集》、唐代柳宗元的《河东先生集》、北宋欧阳修的《欧阳文忠集》、明朝汤显祖的《玉茗堂集》、清代龚自珍的《定盦文集》等,不胜枚举。可以说,历代名家多有文集流传于世。

在文学评论的书籍中,南朝钟嵘所撰的《诗品》选择汉至梁的部分诗人,别其等第,论述其作品的优劣和前后作家间的继承关系。刘勰(约465—约532)所撰的《文心雕龙》论述各体作品的特点和历史演变,探讨创作、批评的原则和方法,成为中国文学批评史上的杰出著作。此外,还有各种诗话、词话,对诗词多有理论评述。如清代吴景旭所撰的《历代诗话》,评论了《楚辞》、古乐府、汉魏六朝直至元明作家的诗作;近人王国维的《人间词话》,论词以"境界说"为中心,结合古人的作品,论述了词的艺术特征和创作方法的许多问题,在文学界影响很大。

词曲在集部中数量也很多。词是按谱填写、合乐歌唱的一种文学形式,起源于南朝,形成于唐代,盛行于宋代,其形式长短不一,故又称为长短句。如南宋末年周密编的《绝妙好词》、明代毛晋编的《宋六十名家词》、清代朱彝尊编的《词综》,都收入了许多有代表性的作家的作品。广义的曲指秦汉以来可以入乐的各种乐曲;通常则指宋以来的南曲和北曲,它同词的形式相近,但比较自由,并且多使用口语。如元朝杨朝英选辑的《乐府新编阳春白雪》、明代张禄选辑的《词林摘绝》、清代蒲松龄创作的《聊斋俚曲》,便是散曲和俗曲的代表作。

集部典籍在四部中尽管位居第四,但其所占的数量首屈一指,远远超过了经、史、子各部。从先秦的散文、楚辞,两汉的辞赋,到唐诗、宋词、元曲,乃至明清小说,可谓峰峦迭起,在世界文学史上独具风采。

就中国文学的演变而言,编成于春秋时代的《诗经》,是中国最早的诗歌总集,是中国文学的光辉起点,对中国两千多年的文学发展有广泛和深远的影响。刘勰在《文心雕龙·宗经》篇中,把《诗经》与《书》《易》《礼》《春秋》一起称之为"文之枢纽"。

春秋战国是中国社会发展的大变革时代,而先秦散文便是大变革时代的生动写照。先秦散文包括历史散文和诸子散文。历史散文重在叙事,其杰出的作品当推《左传》和《战国策》。《左传》叙事富于故事性,生动精练,尤其善于描写战争和人物,诸如《郑伯克段于鄢》《曹刿论战》等传神肖物,一向为人们所称颂。《战国策》叙事感情色彩强烈,文笔上长于铺陈,有声有色,对后世散文产生了重要影响。诸子散文重在言理,其中《论语》是语录体散文,文学价值较高的是《孟子》和《庄子》。《孟子》在文学形式上善于运用比喻,如"五十步笑百步""缘木求鱼"等,脍炙人口;又精于说理,如"揠苗助长"等,寓意深刻。《庄子》想象奇幻,富于浪漫主义色彩和浓郁的诗意,如《逍遥游》等,汪洋恣肆,意境开阔。

两汉四百年,是辞赋的黄金时代。《汉书·艺文志》著录西汉的赋,共有七百余篇。汉武帝时最大的辞赋家是司马相如(约前179—前118),其代表作《子虚赋》《上林赋》,铺陈诸侯国苑囿之盛和天子游猎之壮观,文辞富丽,场面宏大,把汉赋写作推向高峰。东汉著名辞赋家班固(32—92)创作的《两都赋》,描绘了西都长安和东都洛阳的盛况;张衡(78—139)所作的《二京赋》,铺叙了京城各色人等的活动。无论班固还是张衡,其辞赋均气派宏大,文字典雅。两汉辞赋铺叙"苞括宇宙,总览人物",展示出丰富的大千世界,从一个侧面突显了汉帝国扩张和进取的气象。

唐宋时代是中国诗词的鼎盛时代。唐代,可谓全民族诗意勃发。仅清代彭定求等人奉敕所编的《全唐诗》,就有作品49 403首,作者2 837人,收入诗歌的作者年龄幼者五六岁,长者一百多岁;作者的社会身份包括帝王、士大夫、平民、农夫、木工、隐士、乞丐、少儿、妇女等。毫无疑问,历代佚失湮没了更多的作品和诗人。盛唐诗坛上李白、杜甫各领风骚,分别有"诗仙""诗圣"之称。李白(701—762)的诗豪迈奔放,想象丰富,诸如《蜀道难》《关山月》《朝发白帝城》《望庐山瀑布》等,以生花妙笔描绘祖国的壮丽河山,历代为人所传诵。杜甫(712—770)的诗感情沉郁,语言精练,诸如《兵车行》《春望》《三吏》《三别》等,渗透着诗人同情百姓、热爱祖国的情怀,为后人所推崇。继李杜而起的白居易(772—846),以长篇叙事诗《长恨歌》《琵琶行》等作品,被赞誉为"一代之诗伯"。如果说唐代的诗炉火纯青,那么宋代的词登峰造极。仅今人唐圭璋所编的《全宋词》,就收词19 900余首,作者1 330余人。

宋代词人中,以苏轼、辛弃疾、李清照最为著名。苏轼(1037—1101)的词清新豪健,开宋词豪放派风气,诸如《念奴娇·赤壁怀古》《水调歌头·丙辰中秋》等,传诵甚广。辛弃疾(1140—1207)的词热情洋溢,慷慨悲壮,著名者有《永遇乐·京口北固亭怀古》《菩萨蛮·书江西造口壁》等,与苏轼并称为"苏辛"。李清照(1084—约1151)的词崇尚典雅、情致,为宋词婉约派的代表,词作有《易安词》,可惜已散佚,后人有《漱玉词》辑本。

元代文学的突出成就是杂剧的勃兴。元代杂剧即元曲,其特点一是"杂",在继承前代各地文艺形式的基础上融会成为一种新型的文艺;二是广泛地反映各阶层尤其是下层民众的生活。元代从事元曲创作的作家有姓名可考者达八十多人,关汉卿、白朴、马致远、郑光祖被称为元曲四大家。其中最著名的当属关汉卿(约生于金末,卒于元),所作杂剧六十余种,代表作有《窦娥冤》《救风尘》《拜月亭》《望江亭》《单刀会》等,塑造了多种妇女形象,人物性格鲜明,结构完整,情节生动,对后来戏曲的发展有很大的影响。而王实甫(生卒年不详)创作的《西厢记》曲词优美,更是中国古典戏曲中的一颗璀璨明珠,时人评价:"新杂剧,旧传奇,《西厢记》,天下夺魁。"

明清两代是小说争奇斗妍的时代。明代出现小说一百多种,其中被称为三大奇书的长篇小说是:罗贯中的讲史小说《三国演义》、施耐庵的英雄小说《水浒传》、吴承恩的神魔小说《西游记》。这三部小说,至今几乎仍是家喻户晓。明兰陵笑笑生创作的长篇小说《金瓶梅词话》,是一部"世情书",作者语言技巧熟练,善于刻画人物,描摹人情世态颇为细腻,时有淫秽描写,被人称为"第一奇书",在中国小说史上占有重要地位。在短篇小说中,冯梦龙的《警世通言》《喻世明言》《醒世恒言》(俗称"三言"),凌濛初的《初刻拍案惊奇》《二刻拍案惊奇》(俗称"二拍"),堪称市民文学的杰作。清代将中国古典小说创作推向高潮,蒲松龄的《聊斋志异》,以谈狐说鬼的表现形式,揭露现实的黑暗和官吏的罪恶,以同情的笔调描绘狐鬼与人的爱情故事,折射出人间的美好理想。吴敬梓的《儒林外史》,以犀利的笔锋勾画出士大夫阶层各色人物的灵魂,揭露了官僚政治的腐败和道德风俗的败坏,批判和嘲讽了科举制度和封建礼教,成为中国古典讽刺文学的杰作。明清小说中的最高成就当属曹雪芹(约1715—1763或1764)的《红楼梦》,这部作品结构严谨,规模宏大,善于刻画人物,语言优美生动,以贾宝玉、林黛玉、薛宝钗之间的恋爱、婚姻纠葛为中心,反映主人公在封建礼教遏制下的恋爱悲剧,并联系广阔的社会背景,折射出封建社会晚期江河日下的历史命运,成为中国古典小说中伟大的现实主义作品。该书出现不久,即有所谓"红学"的兴起,至今仍为人瞩目,并跨越国界,具有世界意义。

第七节 类书与丛书

中国古代大型类书和丛书的编纂,是博大的文化事业的重要内容,并充分显示了中华典籍的宏富和图书事业的发达。

类书是一种辑录经史子集各部类资料加以编次排比而成的工具书,类似于现在的百科全书。它创始于魏文帝时汇编的《皇览》,以后各朝代都十分重视类书的编纂。现存唐代著名的类书,如虞世南编辑的《北堂书钞》、欧阳询编辑的《艺文类聚》、徐坚等编辑的《初学记》,流传甚广。宋代的类书在规模上要超出唐代,李昉等汇编的《太平御览》1 000 卷,引书多达 1 690 种,其中汉人传记 100 余种,旧地志 200 余种,可谓取材广博;王钦若、杨亿等汇编的《册府元龟》1 000 卷,将上古至五代的事迹分门排比,采择史籍及经部、子部的图书,对宋代以前史籍的辑佚和校勘颇有价值。

明代永乐年间问世的《永乐大典》是中华文化史上规模最大的一部类书。该书由解缙、姚广孝等奉明成祖诏令主持编辑,正文 22 877 卷,凡例和目录 60 卷,装订成 11 095 册,字数高达 3.7 亿,收录先秦至明初各类书籍七八千种,涉及经、史、子、集、释藏、道经、北剧、南戏、平话、医方、工技、农艺等各个方面。明成祖称,《永乐大典》"包括宇宙之广大,统会古今之异同,巨细精粗,粲然明备,其余杂家之言,亦皆得以附见,盖网罗无遗,以备考索"。《永乐大典》仅正本、副本两部,然而正本在明亡时被毁,副本至清咸丰时逐渐散佚。1900 年八国联军入侵北京时,剩余副本中的大部分遭焚毁或被劫掠。1986 年中华书局据多方搜集,将劫后余生的 797 卷影印出版。

现存规模最大的类书是康熙年间成书、雍正年间印行的《古今图书集成》。该书由陈梦雷等原辑，蒋廷锡等重辑，全书 10 000 卷，目录 40 卷，约 1.6 亿字。分六编 32 典，共 6 109 部。分别是历象编（有乾象、岁功、历法、庶征四典），方舆编（有坤舆、职方、山川、边裔四典），明伦编（有皇极、宫闱、官常、家范、交谊、氏族、人事、闺媛八典），博物编（有艺术、神异、禽虫、草木四典），理学编（有经籍、学行、文学、字学四典），经济编（有选举、铨衡、食货、礼仪、乐律、戎政、祥刑、考工八典）。每典分若干部，每部先有汇考，次列总论，另有图表、列传、艺文、纪事、杂录、外编等项目。所辑录的古籍均保留原样，并注明书名、篇名和作者，便于读者检索。1985 年起，中华书局、巴蜀书社联合影印出版。

丛书即将各种单独著作整部地编印在一起，而冠以总书名。这对于完整地保存典籍作用非常明显。中国最早的丛书是 1202 年（宋嘉泰二年）由俞鼎孙、俞经编辑的《儒学警言》收入宋人的著作六种，内容涉及宋代的制度掌故、人物琐事等。宋咸淳年间左圭编辑的《百川学海》收书 100 种，多为唐、宋时期的野史杂说，当时即经雕版印行，流传较广。明嘉靖年间陆楫等编辑的《古今说海》收书 135 种，分说选、说渊、说略、说纂四部，多为唐、宋文人的小说，是中国最早的小说专门丛书。

在历代编纂的丛书中，卷帙最为浩瀚的当数清朝乾隆年间问世的《四库全书》。该书于 1772 年（乾隆三十七年）开馆纂修，集中了当时的硕学鸿儒，动用了书工写匠 4 000 余人，历时 10 年而告成。收入典籍 3 503 种，共 79 337 卷；仅存书目而未录其书者 6 766 种，93 000 余卷。共约 9.9 亿字。分经史子集四部。全书缮写了七部，分别藏于北京紫金城内文渊阁、圆明园文源阁、奉天文溯阁、热河文津阁、镇江文宗阁、扬州文汇阁和杭州文澜阁。文汇、文宗两部后都毁于战火，文源所藏被英法联军侵入北京圆明园时焚毁。今存四部，统一归北京图书馆珍藏。1983 年后，台湾商务印书馆和上海古籍出版社先后影印了全书。在纂修《四库全书》的同时，曾将收入四库和抄成卷目的图书全部撰写了提要，后汇编成《四库全书总目提要》200 卷，考察每一种书的源流得失，对中国的古籍做了广泛的评价。

近代以来颇具规模的丛书有《丛书集成》。先由商务印书馆王云五主持编辑《丛书集成初编》，汇辑自宋代至清代的丛书 100 种，计有古籍 4 107 种，分装成 4 000 册。所收各书多重新排版，并进行断句，不宜排印的则采取影印。1935 年开始分期出版，两年后因抗日战争爆发而中断，先后出了3 062种，3 467册。余下未能出版的1 045种，533册，于1991年由中华书局续印补齐。1994年上海书店又续辑从明清到民国的丛书100种，剔除重复的品种，收书3 200余种，编为《丛书集成续编》。《丛书集成》网罗大量的古代典籍和近世文献，既为今人提供了检索和研究的方便，又给后人留下了宝贵的历史文化遗产。

中国绚丽多姿的书籍以其悠久的历史、宏大的规模，曾经处于世界领先地位，体现了中华文化的深厚和博大，成为人文教化不可或缺的载体。但从古书经史子集的四部分类就可以看出，绝大部分都是经史文学类的著作，而科学技术类的著作相对显得贫乏，有的则因默默无闻而失传。即使像明末宋应星著《天工开物》，播扬远及欧洲，但在中国却失传三百多年，直到20世纪初才从国外返归故里。此中意味，发人深思。

第二十二章

薪火相传的教育

教育,就其社会功能而言,是人类社会传递生产劳动和生活经验的基本实践活动之一,是人类知识传授和道德感化的基本方式;就其个体功能而言,是使人由自然人、生物人成为社会人、文化人的过程。中国教育是中华文化的重要组成部分。中国灿烂辉煌的文化靠教育世代传授下来,教育成为各种文化薪火相传、继往开来的保证。没有教育,中国的物质文明和精神文明便难以创造、延续和不断发展。而在各类教育中,学校教育又是最重要的文化知识的传播渠道。

中国古代的学校教育制度,按其性质可分为官办学校、私立学校两大类。后起的书院以其灵活的办学方式,颇具特色。隋唐之际创立的科举制,与学校教育密切关联,成为朝廷选拔人才的首要方式。

第一节 官学演变

中国古代最早的官学,几乎是与国家同时产生的。早在三四千年前的夏商周三代,就已形成比较系统的学校教育制度。《孟子》说:"夏曰校,殷曰序,周曰庠,学则三代共之,皆所以明人伦也。"宋代的朱熹解释说:"庠以养老为义,校以教民为义,序以习射为义,皆分学也。"西周官办学校系统渐趋完备,分为国学与乡学两种。国学为中央官学(分大学、小学两级),乡学为地方官学。乡学中的俊彦可升入国学;国学中的优秀者则服务于朝廷。尽管这时候的教育主要垄断在各级贵族手中,但教育最基本的职能——传递文化知识、维护和延续社会发展,已在两类学校的设置中大致体现出来。西周的国学以"六艺"为基本教学内容,"六艺"即礼、乐、射、御、书、数六项。其中,礼即灌输周礼中的道德观念,培养符合周礼的行为规范;乐即综合艺术教育,包括诗、歌、舞等文学和艺术教育;射、御即射箭和驾驭战车的训练;书、数即基础文化知识教育,诸如习字练习和数学计算的练习等。不难看出,"六艺"教育的内容兼及文武,包括德、智、体、美诸方面,意在培养全面和谐发展的人。

春秋战国时期社会动荡,战乱不已,"学在官府"的局面难以为继,出现"天子失官,学在四夷"的文化下移现象。秦朝一统天下后,为适应君主专制统治的需要,悍然焚书,实施"以吏为师""以法为教"的文教政策,教育沦为专制统治的工具。西汉初年经过"休养生息",至汉武帝时,社会生产力明显提高,为教育发展积累了必要的条件。董仲舒向汉武帝建议:"兴太学,置明师,以养天下之才。"至此,正式确立了博士弟子员制度。汉代的中央官学中有大学程度的太学,有专科学校性质的鸿都门学。太学教员称为"博士",由精通经学的学者担任。学生称作"博士弟子",有时统称"诸生"或"太学生"。由于汉武帝"独尊儒术",博士的主要职责是向太学生讲授儒家经典,同时也参与朝廷统治和学术讨论。太学教学以经书为主,重师法、家法。师法指老师所传之法或先师承续的教义;家法指人所公认的某部经典的一家之说。地方官学按行政区划设置,郡国设"学",县道设"校",乡设"庠",聚设"序"。学、校相当于中学程度,庠、序相当于小学程度。地方官学的教学内容也是儒家经典,以推广教化为主要任务。汉代中央和地方官学的管理比较松散,但奠定了官办教育的基本格局,为后世学校制度的发展打下了基础。

中国的官学制度,经魏晋南北朝的演变和发展,到唐代达到非常完备的程度。唐代的中央官学分直系和旁系两大类。直系官学有国子学、太学、四门学、广文馆、律学、书学、算学等七学,其中前四者类似大学,后三者类似高等专门学校。唯广文馆在750年(唐玄宗天宝九年)临时设立,不久便废止,故实际上为"六学"。旁系官学有弘文馆、崇文馆、医学、小学,前二者类似大学,为贵胄学校的一种,医学类似高等专门学校,小学为初等程度的贵胄学校。不难看出,唐代的中央官学不仅学校种类繁多,而且教学科目丰富。地方官学也有直系和旁系之分。直系学校有京都学、府学、州学、县学、市学、镇学,其中府州县学相当于中学性质,市学、镇学相当于小学性质;旁系学校有各府州县设立的医学和"崇玄学"。唐代官学的专职教员称博士、助教、直讲。官学对入学资格、教学计划、考试制度都有严格的规定。如"六学""中国子学"地位最高,学生限于文武三品官员以上的子弟;次为太学,限于五品官员以上的子弟;地方官学主要是中小地主的子弟。学校教学计划适应于科举考试的要求,当时把儒家经典分为大中小三类,大经为《礼记》《春秋左传》、中经为《诗经》《周礼》,小经为《易》《尚书》《春秋公羊传》《春秋穀梁传》,大经和中经为必修课程、小经为选修课程、《孝经》《论语》为公共必修科目。另外,书学、算学、律学也都有具体的教学安排。官学考试分为旬考、岁考和毕业考。毕业考试合格者,若继续升学,四门学毕业生则升入太学,太学毕业生则升入国子学。

宋元明清时期,官学继续曲折发展。宋代中央学校隶属于国子监。国子监既是管理教育的行政机构,也是一所官员子弟学校。另外新增武学和画学。从南宋到清代,在教学内容上,《四书》(即《大学》《中庸》《论语》《孟子》)已成为重要教材,《五经》(即《诗》《书》《礼》《易》《春秋》)则增为《十三经》,另外增读文史方面的内容。清代中央官学以国子监为最高学府,所设课程为《四书》《五经》《性理通鉴》等书,兼习经史。另外,在京城设宗学(专收满族王公将军及宗室子弟)、觉罗学(专收觉罗氏之八旗子弟)、旗学(旗人学校总称)。地方官学分别为府学、州学、县学,所设课程大多为《孝经》《四书》《诗赋》《策论》《时文》《大清律》等。所有学校的课程设置和教学训练都为科举做准备;学生入学动机和毕业去向都以获取功名、登途入仕为目的。教育的功能除了传导识字和教化学子外,实质上成了官员预备学校和科举的附庸。

晚清中国面临数千年来未有之变局,在洋务运动期间,教育出现了一些新现象。其一是创建了一批新型学校,如外国语学校、工业技术学校和军事学校;其二是留学教育,清政府分别派遣学生赴美、欧留学。无论是新型学校或是留学教育,都属于官方性质。它是中国新教育的萌芽,为建立近代新学制奠定了初步基础。清末推行新政,清政府于1902年(光绪二十八年)颁布《钦定学堂章程》(即"壬寅学制"),它是中国近代第一个法定的学制体系。1904年初又宣布《奏定学堂章程》(即"癸卯学制"),并在全国实施。整个学制系统,从纵的方面看,分三段六级,第一阶段为初等教育,设初等小学堂、高等小学堂,另设蒙学院(不纳入正式学制之列);第二阶段为中等教育,设中学堂;第三阶段为高等教育,设高等学堂或大学预科、大学堂、通儒院。全学程共 26 年。从横的方面看,与高等小学堂平行的,有实业补习学堂、初等农工商实业学堂、艺徒学堂;与中学堂平行的,有初级师范学堂、中等农工商实业学堂;与高等学堂平行的,有优级师范学堂、实业教学讲习所、高等农工商实业学堂。

官学系统作为中国最重要的教育组织形态,在教化伦理道德、传授知识技能、传播学术文化等方面发挥着重要作用。当然,它也镌刻着不同时代固有的历史印迹。

第二节　私学发展

与官学比较而言,私学不受朝廷权力的直接干预,可以获得相对独立的发展。私学萌芽很早,但作为一种教育制度,兴起于春秋战国时期。春秋末期和战国中期,私学的初创主要表现为孔、墨两大显学的崛起。据《史记·孔子世家》载:"孔子以诗、书、礼、乐教,弟子盖三千焉,身通六艺者七十有二人。"孔子主张"有教无类",教育对象比较广泛。孔子施教以培养德行为中心,以学习古代文化典籍为内容。他订正"六经",作为教材,为保存古代文化做出重要的贡献,及至战国,孟轲、荀况为儒家大师,亦致力于教授弟子,儒家成为私学初创阶段成就最大的一家。墨家的成就仅次于儒家,墨子自称有弟子三百人,重视实用的科学知识技能的传授,也成为当时一家重要的显学。儒、墨两家,是非相攻,但都主张"法先王",重视传统文化的传授,教学内容要解决现实问题。孔子虽然以"述而不作"自称,但实际上在传授诗、书、礼、乐时,对西周古义有所"损益",注入了系统的儒家道德观念;墨子则比较激进,反对"述而不作",提倡"述而且作"。儒、墨显学起到了上承远古文化、下启诸子新学的作用。

战国中期,诸子并立,学派纷起,出现"百家争鸣"的局面。世人有"九流十家"之说,儒、墨、名、法、阴阳、道德、纵横、杂、农合为"九流",加上小说家,则合称"十家",其中影响最大的是儒、墨、道、法四家。各家皆以所长立学施教,私学至此极为兴盛。如齐国有"稷下之学"(今山东临淄北),是齐宣王时招纳了各派学者数百人齐集一堂,百家争鸣,各给予"上大夫"的官衔;孟轲曾在这里讲学,荀况曾在这里当"祭酒"(学官名),此为古代教育史上的盛事。各家之间,经过相互攻讦与彼此吸收,至战国末期,则在冲突中逐步交融。诸子之学,大大丰富了中国私学的教学内容,尤其是促进了智力文化的繁荣发达。

综观春秋战国时期的私学,呈现一些特点。其一,私学与学派密切关联,一家私学就是一个学派,学派的创始者几乎都是思想家,既是学术带头人也是教师。私学大师们办学,主要是扩大自己学说的影响面,形成自己的一家之说,因此招收的学生越多,开办的私学越大,自己的学说影响也就越广,创立的学派在百家争鸣中就会显示强大的优势,引起当政者的重视。其二,每家私学都有其自身的特色,或表现在教师授课,或表现在学生招收,或表现在教学内容,彼此间差别很大。其三,私学往往没有固定的场所。教师到处游学,学生跟着到处受教,如孔子教学居无定所,墨子教学也是四处漫游。由于当时交通、通讯极不发达,要让各诸侯国都了解自己的政治主张,要广招门徒,只能采取四处游学、收徒讲学的办法。其四,各派私学招收的学生,年龄、身份差异很大,只要学生对私学老师传授的内容有兴趣,均可入学受教,上至老翁,下至幼童,来者不拒,只需交纳一定的"束脩"即可。学生的身份有官员,也有平民、商人,甚至还有贱民。春秋战国时期的私学冲破了"天子命之教,然后为学"的旧传统,使学校从王宫官府中解放出来;扩大了教育对象,从少数贵族拓展到广大平民,使学校教育和人才成长的社会基础更为广阔;在教育理论和教育经验上做了相应的积累,不仅《论语》《孟子》《墨子》《荀子》《管子》《吕氏春秋》等著作包含了深刻而丰富的教育思想,而且还出现了《大学》《中庸》《学记》等教育专著,在教育学上有颇多贡献。

秦始皇统一中国,为维护其统治权威,废除百家争鸣,禁绝各派私学。西汉初年私学渐趋复苏,至汉武帝时"独尊儒术",私学大致形成三种类型:一为蒙学性质的私学,此类私学通称书馆或家馆,主要以识字和习字为旨归,属教育的初级阶段;二为专业基础教育性质的私学,此类机构通称为乡塾,是为巩固蒙学,进入更高学习阶段的预备,以《孝经》《论语》等为学习内容,相当于习经阶段;三为专经研习性质的私学,此类机构多称为精舍或精庐,执教者为名师大儒,多以研讨学问和治术为目的,具有专攻经术的某些特征。汉代私学趋于正规化,奠定了后世私学的基本格局。首先,私学已有较明显的程度划分,即有面向儿童的蒙学和面向青年或成人的专经教育。其次,私学已有比较固定的教学场所,如精舍、精庐等,成为后世私学规模化的典范。再次,私学的教师,有居官教授的,有隐居教授的,有辞官归家教授的,后两种形成了专业化的私学教师队伍。最后,私学还承担了非儒家学说的文化知识的传授,诸如黄老之学、法律、天文、星历、图纬、医学等,在教学内容上要比官学广泛。因而,汉代私学,不论在数量上还是知识传授上,都比官学庞大、全面,从而形成以私学为主、官学为辅、私学补充官学的格局。私学承担着文化传承、学术传授的任务,官学侧重于为培养和选拔官吏服务,从这个意义上来说,私学是教育的主要承担者。

魏晋南北朝时期,社会动荡不宁,官学时兴时废,使私学再度活跃。名儒聚徒讲学,学生数十数百,各有规模。梁武帝时周兴嗣撰《千字文》,每句四字,成文押韵,对偶句式,内容包括天文、地理、历史和伦理道德,成为颇有影响的蒙学儿童读本。家庭教育在该时期也有所发展,东晋王羲之集书法之大成,被称为"书圣";他家子弟多擅书法,幼子王献之七八岁时学书,被称为"小圣";次子王疑之也以工草隶而闻名。颜之推的《颜氏家训》可以说是对这一时期家庭教育经验的理论总结。

唐代私学也颇为发达。主要表现在竞习歌咏,乡村私学传授诗歌成为风气;编写蒙童教材;进行直观教学。至宋代,由于书院的崛起,高等程度的私学集中到了书院(下节专述),私学的蒙学化趋向更加显著,蒙学的教材建设取得突破性进展。蒙学教材门类丰富,诸如综合性蒙学教材,有《三字经》《百家姓》《千字文》等,融识字、知识、道德教育于一体;伦理道德类蒙学教材,以程端礼的《性理字训》为代表,简明通俗地提示了性理精蕴;历史类蒙学教材,有王令《十七史蒙求》、胡寅《叙古千文》、朱熹《小学》等,以历史故事编排,使童生获得通俗的历史知识;诗歌类蒙学教材,有朱熹《训蒙诗》、陈淳《小学诗札》及流传久远的《唐诗三百首》《千家诗》《神童诗》等;名物常识类蒙学教材,有方逢辰《名物蒙求》,介绍天地万物自然知识,兼及纲常名教。

明清时期,私学又有新的进展。明代蒙学性质的私学占主导地位,称之为家塾或蒙馆,一般教以十五岁以下儿童,其教学常以百家姓、千字文为首,然后教授经史律算。清代私学分为三种类型:其一,无业无官、未能中举而颇有文化的士大夫,以自己的家庭住宅为私学"校舍",或租借馆舍教学,自己便是塾师;此类私学称"门馆"或"家塾",设立广泛,不计其数。其二,由一村一族集资延师择址,教授该村、塾出资家庭的儿童;此类私学称"村塾"或"族塾"。其三,由富有人家独自出资延聘教师,在自己家中教育自家或亲属子弟;此类私塾称"坐馆"或"教馆"。另外,还有义学(由家族或私人捐建用以教育贫寒子弟)、社学(传授农耕技术和蒙学程度的文化知识)等。清代的蒙学教材,离不开《三字经》《百家姓》《千字文》等,但内容上有所增补,蒙书除了宣扬伦理道德规范外,还包括自然、历史、生活、生产等知识。蒙学教育一般按读书识字、写字训练、为文作赋等不同阶段,循序渐进。

私学在中国存在了两千多年,是学校教育制度的重要组成部分,对传授儒家经学,保留儒家以外的各家学派,进行启蒙教育和科技教育,发挥过极大的作用。近代以来,私立教育作为官办教育的补充,在教育上仍占有一席之地。

第三节 书院起落

书院是中国古代社会特有的一种教育组织形式,以私人创办为主,积聚大量图书,融教学活动与学术研究为一体。从唐末五代到清末改书院为学堂,存在时间达一千多年之久。书院在办学形式、教育管理、教学方法等方面积累了丰富的经验。

书院萌芽于唐代末期。723年(唐玄宗开元十一年)设丽正修书院,始有"书院"之名。但在当时仅是官方收藏和校勘经书的地方,还不是儒家学者创办的文化教育机构。真正具有收徒讲学性质的书院形成于五代。当时,烽火连年,学校停办,一些文人学者选择名山胜地,修建房舍,招收生徒,进行讲习活动。南唐升元年间创立的庐山国学(即白鹿洞书院的前身)就是聚徒讲学的机构,作为教学组织的书院才算基本形成。到北宋初年,书院得到长足进展。当时著名的书院有,庐山白鹿洞书院、衡阳石鼓书院、商丘应天府书院、长沙岳麓书院,号称四大书院。在上述书院中加上登封嵩阳书院和江宁茅山书院,有人称之为六大书院。南宋是书院发展的极盛期,其数量之多、规模之大、组织之严密和制度之完善,达到了前所未有的程度。整个宋代共新建书院二百余所,其中,北宋多于二成,南宋多于七成。南宋书院林立,盛况空前,究其原因,主要是理学的发展,促进书院的发达;官学的衰落,使学校变为书院;科举制度的腐败,导致书院应运而生。南宋书院的作用超出了官学,成为当时培养人才的主要教育机构。

元代书院逐步官学化,尤其在元代中后期,书院的主持人(有洞主、山长、堂长、院长等不同称呼)由朝廷或地方官府委任,或由官方派遣人员出任;他们接受官府的定期考察或稽查,若发现有重大过失,将被免职,情节严重者交司法部门治罪;书院的直学、教授等,需经礼部、行省或宣慰司延聘、审批或在朝廷立案;书院生徒的使用也由官府直接插手。书院经费时有官府调拨,官府对经费的使用权予以控制。上述措施的推行,使书院逐渐失去自由讲学的特色,最终为官学所同化。明清两代,官府控制书院的局面有增无减。至清代,书院的主持人、师资、生员、教学经费、教学内容都经官府审批,书院完全失去独立性和主动权。大多数书院的中心任务已转向考课,成为科举的附庸。鸦片战争后,西方自然科学知识纳入书院的教学内容。与传统文化碰撞交融,书院开始向近代学校过渡。在改良旧式书院的同时,又兴起了一批新式书院,使之从课程设置到教学内容都接近新式学堂。1901年(光绪二十七年)清政府实行新政,下诏将各省所有书院改为学堂,书院制度在实际上宣告终结。

延续千年之久的书院,在组织管理、教学内容、讲学方式上形成了一套严密的制度。学规是书院的教育方针、培养目标和生活守则。南宋朱熹制定的《白鹿洞学规》(也称《白鹿洞书院教条》)是第一个比较完整的书院学规。它规定书院的教育方针是实施"五教",即"父子有亲,君臣有义,夫妇有别,长幼有序,朋友有信"。为实现这个方针,朱熹还提出了为学、修身、处事、接物的基本规范。为学之序:"博学之,审问之,慎思之,明辨之,笃行之。"修身之要:"言忠信,行笃敬,惩忿窒欲,迁善改过。"处事之要:"正其谊,不谋其利;明其道,不计其功。"接物之要:"己所不欲,勿施于人;行有不得,反求诸己。"(《朱文公文集》卷七四)《白鹿洞学规》概括了儒家学者道德修养的基本原则,体现了儒家德治教化的主要精神。它不仅为南宋书院所仿效,而且为元、明、清三代书院所因袭,并被一般的官学所吸纳采用。

书院的教学内容与理学发展关系密切。宋元明清各代书院的名儒大师大都是研究理学的。因此,理学家们所推崇的儒家经典《四书》《五经》就是历代书院通用的主要教材。元代初期程端礼拟定的《程氏家塾读书分年日程》被许多书院所采用,它规定的读书内容是:儿童8岁入学前,读《性理字训》。8岁入学后至15岁,依次读《小学》书正文、《大学》《论语》《孟子》《中庸》《孝经》《易》《书》《诗》《仪礼》及《礼记》《周礼》《春秋》及《三传》。15岁至20岁则读《四书》集注,并依次读完《通鉴》《韩文》《楚辞》。"读书分年日程"所规定的内容大体上反映了当时书院的教学情况,被元明清三代的一些书院奉为准则,影响广泛。

"讲会"是书院讲学的一种重要的组织形式,它产生于南宋,兴盛于明代中叶,直到清初仍普遍流行。讲会制度允许不同的学派进行会讲,展开学术辩论,是书院不同于一般学校的重要标志。南宋的朱熹与陆九渊在学术观点上颇有分歧,朱专门邀请陆到白鹿洞书院讲学,并把陆的讲义刻在石上,立于院中,开书院"讲会"之先河,也为不同学派相互论辩、切磋学问树立了榜样。以后,许多书院都拟定"讲会"的各项具体规定。如东林书院的《东林会约》规定:每年一大会,每月一小会,每会推一人为主,讲解《四书》一章。此外,有问则问,有商量则商量。凡在会中,各虚怀以听;即有所见,等讲论完毕,呈请辩驳质疑。各方学子会集,宜省繁文,以求实益。"讲会"活跃了书院的教学,类似于地方性的学术讨论会,既丰富了书院的教学内容和学术活动,又提高了书院的知名度和社会地位。"风声,雨声,读书声,声声入耳;家事,国事,天下事,事事关心。"东林学人的这副对联,折射出读书人关心国事民瘼的经世意识,为后人所传诵。

书院在长期的发展中,虽有所曲折和变通,但与普通官学和私学相比,在教学上仍保持着自身的一些特色。其一,教学和学术研究相结合。由于书院是从藏书、校书和私人读书、治学场所发展起来的讲学机构,历代书院的主持人和讲学者又大都是著名的学者,因此,书院讲学多建立在学术研究的基础上。以学术研究促进教学,又以教学推动学术研究。这种把教学与研究结合起来的做法,对后来的教育很有借鉴作用。其二,实行自由讲学和自由听讲。书院允许不同学派共同讲学,讲学者和听讲者也不受地域的限制。书院有名师讲学,欢迎其他书院的师生和慕名者听讲求教,来者不拒,热情相待。这种开放式教学,有利于学术交流,取长补短;有利于开阔学生的学术视野,对消除各学派间的门户之见,提高教学质量和学术水平不无裨益。其三,学生以自学为主,教师注重启发诱导。书院强调学生以个人读书钻研为主,教师根据自己的治学经验概括出不少读书的方法,诸如"循序渐进,熟读精思,虚心涵泳,切己体察,着紧用力,居敬持志"等,帮助学生提高自学能力和读书效果,启发学生思维,指导学生理解和创新。学生则通过质疑问难,不断把学习引向深入。其四,师生关系融洽,情谊深长。书院突显了尊师爱生的优良传统,师生之间互敬互爱。讲求学术,彼此切磋;激励气节,生死相依;面对变故,患难与共。这种师生间的手足之情,颇值得后人汲取。

正因为书院在办学方式上有其独到之处,所以,尽管书院早已被废除,但一些有志于复兴儒学或中华文化的学者,仍将兴办书院作为其重要举措。如 20 世纪 30 年代梁漱溟、熊十力创办勉仁书院,50 年代钱穆创办新亚书院,80 年代一大批知名学者在北京创办中华文化书院,都表明书院仍具有弘扬中华传统文化的象征意义。

第四节 科举兴废

科举,就是分科选举的意思。科举制度是中国古代王朝设科考试用以选拔官吏的制度。科举制创始于隋代,完善于唐代,经宋元明三代而定型,延续至清末被废除,历时一千三百多年。对这一时期的政治、经济、教育制度以及读书人的学风,都曾产生过重大的影响。

在科举制形成以前,中国的选举与学校相辅而行,各有其独立的作用。汉朝选拔官吏主要采用两种方法:一为"察举",由地方长官在他们管辖的地区定期考察、举荐人才给朝廷,经过考核后授予不同的官职。二为"征辟",由皇帝或朝廷直接征聘有名望和才能的人到中央任官的,叫做"征";由朝廷官员征聘为自己属官的,叫做"辟"。两者合称为"征辟"。魏晋南北朝时期,选官改为"九品中正制"。在州、郡、县等地方政府设置"中正"官,负责察访本地区的人才,分别评定为上上、上中、上下、中上、中中、中下、下上、下中、下下三等九级,叫做"九品"。然后按品级向主管选官的吏部推荐,吏部根据中正的报告,依品授官。已授官的,定期由中正负责向吏部推荐升降。由于担任中正官的都是世家大族,在品聘人才时单凭门第出身,从而出现了"上品无寒门,下品无世族"的状况。这样,世家大族操纵政权,庶族地主官路堵塞,而世家大族揽权割据,独霸一方,不利于中央集权。隋朝统一中国,为扩大政权的阶级基础,便把选官的权力收归中央,以分科举人制取代九品中正制。587年(隋文帝开皇七年),设立志行修谨、清平干济二科举人,后世"科举"之名源出于此。606年(隋炀帝大业二年)始置进士科,以"试策"(即书面考试)方式取士,这便是科举制度的开始。

唐朝建立后,科举制度逐渐完备,形成定制,全面推行。唐朝取士主要有三个途径:一是由学校出身的,叫做"生徒";二是由州县考送的,叫做"乡贡";三是由天子自诏的,叫做"制举"。唐朝常科考试起初分为两级,一是先经州县考试,合格者中举人;二是中举者参加省试,省试由礼部组织。考试内容主要是儒家经典和诗赋。到武则天执政时一度增加了殿试,并新设了武举,由兵部主持,考试马射、步射、负重等。在各科考试中,进士科是最重要的科目,所以后人习惯上把科举说成是考"进士"。唐朝社会上重视科举及第的生徒,因为他们出身官学,受过正规教育,要较乡贡高出一筹。于是人们视学校为登科的道路,多争取入学。而学校为适应科举考试的需要,在培养目标和教学内容上围绕科举考试的内容展开。儒家经典为必修科目,律学、书学、算学的教学科目与科考科目相对应,诗赋练习则为适应进士科的考试。科举考试的内容和要求推动了学校教学内容的更新和发展,但学校也逐渐成为科举的预备机关或附庸。科举对学校的发展曾起过一定的促进作用,尤其是刺激了社会办学和民间读书的积极性,使民办学校学子科举及第的比例逐渐增加,官学的地位有所下降。唐朝以后,历代科举的科目、内容和方法多有变通,但总的趋势是日渐缜密。

明清两代,科举考试的程序最为完备和严密。明代之前,学校只是科举考生的来源之一;到了明代,进学校成了科举的必由之路。考试主要有三级,最低一级称"院试",第二级称"乡试",最高一级称"会试"和"殿试"。院试之前必须经过由知县主持的"县试"和由知府主持的"府试"。"院试"由各省学政主持,经过府试合格的学子方能参加院试,院试合格者即取得入省学读书的资格。凡是经过院试入县、府学的人通称"生员",也就是习惯上的所谓"秀才"。"乡试"每三年举行一次,在京城和各省城开考,由皇帝任命的"主考"主持,考期在秋天,称作"秋闱"(闱即考场)。考取者叫"举人",其第一名叫"解元"。"会试"每三年举行一次,在京城开考,由礼部主持,考期在乡试次年的三月,称作"春闱"。又因试于礼部,也称"礼闱"。考取者叫"贡士",其第一名叫"会元"。"殿试"是由皇帝在殿廷上对会试合格的贡士进行的考试,也叫"廷试"。殿试成绩分为一甲、二甲、三甲三等:一甲取三人,赐"进士及第",第一名叫"状元"(也叫"殿元"),第二名叫"榜眼",第三名叫"探花"。二甲、三甲各取若干名,分别赐"进士出身""同进士出身"。解元、会元、状元,合称"三元"。读书人连中三元,是至高无上的荣耀。秀才、举人、贡士都不是官,只有经过殿试考中者,由朝廷决定授予官职的才算官。殿试揭晓时,在太和殿唱名,同时在长安街挂榜文三天,"榜"用黄表纸制成,称为"金榜"。一甲三名在殿试后立即授官,状元授翰林院修撰,榜眼、探花授翰林院编修。二甲、三甲进士需要再经过一次朝考才授官,朝考最优者授翰林院庶吉士,其他人分别授予京官或州、县等地方官,也有的做教官。

明清两代科举考试采用八股文这一特殊的文体。八股文专取四书五经命题,行文格式有极严格的限制。每篇由破题、承题、起讲、入手、起股、中股、后股、束股等部分组成。"破题"用两句话揭示题目主旨要义;"承题"是承接破题句中的关键词语而予以说明;"起讲"为议论的开始;"入手"为文章主要内容的入手之处。接着从"起股"到"束股"才是正式议论,以"中股"为全篇重心。在起股、中股、后股、束股四段中,每段又各有两股排比对偶的文字,总共八股,这便是八股文名称的由来。八股文的字数,也有严格规定,如1681年(康熙二十年)规定每篇六百五十字,康熙1704年(康熙四十三年)增至七百字,违者不予及格。单从写作技巧角度看,八股文不失为一种严格规范的作文程式,本无可厚非;但过度要求考生将千差万别的写作内容,硬性塞入千篇一律的死板框架之内,却极大地束缚了人的创造性思维。加上作八股文用字取义必须出自《四书》《五经》,作文只许"代圣人立言",这就抹煞了广大士人思维的独立性,也相应禁锢了所有受教育者的心智,扼杀了创造的源泉。如此层层因袭,势必由各个士子思维和心智的雍闭,而损害整个受教育阶层乃至民族思维和心智的发展。

到清朝末年,各级科场考试舞弊成风,买通考官、冒名顶替的丑事愈演愈烈,屡禁不绝。加上官方公开"捐纳"功名,致使不学无术之徒充斥学林。无怪乎康有为痛心地指出,在"巍科进士,翰苑清才"中,"竟有不知司马迁、范仲淹为何代人,汉祖、唐宗为何朝帝者。若问以亚非之舆地,欧美之政学,张口瞪目,不知何语也"(《请废八股试帖楷法试士改用策论折》)。严复则痛斥八股取士有"锢智慧""坏心术""滋游手"三大祸害,疾呼中国自强之道在于废除八股。在朝野上下的强烈要求下,1901年(光绪二十七年),清政府废除八股,改试策论。1905年又下令废止科举,广学育才。延续一千三百多年的科举制度终于寿终正寝,新式学堂如雨后春笋破土而出,中国教育步入新的发展阶段。

第二十三章

重教尊师,教学相长

中国传统教育辉煌发达,蔚为壮观,这与历代教育家重视教育的人文化成的作用密不可分。重教尊师成为中国人的传统美德,而教学相长在教与学两方面的良性互动,又对探求新知、传承文化发挥了重要的作用。

第一节 重教尊师

教育是推动社会进步、促进人的发展的宏大事业,中国历来有重视文治教化的优良传统。儒家学派的开创者孔子(前551—前479)一生矢志教育,授徒讲学,培养"君子",这与他充分认识教育的重要作用是分不开的。《论语·子路》记载,孔子与其门生冉有到卫国去,师生展开一番对卫国的议论,孔子说:"好稠密的人口!"冉有问:"人口已经兴旺了,再该怎么办呢?"孔子答:"使他们富裕起来。"冉有问:"如果已经富裕了,又该怎么办呢?"孔子答:"使他们接受教育。"这段对话说明了孔子把人口、财富、教育视为"立国"的三个要素;人口和富裕是"立国"的基础,教育是"立国"的根本。人口兴旺、经济富裕、教育发达,国家和民族才会充满生机,健康发展。孟子(前372—前289)则非常注重教育对"行仁政""得民心"的重要作用。《孟子·尽心上》说:"善政不如善教之得民也。善政民畏之,善教民爱之;善政得民财,善教得民心。"良好的行政法令不如良好的教育感化能使人心悦诚服,其原因在于刚性的行政法令并非顺乎人之性情而带有强制的特点,柔性的教育感化不强人性之难而启发人的内心自觉。因此,孟子把实现"仁政"寄托于教育。

《学记》是《礼记》中专门论述教育的篇章,是先秦时期儒家教育经验和教育思想的系统总结。对教育的作用,《礼记》用格言式的语句写道:"君子如欲化民成俗,其必由学";"古之王者,建国君民,教学为先"。这就是说,君王如果要感化庶民,形成良好的社会习俗,必须从教育入手;古时候的圣王要建设国家,统治庶民,必须把教育放在优先的地位。《学记》还引用《尚书·兑命》的话说:"念终始典于学。"对教育事业要念念不忘,始终不渝。为什么说"建国君民,教学为先"呢?《学记》指出:"玉不琢,不成器;人不学,不知道。"玉材不经琢磨不会成为美器,人们不经教育也不会懂得立身处世之道。而教育如同琢玉一样,使人养成良好的道德和才智,自觉地去维护国家利益,变易不良风俗。"化民成俗""建国君民"这八个字,极其简练地概括了教育在转化社会道德风俗和培养国家建设人才方面的功能。

西汉初年的贾谊(前200—前168)认为教化的作用在于使民"迁善远罪","绝恶于未萌";他得出的结论是"教者,政之本也";"有教然后政治也"(《贾谊集·大政》)。稍后,董仲舒(前179—前104)向汉武帝建议创立太学培养贤士、实施教化。他在《举贤良对策》中说:"太学者,贤士之所关也,教化之本原也。"古之王者治天下,"莫不以教化为大务;立大学以教于国,设庠序以化于邑,渐民以仁,摩民以谊,节民以礼,故其刑罚甚轻而禁不犯者,教化行而习俗美也"。意思是说,君王治理天下,都是以教化为重大任务的。在国都建立大学,在县、邑设立县学、乡学,用仁来教育庶民,用义来感化庶民,用礼来节制庶民,刑罚虽轻也无人触犯禁令,这都是实施教化而形成了良风美俗的缘故。北宋胡瑗(993—1059)明确指出:"致天下之治者在人材,成天下之人材者在教化,教化之所本在学校。"以后,王安石(1021—1086)把教育的目的归结为培养人才,他说:"古之取士,皆本于学校。"人才之所以陶冶而成,"苟可以为天下国家之用者,则无不在于学,此教之之道也"(《临川全集》卷三九)。学校,是造就人才的地方;教育之道,就在于培养国家有用的人才。明末清初的王夫之(1619—1692)认为,治理国家不外乎政教两大端,但两者有本末先后之分。"语其本末,则教本也,政末也。语其先后,则政立而后教可施焉。"(《礼记章句》卷五)上述关于"教育—人才—国用"的思路和"教本政末"的认识,把教育置于根本和优先发展的地位,成为中国教育的优良传统,成为"教育为立国之本"的思想先导。

>>> 中国教育有优良的传统,其中"教本政末"成为"教育为立国之本"的思想先导。图为《孔子讲学图》。

重教势必尊师。"化民成俗""建国君民"必须依靠教师的传道、授业、解惑；要优先发展教育，也必须发挥教师的积极性和主动性。所以，尊师就成为重教的前提。重教和尊师是实施文治教化的共同使命，两者相辅相成。

在先秦诸子中，荀子(约前313—前238)继承了儒家尊师重学的传统，最提倡尊师，最强调教师的地位和作用，甚至把教师纳入天地君亲师的序列。《荀子·礼论》说："天地者，生之本也；先祖者，类之本也；君师者，治之本也。"也就是说，天地是生存的本源，先祖是种族的本源，君师是治国的本源。没有天地，无法生存；没有先祖，无法出生；没有君师，无法治理；三者缺一，人们就无法安宁。突出了教师在治国安民中具有和君王同样的地位。在荀子看来，教师是礼义的化身，实施人文教化，使人按照仁义的标准行事。因此，"人无师法而知，则必为盗"；"人有师法而知，则速通"(《荀子·儒效》)。人们没有师长的教导，就会任其本性的放任；反之，有了师长教导，就会加快善的积累。他主张"尊先祖而隆君师"，推导出来的结论是："国将兴，必贵师而重傅；贵师而重傅，则法度存。国将衰，必贱师而轻傅；贱师而轻傅，则有人快；有人快则法度坏。"(《荀子·大略》)把是否重视教师提到关系国家兴亡、法度存毁的高度。从这个意义上，视教师为治国之本也不为过。荀子的尊师思想对后世产生了深远的影响。

在中国的古代文献中，《学记》《吕氏春秋》都有关于尊师的格言。《学记》提出了"师严道尊"的思想，它说："凡学之道，严师为难。师严，然后道尊；道尊，然后民知敬学。"意思是说，在推行教育中，最难得的是尊敬老师。只有尊师，才能有对知识的尊重；只有尊重知识，才能养成重视教育的风尚。《吕氏春秋·劝学》说："古之圣王未有不尊师者也。尊师则不论其贵贱贫富矣。""疾学在于尊师，师尊则言信矣，道论矣。"不仅统治者要尊师，学生更要尊师。尊重教师，应该不论其贵贱贫富。只有在教师得到尊重的前提下，学生才会信从教师的教诲，才会通过讨论明白立身处世的道理。《吕氏春秋·尊师》指出："君子之学也，说义必称师以论道，听从必尽力以光明。"即讨论学问的时候，必须以自己老师的教诲为准则，尽力弘扬老师的思想。

唐代韩愈(768—824)对学生从师学习的重要性作过精辟的论述。《师说》开宗明义："古之学者必有师。"因为"人非生而知之者，孰能无惑？惑而不从师，其为惑也,终不能解"。但是,自魏以后,清谈玄学,学风颓变,师道失传。韩愈感慨道:"嗟乎!师道之不传久矣!"今之众人"耻学于师"。为扭转轻视教师的风气,他作《师说》,以引起人们对教师的重视,被视为狂人,但得到有识之士的支持。《师说》认为,"无贵无贱,无长无少,道之所存,师之所存"。师与道相辅相成,道借师以行,师借道以成。教师不仅要掌握"道",而且要专攻"业",既具有崇高的理想、良好的道德,又具有渊博的知识、精湛的技能。这样,才会受到社会的尊重。

不难发现,在古人眼里,尊师又与重道紧密联系在一起。中国作为一个注重人文精神的文明古国,维系着历史发展的两个重要因素,便是道统和政统。简而言之,道统是道德精神的传统,其传承者是历代儒师、士人;政统是封建皇权的传统,其传承者是历代的君主、帝王。在中国人的心目中,向来道统居于政统之上,"师"更崇于"君"。国君、帝王虽有至尊的权威,但相对于"道"而言,亦只是"替天行道"的"天子"。可见,只有"道"才是至高无上的。所以,"尊师重道"就成为中国每一个社会成员(包括帝王在内)普遍遵守的道德规范。从孔夫子"君子学以致其道"的教诲,到韩愈"道之所存,师之所存"的论断,无不折射出"尊师重道"的文化传统。

在中国教育史上,尊师不仅溢于言,而且见于行。五代时的李相以一字之教拜小吏为师,体现了"三人行必有我师"的精神;北宋学者石介事师尽礼,表达了对师的尊敬;北宋学者杨时程门立雪,表现了求师的虔诚;清代学者段玉裁师承戴震,终生念师恩,传为美谈。回顾中国历史,帝王世代更替,除少数杰出者外,大多湮没无闻;而孔子则被世人称作"至圣先师",成为"万世师表";孔孟弟子薪火相传,辈有人杰,历久不衰,这正是尊师传统的历史印证。

当然,尊师是有条件的,也就是对教师有着多方面的严格要求。孔子说:"学而不厌,诲人不倦。"意味着教师对自己要不断学习永不满足;对学生要勤奋教导不辞辛劳。《荀子·致士》说,教师除了具有广博的知识外,必须具备四个条件:"尊严而惮,可以为师;耆艾而信,可以为师;诵说而不陵不犯,可以为师;知微而论,可以为师。"即教师首先要庄重而有尊严;其次要有崇高的威信和丰富的教学经验;再次要具有循序渐进地传授知识的能力;最后要知晓精微的道理并且善于加以解说发挥。《吕氏春秋·劝学》说,教师能否受到尊敬,取决于教师自身的素质;

"为师之务,在于胜理,在于行义。理胜义立,则位尊矣。"受人尊重的教师既通晓知识理义,也具备高尚的道德,否则就很难受到社会的尊重。《学记》更把教师品德高尚和学业精进看作是教书育人的必要条件,而且要掌握正确的教学方法和原则。古人说:"经师易得,人师难求。""人师"的标准不仅只是传授知识,更要求为人师表。扬雄(前53—18)认为,教师应该成为道德的榜样,人格的表率。"师者,人之模范也。"(《法言·学行》)要为人师表,教师必须"先自治而后治人"(《法言·先知》)。学高为师,身正为范,成为教师治学和做人的重要准则。

第二节　教学相长

中国古代教育家一贯主张"教学相长",其本意指教的方面以教为学,说明教师自身的学习是一种学习,而教育他人的过程更是一种学习。正是这两种不同途径的学习相互补充,使教师在教学实践中不断进步。后人在诠释"教学相长"时,将其引申为整个教学过程中教师与学生之间相互促进、彼此制约、相得益彰的关系,将其提升为教学中的一条重要规律。

"教学相长"语出于《礼记·学记》:"虽有嘉肴,弗食不知其旨也。虽有至道,弗学不知其善也。是故学然后知不足,教然后知困。知不足,然后能自反也;知困,然后能自强也。故曰教学相长也。"意思是说,即使有再好的菜肴,不吃就不知道它的味道鲜美。即使有再好的道理,不学就不知道它的有益之处。所以学习以后,方能知道自己知识的不足;教授以后,方能发现自己学问的局限。知道不足才能反省自己并加倍努力学习;发现局限然后才能督促自己加强学习。教因学而得益,学因教而进步;教能激励学,学也能促进教,这就叫"教学相长"。"教学相长"不仅揭示了教与学之间互动互进的关系,而且也隐含着教师与学生之间相互促进、相得益彰的关系。从教师方面来说,教的过程同时也是学的过程,教便是学,教即是学,教与学互动互进,才能提高教的水平。从学生方面来说,学生只有从教师的教学中获得知识,同时在学习中领悟知识的价值和学海的无涯,才能不断发现新知,不限于师云亦云。一个循循善诱的教师,只有通过教学实践才能不断提高教学质量,才能摸索到教学的规律,并发现自己的弱点和困惑,"教然后知困","知困"可促使教者"自强"。一个积极上进的学生,只有通过学习实践才能不断体会到学习的益处,才能感知到学问的渊博,并发现自己的肤浅和不足,"学然后知不足","知不足"可促使学者"自反",即进一步严格要求自己,加倍努力求知以弥补自己的不足。

韩愈继承和发展了《学记》"教学相长"的思想,《师说》指出教师的任务是"传道、授业、解惑"。三者之间,道是师的灵魂,业是运载道的工具,师是道的传播者和业的解惑者。反映到师生关系之间,他提出教师和学生"相互为师"的观点。一方面主张以教师为主导,以道业为准绳,认为人非生而知之,"古之学者必有师"。另一方面又认为:"弟子不必不如师,师不必贤于弟子,闻道有先后,术业有专攻。"意思是说,学生不一定不如老师,老师不一定比学生高明,懂得道理有先有后,学术业务各有专长。弟子如果有专长,也可以为师,老师也可以向有专长的弟子学习,老师与学生互相学习,教学相长,是理所当然的事情。为此,韩愈强调"人无常师""不耻相师"的道理,要求人们向德行高尚、学有专长的人学习,提倡相互为师,谁在某一方面比自己强就拜他为师。这里,既有"能者为师"的意思,又有"教学相长"的含义。由"教学相长"延伸出来的"相互为师""能者为师"的思想,超越了《学记》关于"教学相长"的认识,焕发了师生之间相互促进的教学热情,有利于教育的发展和文化的传承。

"教学相长"的教学原则,与尊师爱生的传统美德相得益彰;爱护和关心学生的全面成长是促进"教学相长"的必要条件。孔子同他弟子的关系,可谓古代师生关系的楷模。他热爱学生,循循善诱,诲人不倦;学生对他尊重敬仰,亲密无间。他非常关爱学生品德的陶冶和学业的精进。《论语·宪问》载:"爱之,能勿劳乎?忠焉,能勿诲乎?"既然关爱学生,就要使学生勤劳而不懒惰。既然真诚对待学生,就要耐心教诲他们。孔子对青年一代寄予厚望。《论语·子罕》说:"后生可畏,焉知来者之不如今也?"青年后生是可敬可畏的,怎能断定他们将来赶不上现在的成人呢?难能可贵的是,孔子提出"当仁不让于师",这里不仅突显"仁义"的崇高,而且说明在"仁义"面前,学生不必对老师谦让。其间蕴涵着在仁德和正义面前师生平等的思想,与西方哲人提倡的"吾爱吾师,吾更爱真理"有异曲同工之处。荀子认为,学生对老师不仅有一种智力承续的关系,而且更有一种超越前人的责任。他用形象的语言表述:"学不可以已,青,取之于蓝而青于蓝;冰,水为之而寒于水。"学海无涯,学无止境,青出于蓝而胜于蓝,是学术发展的必然趋势,是文化创新的强大推动力。唐代柳宗元(773—819)主张,师者不应为其名而应为其实,师生之间应该取长补短,"交以为师"。他对虚心拜师的弟子说:"终日与吾子言,不敢倦,不敢爱,不敢肆,苟去其名全其实,以其余易其不足,亦可交以为师矣。"(《答严厚舆秀才论为师道说》)这种见解在当时实属难能可贵,在今天仍有一定的借鉴意义。

宋代教育家留下了许多爱生的佳话。胡瑗家境贫寒,但志向高远,从办私学到讲学国子监,前后任教 30 年,其品德高尚、学识渊博,培养弟子达 1 700 多人。《宋史·胡瑗传》记载,胡瑗"视诸生如其子弟,诸生亦信爱如其父兄"。师生之间亲如父子、情同手足。胡瑗对勤奋好学的学生悉心关怀,对曾有过失的学生耐心教育。在学生的心目中,胡瑗不仅是他们学业上的良师,而且是他们道德上的楷模。乃至胡瑗晚年因病离开京城太学时,出现学生百里相送的动人场面。朱熹以勤勉敬业、诲人不倦而传世。他的弟子黄幹编写的《朱子行状》载:"朱子讲论经典,商约古今,率至夜半。虽疾病支离,至诸生问辨,则脱然沉疴之去体,一日不讲学,则惕然常以为忧。"表现了一个教师的高尚情操。朱熹去世时,四方弟子前来送别者达千人之多,可见师生情谊笃深。陆九渊在教学过程中,能根据学生的特点对症下药,晓之以理,动之以情,效果良好,深受学生的欢迎。他总结说:"吾之与人言,多就血脉上感动他,故人听之者易。"(《象山年谱》)元代的许谦在教育学生的过程中,"至诚谆悉,内外殚尽",把"己有知,使人亦知之"作为自己人生最大的快乐。其诲人不倦的精神难能可贵。清代的李颙也是因材施教,根据学生"资之高下,学之浅深,诱之固各不同"。对学生"凡有答问,穷昼夜不倦,必使其人豁然于心目之间而后已"。其爱生的品格,着实让人称道。

教学相长,尊师爱生,教与学相互促进,师与生互敬互爱。正是这种在教学中师生间的良性互动,使中华文化绵延相续,薪火相传,保持强劲的生命力;也为当今的教育改革和知识创新留下了宝贵的经验和历史的启迪。

第二十四章

"尊德性"与"道问学"

在中华传统文化中,教育的人文主义色彩特别浓重。"尊德性"与"道问学"是儒家学者关于道德教化的两个命题,也指个人得到完善的两条途径。《礼记·中庸》说:"君子尊德性而道问学,致广大而尽精微,极高明而道中庸,温故知新,敦厚以崇礼。"意思是说,君子既要尊重德性,又要讲求学问;既要情趣广大,又要穷尽细微;既要有高明的理想,又要有合乎中庸的行为;既要温习旧知识,又要认识新事物;既要笃实厚道,又要崇尚礼仪。这段话指出了在学习中相反的两个方面是相成的,不能偏执一端,而应互补互进;而要想达到最高的精神境界,又必须保持中庸的原则。自古以来,大抵人文教化之法,以"尊德性"和"道问学"两事为用力之要。"尊德性"侧重于发扬人的先天的善性,进而达到对外部世界的体认;"道问学"侧重于通过向外求知,以达到人的德性涵养的发扬。

北宋思想家张载(1020—1077)注意到《中庸》关于"尊德性"与"道问学"的区别,认为道德修养的目的在于转变气质之恶,返天地本然之善性,即所谓"尽性"。为此,他提出了道德修养的两条途径:一是"道问学"的途径,即从问学受教入手,达到"穷理以至于尽性"的目标;二是"尊德性"的途径,即从道德修养入手,达到"尽性以至于穷理"的目标。他把德性涵养放在第一位,认为"不尊德性,则学问从而不道;不致广大,则精微无所立其诚;不极高明,则择乎中庸失时措之宜矣"(《正蒙·大正》)。他又把人的认识分为"见闻之知"和"德性所知"。张载在《正蒙·大心》中说:"见闻之知,乃物交而知。"认为人的知识来源于客观事物,"闻见"是获得知识的基础。"德性所知,不萌于见闻",认为"德性"所知是主观产生的,不依赖于外界的"闻见",只要通过内心修养便可以认识一切事物。主张人对事物的认识,既要依靠"闻见之知",表现在教学上,必须广闻、多见、博学;又要依靠"德性所知",表现在教学上,必须注重启发思维,多疑自得,发扬人的天赋之善性。他强调"闻见之知"只是"小知",不如脱离"闻见"的"德性所知"。德知与闻知的关系,类似于德性与问学的关系。张载关于治学和修养有一段千古名言:"为天地立心,为生民立道,为往圣继绝学,为万世开太平。"表达了中国哲人对文化继承和文化发展的辩证认识,而"为万世开太平"更展现出为人类的未来谋求幸福的道德理想。

对"尊德性"与"道问学",历代众说纷纭,特别是宋明理学家曾展开过激烈的讨论,他们强调乃至竭力夸大这两个命题的区别和差异,从而形成了相互对立的学派。其中最著名的是南宋儒家学者朱熹(1130—1200)与陆九渊(1139—1193)的论学之争。1175年(南宋淳熙二年),朱熹与陆九渊等会于江西上饶铅山鹅湖寺,探讨、论辩治学方法。朱熹以"道问学"为主,主张即物穷理,格物致知,读书明理,即做学问要从泛观博览和对外物的考察来启发内心潜在的知识;陆九渊以"尊德性"为宗,主张先发明人之本性,切己自反,立心做人,省免即物穷理的功夫,直接关怀德性的涵养。双方偏执一端,相互攻讦,最终闹得不欢而散。这场争论的实质,是以何种途径达到修身养性、治学成才目的的问题,也是理学和心学的一场思想争辩。

"尊德性"与"道问学"作为两种不同的治学和伦理修养方法,确实存在着差别。朱熹的《中庸章句》说:"尊德性,所以存心而极乎道体之大也;道问学,所以致知而尽乎道体之细也。"认为"尊德性"是一种存心养性的道德修养,"道问学"是一种格物致知的道德学习。后来黄宗羲(1610—1695)在《宋元学案》中总结说:"先生(陆九渊)之学以尊德性为宗,谓先立乎其大者而后天之所以与我者不为小者所夺。夫苟本体不明而徒致功于外索,是无源之水也。同时紫阳(朱熹)之学则以道问学为主,谓格物穷理乃吾人入圣之阶梯。夫苟信心自是而惟从事于覃思,是师心之用也。""尊德性"和"道问学",成为朱、陆两派在方法论上的重要争端。但他们总的目标则是一致的,即造就合乎儒家道德伦理的"圣贤"之才。特别是朱熹,无论从其道德观念还是道德实践来看,都奉行"尊德性"与"道问学"二者兼顾,互相促进。朱熹在《玉山讲义》中指出:"君子之学,既能尊德性以全其大,便须道问学以尽其小。"学者"固当以尊德性为主,然于道问学不可不尽其力。要当使之有以交相滋益,互相发明,则自然该贯通达而于道体之全,无欠阙处矣"。可见,他强调格物穷理,绝非摒弃涵养德性,而是认为"要立乎其大者",必须要有格物穷理之学。"道学问"则是为了更好地"尊德性"。陆九渊在现实生活中也从事聚徒讲学、教书育人的活动,但以"立大""知本""发明本心"为治学方法。在陆九渊看来,"既不知尊德性,焉有所谓道问学"?因而他始终把"尊德性"视为根本,并且特别强调根本不立,"道问学"便会迷失方向、误入歧途,其他的一切也都无从谈起。

由此看来,在治学和伦理修养的方法上,陆九渊直截了当地以"尊德性"为宗,强调存养人生固有的善性,抛弃任何中介手段,把"尊德性"作为治学的根本方法和目的。朱熹以"道问学"为手段,强调格物穷理和学问思辨方法,以最终达到"尊德性"的目的。总之,"尊德性"是双方的终极目标,但两者在实施方法上存在差异,并在这一层面上展开"尊德性"与"道问学"的论辩。

南宋以后的思想家和教育家,大多试图对朱、陆之学进行糅合。元初许衡(1209—1282)在《中庸直解》中解释"尊德性"与"道问学"说:"尊是恭敬奉持的意思;德性是人所受于天的正理;道是由问学,是询问讲学。"君子"要修德凝道,必须于那所受于天的正理,恭敬奉持,不可有一毫放矢。又须于那古今事物之理,询问讲学,不可有一些忽略。尊德性所以存心而极乎道体之大,道问学所以致知而尽乎道体之细。这两件是修德凝道的大纲领"。许衡虽然主张要兼顾"尊德性"与"道问学",但强调必须在"尊德性"上用功夫。他说:"两物相依附必立一个做桩主。"这个"主"在内不在外,在心不在物;内外交养"相辅成德,然必以心为主"。也就是说,治学和修养的功夫必须"反求诸心",以内心为主。明代吴与弼(1391—1469)兼采朱、陆之学,既师法朱熹"道问学"的功夫,重视格物致知、读书穷理,以启发人的道德自觉;又弘扬陆九渊"尊德性"的功夫,强调通过内心的直觉体悟以恢复人的道德本能,把读书的根本目的归结于"识本心""为圣贤",即主要在"尊德性"而非"道问学"。明代湛若水(1466—1560)也竭力融会"德性"与"问学",以涵养为内,以问学为外,主张内外互进,"合一用功"。他在《新论》中说:"涵养而知者,明睿也。问学而知者,穷索也。明睿之知,神在内也。穷索之知,明在外也。明睿者德性,德性则可以入圣矣。穷索者思虑,思虑则可以入贤矣。"因此,涵养与问学,如车之两轮,行者俱行,不可偏废;只有涵养与问学"合一用功",才称得上"善学",才能使人成为"圣贤"。明代王守仁(1472—1528)则把"尊德性"和"道问学"看作是目的和手段的关系。他在《传习录》中说:"道问学即所以尊德性也。""如今讲习讨论,下许多功夫,无非只是存此心,不失其德性而已。"他竭力挖掘陆、朱学术的互补价值,特别指出:"虽其所以为学者若有不同,而要皆不失为圣人之徒。"上述看法都力求在人文教化中兼顾德性与问学,但或强调以德性为主,或以尊德性为根本目的,体现的是道德中心主义,以道德取向指导着整个社会的运作。

明代思想家吴廷翰(1490—1559)对理学和心学都有所批评,主张"德性之知必实以闻见"。这一观点蕴涵着闻见之知是德性之知的有机组成部分,《吉斋漫录》载:"德性之知必实以闻见,乃为真知。盖闻见之知,自是德性所有,今以德性为真知,而云'不假闻见',非也。"也意味着闻见之知是德性之知的重要基础,用他的话来说:"德性之知,必由耳目始真。"在此基础上,吴廷翰提出"德性之尊由于问学"的命题,并把"尊德性而道问学"与知行关系联结起来,认为"道问学"是通过学、问、思、辨以明善择善的道德认识过程,而"尊德性"则是将所明所择之善体之于身、固执于行的道德践履过程。他解释说:"《中庸》'尊德性而道问学',正是知行功夫",与孔子所谓择善固执、明善诚身相吻合。"'致广大而尽精微'与'温故知新',正道问学之事;'极高明而道中庸'与'敦厚崇礼',正尊德性之事。而以致广大、尽精微在极高明、道中庸之前,温故、知新在敦厚、崇礼之前,则知先行后,而德性之尊由于问学,其序不紊,而文义亦明。"吴廷翰把"尊德性"与"道问学"的关系表述为:"圣贤为学,正由问学以尊德性,故尊德性必道问学";"不道问学无以为尊德性之始,不尊德性无以为道问学之终"。即二者既是目的(尊德性)与手段(道问学)的关系,又是始(道问学居先)与终(尊德性居后)的关系。这就修正了朱、陆对"道问学"与"尊德性"偏执一端的看法,突出了理性认识在提高人的精神境界的道德实践中的作用,强化了以"问学"为手段,以"德性"为目的的价值取向。

明清之际,中国的思想家和教育家对"尊德性"与"道问学"这一命题加以延伸拓展,使之合上了经世致用的思想脉动。

黄宗羲(1610—1695)强调仁义与事功的结合,要求学者既具有居仁由义的品德,又建立治国安邦的事功。《孟子师说》载:"圣贤之道,未有不从源头做起,故平天下必始于'明明德'。"治国平天下的事业必须从道德品质的培养入手,德性涵养是治平的源头和根本。但仁义并不排斥事功,他对理学家空谈道德仁义而鄙弃实事实功的陋习批评说:空谈阔论,钤束天下,不具备治国安邦的实际才能,则一旦国家有事,只能"蒙然张口,如坐云雾",造成"陆沉鱼烂"的恶果。黄宗羲重视理想中人才的实际才干和事功,反映出经世致用思潮对德性和问学的影响。顾炎武(1613—1682)把"成德达才,明先王之道,通当世之务"作为教书育人的目标,视"博学于文"为士人的问学功夫,视"行己有耻"为士人的德行操守。"自一身以至天下国家,皆学之事也;自子臣弟友,以至出入往来受辞取与之间,皆有耻之事也。"(《亭林文集》卷三)"博学于文"不仅要有广博的文化知识,更要将其所知运用于社会,从而安定天下;"行己有耻"在于养成个人的德性,耻于对天下国家不负责任而甘心其沦亡。在顾炎武看来,所谓"圣人之道",便是"博学于文""行己有耻"。博文(问学)与行耻(德性)既相互独立,不能简单替代,又彼此关联,互补互进。二者的联结点就在经世致用。王夫之(1619—1692)把人的道德观念和感性欲求"谓之为性",认为人性是通过社会环境、后天学习的过程而形成的,即所谓"习与性成者,习成而性与成也"(《尚书引义·太甲二》)。他主张人性与教育结合,认为两者是成就至善道德人格不可缺少的基本条件:人性提供了趋善的可能性,教育则使这种善由可能变为现实,所谓"待教而成"便是培养人的道德人格的根本途径。他把道德认知分为格物与致知两个阶段,前者侧重感性认识、知识积累;后者侧重理性认识、知识贯通。人们只有通过这两个阶段的认知,才能形成去恶从善的道德理性。他从知与行的关系表达教育的过程,认为《大学》中关于学、问、思、辨、行的五个教学环节,学、问、思、辨是"知"的过程,而"行"是最迫切、最根本的,德性通过"行"方能实现。这就在实际上纠正了宋明以来空谈心性、闭门修养的不良风气,倡导了注重践行、经世致用的学风。

综合来看,中国古代教育思想家尤其是儒家学者,大多主张"尊德性而道问学",也就是以问学求知为手段,以德性圆满为目的,两者互补互进,相辅相成,而以德性为主的德性、问学统一观。但也有一些学者对德性的强调过了头,如陆九渊等以"尊德性"为宗,认为只要做到"存心""养心""明心",即可成就德性,而不必格物穷理的"细碎"功夫,遂在事实上变成了脱离社会生活实际的唯道德论。这种空谈德性、不务问学的流弊,遭到明清之际启蒙思想家的严厉批评。黄宗羲主张仁义与事功的统一,强调仁义必须见之于事功。顾炎武主张以明道救世为治学宗旨,发出"天下兴亡,匹夫有责"的呐喊。王夫之在承认德知的前提下,重视力行在培养道德人格方面的作用。这些都展现了中国哲人对先秦以来德性与问学关系认知的深入和发展,也留给了后人如何处理好治学与做人关系问题的思考。

第四编

星汉灿烂

"言之无文,行而不远",古人说话讲究辞令,写文章讲究文采,给我们留下了丰厚、博大、隽奇、瑰丽的文学遗产,并成为中华传统文化的最主要载体。身在 21 世纪的我们,无论是学习古人高超的写作技巧、体味祖先深刻的思想还是探究古代灿烂的文明,都无法绕开对古典文学的研读。

中国古典文学如同繁星璀璨的银河,在此仅从诗歌、散文、小说三种体裁中撷取精要,"奇文共欣赏,异义相与析"。

第二十五章

诗　　歌

中国是诗的国度,两三千年诗歌的发展历程跌宕起伏,形式多样,流派纷呈,构成了中国古典文学的主要组成部分。古人借助诗歌写景状物、言志抒情、怀古咏史、阐发哲思,诗歌创作俨然成为古人精神生活的寄托和外延。学习古典文学,也大都从接触、背诵古诗开始。毋庸置疑,阅读诗歌是走进古典文学殿堂的最重要途径。

第一节　"风""骚"双璧

论及先秦诗歌,人们喜欢将"风""骚"并称。"风"是以十五"国风"为代表的《诗经》,"骚"则是以《离骚》压轴的《楚辞》。前者为现实主义诗歌的滥觞,后者则开浪漫主义诗风之先河,二者流传千古,成为后世诗歌创作的不竭源泉。

《诗经》汇集了从西周初年到春秋中期五百多年的诗歌三百零五篇(原三百一十一篇,因《小雅》中的六篇"笙诗"有目无辞,故不计在内)。本称《诗》或《诗三百》,如《论语·季氏》中孔子教育其子孔鲤说:"不学《诗》,无以言。"在《论语·为政》中孔子也谈道:"《诗三百》,一言以蔽之,曰:'思无邪'。"汉武帝罢黜百家,独尊儒术,将孔子整理过的书统称为"经",遂有《诗经》之谓。

关于《诗经》诸篇的来源,除了周王朝乐官制作,公卿、列士进献的乐歌之外,还有许多原来流传于民间的歌谣。周朝有专门的采诗人,到民间搜集歌谣,以了解政治和风俗的盛衰利弊。一直到当代,仍然称到各地收集文艺创作素材为

"采风"。

提及诗经,大家首先谈起的往往是《诗经》"六义"。"六义"指的是风、雅、颂、赋、比、兴,前三者说的是《诗经》的具体内容,后三者讲的是诗经的写作、修辞手法。

《风》《雅》《颂》三部分,学界以为是依据乐调的不同而划分的。《风》包括《周南》《召南》《邶风》《鄘风》等十五部分,大部分是黄河流域的民间乐歌,称作十五"国风",共一百六十篇,是《诗经》的主要部分和精华所在。《雅》分为《小雅》和《大雅》,是宫廷乐歌,共一百零五篇。《颂》包括《周颂》《鲁颂》和《商颂》,是宗庙用于祭祀的乐歌和舞歌,共四十篇。

"风"的意义就是乐调,是相对于周王朝直接统治地区"王畿"而言的,是带有地方色彩的音乐。古人所谓《秦风》《魏风》《郑风》,就如同现在说陕西调、山西调、河南调一样。"雅"是"王畿"之乐。"雅"又有"正"的意思,当时把王畿之乐看作是正声。《大雅》《小雅》可能是根据年代先后而分的,也可能是根据其音乐特点和应用场合进行区别的。"颂"是专门用于宗庙祭祀的音乐,意在赞颂祖上的功勋和美德,或将自己的文治武功告知先人。在乐调上,"颂"与"风""雅"相比,较为舒缓。

"赋",就是直接铺陈、叙述和描写。如《邶风·击鼓》中写道:"死生契阔,与子成说。执子之手,与子偕老。"就是直接表情达意。"比",用朱熹《诗集传》的解释,就是"以彼物比此物",也就是比喻之意。《诗经》中用比喻的地方俯拾即是,且富于变化,并不墨守成规。如《卫风·氓》用桑树从繁茂到凋落的变化来比喻爱情得失;《小雅·鹤鸣》用"它山之石,可以攻玉"来比喻治国要不拘一格,选用贤人;《卫风·硕人》则连续以"荑"喻美人之手、"凝脂"喻美人之肤、"蝤蛴"喻美人之颈、"瓠犀"喻美人之齿。"兴"的本义是"起"。《诗经》中的"兴",朱熹释为"先言他物以引起所咏之辞",也就是借助其他事物为所咏之内容作铺垫,往往用于一首诗或一章诗的开头。大约最原始的"兴",只是一种诗歌起头的方式,上下文之间并无意义上的关系。就像《郑风·子衿》,开头"青青子衿"与下文"悠悠我心",很难发现二者之间存在实际的意义联系。在现代的民歌中,仍可看到这样的"兴"。在另外一些诗句中,"兴"却又兼有了比喻、象征、烘托等实际作用。如《周南·关雎》开头的"关关雎鸠,在河之洲",原是诗人借眼前景物以兴起下文"窈窕淑女,君子好逑"的,但关雎和鸣,也可以比喻男女求偶、和谐恩爱。又如《周南·桃夭》一诗,开头的

>>> "楚辞"是战国伟大诗人屈原创造了一种诗体,是继《诗经》以后对我国文学具有深远影响的又一部诗歌总集。图为明文徵明《湘君湘夫人图》。

"桃之夭夭，灼灼其华"，既可以是对说春天桃花绽放时美丽氛围的写实，也可以说是对姑娘青春如花、成年待嫁的暗喻，与下文的"之子于归，宜室宜家"构成了意象和逻辑上的内在衔接。

"楚辞"又称"楚词"，是战国伟大诗人屈原创造的一种诗体。西汉刘向把屈原之作及宋玉等人"承袭屈赋"的作品编辑成集，定名为《楚辞》，是继《诗经》以后对我国文学具有深远影响的又一部诗歌总集。

楚辞的特征，宋代黄伯思在《校定楚辞序》中概括道："盖屈宋诸骚，皆书楚语，作楚声，记楚地，名楚物，顾可谓之'楚辞'。"除此而外，《楚辞》中屈、宋作品所涉及的历史传说、神话故事、风俗习尚以及所使用的艺术手段、浓郁的抒情风格，无不带有鲜明的楚文化色彩。

《楚辞》开启了汉代流行的赋体。汉代人就普遍把楚辞称为"赋"。司马迁在《史记·屈原列传》中说屈原"作《怀沙》之赋"，班固《汉书·艺文志》中也列有"屈原赋""宋玉赋"等名目。《楚辞》是我国浪漫主义文学的源头，对后世的散文、诗歌创作影响深远。大体上可以说，中国古代文学中构思奇特、意象斑斓、文采华美的诗风，都溯源于《楚辞》。

《离骚》是屈原的代表作品，在楚辞这一诗体中也享有泰山之尊。全诗三百七十三句，二千四百九十字，是屈原用他美好的理想、悲惨的遭遇、被谗遭逐的痛苦、事君报国的热情，乃至于其整个生命和感情熔铸而成的鸿篇巨制，也是诗人为自己创作的一部"诗传"。《离骚》既根植于现实，又富于幻想色彩。诗中大量运用古代神话和传说，心追古今，神游八极，通过极其丰富的联想，把现实与理想、神话和人世交织在一起，构成了瑰丽奇特、绚烂多彩的意象世界，产生了强烈的艺术魅力。

同时，屈原的诗篇也喜欢大量铺陈堂皇华美、色泽艳丽的辞藻。《离骚》还发展了《诗经》的比兴手法，赋予草木、鱼虫、鸟兽、云霓等种种自然界事物以人的意志和生命，以寄托自身的思想感情，也增加了诗歌的美质。正如近代学者刘师培所说："《离骚》以情为里，以物为表，抑郁沉怨。"(《论文杂记》)如为了表现自身的高洁，他把自己描写成"扈江离与辟芷兮，纫秋兰以为佩""制芰荷以为衣兮，集芙蓉以为裳"的独行君子，达到了思想性和艺术性的高度结合。鲁迅在《汉文学史纲要》中称赞这首诗"逸响伟词,卓绝一世"。

《天问》是一篇奇特的长诗。屈原在被放逐之后,原来的价值观在残酷的现实面前完全崩溃,他忧郁彷徨,精神上发生了激烈的动荡,因而对自然现象、历史遗闻、宗教信仰以及传统的社会思想都产生了怀疑,并发出强烈的疑问,以此来宣泄自己在政治生活中的苦闷与矛盾。

在诗歌形式上,屈原打破了《诗经》那种以整齐的四言句为主、简短朴素的体制,创造出句式可长可短、篇幅宏大、内涵丰富复杂的"骚体诗",这也具有极重要的意义。

第二节 乐府遗韵

乐府作为官方的音乐机构,肇创于秦朝。《汉书·礼乐志》记载,汉武帝时,为了宫廷娱乐和庙堂祭祀,乐府开始大规模地采集各地歌谣,并加以整理、润色、谱乐。后来,人们就把这一机构收集并制谱的诗歌称为"乐府诗",或者简称为"乐府"。后也用以称魏晋到唐代可以配乐的诗歌和后人模仿乐府古题的作品。这里主要谈的是汉代乐府诗作。

《汉书·艺文志》在谈及汉代乐府诗时,说它是"感于哀乐,缘事而发"。它上承《诗经》优良的现实主义创作传统,广阔而深刻地反映了汉代的社会现实。汉乐府在艺术上不仅善于抒情,在叙事方面也有突出的成就。在叙事诗中,更善于选取典型细节,通过人物的言行来表现人物性格。其形式有五言、七言和杂言,尤其值得重视的是汉乐府中已产生了一批成熟的五言诗。

《长歌行》《上邪》《陌上桑》《十五从军征》《孔雀东南飞》等是两汉乐府诗的主要作品。前四者载于北宋郭茂倩编的《乐府诗集》,《孔雀东南飞》则收入南朝徐陵编的《玉台新咏》一书。

《长歌行》《上邪》是两首抒情诗。《长歌行》一诗以"青青园中葵"起兴,联想到春秋更替、草木枯荣,又以百川东逝、不复西归作比,得出"少壮不努力,老大徒伤悲"这样的振聋发聩之语。该诗娓娓道来,描述与抒情并重,叹惋与劝勉相应,含蕴细腻,余意无穷。在《上邪》这首情诗中,作者落笔奇崛,设想了三组天地异象,作为"与君绝"的条件:"山无陵,江水为竭"(山河消失);"冬雷震震,夏雨雪"(季节颠倒);"天地合"(回归鸿蒙)。这些假设荒谬绝伦,离奇无比,根本没有发生的可能,从而把作者生死不渝的爱情强调得无以复加,把"与君绝"的可能性从根本上排除了。如此深情奇想,虽是短章,允为神品。清人张玉谷评此诗说:"首三(句),正说,意言已尽。后五(句),反面竭力申说。如此,然后敢绝,是终不可绝也。迭用五事,两就地维说,两就天时说,直说到天地混合,一气赶落,不见堆垛,局奇笔横。"(《古诗赏析》卷五)

《孔雀东南飞》是我国文学史上第一首长篇叙事诗,也是最长的一首叙事诗。该诗取材于东汉献帝年间发生在庐江郡(在今安徽境内)的一桩婚姻悲剧。旧题为《古诗为焦仲卿妻作》,今取首句作为篇名。《孔雀东南飞》原为建安时期的民间作品,在长期的流传过程中经过了后世文人的不断修饰和完善。故事叙述汉末建安年间,一个名叫刘兰芝的少妇,美丽、善良、聪明而勤劳。她与焦仲卿结婚后,夫妻俩互敬互爱,感情深挚,不料偏执顽固的焦母却看她不顺眼,百般挑剔,并威逼焦仲卿将她逐出焦门。焦仲卿难违母命,只得劝说兰芝暂避娘家,待日后再设法接她回家。分手时两人盟誓永不相负。谁知兰芝回到娘家后,趋炎附势的哥哥逼她改嫁太守的儿子。焦仲卿闻讯赶来,两人约定"黄泉下相见",最后在太守儿子迎亲的那天,二人双双殉情而死。在这首五言长诗中,比兴、对仗、互文、排比等修辞手法运用得都十分纯熟,使得整首诗篇易于吟诵、一唱三叹,极富感染力。值得注意的是,该诗的结尾描写刘焦二人墓前"枝枝相覆盖,叶叶相交通。中有双飞鸟,自名为鸳鸯",表达了对有情人终成眷属的祝福和期待。这种枝柯相依、鸳鸯和鸣的浪漫主义手法与后世梁祝化蝶之说颇有异曲同工之妙。

第三节 魏晋风流

魏晋诗歌承接乐府余脉,但又独有新意。首先是乐府风格的文人化,使五言由民歌向文人诗转变。另一方面,文人诗由于吸收了民歌的精华,也开始摆脱汉赋的浮华气,形成了一种自然天成、个性飞张的风格。

至于正始文学，则明显具有文人气的特征，但在表现个性上却与建安一脉相承。入晋之后，则渐少爽朗刚健的风骨。

魏晋风骨对后世大有影响，特别是唐代诸公大声疾呼提倡"汉魏风骨"。李白的诗个性之强，近于魏晋，思想上也近于玄老。后人说李白有清谈迹象，是有一定道理的。杜甫被称为"诗史"，在内容上更近于魏晋。而白居易文辞浅白、直率更是与魏晋有不解之缘。

再者，魏晋在形式上的发展也不容忽视。五言诗的形式扩大了诗的容量，使得诗的发展出现了一个新的高潮。同时，五言诗也为诗的音乐化找到了一种新的方法。尽管这在当时并不成熟，但给后世提供了思路。五言诗的形式，使平仄音韵的变化更为丰富，也更具规律性。从更深层意义讲可以说是直接导致了后世七言、律诗的产生，进而影响词、曲。

谈及魏晋诗歌，往往从汉末建安年间说起。李白有诗"蓬莱文章建安骨"（《宣州谢朓楼饯别校书叔云》），高度评价了建安诗歌的文学地位。建安文坛，诗人荟萃，较有成就的是"三曹父子"和"建安七子"。这一时期的诗歌以五言为主流，继承了汉乐府和《古诗十九首》的创作形式。建安诗歌总体上慷慨悲壮、刚健爽烈、重辞采而又古朴自然，在诗歌史上影响深远。

"三曹父子"是指曹操及其子曹丕和曹植。"三曹"是诗人，但更是政治生活的主角，显而易见的主角意识是旁人所不能比的。正是这种主角意识使他们可以说旁人所不能说、想旁人所不能想。曹操是一位杰出的政治家和军事家，也是一位重要的诗人。《三国志·武帝纪》注引《魏书》说他"昼则讲武策，夜则思经传""登高必赋，及造新诗，被之管弦，皆成乐章"。曹操的诗现存二十多首，全是乐府诗，形式上有四言、五言和杂言，他借乐府旧体写时事、抒胸怀，却不因袭古人诗意，自辟新蹊，不受束缚，别创一番境象。曹操的率直从里到外都透着大气。他的"悲凉""古直"（钟嵘语）不是一般文人的感叹人生短促，而是包含了深刻的政治眼光。

曹操诗歌的内容大致可分为三种：反映汉末动乱的现实、统一天下的理想、顽强的进取精神，以及抒发忧思难忘、人生苦短的无奈与感伤。

关东有义士,兴兵讨群凶。
初期会盟津,乃心在咸阳。
军合力不齐,踌躇而雁行。
势利使人争,嗣还自相戕。
淮南弟称号,刻玺于北方。
铠甲生虮虱,万姓以死亡。
白骨露于野,千里无鸡鸣。
生民百遗一,念之断人肠。

这首《蒿里行》记述了关东群雄号称共同起兵讨伐董卓,却因个人私心犹豫不前,最终又为了争夺地盘互相杀戮,形成了"郡郡作帝,县县自王"的割据和混战局面,从而给广大百姓带来了巨大的浩劫。全诗直叙史实,伤乱悯民,明人钟惺誉之为"汉末实录"(《古诗归》)。

面对天下分裂、战乱频仍的形势,曹操胸怀大志,珍视光阴,奋发进取,渴望收揽贤才,建立不世功业。其代表诗作《短歌行》就集中表现了这一主题。

对酒当歌,人生几何?
譬如朝露,去日苦多。
慨当以慷,忧思难忘。
何以解忧?唯有杜康。
青青子衿,悠悠我心。
但为君故,沉吟至今。
呦呦鹿鸣,食野之苹。
我有嘉宾,鼓瑟吹笙。
明明如月,何时可掇?
忧从中来,不可断绝。
越陌度阡,枉用相存。
契阔谈䜩,心念旧恩。

> 月明星稀,乌鹊南飞,
> 绕树三匝,何枝可依?
> 山不厌高,海不厌深。
> 周公吐哺,天下归心。

此诗不但直抒胸臆,而且借用《诗经》名篇《子衿》和《鹿鸣》中的诗句,熔铸"周公吐哺"等典故,对自己所要表达的情感进一步强化,具有很强的感染力。文字古朴中透露着鲜活,意象跳跃,似断实连。

《诗经》之后,创作四言诗者多如烟云,但优秀篇章较少。曹操却是一个特例,其四言诗作成就颇为突出,代表作品是《步出夏门行》组诗,其中《观沧海》《龟虽寿》流传较广。二诗如下:

> 东临碣石,以观沧海。
> 水何澹澹,山岛竦峙。
> 树木丛生,百草丰茂。
> 秋风萧瑟,洪波涌起。
> 日月之行,若出其中;
> 星汉灿烂,若出其里。
> 幸甚至哉!歌以咏志。
> 神龟虽寿,犹有竟时。
> 腾蛇乘雾,终为土灰。
> 老骥伏枥,志在千里;
> 烈士暮年,壮心不已。
> 盈缩之期,不但在天;
> 养怡之福,可得永年。
> 幸甚至哉!歌以咏志。

《观沧海》一诗取景宏大、视野开阔、有静有动、有实有虚,眼前景物与脑中想象水乳交融,歌颂了壮丽雄伟的山水,表达了诗人心驰宇宙的博大胸怀。清张玉谷评论说"写沧海,正写自也"(《古诗赏析》卷八)。

《龟虽寿》一诗则把生死哲理和神龟、老骥等形象结合在一起,表现了作者老当益壮、锐意进取的人生态度,也是其政治抱负的写照。

曹丕是曹操次子,后被曹操立为世子,最终代汉称帝,是为魏文帝。史书记载他"年八岁,能属文。有逸才,遂博贯古今经传诸子百家之书"(《三国志·文帝纪》注引《魏书》)。曹丕青年时期长时间生活在曹操政权的政治中心邺城,常与徐幹、陈琳、刘桢、吴质等众多文人交游、唱和。其特殊的政治地位和积极的文学实践,对邺下文人集团的形成和建安文学的繁荣有着不可忽视的贡献。

曹丕诗歌的压轴之作是《燕歌行》。二首其一:

> 秋风萧瑟天气凉,草木摇落露为霜。
> 群燕辞归雁南翔,念君客游思断肠。
> 慊慊思归恋故乡,君何淹留寄他方?
> 贱妾茕茕守空房,忧来思君不敢忘,
> 不觉泪下沾衣裳。援琴鸣弦发清商,
> 短歌微吟不能长。明月皎皎照我床,
> 星汉西流夜未央。牵牛织女遥相望,
> 尔独何辜限河梁?

全诗句句押韵,一韵到底,语气舒缓,悱恻缠绵。王夫之对此诗极为推重,誉之为"倾情、倾色、倾声,古今无两"(《姜斋诗话》)。

曹丕的《燕歌行》是现存中国古代最早的、最完整的七言诗,也是七言诗成熟的标志。七言诗虽然起源很早,但一直不被重视,不仅数量少,出色的作品更是难得一见。建安时期,多数诗人都致力于五言诗的创作。曹丕却卓尔不群,十分青睐七言诗。其《燕歌行》等七言诗创作的成功,为七言诗成为古代诗歌的重要体裁奠定了基础。

曹植是曹丕的同母弟,其文学才华远超曹丕,曹操原打算立其为世子,但由于他任性放纵、不谙韬略而逐渐失宠,世子之位为曹丕所夺。曹操生前,曹植走鸡斗狗、游宴赋诗,过的是贵公子的豪华生活。曹丕称帝之后,因之前的夺嫡之争而心怀忌恨,对曹植屡加迫害和贬黜。甚至到曹丕之子魏明帝曹叡之时,对曹植依旧猜忌和防范。曹植最终因失去自由、孤独困顿,抑郁忧怨而死。

曹植在建安诗人中留世诗歌最多,现存比较完整的有75首。曹植优秀诗作的主要基调是对建功立业、追求自由的渴望以及因身遭羁拘、壮志难酬的苦闷。他常常以"烈士""壮士"自比,关注国家的安定和统一,表示自己随时甘愿为国效命。如《白马篇》:

> 白马饰金羁,连翩西北驰。
> 借问谁家子,幽并游侠儿。
> 少小去乡邑,扬声沙漠垂。
> 宿昔秉良弓,楛矢何参差?
> 控弦破左的,右发摧月支。
> 仰手接飞猱,俯身散马蹄。
> 狡捷过猴猿,勇剽若豹螭。
> 边城多警急,虏骑数迁移。
> 羽檄从北来,厉马登高堤。
> 长驱蹈匈奴,左顾陵鲜卑。
> 弃身锋刃端,性命安可怀?
> ……
> 捐躯赴国难,视死忽如归。

在此诗中,曹植以游侠自况,满怀激情,吟唱着为国建功、平定天下的壮志豪情以及不计名利、公而忘私的高尚情操。全诗纵笔直叙,大开大合,酣畅淋漓。

曹植后半生因先后受到曹丕父子的猜忌和迫害,诗歌的题材和风格有明显的改变,其中抒发骨肉相残的感伤和怨愤的诗篇尤为突出。如采用象征的手法隐喻其事的《野田黄雀行》:

> 高树多悲风,海水扬其波。
> 利剑不在掌,结交何须多?
> 不见篱间雀,见鹞自投罗。
> 罗家得雀喜,少年见雀悲。
> 拔剑捎罗网,黄雀得飞飞。
> 飞飞摩苍天,来下谢少年。

曹植性喜交友,待人真挚。曹丕称帝后,曹植的朋友如丁仪兄弟、邯郸淳等或被杀,或遭贬。此诗与此史实有关,以雀比友,以少年喻己,抒发了朋友遭难而自己无力解救的忧愤,也曲折地反映自身所处政治状态的恶劣。运用这种手法的诗作还有《美女篇》《吁嗟篇》等。

而另外一些篇章则借咏史而抒怀,较少顾忌和束缚。如他在《怨歌行》中写道:"周公佐成王,金縢功不刊。推心辅王室,二叔反流言。待罪居东国,泣涕常流连。皇灵大动变,震雷风且寒。拔树偃秋稼,天威不可干。素服开金縢,感悟求其端。公旦事既显,成王乃哀叹。"用周公忠心辅政,管叔、蔡叔向成王进谗说周公有篡位之心,引起成王猜嫌的故事借古讽今,指斥曹丕父子对他的一味迫害。

另外一些诗篇则主要运用直接叙写和直抒胸臆的手法,表达自己的委屈和不满。比较有代表性的是《赠白马王彪》。此诗作于223年(魏文帝黄初四年)。这一年五月,曹植与兄弟曹彰、曹彪到京城洛阳朝会,不料曹彰无故在京暴死(传为曹丕所毒杀)。七月,曹植与曹彪相约同归封国,曹丕敕令有关人员前去阻扰,不准二人同行。曹植愤慨至极,遂成此诗。其中有对谗害曹氏兄弟关系的奸臣的痛斥:"鸱枭鸣衡轭,豺狼当路衢。苍蝇间白黑,谗巧令亲疏。"更多的笔墨是对兄弟之间生离死别的喟叹:"奈何念同生,一往形不归。孤魂翔故域,灵柩寄京师。存者忽复过,亡殁身自衰。""变故在斯须,百年谁能持?离别永无会,执手将何时?王其爱玉体,俱享黄发期。收泪即长路,援笔从此辞。"

曹植的诗歌成就得到了后人的高度评价,钟嵘称赞他的诗歌"骨气奇高,词采华茂",对于他在诗歌上的地位更是推崇有加:"陈思(曹植)之于文章也,譬人伦之有周孔,鳞羽之有龙凤。"(《诗品》)

"建安七子"是指孔融、陈琳、王粲、徐幹、阮瑀、应玚、刘桢。他们之中诗歌成就最为突出的是王粲,被后世称之为"七子之冠冕"。王粲的诗歌创作可分为前后两期。前期他历经董卓之乱、北方混战,南往荆州投奔刘表,颠沛流离,对社会有深刻的认识和体会。这个时期他的诗歌主要是伤乱悼时之作,其中最为出色的是《七哀诗》三首中的前两首:

> 西京乱无象,豺虎方遘患。
> 复弃中国去,远身适荆蛮。
> 亲戚对我悲,朋友相追攀。
> 出门无所见,白骨蔽平原。
> 路有饥妇人,抱子弃草间。
> 顾闻号泣声,挥涕独不还。
> 未知身死处。何能两相完?
> 驱马弃之去,不忍听此言。
> 南登灞陵岸,回首望长安。
> 悟彼下泉人,喟然伤心肝。
> 荆蛮非我乡,何为久滞淫?
> 方舟泝大江,日暮愁吾心。
> 山冈有余映,岩阿增重阴。
> 狐狸驰赴穴,飞鸟翔故林。
> 流波激清响,猴猿临岸吟。
> 迅风拂裳袂,白露沾衣襟。
> 独夜不能寐,摄衣起抚琴。
> 丝桐感人情,为我发悲音。
> 羁旅无终极,忧思壮难任。

第一首写离开长安、南下荆州避难途中的见闻、感受。其中"出门无所见,白骨蔽平原。路有饥妇人,抱子弃草间"四句备极叙写,一针见血,写出了作为幸存者目睹这一惨象的刺心痛苦。第二首抒发自己客居荆州的忧伤。诗人一问三叹,以狐狸归穴、飞鸟返林寄托思乡之情,孤独无奈中在暮色之下抚琴宣泄,寄寓漂泊之痛跃然纸上。

曹操平定荆州之后,王粲主动归附。其后的诗作多写游宴、从军之事,或表达逍遥欢乐,或对曹操歌功颂德,相对于前期而言少见佳作。

两晋诗人辈出,创作繁盛,有写世俗人情、追求辞藻华美的潘岳、陆机;有诗风高古质朴、感情激越的左思、刘琨;有以玄入诗、以诗谈玄的许询、孙绰。但不可否认的是,陶渊明才是两晋诗歌天空中的太阳,无人可及。

众所周知,陶渊明被尊为田园诗的创始人,一生写下了大量以田园风光和田园生活为题材的诗歌。代表作有《归园田居》五首、《饮酒》二十首、《读山海经》十三首等篇。

陶渊明的田园诗是其农村生活和精神心态的外化,表面上是写田园风情、农村景物和乡村日常生活,实际上是借助对田园的描写抒发胸臆,表达对身心自由的追求、对生命和谐的向往。《归园田居》五首其一突出体现了这一情趣。

> 少无适俗韵,性本爱丘山。
> 误落尘网中,一去三十年。
> 羁鸟恋旧林,池鱼思故渊。
> 开荒南野际,守拙归园田。
> 方宅十余亩,草屋八九间。
> 榆柳荫后檐,桃李罗堂前。
> 暧暧远人村,依依墟里烟。
> 狗吠深巷中,鸡鸣桑树颠。
> 户庭无尘杂,虚室有余闲。
> 久在樊笼里,复得返自然。

诗人的本性与世俗的浮华格格不入,他急于逃离虚伪的名利场,回归自己的精神家园——乡村。清新美丽的大自然、纯洁朴素的田园风光,让诗人身心俱醉,悠然神远。

而《饮酒》二十首其五则表现了他化入自然的心境和重获新生的欣喜,其诗如下:

> 结庐在人境,而无车马喧。
> 问君何能尔?心远地自偏。
> 采菊东篱下,悠然见南山。
> 山气日夕佳,飞鸟相与还。
> 此中有真意,欲辨已忘言。

诗人虽然没有遁迹山林,但已自觉地在心灵上与尘世保持距离。他采菊东篱、欣赏南山秋色。夕阳西下之时,心神与归鸟一样自由飞翔。忘掉了世俗、忽略了自我,神超形脱,达到了天人合一、物我两忘的理想境界。经过陶渊明的开创,田园风光和乡村生活成了文人群体的审美对象,成了文人精神和理想的归依。

陶渊明的田园诗平淡淳美,语言平易、朴素、自然,但营造的意境却醇厚悠远。苏轼评价陶诗说"外枯而中膏,似淡而实美"(《评韩柳诗》),"初看散缓不已,熟视则有奇趣"(《书唐诗六家书后》)。元好问认为陶诗"豪华落尽见真淳"(《论诗三十首》其四),与苏轼所见略同。

陶渊明诗歌的内容不为田园所囿,题材十分广泛,诸如羁旅、咏史、述怀、酬赠、谈理等等。另外,陶诗的风格也是多样的,既有素雅冲淡的一面,也有豪迈刚健的一面。在有些作品中,感情激荡不平,铿锵作鸣。这类作品的代表是《咏荆轲》:

> 燕丹善养士,志在报强嬴。
> 招集百夫良,岁暮得荆卿。
> 君子死知己,提剑出燕京;
> 素骥鸣广陌,慷慨送我行。
> 雄发指危冠,猛气冲长缨。

饮饯易水上,四座列群英。
渐离击悲筑,宋意唱高声。
萧萧哀风逝,淡淡寒波生。
商音更流涕,羽奏壮士惊。
心知去不归,且有后世名。
登车何时顾,飞盖入秦庭。
凌厉越万里,逶迤过千城。
图穷事自至,豪主正怔营。
惜哉剑术疏,奇功遂不成。
其人虽已没,千载有余情。

此诗以时空转换为序,描写了离京、饯行、登程、搏杀几个场面,尤其着力于人物动作、表情等细节的刻画,将一个大义凛然的除暴英雄形象呈现在读者眼前。比如,"提剑出燕京"形象地写出了荆轲仗剑赴义的勃发英姿;"雄发指危冠,猛气冲长缨",更以夸张之笔突出荆轲义愤填膺、热血沸腾的神情;而"登车何时顾"四句,排比而下,一气贯注,更写出了荆轲义无反顾、直蹈秦邦的勇猛。诗中虽没有正面写刺秦的场面,但从"豪主正怔营"一句,可以想见荆轲拔剑行刺之时那令风云变色的威势。

通过对环境、气氛的渲染来折射荆轲等志士的精神面貌。如易水饮别的场景:秋风萧瑟,易水滔滔,风水激荡,其声悲壮,加以高渐离击筑、宋意悲歌,极其强烈地表达出"壮士一去兮不复还"的英雄主题。唐骆宾王《于易水送人》一诗无论从炼句还是从意境上都与此诗有一脉相承之处。

朱熹对此诗极为欣赏,他说:"陶渊明诗,人皆说是平淡,据某看他自豪放,但豪放得来不觉耳。其露出本相者,是《咏荆轲》一篇。平淡底人如何说得这样的言语出来。"(《朱子语类》)这是颇具眼力的。当然,陶渊明的豪放诗作并非仅此一篇,《读山海经》十三首其九(夸父诞宏志)与其十(精卫衔微木)、《拟古》九首等诗作与此诗多有异曲同工之处。

第四节 诗盛大唐

清康熙年间编纂的《全唐诗》，收集了 2 300 多位诗人的 48 900 多首诗作。当然，这个搜集和统计必定是极不完全的，但却足以显现诗歌在唐代文学中的光彩夺目。唐诗数量之众多，内容之宏富，流派风格之多样，艺术成就之高，是其他任何一个朝代所无法比拟的。诗盛于唐，取得了难以逾越的辉煌成就。从某种意义上讲，唐诗已成为中国古典诗歌的代名词。

初唐的诗苑，基本上还是被齐、梁宫廷诗风所笼罩。大多数诗人过分追求形式和词藻，而轻视内容和风骨。以上官仪为代表的绮丽婉媚、香艳秾软的"上官体"风靡一时。"初唐四杰"王勃、杨炯、卢照邻、骆宾王锐意创新，一洗浮艳无物的氛围，并在创作上卓有成就。稍后的陈子昂追摹"四杰"意旨，继续倡导、推进诗歌改革，并在自己的创作实践中形成了内容充实、语言质朴、刚健沉郁的新诗风，为唐代诗歌创作的进一步发展奠定了基础。他的代表作品有《感遇》38 首、《蓟丘览古》7 首和《登幽州台歌》。

开元、天宝年间的盛唐时期，是唐代诗歌的繁荣阶段。当时才华横溢的诗人大量涌现，相映生辉。王维、孟浩然以清新闲雅、冲淡幽远的山水田园诗名世，高适、岑参以悲壮豪迈、苍凉壮阔的边塞诗著称，然而，最杰出的莫过于"诗仙"李白和"诗圣"杜甫。

李白壮年正逢唐朝极盛之时。他天才高逸，且极其多产，是唐诗的"形象大使"。其诗内容广泛，题材多样，且兼擅各种风格。既有像《蜀道难》《梦游天姥吟留别》那样构思奇特、汪洋恣肆的重彩之作，也有像《静夜思》《敬亭山》一类笔墨简洁却意蕴悠远的写意小品。既有像《望天门山》《登金陵凤凰台》那样的大处落笔、意境开阔的览胜怀古之作，也有《玉阶怨》《怨情》一类笔触细腻、含蓄哀婉的闺怨小诗。当然，想象丰富、热情奔放是他的主流诗风。

李白胸怀匡济苍生、安扶社稷的政治理想，他关心国计民生，希望得到重用，以诗文而名满天下并非他的最高和最终追求。但他不愿迎合权贵，因而屡遭排挤,落拓江湖。"安能摧眉折腰事权贵,使我不得开心颜",是他一生的自我写照。李白一生好游名山大川,写下了许多歌颂山河的优秀诗篇。在长期的漫游生活中,他结朋交友,互相酬唱,留下了大量的送别诗,如《送孟浩然之广陵》《金陵酒肆留别》《金乡送韦八之西京》《赠汪伦》等,都是人们耳熟能详的作品。

李白追求功名的欲望十分强烈,这在他的许多诗篇中都有体现,如他在《行路难》中高唱"长风破浪会有时,直挂云帆济沧海";而失意惆怅时他又顿生归隐之心,如在《宣州谢朓楼饯别校书叔云》中感叹"人生在世不称意,明朝散发弄扁舟"。

杜甫主要生活在唐朝盛极而衰的时代,在颠沛流离、四海飘零的贫困生活中,他深切体味到广大人民的忧患、疾苦。"安史之乱"前后,他写下了《兵车行》《丽人行》《羌村》《北征》和"三吏"(《新安吏》《石壕吏》《潼关吏》)、"三别"(《新婚别》《垂老别》《无家别》)等不朽诗篇,讲述了人民的苦难、战争的罪恶和统治集团的贪残。杜诗内容深刻,风格沉郁顿挫、雄健浑厚,语言精练,叙事谨严,真实地反映了广阔的现实生活,故有"诗史"之谓。

杜甫深受儒家思想熏陶,是一位心系国家黎民的伟大诗人。无论得失进退,他都以忧国忧民为己任。在《茅屋为秋风所破歌》中他写道:"安得广厦千万间,大庇天下寒士俱欢颜……吾庐独破受冻死亦足。"这种抒怀言志绝不是欺世盗名的矫揉造作,而是一种崇高的责任担当。与屈原在《离骚》中吟哦的"长太息以掩涕兮,哀民生之多艰""亦余心之所善兮,虽九死其犹未悔"在感情和道义上有着一脉相承的关系。王安石在《子美画像》一诗中说:"宁令吾庐独破受冻死,不忍四海赤子寒飕飕。伤屯悼屈只一身,嗟时之人我所羞。所以见公画,再拜涕泗流。"王安石这位"拗相公"一生"强项"不屈,唯独对杜甫佩服得五体投地,而瞧不起那些只为个人困苦而歌唱的诗人。

此外,杜甫还创作了大量山水诗和抒情诗。前者如《望岳》《绝句》《水槛遣心》等,后者如《登高》《登楼》《旅夜书怀》等,都是脍炙人口的名篇。

中晚唐诗人有钱起、卢纶等"大历十才子",有以元稹、白居易为代表的新乐府派,有以韩愈、贾岛、孟郊、李贺为代表的奇险冷僻派,而李商隐、杜牧的崛起又为晚唐诗坛留下一抹亮丽的霞彩。而其中的佼佼者当属白居易。

白居易曾将自己的诗分成讽谕、闲适、感伤和杂律四大类。四类诗中,他个人比较重视前两类,认为讽谕诗反映了"兼济之志",闲适诗显示出"独善之义";而感伤诗和杂律诗则"或诱于一时一物,发于一笑一吟,率然成章,非平生所尚"(《与元九书》)。这反映了白居易"文章合为时而著,歌诗合为事而作",主张接触时事、反映现实的创作原则。

《新乐府》五十首,《秦中吟》十首是白氏讽谕诗的精华。它们广泛反映了中唐社会生活各方面的重大问题,着重描写了现实的黑暗和人民的痛苦。这些诗措辞激烈,毫无顾忌,突破了"温柔敦厚"的诗教传统,在古代批评时政的诗歌中十分突出。如,在《杜陵叟》一诗中他就发出了"剥我身上帛,夺我口中粟。虐人害物即豺狼,何必钩爪锯牙食人肉"的愤怒呼声。

闲适诗多以描写友人唱和、山水田园为主,如《问六十九》《钱塘湖春行》等,明白晓畅,却又不乏准确、生动的神来之笔。

感伤诗以叙事长诗《长恨歌》《琵琶行》最为著名。《长恨歌》歌咏唐玄宗和杨贵妃的爱情故事,既有"汉皇重色思倾国"的寄寓和讽谏,更有"此恨绵绵无绝期"的感伤和同情。《琵琶行》则有"同是天涯沦落人"的遭际之感,且语言成就突出。此二诗叙事曲折,写情入微,善于铺排烘托,声韵流畅和谐,流传甚广。

白诗通俗易懂、形象生动、纯朴自然,在当时流传极广,上自宫廷,下至民间,处处可闻,其声名还远播朝鲜和日本。又因其容易学习和模仿,故对后世文学影响巨大,晚唐皮日休、杜荀鹤,宋代王禹偁、陆游及清代吴伟业、黄遵宪等,都受到过白诗的启示。

第五节　词宗两宋

词初名曲、曲子、曲子词,是配乐歌唱的,还被称作诗余、长短句。这许多名称主要是说明词与音乐的密切关系及其与传统诗歌不同的形式特征。

曲调的名称如"菩萨蛮""蝶恋花""念奴娇"等,叫做"词调"或"词牌"。按照词调作词称为"倚声"或"填词"。前人按词调的字数多少分为"小令""中调"或"长调"。词调中除少数小令不分段称为"单调"外,大部分词调分成两段,甚至三段、四段,分别称为"双调""三叠""四叠"。段的词学术语为"片"或"阕"。"片"即"遍",指乐曲奏过一遍。"阕"原是乐终的意思。一首词的两段分别称上、下片或上、下阕。词虽分片,仍属一首。故上、下片的关系,须有分有合,有断有续,有承有起,句式也有同有异,而于过片(或换头)处尤见作者的匠心和功力。

大部分词的句式长短不齐,押韵也变化多端。二字句、三字句、四字句、五字句、七字句,错综递用,宛如大珠小珠落玉盘。当然,词调中也有全首齐言的,如《生查子》上、下片实为两首五言绝句,《玉楼春》上、下片实为两首七言绝句。词体并未完全丢掉整齐之美。

词源于民间,始于唐朝,兴于五代,而盛于两宋。后世词的创作固然绵延不绝,也不乏巨匠高手,但始终无法与宋词相媲美。唐朝时李白的《菩萨蛮·平林漠漠暗如织》《忆秦娥·箫声咽》、白居易的《忆江南·江南好》、温庭筠的《望江南·梳洗罢》等在艺术上已达到了很高的成就。尤其是李白的《菩萨蛮·平林漠漠暗如织》,被称为"万词之祖"。五代十国时,词的创作队伍日渐扩大。西蜀、南唐两地,与战乱频仍的中原相比安定得多,成为文人的聚集地,促进了词的发展。赵崇祚编写的《花间集》记载的西蜀词人有韦庄、李珣、欧阳炯等十八家。南唐著名的词人有中主李璟、后主李煜等。李煜在国破家亡、俘居开封之后,词风大变,在作品中更多地抒发了个人的忧伤凄苦,读来哀婉动人。《虞美人·春花秋月何时了》《浪淘沙·帘外雨潺潺》《子夜歌·人生愁恨何能免》是其中的代表。

北宋前期词人首推晏殊。其擅长小令,多表达文人士大夫的诗酒生活和闲情逸致,语言工巧,音韵和谐,温润秀洁,婉转清丽。《浣溪沙·一曲新词酒一杯》《蝶恋花·槛菊愁烟兰泣露》《踏莎行·细草愁烟》等均是其力作。《浣溪沙·一曲新词酒一杯》中的名句"无可奈何花落去,似曾相识燕归来",百世传诵。

柳永是北宋第一个专力作词的词人,他不仅开拓了词的题材内容,而且制作了大量的长调慢词,发展了铺叙手法,促进了词的通俗化、口语化,在词史上产生了较大的影响。他的作品具有浓厚的市民生活气息,受众面较大,风行一时,有"凡有井水处即能歌柳词"的说法(叶梦得:《避暑录话》卷三)。柳永在民间享有大名,大家称之为"白衣卿相"。《雨霖铃·寒蝉凄切》《望海潮·东南形胜》《八声甘州·对潇潇暮雨洒江天》等描写了都市的繁华、歌伎的遭遇和自己落魄流离的生活。

　　著名诗人苏轼也是填词的能手。他冲破了狭隘的传统局限,"一洗绮罗香泽之态,摆脱绸缪婉转之度"(胡寅:《酒边词》序),开一代豪迈词风。在创作中,他借助诗的某些表现手法作词,并认为词和诗一样具有言志、咏怀的作用。苏词极富幻想,体现了浪漫主义的人文情怀,如《水调歌头·明月几时有》等;有些词作雄浑博大、豪迈奔放,如《念奴娇·赤壁怀古》《江城子·密州出猎》等。

　　由于女真政权的侵扰,中原沦陷,宋室南渡。这种历史巨变,激起词人的普遍觉醒,整个词坛的精神为之一振。复杂的民族矛盾和爱国热情成为南宋词的主流基调,南渡词人中最有成就的是陆游和辛弃疾。

　　陆游是一个非常关心民族安危和国家存亡的大诗人、大词人。在《十一月四日风雨大作》一诗中他写道:"僵卧孤村不自哀,尚思为国戍轮台。夜阑卧听风吹雨,铁马冰河入梦来。"壮怀激烈,念念不忘收复失地。在《诉衷情·当年万里觅封侯》这首词中,他感慨"胡未灭,鬓先秋,泪空流。此生谁料,心在天山,身老沧州",充满了国耻未雪、壮志难酬的悲愤情绪。与岳飞的《满江红·怒发冲冠》在情感基调上有相通之处。

　　辛弃疾和陆游一样,也是南宋的著名爱国志士,平生以气节自负,以功业自许,力主抗战。抗金复国是其作品的主旋律,其中不乏英雄失路的悲叹与壮士闲置的愤懑,如《破阵子·为陈同甫赋壮词以寄之》《永遇乐·京口北固亭怀古》《水龙吟·登建康赏心亭》《菩萨蛮·书江西造口壁》等,都是这类词作。他还以生动细腻的笔触描绘江南农村四时的田园风光、世情民俗,如《鹧鸪天·陌上柔桑破嫩芽》《清平乐·茅檐低小》《西江月·明月别枝惊鹊》等。

　　辛词题材广阔,又善于化用典故。风格沉雄豪迈且不乏细腻柔媚。在苏轼的基础上,大大开拓了词的思想、意境,提高了词的文学地位,巩固了词与五、七言诗分庭抗礼的文学地位。后人遂以"苏辛"并称。

　　李清照的词委婉含蓄、风格清新,上追李后主,下启纳兰性德,是婉约派的集大成者。由于生活的巨大变化,她的词以南渡为界,风格意蕴上有较大的区别。前期的词主要描写伤春怨别和闺阁生活,如《如梦令·昨夜雨疏风骤》抒发了惜春怜花的感情,《如梦令·常记溪亭日暮》则再现了少女生活的欢乐和轻松。后期的词充满了"物是人非事事休"的伤感情调,体现了对故国、往事的无限眷恋。如《声声慢》上阕表现词人"寻寻觅觅"、无所寄托的失落感,以及在"冷冷清清,凄凄惨惨戚戚"的环境中独自伤神的情态;下阕触景生情,悲秋自怜:"满地黄花堆积,憔悴损,如今有谁堪摘。守着窗儿,独自怎生得黑?梧桐更兼细雨,到黄昏、点点滴滴。这次第,怎一个愁字了得!"语言明白,节奏急促,情调凄婉。

《永遇乐·落日镕金》由"元宵佳节"引发感伤,追怀往日的"中州盛日"。下阕写道:"中州盛日,闺门多暇,记得偏重三五。铺翠冠儿,捻金雪柳,簇带争济楚。如今憔悴,风鬟雾鬓,怕见夜间出去,不如向、帘儿底下,听人笑语。"流露出家国变故、昔乐今哀的悲痛之情。宋末词人刘辰翁读此词,不觉"为之泪下"。

第六节　元曲妙音

元曲是元代文学创作的主流。一般来说,剧曲和散曲合称为元曲。元曲是中华民族灿烂文化宝库中的一朵奇葩,它在思想内容和艺术成就上都体现了独有的特色,和唐诗、宋词鼎足并举,成为我国文学史上三座重要的里程碑。

元曲原本来自所谓的"蕃曲""胡乐",首先在民间流传,被称为"街市小令"或"村坊小调"。随着元灭宋入主中原,先后在大都(今北京)和临安(今杭州)为中心的广袤地区流传开来。元曲有严密的格律定式,每一曲牌的句式、字数、平仄等都有固定的要求。但虽有定格,却并不死板,允许在定格中加衬字,部分曲牌还可增句,与律诗、绝句和宋词相比,有较大的灵活性。元曲将传统诗词、民歌和方言俗语糅为一体,形成了诙谐、洒脱、率真的艺术风格。

剧曲又称为元杂剧,其成就和影响远远超过散曲。剧曲实际上是散曲的组合,是若干诗歌短章。当然,它们在音律、叙事、逻辑、情感等方面要保持高度的协调,以完成剧目的演出。杂剧在元代极为盛行,有姓名可考的剧作家,据元钟嗣成的《录鬼簿》《录鬼簿续编》等文献记载,约有200多人,剧目600多种,保存到现在的有160多种,其中完整的有130多种。

随着元初城市经济的逐渐复苏和繁荣,市民对戏曲的需求日渐高涨。入主中原的蒙古贵族对汉族知识分子极端防范,读书人位于"八娼、九儒、十丐"的地位,他们仕途无望,大批地转向了文学艺术,从而专业剧作家大量涌现。蒙古统治者对歌舞戏曲的爱好也是元杂剧兴起和发展的重要条件之一。

元杂剧会聚了当时最优秀的作家,创作出了一批不朽的作品,至今仍以各种形式广泛流传于民间。最为著名的是享有"元曲四大家"之誉的关汉卿、白朴、马致远、郑光祖等。"元曲四大家"的代表作品分别是关汉卿的《窦娥冤》、白朴的《梧桐雨》、马致远的《汉宫秋》、郑光祖的《倩女幽魂》等。此外,王实甫的《西厢记》也是元曲中不可多得的名篇。

《窦娥冤》的剧情是:贫儒窦天章因无钱进京赶考,无奈之下遂将幼女窦娥卖给蔡婆家为童养媳。婚后窦娥丈夫去世,婆媳相依为命。蔡婆外出讨债时遭遇无赖张驴儿父子胁迫。张驴儿企图强占窦娥,并以毒死蔡婆相要挟,不料误毙其父。张驴儿诬告窦娥杀人,官府严刑逼讯婆媳二人,窦娥为救婆婆自认其罪,被判斩刑。临刑之时,窦娥指天为誓,死后将血溅白绫、六月飞雪、大旱三年,以明己冤,后来果然都一一应验。三年后窦天章任廉访使至楚州,窦娥鬼魂现身访父,于是重审此案,窦娥沉冤得雪。该剧语言通俗自然,朴实生动,极富个性。虽然不事雕琢,但感情真切,浅显而深邃。

《梧桐雨》描写唐明皇、杨贵妃两人爱情的悲欢离合。取材于唐陈鸿的传奇小说《长恨歌传》和白居易的长诗《长恨歌》。题目也化自《长恨歌》中的"春风桃李花开日,秋雨梧桐叶落时"诗句。《梧桐雨》的笔触情感浓郁,文辞华美,有淳厚的诗词风味。

《西厢记》的故事源于唐元稹的传奇小说《莺莺传》。记述张生与同时寓居在普救寺的已故相国之女崔莺莺相爱,在使女红娘的帮助下,两人在西厢约会,莺莺以身相许。后来张生赴京应试,得了高官。二人历尽磨难,终成眷属。明初著名戏曲评论家朱权在《太和正音谱》中称《西厢记》:"如花间美人,铺叙委婉,深得骚人之趣。极有佳句,若玉环之浴华清,绿珠之采莲洛浦。"读《西厢记》,就像步入一座迷人的艺术宝库,但觉其语言异彩纷呈,佳句目不暇给,令人叹为观止。

杂剧之外,还有和杂剧中的曲牌一样但没有念白和折子的歌曲,称为散曲。散曲又分为小令和套数(散套)两种体裁。是继承宋词、吸收民间俗曲和少数民族乐曲而形成的新的诗歌形式。《太和正音谱》收录的元散曲名家共计三百三十六人，著名的有关汉卿、马致远、张养浩、张可久、乔吉等。

马致远既是杂剧高手，又是散曲大家，今存散曲一百三十余首。他的写景之作，如《天净沙·秋思》《清江引·野兴》《寿阳曲·山市晴岚》，如诗如画，余韵无穷。他的咏怀之作，如《四块玉·叹世三首》《四块玉·天台路》，表达情性，挥洒自如。他的作品豪放中显飘逸、沉郁中见通脱，时人和后人均予以很高的评价。

张养浩的散曲流传下来的有160多首，涉及内容十分广泛。其咏史怀古之作尤为出色，其中最著名的是小令《山坡羊·潼关怀古》："峰峦如聚，波涛如怒，山河表里潼关路。望西都，意踟蹰，伤心秦汉经行处，宫阙万间都做了土。兴，百姓苦；亡，百姓苦。"

张可久的作品"如瑶天笙鹤，清而且丽，华而不艳"，张可久被誉为"不羁之材""词林之宗匠"（朱权：《太和正音谱》）。现存小令八百五十五首、套数九套。他精于音律，工于锤炼，喜欢借用、熔铸前人诗词。其小令《清江引·秋怀》："西风信来家万里，问我归期未？雁啼红叶天，人醉黄花地，芭蕉雨声秋梦里。"温婉动人，分别化用了范仲淹《渔家傲·塞下秋来风景异》中的"浊酒一杯家万里，燕然未勒归无计"、李商隐《夜雨寄北》中的"君问归期未有期"、杜牧《山行》中的"霜叶红于二月花"以及刘光祖《昭君怨》中的"疏雨听芭蕉，梦魂遥"等句。

与张可久曲风相近的还有乔吉，明李开先称"乐府（此处指散曲）之有乔、张，犹诗家之有李、杜"。乔吉的作品，如《水仙子·重观瀑布》："天机织罢月梭闲，石壁高垂雪练寒，冰丝带雨悬霄汉，几千年晒未乾。露华凉，人怯衣单。似白虹饮涧，玉龙下山，晴雪飞滩。"想象大胆，词句瑰丽。而《怨风情·咏雪》《天净沙·即事》等篇，又以生动浅白的语言以及生活中常见的事物巧妙作比，入于曲中，形成独特的意味。

第二十六章

散　文

我国古代为区别于韵文、骈文,凡不押韵、不重排偶的散体文章,包括经、传、史书在内,一律称之为散文。与现今文学中的"散文"是两种不同的概念。

第一节　先秦散文

先秦散文可分为史传散文和诸子散文两大类,分别隶属于历史和哲学两个范畴,主要是为记史和宣扬自己的思想学说而撰写的,并非单纯的文学创作。但史家要完整、准确地叙述史事。诸子或游说诸侯、猎取高位,或退而著书、授徒布道。这一切活动都推动了散文叙事手段、论证方式以及结构布局的发展。反之,先秦散文的发展也为当时文化的繁荣注入了不竭的动力。

先秦史传散文的发展得益于中国特有的记史传统。我国史官制度早已有之,周王朝中央和各诸侯国均设有以太史为首的史官系统。"君举必书","左史记言,右史记事,事为《春秋》,言为《尚书》"(《汉书·艺文志》)。

"尚"通"上",《尚书》即意为上古之书,是古代散文的滥觞。《尚书》的内容,为虞、夏、商、周各代典、谟、训、诰、誓、命等文献。"典"是重要史实或专题史实的记载,"谟"是记君臣谋略的,"训"是臣开导君主的话,"诰"是君主勉励臣下的文告,"誓"是君主训诫士众的誓词,"命"是君主的命令。还有以人为题的,如《盘庚》《微子》;有以事为题的,如《高宗肜日》《西伯戡黎》;有以内容为题的,如《洪范》《无逸》。都属于记言散文。个别篇章叙事较多,如《顾命》《尧典》。

《尚书》部分篇章有一定文采,且层次清晰、中心明确,并体现出人物的具体情态。《盘庚》三篇,是商王盘庚动员臣民迁都的训词,语气坚定、果断,显示了盘庚的目光远大。其中用"若火之燎于原,不可向迩"比喻煽动群众的"浮言",用"若乘舟,汝弗济,臭厥载"比喻群臣坐观国家的衰败,都比较形象。《无逸》中周公劝告成王:"呜呼!君子所其无逸,先知稼穑之艰难乃逸,则知小人之依。"《秦誓》写秦穆公打了败仗后,检讨自己没有接受蹇叔的意见时说:"古人有言曰:'民讫自若是多盘,责人斯无难,惟受责俾如流,是惟艰哉!'我心之忧,日月逾迈,若弗云来!"话语中流露出诚恳真切的态度。

《尚书》的大部分篇章文字古奥、语意晦涩,难以读懂,正所谓"周诰殷盘,诘屈聱牙"(韩愈《进学解》),除少数学者为学术研究而阅读外,常人一般很少问津。

"春秋"是周代编年体史书的通称,并不是专门指一部书。今见《春秋》是孔子根据《鲁春秋》修订而成。孔子编著的《春秋》记载了公元前722—前481年(鲁隐公元年到鲁哀公十四年)242年的历史,以鲁国史为经,别国史为纬,囊括了诸侯攻伐、盟会、篡弑及祭祀、灾异、礼俗等重要史实和制度,也是儒家经典之一。这部书有两个突出特点:第一,记述十分简略,常常以几个字记述一件历史事件,全书仅有16572字。它的史料价值很高,但不完备,王安石甚至说《春秋》是"断烂朝报"(《宋史·王安石传》)。第二,强调"书法","正名分""寓褒贬",注重微言大义。孔子的本意是要通过"口诛笔伐"使"乱臣贼子惧",维护等级制度和没落的周王朝统治秩序。

《春秋》的这两个特点大大降低了其可读性,妨碍了其流布和传播。相传与孔子同时期的鲁国太史左丘明采各国史籍作《左传》,全名《春秋左氏传》,用更丰富详细的史实解释《春秋》条目和其中蕴涵的思想。因此桓谭在《论》中说《左传》和《春秋》的关系"犹衣之表里,相持而成。经而无传,使圣人闭目思之,十年不能知也"。

《左传》全书共有180283字,记述的时间范围比《春秋》上下略有延伸。内容主要包括周王室的衰微,诸侯争霸的历史,对各类礼仪规范、典章制度、社会风俗、民族关系、道德观念、天文地理、历法时令、古代文献、神话传说、歌谣言语等,均有记述和评论。《左传》虽然是历史著作,但与《尚书》《春秋》却有所不同,"情韵并美,文彩照耀",是先秦时期最具文学色彩的历史散文,对后世史学、文学等方面都有重要的影响。

《左传》注重情节,将历史事件的记述故事化、戏剧化,通过曲折回环的叙写,追求扣人心弦、引人入胜的艺术效果。如《宣公二年》记述晋灵公和赵盾之间的生死较量,作者重点叙写了"晋灵公不君""钮麑触槐""提弥明搏獒"等场面,事事相连,环环相扣,惊心动魄,妙趣横生;紧接插叙了首阳山翳桑饿人的故事,然后转笔继续写赵盾脱险的过程、"赵盾公灵公与桃园",最后着墨于太史书"赵盾弑其君"等,一波未平,一波又起,读来令人感到美不胜收、不暇掩卷。

《左传》的写作虽然以事为主,但在行文中往往不可避免地把历史人物的刻画置于中心,将形形色色的历史人物描写得神形毕现,颇具立体感。《襄公二十七年》和《襄公二十八年》主要记述了确定晋文公霸主地位的著名战役城濮之战。作者较少关注战争具体过程和战争场面,却不惜笔墨,描写了晋文公的沉稳深虑和楚帅子玉的轻躁张狂,突显了二人素质上的差距,使战争结果不言自明。

《左传》擅长叙写论辩、辞令,理富文美,为后世称许。如《僖公四年》记载齐桓公率诸侯之师攻伐楚国,楚大夫屈完奉命前往和谈。齐桓公陈诸侯之师向其示威,屈完临危不惧,以"君若以德绥诸侯,谁敢不服?君若以力,楚国方城以为城,汉水以为池,(齐军)虽众无所用之"给予有礼、有力的回敬,理直气壮,义正词严,将一场战争化解于无形。另外,烛之武、宫之奇等《左传》中的人物都能在一定的场合发挥出简而有力、柔中带刚的语言魅力,也成为后人锻炼口才、学习文笔的名篇佳作。

《战国策》是一部国别体的史传著作,全书按照东周、西周、秦、齐、楚、赵、魏、韩、燕、宋、卫、中山依次分国编写,共33卷,约12万字,是西汉刘向根据相关史籍编写而成的。战国时期风云变幻,合纵连横,征伐和盟,政权更迭,都与谋士献策、智士论辩密切相关。《战国策》就是一部主要记述战国时期纵横家的政治主张和策略对策的历史著作,在我国古典文学史上亦占有重要地位。《战国策》的特色主要表现在以下几个方面:

第一,文采富艳。《左传》也以文采见称,两相比较,《战国策》的语言更为明快流畅、纵恣多变、曲尽风情。无论叙事还是论理,《战国策》常常使用铺排和夸张的手法与绚丽多姿的辞藻,以呈现酣畅淋漓的气势。语言不仅是摆事实、讲道理的工具,也是直接以感情打动人的手段。如《苏秦始将连横》《庄辛说楚襄王》等篇,都是显著的例子。

第二,描写人物的性格和活动具体细致、生动活泼。《左传》描写人物,大多是简笔勾勒。虽不乏传神之处,但失之简单。而《战国策》中,如《齐策》写冯谖三弹长铗、牢骚作歌,显示了他不甘平庸、渴望一展身手的心理状态。孟尝君一一满足其要求后,为报知遇之恩,他积极为孟尝君营建"三窟":一是焚券市义,在孟尝君的封地薛烧毁债券,解除百姓的债务,替孟尝君赢得当地百姓的爱戴。二是利用魏王抬高孟尝君身价,巩固其相位。三是请齐王立宗庙于薛,使齐王重视并保护薛地,孟尝君也就高枕无忧了。情节波澜起伏,将冯谖这位有胆识、有策略,同时也是恃才自傲、多辞善辩的奇士风采表现得淋漓尽致。《荆轲刺秦》一篇,更是精彩纷呈,激动人心。易水送别一节这样描写道:"太子及宾客知其事者,皆白衣冠以送之。至易水之上,既祖,取道,高渐离击筑,荆轲和而歌,为变徵之声,士皆垂泪涕泣。又前而歌曰:'风萧萧兮易水寒,壮士一去兮不复还。'复为羽声慷慨,士皆瞋目,发尽上指冠。于是荆轲遂就车而去,终已不顾。"描写细致、到位,笔墨饱蘸深情,感染力直达读者心扉。司马迁《史记·刺客列传》有关荆轲的部分大量沿用了《战国策》的原文。

第三,《战国策》所记的策士说辞,常常引用生动的寓言故事来辩论、说理、进谏,以取得理想的效果。这些寓言形象鲜明,寓意深刻,又浅显易懂。独立来看,它们本身就是文学宝库中的璀璨明珠。诸如"鹬蚌相争,渔翁得利""画蛇添足""狐假虎威""亡羊补牢""南辕北辙"等,后来都成为尽人皆知的成语故事。

由于《战国策》处处强调世贵君轻的思想,对后世王权至上思想存在一定的挑战和威胁,因而常常受到严厉的批评。但以历史的眼光来看,正体现了战国时代活跃的思想氛围。

它对语言艺术的重视和在这方面取得的成就,在文学史上更具有承上启下的作用。秦汉的政论散文、汉代的辞赋,都受到《战国策》辞采华丽、铺排夸张风格的影响;司马迁《史记》描绘人物形象的成功,也得益于对《战国策》艺术风格繁荣继承和发展。

诸子虽非专业文学家,但他们是各个学派的大师,为了讲学论道,他们必须提高自身著作的文学水准,故形成了蔚为壮观的诸子散文。

在诸子散文中当首提《老子》。《老子》又名《道德经》,相传为道家学派的创始人楚人老聃(李耳)所著,今本《老子》共八十一章,五千余言,在它的流传过程中可能经过战国时人的修订。

《老子》是一部公认的智慧著作。该书在世界万物的运行变化中提升出一个抽象的概念"道",认为"道"是万物生灭存亡的本源。并进一步阐述了"道"所支配的事物具有二元对立的特征,其对立面在一定条件下可以互相转化,从而促进事物的发展。在此基础上,他进一步提出了一系列以静制动、以退为进、以柔克刚、无为无不为的处事原则和治国方略,认为这是平息斗争、安邦定国的根本法宝。

"道生一、一生二、二生三、三生万物""道常无为而无不为""祸兮,福之所倚;福兮,祸之所伏""有无相生,难易相成,长短相形,高下相盈""大直若曲、大巧若拙"等,已成为经常使用的警句格言,显示了老子朴素辩证的哲学思想及崇静倡柔的人生主张。《老子》的语言凝练、含蓄,耐人寻味,发人深思。

《论语》记述了孔子及其弟子的言谈和行事,主要是孔子讲学论道和教授弟子的活动,由其弟子和再传弟子编纂而成,是一部语录体散文著作。《论语》书虽出于众手,但主要反映了孔子的儒学思想,后世极为看重。《论语》共有二十篇,篇中又各分若干章节。有些篇目内容相对集中,如《八佾》主要讲有关"礼"的问题,《里仁》则围绕"仁"展开讨论,但从总体上来看,篇目章节之间没有必然的联系,在编排上较为随便,随意性很强。

《论语》虽然有语录体短章构成,但在故事性和人物描摹方面却毫不逊色。往往在记述孔门师徒谈话的同时,通过简练的语言展现出不同人物的音容笑貌和性格特征。例如《颜渊》篇中有一段樊迟向孔子问学的话:

> 樊迟问仁。子曰:"爱人。"问知。子曰:"知人。"樊迟未达。子曰:"举直错诸枉,能使枉者直。"樊迟退,见子夏曰:"乡也吾见于夫子而问知,子曰:'举直错诸枉,能使枉者直',何谓也?"子夏曰:"富哉言乎!舜有天下,选于众,举皋陶,不仁者远矣。汤有天下,选于众,举伊尹,不仁者远矣。"

通过这样一个片断,孔子的简洁深邃、樊迟迟钝但又锲而不舍的精神、子夏的颖悟健谈,都尽现笔端。

《论语》以记言为主,其语言具有独特的风格和魅力,言简意赅、含蓄隽永。《论语》中所记孔子的教诲之言,或简单应答,点到即止;或启发论辩,侃侃而谈;富于变化,娓娓动人。其语言比较口语化,少有斧凿的痕迹,人物对话语气逼真,寥寥数语,即可想见说话者的情绪、性格,甚至令人有身临其境之感。最为典型的是《先进》篇中《子路、曾晳、冉有、公西华侍坐》一章:

子路、曾晳、冉有、公西华侍坐。子曰:"以吾一日长乎尔,毋吾以也。居则曰:'不吾知也!'如或知尔,则何以哉?"子路率尔而对曰:"千乘之国,摄乎大国之间,加之以师旅,因之以饥馑;由也为之,比及三年,可使有勇,且知方也。"夫子哂之。"求!尔何如?"对曰:"方六七十,如五六十,求也为之,比及三年,可使足民。如其礼乐,以俟君子。""赤!尔何如?"对曰:"非曰能之,愿学焉。宗庙之事,如会同,端章甫,愿为小相焉。""点!尔何如?"鼓瑟希,铿尔,舍瑟而作,对曰:"异乎三子者之撰。"子曰:"何伤乎?亦各言其志也。"曰:"莫春者,春服既成,冠者五六人,童子六七人,浴乎沂,风乎舞雩,咏而归。"夫子喟然叹曰:"吾与点也!"三子者出,曾晳后。曾晳曰:"夫三子者之言何如?"子曰:亦各言其志也已矣。"曰:"夫子何哂由也?"曰:"为国以礼,其言不让,是故哂之。唯求则非邦也与?安见方六七十如五六十而非邦也者?唯赤则非邦也与?宗庙会同,非诸侯而何?赤也为之小,孰能为之大?"

通过各自的发言表现了各人的志向和精神状态,孔子循循善诱、深沉温厚的长者之风,冉有的谨慎,曾晳的洒脱,子路的莽撞都跃然纸上。

《论语》中的对话常常运用比喻,使对话内容风趣、生动、形象、深刻。《子罕》中记述了孔子与子贡的一段对话:

子贡曰:"有美玉于斯,韫而藏诸?求善贾而沽诸?"子曰:"沽之哉!沽之哉!我待贾者也。"

子贡本在试探孔子是否有出仕之意,但话语间却只字不提,全在谈玉,彼此之间心照不宣,颇见水平。此外,以"朽木不可雕也"喻不成器(《公冶长》),以"升堂入室"喻学问到家(《先进》),均为后世所沿用。

孟子,战国时期邹(今山东邹城)人,师承子思(孔子之孙),继承并发扬了孔子的思想,提倡民本思想、仁政学说,成为仅次于孔子的一代儒家宗师。

《孟子》也是一部语录体散文,但主要内容是孟子个人的言论,由孟子和其弟子万章、公孙丑等共同述作,其他弟子整理而成。但全书首尾一贯,"如熔铸而成,非缀辑可就"(朱熹语),较为系统。且记言的篇幅明显加长,文章格局偏重于议论说理,语言也非常完美整饬。

长于论辩,是《孟子》散文的典型特征。在百家争鸣的时代,要阐明自己的观点,维护自己的立场,批评其他学派,就不得不进行论辩。《孟子》的论辩文,在逻辑上也许不如《墨子》严谨,但却更具有艺术的表现力,具有文学散文的性质。

《孟子》中的论辩文巧妙灵活地运用了逻辑推理的方法。孟子得心应手地运用类比推理,欲擒故纵,反复诘难,迂回曲折地把对方引向自己预设的结论。如《梁惠王下》中记述:

> 孟子谓齐宣王曰:"王之臣有托其妻子于其友而之楚游者,比其反也,则冻馁其妻子,则如之何?"王曰:"弃之。"曰:"士师不能治士,则如之何?"王曰:"已之。"曰:"四境之内不治,则如之何?"王顾左右而言他。

先以两个设问,使齐宣王顺着自己的思路得出两个不言而喻的结论,而后类推下去,使齐宣王在陷入自我否定的结论中而无言可对,只好"顾左右而言他"。利用对话、论辩的特点,巧妙设问,缓缓道来,引人入彀。

气势磅礴,是《孟子》散文的重要风格。这种风格,源于孟子的人格修养。孟子曾说:"我善养吾浩然之气。"(《公孙丑上》)"养气"是指按照人的天赋本心,对仁义道德经久不懈的自我修养,久而久之,升华出一种至大至刚、充塞天地的"浩然之气"。具有这种"浩然之气"的人,"说大人,则藐之"(《尽心下》),在精神上首先压倒对方,能够做到藐视政治权势,鄙夷物质贪欲,气概非凡,刚正不阿,无私无畏。

写起文章来,自然就情感激越,词锋犀利,气势磅礴。正如苏辙所说:"今观其文章,宽厚弘博,充乎天地之间,称其气之小大。"(《上枢密韩太尉书》)气盛言宜,孟子内在精神修养上的浩然气概,是《孟子》气势充沛的根本原因。同时,《孟子》大量使用排比、对偶、叠句等修辞手法,来加强文章的气势,使文气磅礴,若江河之决,沛然莫之能御。

《孟子》的语言明白晓畅,平实浅近,同时又精练准确,继承和发展了《论语》《左传》《国语》等开创的新的书面语言,形成了精练简约、深入浅出的风格。可以说,后来统治了我国两千多年的书面语言,在《孟子》那里已经基本成熟。

庄子,名周,战国宋国蒙(今河南商丘东北)人,道家学派的代表人物,老子哲学思想的继承者和发展者。后世将二人并称为"老庄"。《庄子》是庄周及其后学的说理散文集,今有三十三篇,分内篇七篇、外篇十五篇、杂篇十一篇。一般认为内篇为庄周所著,外杂篇是庄派后学对庄周思想的阐发。

庄子认为"道"是客观真实的存在,是宇宙万物的本源。在政治上主张无为而治,他把仁义和是非看作是加在人身上的刑罚,对当时统治者提倡的"仁义"和"法治"大加抨击,对世俗社会的礼、法、权、势进行了尖锐的批判,提出了"圣人不死,大盗不止""窃钩者诛,窃国者为诸侯"的精辟见解。在人类生存方式上,他崇尚自然,向往返璞归真,提倡"天地与我并生,万物与我为一"的精神境界,认为人生的最高境界是逍遥自得,是绝对的精神自由,而非物质享受与虚伪的名誉。

庄子对后世的影响,不仅表现在他独特的哲学思想上,而且表现在其文学成就上。鲁迅高度评价庄子散文说:"汪洋辟阖,仪态万方,晚周诸子之作,莫能先也。"(《汉文学史纲要》)

《庄子》中自称其创作方法是"以卮言为曼衍,以重言为真,以寓言为广"(《天下》)。"寓言"即虚拟的寄寓于他人他物的言语。人们习惯于以"我"为是非标准,为避免主观、片面,把道理讲清,取信于人,必须"藉外论文"(《寓言》)。"寓言"是《庄子》一书最主要的表现方式。这是因为庄子的哲学思想博大精深,深奥玄妙,不可捉摸,与其用概念和逻辑推理来直接表达,不如通过想象和虚构来象征、暗示。故全书仿佛是一部寓言故事集,这些寓言故事表现出超常的想象力,构成了奇特的形象世界,"意出尘外,怪生笔端"(刘熙载《艺概·文概》)。如《逍遥游》前半部分,不惜笔墨,用大量寓言铺张渲染,从鲲鹏展翅到列子御风而行的内容,并非作品的主旨,只是为了用他们的有待逍遥来陪衬、烘托至人的无待逍遥,而"至人无己,圣人无功,神人无名"这个论断,却如蜻蜓点水,一笔带过。《逍遥游》的主题是追求一种"无待"的逍遥境界。文章先为主题作铺垫,然后是主题的阐发,最后结束在至人游于"无何有之乡"的袅袅余音之中。

《庄子》诡奇的想象,是为了表达其哲学思想,即"寓真于诞,寓实于玄"(刘熙载《艺概·文概》)。南海之帝儵和北海之帝忽为了报答中央之帝浑沌的款待,为其日凿一窍,七日而浑沌死(《应帝王》),想象奇特大胆,从而耐人寻味地说明了"有为"之害。"颐隐于脐,肩高于顶,会撮指天,五管在上,两髀为胁"的畸形形象(《人间世》),怪诞而不可思议,所要表达的却是忘形免害、无用即大用的思想。《庄子》中奇幻的想象,还折射出他对现实社会的认识,充满批判精神。蜗角之中,触氏、蛮氏相与争地,伏尸数万,旬有五日而后返(《则阳》),想象夸张之极,令人难以置信,而这正是战国时期"争地以战,杀人盈野;争城以战,杀人盈城"(《孟子·离娄上》)社会现实的反映。《庄子》奇丽诡谲的艺术形象同时也是其深沉情感迂回曲折的流露。

《庄子》的语言如行云流水,跌宕跳跃,节奏鲜明,音调和谐,具有诗歌语言的特点。清人方东树说:"大约太白诗与庄子文同妙,意接而词不接,发想无端,如天上白云卷舒灭现,无有定形。"(《昭昧詹言》卷一二)庄子的句式错综复杂,富于变化,喜用极端之词、奇崛之语,有意追求尖新奇特。如《齐物论》写大风:

> 夫大块噫气,其名为风。是唯无作,作则万窍怒号,而独不闻之翏翏乎?山林之畏佳,大木百围之窍穴,似鼻、似口、似耳、似枅、似圈、似臼、似洼者、似污者。激者、謞者、叱者、吸者、叫者、譹者、宎者、咬者,前者唱于,而随者唱喁。泠风则小和,飘风则大和,厉风济则众窍为虚,而独不见之调调之刁刁乎?

既有赋的铺陈,又有诗的节奏。而像《逍遥游》末段那样的文字,简直就是抒情诗。庄子的思想在塑造后世文人群体的人格、性格方面,或许只能作为儒家的重要补充,但在文学艺术领域,庄子的影响是有过之而无不及的。

荀子,名况,战国后期赵人。他是继孔、孟之后儒家学派又一重要代表。荀子以儒家思想为主,兼采百家,在政治上主张礼法并用,在自然观方面提出了"明天人之分"和"制天命而用之"的思想。现在流传《荀子》共有32篇,是荀子自己撰著的说理性散文作品。

《荀子》一书的论说文章呈现出严谨、缜密、扎实的文风。

首先,《荀子》各篇的思想主题十分明晰、直露、准确、易于把握,意在言外之笔非常少见,也难见引人遐想之句,虽然文学意味较少,但显得比较理性,问题也相对实用,易于学习和模仿。

其次,荀子的文章长于对论题全面展开,注意运用分析、综合等方法,并擅长从问题的各个层面、角度和正反方面进行解剖,然后一一加以论证。如《劝学》篇首先提出"学不可以已"这一中心论点,然后即围绕这一观点展开全方位论述:先论学之必要,分别从学可易性、易教、增智三个方面加以说明;其次,论学之方法,从近善而捷、立身为要、持恒必成几个方面予以阐述;最后,论学之目标,从"至于礼为上"到"入乎耳、著乎心、布乎四体、形乎动静"的程度以及最终达到"贵其全"的境界逐层作了深入分析。全文关于学的论题,可谓面面俱到、层层深入,论述密不透风、丝丝入扣,令人折服,虽没有《庄子》不羁的逸气,却有引人思索、启人心智的学者风范。

再次,《荀子》诸篇结构谨严、语句整饬,多用排比句法,给人以严整规范之感。如《劝学》篇中的"故不登高山,不知天之高也;不临深溪,不知地之厚也;不闻先王之遗言,不知学问之大也";《天论》篇中的"天行有常,不为尧存,不为桀亡。应之以治则吉,应之以乱则凶。强本而节用,则天不能贫;养备而动时,则天不能病;修道而不贰,则天不能祸"。齐中求变,毫不呆滞。

韩非子出身于贵族世家,是韩国的旁支公子,曾就学于荀子门下,然而他并没有承袭儒家的传统思想,而是"喜刑名法术之学",继承并发展了法家思想,成为战国末期法家思想的集大成者。《韩非子》一书现在共保存55篇,大约十余万言,大部分为韩非自己撰著的作品。

当时,在思想界以儒家、墨家为代表,崇尚"法先王"和"复古",韩非子的法家学说坚决反对复古,主张因时制宜。韩非子攻击主张"仁爱"的儒家学说,主张法治,提出重赏、重罚、重农、重战四个政策,提倡君权神授。自秦以后,中国历代专制极权统治的建立,其理论基础主要来源于韩非子的学说。

韩非子是一位实用派作家,其文说理精密、文锋犀利、议论透辟,推证事理无不切中要害。比如《亡征》一篇,分析国家可亡之道达46条之多,实属难能可贵。《难言》《说难》二篇,无微不至地揣摩臣子进谏和君王纳谏的心理,以及如何在进谏时趋利避害,投合君王心理,达到预期的效果,考虑周密细致,达到了无以复加的地步。

后人对韩非子的文字技巧多予以肯定。张榜说它"圆转变化,百出不穷,而条理秩饿抽丝,文采扶疏,气势蓬勃"(《韩非子纂》);孙月峰说它"议论奇,辩难透"(姜思睿《诸子鸿藻》)。

韩非子善于用大量浅显的寓言和历史故事作为论证材料,以说明抽象的道理,形象地体现他的法家思想和他对社会人生的深刻认识。郭沫若在《韩非子的批判》一文中说道:"他(韩非子)能够以普通的常识为根据而道出人之所不能道,不敢道,不屑道。所以他的文章,你拿到手里,只感觉他的犀利,真是锋不可当,大有无可如何,只有投降之势了。"他文中很多寓言故事,因其丰富的内涵、生动的情节,已成为脍炙人口的成语典故,至今为人们广泛运用。最著名的有"自相矛盾""守株待兔""讳疾忌医""滥竽充数""老马识途"等。这些寓言故事蕴涵着深隽的哲理,给人以智慧的启迪,具有较高的文学价值。

第二节　秦汉散文

李斯早年跟随荀子学帝王之术,学成入秦。开始时被吕不韦任以为郎,后劝说秦王政灭诸侯、成帝业,被任为长史。秦王采纳其计谋,遣谋士持金玉游说关东六国,离间各国君臣,又任其为客卿。公元前237年(秦王政十年)下令将六国客卿驱逐出秦。李斯上《谏逐客书》阻止,为秦王政所采纳,不久官为廷尉,在秦王嬴政统一六国的事业中起了较大作用。秦统一天下以后,与王绾、冯劫共尊秦王嬴政为皇帝,并制定有关礼仪,被任命为丞相。秦始皇死后,他与赵高合谋,伪造遗诏,迫令始皇长子扶苏自杀,立少子胡亥为二世皇帝。后为赵高所忌,于公元前208年(秦二世二年)被腰斩于咸阳闹市。

《谏逐客书》是李斯的代表作,文章开宗明义,提出"臣闻吏议逐客,窃以为过矣"。文章围绕逐客可能带来的过失逐层展开。首先列举了秦国史上的穆公、孝公、惠王、昭王四位杰出君主,指出他们的成功主要得益于重用客卿:

昔穆公求士,西取由余于戎,东得百里奚于宛,迎蹇叔于宋,求丕豹、公孙支于晋。此五子者,不产于秦,而穆公用之,并国二十,遂霸西戎。孝公用商鞅之法,移风易俗,民以殷盛,国以富强,百姓乐用,诸侯亲服,获楚、魏之师,举地千里,至今治强。惠王用张仪之计,拔三川之地,西并巴蜀,北收上郡,南取汉中,包九夷,制鄢郢,东据成皋之险,割膏腴之壤,遂散六国之从,使之西面事秦,功施到今。昭王得范雎,废穰侯,逐华阳,强公室,杜私门,蚕食诸侯,使秦成帝业。此四君者,皆以客之功。

其次,指出秦王所贵重之物亦未必皆产于秦,认为只要可贵,就应该不分畛域,加以充分利用:

今陛下致昆山之玉,有隋和之宝,垂明月之珠,服太阿之剑,乘纤离之马,建翠凤之旗,树灵鼍之鼓。此数宝者,秦不生一焉,而陛下说之,何也?必秦国之所生然后可,则是夜光之璧,不饰朝廷;犀象之器,不为玩好;郑卫之女,不充后宫;而骏马駃騠,不实外厩;江南金锡不为用,西蜀丹青不为采。所以饰后宫,充下陈,娱心意,说耳目者,必出于秦然后可,则是宛珠之簪,傅玑之珥,阿缟之衣,锦绣之饰,不进于前;而随俗雅化,佳冶窈窕,赵女不立于侧也。

此节写得神完气足、词采飞扬,从秦王喜好的物品谈起,大大增强了说服力。然后一针见血地指出"今乃弃黔首以资敌国,却宾客以业诸侯,使天下之士退而不敢西向,裹足不入秦,此所谓藉寇兵而赍盗粮者也",明确指出实为损己助敌。最后总结道:"夫物不产于秦,可宝者多;士不产于秦,而愿忠者众。今逐客以资敌国,损民以益雠,内自虚而外树怨于诸侯,求国无危,不可得也。"分别从物力、人力等方面分析逐客的利害得失,振聋发聩。

文章针对秦王的心思,以事实为依据,逐层展开论说,层次清晰,结构完整,开阖自如。事实叙述之中不乏夸张修饰。《谏逐客书》代表了秦散文的最高成就,并对汉代散文影响颇深。

此外,值得注意的还有《吕氏春秋》,它是秦国丞相吕不韦组织门客集体编撰的一部杂家著作,又名《吕览》。此书共分为十二纪、八览、六论,共十二卷、一百十六篇、二十余万字。《吕氏春秋》保存着先秦各家各派的不同学说以及不少古史旧闻、古籍佚文及一些古代科学知识,其中不少内容是其他书中所没有的。

西汉前期,贾谊、晁错的论说文被鲁迅称为"西汉鸿文"。这个时期的哲理散文多吸取秦亡的历史教训,文风上多纵横驰骋。

贾谊的政论文善于在历史事实的强烈对比中分析利害冲突,在铺张渲染中酿造充沛的气势,行文畅达,语言犀利。代表作有《治安策》(一作《陈政事疏》)《论积贮疏》《过秦论》等。其中《过秦论》是历代传颂的名篇,文中极力夸张六国合纵抗秦的盛况来渲染秦国的声威:

> 及至始皇,奋六世之余烈,振长策而御宇内,吞二周而亡诸侯,履至尊而制六合,执敲扑而鞭笞天下,威振四海。南取百越之地,以为桂林、象郡;百越之君,俯首系颈,委命下吏。乃使蒙恬北筑长城而守藩篱,却匈奴七百余里。胡人不敢南下而牧马,士不敢弯弓而报怨。

就是这个威震四海的王朝,被"才能不及中人"、"崛起于阡陌之中"的陈涉"率疲弊之卒,将数百之众"攻下,即土崩瓦解。最后精辟地点出"仁义不施而攻守之势异也"的结论。他以政治家敏锐的头脑总结了秦王朝兴衰成败的历史教训来作为汉朝的前车之鉴,对比的手法、铺排的句式,极具说服力。

晁错与贾谊同为"西汉鸿文"的代表作家,他的文章切实中肯,逻辑严密,条理清晰,体现了对社会的深刻观察和匡救时弊的政治热情。其著名的政论散文有

《论贵粟疏》，文章一方面写农民"春不得避风尘，夏不得避暑热，秋不得避阴雨，冬不得避寒冻，四时之间，亡日休息"，"尚复被水旱之灾，急政暴赋，赋敛不时"，就会落得"卖田宅，鬻子孙以偿责"的后果；而富商大贾却"男不耕耘，女不蚕织，衣必文采，食必粱肉"，"千里游敖，冠盖相望，乘坚策肥，履丝曳缟"。在这种强烈的对比下，指出了时政的不合理，提出"劝农立本""入粟拜爵"的主张来解决农业出路。其文风气势恢弘，明快畅达，颇具先秦法家之风。

司马迁，字子长，夏阳（今陕西韩城南）人。司马迁少时随父读书，曾师从董仲舒、孔安国等人学习，公元前108年（元封三年），继父职，任太史令，阅读了大量藏书，广泛搜集史料，为编写史书进行了充分准备。公元前102年（太初三年）受命制定"太初历"，并动手写《史记》。公元前98年（天汉三年）因李陵事下狱受腐刑。司马迁虽然愤不欲生，但仍忍辱含垢，发愤著书，终于在公元前93年（太始四年）左右完成《史记》这一伟大著作。

《史记》代表了古代历史散文的最高成就，鲁迅称之为"史家之绝唱，无韵之离骚"（《汉文学史纲要》）。它是我国第一部纪传体通史，记录了从传说中的轩辕氏黄帝开始到汉武帝太初年间约三千年的历史发展过程。司马迁首创纪传体例，全书由八书、十表、十二本纪、三十世家、七十列传五个部分相互补充配合组成，统揽历史人物和历史事件。

《史记》是一部人物传记。它记录了四千多个人物，不少人物达到了典型化的程度。司马迁以高超的技法，为后世留下了一列生动的人物画廊。首先，他爱用"互现法"来突出人物的性格，保持人物的完整性。方法是在本人的传记中表现他的主要经历和性格特征，而其他的一些事件和特点则置入别人的传记中去描写。如《高祖本纪》中主要写刘邦起义、战斗、开国的经历，写他雄才大略，得天下后仁爱保民、稳固政权等等，表现出一代开国帝王的风采，而他性格中的狡诈、阴险、无赖的一面则在其他人物传记中表现。《项羽本纪》中不仅通过范增之口写刘邦的"贪于财货，好美姬"，并且写了他的无赖和无情：

> 当此时，彭越数反梁地，绝楚粮食，项王患之。为高俎，置太公其上，告汉王曰："今不急下，吾烹太公。"汉王曰："吾与项羽俱北面受命怀王，曰'约为兄

弟',吾翁即若翁,必欲烹而翁,则幸分我一杯羹。"

围汉王三匝。于是大风从西北而起……楚军大乱,坏散。而汉王乃得与数十骑遁去。……汉王道逢得孝惠、鲁元,乃载行。楚骑追汉王,汉王急,推堕孝惠、鲁元车下,滕公常下收载之,如是者三。曰:"虽急,不可以驱,奈何弃之?"于是遂得脱。

其次,作者善于抓住人物一生中最具典型意义的事件和行为来突出性格特征。如赵国名相蔺相如,只记他三件事:完璧归赵,表现他的机智勇敢、敢担重任;渑池会,表现他正义凛然、不辱国体;将相和,表现他以国家利益为重,不计较个人恩怨。从这三个方面表现了他的精神境界和高尚人格。再如描写李广,选取四个战役来表现他一生的风采和坎坷遭遇:上郡之战,突出他的"善射"本领和临危不惧的大将风度;雁门之战,显示他的机智和应变才能;右北平之战,凸显他的胆识和神威;从卫青袭击单于之战,侧重叙述他的坎坷遭遇,详略结合,给出了一个完整的李广形象。再次,作者还善于在特定的场面环境和激烈的矛盾中塑造人物。如《鸿门宴》,在这场斗力与斗智的激烈角逐中,项羽一方拥兵自重却糊涂懵懂,心思各异;刘邦一方势单力薄却都头脑清醒,团结一致。在一波未平一波又起、剑拔弩张、情势危急的紧张激烈的矛盾中,司马迁充分展示了项羽的暴躁耿直、刘邦的奸诈圆滑、范增的阴鸷深刻、张良的老谋深算、樊哙的貌似鲁莽却颇有计算等等,把他们的性格刻画得栩栩如生,淋漓尽致。此外,作者还善于运用对比、烘托、心理描写、细节描写、富于个性化的语言等多方位透视,显示出对历史人物的宏观定位和深度把握。

《史记》对人物巧妙的编排,形成了婉转多变的叙事脉络,叙事写人达到了天衣无缝的程度。作者高度重视人在历史中的地位和作用,以人为本记载历史,用一个个人物传记构成了整个历史,结构严密,体制完整。司马迁遵守着"究天人之际,通古今之变,成一家之言"这一修史的宗旨,铸成了我国古代散文史上这座伟大的丰碑。

《汉书》是继《史记》之后又一部纪传体史学名著,主要作者是班固。它是我国第一部断代史,记录了自高祖元年到王莽地皇四年229年的历史。班固著史与司马迁不同,乃是奉召修史,所以直接受皇家意志的限制,更加平实客观、冷静翔实地照录史实,体现了《汉书》的"官史"特色。

总体看来,《汉书》没有《史记》那样深厚的感情,行文也不像《史记》那样富于变化、挥洒自如,但是《汉书》叙事平实稳健,文章组织严谨,语言富丽典雅又庄重凝练,不失为史传文的典范。其中也有不少人物传记,临摹得细腻生动,最负盛名的是《李广苏建传》中对李陵、苏武的精细刻画。尤其是李陵劝降苏武一段的文字描写,他联系自己的身世以及当朝现状设言,言辞恳切,"人生如朝露,何久自苦如此!陵始降时,忽忽如狂,自痛负汉,加以老母系保宫,子卿不欲降,何以过陵!且陛下春秋高,法令亡常,大臣亡罪夷灭者数十家,安危不可知,子卿尚复谁为乎?"苏武却丝毫不为所动,突出了一个忠贞不渝的爱国者的光辉形象。在李陵为苏武置酒送别时,也刻画了他复杂的心境:"'径万里兮度沙幕,为君将兮奋匈奴。路穷绝兮矢刃摧,士众灭兮名已隤。老母已死,虽欲报恩将安归!'陵泣下数行,因与武决",对苏武的赞佩和羡慕,对汉朝的依恋和愤恨,孤处异域的无奈和悲凉,有国难回的悲哀和痛苦,千结百念,汩汩流出。

总之,《汉书》是一部信实可据的优秀史著,在文学史上有很高的地位,与《史记》并称"史汉"。

第三节 魏晋南北朝散文

魏晋南北朝是中国古代散文的变化发展时期,出现了骈文,并成为"一代之文学"。三国的散文重点是建安和正始两个时期。汉魏之际,代表作家是"三曹七子";正始是司马氏图谋篡位之时,代表作家是"竹林七贤"。

建安和曹魏初期的散文,首先突破传统礼教规范的束缚,扫荡了经学牵强附会、繁琐求证的作风,形成了清峻、通脱、骋词、华靡的文风。

曹操的散文,突破了旧的传统,一反重典实、趋偶对、尚词采的文风,意到笔随,质实明练,在汉末文坛上独树一帜,被鲁迅誉为"改造文章的祖师"。最有代表性的文章是《让县自明本志令》。当时,三国鼎峙之势初定,曹操已经统一了淮河以北广大地区,出现了"三分天下有其二"的局面,因位高权重,招致朝野谤议。为了说明自己毫无废汉自立的野心,写出此文明告天下:

> 今孤言此,若为自大,欲人言尽,故无讳耳。设使国家无有孤,不知当几人称帝,几人称王!或者人见孤强盛,又性不信天命之事,恐私心相评,言有不逊之志,妄相忖度,每用耿耿。齐桓、晋文所以垂称至今日者,以其兵势广大,犹能奉事周室也。

文章推心置腹,豪爽坦率,自然通脱,一扫汉代儒生动辄援引经义、迂远空阔的习气。

曹丕的文章语言渐趋华美,骈偶的气息重,抒情的气氛浓,代表着文章由质趋华的倾向。《与吴质书》中对往日"南皮之游"的描写和今日"节同时异、物是人非"的感慨最为动人。全文以整齐的语句、华丽的辞藻抒情怀旧,写对挚友的深情,表现出书简散文的新特色。他的《典论·论文》是我国文学批评史上最早的一篇论文专著。

曹植是建安时代最负盛名的作家,长于诗赋,精于散文。他文才富艳,为文华丽而恣肆,《与杨德祖书》和《与吴季重书》都是写得很有辞采和锋芒的文章,措辞设意想象丰富,其华辞丽句开启了六朝的骈俪文风。

在"建安七子"中,文学成就较大的是孔融。孔融长于散文,言辞高妙,笔锋犀利,文气刚健,时杂嘲讽。他所创作《荐祢衡表》《与曹公论盛孝章书》《难曹公表制酒禁书》等,都是传世名作。《与曹公论盛孝章书》叙述当时名士盛孝章的处境,希望曹操给予帮助,并举燕昭王为例,说明凡有为之君定要招贤纳士。语言恳切,词义委婉,感情真挚。《难曹公表制酒禁书》举例揭穿曹操禁酒的目的是"但惜谷耳",写得锋芒毕露,痛快淋漓。曹丕称赞孔融的文章"不能持论,理胜乎词,以至于杂以嘲讽"(《典论·论文》)。

曹魏正始以后,玄学勃兴,玄风也影响了文风。"竹林七贤"崇老庄,尚清闲,其中阮籍、嵇康主张"越名教而任自然",反对当时的政教,对司马氏政权表现了极其强烈的不满。

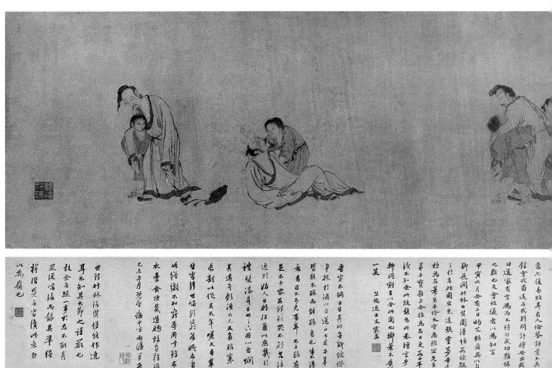

>>> 正始以后,玄学勃兴,玄风也影响了文风。"竹林七贤"崇老庄,尚清闲,主张"越名教而任自然"。图为明代张灵《竹林七贤图》。

最能代表阮籍思想特点和文风的是《大人先生传》。文章的主旨是借宣传老庄顺乎自然的思想,对维护封建帝王统治的礼法制度进行猛烈抨击。"大人先生"是作者虚构的人物,具有超越一切道德规范的绝对自由,而把当时的礼法之士比作裈中之虱,极尽调笑讽刺之能事。文章寓意深刻,想象奇特,杂用赋体,奇偶相成,韵散并用。

嵇康性格刚直,嫉恶如仇,其代表作是《与山巨源绝交书》。山巨源与嵇康同是"竹林七贤"中的人物,后来未能坚持隐退而依附司马氏集团。这是嵇康公开与司马氏决裂的宣言书。信中详尽地说明了做官"有必不堪者七",无所掩饰,个性直露;"甚不可者二",即"非汤武而薄周孔"与"刚肠嫉恶,轻肆直言",明确地表明了自己的政治见解和为人处世的态度。文章亦骈亦散,以散文的气度带动骈句,语势灵活,足以代表当时骈文的成就和特色。

西晋时期,文风趋向骈俪典雅,骈文成熟。著名文人有所谓"三张、二陆、两潘、一左",而散文成就较大的是潘岳和陆机。

西晋初期李密的《陈情表》是被人传诵的名篇。李密初仕蜀汉。蜀亡,晋武帝立太子,召他为太子洗马,他上书《陈情表》以祖母年老病笃为由辞谢,措辞谨慎,情状真切:

> 日薄西山,气息奄奄,人命危浅,朝不虑夕。臣无祖母,无以至今日;祖母无臣,无以终余年。母孙二人,更相为命,是以区区不能废远。

全文直抒真情,恳切陈言,委婉得体,悲恻动人。

潘岳散文以"尤善为哀诔之文"著称,其代表作是《马汧督诔并序》。序为散体,诔为韵文。诔文以大量的篇幅真实地描述了当时羌中的危急形势,马敦在激烈的防守战中英勇果断和机智,奋力抗敌,固守孤城立有大功,但却被州司嫉妒,诬陷下狱,蒙冤而死。潘岳此诔,语言整齐,骈散相济,感慨至深,哀怨凄恻,是一篇有现实意义的作品。

陆机与潘岳一样,为文喜欢铺写,句尚整齐,语求华美。散文名篇有《吊魏武帝文》。序文骈散相间,吊文全是六言韵语,主要抒写对曹操的悼念之情,对他的功绩充分肯定,但也指出了曹操临终时对家庭琐事的无能为力和恋念不已,丧失了应有的明智,表达了对短促人生无可奈何的慨叹。文章感情充沛,富于感染力,语言整饬凝练,初步具备了骈文的规模。

东晋文士"精名理,善论难",他们描写景物、剖析事理的深刻度超过了西晋,文章独具"清通简要"的特点。众多散文作家中较为杰出的是王羲之、陶渊明。

王羲之,字逸少,是书法名家,其笔势"飘若浮云,矫若游龙",被誉为古今之冠。王羲之也长于诗文,其散文佳作《兰亭集序》是千古传诵的名篇。文章跳出了"玄风玄虚"骈俪风气的影响,具有清新疏朗、自然流畅的风格,是一篇让人读来赏心悦目的景物散文,如他对暮春风物的生动的描写:

此地有崇山峻岭,茂林修竹,又有清流激湍,映带左右。引以为流觞曲水,列坐其次,虽无丝竹管弦之盛,一觞一咏,亦足以畅叙幽情。是日也,天朗气清,惠风和畅。仰观宇宙之大,俯察品类之盛,所以游目骋怀,足以极视听之娱,信可乐也。

陶渊明,字元亮,世称靖节先生。曾经三次出仕,最后一次因为"不为五斗米折腰向乡里小人"而自免官职,从此隐居,是一位人格高洁的隐士。他志趣高远,追求真朴的人生理想和恬淡娴静的人品格调。他是中国文学史上影响深远的伟大诗人,也是非常杰出的散文家。他的文章对田园风光、生产劳动体验的描绘较多,雅间众体,朴素自然,清新隽永,以率直、真淳见长。如《五柳先生传》:

先生不知何许人也,亦不详其姓字,宅边有五柳树,因以为号焉。闲静少言,不慕荣利。好读书,不求甚解;每有会意,便欣然忘食。性嗜酒,家贫不能常得。亲旧知其如此,或置酒而招之;造饮辄尽,期在必醉。既醉而退,曾不吝情去留。环堵萧然,不蔽风日;短褐穿结,箪瓢屡空,晏如也。常著文章自娱,颇示己志。忘怀得失,以此自终。

赞曰:黔娄之妻有言:"不戚戚于贫贱,不汲汲于富贵。"其言兹若人之俦乎?衔觞赋诗,以乐其志。无怀氏之民欤?葛天氏之民欤?

以简单的语言、平淡的笔调叙述自己的志趣,塑造了这样一个理想的高尚人物。

《桃花源记》是又一篇传世美文,作者用明净的语言虚构了一个景色优美、生活恬淡、充满诗情画意的理想社会,反映了人们用劳动创造和平、幸福生活的愿望,在艺术上达到了绝妙的境地。

南北朝时期骈文盛行。骈文是一种具有均衡对称之美的文体,形式上多精工对偶,和谐声韵,辞藻华丽,是广义的散文的一部分。南朝时,骈文成熟定型,驰骋整个文坛;北朝时文章也注重骈偶,但是其质朴求实的文风超过了南朝。

鲍照是刘宋时代很有成就的作家,他的《登大雷岸与妹书》是盛传不衰的杰作。虽然是一封书信,但是却用大量篇幅描写了自然景物及其审美感受,开骈文体家信的先河。其描写庐山一段最为精彩:

西南望庐山,又特惊异。基压江潮,峰与辰汉相接。上常积云霞,雕锦缛。若华夕曜,岩泽气通,传明散彩,赫似绛天。左右青霭,表里紫霄。从岭而上,气尽金光;半山以下,纯为黛色。信可以神居帝郊,镇控湘、汉者也。

齐梁时期,出现了大批优秀的骈文,如孔稚珪的《北山移文》、陶弘景的《答谢中书书》、吴均的《与宋元思书》等,这些文章都重在刻画山川景物,给人以身临其境的感觉,文辞优美,风格淡雅,历来被称为骈文中的精品。骈文至徐陵、庾信时达到高峰,此时文章几乎全篇骈偶,平仄协调,辞藻上更是"丽藻星铺、雕文锦缛"。

整个北朝时期,散体作家首推郦道元、杨衒之、颜之推。郦道元的《水经注》以精美之笔、赞叹之情描摹山水景物,文笔清新,富于情趣。《洛阳伽蓝记》是杨衒之所著的历史散文,具有极高的史料价值,主要是描写北魏都城洛阳佛寺的兴衰,全书体系完整,语言简洁。颜之推著《颜氏家训》20篇,以望子孙学以自立,语言朴素自然,风格质实刚健,表现出与南朝不同的鲜明特征。

第四节　唐代散文

　　唐代是中国散文发展史上最为辉煌的时期之一，也是中国散文发展史上文章变化的重要阶段。这一时期的文章，一方面扬六朝余波，讲究骈文；一方面革六朝旧习，提倡古文。

　　唐初，骈文仍然占据文坛的主流地位，但是此时已经出现了一些新的变化。自"唐初四杰"始，不少作品已于工整的对偶、华丽的词藻之外展现出活泼的形式和刚健的风格。如王勃的《滕王阁序》、骆宾王的《代李敬业传檄天下文》，其落霞孤鹜之景，一抔六尺之情，已为人千古传诵。还有王绩的《答冯子华处士书》《五斗先生传》等文，以质朴不矫饰的语言抒写个人情怀，风韵潇洒，文句自然。陈子昂是初唐复古第一人，他提倡恢复文学的比兴寄托。到盛唐时期，散文开始由骈入散，文风大有改变。发展到中唐时期，开始了古文运动，骈文的丽辞浮藻、征事用典已渐被散体文风代替，抒情简洁明快，如行云流水，说理深刻透彻，晓畅易懂。唐代古文运动为文章的改革做出了巨大贡献，主要代表人物是韩愈、柳宗元。他们提出了"文以载道"的理论主张，阐明了"道"的含义，注重经世致用，反对形式主义以端正文风，与现实相联系，用自己的理论与具体创作开创了新古文观。

　　韩愈，字退之，自称郡望昌黎，后世称之为韩昌黎。他是中国文学史上最出色的散文家之一。他的文章各体皆擅，在继承传统的基础上多有创新，最为人称道的是论说文。他用"不平则鸣"的笔法对许多社会现象进行了大胆辛辣的讽刺和批判。如《杂说四》：

　　　　世有伯乐，然后有千里马。千里马常有，而伯乐不常有。故虽有名马，祗辱于奴隶人之手，骈死于槽枥之间，不以千里称也。马之千里者，一食或尽粟一石。食马者不知其能千里而食也。是马也，虽有千里之能，食不饱，力不足，才美不外见，且欲与常马等不可得，安求其能千里也？策之不以其道，食之不能尽其材，鸣之而不能通其意，执策而临之，曰："天下无马！"呜呼！其真无马邪?其真不知马也!

以伯乐与千里马比喻贤臣难遇明主,而抒不平之怀。再如《师说》,主张"无贵无贱,无长无少",都可以为师,"道之所存,师之所存",通过各种人物层层比较,揭示今之士大夫"耻学于师"的愚昧可笑,这些教育思想至今仍然十分重要。

韩愈是一位善辩之士,其议论文往往极具震慑力。像《原毁》,通篇以古今"君子"对比,谴责当时一些士大夫百般挑剔、诋毁后进之士的不良风气,并指出其原因在于"忌"。并穿插"某良士""某非良士",一反一正,尖锐揭露所谓"今之君子"所隐藏的卑劣的内心活动,行文活泼,整齐中见波澜。《谏迎佛骨表》,是他冒着杀头的危险直谏的文章,充溢着强烈的情感力量,蕴含着常人难有的勇气和胆魄。他针对唐宪宗从凤翔法门寺迎佛骨入大内奉养一事而上书,当满朝上下如醉如狂奉佛骨如神明之际,韩愈敢于直斥之为"朽秽之物",并对宪宗亲临观之的行为表示"耻之",认为"伤风败俗,贻笑四方",最后提出应该将佛骨"投诸水火,以断天下之惑"。他是从国家的利益出发,指责统治者蠹财佞佛害国愚民的愚蠢行为。说理严密,条理清晰,语言刚劲,气势磅礴。此外,他的一些祭文如《祭十二郎文》,序文如《送李愿归盘古序》,碑志铭文等都有很高的成就,他是我国古代卓越的语言巨匠之一,对后世散文影响深远。

柳宗元与韩愈并称"韩柳",是古文运动的核心人物之一。其文雄深雅健,简明俊洁,众体兼长,各具特色。他对我国散文史的贡献首先在于山水游记,《永州八记》最负盛名,代表了我国山水文学的最高成就。文笔清新优美,富有诗意,在抒写自然之乐中常常感叹自己的不幸,倾注了强烈的主观感情,曲折地表现了对丑恶社会现实的抗议。如《钴鉧潭西小丘记》,柳宗元看到"唐氏之弃地,货而不售",同病相怜之感油然而生,深感自己被朝廷贬谪抛弃犹如眼前小丘。永州的奇山怪石、异木幽泉,在作者的笔下都成了他性格感情的象征。他的山水游记借物写心,大大拓展了文化内涵,成为一种独立的文体。柳宗元对散文的另一大贡献是寓言故事。他在继承前人的基础上大有创新,第一次把寓言发展成为一种独立的、富有文学意味和斗争性的文体,使寓言以新颖独特的形式出现于我国古代散文之中。代表作是《三戒》《罴说》《蝜蝂传》等。其中《三戒》由《临江之麋》《黔之驴》

《永某氏之鼠》三则寓言短文组成,意即通过麋、驴、鼠三类动物的悲惨下场,对封建社会中狐假虎威、外强中干、恃宠而骄的人物以强烈的讽刺和鞭笞。此外,柳宗元的论说文也相当出色,如《封建论》,阐述了他深刻的哲学观点和政治见解。他的传记文如《捕蛇者说》《种树郭橐驼传》等从批判的角度选取人物,具有很强的现实性。

晚唐时期,讽刺小品文兴起,代表作家有皮日休、罗隐、陆龟蒙等。他们对当时的种种政治弊端如宦官专权、藩镇割据、牛李党之争等做了深刻剖析,无情揭露,敢于把批判的矛头直接指向统治者。如皮日休的《鹿门隐书》、罗隐的《吴宫遗事》等都善于运用比喻、象征、古今对比等手法揭露现实,抒发感慨,语言犀利,讽刺辛辣。

第五节 宋代散文

宋代是我国古代散文发展史上的又一次巅峰期,仅"唐宋八大家"中就占据了六个。宋代散文是沿袭唐代散文的道路而发展的,从晚唐五代到宋初,骈文重新兴起并再一次占据了文坛的主流,一时,以雕章丽句、浮艳文风为特征的"西昆体"风行天下。散文轻内容、重形式的不良倾向导致了许多文人的不满。由此,以欧阳修为主的革新派直接秉承了韩愈、柳宗元的思想,第二次举起古文运动的大旗,从理论和实践两方面为一代宋文树立了光辉典范。

宋初,最先在理论上鲜明地提出复古主张的是柳开,后王禹偁以创作实践来提倡古文,反对骈文。欧阳修上承韩、柳,近与柳开、王禹偁的思想主张和创作经验相凝合,再根据自己的创作实践和社会生活的需要,掀起了新的古文运动。在理论方面,他主张文道合一,认为文章必须"明道","道胜者,文不难而自立";但又不能忽视"文","道之无文,行而不远"。同时,他还提出了"文从字顺""简而有法"的主张。"文从字顺"是学习了韩愈,提倡简练明快、平易晓畅的语言;"简而有法"是指艺术技巧,既要有高度的概括力,又要写得生动形象。他以自己的创作实践证明了这些理论主张,取得了散文的极大成就。

欧阳修的散文各体兼善,内容极其丰富,后世称他"文章为一代宗师"。其记叙文重在抒情,而又能融合写景、叙事、议论为一体,如《醉翁亭记》。这是一篇优美的抒情散文,通过对醉翁亭周围的山水景物及其人物活动的描绘,展现了一幅"官民同乐"的图画。全篇以"乐"字贯穿始终,脉络清晰,结构精巧,句式骈散相间,整齐而富有变化。其政论散文的名篇是《朋党论》,文章开头就指出了君子和小人的不同:"臣闻朋党之说,自古有之,惟幸人君辨其君子小人而已。大凡君子与君子,以同道为朋;小人与小人,以同利为朋。"打破了"君子不党"的陈旧观念,提出"君子以道为朋、小人以利为朋"的观点,接着分析他们的本质区别,推论出"为人君者,但当退小人之伪朋,用君子之真朋,则天下治矣"的结论。欧阳修用通俗的语言,将道理一层一层地展现出来,平易自然却声色俱厉,显示出以理服人的力量。欧阳修的政论散文中也有体现出强烈战斗性的文章,如《与高司谏书》,文章有理有节,柔中带刚,深刻揭露高若讷在政治上见风使舵的卑劣行为,充满着强烈的政治激情。行文辛辣犀利,在委婉中透出战斗的锋芒。欧阳修的祭文、碑志也很有特色,代表作是《泷冈阡表》。这是他为父母墓道撰写的一篇碑文,悼念了父母的德行,讴歌了父亲的孝顺和为官清廉,也深情地回顾了母亲含辛茹苦对自己的抚育和教诲。语言质朴简洁,感情真挚动人。

欧阳修散文的总体特色是既平易自然又委婉曲折,兼采众体之长,开创了一代文风,确立了散文的正宗地位,对后世影响深远。

苏轼,字子瞻,号东坡居士,是继欧阳修之后的宋代文坛领袖。他的创作是宋代散文的高峰,与欧阳修并称"欧苏"。苏轼继承传统的重"道"观念,但更强调文学自身的美学价值,追求自然平淡的风格。他的散文长于议论,他写了大量政论和史论,如《进策》25篇,清醒分析天下大势,指出承平表象中蕴藏的深刻矛盾,提出一整套改革措施,博采史实,以古鉴今,颇具贾谊之风。《教战守策》一文论点鲜明,指出"当今生民之患",在于"知安而不知危,能逸而不能劳",剖析透辟,逻辑严密,具有很强的说服力。苏轼的游记散文成就也很高,著名的《石钟山记》写作者身临其境、实地考察石钟山的由来,并从这一问题中得到启发,指出对任何事情作判断,必须"目见耳闻",而不可主观"臆断其有无"。行文曲折有致,富有启发性,体现了宋代游记说理的特点。苏轼散文中的寓言和杂文也比较突出,如《日说》运用两个比喻将抽象的为学"至道"之理阐释得浅显易懂、情趣盎然。杂文《喜雨亭记》先写亭名,再记雨,后写喜乐,最后落到百姓的忧乐上,脉络清晰,层层递进。此外,他的随笔小品文亦写得意境超然。总之,苏轼的散文在平顺自然、通晓畅达、挥洒自如的风格中,又增添了一层以诗为文的韵味,他的散文体现了宋代古文运动的最高成就。

宋代散文家中较著名的还有王安石、曾巩、苏洵和苏辙,他们连同欧阳修、苏轼,与唐代的韩愈、柳宗元齐名,被后人合称为"唐宋八大家"。王安石的散文大多是为他的政治服务的,他主张文章应"有补于世","以适用为本"。代表作有《读〈孟尝君传〉》《游褒禅山记》。曾巩的文章好发议论,比较符合理学家的文章标准,如名作《墨池记》。苏洵的作品多为政论散文,如《六国论》,借评论六国的破灭,尖锐地批评了北宋王朝的对外政策。苏辙文章最见功力的是政论和史论,《新论》三篇,纵谈天下大事,确切中肯。史论代表作《历代论》,论汉、唐,分析全面,稳中求胜。到了南宋时期,各爱国文士、散文作家及抗敌将领大都借文来反映社会现实,陆游首推第一,他的文章大至国计民生,小到生活琐事,无一不透露着爱国精神,风格在平易中显得雅健。此外,其他著名的散文,如文天祥的《指南录后序》、谢翱的《登西台恸哭记》等,都贯穿着浓烈的爱国主义思想。

第六节 明清散文

明代文坛流派纷呈。明初,作家们身处元明之交,亲身经历了社会动乱,写出了一些富有现实意义的作品,文章内容丰富,颇有生气。晚明时期"独抒性灵"的小品文在文坛上占据了重要地位。到了清代,中国古体散文发展到了最后一个阶段,这个时期的文章理性多而灵性少,学术成就大而文学成就小。

宋濂,字景濂,浙江浦江人,自幼苦学,学识渊博。明初,奉命修《元史》,为总裁官。其文主张宗经师古,明道致用,为文追踪唐宋,内容深广,既精于说理又深于抒情。如他的序记《送东阳马生序》,用切身体会告诫青年学生只有刻苦求学才会有所成就。文章着重从借书、求师、不耻贫寒三点写求学时的诚心和以前求学的艰难,自然亲切,循循善诱,在今天仍具有深刻的教育意义。他的传记文也颇具现实意义,善用不同的手法塑造人物,性格鲜明,各具特色。如《秦士录》,仅用平生两件事:一是酒楼折服两书生,有问必答;一是自荐于德王,武艺高强,生动地刻画出邓弼英勇雄壮、博学多才而又豪爽狂放的个性。此外,宋濂的其他传记文如《王冕传》《杜环小传》《李凝传》等也写得各有千秋。

刘基,字伯温,元末进士,后弃官归隐,与宋濂并为一代文宗。他为文强调教化,提倡"师古",恢复汉唐古文传统。他的一些散文反映了元末明初的社会动乱和民生疾苦,对黑暗世道进行了揭露和讽刺,文笔犀利,寓意深刻,批判性很强。其寓言体散文《郁离子》最具代表性,其中的《卖柑者言》最为出色。文章写一位水果商善藏柑寒暑不坏而且颜色鲜艳,"玉质而金色,置于市,价十倍,人争购之",郁离子买了一个,打开一看,里面竟如一团败絮。通篇从一个"欺"字生发议论,讽刺了那些神气十足的官员其实都是一些"金玉其外,败絮其中"的柑子,深刻揭露了封建官僚的腐朽本质,比喻贴切,辛辣隽永,给人留下深刻的印象。

归有光,号震川,江苏昆山人,是明中期散文家。他的文章曾被誉为"明文第一"。其文章开拓了题材的内容,他善于即事抒情,用朴素简洁的文笔剪辑一些日常生活片段,用清淡的笔调勾画出来,以寄托情感,在朴素中抒情,如叙家常,亲切动人。代表作如《项脊轩志》,最大的特色是简洁生动,将项脊轩的风貌和亲人们的音容笑貌娓娓叙来,字里行间透露出欣悦之情:

积书满架,偃仰啸歌,冥然兀坐,万籁有声;而庭阶寂寂,小鸟时来啄食,人至不去。三五之夜,明月半墙,桂影斑驳,风移影动,珊珊可爱。

余自束发读书轩中,一日,大母过余曰:"吾儿,久不见若影,何竟日默默在此,大类女郎也?"比去,以手阖门,自语曰:"吾家读书久不效,儿之成,则可待乎!"顷之,持一象笏至,曰:"此吾祖太常公宣德间执此以朝,他日汝当用之!"瞻顾遗迹,如在昨日,令人长号不自禁。

他的《先妣事略》也是通过一些琐事真切而又生动地体现了可亲可敬的母亲形象,抒发了对母亲的眷念之情。此外,他的《寒花葬志》忆念亡妻和天真憨厚的小丫鬟,《畏垒亭记》描写江南水乡,和妻儿酌酒的乐趣等,都有特殊的韵味,为后人称赞。

小品文在明末文坛上占有一席重要之地,其显著特点是趋于生活化、个人化。作家们在描写日常生活的时候,真情实感自然流露,体现了内在的性灵。形式上清新自然,自由活泼,富有个性色彩。最具代表性的是"三袁"。

"三袁",是明末公安派的袁宗道、袁宏道、袁中道。他们主张文学应"独抒性灵,不拘格套",真实表现作者的思想感情。三袁中以袁宏道的成就最高,其文多为游记,文风真率自然,语言清新明快。如《虎丘记》,描写苏州虎丘山中秋月夜游人云集的情景。特别是月下对歌引人入胜,从歌者芸芸到曲高和寡,从动渐趋于静,从热烈渐趋于空灵,层次井然,声色兼备。其他游记如《雨后游六桥记》写"自适"之趣,不拘一格;《满井游记》写京郊初春景色,清淡舒雅,意境悠然。

除了三袁以外,以钟惺、谭元春为代表的竟陵派也强调抒写"性灵",可以说是公安派文学论调的延续。如钟惺的《浣花溪记》,文章沿着浣花溪,借优美的景色追踪缅怀大诗人杜甫,表现了其人格的孤傲不群。抓住了景物的清幽特征,随处点染,并能和人物的性格相互映衬。此外,明末清初的散文大家张岱的小品文声誉尤高。他的小品文集《陶庵梦忆》《西湖寻梦》和《琅嬛文集》等都保存了不少上乘之作,像《西湖七月半》《湖心亭看雪》等都是为人称道的名篇,借摹绘西湖游人情态,烘托繁华热闹的生活气氛,在文字中夹杂着对昔日生活的怀旧。其《柳敬亭说书》也脍炙人口,把凡夫俗子描写得鲜活生动,别具风采。张岱的小品文简洁疏朗,清虚空灵,有一种"空灵晶映之气"在其中。

桐城派是康熙至乾隆年间产生的一个最大、最具有影响力的散文流派,因其代表人物都是安徽桐城人,所以后人称之为"桐城派"。

桐城派创始人是方苞,经同乡刘大櫆、姚鼐继承发展,成为体系。他们作文讲究"义法","义"是指文章内容,"法"是指文章的形式、技巧等。奠基人方苞的散文创作基本上体现了他的理论主张,代表作有《左忠毅公逸事》《狱中杂记》等。前文记左光斗与史可法之间的几件轶事,特别是狱中与史可法会面的记叙,表现了左光斗关心国家大事、公而忘私的精神面貌,他的凛然正气尤为感人。文章叙事简洁,剪裁精当,用语准确,描写生动,体现了桐城派的典型风格。另一名作《狱中杂记》是根据亲身经历写成的,当时的监狱对蒙冤的百姓来说简直是人间地狱,但对狱吏恶棍来说,却是金库、为非作歹的游戏场。文章真实地揭露了监狱的黑暗和残酷,记人记事无不触目惊心。刘大櫆的散文比较重视气势和辞采,其文章以抒发怀才不遇、指摘时弊称胜。游记文如《游晋祠记》《游大慧寺记》等借景抒情,讽刺时事,姚鼐评之为"有奇气,实似昌黎"。姚鼐是桐城派鼎盛时期的领袖,他补充发展了桐城派的古文理论,主张"义理、考据、辞章"合一,他的散文风格偏向阴柔,以韵味取胜,于严谨中求平淡自然。代表作如《登泰山记》,描绘了泰山冬日的雪景和日出时的瑰丽景色:

道中迷雾冰滑,磴几不可登。及既上,苍山负雪,明烛天南,望晚日照城郭,汶水、徂徕如画,而半山居雾若带然。

戊申晦,五鼓,与子颍坐日观亭,待日出。大风扬积雪击面,亭东自足下皆云漫,稍见云中白若摴蒱数十立者,山也。极天云一线异色,须臾成五采。日上,正赤如丹,下有红光,动摇承之,或曰,此东海也。回视日观以西峰,或得日或否,绛皓驳色,而皆若偻。

此外,不傍桐城门户的袁枚、郑燮等人也写了一些具有明代小品文风采的性灵散文,如袁枚的《祭妹文》在回忆中寄托凄恻之情;郑燮的《范县署中寄舍弟墨第四书》表现出不同于传统的开明思想,赞扬了农夫的辛勤耕种以养天下之人的精神。

第二十七章

小　说

"小说"一词,最早见于《庄子·外物篇》:"饰小说以干县令,其于大达亦远矣。"这里的"小说"与"大达"对举,显然是说"小说"是一些浅陋言论,非道术所在,与现在所说的小说概念不同。东汉桓谭的《新论》说:"小说家合残丛小语,近取譬喻,以作短书,治身理家,有可观之辞。"开始肯定小说也是一种书面著作,使之具有了文体学上的意义。此后经过漫长的道路,直到唐代才发展成为真正的小说文体,明清得到鼎盛发展。

第一节　先秦神话传说

班固《汉书·艺文志》中言:"小说家者流,盖出于稗官。街谈巷语,道听途说者之所造也。"明确指出了小说起自民间,采集记录而成,但探其根本源头,还在于先秦的神话传说。

先秦时期,社会生产力低下,人们认识自然和改造自然的能力有限。当看到天地万物变化无常时就感到神秘,认为一切不可解释的事物背后都有神灵的主宰,于是就信仰敬畏神灵,歌颂其威灵。神话就是在这种环境中产生的。如开天辟地之说:

天地混沌如鸡子,盘古生其中,一万八千岁。天地开辟,阳清为天,阴浊为地,盘古在其中,一日九变,神于天,圣于地。天日高一丈,地日厚一丈,盘

古日长一丈,如此万八千岁,天数极高,地数极深,盘古极长,后乃有三皇。(《艺文类聚》一引徐整《三五历记》)

神话用虚幻的想象塑造英雄人物和神性之人,赋予他们奇才异能,为凡人所不及,来体现人类战胜自然的愿望,如:

尧之时,十日并出,焦禾稼,杀草木,而民无所食。猰貐凿齿九婴大风封豨脩蛇,皆为民害。尧乃使羿……上射十日而下杀猰貐。……万民皆喜,置尧以为天子。(《淮南子·本经训》)

这个时期有名的神话传说还有《夸父逐日》《精卫填海》等,但是神话很少有专书记载,多夹杂在文史古籍里,如《山海经》《穆天子传》《左传》《楚辞》《淮南子》等都载有一些片段。《山海经》中记载较多,描述海内外山川神物以及祭祀等事情。在这些古籍中,最接近小说的莫过于《穆天子传》和《燕丹子》。前者对周穆王周行天下之事多有细节描写,减少了神性增加了人性。后者写燕太子丹派荆轲刺杀秦王,用很多的细节突出描写了复仇者的形象。这些神话塑造的人物形象都闪耀着夺目的光彩,他们都有着英勇顽强的品质,在他们身上,人们看到了人类改造自然的力量和不畏强暴、不惧艰险的斗争精神。

先秦时期的神话传说是中国古代小说的源头,是浪漫主义文学的萌芽。它的思想内容与艺术表现方法对后世文学产生了深远的影响,历代诸作家无不从先秦神话与传说中汲取大量养分。

第二节 魏晋志怪、志人小说

魏晋南北朝时期,小说这一文学样式形成并繁荣起来,作品的数量和内容超过了以往任何时代。小说的作者多为魏晋以来的文人方士,从内容上看,大致可以分为两类:一类是谈鬼神怪异的"志怪小说",一类是记录人物琐事轶闻的"志人小说"或称"轶事小说"。

　　《搜神记》志怪小说的大量产生与当时的社会背景有着必然的联系。汉末以来，社会动荡不安，面对种种苦难，人们诚信佛道，以求精神上的解脱。于是鬼神怪异之事为人们所乐道，这就形成了小说的素材。

　　志怪小说按内容可以分为三类：

　　第一类为地理方物体志怪小说。如张华的《博物志》、托名东方朔的《神异经》等。

　　第二类为鬼神怪异志怪小说。如曹丕的《列异传》、干宝的《搜神记》、王嘉的《拾遗记》、吴均的《续齐谐记》等。

　　第三类为佛法灵异类志怪小说。如王琰的《冥祥记》、颜之推的《冤魂志》、刘义庆的《幽冥录》等。

　　志怪小说中，以东晋时干宝的《搜神记》影响最大，代表着魏晋志怪小说的最高成就。它借助神异题材反映广大人民的思想和愿望。一方面反映了统治阶级的残暴凶狠和人民的不屈斗争。如《干将莫邪》，记述楚国巧匠干将莫邪为楚王铸剑，却被楚王杀害，其子赤日夜思报杀父之仇。此时楚王便欲以千金购赤之头。为报仇，赤毅然自刎，将头交给"山中行客"，"客以剑拟王，王头随堕汤中，客亦自拟己头，头复堕汤中。三者俱烂，不可识别"。情节虽然离奇怪诞，但是十分形象地揭露了楚王的凶狠残暴和滥杀无辜，表现了劳动人民不畏强暴、誓死反抗的精神。再如《韩凭夫妇》，记述宋康王霸占韩凭的妻子何氏，韩凭被囚自杀，何氏亦跳高台身亡。何氏遗书要求与丈夫合葬，康王大怒，将二人分开。"宿昔之间，便有大梓木，生于二冢之端，旬日而大盈抱，屈体相就，根交于下，枝错于上。又有鸳鸯，雌雄各一，恒栖树上，晨夕不去，交颈悲鸣，音声感人。"故事对统治者的无耻罪行进行了鞭挞和指控，体现了下层人民对暴政的反抗精神。

　　另一方面反映了封建社会青年男女追求婚姻自主的愿望。如《父喻》，故事通过人死而复活的离奇情节揭露了封建婚姻的罪恶，讴歌了青年男女的忠贞爱情。

　　此外还有不少文章反映广大人民不怕鬼怪、铲除妖魅的无畏精神。如《宋定伯捉鬼》《李寄》等。

　　志怪小说处于我国小说发展的初期，篇幅短小，叙事简单，有些作品人物刻画比较成功,已经粗具小说的规模,对后世小说的发展产生了很大影响。

志人小说以记录人物逸闻琐事为主,按内容可分为三类:

第一类,笑话。《笑林》,三国魏邯郸淳撰。它是我国最早的一部笑话专辑,对世态有所讽刺,开后世诙谐文字之端。

第二类,野史。《西京杂记》,东晋葛洪撰。记述西汉的人物轶事,还涉及宫室制度、风俗习惯等,其中一些故事后来很流行,如王昭君、司马相如和卓文君等。

第三类,逸闻轶事。这是志人小说的主要部分,有东晋裴启《语林》、东晋郭澄之的《郭子》等。宋时刘义庆的《世说新语》是成就和影响最大的一部。

《世说新语》原名《世说》,主要内容是记录魏晋名士的逸闻轶事和玄虚清淡,是一部魏晋风流的故事集。其中有大量作品描写了名士们不同常人的言行与风度。如《任诞》写刘伶纵酒放达,脱衣裸行于屋中,并说"以天地为栋宇,屋宇为衣",同篇记载毕茂世的话:"一手持蟹螯,一手持酒杯,拍浮酒池中,便足了此一生。"这种放诞不羁、傲慢不逊就是所谓的名士风度,也成为一种清高的美誉。由于魏晋以来的政治黑暗,名士们不敢谈论朝政,只好借酒求平衡,在清淡中求解脱,因此可窥见他们内心的苦闷和忧愤。还有一些文章反映当时魏晋统治阶级的凶狠残暴和豪门士族的腐化奢侈。如《汰侈》中所记载的斩美人劝酒、用人乳喂猪,凶残奢豪,骇人听闻!

《世说新语》在艺术上有很高的艺术成就,鲁迅称它为"记言则玄远冷隽,记行则高简瑰奇",准确而精练地概括了它的艺术特色。它往往通过片言只语或简单的事件来表现人物的性格。如《俭啬》:"王戎有好李,卖之恐人得其种,恒钻其核。"仅仅十六个字就写出了王戎吝啬的本性。文章还善于摄取富有特征性的细节,通过对比的手法突出人物的特性,如《雅量》中用孙绰等人的慌乱反衬谢安从容镇定的雅量。此外,有的作品语言简洁生动,隽永传神,既保留了大量口语,又提炼出许多丰富的文学语言。

在魏晋南北朝的轶事小说中,《世说新语》对后世的影响最大,不仅模仿它的小说不断出现,还给不少戏剧、小说提供了丰富的借鉴材料。

第三节　唐传奇

沿承魏晋南北朝小说的发展，中国文言小说走到了它的成熟阶段，出现了一种新的体式，谓之唐传奇。"传奇"两字，最早出自晚唐裴铏《传奇》一书，而作为一种小说体裁的通称直至后世才逐渐确定下来，所以唐传奇在此主要指唐人文言小说，无关明清传奇。

小说至唐代为之一变，与六朝相比，尤为鲜明的在于"始有意为小说"，这一点业已显现出小说文体的艺术虚构性。一如鲁迅所言："传奇者流，源盖出于志怪，然施之藻绘，扩其波澜，故所成就乃特异，其间虽亦或托讽喻以纾牢愁，谈祸福以寓惩劝，而大归则究在文采与意想，与昔之传鬼神明因果而外无他意者，甚异其趣矣。"因此说，唐传奇的出现，标志着我国文言小说作为一种文体已经真正成熟。

唐传奇的发展大体可分为三个阶段：

（一）初盛唐的形成时期。唐初，传奇直承六朝志怪小说，还带有明显的搜奇志怪的痕迹。今存作品有《游仙窟》等少量几篇。其中《游仙窟》是唐人传奇中字数最多的一篇，艺术成就也较高。这可以说是一篇自叙体小说，作者以"我"的口吻自叙奉使河源，途中逢二女十娘五嫂，期间宴饮作乐之事。文章用骈语夹杂口语、俗语，华丽中不乏民间色彩。

（二）中唐走向兴盛期。

步入中唐，唐传奇发展至鼎盛。甚至社会出现一股创作热潮，名作名家蔚起。传奇的兴盛首先表现在作品数量众多，目前所存完整作品大概有四十多部，不乏一些传世名作。再则是创作题材丰富多样，内容不再局限于搜奇猎异，多趋近现实生活，涉足爱情、历史、政治、豪侠等诸多方面。

唐传奇兴盛的原因首先是小说文体自身的演进，魏晋小说为唐传奇的发展积累了一定的写作经验，至此趋于成熟。其次，中唐社会环境也造就了传奇成长。中唐以来，经济的发展和城市的繁荣、幕府宴游的士人生活都提供了现实的创作素材，而特殊的社会风尚也推动着传奇走向流行。再次，传奇也从其他文学样式中汲取艺术滋养。中唐时古文运动蔚然成风,传奇的繁荣也得益于古文的兴盛,散句单行的古文更适合叙述故事、描写人物;佛经变文中的宏阔想象和奇妙描写也丰富着唐传奇的题材和艺术表现手法。

　　唐传奇成就最高的首推爱情小说,作品表现的主题多是对爱情自由和忠贞的肯定。主要作品有陈玄佑《离魂记》、李朝威《柳毅传》、白行简《李娃传》等,其中尤以元稹的《莺莺传》和蒋防的《霍小玉传》为代表。

　　《莺莺传》又名《会真记》,作品中包含着元稹本人的经历。这其实是一出凄婉动人的爱情悲剧。女主角崔莺莺是一大家闺秀,具有名门少女特有的端庄、娴静,也不免带点娇羞与矜持。遇到张生时,青春的骚动不自觉地被激起,可以说两人是一见倾心,然而她在道德礼教的束缚下极力压抑着对爱情的渴求,爱情的喜悦也伴随着无尽的苦恼,即便她最终迈出了礼法的束缚,却也为此饱受精神折磨。同样,《霍小玉传》也是一部爱情悲剧,只是霍小玉是完全不同于崔莺莺的另一种悲情女子,她出身卑微,迫于生活无奈沦落风尘,但她没有失去清醒的头脑和坚强的意志。一开始她就意识到与李益的门第悬殊,离别之际她也只是卑微地渴望获得一点点的幸福。信誓旦旦的李益是一个背信弃义的寡情之人,他抛弃了小玉另娶他人。结尾处可谓悲剧高潮,小玉义正词严的指责和控诉如一支利剑直刺人心,温柔多情的小玉此时无比坚忍刚烈,化身成封建社会中一名凄凉的战士。

　　此外,还有一些讽刺社会的政治题材作品。《枕中记》和《南柯太守传》就是借寓言、梦幻写官场政治的小说。作品的框架是虚构的,不过是"黄粱一梦""南柯一梦",但主旨和内容却真实地道出现实社会统治阶级内部的权利争夺。同时以历史故事为题材的传奇作品也不乏优秀之作。陈鸿的《长恨歌传》依白居易的长诗而作,叙事中以重笔抒情,渲染气氛,勾勒出唐玄宗与杨贵妃之间真挚的相思之情,极富感染力。

　　(三) 晚唐步入衰退期。

　　这一时期的作品中缺少艺术创新,内容也显单薄,总体成就不高。但另一方面此时作品数量仍然可观,还出现了传奇专集。如袁郊的《甘泽谣》、皇甫枚的《三水小牍》、裴铏的《传奇》等。这阶段涌现出一批描写豪侠之士及其侠义行为的作品,杜光庭的《虬髯客传》可谓代表作。小说以隋末重臣杨素的宠妓红拂女私奔李靖的爱情故事为线索,写出乱世中豪侠义士清醒的政治追求。小说情节曲折,人物形象鲜明,其中的虬髯客、李靖、红拂女三者生动鲜活的形象流传后世,被誉为"风尘三侠"。

唐代传奇在中国小说史上有承前启后的重要作用。作为一种成熟的小说形态,在人物艺术、叙事艺术和语言艺术等方面都取得了很高的成就。因此,它作为古代文言小说的基本体式一直延续,后来的《聊斋志异》也深受其影响,还为后世戏曲创作提供了大量素材,元明时期很多作品均改编自唐传奇。

第四节　宋元话本

中国古代小说有两个系统,一为文言小说系统,一为白话小说系统。文言小说发展到唐传奇方至成熟,而白话小说的成熟形态是宋元话本。白话小说的源头可以上溯至唐代的变文、话本。其故事性强,注重情节的波澜起伏,且语言通俗,因此可以看作是白话小说的雏形。

所谓"话本"就是说话艺人演讲故事的底本。宋代的"说话"上承唐代发展而来。两宋时期,城市社会繁荣,勾栏瓦肆各种演艺场所大量产生,作为说唱艺术的说话也空前兴盛。宋代说话有小说、说经、讲史、合生四家之分。其中小说主要讲述胭粉灵怪、传奇公案故事,讲史则以讲述前代历史、兴废战争为主,说经即演说佛禅道理,这三种都以叙事见长,合生一类大抵指即兴的表演性的技艺,重在演出者的技艺。今传世话本尤以"小说""讲史"两家最为重要,影响深远。

宋元小说话本有一定的体制,结构一般包括四个部分,即题目、入话、正话和结尾。

题目是根据正文的故事来确定的,是故事内容的主要标记。入话是小说话本的开端,通常做法是在正文开始之前,用诗词或一段小故事引出正话。一般篇幅短小,具有开场白的性质,起到安稳听众、提示剧情的作用。正话就是故事的正文、话本的主体部分,叙述故事,塑造人物,表达一定的思想内容。正文结束之后,往往会以一首诗总结全篇主旨,或劝诫,或评论,至此话本完整结束。

就小说的内容而言,多是爱情或公案故事。《碾玉观音》是一出爱情悲剧。小说写出身贫寒的璩秀秀对爱情生活的主动追求。作为王府的女婢,她没有放弃对生活的追求,主动提出和碾玉匠崔宁逃出侯门,结果终未躲过一劫。即便死去,她的魂魄依然没有停止反抗,现实世界的残酷只容许他们阴间团聚。璩秀秀那份执著追求和反抗成为悲凉中的一份惊奇。《错斩崔宁》讲述的则是一起命案。一个"错"字道出了封建官吏的昏庸腐败,草菅人命。崔宁和陈二姐的被杀是这般草率,作者难掩愤怒之情,篇末直斥道:"这般冤枉,仔细可以推详出来。谁想问官糊涂,只图了事,不想捶楚之下,何求不得!"这何尝不是社会的真实面貌!

宋元的讲史话本又称为"平话"。它历史跨度较大,历经几朝几代,话本的篇幅都需要分卷分目,依据正史间杂民间传说,经过说话人的艺术加工呈现出来。其语言通俗,能够引起听众的浓厚兴趣。

现存的宋元讲史话本为宋人旧编、元人刊印的《新编五代史平话》。全书叙述五代兴亡历史,共十卷。其中《梁史平话》《唐史平话》《晋史平话》《汉史平话》和《周史平话》各二卷。今流传已残缺不全。

元人编刊的讲史话本,今存元代建安虞氏刊印的《全相平话五种》,包括《武王伐纣平话》《七国春秋平话》《秦并六国平话》《前汉书平话》续集和《三国志平话》。其中《三国志平话》已经略具《三国志通俗演义》的主要情节,对后世颇有影响。

第五节 明代小说

明代出现了资本主义的萌芽,社会经济形态和人们的思想意识发生了重大变化,文学方面也出现了新的态势。小说创作达到了历史上的第一个高峰期,出现了众多的长篇和短篇小说,有以《三国演义》为代表的历史演义小说、《水浒传》为代表的英雄传奇小说、《西游记》为代表的神魔小说、《金瓶梅》为代表的人情小说以及以"三言""二拍"为代表的短篇小说等。

《三国演义》是《三国志通俗演义》的简称,它是我国文学史上第一部长篇章回小说,也是历史演义小说的开山之作,是一部影响深远的文学名著。

《三国演义》是元末明初人罗贯中根据陈寿《三国志》和裴松之注,又搜集民间传说和话本、杂剧故事等创作而成的。讲述了从东汉灵帝时的黄巾起义到晋武帝时的三国归晋大约一百年间的历史故事,主要描述了魏、蜀、吴三国间的政治、军事斗争和外交以及一些人物的活动。通过这些故事寄托了广大人民反对战争、渴望统一的愿望。

　　《三国演义》中明君贤相的思想和"拥刘反曹"的倾向紧密联系在一起。小说创作以汉、魏斗争为主线,把蜀汉作为正义和正统的代表,把曹魏作为篡权夺汉的奸险化身。作者刻意将刘备和曹操对比来描写。写刘备宽仁爱民,一生以德及人,深得民心。他善于知人,对士能推心置腹,始终信任。他不仅视关羽、张飞情同手足,待庞统、赵云、徐庶等人也是肝胆相照;他求贤若渴,三顾茅庐请诸葛亮出山,这一切都与曹操形成了鲜明的对比,是作者理想中的"仁德"明君。而曹操被作者描写成"奸雄",凶狠残暴,多疑诡诈,极端利己。他杀吕奢伯全家时说"宁教我负天下人,休教天下人负我";为报父仇,进攻徐州,"所到之处,杀戮人民,发掘坟墓",足见其凶狠残暴。对部下更是阴险,与袁绍相持时,日久缺粮,竟然用仓官王垕的头来稳定军心;此外还用梦中杀人、借刀杀人等故事表现出他的多疑和诡诈。正如刘备自己所说:"今与吾水火相敌者,曹操也。操以急,吾以宽;操以暴,吾以仁;操以谲,吾以忠;每与操相反,事乃可成而。"同时作者笔下的蜀汉代表人物都是忠贞不渝、仁义道德、宽厚爱人的表率,而曹魏人物无不打上奸诈、虚伪、凶狠、贪婪等曹操性格的烙印。可见,《三国演义》中"拥刘反曹"的思想倾向非常明显,也表达了广大百姓对明君的拥护、对仁政的渴慕以及对暴君的深恶痛绝。

　　《三国演义》还生动记述了广阔的战争场面和纵横捭阖的政治、外交斗争。全书描写了四十多次战役、上百个战斗场面。写重大战争往往与错综复杂的政治斗争和外交斗争交织在一起。如赤壁之战,描写刘备和孙权在政治外交和军事上的联合,而曹操却采取了一系列错误的决策,战争胜败已经昭然若揭。战争不仅是武力的较量,也是勇气和智慧的较量。在赤壁之战的进程中,写了诸葛亮与鲁肃的乘雾联舟、周瑜的群英会等,把战争写得有张有弛、有声有色。

　　《三国演义》是一部"按鉴重编"的演义小说,是浪漫主义和现实主义相结合的作品。它符合历史真实但又不拘于历史真实。如对"草船借箭"中诸葛亮的描写,料事如神；"温酒斩华雄"中,移花接木,将孙坚的功劳放到关羽身上等等。事实上有根据,但细节上有虚构,进行了艺术概括,具有较高的文学成就。

《三国演义》中塑造了一系列鲜明生动的人物形象,如曹操,既突出了他的奸诈又赞扬了他的雄豪,血肉饱满极富于真实性；关羽忠义勇敢,知恩图报；张飞的鲁莽、诸葛亮的神算以及周瑜的雄姿英发等等,都刻画得淋漓尽致。作者还善于运用烘托、对比的手法描写人物的特征,给读者留下深刻的印象。

《三国演义》的语言特点是"文不甚深,言不甚俗",半文半白,雅俗共赏,形成一种独特的语体风格。人物语言注重个性化,简洁、明快、生动有力。

《水浒传》又名《忠义水浒传》,是我国第一部成熟的白话长篇小说,也是我国最早的英雄传奇著作。作者施耐庵,元末明初人,在以《宣和遗事》等话本故事为蓝本的基础上编写创作了这部英雄传奇小说。

《水浒传》在思想内容上,一方面揭露了统治阶级的昏庸无能和荒淫无度,揭示出一种"官逼民反"的社会现实,另一方面还表现了对"全忠仗义"这一伦理道德的遵守。宋徽宗不理朝政,各级官吏卖官鬻爵,残害忠良,搜刮民脂民膏,这些残暴的行径直接导致了人民的反抗。忠义之人走上梁山,都可以归结为一个"逼"字。其中林冲的"逼上梁山"最具有典型性。林冲是八十万禁军教头,官高位尊,家庭幸福。但是高衙内明目张胆地调戏他的妻子,后来又诬陷他入白虎堂行刺,发配沧州充军后又派人火烧草料场,企图将他赶尽杀绝。至此,他才忍无可忍,决心反抗。官逼民反,民不得不反,在林冲身上得到了最好的体现,深刻地反映了社会的黑暗和政治的腐败,肯定了人民反抗的正义性。鲁提辖拳打镇关西,武松醉打蒋门神,智取生辰纲,三打祝家庄等,都遵守了替天行道的誓言。但是在他们看来,杀贪官和忠于皇帝是一回事,所以在梁山事业最辉煌的时候,义军领袖宋江接受了招安,遵循了"全忠仗义"却导致了起义的失败。

作为一部成熟的白话小说,《水浒传》最突出的艺术成就在于成功地塑造出梁山好汉的英雄群像。小说中几十个主要人物,都写出了鲜明的个性,风采各异。如勇敢机智,"杀人须见血,救人须救且彻"的鲁智深；安分守己、忍辱退让,最后却痛下决心坚决反抗的林冲；粗鲁直率但又心地善良的黑旋风李逵；勇敢正义、敢作敢当的打虎英雄武松等等,梁山好汉个个栩栩如生。其次,《水浒传》的结构艺术也很独特。它由相对独立完整的故事组成,但各个故事之间又环环相扣,组成一个整体。小说以高俅发迹交代起义背景,高俅逼走王进是官逼民反的开始,反抗从个人到集体,从小规模到大部队,层层发展,从而形成《水浒传》结构的一大特色。再次,小说语言极富于个性化和形象性,符合人物的性格特征。语言多承传民间文学的传统,基本采用白话形式,通俗易懂。

《西游记》是我国小说史上最伟大的一部神魔小说,作者吴承恩,明代中叶人。西游故事源于唐朝"玄奘取经"这一真实事件。它以鲜明生动的人物形象、曲折离奇的故事情节、变幻莫测的艺术境界和诙谐幽默的情趣达到了我国古典浪漫主义小说的顶峰。

《西游记》通过神魔世界的生活来反映现实社会的真实情景,可以说是"幻中有理""幻中有实"。文中描写的各个国家、各色帝王,实际上是人间统治者的影子;多处害人的妖魔,是对地方恶霸势力的真实反映。另外,小说还通过九九八十一难的描写体现了一种可贵的精神,就是要想达到人格的完善、事业的成功必须要经过千难万险的历练。师徒四人在取经途中,闯越了虎狼成群、妖魔出没的崇山峻岭、险滩恶水,运用无穷的智慧,凭借坚定的意志和乐观的精神,排除重重困难,最终实现了理想。

《西游记》是一部充满了浪漫神奇遐想的神魔小说,因此其艺术特色首先体现在想象奇特,亦幻亦真。故事中的龙宫冥府、仙地佛境等,展现出一种奇幻美,用这种奇幻的故事反映现实生活。所有神魔世界都极似世间人情,塑造的人物形象都各有其色,能做到物性、人性和神性的统一。此外,《西游记》还是一部幽默艺术的精品,在不少人物身上都能看到喜剧的成分,猪八戒是最典型的一个。从他一出场到最后成正果,处处都闪耀着诙谐色彩。

《金瓶梅》是中国第一部文人独立创作的白话长篇小说,以封建社会末期的世俗人情为题材,作者署名兰陵笑笑生。

《金瓶梅》用北宋末年的故事反映明代后期的历史现实,是一幅内容丰富、色彩鲜明的明代社会风俗画卷。小说以亦官亦商的西门庆为中心,一方面反映官场社会,暴露统治阶级的腐败无能,影射市井社会,塑造在金钱社会里被扭曲了的人性。另一方面通过西门庆的家室生活描写了那个时代人性的普遍弱点和丑恶。

《金瓶梅》在艺术上的成就是空前的。它第一个把家庭生活引入创作题材,以解剖家庭的形式暴露社会的黑暗,把纷繁复杂的家庭关系、社会矛盾组织得井然有序。它的现实主义艺术手法对后来曹雪芹的《红楼梦》及清代其他长篇小说都有深刻的影响。

"三言"是《喻世明言》《警世通言》和《醒世恒言》三本短篇小说的合称,作者冯梦龙。"三言"是明后期呈现出来的优秀作品,内容复杂,题材广泛,多反映市民阶层和劳动者的思想意识。文中婚姻恋爱题材占了很大的比重,成就也最高,具有代表性的有《杜十娘怒沉百宝箱》《卖油郎独占花魁》等,表现了反对禁欲主义、追求个人幸福和平等爱情的思想。"三言"中,还有相当数量的作品揭露了社会政治的黑暗、吏治的腐败。如《沈小霞相会出师表》《卢太学诗酒傲王侯》等,形象地刻画了权奸及其鹰犬的残酷、毒辣。

"二拍"是《初刻拍案惊奇》和《二刻拍案惊奇》的合称,作者凌濛初。受"三言"的影响,"二拍"首开了文人拟话本专集的先例,它与"三言"反映的社会内容大致相同,但也有新的突破。首先它对传统陈腐观念的冲击更为强烈。《硬勘案大儒争闲气》,把矛头直接指向朱熹,表明了文人对程朱理学的极大厌恶与嘲讽。"二拍"还有相当数量的作品描写了商业的发展,反映了明代社会资本主义萌芽的真实情况。同时,爱情与婚姻也是"二拍"里一个重要的主题,如《满少卿饥附饱扬》《酒下酒赵尼媪迷花》等,明确表明男女平等思想。

"三言""二拍"都是从说话艺术发展而来的白话短篇小说,保持了话本小说的特色。故事以日常生活为题材,构思巧妙,常用巧合误会等手法增加戏剧色彩。同时,二者还善于运用传统的白描手法,塑造了许多血肉饱满、个性鲜明的人物形象。

另外,还有元末明初瞿佑的《剪灯新话》、明末李昌祺的《剪灯余话》、邵景詹的《觅灯因话》等文言小说,都对以后的小说创作提供了启示。

第六节　清代小说

到了清代,小说创作得到了突出发展,登上了文学的顶峰。蒲松龄的《聊斋志异》是我国文言小说的艺术高峰;吴敬梓的《儒林外史》成为讽刺小说的典范;曹雪芹的《红楼梦》,无论思想性还是艺术性都取得了前所未有的成就。这些小说对封建社会作了深入的剖析,艺术表现形式和手法更突出了新的特色。

我国的文言小说盛行于魏晋南北朝时期,在唐代、明代都有很大的发展,清初蒲松龄《聊斋志异》的出现,标志着以志怪传奇为特征的文言小说的最高成就。蒲松龄(1640—1715),字留仙,别号柳泉,山东淄川人。他"喜爱谈鬼""雅爱搜神""闻则命笔",他用一生的心血完成的《聊斋志异》是他文学创作的最高成就。

《聊斋志异》并非戏写人鬼妖狐,博人一笑,而是具有更深刻的社会内涵和思想意义。一是暴露封建社会的黑暗,谴责贪官暴吏压迫人民的罪恶行径。如《促织》《席方平》《梦狼》等,作者敢于把讽刺的矛头直接指向皇帝;借阴间写人间官府的暗无天日、贪赃枉法、施虐无辜,入木三分地讽刺了贪官酷吏。二是对科举制度的猛烈抨击,如《司文郎》《于去恶》《王子安》等。用尖锐的笔锋嘲讽考官的有目无珠,揭示科举制度埋没人才,抨击试官的"心盲"和"目瞽"。同时还讽刺了醉心于科举功名利禄的人物。反对封建婚姻制度、封建礼教的束缚,描写男女爱情生活,是《聊斋志异》的又一主要内容。这一内容占的篇幅最多,多用人狐、人鬼之恋来批判和嘲讽世俗的观念,具有代表性的有《婴宁》《连城》《宦娘》等。其中角色以各种方式冲破封建势力和世俗观念的阻碍,大胆追求幸福生活,爱其所爱。

《聊斋志异》在创作艺术上有很大成就,将文言短篇小说推到了空前绝后的艺术境界。首先,在创作方法上实现了现实主义和浪漫主义的高度结合。小说情节离奇复杂,又以现实生活为依据,通过人鬼相杂、阴阳相间的生活画面深刻地反映了现实矛盾,并表现了作者理想的人物和生活境界。其次,塑造了一系列鲜活的人物形象。狐鬼花妖各具其色,多具人情,通过外貌、语言和神态来写她们的娇媚温柔、狡黠多智、憨直任性,并把真实的人情和奇妙的意境巧妙地结合在一起,有一种强烈的艺术魅力。再次,语言精练,措辞丰富,句法更多变化。作者既运用文言又吸收当代口语方言,写景摹人均文约事丰。

《聊斋志异》在中国小说史上有着独特的地位,不仅在中国文学史上产生了巨大的影响,还走向了世界,在国外有二十多个语种的译本。

《儒林外史》是中国古代文学史上成就最高的讽刺小说。作者吴敬梓(1701—1754),字敏轩,号粒民,晚年自号文木老人。他出身于书香门第、科举世家,但洞察了科举的种种弊端,深刻地认识到儒学的衰颓和衣冠人物的堕落,《儒林外史》就是在这样一种心态中完成的。

《儒林外史》是一卷儒林群像图。通过描写封建社会里形形色色"无行文人"的精神面貌,尖锐地讽刺和抨击了科举制度的弊端,无情地鞭挞了官僚制度、人伦关系以及整个社会风尚。典型的是范进中举后发疯的这个片段的描写,充分显示了封建社会文人醉心科举的心理状态,入木三分地揭露了科举制度对知识分子的毒害。作者还通过描写利欲熏心、热衷于功名的学子周进、匡超人;不学无术、趋炎附势的季苇萧、景兰江;敲骨吸髓、贪婪成性的达官滑吏王惠、汤奉等等,深刻地揭露了社会种种丑恶的现实以及某些封建道德本身的虚伪性。但也塑造了一批正面的人物形象,他们尊重自己的个性,不愿为功名富贵而屈辱自己,寄托了作者的理想和主张。

《儒林外史》最大的艺术成就就是它的讽刺手法,将"戚而能谐,婉而多讽"的讽刺艺术发展到了新境界。作者运用讽刺手法抨击现实,揭示封建社会的虚伪性。他把相互对立的事物放在一起突出它们的矛盾,或者把不和谐的人和事放在一起,进行婉曲而又锋利的嘲笑。并且作者的讽刺艺术还具有悲喜交融的美学风格,滑稽的现实背后隐藏着悲剧性的内涵,给予我们沉重的思考。此外,作者还塑造了一批具有丰富个性和复杂内心世界的人物形象,描绘出一幅儒林群像图。《儒林外史》朴素而深刻的艺术风格,使它在中国小说史上具有特殊的地位,这是作者对小说史的巨大贡献。

《红楼梦》原名《石头记》,是一部杰出的鸿篇巨著,它是我国古典小说创作的顶峰。它那丰富而深刻的思想内容和精湛而完美的艺术技巧,是中国小说史上任何一部名著都无法比拟的。

《红楼梦》作者曹雪芹(约1715—约1763),名霑,字梦阮,号雪芹。曹家也曾经权势显赫,富贵至极,但后来败落,子弟们沦落到社会的底层。曹雪芹经历了家族由盛而衰的过程,深切体验了人世的悲凉和世道的无情,他以自己毕生的经历创作了《红楼梦》这部伟大的长篇小说,但其生前只完成了前八十回,后四十回为高鹗所续。

《红楼梦》以贾宝玉和林黛玉的爱情悲剧为主线,以贾府由盛而衰的发展历史为辅,通过封建社会孕育的错综复杂的尖锐矛盾和形形色色的人物命运,揭示了这个社会的黑暗和丑恶以及必然崩溃的历史趋势。宝黛爱情是《红楼梦》的中心故事,是贯穿全书的主要线索,在这条线上始终伴随着封建正统思想和叛逆思想的斗争。"留意于孔孟之间,委身于经济之道"是荣、宁二公对后代儿孙的遗训,贾政是这一正统思想的忠实代表人。他笃信仕途经济、时文八股,对贾宝玉抱以很大的希望,盼望他考取功名,扬名显亲,成为贾家兴旺的继承人。可是贾宝玉却走着一条完全相反的道路,他鄙视"孔孟"和"经济",喜欢"旁学杂搜",终日"在内闱厮混",对八股文更是深恶痛绝,斥之为"饵名钓禄之阶",不肯走为官为宦之路。同时,贾宝玉还反对封建社会"尊卑有序、贵贱有别"的等级制度。他无视主仆之分,与丫鬟小厮们平等相处,打破了尊卑贵贱等级观念的束缚,体现了他"愚顽""偏僻""乖张"的叛逆性格。在这方面,林黛玉给了他莫大的支持。林黛玉是封建礼教的另一个叛逆者形象。她目无下尘又不会讨好长辈;她从不遵从"女子无才便是德"的封建信条,她与贾宝玉一样爱看"杂书";从不劝宝玉为官做宦,不讲"仕途经济"的"混账话",经常给贵族家庭种种黑暗和丑行以无情的嘲讽,因而受到宝玉的格外重视。就是因为这样的叛逆性格,才使得她和贾宝玉之间的爱情从开始就是一个悲剧。封建家长想让宝玉重振家业,就必然要为他选择一个符合封建规范要求、能够帮助宝玉走上仕途之路,挽回整个家族颓败的理想人物,"尊上睦下、明事达理"的薛宝钗无疑是最佳人选。在封建社会里,婚姻直接关系家族的利益,这就决定了宝黛的爱情只能以悲剧结束。

《红楼梦》还通过对荣宁二府日常生活的描写,揭示了封建统治阶级穷奢极欲、腐朽荒淫的生活。元春归省,他们特意修建了一所"大观园",连贵妃都叹"太奢华过费"了;秦可卿死,送丧的队伍"浩浩荡荡地压地银山一般"长达好几里,仅

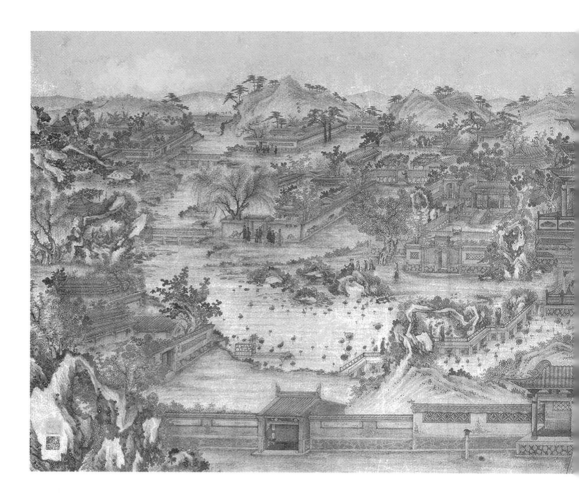

>>> 《红楼梦》描写了荣宁二府穷奢极欲的日常生活,其中元春归省,特意建造了一所"大观园"。图为清代宋福亨《大观园图》。

一口棺材就价值一千两银子;一席"螃蟹宴"就够"庄稼人过一年了"。作者还借刘姥姥的眼睛向我们展现了贾府的挥霍无度,所有这一切穷奢极欲的生活正是建立在对广大农民的疯狂剥削上的。荣府每年收地租的银子竟达"三五十万来往",面对长长的清单上开列着的各种贡品,他们还贪得无厌地问"这够做什么的"。四大家族的社会生活还包括他们勾结官府、以势压人的种种罪恶。王熙凤弄权铁槛寺,为了贪图三千两银子的贿赂,害死了两条人命;薛蟠因霸占丫头,平白无辜地打死了人一走了之,官府却不敢追究。

奴婢的生活和命运是《红楼梦》的又一个重要内容,文中对奴婢做了大量的描写。贾府二三十个统治者拥有着几百名奴婢,对这些人,主子都可以任意打骂甚至虐杀致死。如婢女金钏儿不过和贾宝玉说了句笑话就被一向"宽厚仁慈"的王夫人逼迫投井而死;抄检大观园,逐司棋、撵晴雯,许多婢女接二连三地落入悲惨境地。但是屈辱的地位也锻炼了她们的反抗性格。如鸳鸯,为了维护自己的贞洁,誓死没有屈服贾赦的淫威……但也有一些婢女,把贾府这个火坑当成了乐园,甘愿逆来顺受一辈子。

总之,《红楼梦》深刻地揭露了封建社会的罪恶和腐朽,对封建的科举制度、婚姻制度、奴婢制度、封建伦理道德观念等进行了全面的批判和否定,从而揭示了封建社会必然崩溃的历史趋势。

《红楼梦》是古典小说中艺术成就最高的作品,最突出的一点就是塑造了成百个个性鲜明的人物形象,鲁迅说他们"如实描写,并无讳饰","都是真的人物"。《红楼梦》中这批活生生的人物,如宝玉、黛玉、宝钗、凤姐、刘姥姥、晴雯、袭人等,在人民群众中广为流传。作者既善于通过日常的细节、言语心理描写来突出人物的性格特征,又善于在广阔的社会联系中,多角度、多侧面地描绘人物形象。如金钏儿跳井之后,宝钗劝慰王夫人的一段话不失"温婉贤淑"的大家风度,但恰恰暴露了她一副主子的面孔和对下人的冷酷无情。再如王熙凤的性格是塑造得较为突出的一个。从她第一次出场,就表现了她在贾府中特殊的地位、威势、雍容华贵和老于世故。作者还通过"毒设相思局""协理宁国府""弄权铁槛寺"等情节,既刻画出她阴险、毒辣、贪婪虚伪的性格,也写出了她理家的才干和能力,把一个凤辣子形象塑造得生动、丰满。

从艺术结构上看，《红楼梦》是一部卷帙浩繁的大著，较之以前的章回小说有很大的发展和创造。它以爱情为主线却不落以往爱情的窠臼，以家族衰败过程为背景反映整个社会的崩溃，把大大小小的生活中的事情、矛盾冲突穿插起来，形成一个有机的整体，结构完整严谨。

　　《红楼梦》还是一座语言艺术的宝库，基本特色是平淡而又含蓄，简洁而又深刻，具有浓厚的生活气息和极强的表现力。其中人物的语言无不带有鲜明的个性，恰巧符合人物的身份特征。小说还吸收了俗谚俗语，富有情趣，增强了生动色彩。

　　曹雪芹以其卓越的才华创作了这部杰出的长篇巨著，他把我国的古典小说创作推向了顶峰，二百多年以来，《红楼梦》在国内外起着不可估量的影响。

第五编

格物成器

"现在,人们已经越来越广泛地认识到,科学史是人类文明中一个头等重要的组成部分。"这是科学史大家李约瑟的鸿篇巨制《中国科学技术史》第一章中的第一句话。的确,当今天的人们将科学技术视为人类社会发展的主要推动力时,当身处并向往科学技术给我们带来的现代化生活时,回顾这一过程的发生并反省我们曾经有过的传统,无疑是了解人类文化不可或缺的重要部分。

中国古代科学技术史既是世界科学技术宝库的一部分,也是中华传统文化的一个重要组成部分。我们需要了解的是:中国历代思想家和科学家面对茫茫宇宙、纷纷万象,提出的基本问题是什么?追求的是哪些方面的知识?他们建立了什么样的自然思想典范?这些知识的物化又如何因此而改变了生活?了解这些问题,将有助于深入了解中国科技文明和中华文化的传统。

第二十八章

敬天授时

"许多欧洲人把中国人看作野蛮人的另一个原因,大概是在于中国人竟敢把他们的天文学家——这在我们有高度教养的西方人眼中是种最没有用的小人——放在部长和国务卿一级的位置上。这该是多么可怕的野蛮人啊。"这是李约瑟在《中国科学技术史》里所引的一句话,借此说明天文学在古代中国社会中所拥有的尊崇地位。

尽管中国古代的天文学家实际并没有欧洲人所想象的那么高的社会地位,但中国天文学的确由于中央王朝的重视而得到了发展。推动中国古代传统天文学发展的主要动力有两种:一是中国古代意识形态所固有的"天人合一"观念;一是中央王朝为维护其统治秩序而对其臣民时间与生活节奏上的控制。

所谓"天人合一"是指中国古代所发展出来的人与宇宙及自然有机构成的一种观念。在中国古代意识形态里,所谓"天"是指整个自然界,这是一个有意志、有情感、无法彻底认识、只能顺应其道、与之和睦共处的庞大而神秘的活物。因此,人的活动被局限在"天"的意志范围内,人世间的最高统治者——皇帝被称为"天子",成了"天"在人世间的代理人。"天"与"人"沟通的媒介是"天象"与"自然节序",人的活动感动了上天,上天就以风调雨顺、"瑞象"等作为对人类的奖赏和肯定;反之,上天就"垂天示警",用异常天象或自然灾害表明对人的警告和惩罚,这就是所谓的"天人感应"。

因此,中国的天文学大致可区分为"观象"和"授时"两大领域。这两者互相联系:观象既是了解"天"的正确意志,也是为"授时"提供依据;而正确的"授时"是为了让人更好地按照自然节律生活而不逆天行事。在这一逻辑下,中国天文学的发展所取得的主要成就主要体现在四个方面:一是有关天象的观察,二是宇宙观理论,三是观察与测验仪器,四是历法及其计算体系。近来在有关天象与人事休咎之相关性研究的"星占学"方面,天文史学家也找到了其现代性的部分。

也由此,中国的天文学作为社会象征资本进入到国家意识形态体系,是中国王权的一部分。国家设置有专门的天学机构,有专门而且世袭的从业人员。在中国历代波澜壮阔、波诡云谲的政治斗争中,天文学与天文学家也一次又一次地扮演了重要的社会政治角色。

第一节 天象观察

观察天象是天文学的第一步工作,而其中对恒星的测定更成为首要的任务。

恒星的位置在天空中相对固定不变,因而便于观察和掌握,也较早为古人所认识。首先,为了观察和描述时指称方便,中国古人把天空中的恒星分成许多星群,星数多寡不等,多到几十颗,少到只有一颗。把一群之内的星用假想的线联系起来,组成各种不同的图形,并冠以不同的名称,形成所谓的星官体系,记录人介绍星官体系的书就称为"星经"。其次,将对恒星的观测结果,以星官为单位,把它们在天空中的相对位置和星数描绘出来,编成星表或绘制成星图。

中国古代的星官体系是在隋唐时代完全确立的。在当时的《步天歌》里,确定了三垣二十八宿星象体制。二十八宿体系因此成为中国古代的天球坐标系。这一体系描述天体位置的坐标量有两个:入宿度和去极度。所谓入宿度就是以二十八中某宿的距星为标准,测量这个天体和这颗距星之间的赤经差;所谓去极度就是所测天体距北天极的度数。

为了准确得到这些测量数据,历代进行了许多实测工作。著名的《石氏星经》中的恒星坐标是汉代以前的实测结果。唐代开元年间,中国古代著名的天文学家僧一行和梁令瓒重测了二十八宿和中外星官的位置,一行还由此发现他们的观察结果与古测不一样,恒星的相对位置有整体移动,这就是所谓"岁差"现象的发现。

宋代前后共进行了五次规模较大的恒星测定。这五次测量分别在 1010 年

(大中祥符三年)、1034年(景祐元年)、1049—1053年(皇祐年间)、1078—1085年(元丰年间)和1102—1106年(崇宁年间)。其中1078—1085年间的那次观测结果被绘成星图,并刻石保存至今,这就是苏州石刻天文图。

到元代时,郭守敬等为修《授时历》,进行了中国古代历史上最大的一次天文测量。这次测量由于仪器较前代精良,所测数据精度有很大提高,从而为修历奠定了扎实的基础。

一、交食观测

中国古代的交食观测主要包括日食、月食及月掩星等方面。据统计,自上古至清末,各代史籍中共为我们留下了日食一千六百余项、月食记录一千一百余项,月掩星记录仅元代以前就有五千余项。这些记录为世界留下了最完整的古代日月食观察记录。古代人精心观测日月食的原因除了星占目的外,还有就是为了验证历法的精确性。因为古人往往以验算以往的交食观测记录或预推将来的交食作为验证历法疏密的一个手段。

日食观测最早是用肉眼直接进行的,但这样不仅会伤眼睛,而且观测精度也很成问题。所以后来人们便使用玉片和紫水晶等来遮光,最后又发明了三种常用的方法,即水盆法、油盆法与小孔成像法,明清之际望远镜传入后才有了望远镜投影观测法。

中国古代的交食记录为现代天文学研究提供了一个不可多得的天象资料库,尤其是在研究地球自转速度长期变化方面有着十分重要的参考价值,因此越来越受到中外天文学家的重视。

二、奇异天象观察

所谓奇异天象主要指古代所观测到的客星、彗星、流星及太阳黑子等天象,它们通常被赋予各种凶兆,在占星术上具有较重要的作用,因此很受古人的重视。

按照古人的理解,所谓客星主要指某段时间突然出现在某个天区内,以后又会逐渐消失的天体。这些观察到的客星大部分就是现在意义上的新星与超新星。现代公认的有关新星的最早记载是殷墟甲骨文武丁前期的卜辞记录:"七日己巳夕……有新大星并火。"是说七日己巳这天晚上，有一颗新星出现在心宿二（天蝎座 α）附近。汉代以后，对天空中出现的客星进行观察和记录成了一项固定内容，据统计，中国古代有关新星的记录有一百余次。其中，超新星的记载尤其引起天文学家们的注意，如1054年的一次超新星爆发，《宋会要》就作了详细记载："至和元年五月晨出东方，守天关，昼见如太白，芒角四出，色赤白。凡见二十三日。"这颗超新星也因此被命名为"1054年超新星"。

中国古代对彗星也有系统的观察记录。古代可靠的彗星记录最早见于《春秋》一书中，据该书记载，公元前613年（鲁文公十四年）秋七月，"有星孛于北斗"。所记载的这颗彗星就是著名的哈雷彗星，这也是哈雷彗星的最早记录。根据统计，中国历代有彗星记录一千余次，是世界上最早、最丰富的彗星记录，这些记录资料为中外天文学家研究彗星的周期、轨道演化等问题提供了重要的第一手资料。

此外，中国古代还有大量关于流星以及太阳黑子等现象的记录。有关流星的记录有四千九百多次，其中流星雨的记载有四百多次，陨石的记载有三百余次，太阳黑子的记载有二百七十多次。所有这些记录都是珍贵的历史资料，对许多现代天文学课题的研究有直接帮助。

三、宇宙观

中国古代关于天体结构的认识主要有三种：盖天说、浑天说、宣夜说。这三种学说在汉代被称为论天三家。直至明代西方的天体结构理论传进中国以前，中国对天体结构的认识仍大致没有脱离这三种学说的范围。

盖天说是较早的一种天体与宇宙结构理论。其代表著作是公元前1世纪的《周髀算经》，这本书除了最早引用勾股定理外，主要是系统地论证盖天说。它的主要观点是天如盖在上，地在下，天地相分离。具体内容为：天以北极为中心，地以正对北极的极下地为中心。天和地都是中心高、四周低的伞形，天在上如"盖笠"，地在下如"覆盘"。天地相距是一个八万里的常数。太阳在天上每天绕北极与极下地的连线平转一周，因此，白天来自于太阳转到了人所居的这一边，而黑夜则因太阳转到了极地的另一边。《周髀算经》还系统地给出了这一模型的各种数据,但终因离实际太远而无法满足定量天文计算的需要,从而为后期的历法家所舍弃。

宣夜说是有关天体结构的另一种观点。东汉人郗萌对这一学派的观点进行了陈述,其主要观点是:首先,天是高远无极的空间,没有形质,天的颜色只是人的主观感觉,并不表明有一个固体的天壳或天穹存在;其次,日月星辰都自由悬浮于虚空之中,在气的作用下或动或静,所以各自的状态彼此不同。三国时代的杨泉曾对宣夜说有过一句话的极好总结:"地有形而天无体。"而且,他明确指出,天就是元气。这些观点对后期中国宇宙论中有关元气的理论有很大的影响。

不过,真正在中国天文学史上占据主导地位的天体结构理论是以张衡观点为代表的浑天说。

张衡(78—139),字平子,河南南阳人。他的《浑天仪图注》便是浑天说的代表作。张衡认为:"浑天如鸡子,天体圆如弹丸,地如鸡中黄,孤居于内,天大而地小,天表里有水,天之包地,犹壳之裹黄。天地各乘气而立,载水而浮。"也就是说,张衡的天体结构是一个类似于鸡蛋的、天包水、水浮地的浑天结构。张衡精确描述了天球上的各种基本圈,为我们提供了一个与现代球面天文学中的天球模型基本相同的浑天模型。这种模型克服了盖天说中的种种不足,不仅能比较准确地解释某一固定地点所常见的各种天象,而且为精确观测、记录、分析及预报天体的运动情况提供了一个基本正确的参照系,浑天说成为此后中国天文学制器和修订历法的天体结构依据。

当然,与现代天文学的天体模型相比,张衡等人的浑天模型实在存在着太多的谬误。与同时其他学说相比也未必处处高明。譬如将天视为有形质的天球就不如宣夜说高明,在浑天的模型里,大地也不是球状而是平板状,地浮水上也是一个缺乏想象力的见解。而且,在浑天说理论体系里,地远远大于日月,而日月仅具有相同大小。这一模型使得在现代看来简单的月食成因过程在哪里都难得到恰当的解释。

第二节　天文仪器

圭表仪器是观测的基础,是制定精确历法技术上的保证。中国古代所制作的天文仪器大致可区分为圭表、浑仪、浑象、计时器等。

圭表是测量日影的仪器。表是指垂直立在地面的标杆,圭是在表的下端地面上铺设带有尺度的板。圭表的作用有两项,一是通过早晚的日影定方向;二是通过测定正午表影的长度确定二十四节气的时刻,主要是测定冬至日的时刻,进而推求回归年的长度。这些工作都是古代历法的重要基础。公元前 7 世纪,《周礼·春官》中已有"土圭……以致四时日月"的记载,《周髀算经》中记载了周代表长定为八尺,这一规制也沿用了很久(唐代所制石圭表现仍保存完好)。到了元代,郭守敬制四丈高表,较之古代的"八尺之表"增高了四倍,明代的邢云璐甚至设立过六丈高表,这些高表在提高测量精度、测定回归年长度方面收到了很好的效果。目前河南登封元代观星台上,还保存有这样一套完整的高表实物。为了提高表影的清晰度,郭守敬还发明了"景符"。景符由一块中心带孔的铜片制成,铜片装在一个支架上,倾角可自动调节。为配合景符,表端被设计成一条架空的横梁。在实测中,把景符放到圭面上前后移动,并调节倾角,利用小孔成像的原理即可得到清晰的表端横梁的像影。

一、浑仪

浑仪是中国古代最主要的天体测量工具之一,是一种与浑天说密切相关的天文仪器。浑仪的基本结构是以多个同心圈来模拟天球,从而测定各天体的位置,为避免观测时侧光干扰,浑仪一般又配有窥管。在中国古史传说中,据说舜时曾发明创造有"璇玑玉衡","璇玑"被认为可能是浑仪的前身,而"玉衡"则是原始的窥管。但一般说来,天文史家认为浑仪的发明应与浑天说同时,因而不应早于汉代。比较确切的说法应是早期浑天家落下闳(前 104 年前后)及耿寿昌等人在制历时制作和使用了赤道式浑仪。这种赤道式浑仪的结构在《隋书·天文志》中有详细记载,记载的是东晋时期前赵史官丞孔挺于公元323年(光初元年)所造的浑天铜仪。这座浑天铜仪的基本框架是内外两重双环制,外规起骨架作用,有固定的地平环和赤道环。内规两环,其一称为"四游环",另一环夹有"衡",即所谓窥管。转动四游环和窥管就可以测定天体的赤道坐标和去极度。

不过,这样的浑仪只能进行赤道坐标的测量,而人们发现日月五星的运动轨迹是循黄道运动的。因此,在东汉的永元十五年,官方下诏制成了一架"太史黄道铜仪"。后来张衡在这一仪器上增加了一个地平环和一个子午环。到了唐代初年,李淳风建议将孔挺式的赤道式浑仪与黄道浑仪合二为一,于公元667年(贞观七年)制成了一架浑天黄道仪。这架仪器分三层,共有七个环之多。这样又产生了一个新的缺点,就是由于仪器上环数增多,环圈交错,遮掩了部分天区,缩小了观测范围。为了克服这一缺点,北宋沈括就把浑仪简化,取消了李淳风增添的白道环。到了1276年,元代郭守敬大胆革新,重新设计了一种"简仪",以代替浑仪。简仪取消了原来浑仪中许多环,而且摒弃了将赤经环(即四游环)和赤道环按同心圆形式安装的传统方法,把赤道环搁在赤经环的南端,为便于定位,简仪的窥管两端架有十字线。郭守敬的简仪在机械设计上还有值得特别提出的一件大事,就是他在赤道环内安装上了四根滚柱,"使赤道环旋转无涩滞之患",这是世界上关于滚柱轴承的首次记载。郭守敬的这一简仪在明代被仿制,至今仍保存在南京的紫金山天文台。

二、浑象

浑象是古代浑天家用来演示天球周日运动的仪器,类似于现代的天球仪。基本结构是一个圆球,在球面上标有星辰和黄道、赤道等。

据汉代文献记载,最早创制浑象的是汉宣帝时代的大司农中丞耿寿昌,但真正有明确记载的浑象还是张衡的作品。张衡于后公元132年(汉阳嘉元年)造浑天仪。这是一种浑象与漏壶相结合的仪器。张衡在浑象上装置了一套齿轮机械传动系统,利用漏壶流水的稳定性,推动浑象均匀绕轴转动。调节浑象的转动速度,放在密室里,看守浑象的人和室外观天的人所看到的真正星象就能够完全符合。显然这类均匀转动的水运浑象同时具有记时功能,张衡的这一发明成了机械天文钟的祖先。

张衡之后,三国吴陆绩和王蕃都制作过浑象。其中吴国葛衡、刘宋太史令钱乐之和梁陶弘景继承了张衡机械转动浑象的传统。

唐代之后,这类水运浑象又增加了自动报时功能。唐代僧一行和梁令瓒在公元723年(开元十一年)制造了一台开元水运浑天,这台机器能表演天球和日月的运动,而且设置了两个木人按刻击鼓、按辰打钟。

公元979年(太平兴国四年),张思训发展梁令瓒的工作,制成一台大型"太平浑仪",它有铃、钟、鼓三种信号报时刻数,又有十二个木人拿了时辰牌循环而出报时辰。这台机械以水银的流动为动力。

1092年(元祐七年)由苏颂、韩公廉设计、建造的元祐浑天仪象,是中国古代最宏伟、最复杂的仪器。它实际上是一座小型天文台。顶部置浑仪,中部是浑象,底部是报时器,这三个部分用一套传动装置和一个机轮连接起来,用漏壶水转动机轮带动仪、象、报时器三个部分一起动作。其报时器的报告项目比前代同类仪器增加了昏旦时刻和夜晚更点。

这架现在通称为水运仪象台的仪器的设计达到了空前复杂的程度。苏颂曾把整个仪象台的结构、部件的形状、尺寸等写成一份说明书《新仪象法要》,李约瑟等人认为从该书所附的机械插图中可以发现近代机械钟表中最重要的部件之一锚状擒纵器的雏形。

元祐水运仪象台达到了中国古代浑象和机械天文钟制作的高峰,以后元朝郭守敬曾造灵台水浑和玲珑仪两架演示仪器,制作也很精良。入明以后虽有仿制,其精巧程度远不如宋代。1673年(康熙十二年)制成的天体仪也可以算作一种浑象,但其只有演示和坐标换算等功能。当时机械钟已经从西方传入中国,所以大型天文机械钟不再制作。

三、记时仪器

水运浑仪是大型的天文机械钟,因此也只有朝廷和官方才能制作和使用,地方和民间的计时工具则更多地依赖其他的计时仪器,这类计时仪器主要有日晷、漏刻等。

日晷是圭表的改进形式,它利用表的投影在平面上的方向变化来测定真太阳时。所以日晷的基本组成有两个部分:一根作为表的柱子和与之垂直的平面——一般为一块石板,在板面上刻有刻度,以计量时间。

　　这样的日晷有两种类型。一种是地平式日晷,这也是古代最常见的一种日晷。目前出土年代最早的是秦汉日晷。这些日晷在石板中心钻一圆孔以竖立表针,以这一圆孔为圆心有一圆周,圆周到圆心刻有均匀的辐射线,表影与哪条辐射线吻合就表示时间是那一时刻。日晷采用中国古代的百刻计时制,因此,圆周区分为一百等分,由于日晷只能白天计时,晷面上通常只刻有部分辐射线,一般是六十九条。

　　另外一种是赤道式日晷。这类日晷从南宋时开始流行,现有明代制作非常精良的作品。这种日晷的特点是晷面可以调节,有的还附有罗盘以定方向。此外清代还有所谓斜晷等其他日晷。

　　漏刻是古代更为制度化的计时工具。漏是指计时用的漏壶,简单地讲就是底部带有一个泄水小孔的容器;刻是指划分一天的时间单位,它通过漏壶的浮箭来计量一昼夜的时刻。

　　漏刻的计时方法可分为两类:泄水型和受水型,前者记录容器内水漏完所需要的时间,后者记录把容器注满水所需要的时间。

　　漏刻总体的发展是从简单的泄水型漏壶发展到单级的受水型漏壶,又从单级漏壶发展到多级漏壶。最初的漏壶是在一个漏壶里放置一浮体(箭舟),漏壶泄水导致浮体随水位下沉,从而指示时刻。到了西汉时,漏刻分成供水壶和受水壶,一只供水壶专门供水,由另一只受水壶水位的上升来指示时刻,这就是所谓的单级浮箭漏。由于漏壶是以水的运动来计时,因此,只有保证水流速度的均匀才能保证时间刻度的均匀,一级供水壶水位变化时会造成流量不匀,因此,古人便在供水漏之前再加一只漏壶,向供水壶供水。这样到宋代时发展到多级补偿式莲花漏,使得中国古代计时器的日误差控制在二十秒以内。

　　中国古代的漏刻除了水漏之外,还有所谓的沙漏、辊弹漏和香漏,最有名的沙漏是明初詹希元所发明的"五轮沙漏",达到了很高的工艺水平。

第三节 历法

从某种程度上讲,历法及其中所涉及的对天体运动的认识以及历法的计算方法集中体现了天文学所取得的成就。中国历代历法的越来越精确、越来越严密,也标示着中国天文学的不断进步和发展。

中国古代的历法又称之为历术。其最初的内容比较单一,只考虑如何根据日月的运动规律来安排年、月、日,编制历谱。后来随着天文学水平的提高,又在这部分内容之外增加了日月五星的位置及交食、中星、晷漏等与西方数理天文学相当的计算项目,从而形成了一种特有的历法系统。

历法的起源有史可考者可上溯至殷商时期。根据对甲骨文的研究,人们发现殷人至少已掌握了以下几条历法规则,并把它们与观象授时法结合起来使用。首先,以干支纪日,使用阴阳合历,年有平闰,月有大小,年终置闰;其次,已有测定分、至的知识,分一年为春秋两季,以新月见为一月之始,季节与月份之间的对应关系基本固定。不过当时对年月的开始、月份的大小及是否应该置闰等尚无固定的推算规则,而须借助于观象授时,并由官方颁告天下。

商代历法的这种状况大约一直延续到公元前600年前后的春秋中期,因为根据对《春秋》历谱的研究,人们发现,至迟从公元前589年开始,十九年七闰的闰周已被掌握。从公元前552年开始连大月的安排也有了一定的规则,表明朔望月长度的测定已比较准确。除此之外,这时已得到了较为准确的回归年长度值,即365日。有了这些基础之后,人们就可以建立起一套推排历谱的方法,而无须再求助于观象授时节方法了。

以365日为回归年长度,取十九年七闰为闰周的历法称之为四分历。这种历法至迟在春秋中期已经出现,到战国时代已告成熟。据史籍记载,战国时期先后出现过六种历法,史称古六历。它们均为四分历,但由于制定时间和观测精度有异,各历的历元各不相同,而且岁首的取法也各异,有以冬至所在的子月为岁首,有的则以丑月或寅月为岁首。

汉代历法可以说是在古六历基础上的继续发展,而公元前104年(元封七年)落下闳、邓平等制订颁行的《太初历》则标志着中国古代历法体系的初步形成。这部历法基本上具备了推历谱、步日月五星及步交食等方面的内容,采纳了二十四节气,用二十八宿表示日月五星的位置,以冬至为天文年的开端,创立了以无中气之月置闰的法则。后汉《四分历》则正式具备了昏旦中星、晷影及昼夜漏刻等项内容。

东汉一代,月亮运动及交食问题成为改历活动的争论焦点之一,贾逵时代已经发现月行有迟疾的现象,随后又相继出现了《九道术》《月食术》《月食注》等专门讨论月行及月食的著作,这些发展的结果是以刘洪的《乾象历》作为结尾的。《乾象历》第一次引入了近点月的概念及定朔记算法,第一次定出了交食食限,在交点月、回归年、黄白道距离等的研究上均有所突破,从而开辟了中国历法发展的一个新纪元。

汉之后隋以前的历法进步主要表现在三个方面:首先是三国时曹魏尚书郎杨伟在《景初历》中提出了食分及日食亏起方位的计算方法,促进了交食理论的发展。其次是梁朝的祖冲之在《大明历》中首次引入了岁差的概念,提高了冬至点推算的准确性。第三是北齐张子信发现了太阳视运动的不均匀性,研究了日月五星运动速度的变化规律,发现了视差对交食条件的影响,预示着历法史上又一次大变革的到来。

隋代是中国天文学发展的重要转折时期,其代表人物为刘焯。他的《皇极历》在太阳运动计算、定朔计算、交食推步及五星推步等方面均做出了一系列独创性贡献,同时发明了等间距二次内插入法,开创了以高阶等差级数描述天体运动规律,以内插法进行天体运动计算的新时代。到了唐代,僧一行又在日躔表编制、不等间距二次内插法、五星近日点及其进动值的认识以及视差对交食的影响等方面对刘焯等人的成果进行了补充与发展,使之更加完善。中唐之后,曹士芳首先在《符天历》中以一个二次函数式描述太阳周年视运动的不均匀性;唐末边冈在《崇玄历》中也把二次函数式引入了黄赤坐标的换算以及月亮黄纬与食差的计算,又在影长计算中应用了三次函数式,在太阳赤纬及昼夜漏刻的计算中使用了四次函数。这些工作使高次函数法成为中国历法计算的又一重要方法,开创了各种天文数表及其算法公式化的新传统。

到了宋代,周琮在《明天历》的各项计算中均使用了高次函数式,并且用到了五次函数。他的工作使《明天历》成为中国古代公式化程度最高的历法,在计算精度上也达到上等水平。以后,姚舜辅在《纪元历》中也沿着这个方向前进了一步,在计算精度上又有提高。

除基本概念的确立、数学方法的进步之外,隋代至宋代在天文常数的测算上也达到历史最高水平。所有这些都使中国天文学在前后六个世纪中得到了长足的进步,为元代天文学的发展奠定了坚实的基础。

中国历法发展的顶峰是元代郭守敬的《授时历》,它集中吸收了前代历法在天文常数及具体算法上的许多长处,对日月五星运动不均匀性的处理也更加精细。同时,还普遍以三次函数描述天体运动的不均匀性,大大提高了描述及计算精度。另外,在黄赤坐标的换算中,《授时历》还创立了所谓的弧矢割圆术,得出了一组与球面三角学相通的公式。

《授时历》之后,中国历法长期停滞不前,当明末西方理论天文学知识系统传入之后,这种传统的历法体系便逐渐地退出了历史的舞台,而让位于西方天文学了。

第二十九章

《九章算术》

《九章算术》是中国古代最有名的一本数学著作的名称。它对中国古代数学乃至东方数学发展的影响,就像欧几里得《几何原本》之于西方数学那样,奠定了中国数学的基础。这部经典产生于先秦时期,内容经过长期的积累,集中国秦汉以前数学之大成,经由汉张苍、耿寿昌等人删补、修订,于公元前后辑为定本,此后千百年便成为中国最重要的数学教材。《九章算术》的内容共分九章 246 个数学问题,这也构成了中国古代数学的主要内容框架。这九章分别为方田、粟米、衰分、少广、商功、均输、盈不足、方程、勾股。其中前六章以所要解决的实际问题的类型而得名,后三章则以数学方法和领域而得名。246 个问题广泛涉及土地测算、谷物交换、测量、水利、土方工程、赋税徭役等古代社会、经济、军事文化领域,因而这部书同时具备很高的史料价值。

《九章算术》更重要的意义自然是它所取得的数学成就。"方田"章提出了世界上最早的完整分数四则运算法则及各种图形的面积公式;"粟米""衰分""均输"三章提出了比例和比例分配算法;"少广"章提出了世界上最早的完整的多位数开平方、开立方的程序;"商功"章创立了多面体体积理论,给出了各种立体公式和工程分配方法;"盈不足"章解决盈亏问题及可用盈不足术解决的算术问题;"方程"章的方程术是世界上最早的线性方程组解法,还提出了正负数加减法则;"勾股"章给出了完整的勾股定理、解勾股形及若干简单的测望问题。一部《九章算术》当然不能涵盖中国传统数学的全部。一般说来,《九章算术》之后,魏晋南北朝时期,是中国数学发展的一个高峰。这一时期中国出现了两位天才的数学家刘徽和祖冲之。刘徽是淄乡(今山东邹平)人,生活在公元 3 世纪,被认为是中国古代数学理论的奠基人之一。他的著作有《九章算术注》和《海岛算经》,在《九章算术注》中他第一次提出了极限思想,并创用割圆术,由此将圆周率计算至 3.1416。祖冲之(429—500)祖籍是河北范阳(今河北易县)人,但生长在建康(今江苏南京)。同阿基米德一样,祖冲之是一个博学多能的人,他计算和制定了《大明历》,还尝试过制造木牛流马、千里船等机械。在数学上,他继承刘徽的工作,将圆周率计算到小数点后第七位。这一纪录,一千多年之后才由阿拉伯数学家阿尔·卡西等人打破。他得出的密率 355/113,欧洲直到 16 世纪才由德国人奥托和荷兰人安托尼兹求得这一数据。

中国传统数学的顶峰是在宋元时期。11 世纪上半叶,贾宪在《黄帝九章算法细草》中提出指数为正整数的二项式定理系数表(贾宪三角),可以求出任意高次方程的数值解,比欧洲阿皮纳斯的系数表早四百多年。1247 年,秦九韶在《数学九章》中提出的"大衍求一术"(一次同余式解法)和"正负开方术"(高次方程求正根法)都遥遥领先于世界。他的"大衍求一术"也被后人称为"中国剩余定理",欧洲大数学家欧拉和高斯的同类研究比秦九韶晚了五百多年。南宋李冶的《测圆海镜》同样是一部惊世之作,它系统论述的"天元术"(一元高次方程)比欧洲的研究提前了三个世纪。元代的朱世杰进一步推广天元术,在《四元玉鉴》中创"四元术"(四元高次方程组),提出了与现代基本一致的消元解法。欧洲直到 1775 年才由法国数学家别朱系统叙述了高次方程组的消元法问题。朱世杰把计算近似值的招差术用于高等级数计算的高次招差法,则比英国牛顿等人早近四百年。秦九韶、李冶、杨辉、朱世杰连续出现在 13 世纪中叶至 14 世纪初年的五十年中,因而被称为"宋元四大数学家"。

从明代开始,中国传统数学由筹算向珠算演变。这一时期,算盘取代算筹成为主要计算工具,筹算也初更为商业化的珠算取代。中国传统数学开始衰落。明末时西方数学开始影响中国,在经过清代的一些反复后,中国数学在 20 世纪初开始全面融入世界数学发展的潮流之中。

第一节　算筹

中国古代数学的大部分成果是用一种叫做"算筹"的工具演算出来的。

"算筹"的形状是棍子。根据古代的文献记载,西汉时期的算筹是大约直径为0.23厘米、长约13.86厘米的圆形竹棍,一套有271枚。到了隋朝时,开始有三棱形和四棱形的两种算筹,据说这样是为了区别正数与负数。为了区别正数和负数,也有用不同颜色的算筹来表达的办法,如红筹表示正数,黑筹表示负数。

78×56＝4368 的运算过程:

"算筹"的制作材料则多种多样。最普通的是木棍或竹棍,然后就有了铁质的、骨质的、玉质的直至象牙质的算筹,这些精致的算筹用同样精致的算袋或算子筒装上。这些算筹的实物已在陕西、湖南、江苏、河北等省发现多批,其中年代最久远的是 1971 年在陕西千阳出土的西汉宣帝时期的骨制算筹。

算筹的功能是计数和计算。用算筹来表示数目有纵、横两种方式:

表示一位多位数,是把各位数码由高位到低位从左至右横列。各位筹式必须纵横相间:个位、百位、万位等用纵式,十位、千位、十万位等用横式。例如 35 872 用算筹表示出来是 ‖‖≡⫪⊥‖。数字"零"用空位表示,例如 6 072 用算筹表示出来是 ⊥ ⊥‖。

用算筹进行列式和演算时叫筹算。中国古代的筹算不仅包括正、负整数与分数的四则运算和开方,而且还包含各种特定筹式的演算。

第二节　算盘

流传至今的算盘也是中国人的发明。从汉代起就开始有了穿珠记数,经过长期的发展,北宋时,具有现代形式与功能的算盘可能已经出现。人们在北宋时期张择端所画的著名的《清明上河图》中找到了算盘的图像。从明代开始起,古老的筹算、沙盘算开始失传，珠算盘成为最流行和通用的计算工具。

珠算盘的发明使得珠算术得到全面推广。筹算的加、减、乘、除运算方法随之逐渐转变为珠算术的四则运算方法，同时也逐渐产生了我们至今耳熟能详的珠算运算口诀。明代时，珠算还用于开方、解高次方程等复杂的运算。

珠算不仅在中国境内成为最便捷快当的计算方式，并先后传播到日本、朝鲜以及东南亚各国，甚至远传至美洲。即便在电脑与计算器广泛使用的今天，珠算盘仍有相当大的存在空间，被人们视作"不会出麻烦的计算器"。

第三节　勾股定理及其证明

所谓勾股定理，是指直角三角形两直角边的平方和等于斜边的平方。这是我们所熟知的数学的一个基本定理，在西方，这一定理被称之为毕达哥拉斯定理，以纪念西方最先发现该定理的希腊哲学家毕达哥拉斯。

在中国，最早表述出这一定理的据说是周朝大臣商高，后来公元前6世纪的陈子也明确表达了这一定理，这两人都较毕达哥拉斯早。而且，是中国最早给出了这个定理的有关证明，因此，这一定理更有理由被称为中国的勾股定理。

勾股定理中的"勾"和"股"分别指直角三角形的两条直角边，另外一条边古代称之为"弦"，假设用 a, b, c 分别表达勾、股、弦，勾股定理用数学式表达就是：

$$a^2 + b^2 = c^2$$

有关这一定理的证明，在中国古代也有很多，我们下面介绍刘徽的一个证明。刘徽证明的原话是：

> 勾自乘为朱方，股自乘为青方，令出入相补，各从其类，因就其余不移动也。合成弦方之幂，开方除之，即弦也。

这段话所显示的证明可图示如下：

令□ABCD 为朱方，□BEFG 为青方。

在 BF 间取一点 H,使 AH=BF,裁下。

△ACH,移至△CDI,裁下△HFG,移至△EGI,是为"出入相补,各从其类",其余不动,则形成了弦方□CHGI。勾股定理由此而得证。

刘徽的这一证明被吴文俊先生归纳为"出入相补原理"。他认为这一原理"就是指这样的明显事实：一平面图形从一处移置他处,面积不变。又若把图形分割成若干块,那么各部分面积的和等于原来图形的面积,因而图形移置前后诸面积的和、差有简单的相等关系。立体的情形也是如此"。中国传统数学中的平面几何问题以及立体体积问题,基本上都是采用出入相补的面积移补拼合来处理和加以证明的。

第四节 割圆术与圆周率

割圆术与圆周率这一方法也是刘徽创造的。刘徽在其《九章算术注》之"圆田术注"中运用无穷逼近的极限思想构造性地证明了圆和面积公式,并进而计算出了圆周率,他所使用的这一方法称为割圆术。

刘徽的割圆术证明从圆的内接正六边形开始,刘徽称之为"六觚之幂"。它是由六个以半径为边长的等边三角形拼合而成,取此正六边形所对应六段圆弧的中点,与其六个顶点依次相连,可得圆接正十二边形：

记 $AB=a_6$,$AC=a_{12}$,分别为内接正六、十二边形的边长,∵ $a_6=AB=S_{12}=r$,又 $AC \perp S_{12}$,∴ $S_{ACBO}=a_6 \cdot r/2$,于是得圆内接正十二边形的面积幂 $S_{12}=6 \cdot S_{ACBO}=3a_6 \cdot r$。

这个过程称之为割六觚之幂为十二觚之幂。

重复这一过程,取正内接十二边形所对应的十二段圆弧的中点,与其十二个顶点依次相连,可得到圆内接正二十四边形。这样下去,我们总是可以从圆内接正 $3 \cdot 2^n$ 边形,割圆得到圆内接正 $3 \cdot 2^{n+1}$ 边形。

那么如何用割圆术来计算圆面积呢？刘徽创造了一个圆面积的不等式：$S_3 \cdot 2^{n+1} < S < S_3 \cdot 2^{n+1} + (S_3 \cdot 2^{n+1} - S_3 \cdot 2^n)$

用这公式,刘徽求出了圆内接正 96、192 边形的面积,并给出了:

$$3.1410 \approx 3.14\frac{64}{625} < \pi < 3.14\frac{169}{625} \approx 3.1427$$

正是在这一工作的基础上,祖冲之完成了有关圆周率计算的杰出工作。运用割圆术将圆周率计算到了小数点后第七位。

第五节 孙子定理与大衍求一术

成书在公元 400 年前后的《孙子算经》中有一道著名的"物不知数"问题,该问题原文为:

今有物,不知数。三三数之剩二,五五数之剩三,七七数之剩二。问物几何?

这就是著名的一次同余式问题,它指求这样一个数:该数用 3 除余 2,用 5 除余 3,用 7 除余 2。如用现代数学符号表示,可表达为:$x \equiv 2 \pmod 3 \equiv 3 \pmod 5 \equiv 2 \pmod 7$。

原文给出的答数为 $x=23$,这一答案是上面同余式组的最小正整数解。这个答案是如何算出来的呢?《孙子算经》写道:

术曰:三三数之剩二,置一百四十;五五数之剩三,置六十三;七七数之剩二,置三十;并之,得二百三十三,以二百一十减之,即得。

由此可知,该问之答案是这样得到的:
$x = 140 + 63 + 30 - 210 = 23$

那这些数字又是怎么来的呢?《孙子算经》原文也有解释:

凡三三数之剩一,则置七十;五五数之剩一,则置二十一;七七数之剩一,则置十五；一百六以上，以一百五减之，即得。

这段术文的意思是，凡是以 3、5、7 为模数的一次同余式组：$x\equiv r_1(\mathrm{mod}3)\equiv r_2(\mathrm{mod}5)\equiv r_3(\mathrm{mod}7)$

其最小正整数解为：$x=r_1\cdot 70+r_2\cdot 21+r_3\cdot 15-105p$

适当选择 p，使得 $0<x\leqslant p$。

这个算法就是有名的"孙子定理"，是一个在中国历史上民间广为流传的数学问题。人们给孙子定理问题冠以各种名称，诸如"秦王暗点兵""鬼谷算""隔墙算""剪管术""韩信点兵"等，不一而足。

我们注意到，孙子定理问题的关键，是如何找到 70、21、15、105 这几个数。这个问题其实很简单，我们首先看 70 这个数，它能够被 5、7 除尽，而被 3 除余 1；同样，21 能被 3、7 除尽，被 5 除余 1；15 能被 3、5 除尽，被 7 除余 1。而 105 则能被 3、5、7 三者除尽。因此，就一般情形而言，对于模数两两互素的一般同余式组，甚至模数不是两两互素的情况，关键的是如何找到类似的数，寻找到求解这些数的方法，就可以得到整个同余式组的通解了。

这就是宋代数学家秦九韶在其著作《数书九章》里所谈到的"大衍求一术"。在该书中，秦九韶明确系统地叙述了求解一次同余式组的一般方法和相应的通解公式，这就是著名的"中国剩余定理"。西方直到 18、19 世纪，数学家欧拉与高斯才开始对一次同余式作深入研究，得到与此相同的结果。秦九韶也正因为这一工作以及在高次方程数值解法方面的贡献，被国际上公认为"他是他那个民族，他那个时代，并且确实也是所有时代最伟大的数学家之一"。

第六节　垛积术与级数求和

将级数求和的问题转化为立体求体积问题，这也是中国古代数学的一个传统。这一工作是从北宋时期的大科学家沈括（1031—1095）开始的。

沈括在他著名的笔记《梦溪笔谈》中提出了长方台形垛积的一般求和公

式——隙积术。沈括提出的问题针对如下的情形：

设一个长方台形垛积的顶层宽为 a 个物体,长为 b 个物体,底层宽为 c 个物体,长为 d 个物体,高共有 n 层。如将物体的个数视为长度的整尺度(例如 a 个物体视为 a 尺),首先按求解长方台体积的公式来计算,这一台形的体积当为：

$$n[(2b+d)a+(2d+b)c]/6$$

但如果把这一结果当成物体垛积的总和时,沈括注意到"常失于数少"。因此,沈括提出了一个修正项 $n(c-a)/6$,即垛积的个数比长方台体积立方尺数多 $n(c-a)/6$。

也就是说垛积总和为：$S=n[(2b+d)a+(2d+b)c]/6+n(c-a)/6$

这是一个有关高阶等差级数的一般求和公式,譬如说：$1^2+2^2+3^2+\cdots+n^2$,我们可理解为是 $a=1,b=1,c=n,d=n$ 的特例,套用沈括的公式,其和为：

$$S=n[(2b+d)a+(2d+b)c]/6+n(c-a)/6$$
$$=n[(2+n)+(2n+1)n]/6+n(n-1)/6$$
$$=(2n+1)n(n+1)/6$$

即：$1^2+2^2+3^2+\cdots+n^2=(2n+1)n(n+1)/6$

我们同样可以得到其他的一些级数求和的公式。

沈括的这一方法被其后的杨辉所继承,在其所著的《详解九章算法》一书里,杨辉具体给出了几个可以由沈括公式推导出来的级数求和结果。

沿着这一方向将级数求和推向顶峰的仍然是元代的朱世杰,在其所著的《四元玉鉴》中,朱世杰对高阶等差级数的求和给出了一个较为系统而普遍的解法。朱世杰的这一成就在沈括等人的基础上,又与贾宪三角联系在一起。

第七节　河图洛书与幻方

中国古代典籍《周易》里有一句话："河出图,洛出书,圣人则之。"这就是著名的"河图洛书"传说,大意是说在遥远的古代,黄河中腾出一匹神马,背负一图,是为河图；洛水中浮现一只灵龟,背刻一书,即所谓洛书。这两者都是上天因感于圣人伏羲的功德而降于人间的吉祥之物。只是"河图洛书"究竟是什么,历代文献均语焉不详。到了宋代时,才有学者赋予其明确的图形。

而"洛书"中的点数如果用数字替代,就形成了如上的中国古代所谓的"九宫图",我们知道,这就是所谓的 3 阶幻方。幻方,中国古代又叫纵横图。其中的正规幻方是由 1 到 n^2 个连续的自然数按照某种规则填充到 $n\times n$ 格的方阵中而构成的,它要求每行、每列以及两个对角线上的 n 个数字之和均为 $(1+n^2)n/2$。我们把 n^2 个自然数构成的幻方称为 n 阶幻方。而 3 阶幻方是最小的幻方。

"河图洛书"的神秘与研究幻方所带来的乐趣,开启了后来中国古代有关幻方一类组合数学的研究。"宋元四大家"之一的杨辉是首先比较系统探讨高阶幻方之制作方法的学者。在其《续古摘奇算法》卷一中,杨辉以"纵横图"为篇名共给出了 13 幅 3 至 10 阶的幻方。由此开始,明清两代,各种纵横图成为数学家以及数学爱好者热衷于研究的一门学问。明代程大位所著《算法统宗》中记载了 14 幅纵横图,清代张潮在其《心斋杂俎》卷下记载了 25 幅纵横图。更有意思的是 19 世纪的保其寿在研究了张潮的纵横图后,独创浑圆图,在其《碧奈山房集》中记录了 20 幅浑圆图。这些结果引起了现代数学家的注意,我国台湾的李国伟从组合数学的意义上深入探讨分析了保其寿浑圆图的成就,并且将其推广为一般的立体幻方。李国伟的工作引起了一些学者的高度兴趣,已有十余篇对浑圆图进行研究的相关论文在国际组合数学方面的刊物上发表。

第三十章

《齐民要术》

将《齐民要术》用来指代中国古代的农学有如下几个特别的理由：这部成于北魏时期、由贾思勰所撰写的著作是中国古代完整保存下来的最早的综合性农书，也是世界上现存最早、最有系统的农业科学名著。当然更重要的是，这部书的出现，为后世中国大型综合性农书树立了典范，此后出现的王桢《农书》《农桑辑要》《农政全书》《授时通考》等综合性农书无不奉其为圭臬，依照其体例，引述其内容。

自古以来，中国就以"以农立国、以农为本"著称，所以中国古代农学著作始终居于世界之首。最早的农学著作《吕氏春秋》成书于公元前239年。《吕氏春秋》一书包括《上农》《任地》《辨土》《审时》等篇。《上农》中以农为本的"上农"理论及政策充分反映了当时新兴地主阶级的重农思想和奖励农桑的政策。《任地》《辨土》《审时》等篇都透彻地阐述了如何利用天时、地利进行精耕细作和发挥人的主观能动性。这些思想为以后农业的发展奠定了重要的理论基础。

两汉时期氾胜之的《氾胜之书》，总结了陕西关中一带农业的生产经验，把作物栽培方法作为植物生长的有机整体，阐述了"趣时（及时耕作）、和土（土地的利用和改良）、务粪泽（施肥和堡墒灌溉）、早锄（及时中耕除草）、早获（及时收获）"五个不可分割的基本环节，为农业丰收提出了具体的耕作原则。

从南北朝、隋唐至元朝，除了《齐民要术》之外，一批专业性较强的农学书籍也不断问世，如隋代诸葛颖的《种植法》、唐代韩鄂的《四时纂要》、陆羽的《茶经》、陆龟蒙的《耒耜经》以及宋代陈敷的《农书》、元朝王桢的《农书》等。这些农学著作大多是关于某一农作物的栽培技术、农具的制作和使用等。其中元朝王桢的《农书》以很大篇幅综述了各种农具和农业机械，不仅有文字说明，还列出三百多幅图谱，把当时流行的农具和已失传的机械绘制出来,展示了我国古代农业生产器具方面的成就。

明清也是农学高度发展的时期。根据统计,这一时期的农学著作有三百多种,其中大型的综合性农书就有明代徐光启的《农政全书》和清代官方编辑的《授时通考》。这一时期,农业技术的主要进步在"一岁数收"技术的成熟、新作物的引进以及蚕桑技术的发展上。

第一节　赵过与犁耕

赵过是中国西汉时期汉武帝时的搜粟都尉。汉武帝末年追悔早年征伐之事,下决心安定百姓,发展农业,让人民富裕起来,于是就起用精通农业科学技术的赵过为搜粟都尉,主管全国的农业生产。此后,赵过的业绩也充分证明了汉武帝这一任命的英明果断与知人善任。

赵过是中国农业科技史上非常有名的"代田法"的创制者与推广人。"代田法"是一种新的耕作法,在赵过之前,农民所用的耕作方法叫做"缦田法",即用当时的"耒"等工具发土后,不分行列地撒上种子。这种耕作方法的缺点是地力用到一定的时候必须休闲,上等田休闲一年,中等田休闲两年,下等田则要休闲三年,或者杂种五谷以调节休养地力。赵过经过仔细研究后,弄清其利弊,提出了新的耕作方法,这就是"代田法"。

简要来说,代田法的具体方法就是在土地上开一尺宽、一尺深的沟,挖出的土在沟与沟之间作成一尺宽的垅。作物的种子播种在沟内,随着苗的逐渐长大,中耕时将垅上的土逐渐锄下,用以培护苗根,一直到垅与沟拉平。这样,作物的根部得到很好的拥培,根扎得深、扎得牢,不怕风、不怕旱,不易倒伏,能够保肥保水。沟与垅的位置逐年轮换,今年做沟的地方明年做垅,今年做垅的地方明年做沟,所以叫代田法。采用了代田法整块田就可连年耕种,不需要像缦田那样一定要休闲了。这种方法在古代风旱比较严重的北方起了很大的增产作用。根据记载,用代田法比用缦田法每亩一年多收一斛至二斛。

赵过另外的工作是发明了新式农具耦犁和耧车。大约在春秋战国时期,中国已开始有了铁犁牛耕,但大面积推广铁犁牛耕还是在汉代,特别是赵过为搜粟都尉改革田器推广代田法后。赵过创制的"耦犁"是这一时期的重要发明。根据文献记载,驾驭耦犁,要用"二牛三人",根据考古发现,当时的犁头——舌形大铧重量一般都在十五斤以上,一头牛难以牵引,因此,耦耕大致是两牛联合一起共同拉一犁(即俗语所称的"二牛抬杠"),一人在前牵牛,一人在后扶犁,第三人负责压辕以控制犁头,调节耕地的深浅。赵过的这一方法甚至在不久前的中国边远地区还能找到它的遗存。

赵过的另一重大发明叫耧车或称耧犁。是用畜力牵引的条播器,它能一次完成开沟、播种、覆土三道工序。耧车有两个或三个固定在机架上的耧脚,用它们承接耧斗,耧斗里装种子,一牛牵引,一人将之。使用这种播种机,可使播种深度一致,行距一致,种子分布比较均匀,出苗比较整齐,又由于这种播种机开沟下种、覆土的功能都具备,这就大大提高了播种效率。

赵过大概还是世界上第一个在国家范围内进行系统农业推广的人。他在京城长安举办推广新技术的培训活动,要求全国各地郡守派遣所属县令、三老、力田(地方小农官)、乡里老农来学习新农具使用法及新的耕种养苗法。还在离宫附近种试验田,进行对比试验。通过这些措施,赵过的代田法和新农具在各地很快得到推广。

第二节　贾思勰与《齐民要术》

贾思勰,山东益都(今山东寿光一带)人,曾任北魏青州高阳(今山东临淄西北)太守,因史书里没有他的传,故其生平事迹、生卒年月均不可考。他的名字之所以能够流芳百世,完全是因为他写下了不朽巨著《齐民要术》的缘故。

《齐民要术》一书内容丰富,包罗万象,农林牧副渔各个方面无不涉及,而且实用性强。该书正文部分共有 10 卷 92 篇,11 万余字。卷一包括耕田、收种、种谷 3 篇。卷二包括谷类、豆类、麻类、麦、稻、瓜、瓠、芋等 13 篇。卷三包括葵、蔓菁、葱、蒜等蔬菜作物12篇以及苜蓿杂说各一篇共14篇。卷四包括园篱、栽树、种枣、插梨等14篇。

卷五为栽桑养蚕、竹、木及染料作物11篇。卷六为牛、马、驴、骡、猪、羊、鸡、鸭、鹅和鱼的饲养共6篇。卷七包括货殖、涂塈、造曲、酿酒等6篇。卷八、卷九为制酱、作菹、醴酪等食品调制和贮藏加工以及煮胶和制笔墨法等24篇。卷十将近150种产于南方的"五谷果蓏菜茹"作了详细介绍。全书不仅系统总结了北魏以前的农业生产技术，而且通过调查研究，对当时黄河中下游地区劳动人民创造的新经验新成就加以全面的总结，与此同时，还对当时南方及其他地区的农业技术进行了总结和描述。

鉴于北方地区雨水少，易受旱灾，《齐民要术》在土壤耕作方面以抗旱保墒为中心，总结出了一整套耕、耙、耱等相结合的耕作技术体系，主张耕作措施应随季节、土质、地势、墒情的不同而变化。在种植制度方面，总结出了20多种轮作方式，并注意到用地与养地相结合，如谷类和豆类轮作，绿肥和粮食作物轮作等。书中肯定了农民开辟肥源的经验，认识到绿肥和豆科作物的肥田作用，说它们肥田与蚕矢和熟粪相同。在良种选育方面，《齐民要术》记载了粟的品种97个、黍12个、6个、粱4个、秫6个、小麦8个、水稻36个，并根据各品种的成熟期、性状、产量、抗病性、抗逆性等方面的情况进行分类描述、研究，指出选出种的原则、原理、标准和具体方法，这是对北魏和北魏以前中国关于良种选育的经验总结，并进一步将中国古代良种选育技术提高到了一个新的水平。

在有关果树的栽培管理技术方面，《齐民要术》总结了梨的嫁接技术。贾思勰指出了嫁接过程中"木边向木，皮还近皮"的技术要点，说明了他已认识到砧木和接穗的切面和韧皮部吻合是嫁接成活的关键。贾思勰还注意到接梨的砧木不同，成活率也不同。如该书记载接梨的砧木有棠、杜、桑、枣、石榴五种，其中以棠作砧木最好，杜次之，接桑则最差。这在一定程度上说明贾思勰已经认识到远缘嫁接亲和力差的道理。

在畜牧兽医方面，《齐民要术》注重饲养管理技术、良种繁育技术、相畜技术和阉割技术，认识到远缘杂交可产生杂种优势以及远缘杂交产生的杂种后代不育的事实。直到现在，《齐民要术》所介绍的这些技术很多还在延续使用。如羊的阉割术,《齐民要术》所介绍的采用"布裹齿脉碎之"的办法,即用布包裹精索,用锤锤碎。这种用锤碎精索的去势术,今日的华北农村仍在沿用。

《齐民要术》对当时以及以前的酿造技术(酿酒酿醋)、制酱制豉与食品加工技术都作了比较系统的总结,使我们比较清楚地看到公元6世纪时中国在以上各方面技术所达到的水平。其中用醋的历史在中国虽然很悠久,但具体做醋的方法最早的记载是在《齐民要术》里。此外对粮食的储藏和蔬果的保鲜技术以及食品加工技术都有详细介绍,同时还把北方少数民族的做酪法等乳品加工技术介绍到中原来,也注意到对野生植物和南方亚热带植物资源的开发利用。

《齐民要术》还有对植物雌雄异株现象的认识。在书中,贾思勰不但指出大麻有雌雄之分,还认识到雄麻花粉与雌麻结实的关系:"既放勃(花粉),拔去雄。若未放勃去雄者,则不成子实。"这句话即是说在雄麻散放花粉前拔去,雌麻就不能结实,在雄麻散放花粉后拔去,既不影响雌麻结实,又能提高雄麻纤维的质量。可见当时人已把对植物性别的认识,应用到大田生产中以提高产量和质量。

《齐民要术》不仅在中国农学史上有重要地位,对后世农学发展产生了很大影响,且在国外也赢得了声誉。在日本,研究《齐民要术》就被称之为"贾学",这本书已成为世界科学文化宝库中的珍贵典籍。

第三节 陈旉《农书》

自宋代以来,中国的经济重心逐渐转移到江南地区,记录这一过程中江南农业技术进步的著作中,宋代陈旉的《农书》是非常重要的一部,这也是现存第一部宋代反映江南水田农桑生产的综合性农书。

这本书写成于1149年(绍兴十九年),陈旉这一年也已73岁高龄,因此,《农书》可以说是其一生的心血。全书分上中下三卷,共1200余字。上卷是全书的主体,包括《财力》《地势》《耕耨》《天时》《六种》《居处》《粪田》《薅耘》《节用》《稽功》《器用》《念虑》《祈报》《善其根苗》等14篇,主要讲述土地经营规划与水稻栽培技术,篇幅约占全书的2/3。中卷牛说包括"牧养役用之宜"和"医治之宜"二篇,主要强调牛对农业的重要，具体记述了水牛的饲养、管理、役用和疾病防治。下卷为蚕桑专卷，包括《种桑》《收蚕种》《育蚕》《用火采桑》《簇箔藏茧》等5篇，专门论述蚕桑生产中的科学技术问题。

在这本书里，陈旉第一次用专篇系统论述了土地利用。第一次明确提出两个对于土壤看法的基本原则：一是土壤虽有多种，好坏不一，但治理得法，都能适合于栽培作物。对不同的土壤可实施不同的治理方法，例如黑土过肥，穗而不实，要用生土混合。另一是他所提出的"地力常新壮"的观点，指出只要使用得当，地力就可以经常保持新壮。陈旉认为除合理使用土壤外，施肥是维持和提高地力的主要方法，因此，他提出"用粪犹用药"，即根据土壤性质及作物的生长情况，选用适宜的肥料种类，适宜的数量和适宜的施肥时机、施肥方法，就像医生治病用药一样对症下药。陈旉的这些观点，对中国农学思想的发展起了重大作用。

《农书》也是中国历史上第一次记载桑树嫁接技术的著作。桑树嫁接技术的发明是蚕桑生产上的重大事情，通过嫁接后的桑树，桑叶页片大，叶质好，产量高。直到今天，养蚕生产中都离不开用嫁接桑。《农书》记载道："若欲接缚，即别取好桑直上生条，不用横垂生者，三四寸长截，截如接果子样接之。其叶倍好，然也易衰，不可不知也。湖中安吉人皆能之。"安吉即今日浙江安吉，这一记载说明了南宋时代太湖流域已经广泛采用了桑树嫁接技术，也说明伴随着中国蚕业中心从北方向南方太湖流域的转移，是南方蚕业科学技术水平的提高。

第四节 黄道婆与棉纺

在中国科技发展史上，一向少有女性的身影，但有一个普通的女性却获得了崇高的地位，她就是宋末元初杰出的棉纺织大师黄道婆。

黄道婆，生卒年不详，只知道她是松江府乌泥泾（今上海华泾镇）人。乌泥泾位于松江府东面五十里许，这个地方原来土地贫瘠，民食紧张，因此有人从福建广东引种棉花，以资生业。但当时棉纺织技术非常落后，一没有轧棉的机械，二没有椎弓之制，要用手剖去籽，十分辛苦而效率又不高。正在这个时候，黄道婆从海南崖州(今海南省崖县保亭、乐东等地)回来了,时在1295—1296年(元贞年间)。

海南岛很古的时候就开始了棉织,南宋时当地的黎族人民的棉纺织技术已达到很高的水平。黄道婆年轻时流落到海南崖州,在这一地区生活了多年,向黎族人民学得了一手精湛的棉纺织技术。黄道婆归来后,即着手推广海南黎族人民先进的棉纺技术和经验,并在此基础上对棉纺技术进行了革新。首先,她以黎族人民发明的踏车为基础,创制出专门用于棉花脱籽的搅车(又名轧车),取代了原来去核用手剥或用铁杖碾的方法,既减轻了劳动强度,使人工作起来不那么辛苦,又大大提高了工作效率。搅车的发明也因此成为棉纺生产发展的一个里程碑。第二,黄道婆将黎族人民的大弓弹棉法推广到长江流域。对于已经去核后的棉花加工,即弹棉花的工序,黄道婆把原来一尺多长的小弓改为四五尺长的大弓,把细线弦改为坚韧的粗线弦。改以前用手指弹拨为椎击弓弦,椎子用檀木做成,状若酒瓶,以木椎小端击弦,既弹松棉花又弹去杂质,效率高,质量好。第三,黄道婆发明了三锭(三个纺锭)式脚踏纺车,将手摇纺车改为脚踏,取代了沿袭一千多年的单锭手摇纺车,这也是当时世界上最先进的纺织工具。第四,在棉织技术上,黄道婆对原有的简陋工具进行改造,使汉族的麻织工艺技术和丝织工艺技术与黎族的棉织工艺糅合起来,发明了一套比较先进的"错纱配色,综线挈花"的织布技艺,织出带折枝、团凤、棋局、字样等图案的"粲然若写"的高级棉布。由于以此织法织出的棉布光彩照人,所以乌泥泾人争相学习,新的纺织技术开始不胫而走。到了明代,整个松江府一带发展成了全国植棉业和棉纺织业最发达、最先进的一个地区,"松郡棉布,衣被天下"。

正是黄道婆的推广和革新,促进了整个中国棉业的发展。首先是松江府的棉布成为美观、耐用、价廉的最受人们欢迎的畅销物品。市场的需求又进一步刺激了棉花的种植和棉纺织业的发展。到了明代,棉花又进一步发展到黄河下游,棉花在中国已"遍布于天下,地无南北皆宜之,人无贫富皆赖之",棉布衣服取代了丝麻衣服,棉花逐渐成了中国最重要的纤维作物,棉织业也成为中国最发达的纺织业。也正因如此,黄道婆,一个在中国正史中找不到记载的普通女性,成为在中国历史上与祖冲之、沈括等人比肩的杰出科学家。

第五节　徐光启与《农政全书》

徐光启是中国明代末年杰出的农学家、科学家、思想家。他不仅以皇皇巨著《农政全书》彪炳史册,而且在天文学、数学等方面做出了卓越的贡献。在科学思想方面他主张会通中西以求超胜,并身体力行,作出表率。徐光启可以说是历史上少有的、如恩格斯所说的他那个时代"学问上、智力上和性格上的伟人"。

徐光启,字子先,号玄扈,明代南直隶松江府上海县(今上海)人。生于1562年(嘉靖四十一年),卒于1633年(崇祯六年),享年71岁。他19岁考取秀才,35岁中举,40岁成进士。他任职较多,曾历任翰林院检讨、内书房教习、翰林院纂修、左春坊、左赞善、少詹事、河南道监察御史、礼部侍郎、礼部尚书、东阁大学士、太子太保等职。

徐光启在农学方面的贡献集中体现在他所著的《农政全书》一书中,这也是他呕心沥血、鞠躬尽瘁之作。全书约50万字,该书文字优美,并附有精美的插图。全书共分十二大类,每类又分若干细目,大致分类及基本内容如下:

第一大类,农本三卷(《经史典故》《诸家杂论》《国朝重农考》),主要论述农业是立国之本,农业在国计民生中的重要作用。

第二大类,田制五卷(《井田考》《田制篇》),主要考证和论述井田制度和区田、圃田、架田、梯田、涂田、沙田等土地利用的方式。

第三大类,农事六卷(《营治》《开垦》《授时》《占候》),主要是关于土地屯垦、农事季节和气候条件的掌握等方面的内容。

第四大类,水利九卷(《西北水利》《东南水利》《水利策》《水利疏》《灌溉图谱》《泰西水法》),主要论述水利的重要性以及西北和东南的水利建设,并介绍了当时刚传播进来的西方水利方法和器械,如其中所描述的"龙尾车"就是西方沿用已久的"阿基米德水车"。

第五大类,农器四卷,主要介绍耕作、播种、收获和加工用的农具,这几卷的内容基本上是从元代王祯《农书》中转录而来的。

第六大类,树艺六卷(《谷部》《蔬部》《果部》),主要叙述各种农作物及果树的栽培技术。

第七大类,蚕桑四卷(《养蚕法》《栽桑法》《蚕事图谱》《桑事图谱》《织维图谱》),主要是关于栽桑养蚕的技术。

第八大类,蚕桑广类二卷,主要是关于棉、麻、葛等纤维作物的栽培和加工技术。

第九大类,种植四卷,主要是关于经济林木、特用作物和药用作物的栽培技术。

第十大类,牧养一卷,有关家禽、家畜、鱼、蜂的饲养、管理及中兽医技术。

第十一大类,制造一卷,关于农产品贮藏加工、房屋建造及日常生活常识方面的记述。

第十二大类,荒政八卷(《备荒总论》《备荒考》《救荒本草》《野菜谱》),综述历代有关备荒的议论和实行的政策,分析各种救荒措施的利弊,最后又附上《救荒本草》《野菜谱》所收的470余种救荒植物的图谱和名录。

从上述十二大类的主要内容可以看出,《农政全书》不是如一般农书仅局限于讨论具体的农业生产技术,而是站在更高的角度,视野涉及农业的各个方面,包括发展农业有关社会环境、政治措施等,高度概括了中国的传统农学,探讨了发展农业应有的社会条件。这与徐光启既是一个农学家又是一个政治家的眼光有关。当然,该书最大的成就仍然是对当时农业科技成就的归纳和描述。其中有许多记叙是历史上的首次记载,如对棉花的栽培管理技术,包括种植制度、种植时间、种子处理、防寒措施、施肥技术,直至纺纱织布技术均有详尽记述。又如对当时刚传入中国不久的美洲作物红薯越冬藏种技术的记载,《农政全书》也是叙述得有条有理,详详细细,一般农人即可照书上所说的去做,可操作性强。藏种问题是番薯引种至长江流域以北的关键,《农政全书》解决了这一难题,才使这种高产作物很快地推广到长江流域及其以北地区。此外,《农政全书》还详尽地介绍了用女贞树养白蜡虫的经验,从取子、寄子养树到收蜡,不厌其烦地一一道出,同时还首次明确地记载了白蜡虫的生活史。

《农政全书》以其全面系统地总结中国传统农业科学技术和农业政策而沾溉

后世。由于刻版印行后不久,清军即入关,因此这本书对明朝的农业谈不上什么大的影响,但对清代的农业和整个中华民族农业科学技术起了不可估量的作用。

第六节 桑基鱼塘

1979年,联合国大学副校长、联邦德国弗赖堡大学的曼斯哈尔德教授来到中国广东顺德,参观了这一地区的"桑基鱼塘",这一项目也因此被纳入联合国大学的研究项目。中国传统的立体农业再次引起了世界的关注。

"桑基鱼塘"是珠江三角洲地区的农民根据当地的劳动环境创造出来的一个良性循环的人工生态系统。珠江三角洲地区水网交错、地势卑湿,多低洼之田,易受水涝之害。当地的人民把低洼之地深挖为塘,将挖出的泥覆于四周筑成塘基。然后在塘基上栽桑养蚕,在塘里养鱼。从而形成了一个"基种桑、塘养鱼、桑叶养蚕、蚕屎养鱼、塘泥培桑"的非常理想的生态环境。珠江三角洲地区人民的这一创造使得一个原本对人不利的环境转变成了最富效率的农业立体养殖系统。

"桑基鱼塘"最初是由"果基鱼塘"发展而来的。元明时期,珠江三角洲地区人民为避免频繁的水涝灾害,就开始了深挖高筑的环境改造工作。但这一时期,塘基上主要种荔枝、柑橘、龙眼、香蕉等南方水果,因此称之为"果基鱼塘"。

事实上,这一类似于现代农业的技术也并非完全由珠江三角洲地区的人民所独创。明代太湖地区的农民也发展了类似的立体农业体系。明代李诩所著的《戒庵老人漫笔》中介绍了当时一个名叫谭晓的农民白手起家的故事。谭晓为江苏常熟人,在注意到当时大批湖田荒芜无人耕种的情形下,"有心算"的谭晓开始了他对这一地区的综合改造工程:

> 凿其最洼者,池焉;周为高塍,可备坊泄。辟而耕之,岁之入视平壤三倍。池以百计,皆畜鱼。池之上为梁、为舍,皆畜豕。谓豕凉处,而鱼食豕下皆易肥也。塍之平阜,植果属,其污泽,植蔬属,可畦植蔬属,皆以千计……

因此,这是一个与"桑基鱼塘"异曲同工的过程。谭晓在进行环境改造后,科学地安排种植与养殖,将种植、养猪、养鱼融为一体,互相促进,循环利用,使被人废弃的荒地变成了高产出的良性生态环境。其心思之缜密、周到,令人叹为观止。因此可以见到,中国近代这两个最发达的农业商品基地的高度发展决非偶然。

第三十一章

岐 黄 之 术

在中国古代,医药学称做"岐黄之术":"岐"指"岐伯","黄"则是指为每一个中国人熟悉的华人始祖"黄帝"。其缘由是中国古代最早的医学专著《黄帝内经》用"岐伯"与"黄帝"的对话写成,"岐黄之术"就成了古代中国医药学的代名词。中国一代又一代的医学家在"不为良相,则为良医"等理想人格的驱引下,以济世救人的情怀发展出了中国伟大的医药学传统,使得"岐黄之术"在现代世界依然大放光彩。

第一节 最早的医典:《黄帝内经》

虽然有越来越多的证据表明《黄帝内经》的成书比其表面所说的要晚,而不断出土的文献也说明了更早医学著作的存在,但《黄帝内经》依然是中国最早的系统性医学巨著。它的贡献不仅在于它是那个时代医学进展的系统实践和总结,更在于这本书奠定了中国古代医学的典范和基础。

这部书当然不是出自黄帝之手,事实上它所记述的既非一时之言,又非出自一人之手,而是许多不知知识产权为何物的医学家共同实践的成果。这部书分《素问》和《灵枢》两部分,共 18 卷,162 篇,其内容包括现代被称为人体解剖、生理、病理、病因、诊断等方面的医学基础理论,兼述针灸、经络、卫生保健等多方面的知识。

《黄帝内经》提出了中国医学中重要的整体观念。《内经》认为人体器官各有不同的功能，它们既相区别，又相联系，构成一个有机的整体。在这种整体观的指导下，认为人体某部分发生病变，可以影响到整个身体或其他器官，而全身的状况又可以影响到局部的病理变化。《内经》又把人体放在一定的外界环境中进行考察与研究，在论及医学的几乎所有基本问题时，处处结合四时季节变化、地理水土、社会生活、思想情绪等方面的变化，形成了人体与外界环境相互感应的观点。这些整体观念成为中国传统医学指导临床诊断和治疗的重要思想方法之一。

脏腑、经络学说是中医基本理论的重要组成部分。它以研究人身五脏、六腑、十二经脉、奇经八脉等的生理功能、病理变化及其相互关系为主要内容。《内经》对此做了比较系统和全面的论述。《内经》的论述从临床实践中观察得来，如对脏腑功能的叙述时提到：饮食经过胃和消化系统的吸收，其中水谷精微之气，散之于肝，精气的浓浊部分，上至于心。而"心主身之血脉"，"经脉流行不止，环周不休"，"经脉者，所以行血气而营阴阳"，"内溉五脏，外濡腠理"。这是关于血液循环概念的早期描述。经络是人体气血运行的道路，其干线叫经，分支叫络。它把人体结成一个表里上下、脏腑器官相联系沟通的统一整体。脏腑发生的各种变化往往通过经络反映到肤表腧穴上来，反过来针灸有关腧穴可以通过经络的传递治愈或缓和、控制脏腑的变化。这就为诊断和治疗提供了理论说明。这一学说两千多年来被实践证明是行之有效的，成为中医体系中辨证论治的基本理论之一。

《内经》还应用了当时流行的阴阳五行学说，从理论上阐述了中医对生理、病理、疾病的发生发展、临床诊断和治疗等基本问题的看法，形成自成体系的学说。它运用阴阳两个方面的对立统一、消长变化的矛盾发展的朴素观点，指出人体必须保持阴阳的相对平衡，即必须"和于阴阳，调于四时"才不致生病；主张人人积极地"提挈天地，把握阴阳"，以此作为处理医学中各种问题的总纲。它提出了"善诊者，察色按脉，先别阴阳"，"阳病治阴，阴病治阳"，"寒者热之，热者寒之"等原则。它运用五行的生、克、乘、侮等学说，在一定程度上说明了机体各腑脏之间的内在联系和既相生又相克的关系，提出了所谓"母病及子""子病累母"等疾病传变关系和"虚则补其母，实则泻其子"等治疗准则，这些都是五行学说的具体应用。

《内经》还提供了早期有关人体解剖的知识。书中所记载的人体骨骼、血脉的长度，内脏器官的大小、容量等，尽管不完全正确，但基本上还是符合实际情况的。

它采取分段累计的方法,度量了从唇经咽以下到直肠、肛门的整个消化道的长度,数据和近代解剖学统计基本一致。

《内经》还进行了有关病因的探讨。指出引起疾病的外来因素是"邪气",主要指存在于自然界的反常的风、寒、暑、湿、燥、火,还有饮食不节、劳累过度以及情绪不正常等。《内经》认为:在一般情况下,人体的正气旺盛,邪气不容易伤害人体,而只有当人体的正气相对虚弱,外因才通过内因起作用而引起疾病。它还指出有时邪气潜入身体,当时没有发病,后来由于某种诱因,突然发病,因为"其所从来者微,视之不见,听而不闻,故似鬼神",其实并不是鬼神造成的。它更明确地指出"拘于鬼神者,不可与言至德",即凡是笃信鬼神的人,不可以同他们讲医药治病的道理。也正是由此,《黄帝内经》完成了中国医学从巫到医的过程。

《黄帝内经》初步建立了中国医学的理论体系,两千多年以来,一直指导着中医的临床实践。后世许多著名的医家和学派为中国医学增加了新的内容,但其学术思想仍是在《黄帝内经》基础上继承发展起来的。作为一部医学名著,《黄帝内经》早已引起国外医学家和科学史家的重视,它的部分内容已相继译成日、英、德、法等文字。

第二节 张仲景与《伤寒杂病论》

张仲景(约150—219),名机,与科学家张衡一样,同样也是河南南阳人,但他晚于张衡约一个世纪。并且也与张衡在中国天文学上的地位一样,张仲景在中国医学史上被尊崇为"医圣"。

张仲景生活的年代是东汉末年,这是一个历史上有名的战乱频仍的时代。战乱又总与瘟疫相伴,张仲景的家族,在不到十年的时间里,"其死亡者,三分有二,伤寒十居其七"。这种痛苦的经验使得张仲景"勤求古训,博采众方",写成了《伤寒杂病论》十六卷。后经历代编次校正,成为现在依然作为中医教育经典的《伤寒论》《金匮要略》二书。

在中国医学上,诊断方法被归纳为"四诊",即望、闻、问、切。"望"就是医生观察病人的病症,主要有望神、望色、望形;"闻"是医生通过听觉和嗅觉来诊断疾病,包括闻声音和嗅气味两方面;"问"顾名思义是通过询问来了解病情;"切"则是用手触摸人体脉搏、肌肤以诊察病症的一种方法,包括脉诊和按诊两种。因此,中国古代医生治病,就是用"四诊"的方法,首先了解病人有些什么症状,比如头痛、发热、怕冷、咳嗽等,观察病人的表情,还要按一下病人的脉搏,了解到的这一系列症状即症候群。综合在一起的症候群,中医称之为"证"。通过对"证"的仔细辨别,就可以讨论治病,然后处方用药。这样的全过程,称为"辨证论治"。

张仲景著作的精神和他所掌握的辨证论治的基本原则,可以归结为"八纲辨证"和"六经论治"。"八纲"为阴、阳、表、里、寒、热、虚、实,是通过运用望、闻、问、切《四诊》来分析和检查疾病的部位和性质而归纳出来的,在辨证时还联系病人体质以及致病因素等。所谓《六经》,就是三阳经(太阳经、阳明经、少阳经)和三阴经(太阴经、少阴经、厥阴经)。张仲景把疾病发展过程中所出现的各种症状,根据病人体质强弱、病势缓急等加以综合分析,用三阳经、三阴经的名词归纳为六个证候类型。三阳经证多为热证、实证,三阴经证多为寒证、虚证。六经论治在指导临床实践方面,使后世医家有了可靠的依据和规则。

《伤寒杂病论》一书最初并没有引起人们的重视。原书较为散乱,晋代王叔和将专述伤寒治法的部分编成《伤寒论》,其他内容经后人整理并有所补充后,成为《金匮要略》一书。自宋代开始,《伤寒论》才被医家视为是一种授人以法的著作,并从不同角度进行综合研究。通过条文的编次、注释以及对阴阳、表里、寒热、虚实、三阴三阳等基本概念剥茧抽丝、层层深入的阐发论述,而使得六经辨证的体系成为中医学的病理学、辨证施治的原则,张仲景也因而成为"医圣"。

第三节 针灸与外科

凭着小小的几根金属针,就能使患者毫无痛苦地接受开腔剖腹的大手术,中国的针刺麻醉让世界觉得不可思议。中国的针灸学也因此引起国际医学界的普遍重视。其实中国具有悠久历史的针灸疗法,不仅能起到麻醉作用,而且能治疗多种疾病。它的特点是治病不需服药,而是用针刺或艾灸来刺激人体的一定部位(古称腧穴或穴位),以调整人体机能,从而达到治疗的目的。针灸的理论基础就是前面已谈到的中医学特有的经络学说,这一学说强调人的身体是一个有机整体。因此,针灸的部位并不一定在病痛点附近,而是相关的穴位,通过针灸的刺激可以引起机体的传导作用。

中国的针灸起源于新石器时代的"砭石",砭石是用石头磨制而成的尖石和石片,新石器时代的中国人用它来刺激体表的某些部位以解除疾病的痛苦。金属时代来临后,这类砭石即为金属针所取代,河北满城即出土了西汉针灸用的金针。西汉时,长沙马王堆出土的古医书中,已载有人体经脉的一些名称,说明了当时已有了初步的经络学说。晋代的皇甫谧,中年之后得了风痹症,以此发奋学医。他总结了3世纪以前的针灸学成就,写成了中国第一本针灸学的专著——《针灸甲乙经》,其中厘定了人体内的六百五十四个腧穴。唐代针灸学得到进一步发展,当时太医署专门设立针博士、针助教等职衔。唐代的名医孙思邈和王焘还绘制了大型彩色针灸挂图,把人体正、背和侧面的十二经脉和奇经八脉用不同颜色绘出,并列入当时的国家医学教材。北宋时医官王唯一监制了最早的两具錾刻有经脉腧穴的铜质人体模型,供当时的教学用。据说在考试时,将铜人外部涂蜡封闭穴孔,内部灌水,外穿衣服,让学生按指定穴位试针,如果下针准确,就能针出水来。元代的滑寿与王唯一并称为宋元针灸学两大家,他所著的针灸专著《十四经发挥》对后世影响也非常大,尤其是对日本影响较大,日本的针灸学取穴多以滑寿的著作为标准。

中国的外科技术在世界上同样先进。据文献记载,战国时代的名医扁鹊就已应用了麻醉剂,三国时代给蜀国大将关羽刮骨疗伤的名医华佗发明了名为"麻沸散"的麻醉剂,并开创了在世界上最早施行全身麻醉后进行外科手术的先例。中国对骨折和脱臼的治疗也具有独特的技术,唐代就已有了治疗骨折和脱臼的专书《仙授理伤续断秘方》,它对整复技术、治疗技术等,提出了十大步骤,以现代眼光看来都是基本正确的。明清时期治疗脊椎骨折整复也已达到很高水平。在外科方面,中医还有一个很重要的成就是用金针拨除眼疾"白内障"的治疗,唐代王焘所著的《外台秘要》中,分别论述了先天性白内障和外伤性白内障,开列了药方,并记载有金针拨障的手术。现代外科在这一古代医疗技术的基础上创造了"针拨套出术",不但能剥离眼球上的混浊晶体,同时能将该晶体套出,较之西医的晶体摘除术,具有方法简便、手术时间短、病人痛苦少等优点。

第四节 《洗冤录》与法医学

法医学是一门检验尸体、判断致死原因(包括外伤和急救)、协助司法机关正确判断案件的专门医学。在湖北省的云梦睡虎地出土的秦简里,就有一组竹简是记述治狱案例的,内有判别自缢与他杀的具体方法,这是关于法医知识的十分生动的早期记载。五代时,中国第一本法医类著作问世,这就是和凝父子所著的《疑狱集》(951年)。但真正对中国法医学乃至世界法医学影响较大的是宋代宋慈所著的《洗冤录》。

宋慈(1186—1249),字惠文,曾四任提刑。他综合了在此之前有关法医的一些专著,加以订正,再参以当时执法检验的现场经验,于1247年写成《洗冤录》,全书共五卷,卷一载条令和总说,卷二验尸,卷三至卷五备载各种伤、死情况。该书记述了人体解剖、检验尸体、检查现场、鉴定死伤原因、自杀或谋杀的各种现象、各种毒物和急救、解毒的各类方法。因此,是一本系统的法医学著作,也是世界上第一部系统的法医学典籍。

《洗冤录》对检验死者是否生前服毒,提到用皂角水擦净的银钗,探入死者的喉内,稍等取出,如钗表面显青黑色,用皂角水洗不退者,证明为服毒。这一方法对服用有毒硫化物是有效的,因为硫化物遇银后会产生黑色的硫化银。对死者身上出现的尸斑(尸体上赤色斑痕),认为是死后因血行停止,血液坠积而形成,指出除服毒外,斑疹伤寒症致死者也有紫红色尸斑出现,并说明尸斑与尸位的关系。用尸斑断定死状,这在法医学上有重大意义。另外还论述了不同病症或中毒,其死状也不相同,例如破伤风致死,多是口眼歪斜、四肢蜷曲,而中煤气毒者,其尸软而无伤,等等。

该书还对人体全身骨骼部位和作用作了详尽的论述。并提出因外伤致死者,在验尸前先用米醋、酒糟、白梅、五倍子等清洗局部创痕,预防感染,使受创处不致发生变化。检验尸骨上的生前伤,提出用新黄油纸伞罩定尸骨处,迎日隔伞察看,则伤之在骨内者能清晰地显示出来。这一方法符合光学原理,因光线通过黄油伞后,能吸收一部分足以影响仔细观察的光线,这和现代利用紫外线检验尸骨伤痕原理是一致的。

书中还提到救缢死者采用人工呼吸法。提出用明矾蛋白解砒毒以及救毒蛇咬伤,要先用绳扎紧伤处,再用口含米醋或酒等消毒品吮吸伤处,随吸承吐,直到肿消为止。这些方法直到现在都还在广泛应用。

《洗冤录》于1862年传入荷兰,译成荷文。1908年由法人译成法文。此后,朝鲜、日本和英、俄等国也先后译成该国文字,其影响遍及全世界。

第五节　李时珍与《本草纲目》

李时珍(1518—1593),字东璧,晚年号濒湖山人,湖北蕲州(今属蕲春)人。李时珍的祖父和父亲都是医生,使他从小就受到医药方面知识的熏陶。由于自幼多病,李时珍对病人的痛苦和医药的重要有深刻的体会。他十四岁考取秀才后,三次参加乡试均未中举,于是决定放弃科举的途径,专心研究医药学。

中国古代的医学与药学是不可分的,中药学理论以中医学理论为根据。因此,李时珍在本草学方面所取得的伟大成就与他有较高的医学造诣分不开。除了留下了举世瞩目的《本草纲目》外,他还撰有《濒湖脉学》《脉诀考证》和《奇经八脉考》等著作。李时珍的医术当时即很知名,曾被推荐到楚王府和太医院任职。在楚王府和太医院里,他充分利用有利条件阅读了很多民间少见的医学、药学和其他书籍,为后来编修本草奠定了良好的基础。

李时珍在学医和行医过程中,发现历代本草书中存在不少错误。例如天南星和虎掌,原是一种植物,却误为两种药;萎蕤和女萎本是两种植物,却又混为一谈;甚至在分类上,误把虫类列入木类,把有毒性的水银说成无毒、服了可以成仙等

>>> 李时珍为了写好《本草纲目》,特别注意深入实际考察,除走遍自己的家乡外,还走遍了许多地方,拾标本,收集单方。图为明代陈洪绶《采药图》。

等。他认为药书上的这些错误和混乱会造成严重的后果。而且自宋代以后，又新增加了很多药物，也需要补充进去。于是他决定肩负起新编一部本草的历史任务。

1552年（嘉靖三十一年），李时珍开始着手编写《本草纲目》。为了写好这本书，尽量减少错误，他特别注意深入实际考察，除走遍自己的家乡外，还到过湖北的武当山、江西的庐山、江苏的茅山、南京的牛首山以及安徽、河南、河北等地，采拾标本，收集单方，有时还进行类似药理学的试验。例如，为了证实罗勒子能入眼内治疗眼翳，就把罗勒子置水中观察，见它能胀大变软，才肯定了旧本草的见解。又譬如对鲮鲤进行解剖，证实胃中确为"蚁升许"。他的严谨的治学态度，使得《本草纲目》一书具有较高的科学水平和实用价值。

李时珍很重视前人的研究成果，尽量吸收和继承。他对宋代唐慎微的《经史证类备急本草》给予高度评价，该书记载了约1 500种药物、2 000个医方。李时珍在此基础上增加了将近400种药物、8 000个医方。《本草纲目》全书共190万字，计52卷，分16部（水、火、土、金石、草、谷、菜、果、木、服器、虫、鳞、介、禽、兽、人），62类，共收药物1892种、附方11 096则、插图1 160幅。每类药物都分若干种，系统分明，分类也比较先进。对每一种药物一般都记名称、产地、形态、采集方法、药物的性味和功用、炮制过程等，有些还指出了过去本草书中的错误。它是一部既带有总结性又富于创造性的著作。

经过李时珍二十多年的辛勤劳动和许多人的热情帮助，《本草纲目》于1587年（万历六年）全部脱稿。在后世看来，这部书不仅仅是一部医学著作，同时还包括其他许多自然科学方面的知识。例如在生物学方面，肯定生物界有一定变化发展的顺序，指出环境对生物的影响和生物对于环境的适应以及遗传与相关变异的现象等。在化学方面，叙述了从马齿苋中提取汞，从五倍子中制取没食子酸以及用蒸馏、蒸发、升华、重结晶、风化、沉淀、干燥和烧灼方法制药等。

李时珍晚年非常关心《本草纲目》的出版，但当这部书于1596年在南京出版时，他已与世长辞了。此后，这本书被辗转翻刻过三十多次。不久，这本书就流传到日本，并在日本翻刻过九次。以后又传到朝鲜和越南。17世纪、18世纪传到欧洲，先后有德文、法文、英文、拉丁文、俄文的译本或节译本。进化论创始人达尔文在写作其《人类的由来》一书时,也参考了《本草纲目》的材料。国际公认这本著作对世界医药学和生物学都做出了重大贡献。

第六节 种痘与免疫法

"非典"的肆虐让当代人感受到了瘟疫给人类社会带来的灾难与恐慌,我们也因此备加感受到历史上免疫法的发明给人类带来的贡献和福祉。

中国古代中医常使用"以毒攻毒"的方法来治疗特殊病症。如晋代炼丹家葛洪所著《肘后备急方》中就提到:被疯犬咬过后,应马上杀掉该疯犬,取疯犬的脑髓敷裹在伤口上,这样就不会复发狂犬病。隋代巢元方编写的《诸病源候论》,谈到中国东南沿海一带常见病——恙螨(或称沙虱)作媒介而传播的一种急性传染病,所采用的治疗方法就是把恙螨研成细末服下。这类所谓"以毒攻毒"的疗法,实际就是免疫法的思想。

中国免疫法应用突出的成就,体现在预防天花的种人痘法的发明和推广使用。天花这种恶性疫病最初由国外传入中国,传染性强、迅速,而且死亡率高,尤其是在儿童中高发和易受感染,幸存者也因出痘后的疤瘢而成为麻面。预防天花的人痘接种法约发明于 16 世纪下半叶,起初是用患者染痘浆的衬衣给小儿穿着,使其感染,发生轻微的病症,这样经过预防,起到终身免疫的作用。以后又加以改进,分为痘浆法(即用棉花蘸染痘疮浆,塞入接种者鼻孔内,使其感染)、旱苗法(即把患者痘痂阴干研细,用银管吹入接种者鼻孔里)和水苗法(即把痘痂研细,用水调匀,蘸在棉花上塞入接种者鼻孔内)。以上三法,以水苗法比较先进。接种痘苗预防天花,痘苗(即痘痂)的选择贮藏是一个关键问题。起初使用的痘苗,是从患者取得的痘痂直接应用,称为"时苗",感染后危险性还较大。后改用经过人体接种(有的多达七次的连续接种)的痘痂作痘苗,称为"熟苗",这种疫苗毒性减退,比较安全。这一方法与 20 世纪初制成的用于预防结核病的"卡介苗"的定向减毒选育、使用株毒性汰尽、抗原性独存的原理完全一致。用这种方法收取的痘痂要求光圆红润,并包好装入瓷瓶中保存,以备应用。

中国的人工种痘方法于 1688 年传到俄国,以后又辗转传到土耳其和英国,再传到欧洲各国和印度。日本等国则是 18 世纪直接由中国传去的。1796 年,英国医生琴纳接种牛痘试验成功,牛痘比人痘更为安全,中国也逐渐用牛痘替代人痘,并改进了种牛痘的技术。

第三十二章

四 大 发 明

在中国所有的技术发明与科学发现中,公认对世界影响最大、推进了整个人类的历史进程的是四大发明,即指南针、造纸术、印刷术和火药。

第一节 指南针

大约在两千年以前,就有迹象表明中国人发明了指南针。

秦始皇统一中国后,强迫数十万劳工在京城建起了一座富丽堂皇的大宫殿,这就是历史上有名的"阿房宫"。据说"阿房宫"的北门,就是用磁石建造的。建造磁石门,当然是用来防止刺客的。因为假若有人身穿铁甲、手执大刀闯进去,经过磁石门的时候,便会被吸住。这一事实表明,两千年前的中国,已发现并使用了天然磁石。

而磁石的发现就是发明指南针的基础。当把细绳系在一根棒状的磁石中间并悬空时,不管你如何摆,当它自己停下来时,一定有一头指向北方,另一头指向南方。这是由于地球本身就是一块大磁石,它的磁极差不多就在地球的南北两点,磁石的磁极和地球的磁极相互吸引,磁石就一头向南一头向北了。当我们有意识地这样做并用来指示方向时,指南针就产生了。

古代的文献也记载了这一重大发明的发现。战国末年的《韩非子·有度》篇中有"先王立司南以端朝夕",这里的"司南"就是指南。东汉王充在《论衡》中还具体说明了司南的形状:它是一个磁石琢成的勺状物,底部圆滑,当把其放在铜制的平盘上时,静止的时候,勺柄即可指出南北方向。

天然磁石用起来并不方便,也不够灵敏和准确。到了宋代,人们发现,铜铁等金属在磁石上摩擦后同样有磁性,人造磁化物开始发明和用于指南针的使用。北宋初年由曾公亮主编的一部军事著作《武经总要》和著名科学家沈括写的《梦溪笔谈》里,分别介绍了指南鱼和指南针。指南鱼是用薄铁叶裁成鱼形,然后用地磁场磁化法使它带有磁性,在行军需要的时候,把它浮在水面,铁叶鱼就能指南,但是这种磁化法所获得的磁性比较弱,实用价值比较小。另一种指向仪器就是指南针,它是用天然磁石摩擦钢针制得的人工磁石。把这种钢针放在碗边上甚至手上,它可自由转动,最后转向南方;也有人把指南针穿上几段灯芯草浮在水上,叫水上浮针;还有一种方法,是用蜡把针的中腰粘在丝线的一头吊起来,挂在没有风的地方使用。

宋朝还有人用木头刻成鱼和龟,肚里装上磁石,把鱼浮在水里,或把鱼、龟顶在一根竹钉上面,它们可以自由转动,鱼头或龟尾总是向南方。

这时,人们对磁石的性质还有一个重要的发现。就是指南针虽然指南,但却稍稍偏东,即在地球磁极与南北两极间有一个夹角,这就是所谓的"磁偏角"。而且各地的磁偏角还不完全一样。在西方,直到公元1492年哥伦布横渡大西洋时才发现磁偏角的存在。

从宋代到明代,指南针发展成为目前仍在沿用的罗盘。罗盘将磁针和方位盘联成一体,方位盘有二十四向,盘成圆形,因此,使用时只要一看指针在方位盘上的位置,就能定出方位来。

正是因为有了指南针,使得中国的海上交通与远洋贸易发展起来。北宋末年,我国航海的船只已使用了指南针与司南的底盘相结合的罗盘针。到了元代,船上专门辟有一个房间放置罗盘,叫做针房,还编制出罗盘针路,航行到什么地方采用什么针位,在航线图上一一标出来。明初航海家郑和七下西洋,二十多年间访问了三十多个国家。他率领的船队,从江苏刘家港出发,经苏门答腊直达东非,在世界航海史上写下了光辉的一页。

第二节 造纸术

在纸发明以前,人们把文字刻在乌龟或野兽骨头上,这就是甲骨文。甲骨文的出现大约是在三千五百年以前的殷朝。到了春秋战国时期,人们开始用刀刻,或用天然漆、墨(当时的墨是用石墨做成的,到东汉时才有松烟墨)写在木片和竹片上,这叫做木简和竹简。

无论是木简还是竹简,写成的书都特别笨重。据说当年秦始皇每天批阅的简牍文书重达一百二十斤。汉代时,东方朔写了一篇文章给汉武帝,共用竹简三千多片,由两个武士抬进宫里,皇帝看了两个月才看完。战国时期,惠施出门旅行,竹简书要装满五辆车子。后人形容常识丰富的为"学富五车",就是从这里来的。

到了春秋战国后期,人们开始用丝织的绢来写字。用笔墨写在绢上,要比竹简方便得多。绢又轻,而且可以卷起来,一章书便叫做一"卷"。这种把字写在丝织物上的"帛书"虽然方便,但价格太贵,不是一般人能用得起的。

木简、竹简使用不方便,绢又太贵,都不是理想的写字材料。经过长期的探索和实践,人们终于发现了用蚕丝、麻绳头、破布、旧渔网等废旧麻料可制成植物纤维纸。

1957年,在陕西省西安市灞桥出土了迄今为止世界上最早的植物纤维纸。经过化验分析,确认它是汉武帝时代(前140—前87)的遗物,主要由大麻和少量苎麻做原材料制成,但这种纸纤维组织松散,厚薄不匀,强度比较差。大约两百年以后,东汉宫廷掌管御用手工作坊的官员蔡伦总结了西汉以来用麻质、丝棉质纤维造纸的经验,改进造纸术,利用树皮、碎布、麻头、旧渔网等原料,经过精工细作,制出了优质纸张,奏报朝廷,受到皇帝的称赞,称为"蔡侯纸"。到公元3—4世纪,纸已基本取代了落后的简、帛而成为中国唯一的书写材料。

到了魏晋南北朝时期,不仅出现了用藤皮、桑皮做原料的纸,还发明了活动的竹帘捞纸的新设备,而且在加工制造技术上加强了碱液蒸煮和舂捣,改进了纸的质量。

到了唐宋时期,造纸原料的种类日渐增多,长江以南地区气候温暖,竹子长得快、产得多,所以用竹子造纸,大大促进了造纸手工业的发展。此外,全国各地都能够就地取材,芦草、藤、破布、楮树皮、桦树皮、桑树皮等都被用来造纸,因而都发展了手工造纸业。一批名纸也开始产生,如安徽皖南用树皮和稻草制造的宣纸自唐代起即享有盛名,其纸洁白、细密、均匀、柔软,而且经久不变色,直至现代还是名贵纸张。此外,像江西、福建的连史纸、手边纸、表蕊纸,四川夹江的连史纸,贵州、云南的皮纸等,都是著名的纸张。

在 1637 年宋应星所著的《天工开物》中,详细叙述了当时造竹纸的工艺过程。在芒种前后登山砍竹,截短至五至七尺长,在塘水中浸沤一百天,加工捶洗后,脱去表壳和粗皮。再用石灰化汁涂浆放在桶中蒸煮八昼夜,歇火一日,去掉杂质,再放回坑里发酵后,用石碾碾碎。然后加水成纸浆,放在槽里,用竹帘子绷在木框上,从纸浆面上荡过去,竹帘上便留下一层纤维。把竹帘铺在压榨器上,取下竹帘,这层湿纸便落了下来。湿纸积了厚厚的一堆,把水压出,再烘干,切成一定的尺寸,这就成了成品纸。

公元 2 世纪以后,中国内地的纸流传到新疆一带。到 5 世纪末,中亚一带已开始用纸了。公元 751 年,高仙芝率唐朝军队与阿拉伯人打仗,由于战争失利,许多士兵被俘,其中有不少是会造纸的,这样,中国的造纸术就传授给了阿拉伯人。然后由他们带到埃及、摩洛哥、西班牙以及欧洲的其他地区。12 世纪,欧洲最先在西班牙和法国设立了纸厂,13 世纪意大利和德国也相继设厂造纸。到 16 世纪,纸张已流行于全欧洲,终于彻底取代了传统的羊皮和埃及莎草等,成为全世界通用的文字书写材料。

第三节　印刷术

纸推广应用以后,突出了手工抄书的矛盾,从而促进了印刷术的发明。从近年出土的印纹陶器来看,我们的祖先早在四五千年以前,就已经懂得了压印的方法,在陶器上印成几何纹、水波纹、绳纹等不同形状的花纹。到了战国时代,印章开始出现,印章上的文字,有的是凹下去的"阴文",有的是凸起来的"阳文",都是反写的反字,印出来就成了正字。到了东晋,已经有一种刻着 120 个字的大木印,还有刻在 42 块石碑上的石刻,即历史上有名的《熹平石经》。用湿纸贴在石碑上,然后再用墨轻轻地拓,纸上便出现了黑纸白字的拓本,这种技术叫做"拓石"。印章与拓石是印刷术的先驱,这些方法导致了雕版印刷术的发明。

雕版印刷术的发明大概在公元 600 年前后,其技术是在一定厚度的平滑木板上,粘贴上抄写工整的书稿,薄而近乎透明的稿纸正面和木板相贴,字就成了反体,笔画清晰可辨,雕刻工人用刻刀把版面没有字迹的部分削去,就成了字体凸出的阴文。和字体凹入的碑文不同,印刷的时候,在凸起的字体上涂上墨汁,然后把纸覆盖在它的上面,轻轻拂试纸背,字迹就留在纸上了。

雕版印刷术发明以后,大大促进了古代文化的传播和发展。随着技术的发展,雕版印刷也不断取得进步和逐步完善。1900 年,在甘肃敦煌千佛洞发现的一本《金刚经》,是 868 年刻印的雕版印刷品,它不仅是世界上现存最早的雕版印本书籍,也是世界上第一部有插图的刻印本。这部书雕刻精美,图像和文字浑朴凝重,墨色均匀鲜明,印刷技术达到了很高水平。这一珍贵文物现藏于英国伦敦大英博物馆里。

到了宋代,雕版印刷事业发展到了全盛时期,技术也相当成熟了。当时刻书的除了京城,甘肃西部、山东东部及南京、福建等地方也开始刻书,尤以四川、浙江一带刻得最多。宋代的刻书不但多而且刻制精美讲究,宋版书也因此成为中国历史上的珍版书。971 年(宋太祖开宝四年),张继信在成都雕版印全部《大藏经》,这是印刷史上比较早期的、分量最大的一部佛经,费工 12 年,计 1 076 部,5 048 卷,雕版达 13 万块之多。

雕版印刷在后来的发展中最为突出的成就就是别开生面的彩色套印。套色印刷是一种复杂的、高度精密的技术,比方,要印红黑两色,那就先取一块版,把需要印黑色的字,精确地刻在适当的地方,另外取一块尺寸大小完全相同的版,把需要印红色的字,也精确地刻在适当的地方。印刷的时候,先在一块版上印一种色,再把这张纸覆在另一块版上,使版框完全精密地互相吻合,再印上另一种色。如果要套更多的颜色,都可以照这一办法印刷。目前所见最早的套色印本是元代时,中兴路(今湖北江陵)用朱墨两色套装所刻的《金刚经注》。到明代,这种套色印刷技术与版画技术相结合,产生了套色版画,明代末年原版的《十竹斋画谱》就是其中非常有名的样本。

雕版印刷术的发明虽然是一个大的进步,但印书浪费太大,木版画印出书后,除了再版就不再有用,要印刷别的书,就得从头刻起。因此,费时费材费力,局限性很大。正是在这一情形下,宋代的布衣毕昇发明了活字印刷术。

毕昇活字印刷术的基本原理与近现代盛行的铅字排印方法完全相同。他用胶泥制成泥活字,一粒胶泥刻一字,经过火烧变硬。事先准备好一块铁板,将松香、蜡以及纸灰等混合在一起放在铁板上。铁板上再放一铁框,在铁框里排满泥活字,排满一框后即放在火上加热,松香、蜡、纸灰遇热融化,冷却后便将一板泥活字都粘在一起。再用一块平板将泥活字压平,一版印完,将铁板放在火上加热,松香和蜡熔化后即可取下泥活字,以备再用。为了提高效率,可以将两块版面交替使用,一版印刷,另一版排字。第一版印完,第二版又已排好,印刷速度相当快。同时又准备好几套泥活字,可以重复使用。最常用的如"之""也"等字往往各有二十几个,可以保证一板当中不至于缺字。至于偏僻字和生冷字,则可临时写刻,烧成后马上就能使用。毕昇曾利用木材制成活字,发现木材的纹理疏密不匀,沾水以后,高低不平,又易于和药物粘结,不便清理,因而仍用胶泥为原料制成活字。

在毕昇以后约二百年,1241—1251年前后,元代的姚枢教弟子杨古用活字版印书,印成了朱熹的《小学》和《近思录》以及吕祖谦的《东莱经史论说》等书。

元代著名科学家王祯创制木活字。他的方法是:先把字样糊在板上雕刻,字和字之间稍微隔开,雕成以后,用细齿小锯把字一个个锯下来,成为四方形。再拿小裁刀四面修理,使得每个活字都合乎标准,大小高低相同。然后分门别类排在一只可以转动的像圆桌面那样的排字盘上。每个字编了号码,由一个人看着文章喊字的号码,检字的人便根据号码把字检出来,因为字盘是转动的,所以检字的人用不着来回走动。一篇文章的字检齐后,就把木字嵌在木框内,一行一行之间嵌进竹片把字扎紧,校对以后,就刷上墨汁开始印刷。这种印刷方法,印三五本显不出简便多少,如果印上几百本、上千本,就显得快多了。当时王祯在安徽旌德请工匠刻制木活字3万多个,于1298年试印6万多字的《旌德县志》,不到一个月,便印成100部,速度既快,质量又好,这也是有记载的第一部木活字印本。王祯以后,木活字印书一直在中国流行,明清两代更加盛行。1703年(清乾隆三十八年),清政府曾经用枣木刻成253500万个大小活字,先后印成《武英殿聚珍版丛书》138种,计2300卷。这是中国历史上规模最大的一次用木活字印书。

活字印刷的另一发展,是用金属材料制成的活字。在王祯以后,13世纪已经有人用锡做活字,这应当是世界上最早的金属活字。但由于锡不容易受墨,印刷常失败,所以未能推广。

1488年,无锡人华燧开始用铜活字印刷(当时也有人用铅字)。铜活字在15世纪、16世纪逐渐流行于江南地区,无锡的安国、华坚、华燧以及苏州的孙凤、南京的张氏等都曾以铜活字印书。清代内廷也使用铜活字印书,规模最大的一次是陈梦雷用新制的铜活字排印了《古今图书集成》66部,每部5020册。

中国的印刷术在唐代传到日本,8世纪后期,日本用雕版印刷了《陀罗尼经》。大约在12世纪前后,雕版印刷传到波斯(今伊朗)以及埃及。由此西传到了欧洲。活字印刷最初于14世纪传到了朝鲜,朝鲜在木活字基础上创制了铜活字。元代的木活字还传到了中国新疆,进而从新疆传到高加索地区,再传到小亚细亚和埃及的亚历山大城,埃及曾发现过14世纪木活字印的《左兰经》。15世纪,欧洲开始有了活字印刷。活字印刷的推广,从此使得文化与思想的传播进入了一个新的阶段,人类的历史也由此进入了新的一页。

第四节 火药

火药的发明使世界由冷兵器时代进入到火兵器时代。这一改变世界的重要发明是中国人完成的,至今已有一千多年的历史。所谓火药是指将硝石、硫磺和木炭三种物质按一定的比例混合在一起。这种混合物只要遇上火或敲它一下,就立刻起化学变化,所产生的氧化还原反应迅猛进行,放出高热同时产生大量气体。如果把它包裹在密封的容器里,燃烧时,由于体积增大到原来体积的一千倍,就会产生强烈的爆炸,从而产生爆破、伤人的效果。

这一发明是由中国古代的炼丹家和医药学家完成的。

长生不老是任何社会和文化都追求的一个目标,几乎所有的文明社会都曾有人进行这方面的尝试。中国历史上,这批以求仙、炼丹为业的人叫做"方士"。他们的想法是能炼制出吃了长生不老的"仙丹",或者是将贱金属炼成金银等贵金属。方士的仙丹虽然没有炼出,但在这一过程中却得到了很多意外的收获。

在长期炼丹过程中,方士们发现硫磺着火后容易飞升,于是他们采用了名叫"伏火"的方法,就是经过和某些其他易燃物质混合加热或发生某种程度的燃烧,使其变性。至迟在唐代,人们在硫磺伏火的多次实验中已经认识到,点燃硝石、硫磺、木炭的混合物,会发生异常激烈的燃烧,因此需要采取措施控制反应速度,防止爆炸。唐初孙思邈在《孙真人丹经》一书中载有混合硫磺、硝石各二两,再加上炭化了的皂角三个的"伏硫磺法"。这是现在发现的最早一个有文字记载的火药配方。10世纪郑思远编的《真元妙道要略》中记载有"有以硫磺、雄黄合硝石并蜜烧之,焰起,烧手面及烬屋舍者"。雄黄是三硫化二砷,蜜在焦灼后会分解为二氧化碳。

这种混合体无疑就是火药,说明当时人们已经初步掌握了火药的配方,并有意识地利用这类混合物的燃烧和爆炸性能。

火药发明后不久就被用于军事目的。用火药做武器最早的确实记载,见于宋初曾公亮(998—1078)等编写的《武经总要》。书中写道:"放火药箭,则加桦皮羽,以火药五贯镞后,燔而发之。"该书还记载了三种火药的配方。

1000年(北宋真宗咸平三年),据说是士兵出身的唐福创制了世界上第一支"火药火箭",同时还制成了火球、火蒺藜等多种爆炸性火器。北宋末年还创造了"霹雳炮""轰天雷"等。1126年,金人围攻开封时,李纲就是用霹雳炮击退金兵的。到了南宋时出现了管状火器。高宗绍兴期间,约1132年,陈规发明了"火枪",是把火药装在竹筒内,临阵点放,烧死敌人。1259年(南宋理宗宝庆元年),寿春地区有人创制了"突火枪",这种管状火器与火枪不同之处是,前者仅能喷射火焰烧人,而突火枪内则装上"子窠"(原始的子弹),可以飞射出去打人,从而开创了管状火器发射弹丸的先声。现代枪炮就是由管状火器逐步演变而发展起来的。

最迟在元代,管状火器已改进为用铜(或铁)铸成的管式大炮(当时称为"火铳")。现在，中国历史博物馆仍然保存有1332年(元至顺三年)的铜炮及1356年(元至正十六年)张士诚所铸的铁炮。而迄今发现最早的小型手铳则是1372年(明洪武五年)用红铜铸制的实物，其外形类似古代兵器竹节钢鞭，内有孔腔可装火药和碎铁滓。作战时，可用以远距离轰击敌人。

明代在火器方面突出的发展是，发明了多种"多发火箭"，如同时发射10支箭的"火弩流星箭"，发射32支箭的"一窝蜂"，最多可发射100支箭的"百虎齐奔箭"等。尤其值得提出的是，当时水战中有种叫"火龙出水"的火器，据说可以在距离水面三四尺高处飞行，远达二三里，"如火龙出于水面，药筒将完，腹内火箭飞出，人船俱焚"，类似现代二级火箭。该书还记载了"飞空击贼震天雷炮"和"神火飞鸦"等具有一定爆炸或燃烧性能的雏形飞弹，用以攻击敌军。另外，在明代类似地雷、水雷和炸弹这些火药武器，都已经创造出来并用于战争。这些武器在当时世界上都是遥遥领先的。

中国的火药和火药武器首先传入阿拉伯，再辗转传入欧洲。当时阿拉伯人把硝称为"中国雪"，波斯则称为"中国盐"。13世纪阿拉伯人哈三所著兵书中，就载有"契丹火轮""契丹火箭"等名称，这里的契丹指的就是中国。正是火药在世界上尤其是在欧洲各国的传播，导致了整个作战方法的变革，并进而给整个世界的变化带来了深远的影响。

第六编

礼仪之邦

在世界文明史上,中国自古以来以"礼仪之邦"著称于世。自从周孔制礼作乐以来,礼仪和礼乐在社会生活中发挥着凝合人际关系、和合人心的作用,在国家管理中也扮演着重要的管理角色。它从深层次影响着中华民族的文化心理结构以及具有鲜明特色的中华文化模式的形成。

第三十三章

周孔制礼

第一节 礼仪的起源

远古时代,人类由直立行走而逐渐脱离了动物界。在长期的群居生活中,人类为了同严酷的自然环境相抗争,为了自身的健康繁衍,逐步发展起各种社会结构和人际关系,加上鬼神崇拜、权力交接、对外征战等的需要,逐步服膺于礼节的制约,各种礼仪制度于是产生并发展起来。所谓礼仪,追根溯源,本是人类原始时代的习俗系统。那时,人们的生产、生活、信仰、习惯、经验、知识等的积累,无不混而为一地统合在这称之为"礼"的文化系统里。

关于礼仪的起源问题,古人和今人作过种种解说,主要有以下诸说:

礼起源于情欲说。这种观点认为礼起源于人对情、欲的制约需要。人的欲望与生俱来,如果欲望得不到满足,就会导致纷争。为了协调人际关系,礼应运而生。它调节、制约人们的欲望和要求,维护社会安定。战国时荀子力主此说。

礼起于饮食说。《礼记·礼运》有一段关于最初的礼的经典论述,提出"夫礼之初,始诸饮食"。古人认为,饮食是人生最基本的生存需要。所以,礼也应由此开端。

礼缘于婚姻说。"饮食男女,人之大欲存焉。"(《礼记·礼运》)是说人性众多,而"食"与"色"是人本性中最基本的欲求,既然男女之情是"人之大欲",自然也需要礼节制约。古人把婚姻之礼与饮食之礼并列为最早的礼。

礼源于自然天道说。这种解释反映了古代思想家的"天人合一"观念。汉以后的经学家认为,礼是超越自然社会之上的宇宙大法,在天地之前就已存在,天地与人化生之初,产生了尊卑自然之序,也就有了礼的实际内容。人事中的礼仪,不过是天道秩序在人伦人事中的投影而已。

近现代学者在探讨礼的起源时,则更多倾向于认为礼仪源于远古祭祀神灵的活动。从殷代卜辞和西周金文的考证,可知礼字与祭字意义相近,这是礼起源于远古时期人们事鬼敬神、祈求护佑的祭祀活动的有力证据。最原始最狭义的礼是祭祀的礼节。冠礼、婚丧礼等皆包括在祭祀之中。在形形色色、名目繁多的各种祭祀中,源于自然崇拜和祖宗崇拜的拜祭天地诸神和拜祭祖宗的仪式起源说影响最大。

人生活于自然之中,既依赖于自然的供养,又震慑于自然力量的强大,不管是受供养报恩,还是惧怕臣服,都表现出了对自然的崇拜。这是因为先民们在认识自然的活动中对天地等自然现象产生了一种敬畏的思想。他们看到天地固然赐福于人,但表现出来的威力也是巨大无边的,其变化规律人们只能恭敬恪守而不可逾越。在他们心目中,自然的天逐渐演变为神秘的、有意志有德行的最高主宰、法力的化身,能够操纵、控制一切吉凶祸福。《尚书·高宗肜日说》:"唯天监下民,典厥义,降年有永,有不永。非天夭民,民中绝命。民有不若德,不听罪,天既孚命,正厥德。"意思是说,天神监视下面的民众,以义作为降临祸福的标准,当人们行为合于义时,就会得到上天赐予的永享幸福的丰年,否则就会得灾年。对天地自然敬奉的观点直接影响到当时的政治和社会生活。"古之制礼也,经之以天地,纪之以日月,参之以三光(日、月、星),政教之本也。"(《礼记正义·乡饮酒义》)先人以天地、阴阳、四时等自然现象作为法则,制定礼制,来规范人们的行为,如"天之正色苍而云,地之正色黄而曛,圣人法天地以制衣裳"(《礼记正义·杂记上》)。礼法天地规范了人们的服制。人与自然的关系密不可分,自然崇拜是"礼"产生的一个不可忽视的渊源。

祖先崇拜,是以祖先灵魂不死为前提,以血缘关系为纽带的,它是礼的起源之一。"万物本为天,人本乎祖",儒家以人为本位,崇祖祭祀(宗庙祭祀)与天地祭祀相应,成为儒家所倡导的礼中的大事,是源于人们对死后灵魂的信仰。雷蒙德·弗思《人文类型》中说:"几乎在任何人类社会中,都有一种信仰,相信一个人在肉体死亡后并不就此消失,而是继续存在于非物质的形态中。""这种信仰并不只是出于理性的反应,它是出于很复杂的生活需要……人们相信神灵可以附身、变形,灵魂可以转世再生。"我国远古时代也是如此,人死后灵魂不灭的观点就已经产生并流传下来。《礼记·祭法》已有"人死曰鬼"的说法。"鬼"在古文字中是一个象形字,似人头顶冒出一股气,即"魂气"。"魂气归于天,形魄归于地"(《礼记正义·郊特性》),即是说人死后魂气升于天,仍然存在;身体埋入地下,化为土。因此,人死后亲人要唤回亡灵,"事死者如事生"(《礼记正义·祭义》)。正因为相信灵魂不死,人们就渴望祖先的灵魂能够庇护、保护自己,赐予祝福,驱逐灾难。另外,"反本修古,不忘其初"(《礼记正义·礼器》),是出现祖先崇拜的又一原因。"君子反古复始,不忘其所由生也,是以致其敬,发其情,竭力从事以报其亲,不敢弗尽也。"(《礼记正义·祭义》)不忘先人艰苦的劳动创造和对后世的恩德,不忘其本其祖,祭以敬始。汉许慎《说文》释为"礼"为"履也,所以事神至福也"。所以就出现了祭祖、拜祖的礼仪,出现了设立宗庙、建立昭穆的制度。

由崇拜天地、效法天地,人们拜祭天地诸神;由崇拜祖先,人们拜祭祖宗。相信天神佑护人间、降福免祸,祖宗荫庇子孙,于是天地崇拜、祖先崇拜成为主体,构成相对严格而稳固的郊祭制度、宗庙制度和五祀等其他祭祀制度。这些祭祀制度和信仰从远古产生,在商周确立,在其后两千多年的社会中始终发挥着强大的影响力。

礼的产生与天地崇拜和祖先崇拜关系密切,祭祀天地和祖先的祭礼始终是礼的重要组成部分。由于人生活在自然的状态,自然渔猎农耕或游牧经济环境之中,衣食住行都依赖于大自然的恩赐;由于人当时的社会联系还停留在狭隘环围内,血缘关系始终是最基本、最重要的社会关系,因此,以天地崇拜、祖先崇拜为思想底蕴的"礼"就拥有强大的生命力。尽管礼的条文、仪式千变万化,但在自然中人的行为规范和准则、血缘关系所决定的伦常和社会关系却无法改变。因此,在两千多年的历史磨砺中,中国的礼文化始终没有消亡,而是在长久的因承中发展、嬗变、新生。

总之,伏羲之后,周公之前,经历了数十个世纪的漫长岁月,以吉礼、凶礼、宾礼、军礼、嘉礼等五礼为中心的礼节仪式已初具雏形。基于"礼乐征伐自天子出"

的正统观念,历史上习惯于把各种礼仪的创设归功于从三皇五帝到三代的诸先王。礼的上述形成和发展过程,也就是华夏民族的形成和发展过程,华夏文化也就是礼文化。礼作为一种文化模式,直到周初,通过所谓的周公制礼作乐,才真正达到成熟。

第二节 周公制礼作乐

一、因于殷礼

周公姬旦,是周文王之子、周武王之弟,是西周时代最杰出的政治家与思想家,是中国历史上第一个全面系统制礼的"圣人"。这既与周之前已形成的礼文化传统有关,也与当时特殊的历史背景分不开。

在周武王灭商以前,殷代礼仪文化已经发展到相当的水平,为周公制礼作乐提供了历史的依据和借鉴。《论语·为政》载孔子的话:"殷因于夏礼,所损益,可知也;周因于殷礼,所损益,可知也。"说明三代之礼互有损益,周礼对殷礼存在损益继承关系。从已有文献资料记载及前人的研究成果可以看出,殷商时期是一个宗教意识极为浓厚的时代,当时最重要的礼仪活动就是祭祀典礼,即所谓"国之大事,在祀与戎……神之大节也"。祭祀鬼神已成为一种制度并指导着国家的日常活动。殷人希望借助神灵的伟力来消除各种自然或人为灾害,祈求主宰着人世间的神能给人世间带来福祉,不要给人类带来凶祸。殷代卜辞记录的史实充分证明了殷人无论从事任何事情,无不采用占卜的形式以决疑惑。《尚书·洪范》作为追述殷商官方政治文化方面的原始资料,向我们展示了殷人一切都要通过占卜预决吉凶的事实:"汝则有大疑,谋及乃心,谋及卿士,谋及庶人,谋及卜筮。汝则从,龟从,筮从,卿士从,庶民从,是之谓大同。"在国君、卿士、庶人、卜筮几方面,卜筮的意见具有最终的决定作用。《礼记·表记》说:"殷人尊神,率民以事神,先鬼而后礼,先罚而后赏。"这也是商纣王帝辛迷信天命,至死不悟,拒谏饰非,厚赋税,敛钱粟,残害臣民,终于被"窜于夷狄之间,迁徙不定"的周部落灭亡的重要原因之一。

殷人灭亡的前车之鉴,促使以周公为代表的新兴统治集团认真反思,改弦更张。他们开始摆脱殷人那种靠神权来治理国家的思想观念,选择了改重人事、尊礼尚德、以礼治国的道路。

传统观点认为宗周礼乐文化形态是由周公奠定的,并且相信周公制礼指的就是制定《周礼》和《仪礼》。现代学术界对周公制礼颇有争议,一种观点认为,周公制礼作乐只是传说,出自儒者的附会,实际并不可信;但一般认为:这是以周公为代表的西周统治者在吸取商人先进文化的基础上,对传统礼仪文化进行的一次具有深远历史意义的革命性的改造。这种改造最重要的是由重神和崇尚天命转向重人事,使礼开始兼有天道和人道的双重属性。所谓周公的"制礼作乐",其实质不过是中国早期社会所从事的一场"还礼于俗"的礼的俗世化运动,即使先前日益蔽于神而不知人的礼仪制度重新还原到民俗之中,也即"人人无不爱其亲,敬其长"这一伦常凡情之中,使远古的"礼俗"成为成文形式的、使人明白其意义并自觉行之于社会的典章制度。这种制礼作乐旨在维护大一统的宗法政治社会,是从政权结构到社会交往逐步展开的。

二、卜都定鼎

当一个新的王朝建立时,国都的选址、建造及使王朝具有充分的合法性、神圣性,是至为重要的一个政治问题。武王克商后,曾设想在伊洛二水汇合之地建造新都——洛邑,"纵马于华山之阳,牧牛于桃林之虚,偃干戈,振兵释旅,示天下不复用也"。周公继承武王的遗志,营建了洛邑。

九鼎传说是夏大禹所铸,"收九牧之金,铸九鼎,象九州"。九鼎代表王权,为传国之宝。此时,周公把九鼎迁到了洛邑。"卜都定鼎,计及万世",这是周公制礼有影响的活动。将安放九鼎作为新王朝新建首都的重大仪式,表明了周天子代表九州的王权神圣性。此后,凡觊觎九鼎、有问鼎之心者,即被视为有篡夺王朝之意。

三、建明堂

周公为了维护周天子权威而进行的另一项重大礼仪活动是建明堂。明堂是一种取象于天地而上圆下方、四面环水的建筑物。明堂在周初主要供诸侯朝见之用。当诸侯各国朝见周公时,周公以天子身份,背负斧纹屏风,面南而立,诸侯贵族按公、侯、伯、子、男五等爵位高低,依次站在周公对面的中阶、东西阶和门东西,夷、蛮、戎、狄分站在东、南、西、北四门之外,较远的九采站在南面的应门之外,极远的四塞每世一来朝,宣告新君即位而已,不安排固定站位。这种经过精心安排的仪容、动作和行礼的位置,明确了天子诸侯之间尊卑上下的等级,使各安其位以维护统治秩序,充分展现出周礼"近人事"的特点。

另外,在周礼中,礼器与礼是密不可分的。"器以藏礼",《说文》说:"礼,履也。所以事神致福,从示,从丰。"段玉裁注:"丰者行礼之器。"周鼎、明堂、祭庙、明器都是体现礼为"贯通天地之道的法器"。礼依靠这些礼器而行使,显示了其神圣而庄严的意义。这就是后来"问鼎中原"即意味着"觊觎神器"的由来。周代对礼仪中的礼器礼品的运用,对后代的礼器运用影响极大。

四、立嫡立长

宗法建构是我国历史上以血缘为纽带的贵族统治世袭制度,源于原始社会父系家长制牢固的血缘关系,正式确立于西周。其核心是嫡长子继承制,即嫡长子继承父位(大宗),庶子分封(小宗)。

自大禹传子、夏启继位,建立中国历史上长达四千年的"家天下"式统治以来,夏商两代千余年间,王位或传子,或兄终弟及,即所谓"大人世及以为礼",在王位继承问题上始终纷争不断。由于没有确定不移的王位继承制度,王室内部经常发生权力斗争。周王朝是在殷商废墟上建立起来的,为避免重蹈殷人的覆辙,周的统治者对殷灭亡的历史教训进行了认真的总结。他们认为除纣王残暴无道激起人民反抗外,未能建立一个确定的继统法也是重要原因之一。周初开始实行立嫡立长之制。

立嫡之制出现于商末,但周初对王位继承是否严格采用父死子继方式,曾一度犹疑不定。周公当国期间,流言沸腾,更引发负责监管殷民的武王帝管叔、蔡叔、霍叔"三监之乱"。王位继承问题成为"三监之乱"的一个重要诱因。动乱平息后,周公为周王朝长治久安考虑,于当国第七年还政成王,退居臣位。从此,立嫡之制成为不可移易的国家定制。

周天子为天下共主,王位由嫡长子继承,世代保持大宗地位,剥夺了王族嫡长系统以外的人继承王位的机会。为了不使其余王子(嫡出非长子及庶子)对嫡长继承权不满而构成威胁,则将他们封为诸侯,授土授民,封邦建国,另立为宗。这样就形成了以嫡长系为大宗,以别子系统为小宗的宗法结构。诸侯对天子为小宗,在其封侯国内为大宗,其位亦由嫡长子继承,其余儿子则封为卿大夫。卿大夫以下,大小宗关系同上。这种制度排斥"兄终弟及",确立"父死子继"为王位传承合法方式,这样就利用家族父子之间浓厚的血亲情感维系了王权的统治,避免了王位继承的纠纷。

同时,这种封建的方式让王室支系分享王室的部分权力,从而消弭了他们的不满。通过封建使周领土的大部分掌握在与王室有血缘关系、因而也最为可靠的人手中。王室的这种分宗加分封的办法为诸侯采用后,整个国家通过层层的分宗和分封,形成了自王以至庶人的若干等级。这种宗法封建等级制度的实质是通过宗族分化以及与此相关的层层分封,把具有同一血缘(按父系计)的社会群体,按嫡庶、长幼以及与作为"天下之大宗"的王之血缘的亲疏分成若干等级,同时又用血缘纽带把具有不同等级身份的人结成一个统一的社会整体。宗法封建等级社会由于存在着严格的等级差别,所以能"尊尊",又由于尊卑贵贱之间存在着血缘联系,所以又能"亲亲"。宗法封建等级制把分与和、尊尊与亲亲统一起来。正如王国维所说,周初立嫡立长的继统法由"尊尊"之统出发而立中国古代嫡庶制,由是而生宗法及丧服之制,并由是而有封建子弟之制、君天下臣诸侯之制。由"亲亲"之统出发而立中国古代祭法以及宗庙数等差有序之制,"此数者皆周之所以纲纪天下,其旨则在纳上下于道德,而合天子诸侯卿大夫庶民以成一道德之团体"。这一礼制被后世统治者承袭,"家国同构"的传统政治社会结构逐渐形成。

分封制、宗法制既是西周政治体制的主要特色,也是西周礼制中的根本大礼,周公制礼及以后西周礼制发展的一个主要趋势,就是围绕分封制和宗法制或改造、转化殷人的礼仪,或设计、发明新的礼仪,以适应和维护新的政治制度。还在周公当政时期就已经形成的册命礼就是一个显著的例子。此外,朝聘、巡守等礼仪也是因分封制和天子、诸侯间君臣关系的建立而建立并逐步趋于完善。自此以后,西周礼制以维护新的政治制度为中心,衍生出诸多繁文缛节的礼制规定。

五、"册命"诸侯

周王朝建立后,周公推行分封制。《荀子·儒效》记周公语:"兼制天下,立七十一国、姬姓独居五十三人。"姬姓,即周王室姓氏。周公将大批宗室子弟封往广大的被征服区,以构成对周王朝中心区的屏障。同时,他把殷遗民分配给一些主要的封君,让封君带到远处的封国去,使他们成为封国的"国人"。殷遗民的势力被彻底分解,并逐渐转化为支撑周政权的力量。在国家权力机构和利益分配格局中这样安排王室子弟及勋戚功臣,使这些诸侯既能成为国家政权的组成部分,又不至于犯上作乱、危害周天子统治,并能定期朝贡,提供军赋力役。周公在分封时采用了"策命"礼这一神圣、庄严而隆重的礼节仪式。

策命,又称"锡(即赐)命"或"册命",表示王与万邦的联系。策命礼在太庙举行,由周王向诸侯授予载有王命的文书(即策、册),文书记载了对受命者的封赠、任命。然后还有司空"授土"、司徒"授民"的仪式。策命礼成之后,王与诸侯双方之间便在权利与义务方面形成一种制度。它包括:周王有权对诸侯国进行巡狩、赏罚,诸侯国有义务向周王述职,并向周王缴纳贡赋;而当诸侯国受到外来侵袭或发生内讧时,周王要给予保护或进行调解。因此,周公建立起中央政府直属的地方一级政权。由周公分封的封君除了要担当起地方管理的责任,还必须与周王室建立起地方与中央即"臣"与"君"的关系。众所周知,西周以前,只有大小邦国之分,而无君臣之别。商王朝国力强盛,诸小国承认它的霸主地位,但又是各自独立的,不归商王管辖。天子与诸侯的君臣关系形成于周公执政时。周公通过分封制,确立了周天子的天下"共主"的地位。这是中国成为一个统一的主权国家的发展过程中的一个重要的里程碑。"册命礼"是周天子行使权威,确认与诸侯之间君臣关系的重要仪式。《诗·唐风·无衣》称:"诸侯不命于天子,则不成为君。"即诸侯要成为一国之主,先决条件是接受天子的"册命"。

六、兴正礼乐

周公在运用立嫡制、分封制等制度构建国家和社会体制的同时,为了使处于宗法封建等级制下的人们分而不离心离德、和而不流于无差别,非常注意用"礼"

"乐"进行分与和的社会功能调节。

汉代司马迁在《史记·周本纪》中写道:"召公为保,周公为师,东伐淮夷,残奄……归在丰,作《周官》。兴正礼乐,度制于是改,而民和睦,颂声兴。"周公制礼作乐是他归政成王以前的最后一次重大行动。

周公制礼,以礼定制,在中国礼制史上有着划时代的意义。在此以前的礼往往是出于某事的需要而设,缺乏系统性。周公制礼,是一项系统工程,从治国方案到王位传继,诸侯朝拜、婚、嫁、丧、祭等层层面面,都做了详细完备的礼制规定,形成了一套完备的礼制体系。西周社会公开活动的一举一动都有条文规定。据《礼记》载,西周"礼仪三百,威仪三千",如"士冠礼""士昏礼""聘礼""觐礼""丧礼""燕礼""大射礼""祭礼"等数不胜数。其中以祭礼最为重要,有"礼有五经,莫重于祭"之说。每礼又有特定仪式。形式化的礼称为"仪",如后来的鲁昭公来到晋国,表现得彬彬有礼,晋侯称他"知礼",女叔齐却说:"是仪也,不可谓礼。"周礼的制定目的是维护当时的统治秩序。它主要收集在《周礼》《仪礼》和《礼记》三部礼学专著之中。周礼一直是自汉以后历代制定礼制的范本。它很注重礼仪形式的实施,礼仪规定繁缛,等级秩序严明。

周公制礼作乐,周礼是礼乐的统一体。礼指礼典仪式,乐指在礼典仪式过程中表演的乐典、乐舞和乐歌。周礼对不同等级地位的贵族在礼典仪式中所使用的乐器、表演的乐典舞蹈都有明确的规定。因此,乐是与礼相配合使用的。那么,礼与乐之间存在怎样一种关系呢?朱光潜在《乐的精神与礼的精神》一文中指出,乐的精神是和、静、乐、仁、爱、道、志,情之不可变;礼的精神是序、节、中、文、理、义、敬、节事,理之不可易。礼与乐的关系是内外相应,也可以说是相辅相成。具体说,两者有三层关系:

第一,乐是情感的流露、意志的表现,用处在发扬宣泄,使人尽量地任生气洋溢;礼是行为仪表的纪律、制度,是人为的条理,用处在调整节制,使于发扬生气之中不至泛滥横流。乐使人活跃,礼使人敛肃;乐使人任其自然,礼使人控制自然;乐是浪漫的精神,礼是古典的精神。

第二,乐是在冲突中求和谐,礼是在混乱中求秩序;论功用,乐易引起同情共鸣,礼易显出等差分际;乐使异者趋于同,礼使同者现其异;乐者综合,礼者分析;

乐之用在"化",礼之用在"别"。

第三,乐的精神是和、仁、爱,是自然,或是修养成自然;礼的精神是序、节、制,是人为,是修养所下的工夫。乐本于情,而礼则求情当于理。

由以上分析可见,礼与乐相辅相成,这是就礼乐精神的一般关系而言的。在周朝时代,礼乐的作用显然是配合宗法体制而产生的。礼的作用主要表现为维护社会的等级划分,即所谓"明份"。礼通过对人们的衣饰器物、周旋揖让等作出非常具体细微的规定而实现,如"天子朱裷衣冕,诸侯玄裷衣冕,大夫裨冕,士皮弁服"(《荀子·富国》)。礼就这样以规定什么人只能穿什么衣服、戴什么帽子诸如此类的方式而把每个人的身份明确起来。《礼记·曲礼》云:"君臣、上下、父子、兄弟,非礼不定。"在明确社会成员的身份之基础上,礼还能树立尊贵者的威严,使卑贱者有所畏惧。与此相反,对于庶民来说,礼则起着"节民心"(《乐记》)的"民坊"作用。

乐的主要作用是使不同等级的人心灵彼此交通,产生一种和谐的情感。《乐记》在叙述乐的合和功能时说,"乐在宗庙之中,君臣上下同听之,则莫不和敬;在族长乡里之中,长幼同听之,则莫不和顺;在闺门之内,父子兄弟同听之,则莫不和亲"。从而抵消礼所造成的离心倾向,化解因身份差别而形成的隔阂和怨恨,"合和父子君臣,附착万民也是先王立乐之方也"。所以《乐记》说:"乐者为同,礼者为异;同则相亲,异则相敬;乐胜则流,礼胜则离。合情饰貌者,礼乐之事也。礼义立,则贵贱等矣;乐文同,则上下和矣。"礼维护君臣、上下、贵贱、尊卑的差别,乐又使不同等级的人和睦相处、相亲相爱,二者作用相反而又互补。礼乐反映宗法封建等级社会的分与和、尊尊与亲亲相统一的关系,同时,反过来维护宗法封建等级制度,使人们既可保持等级差别,又能共处于一个社会共同体中。

七、周礼精神

周公"制礼作乐"对周初的社会发展产生了积极的影响。它使人们把注意力更多地投向人世社会本身,而不是对天地鬼神的崇拜和祭祀。道德教化在礼乐文化中占有越来越重要的地位,至高无上的天帝也要受人世间道德律的支配,与人进行感应。周成王、康王执政时期,遵循周公建立的典章制度,"明德慎罚",缓和社会矛盾,使"天下安宁,刑错四十余年不用",并使社会经济文化有较大发展,国力强盛,史称"成康之治",也是孔子所向往和后来史学家所称赞的"礼乐盛世"。

殷商灭亡以后,以周公旦为代表的西周统治阶级在不断总结夏、殷覆亡的经验教训的同时,为了论证其政权获取的合理性,提出了"天命转移论"。纣王无道而失天命,周王有道而获天命,以天命弃无道而佑有道作为周取代商的合法性依据。周人心目中的"上帝"具有了一种主持公道、是非观念明确的品格。中华传统文化中所具有的浓厚的伦理色彩就是从殷周之际的思想变革时期开始形成的。周人逐渐摆脱了殷人那种靠神权来治理国家的观念,由"轻天命"向"重人事"转移。与殷人在行礼时相当程度上沉迷于鬼神不同,周人对鬼神采取"敬而远之"的态度,把注意力集中在现世人间,通过礼的实践以行人事。周公卜都定鼎、建明堂、朝诸侯、颁度量以及拟定册命礼等,都是"近人""重人事"的重大举措,从而开创了具有中国特色的礼治文化。

周代的礼治文化具有非常系统完备的礼数要求,它以维护、巩固宗法等级制度、区别上下贵贱等级关系为目的,以君君、臣臣、父父、子子为核心内容,以严格的等级格局适时调整与缓和各等级之间的矛盾关系,使"礼"成为约束和规范人们日常思想、行为、言行的准则,在国家政治生活中发挥着"经国家、定社稷、序民人、利后嗣"等重要的调节功能。因此,周礼成为普遍适用的价值准则,兼有法律规范和道德约束的双重含义,成为社会上每个人都必须遵循的行为规范。

西周所以被称为"礼乐盛世",首先是因为周公"制礼作乐"并在全社会得到实施,使中国古代文化发生了一次重大的质的变化。周以前的中国古代文化是一种带有原始宗教性质的巫术文化:夏人"尊命,事鬼敬神",殷人"尊神,率民以事神"(《礼记·表记》)。在夏的尊命文化和商的尊神文化中,礼乐仅仅只是作为一种佐祭的形式而存在。周公制作的礼乐不同于夏商时的礼乐,他改变了礼乐的巫术性质,使其成为社会典章制度和行为规范;西周文化中原始宗教的色彩比前代大大降低,成为礼乐文化。

这种礼乐文化的核心思想是敬德保民。周人也讲天命,却深感"天命靡常",天命并不可恃。早在孟津誓师的时候,武王就向自以为天命所在的纣王发出过挑战,宣称"天视自我民视,天听自我民听"(《尚书·泰誓中》),在承认上帝的权威的同时,看重民意和民众支持的力量,提出"民之所欲,天必从之",开了春秋时期的民本思潮的先河。同时,周人又提出"德"的概念。所谓德,即从"值(直)"从"心",意思是端正心思。在社会活动中心思端正、不搞歪门邪道就达到了德的境界。"敬"即警,要人时刻警惕和反省。"敬德"以当时的礼乐制度为标准,其最终目的是保王、保社稷。周公认为"不敬厥德"是纣亡的原因,并反复强调应吸取殷商灭亡的教训,告诫子弟要认识到"惟命不于常",只有行"德政",才能"祈天永命"。《左传·文公十八年》载鲁季文子话说"先君周公制周礼,曰:则以观德,德以处事,事以度功,功以食民。《礼记》也说,"乐极和,礼极顺","故礼义也者,人之大端也……所以达天道,顺人情之大宝也","礼乐皆得谓有德"。因为乐体现了和的精神,礼体现了顺的精神,这种对人性、人的生命的顺承也即周人所谓"德"的内涵和宗旨。

因此,周礼充分体现了敬德保民的人文主义精神。从"明德"出发,对民的怀柔、对人的仁爱已成为周人的时代旗帜。孔子说的"古之为政,爱人为大,所以治爱人,礼为大"(《礼记·哀公问》),正像我们在古代文献中所看到的,与殷人的所谓"富民"相反,周人将"保民""作新民""由裕民""康乂民"作为礼治的核心。周人反对恣意妄为的滥刑酷条,反复强调"明德慎罚""义刑义杀"。周礼的"爱人",必然会承认他人的存在,导致"敬人"。《左传·昭公二十五年》说:"夫礼者,自卑而尊人。"《礼记》也提出,"相接以敬让,则不相侵陵","所以治礼,敬为大,敬之至矣……是故君子兴敬为亲,舍敬是遗亲也,弗爱不亲,弗敬不正,爱与敬,其政之本与"。

所以,周礼并非是单向的强制性的,而是双向的。周礼使对等交往型的人际关系模式成为可能。《礼记》说:"礼尚往来,往而不来,非礼也;来而不往,亦非礼也。"在要求下者敬宗子、敬天子的同时,也要求上者爱同族的族人、爱百姓安庶民而作为礼的回应。周礼与后来"礼教"中那种人际关系上尊卑分明、以上凌下是不同的。正像《周易》所列宇宙图式的天地、乾坤、阴阳是互构并生的一样,在《周礼》中的人间君臣、父子、夫妇之间也是互为前提而平等共称的。《左传·昭公二十六年》提出:"君令、臣共、父慈、子孝、兄爱、弟敬、夫和、妻柔、姑慈、妇听,礼也。"这一相对应的互相尊重的人伦思想是礼的精髓,周公也是按这一原则处理事务的。在《尚书·康诰》里,周公一一列举了父、子、兄、弟各自的罪行,并且将之一律视为"泯乱民彝""元恶大憝",要求秉公执法,无一赦免,一视同仁。所以周礼是"无偏无党,王道荡荡"的天下之"公道",所以能"德以柔中国,刑以威四夷"。

春秋以降,随着"礼崩乐坏"时代的到来,周礼迅速瓦解,由鼎盛期跌落下去,日渐衰落。然而,作为一种外在的规范人们思想行为的社会制度的总称,仍对后来中国思想文化的发展产生了极其深远的影响,是春秋战国时期孔子、荀子礼学思想的主要源头之一。近代学者杨向奎在《宗周社会与礼乐文明》中指出:没有周公不会有武王灭殷后的一统天下,没有周公不会有传世的礼乐文明,没有周公就没有儒家的历史渊源,没有儒家,中国传统的文明可能是另一种精神状态。所以孔子要梦见周公,称赞说:"郁郁乎文哉,吾从周。"

第三节 孔子修礼

一、礼崩乐坏

通过周公制礼作乐确立起来的礼乐文化,对当时社会稳定、经济文化的发展和华夏民族的形成做出了显著贡献。春秋时期,礼乐文化遭遇到前所未有的严重危机。宗法封建等级制度日趋解体,宗法秩序日趋紊乱。礼乐制度成了无源之水、无根之木而日趋枯萎。中国社会进入了所谓"礼崩乐坏"的时期。

平王东迁洛邑以后,分封制解体,诸侯国力量增强,王室日趋衰微。周天子名义上是天下共主,但实际上已失去了号令诸侯的权威。春秋初期,诸侯已开始轻慢周王室,经常拖欠给周王室的贡赋,以致周王常常派人四处催讨。公元前720年周平王死,王室派人到鲁国"求赙"。前717年,周王畿发生自然灾害,周王派人到鲁国"告饥",鲁隐公为之出面向宋、卫、郑、齐请求救济。前679年,周王又派人到鲁国"求车",周天子每况愈下的困境显露无遗。

由于周天子权威已丧失,最能体现周天子与诸侯之间君臣关系的册命礼和朝聘礼严重蜕变,或直接被废弃。册命礼本来是诸侯前往周王的宫、庙,恭敬"受命",春秋时已蜕变成为周天子派使臣到各国"来锡命"。这种"来锡命"不仅数量稀少,整个春秋时期见于记载的仅七次,而且性质严重变异,行此礼的原因,往往是周天子有求于诸侯,如对齐桓公的册命是因为周惠王请求齐国出兵讨伐卫国,对齐灵公的册命是由于周灵王即将与齐王室联姻。册命礼已经从宣示周天子的威仪堕落为周天子讨好诸侯的工具。与之相对应的是在册命时，诸侯也倨傲不敬，并不看重"来锡命"。

周公是鲁王室始祖。周武王封周公于鲁，周公留朝辅佐武王、成王，让他的长子伯禽代他到鲁国赴任。在春秋列国中，鲁国号称"犹秉周礼"，然而朝聘之礼也几乎被废弃。由古文献记载可知，鲁国诸侯从隐公到襄公的二百四十二年间，朝天子仅三次。其中两次是僖公在"践土之会"和"会于温"等诸侯会盟时，同与会的各国国君会见应召前来的周襄王。另外一次是公元前578年，鲁成公追随晋厉公伐秦路过成周，曾和其他诸侯一起顺道"朝王"。鲁国派遣大夫"聘周"也只有四次。与之形成鲜明对比的是在同一时期，鲁国曾十一次"如齐"，二十次"如晋"，两次远道"如楚"；又曾派大夫十六次"聘齐"，二十四次"聘晋"。

由于整个社会都发生深刻变化，许多礼仪越来越显得不合时宜，有的被淘汰，有的仅留下一个徒有虚名的形式。"告朔饩羊"制度的濒临死亡便是一个例子。在每年的秋冬之交，周天子须把第二年的历书颁给诸侯。这历书包括那年有无闰月、每月初一是哪一天，因此叫"颁告朔"。诸侯接受了这一历书，藏于祖庙；每逢初一，便杀一只活羊祭于庙，这叫"饩羊"；然后回到朝廷听政。这祭庙叫做"告朔"，听政叫做"视朔"或"听朔"。然而到孔子的时候，每月初一，鲁君不但不亲临祖庙，甚至也不听政，只是杀一只活羊"虚应故事"罢了。

春秋时期礼崩乐坏的另一个显著表现是诸侯僭用天子之礼。孔子对此演变有一番形象的描述，就是由"礼乐征伐自天子出"变为"礼乐征伐自诸侯出"，进而"自大夫出"，以至"陪臣执国命"。如中国有祭政合一传统，祭祀向来是权力的象征。依礼只有天子才能行郊祭(祭天)，诸侯只能祭其国内的名山大川。然而鲁国从僖公开始也举行"郊"祭。又如按礼只有天子可以行泰山封禅礼，而春秋后期鲁国季孙氏也想举行祭祀泰山典礼。礼沦落如此，与之相配合的乐也未能幸免。祭祀用的乐舞，本来只有天子可以用"八佾"，诸侯则用"六佾"，大夫用"四佾"。可后来，不仅鲁公"八佾以舞大武"，连季氏也"八佾舞于庭"了。让孔子为之发出痛心疾首、恨恨不已的"是可忍，孰不可忍"的感叹。

周礼，尤其是其中的王朝礼，如册命礼、朝觐礼、巡狩礼等，是与周初建立在宗法等级封建基础上的国家形态为表里的。周初能够实行分封制的重要背景是疆域辽阔,贵族阶层相对来说人口稀少。然而随着社会的发展、人口的繁衍,人口与土地资源的矛盾日趋尖锐,分封制已失去了它存在的客观物质条件。另一方面,随着时间推移,各诸侯国王室与周王室的血缘关系也越来越疏远。异姓诸侯国更是与周王室毫无血缘联系,周天子已不可能利用宗法制作为掌控诸侯的有力工具。因此,可以说礼崩乐坏是历史发展的必然结果。

周代礼乐文化的衰落使中国先秦文化进入了一个新的阶段,即我国思想史上的黄金盛世——百家争鸣阶段。在灿如群星的众多思想流派中,儒家学派以振兴礼乐文化为己任。儒家学派的开山祖孔子对崩溃了的礼乐文化进行思考和反省,从思想理论上加以提炼和升华,成为中国传统礼仪文化又一位主要奠基者。他提出"仁"的概念作为礼的思想核心,使之成为具有全新思想内涵的文化形式。

二、"吾从周"

孔子之所以成为中国传统礼乐文化的主要开创者,与鲁国的文化氛围和孔子自身的条件有关。鲁国是周公之子伯禽的封地。伯禽就封时,曾带去大量的文物典册并按周礼进行制度建设,从而成为礼乐文化最盛行的地方。在春秋时期的社会动乱中,鲁国虽然也发生了礼崩乐坏现象,但由于其礼乐传统深厚,直至春秋末年,鲁国的古典乐舞仍令吴公子季札叹为观止;鲁国典册之富仍令韩宣子发出"周礼尽在鲁矣"的由衷赞叹。鲁国浓郁的礼乐文化氛围为生活于其中的有识之士理解礼乐提供了便利条件。孔子生长在这一文化环境中,自童年起便受到礼乐文化的熏陶。成年后他做过多年以相礼治丧为谋生手段的儒。而当他创办私学后,礼乐又是他教授学生的两门主课。他毕生与礼乐打交道,对礼乐了如指掌。他又勤奋好学,学无常师,相传曾问礼于老聃,学乐于苌弘,学琴于师襄。他曾几度入仕,但官阶不高,且官运不长。于是辞官,带领门徒周游宋、卫、陈、蔡、齐、楚等国,虽没有找到实现政治主张的机会,但对当时的社会有了较为深入的认识;晚年致力整理《诗》《书》等古代文献,并把鲁史官所记《春秋》加以删修,这既加深了他对礼乐之道精神实质的理解,也为他将中国礼仪文化发扬光大打下了坚实的基础。

孔子赞美西周制度:"周监于二代,郁郁乎文哉!吾从周。"(《论语·八佾》)自视为周公制礼作乐事业的继承人。孔子认为他所处的春秋时代是个礼崩乐坏的乱世。此时的周天子号令不出都门,诸侯僭用礼乐,自专征伐,天下纷扰不止。孟子后来评曰:"春秋无义战。"孔子四处奔波,欲"匍匐救之"。他想以恢复崩坏的礼乐的手段,来恢复周天子天下共主的权威,以重建和谐的社会秩序。在孔子眼里,西周制度尽善尽美,周公是他心目中的圣人。他说:"如有用我者,吾其为东周乎!"(《论语·阳货》)所谓东周,即"兴周道于东方",在东方再造一个周公的周。值得注意的是,孔子并非只是企图恢复单纯的具体礼乐,而是通过对具体礼乐的反思,从中抽象出一般的礼乐之道。在孔子之前,礼乐虽然存在很久,但礼乐之道一直以隐蔽的形式蕴涵在具体的礼乐仪式中,大多数人只是被动地、习以为常地遵循礼乐的规定,知其然而不知所以然,甚至就是某些具体礼乐的制作者也没有达到对它的自觉的认识。孔子思考了礼乐,理解了礼乐的实质,把蕴涵于礼乐之中的道抽象出来,剔剥出来,从而形成了高于具体礼乐规范的思想体系,这是文化史上一大创新。

三、修订《礼》《乐》

孔子曾这样谦虚地概括自己一生的活动,"述而不作,信而好古,窃比于我老彭"(《论语·述而》)。儒家的传统观念是所谓"圣人"创作、"贤人"传述。这个观念肇始于孔子。生活于礼崩乐坏时代的孔子的确没有另外制作新的礼乐。在他看来,制礼作乐是圣人之事,而他自己是不敢以圣人自居的。周公制礼作乐,礼乐文化是西周已经建立了的。孔子以继承周公的事业为己任,他说自己是"述而不作",就是强调这种继承性。但他还是有"作"的,最重要的"作"就是他提出了"仁"。而"仁"与"礼"是相统一的,故是述中之作。作正是为了继承发扬西周创始的维护大一统宗法政治的礼乐制度。

在中国传统礼仪发展历程中,孔子是周公之后又一位集大成的思想家。他删《诗》《书》,订《礼》《乐》,赞《周易》,修《春秋》。《诗》《书》《礼》《乐》《春秋》《易》即通常所谓"六经",早在孔子之前就分别存在,是孔子以前中华传统文化的重要典籍。孔子的贡献在于以"礼治"思想为指导,对这些古代文化典籍进行整理,其最终成果便是"六经"。六经中的《礼》即《礼经》,现今流传的《礼》为《仪礼》。《乐》即《乐经》,为古代曲谱,已失传。司马迁说,孔子在"王路废而邪道兴,于是论次诗书,修起礼乐"(《史记·儒林列传》),肯定了孔子修礼乐的功绩。"六经"以及记载孔子和门徒谈话的语录体著作《论语》奠定了儒学的理论基础,孔子也成为儒家的开山鼻祖。

孔子的上述著述,成为历代修订典章制度和施行教化的依据,并被选作历代明经进士科举考试的科目。由于统治阶层的大力提倡,历代皓首穷经的士子努力传播,儒学成为普及于全国上下各方面各层次的核心观念文化。儒家学者认为,王者治理天下,必以礼乐,礼乐之治为"王者之极治"。此后,中国传统礼仪就开始以孔子创始的儒家思想核心"仁"为基准进行铺陈了。

四、为国以礼

孔子以"礼"为治国之本,他所设计的治国方案是"为国以礼",这在中国以后两千多年社会中影响深远。

孔子在思考和理解礼乐时,对礼乐的精神实质采取肯定态度。孔子承认"礼"既有相因的一面,又有损益的一面。"礼"的主干即使"百世"也不会发生根本性质的变化,其枝叶则可以随时增减。也就是说,礼的相因是主要方面,损益是次要方面。他认为,周礼集中了夏、商两代之礼的全部优点,是礼发展的极致,人们应该自觉地维护周礼。

孔子把夏、商、周三代视为理想社会。他的最高政治理想是建立西周那样的由众多诸侯国屏藩的统一的中央王国。孔子把春秋以前的整个历史,划分为"天下有道"和"天下无道"两个时期。孔子所谓"道,乃文武之道",其基本意义是要求"礼乐征伐"由最高统治者决定。按照这个标准,夏、商、西周三代是"礼乐征伐自天子出"的"天下有道"的时期;而春秋则是"礼乐征伐自诸侯出"的"天下无道"时期。"天下无道"时期又分为礼乐征伐"自诸侯出""自大夫出"和"陪臣执国命"三个阶段。政权愈是下移,局势愈趋混乱,社会愈是不安定,统一的局面就愈难出现。孔子不满意这种状况,要求返回到"天下有道"的时期。不过,孔子的"复礼",主要是恢复和建立社会秩序,使社会尽快摆脱"无序"状态。他并没有想将历史退回到周公时代,他对周公和周礼的推崇,主要是从思想原则上讲的。而且这样做,对于身处周公后代封地鲁国的孔子,又有政治和策略上的便利。孔子本身是很清楚"礼"应随历史发展而有所"损益"的,不仅周礼是对殷礼的"损益",而且周之后,"礼"还应有损益。

为了实现"天下有道"政治目标的孔子,主张把"正名"作为挽救"礼崩乐坏"的政治危局、实现拨乱反正的重要措施。《论语·子路》记载:"子路曰:'卫君待子而为政,子将奚先?'子曰:'必也正名乎'"!孔子强调:"名不正则言不顺,言不顺则事不成,事不成则礼乐不兴,礼乐不兴则刑罚不中,刑罚不中则民无所措手足。"在这场关于施政方针的师生讨论中,孔子把"正名"同"礼乐""刑罚"联系起来,认为要解决当时"礼崩乐坏""贵贱无序"的社会危机,就要用周礼的等级名分把破坏了的"名""实"关系校正过来。"正名",即明确社会各阶层的名分,主张"君君、臣臣、父父、子子"各自严格遵守应有的名分,不能违纪犯上,这样便可使社会达到像西周那样"贵贱不愆""尊卑上下""各有等差"的盛世。在孔子看来,这一点是"礼乐兴"的必要前提。

在孔子的眼中,诸侯国只是周王朝的一部分,而周王朝又只是历史长河中的一个片断。尽管他的行为可能只局限在某几个诸侯国,而他的学说,则应用之于"天下",传之万世。因此,他在维护君权的同时,并不认为某一国君的权威是绝对的,最高的绝对权威应属于"天子"。而"天子"是代表上天来行使其职责的。他的"道",就与"天命"相统一起来。孔子从未表示独尊某一君或某一天子,他所尊重的是能够合乎道的君权或天子。在他理想中的"有道"时代,是"尧、舜、禹、汤、文、武"时期,他们都是有道天子,"顺天应人,以礼治国"。而他所处的春秋时期,则是天下无道的,不仅"礼乐征伐"自诸侯出,而且"自大夫出",甚至"陪臣执国命"。他认为这样的无道时期,是不可能久远的,最后天下还要归于"有道"。

五、克己复礼为仁

孔子为了恢复或重建一套适宜"天命"的社会制度和政治秩序,主张"克己复礼"。而"复礼"与行"仁政"是密切相关的。"仁政"则是"仁学"的主要组成部分之一,是仁学的"经世致用"。正是通过这一点,"仁"与礼统一起来。

"仁"这个概念出现很早,不过在孔子以前一直用"仁"表示一种德行。儒家讲的"仁"含义相当丰富,孔子认为"爱人"是"仁"的最基本要求,恭、宽、信、敏、惠、智、勇、忠、恕、教、悌也是仁的基本范畴,并且认为"仁"是人应追求的最高道德境界,主张"杀身成仁"。

孔子在与诸多弟子论"仁"的言论中,对"仁"下过许多定义,而唯独给颜渊的回答层次最高,也最为抽象、概括。颜渊是孔子最为得意的弟子,孔子对他寄了了很大期望:"克己复礼为仁。"其中的"仁"包含着丰富的政治内涵。复礼,是一个社会问题,而这一点,又必须有人来承担。当真正达到克己复礼的程度,那么,天下也就归于仁了。对于你颜渊来说,能否做到仁,关键在于你自己。在孔子看来,通过加强个人的道德修养(克己),达到恢复周礼(复礼)的政治目的,就是所谓仁。

孔子特别强调培养仁的道德自觉,要求做到"非礼勿视,非礼勿听,非礼勿言,非礼勿动"(《论语·颜渊》),即视、听、言、动都必须符合"礼"的规范。对"礼"的态度是评价一个人是否"仁"的根本标志。颜渊谨遵孔子的教导,身居陋巷,箪食瓢饮,乐在其中,被认为是符合"礼"的行为,孔子称赞他"其心三月不违仁"。(《论语·雍也》)而管仲虽然有"相桓公,霸诸侯,一匡天下,民到于今受其赐。微管仲,吾其被发左衽矣"(《论语·宪问》)的巨大功劳,却因为"不知礼",孔子只说他"如其仁,如其仁"(《论语·宪问》)。可见,道德上的"仁"必须依据政治上的"礼"才能真正实现。

六、"仁"即礼乐之道

在伦理学意义上,仁可以视为人们处理与他人关系时的道德准则。因此,"仁"是"礼"的宗旨和目的,而"礼"则是"仁"依从实现的工具或途径。也就是说,人在处理与他人关系时,应当以"礼"为依据,而仁则体现于人们遵守礼制的具体行为之中。"礼"作为实现"仁"的政治保证,既是社会伦理原则,又是社会政治原则。作为伦理原则,它保证人人都必须遵守伦理道德规范,一言一行都要符合"礼"的标准;作为政治原则,它保证人际关系和谐、社会秩序安定。从另一方面来说,"仁"既是"礼"的基础,又是"礼"的目的。作为基础,它表示每个人都必须具备"仁"的观念和品质,否则,"礼"就难以贯彻。作为目的,表示"礼"的贯彻、执行都是为了达到"天下归仁"。将个人的道德之心,推广到整个社会,一个和谐美满的理想社会就会重现人间。

孔子发展西周礼乐文化最突出的贡献,即提出了"仁"学。西周以礼乐文化建立起宗法分封制的王朝,开辟了中国礼治社会的先河,但是那种井然有序的局面未能长久维持:西周时期社会并不安定,时有动乱发生;平王东迁后,周王室更趋衰微,已无法以保持天下宗主的地位。礼乐文化的衰落促使当时的思想家对其进行反思。正是在这个基础上,孔子准确地把握了礼乐之道的精神,建立了仁礼学说。

西周礼乐文化流传到孔子所处时代的主要是一些具体礼仪制度,它们所反映出的精神内涵基本上是一些质朴的道德因素,如孝、友爱、尚德等。孔子认为,如果缺乏深刻的思想道理的论证阐释,这些道德因素就不能广泛地为大众心悦诚服地接受,礼乐就会流于单纯的形式,而这正是造成礼崩乐坏、天下大乱的一个重要原因。孔子想用一种更准确地提炼过的思想学说来把握礼乐之道的精神实质,并把它重新灌注到礼乐之中,从而赋予礼乐文化以新的生命力,达到恢复天下平治的目的。于是,孔子提出了以"仁"为核心的一整套学说。在此以前的周礼主要是一种社会伦理规范和制度,而仁则属于人们的道德观念和品质。仁是复礼的重要途径和手段,有了仁才使礼获得新生。而且由于仁着重于培养人的道德精神,它的作用范围较之礼更为广泛、深入。礼经过仁的充实后方能重新发挥其统合社会的作用。

孔子之所以视"仁"为体现了礼乐精神或礼乐之道,是因为孔子通过对礼的反思而从中抽象出具有普适性意义的人道。

礼乐的精神或礼乐之道则是维护宗法封建等级社会人际关系的有等级差别的和谐。仁从孝悌开始,"孝弟也者,其为仁之本与"(《学而》),由近及远推广开来,在推广过程中随对象不同其表现形式和程度都有所不同的"差等之爱";它以极其凝练的方式涵盖了礼乐的精神,但不是礼乐本身。礼乐是宗法封建等级社会的特定文化形态,有其时代性和特殊性,而礼乐之道则是涵蕴在具体礼乐规范之中的一般人际关系原则。作为礼乐之道体现的仁心社会超越"周礼"的时代性和特殊性,成为一种具有普适性的人际关系准则。因此,与其说孔子是维护"周礼",不如说是维护"礼乐之道"。仁的精神即是要人行"人道"("仁者人也"),孔子希望人们在礼乐精神的熏陶下都是有人性的人,都能"成人",即具有理想人格的人。他的仁——"人道主义",希望通过克己、修己,使在礼乐社会的人是一种己立之后的立人、己达之后的达人、己正之后的正人的关系,是一种安人者行仁、被安者归仁的关系,从而提升了礼乐之道的精神。

第三十四章

礼 治 教 化

中国古代成为"礼仪之邦"是与儒家的努力分不开的。儒家"为国以礼"的主张成了历代王朝治理国家的指导思想,这样的政治实践可称为"礼治"。"礼治"具有明分、别异、序等级的社会政治功能,能对人的社会行为进行规范、教化,进而使人达到道德自觉,并与法治形成互补,使社会获得良性发展。

第一节 儒家崇礼

何谓"儒",《周礼·太宰》说:"儒,以道得民。"这句话比较晦涩难解。"儒"的本初意义是什么,后世众说不一。20世纪30年代胡适《说儒》认为,最初的"儒"是殷民族礼教的教士,殷被征服以后,他们渐渐变成了教师,其职业除了治丧、相礼、教学外,也从事祈神、求雨等巫祝活动。后来通过对甲骨文资料的考证,证实最初的"儒"是殷民中主持宗教的职业迷信者。而"礼"字在原始文字中与祭祀密切相关,因此可以说,"儒"一出现就与礼密切联系在一起,他们是中国最早的职业礼仪者。

儒家的开山祖孔子早年就以精通西周礼仪乐舞而著称,自诩"俎豆之事,则尝闻之"(《史记·孔子世家》)。孔子不仅做过多年以相礼治丧为谋生手段的儒,而且当他创办私学之后,演习礼乐又是孔子私学的基本科目,"孔子去曹适宋,与弟子习礼于大树下"(同上)。

孔子以及稍后的孟子、荀子,自觉地继承古老的礼乐文化。在"礼崩乐坏"的时代,儒家明确提出"为国以礼"的主张,并给礼注入了新的时代精神,为此后礼的复兴奠定了理论基础。孔子死后,"鲁世世相传,以岁时奉祠孔子冢,而诸儒亦讲礼乡饮大射于孔子冢"。直到后来刘邦"诛项籍,举兵围鲁,鲁中诸儒尚讲习礼乐,弦歌之声不绝"。儒家与"礼"结下不解之缘,崇礼成了儒家文化的一大特征。

在中国礼制发展史上,汉代是极其重要的一页。在两汉四百余年的时间里,中国礼制被纳入儒家文化的范畴。各种关于"礼"的观点、看法经过删汰被编织进儒家学说的体系之内,同时,纷繁复杂的中国礼制被整合成一个相对完整的系统。在这一时期内,礼制发展与儒家思想统治地位的确立和巩固相适应,儒家经典的内容成为衡量是否合"礼"的标准。儒家经典除《诗》《书》《礼》《易》《春秋》《乐》等六经外,还包括《礼记》《孝经》等书。判定某种行为是否"悖礼",要以这些经典著作中的相关记载为准。

"三纲""五常"成为中国封建礼制、伦理规范以至社会秩序的最高准则。公元79年,东汉章帝大会诸儒于白虎观,以谶纬释经,根据白虎观会议记录整理而成的《白虎通》对纬书提出的"君为臣纲,父为子纲,夫为妻纲"作了详尽明确的规定和解释。《白虎通》围绕着"君臣大义,父子之纪纲"这个中心,"表德劝善别尊卑",着力于"三纲""六纪(指诸父、兄弟、族人、诸舅、师长、朋友)"和"五常(指仁、义、礼、智、信)之性"的理论论证,认为礼乐是效法天地、阴阳"制作"而成的,"乐象阳,礼法阴",以五音五脏配五行,以示法天地阴阳而成的乐与人的先天五常之性相对应,故能感化人的先天善性。《白虎通》援纬证经,将仁、义、礼、智、信等伦理规范解释为片面地约束臣下,抬高君权的道德准则。由于"三纲""五常"是在意识形态方面维护君主专制制度的利器,所以为历代统治者欣赏并大力倡导,成为中国封建礼制的根本准则。

《周礼》《仪礼》《礼记》以及《大戴礼记》《逸礼》等礼书中的资料来源纷杂而又斑驳不纯。"三礼"经过汉代儒家学者有意识、有目的地整理、加工、编辑、注释,被视为儒家经典而得到广泛流传。郑玄就是其中的代表人物,他合注"三礼"——"三礼"这个名词就是由此而来——成绩卓著。郑注中固然有诸多谬误之处,但其价值无可估量。他将夏制、商制、周制、春秋战国之制以及秦汉之制予以排比、条理,形成了一个相对完备的礼制系统,同时也利于后世制定礼仪制度时借鉴参考。

"三礼"的整理、诠释和刊行是中国礼制发展过程中不可忽视的一件大事。"三礼"不仅在文字上集以周礼为代表的古代礼仪之大成,并将周礼理想化。它们的整理、诠释和刊行,既有助于敦教化、醇风俗、规范社会秩序、维护封建统治,也确立了中国封建礼制的基本构架。从唐《开元礼》、宋《郑和五礼新仪》,一直到明《集礼》、清《通礼》,我们可以清晰地看出"三礼"对封建礼制发展的指导性意义。

礼制的儒家化带来的直接后果就是儒家的思想学说,通过"礼"渗透、影响整个社会。中国的"礼治",小而至于个人的修身、待人接物,大而至于国家的制度法纪,都可以"礼"统之。儒家化还促使礼制在中国社会各阶层的普及。先秦时期有"礼不下庶人"之说。所谓"礼不下庶人",并非说庶人不受礼仪规范的约束,而是因为庶人地位低下,在统治格局和社会生活中无足轻重,为统治者或者制礼者所轻视。官方仅为贵族制礼,庶人没有适合于他们生活方式的礼仪规范。先秦礼制主要施行于贵族阶层。自汉代开始,历代统治者和儒生重建礼制,力图使儒家化的礼制成为全社会普遍的思想、行为规范,又通过各种教化的途径,将礼的思想、观念、行为方式积极地向社会传播灌输。由此,礼制向民间和大众传播、渗透,"礼不下庶人"一变而为"礼下庶人"。统一化的婚丧嫁娶、处事为人的礼仪规则,逐渐为全社会所认同、遵循、仿效和参照。

汉代形成的礼的文化在此后两千多年的历史进程中不断巩固和完善,保持了自身结构和功能的完整统一。实际上,由于社会生产力的发展带来的经济关系和思想意识的变化以及异族文化的侵入、渗透,传统礼文化也多次受到冲击和挑战,面对每一次冲击和挑战,传统文化模式都能根据内在选择原则对新的文化元素进行整合。它主要通过两种方式:一种是思想家在对礼学经典阐释过程中吸取新的文化元素,将其整合进原有的礼学体系,从而形成一个富有时代特色的文化体系;另一种是统治者为适应现实生活的发展,不断制定和颁行新的礼制规范,巩固和延续了礼仪文化作为社会基本价值准则和行为规范的地位。

总之,在由汉代至清末的漫长历史进程中,虽然经济关系和社会生活发生了巨大变化,由礼学和礼制所奠定的基本价值准则和行为方式并未发生根本变化。相反,儒家礼教文化模式反而不断获得强化。

第二节　礼"治"社会

每一个思想家、哲学家都有他自己的理想国。"小国寡民""鸡犬之声相闻""民至老死不相往来",是道家学派的代表人物老子的"理想国"。儒家的理想国就是一个完美的"礼治社会"。自汉代以后,历代王朝大多以"为国以礼"作为治理国家的指导思想,这样的政治实践一般称为"礼治"。"礼治"是中国独特社会实践条件下的产物。《唐律疏议》中所谓"德礼为政教之本,刑罚为政教之用",可以说是对儒家礼治思想的准确概括。与近代西方政治思想相参照,这样的政治思想既非人治,更非法治,我们只能将其称之为礼治。

"礼"是人类社会生活中各种行为规范的总和。礼的内在精神实质是"义",礼仪就是"行义"。外在的礼仪与内在的原则"义"的统一,就构成了完整意义的礼。义者宜也,合理之谓也。儒家通过礼所要维护的"合理"就是"分",即等级秩序。儒家的以礼治国实际上就是以规范治国,用无所不包的礼来约束和规范人们的一切行为,要求人们"非礼勿视,非礼勿听,非礼勿言,非礼勿动",维护他们认为"合理"的社会等级秩序。

儒家认为,人类社会的等级分野天经地义。就家族方面而言,成员之间天然有辈分、年龄、性别、血缘关系远近之别,由此而生长幼、亲疏等等级分野,它决定着成员在家族中的地位、行为。就社会范围而言,人们由于德行、才能不同分处不同的等级,拥有不同的地位和待遇。荀子主张:"论德而定次,量能而授官,皆使人载其事而各得其所宜。上贤使之为三公,次贤使之为诸侯,下贤使之为士大夫。"这虽然带有颇重的理想主义色彩,但在古代社会的中后期,尤其是开科取士以后,论才取士已成为全社会普遍接受的规则。一个贫寒士子也可以通过科举考试凭借自身的才能进入上流社会。科举被社会视为正途出身。基于血缘宗法的官员任用方式如世袭、恩荫等虽依旧保留,但已退居次要地位。

因此在儒家眼里,一个差异鲜明、等级确定的社会才是理想的社会,尊卑上下、长幼亲疏各有分寸而不混乱,就是儒家理想的社会秩序。这种等级性渗透在社会方方面面。在这样的等级社会中,礼所起到的作用,正是确认和维护这种既成的等级秩序,即通过礼的规范约束,区分各个不同的社会层次,以便组织一个严密有序的礼法社会。儒家认为,能使社会呈现出层次结构而又将其有机统一起来的是礼。荀子以礼作为架构组织社会的方式,以确保社会的层次分别与秩序和谐。荀子总括说:"礼者,贵贱有等,长幼有差,贫富轻重皆有称者也。"接着他列举了天子、诸侯、大夫、士等不同等级的服色,又说:"德必称位,位必称禄,禄必称用,由士以上则必以礼乐节之,众庶百姓则必以法数制之。"这就意味着,礼的作用就在于显示区分,在衣冠色彩样式等具体事项的不同中表现贵贱、贫富、轻重等等级差别,有了等差,就意味着有了秩序,称序则意味着合乎礼治的精神。如果每个人都根据自己的社会地位去选择符合自己身份的礼,"禄天下"者"不自以为多","监门御旅""抱关击柝"者"不自以为寡",无论贫富贵贱皆能各守其分,公众自然就会相安无事,社会自然也就会井然有序了。

礼治除了以礼分等级尊卑秩序之外,还在于反对暴政,提倡仁政。在重德轻刑、重礼轻法的思想指导下,孔子强调对人民应予以教化,反对"不教而杀",并谴责说,"不教而杀谓虐"(《论语·尧曰》)。把不事先用德礼教化老百姓、等到他们犯了罪就严加刑杀的做法看成是最大的"虐政"。孔子强调礼治应该以宽为主,"宽猛相济"。

"仁"是礼乐文化所蕴涵的内在精神。孟子论述礼治时极其强调"仁政"的重要性,说:"三代之得天下也以仁,其失天下也以不仁。国之所以废兴存亡者皆然。"由此,他极力主张要"施仁政于民"。

第三节　寓教于礼

礼治文化的一个重要特征,即以礼仪道德作为管理国家、调控社会的主要手段,规范、教化与道德自觉三者的良性互动成为礼治的内在机制。

儒家学者认为,以礼治国可以在为政者与人民之间建立起一种亲和的关系,使人民自愿地服从政令,自觉地遵守规矩。这种自觉心的形成要依靠日熏月染的道德教化。德治教化是中华传统文化中一大特色,即在道德教育的长久熏陶下,使人逐渐地适应和习惯,在潜移默化中终能蔚成风习,形成道德自觉。礼治就是通过这种道德教化的作用而得以实现。

这种教化思想以"性善论"为理论基础。儒家认为"人皆性善,故教化可施也",即人性可以通过后天教养而德化、礼化。儒家把人民作为教化的对象,礼在教化中起着至关重要的作用。

对人民实施教化,可以通过圣贤理想人格对人们的召唤,唤醒人们"本心"中的"善端","人皆可以为尧舜"的信念支持人们努力修养心性,完善人格。但它的推行主要依靠教化对象的自觉自愿,由自我的良心充当督责机制,其弊端是显而易见的。而礼则表现为一系列明确、具体的文本规范,它对教化对象来说是一种外在压力,造成对人们无德行为的防范。儒家学者对此有清醒的认识,仁是一种高度的道德自觉,一个人如果不能达到仁的标准,那就很难想象他会自觉遵守礼。因此,有必要对人们"齐之以礼""节之以礼""约之以礼",通过一些文本规范的约束作用,来逐步培养人们的道德自觉,以达到仁的境界。

儒家提出"格物""致知""诚意""正心""修身""齐家""治国""平天下",这是一条通过道德践履,把握万事万物的规律,端正自己的心智,使自身达到崇高的道德境界,进而治国平天下的途径。而道德心的建立和道德境界的提升,一方面固然离不开道德学说和道德观念的灌输与接受,另一方面而且也是更重要的,是通过社会生活中不断的道德实践来培育。遵行礼仪的过程就是道德实践的重要方式。礼的作用不仅仅局限于提供给人们一些行为规范以维持社会秩序,更在于通过这些外部的规范来实施教化,启发和涵养人们的"本心"中的"善端",不断培育人们的道德心,从而提升人们的道德境界。当道德境界达到相当高度后,人们的行为就会由受外在的礼的约束进为道德自觉,由他律进为自律。由必然王国进至自由王国,人们可以凭自己的"本心"行事,而于礼无不自然相合。孔子所谓"七十而从心所欲不逾矩",即是言此境界。礼的道德教化作用是在潜移默化、不知不觉中进行的,在"行礼"的过程中,人的思想境界自然而然得到提高,道德自觉逐渐确立并完善,此即礼治所赖以运作的内在机制。近代学者对此也有精辟的论述,如梁漱溟先生曾说:"抽象的道理,远不如具体的礼乐。具体的礼乐,直接作用于身体,作用于血气；人的心理情致随之顿然变化于不觉，而理性乃油然现前，其效最大最神。"（《梁漱溟全集》第三卷）这是对礼在教化中作用的恰当描述。

第四节　礼主刑辅

值得注意的是，儒家虽主张礼治教化，但并不完全排斥刑罚法律的作用。但儒家对"礼"与"法"的不同作用是有深入认识的。《大戴礼记·礼察》说，"礼者，禁于将然之前"，而"法者，禁于已然之后"。礼和法有很强的互补性。礼是从积极面提出行为规范，靠的是人的自觉遵守；而法是从消极面规定，偏重于对人违犯规范的制裁。即便是孔孟也持此论，如孔子说："礼乐不兴则刑罚不中，刑罚不中则民无所措手足。"（《论语·子路》）孟子也表示，"徒善不足以为政，徒法不能以自行"（《孟子·离娄上》）。孔孟以下，荀子提倡"隆礼重法""明德慎罚"，使礼法互补，更有效地维护社会秩序；董仲舒强调"大德小刑""先德后刑"；朱熹重申"德礼"为"刑政"之"本"，"刑政"系"为治之具"；王阳明提出宽严结合，德刑并用。在古代中国政治法律思想史上，"德主刑辅"或"礼主刑辅""礼法结合"之说像一条主线一样贯穿始终，而且由于这种礼法互补的政治模式理论最符合统一大帝国长治久安的需要，成为历代统治者实际上长期采用的指导思想。

在"礼主刑辅"或"先礼后刑"的礼法模式中，法只是作为一种保证礼治的维护和推行的辅助手段而存在。在儒家看来，礼治之所以优于法治，就在于它有法治所不具备的教化劝善的作用。刑罚法令只能惩恶，而不能劝善，一切道德的行为都来自教化。礼的教化作用是在人性上下功夫，是一种变化人心的方法。假如能"谨小礼，行小义，修小廉，饬小耻"（《管子·权修》），从细小的事情做起，就能使人自觉向善而不违礼，社会秩序井然，法律制裁就没有必要了。其理想的状态，就是孔子所说的"无讼"。儒家认为治平之道，首在兴礼义，重教化，"正人心""厚风俗"，而应以"法制禁令"为次。中国"礼治"社会的特色不在于没有法治，而在于它所动用的法的手段里也充满了礼义道德内涵。

第五节 伦常之礼

赖以支撑维护儒家整个礼治社会秩序的,是一整套伦理道德规范体系,其中纲常五伦是最重要的组成部分。

"三纲""五常",简称纲常,是中国封建社会中人与人之间的道德规范和维护封建统治秩序的伦理教条。纲:收拢大网的粗绳。"三纲"指儒家信奉的三种主要的伦理关系准则,内容是"君为臣纲、父为子纲、夫为妻纲"。指君、父、夫对臣、子、妻拥有绝对的支配权利,臣、子、妻只有绝对服从的义务。"五常"指儒家提倡的五种道德信条,即仁、义、礼、智、信。儒家以"五常"与"三纲"相配,合称"三纲""五常",以此作为维护社会等级秩序和社会伦理关系的根本原则。"三纲""五常"在实施教化、巩固封建统治、调节封建社会中人与人的关系方面起了巨大的作用,南宋朱熹认为:"纲常万年,磨灭不得。"

"三纲"为韩非子首倡,本为法家之言。韩非把"臣事君、子事父、妻事夫"作为"天下之常道",认为三者顺则天下治,三者逆则天下乱。三纲的观念至汉代董仲舒而趋于成熟。董仲舒不仅首先提出"三纲"的概念,而且运用阴阳比附来论证它的合理性。他说:"君臣父子夫妇之义,皆取诸阴阳之道。君为阳,臣为阴;父为阳,子为阴;夫为阳,妻为阴。"这种阳尊阴卑、定位不移的君臣、父子、夫妇关系的理论就是所谓的三纲之说。《礼记·乐记》载:"然后圣人作为父子君臣,以为纪纲,纪纲既正,天下大定。"孔颖达援引纬书《礼纬·含文嘉》:"三纲谓:君为臣纲,父为子纲,夫为妻纲。"把"三纲"的内容进一步明确,至宋代二程、朱熹更把"三纲"概括为天理流行的表现。

三纲之说是基于以血缘关系为纽带的中国宗法社会及中国伦理史长期演变的产物,忠孝结合是这一观念产生的枢纽。它以父子、夫妇这种家庭关系为基础,以忠孝合一为纽带,把它移植到国家政治关系中的君臣方面,即移孝亲为忠君,强调"民奉其君,爱之如父母"(《左传·襄公十四年》)。"孝"本是父子关系的规范,它上升为君臣关系时,就可"移孝为忠"。由"父父子子"引申出"君君臣臣",由亲疏长幼引申出尊卑贵贱,从而形成整个社会的伦理关系与伦常秩序。

"五常"是西汉董仲舒在《举贤良对策》中提出的道德信条,他说:"夫仁、义、礼、智、信,五常之道,王者所当修饬也。"把仁、义、礼、智、信概括为"五常",用以配合"三纲",统称为"三纲""五常",使之日益流行于社会。

宋代朱熹把"五常"纳入天理的范畴,认为天理是整体,"五常"是局部,局部构成整体,"以一包之,则一;分之则五"(《语类》卷六),指出仁、义、礼、智是天理的内容。朱熹弟子陈淳在《北溪》字义中,专列"仁义礼智信"一节,对"五常"进一步发挥,视为天理赋予人的普遍本性,要求人们从内心加以遵循。

仁义礼智信五常之说虽然是特定历史条件下的产物,属于封建伦理道德体系,但五常之说亦包含了许多今天仍值得借鉴的思想因素,需要人们加以清理、总结和扬弃。如仁者爱人、合乎时宜、礼让恭敬、明辨是非、诚实信用等,无论在过去,还是在现代以至可预见的未来,都是非常值得提倡和信守的道德规范。

"五伦"又称人伦。即封建社会中人与人之间的关系以及人们应该恪守的思想和行为准则,主要是指君臣、父子、夫妇、长幼、朋友五种伦理道德关系。孔子很注意如何处理人与人之间的关系,提出"君君、臣臣、父父、子子"(《论语·颜渊》),认为这是使社会稳定、政权长存的重要条件。

孟子继承并发展了这一思想。他认为,人伦的具体含义是:"父子有亲、君臣有义、夫妇有别、长幼有序、朋友有信。"(《孟子·滕文公上》)要求人们都能了解和遵守尊卑、贵贱、男女、长幼、朋友相互关系中的道德准则,试图把在家庭关系中养成的对父兄的尊敬,扩大到对君王和长上的服从。他认为能尊敬父兄才能服从君王,取悦于父母,也就能取信于朋友。"五伦"是孟子施行教化的主要内容。

第六节 "礼治"之理

自汉代"罢黜百家,独尊儒术"以后,礼治就成为中国古代政治的主导思想。礼治获得如此地位决非偶然,因为它适合中国古代的国情。中国古代特有的礼制文化、礼仪文明,并不是古人主观选择并杜撰出来的,而是对中国家国同构式的血缘宗法社会存在的一种现实反映。礼治由于最大地反映并适应了中国独特的血缘宗法社会,因而最终成为古代中国的社会治理模式。事实上,中国古代几个强盛的王朝之所以国祚绵长,在很大程度上正是靠礼治的维护作用。

用我们今天的眼光来看,礼治的合理因素和价值在于,它为人们提供了一系列不同于法律制度的行为规范,并通过对这些规范的遵守,在潜移默化中起到一种教化作用,提高人们的道德品质和思想境界,使道德内化于心,促使人们自觉地维护社会秩序,主动地去营造和谐的人际关系和良好的社会风气,从而于根本上维护社会的和谐安定。礼治有它自身的独特价值。它以端正人心为根本,从长远处着眼,从积极处入手。这样一种社会机制如果能够正常循环运行,那么无论是对于维护良好的社会秩序,还是对于社会综合治理,都具有不可忽视的实际意义。

当然,古代的礼治本质上是一种贤人政治。虽然说它不完全等于人治,但其重人轻法的倾向是显然的。其内含不平等等消极因素,以及讲究表面的礼仪的虚文倾向,也是必须加以扬弃的。总体上说,通过规范人们行为的方式,加强道德教化和文明教育,培养人们的自觉意识,以维护社会秩序与风气,礼治的积极作用还是应予肯定的。

第三十五章

祭祀问吉

在中国古代,吉礼为五礼之首,主要是对天地神祇、祖先灵魂等超自然力量的祭祀典礼。《礼记·祭统》说:"礼有五经,莫重于祭。"吉礼作为祭祀的典礼,居五礼之首,是因为宗教祭祀活动于古代意义重大,与国家安危、百姓祸福密切相关。凡是关系到国家命运的大事发生时,都要举行祭祀活动,以求神灵保佑或指点迷津,即所谓"国之大事,在戎与祀",以求在未来的活动中,通过天地神灵或祖先的保佑,达到一种良好的结果,满足人们的美好愿望。这种祈求吉祥的礼仪,称为"吉礼"。

《周礼》列入吉礼的祭祀共有十二项,其中祭祀天神者三项,祭祀地祇者三项,祭祀人鬼者六项。祭祀天神的三项为:"以禋祀祀昊天上帝,以实柴祀日月星辰,以槱燎祀司中、司命、风师、雨师。"祭祀地祇的三项为:"以血祭祭社稷、五祀、五岳,以狸沉祭山林川泽,以疈(pi)辜祭四方百物。"祭人鬼的六项皆为宗庙之祭:"以肆献祼享先王,以馈食享先王,以祠春享先王,以禴夏享先王,以尝秋享先王,以烝冬享先王。"后世历经演变,形形色色的祭祀名目繁多,这里主要对祭祀天地、鬼魂、祖先的礼仪作一介绍。

第一节 祭祀天地

中国古代的祭祀礼仪文化的形成,与古人的天人感应思想是有密切关系的。祭祀行为产生的先决条件,是存在可供膜拜的神灵。神灵观念形成于人类社会的童年时代——原始社会时期。"在野蛮时代低级阶段,人类的较高的属性便已开始发展起来……宗教中的对自然力的崇拜,关于人格化的神灵和关于一个主宰神的模糊观念都是这个时期的东西。"(《马克思恩格斯全集》第 45 卷)

原始时代,由于社会生产力水平极其低下,科学知识极度贫乏,人们无力解释种种自然现象,匍匐于大自然的威力之下。久而久之,自然在人类的观念中就变成了一种神秘的主宰力量。人类对自然除了依赖以外,又感受到一种根深蒂固的恐惧。于是他们想象自然界中有一个神秘的存在。这个神秘的存在人类无法直接感知,它通常寄居在某种自然物上。随着人类思维的发展,特别是灵魂观念的出现,人们已不再满足于用某种神秘的存在来解释自然界的伟力。他们从千变万化的自然现象中推论出这种神秘的存在具有灵性,有自身的喜怒哀乐,有自身的愿望和目的。它们拥有某些魔力,可降祸福于人。这就是自然神的雏形。为了迎合自然神的动机和情欲,使之顺从于人,人们开始对之进行祭祀。

远古时代人类依靠采集、渔猎维持生活,进而过渡到农耕社会。大约一万多年以前,中国就开始了农业生产。在漫长的中国古代社会,中国始终是一个以农业为主的国家。古代生产力不发达,农业生产的成败主要取决于季节和天气的变化以及地理条件的影响。因而在民间信仰中,天地信仰占据了重要的地位,天地诸神受到广泛的奉祀。

大约于商周时代,中国人就用"天地"来概括整个自然界,形成了天地六宗的信仰体系。古人认为,天地是对应的,"天有九部八纪,地有九州八柱"。而且进一步认为天人也存在对应关系。《史记·天官书》"正义"引张衡说:"众星列布,体生于地,精成于天,列居错峙,各有所属,在野象物,在朝象官,在人象事……日月运行,历示吉凶也。"

这种观念肇始于商周之际。周代商而立的变革事实,使周人意识到天命并非不可替换,而是根据地上帝王是否有德而转移。周人宣称商亡周兴就是天命转移的结果。这些思想包含了"天人感应"观念的萌芽。"天人感应"的核心即"德",天命围绕"有德"或"失德"而变化。至汉代董仲舒使"天人感应"思想趋于完备。董仲舒用类比的方式论证人类的社会秩序与宇宙秩序具有统一性。他说,在自然界中,"春暖以生,夏暑以养,秋清以杀,冬寒以藏",而圣人要根据天道运行规律来施政,所以要"以赏副暑而当夏,以罚副清而当秋,以刑副寒而当冬",最后他得出结论:"王者配天,谓其道。天有四时,王有四政,通类也,天人所同有也。"他明确提出,天人是可以互相"感应"的。

董仲舒的"天人感应论",一方面强调"人副于天",人道来自天道,人事行政必须应天地阴阳运行次序,不可悖逆,悖逆则天下多事、动乱。而另一方面他又提出人对天可以发生作用(感应)。这是他对"天人感应"思想发展完善所作的一个重大贡献。

在中国古代的"天人感应"论中,天不像西方所认为的是那种超乎人外、与人事无关的客观外在,而是与人事内在的德性相关的存在。了解了中国古代文化中"天人感应"观念的思想背景,就可以清晰地认识到对天地自然的祭祀礼仪在中国古代的重要地位。

一、祀天

天是一个抽象的概念,高远广大,给人以威严和崇高之感。在中国古代的祭祀礼仪中,居于首位的是祀天。古文献记载,虞舜、夏禹时已有祀天的典礼,称为"类"。在殷商甲骨文中,天神是"帝",亦称"上帝",是自然和下国的主宰,他的周围还有日、月、星辰、风师、雨伯等作为臣佐使者。祭祀上帝要杀死战俘和牲畜,作为供品。到了周代,"天"的观念逐渐人格化,周王又被称为"天子"。即周王是作为天帝之子在人间统治万民的,因此也要像侍奉父亲一样侍奉上帝。祀天就是对天地侍奉、享献的仪式。

周代祭天的正祭于每年冬至之日在首都南郊圜丘举行。"圜丘祀天"与"方丘祀地"举行地点都在郊外,所以也统称为"郊祀"。圜即圆,圜丘是一座圆形祭坛,古人认为天圆地方,圆形正是天的形象。古人认为,从冬至这日开始,阳气渐盛,万物由此滋生,所以要"大报天"。

西周的圜丘祭天,是一个非常盛大的政治活动。祭祀之前,天子与百官都要斋戒并省视献神的牺牲和祭器。祭祀之日,天子率百官清早来到郊外。这时鼓乐齐鸣,报知天帝降临享祭。接着天子牵着献给天帝的"牺牲",把它宰杀,将之随同其他祭品置于柴垛上,让烟火高高升腾,直达天际,使天帝嗅到气味。这就是"燔燎",也叫"禋祀"。随后在乐声中迎接"尸"登上圜丘,尸由活人扮饰,作为天帝化身,接受祭享。最后,祭祀者分享祭祀所用的酒醴、牲肉而归。

以后由于圜丘逐渐被视作王朝政权合法性的标志,所以一个王朝的初建(或进入中原),不论是汉族还是少数民族政权都必定重视圜丘的兴建。后世的祭天礼大多依照周礼制定,但"尸"由神主或神位牌代替。明代改变圜丘礼制,定每年孟春正月合祀天地于南郊,建大祀殿,以圆形大屋覆盖祭坛。清代基本沿袭明制,在北京南郊扩建天坛。它包括圜丘、大享殿、皇穹宇、皇极殿、斋宫、井亭、宰牲亭等。按照"天圆地方"的观念,天坛的建筑设计突出高、圆的特点。祭天仪式多在每年冬至黎明时分举行。祭祀方式用燔,即将祭品烧化。清人祭天除采用汉制外,还保留了本民族入关前"谒庙"之礼,入关后改称"祭堂子"。

二、祭地

大地辽阔无边,给人宽厚与仁慈,生长五谷,养育万物,犹如慈爱的母亲。因此,古代有"父天而母地"的观念。当人类意识到自身的存在依赖于天地之际,便由此产生畏惧与崇敬。所以,在中国古代社会,祀天祭地的仪式都极为隆重。

祭地的正祭,是每年夏至之日在国都北郊水泽之中的方丘上举行祭奠,目的在于祈求农作物的丰收。水泽即以水环绕;方丘即方形祭坛,古人认为地为方形。水泽、方丘,象征四海环绕大地。祭地仪式与祀天大致相近,但不用燔燎而取瘗埋,即祭后挖坑穴将牺牲等祭品埋入土中。

秦时尚未出现方丘祭地之礼。秦始皇所祠的八神中列有"地主"名目,但所祭为泰山、梁父(泰山脚下的小山)。汉高祖时已有专祠祠地。武帝时明确提出要祭祀后土,并在河东汾阴建后土祠。以后历代相承,但由于天地祭祀分合之争十分激烈,祭典因而常有变动。明初于钟山之北建方丘坛,洪武年夏至,明太祖亲往方丘祭礼。嘉靖时,在北京安定门外建方丘,即地坛,每年夏至祭祀。清代沿用明制。

三、封禅

"封禅",专指在泰山的天地祭祀。帝王以此向上天报告自己的"功德"。传说中的封禅具有特殊的象征意义,只有少数被认为是接受了特殊天命且功绩卓著"致太平"的帝王才可行封禅。行封禅之君,其踌躇满志自不待言,包括那些得以亲历封禅的百官臣僚,也会因此深感三生有幸。所以公元前 110 年,当汉武帝千乘万骑驰往泰山行封禅大典,而时任皇家史官的司马谈因故未能成行时,竟使他抱怨成疾,饮恨致死。临终前,他还对此耿耿于怀,怅怅不已。

相传远古在泰山举行封禅典礼的有 72 个帝王,但由于年代过于久远,有关的仪式节文早已湮没无闻。春秋五霸之首齐桓公曾有意行封禅,但被管仲劝止。管仲说,行封禅首先要有符瑞出现,如东海比目鱼、西海比翼鸟等等。现在什么都未出现,怎么可以封禅呢?自此,符应祥瑞成为帝王行封禅的先决条件。

公元前 211 年,横扫六合、统一四海的秦始皇从首都咸阳出发,千里迢迢,奔赴东方的泰山,向上天报功告成,终于成为中国历史上第一个于史可征的举行封禅大典的帝王。秦始皇修建东道,从山南登顶,立石记功;又从北路而下,禅于梁父。

西汉初,封禅未提上议事日程。武帝即位后,他深受方士影响,希望能与传说已飞升成仙的黄帝会于泰山之巅,学习升天之术。当时关于封禅仪式如何进行,儒生们众说纷纭,莫衷一是,武帝遂自定仪式。他先到梁父(泰山脚下的小山),祭祀地主。礼毕,武帝与亲信侍从等登上山顶。山顶也筑一土封,上方下圆,顶建方石。

司马迁《封禅书》将举行封禅的前提条件概括为三点:(一)受命于天;(二)有祥瑞出现;(三)功高德隆。如此高标准的要求令众多帝王望而却步,所以中国封建时代真正实行过封禅大典的寥寥无几。确凿可考者,在上述秦皇、汉武之后,还有后汉光武帝、唐高宗、唐玄宗与宋真宗。武则天也行过封禅,不过是在嵩山。自秦汉以降,登封之礼一直是临时撰制,没有定式。秦皇汉武由于缺乏可资援引的先例,不能不"自我作古",尚有可说。而唐高宗、武则天也置已建立的原则而不顾,任意根据自身的意图进行改动。北宋欧阳修等人这样评论封禅:"盖其旷世不常行,而于礼无所本,故自汉以来,儒生学官议论不同,而至于不能决,则处于时君率意而行之尔。""出于时君率意而行",典型地展现了中国古代礼制非常有意思的一个侧面。

四、耤田与享祀先农之礼

《礼记》有"天子为耤千亩","天子亲耕于南郊,以共斋盛"的记载。耤礼,即祭祀农神,祈求丰收的礼仪。农神,亦称"田祖",汉以后通称"先农",认为就是教化耕作的神农氏。耤田在春天举行。

耤田礼为历代帝王所遵循,而且仪式日趋繁复。耤田、祀先农才是古礼之孑遗,本意是为了重农、劝耕,但历代帝王的亲耕耤田,作秀意味太重,日益流为表现与宣传个人的工具。耤田礼后来流传到欧洲,法国国王路易十四曾仿效中国举行过耤田礼。

五、亲桑与享祀先蚕之礼

天子耤田,王后就去采桑养蚕。礼经有仲春"后率外内命妇始蚕于北郊"的记载,亲桑、享先蚕之礼就是据这项活动而制定的。

史书记载,汉代已有此礼仪,皇后率领公、卿、列侯夫人到东郊苑中采桑,并以中牢羊、猪祭祀蚕神。历代所祀蚕神各有不同。后齐曾祀皇帝轩辕氏为先蚕,后周又以皇帝之妃西陵氏为先蚕。西陵氏即嫘祖,后代民间养蚕,多祭嫘祖为蚕神。另有一说,房星天驷为先蚕。因此,祀先蚕也有祭天驷星的。

第二节 祭祀鬼神(魂)

在长期的生活体验中,人类对身体各器官的功能有了深入的认识,但对自身的一些生理、心理现象却感到困惑。人为什么会死?为什么会做梦?为什么死去的人会在梦中出现?在思考这些问题的过程中,人们产生了这样一种观念,即他们的思维和感觉不是他们身体的活动,而是一种独特的、寓于这个身体之中,而在人死亡的时候就离开身体的灵魂的活动。世界各民族都有灵魂崇拜的现象,但各个民族都有自身对灵魂的理解。根据古籍记载和史前考古发现,中国古人在灵魂崇拜中引入了"鬼"的观念。他们把附在活人身上的灵魂与人死后独立存在的灵魂加以区分,称后者为鬼。《礼记·祭法》说"大凡生于天地之间者皆曰命。其万物死皆曰折。人死曰鬼。"古人真正崇拜的就是这种由人死后所变成的鬼魂,认为他们有超人的能力。鬼具有作祟和保佑双重职能。一些著名历史人物的鬼魂被神化,成为某个地区,乃至全国信仰的保护神。而大多数鬼魂则集中在阴间生活,或在世上游荡。为了不让鬼魂作祟,人们常常要借举行丧葬仪式、祭祖等礼仪活动加以镇制。春秋、战国时期,鬼魂信仰亦称人鬼信仰。人鬼祭祀与天神祭祀、地祇祭祀鼎足而三,成为古代主要的祭祀之一。

在鬼魂信仰中,对祖先鬼魂的崇拜占有重要的地位。古人认为祖先与自身存在血缘关系,定期祭祀可以吸引祖先的灵魂来保佑自己,由此产生了祖先崇拜。远古时代,人类聚群而居,血缘关系紊乱,祖先崇拜的对象往往是传说中的部落始祖、著名的部落领袖,或者是有大功于部落的人,如直至今天我们还耳熟能详的黄帝、炎帝、尧、舜、禹等人。这些人生前威震八方,原始人就相信他们"死亦为鬼雄",于是把他们作为部族祖先来祭祀,祈求他们的鬼魂保佑。原始部落解体后,在一夫一妻的婚制之下,人们有了独立的家庭,有了明确的血缘亲属。于是祖先崇拜的重点就转到了血缘亲属的鬼魂上,并形成了一整套与严密的宗法制度相结合的祭祀仪式,它影响了中国古代社会生活几千年。

远古时代人们相信生前的"人杰",死后亦为"鬼雄"。于是就把这些人神化,作为自己的保护神。这种信仰方式为后世继承。《礼记·祭法》说,圣王在制定祀典的时候,忠于国事的、以身殉职的、抵御灾患的等等英雄任务都应该被祭祀。在漫长的古代社会里,许多历史人物因为生前有功于社会,后人崇拜他们的业绩,往往奉祀以示纪念。

古人认为,人的灵魂不灭,但灵魂成神成仙的为数不多,大部分人死后,灵魂在阴间为鬼。古人对鬼有一种惧怕心理,认为鬼无影无形,拥有超凡的能力,能够降福于人。特别是那些生前的强势人物和非正常死亡的人变成的鬼,往往神通广大。因此,古人设立了人鬼之祭。据《礼记·祭法》记载,天子七祀中有泰厉,诸侯五祀中有公厉,大夫三祀中有族厉。厉即恶鬼。古人惧怕鬼,但又幻想得到鬼的保护,于是就奉祀以取悦。

第三节 祭祀祖先

一、宗庙祭祀

宗庙的设置与宗法制度密切相关。宗族作为血缘群体的先决条件,是拥有共同的祖先,由崇拜祖先加强向心力。崇拜祖先,主要以祭祖为实现方式,宗庙制度是祖先崇拜的产物。对死去的祖先无法一一分别祭祀,于是作出种种规定,形成祭祀制度。在选择祭祀对象方面,首先是对本族有特殊功绩的祖先人物要永远祭祀,其次是近几代的直系祖先。在祭祀方法上,则采取合祭和对主要祖先分别轮祭的方法。

宗庙在周代有着非同寻常的重要性,有"君子将昔宫室,宗庙为先"的记载。周人宗庙制度为天子七庙,三昭三穆,与太祖之庙合而为七。所谓昭穆,是指宗庙中的排列次序,自始祖而下,父曰昭,子曰穆,按照世次依递排列下去。诸侯五庙,二昭二穆,与太祖之庙合而为五。大夫三庙,士一庙。庶人不准立庙,只能"祭于寝"。每逢大事——春播、秋种、婚丧、战事等等,人们都要祭祖,请求先祖保佑(《礼记正义·王制》)。随着世代嬗递,除太祖之庙百世不迁外,对于渐渐远去的"亲近"之庙,礼仪规定有"毁庙"制度。即除始祖外,不在"七庙"之数的远祖的宗庙平时都不再加以祭祀,神主移入"祧庙"内,每当合祭时才请出。合祭,又称"祫祭",即把远近祖先的神主集中在一起进行祭祀,五年一次。

祭礼时要卜筮选尸。尸代表死去的先祖,一般由辈分较低的小儿充任。庙中的神主为一木制长方体,祭祀时才拿出来。后代木主演化为神位牌。北宋时祭祀挂起了祖先画像。

秦始皇统一中国后,只准帝王拥有宗庙,于是宗庙成为帝王祭祀祖先的专用场所,后世也称"太庙"。自秦以后,历代皇帝皆立宗庙,一岁祭祀数次,但宗庙多少不等。现存北京太庙(今劳动人民文化宫)建于1420年(明永乐十八年),是明清

>>> 宗族作为血缘群体的先决条件,是拥有共同的祖先,由崇拜祖先加强向心力。崇拜祖先,主要以祭祖为实现方式,宗庙制度是祖先崇拜的产物。对死去的祖先无法一一分别祭祀,于是形成制度。图为清代赵雍《先贤图卷》。

两代帝王祭祀祖先的场所。帝王死后所追尊的庙号,即是指他们在太庙里受祭时享有的称号。

二、祠堂祭祀

大夫、士、庶祭祀祖先的礼制大体上经历了三个阶段。第一阶段是礼经规定的制度,基本与周制相仿。第二阶段是周礼的变通和改造。由于职官制度的不断完善,到南北朝时已开始依据官职品级高低来确定祭祀礼仪。第三个阶段是宗族祠堂制度的出现。

"祠堂"这一名称的正式出现始于汉代。这时的祠堂均为建于墓所的墓祠。正如司马光所说:"汉世公卿贵人多建祠堂于墓所。"真正将家庙称为祠堂是从南宋的朱熹开始的。他著《家礼》,定立了祠堂之制,规定一个家庭在建造房屋时,要先建祠堂。但这种祠堂的规模大小都有等级限制,不得僭越。

元代以前,祠堂往往与居室相连。元代以后,以族为单位建立的宗祠已经出现。此后,又出现联宗立庙,规模宏大,庄严肃穆,尤其在那些宗族制度严密的地方,更是祠宇林立、牌楼高耸。庶民除在家供奉祖先牌位外,可以由家族集体在祠堂进行祭祖活动。祠堂分四龛,奉高、曾、祖、考四代神主,以西为上。龛前各设香炉、香盒之类。

由于我国长期受儒家"三纲""五常"伦理道德观念的影响,尤其是宋明理学强化了这种伦理道德观念,视"孝为百行之首",祠堂更被视为高于一切,具有神圣不可侵犯的地位,正像朱熹在《家礼》中所说:"或有水盗,则先救祠堂,迁神主遗书,次及祭品,后及家财。"宗祠祭祖,场面庄严,仪式隆重,是重要的宗族活动。祭祀活动十分频繁,有每年对高、曾、祖、考的春、夏、秋、冬四时祭,有冬至祭始祖、立春祭先祖以及忌日祭等特祭,每逢年节还要举行年节祭。平时族人经过祠堂门口,都要下车下马,毕恭毕敬。

从《礼记·祭义》的记载可知,祭祀的原则很多,但最根本的一条是"敬"。它说,正人君子在父祖活着的时候尽心赡养,死后虔诚祭祀,丝毫不敢怠慢,使祖先遭受困苦、屈辱。同书《檀弓上》篇更进一步说:"祭礼,与其敬不足而礼有余也,不若礼不足而敬有余也。"

敬的大原则要体现在具体的祭祀礼仪中。首先,在祭祀的疏密程度上体现敬的原则。《礼记·祭义》说,祭祀的安排要疏密适度,过多了形同儿戏,易生轻慢之心。过少了则显得薄情寡义,所以祭祀安排要"合诸天道"。后世则提出人道与天道并重,故而除了四时之祭外,还有生辰忌日以及特殊情况下的祭祀。其次是所谓"齐庄之心",即仁爱、虔诚的心理。第三是敬畏、谨慎的神情、举止。除了祭祀前要斋戒、沐浴、盛装以外,祭祀时要时时处处敬畏怵惕、小心慎微,就像拿着价值连城的玉璧或者装满了水的容器一样,就像不胜其重量或怕打碎、丢失一样。具体来说,站着的时候要谦恭,弯腰垂首;上前的时候要和颜悦色,显得很乐意;供奉祭品以飨祖先,要诚心正意,显得虔诚一些;退下去的时候,要像听吩咐一样,俯首帖耳;祭仪终结的时候,还要有敬谨之色,不可漫不在意。

祭祖是祭礼的重要组成部分,它的本质是宗法人伦秩序,而宗法、人伦又是维系家庭以至家族的根本支柱,也是维系依照家庭组织国家、社会的重要机制。祭祖是孝子们寄托哀思的一种最好方式,它充分体现了传统文化中"慎终追远""事死如事生"的伦理观念。由于家族制的发展,众多的家族成员共同供奉列祖列宗逐渐相沿演变为立祖庙、祠堂的礼制,通过定期召开的祭祖典礼,承担起了整合整个家族的功能。这时的祖庙和祠堂已经不是单纯的祭祀场所,而是担负了维系社会、法律、道德、传统等的职能。

第四节 祭者,教之本

《礼记》将先秦儒家以注重领会儒家经籍中义理为基础的礼乐教化思想,发挥为系统的"以修身为本"的道德学习和修养理论,使传统的礼乐教化的基础理论适应了当时的政治需求。而"以修身为本"的基础理论,又以传统的"孝悌"伦理观点为基石。

孔颖达说:"凡行吉凶之礼,必须内外相付,用外之物以饰内情。"祭礼以及凶礼中的丧礼都是"孝悌"血缘亲情的直接流露,它必须内外相符,不容半点虚伪,否则"礼以饰情"的原则就形同虚设了。

与此同时,孝悌人情被进一步扩充和深化,儒家认为血缘孝悌"亲情"中包含着"仁义理智"的人道。"敬"在《论语·为政》里本指行孝中的情感,认为不孝与"犬马"无异。而后"敬"的含义大为扩充,与君主集权政治密切联系起来。《礼记·哀公问》誉"爱"与"敬"为"为政之本":"古之为政,爱人为大;所以治爱人,礼为大;所以治礼,敬为大。敬之至矣……爱与敬,其政之本欤。"

儒家认为孝悌是最根本的道德准则,由孝而忠,由悌而顺,由亲亲而尊尊,故孝悌可最终归结为敬。由孝而敬,敬一人而悦天下,君臣上下和睦,使"其政不严而治"。所以"孝"就变成了维护统治秩序的道德、政治法宝。推行"孝道"成为封建统治者推行合"教化""统治"为一体的伦理化政治的关键。

在以儒家思想为主体的中国古代文化中,"孝"成为居家处世、事君从戎,从生活到政治的中心准则。它贯穿于"庄""忠""敬""信""勇""仁""义""礼"等规范之中,体现于家庭生活和国家政治的方方面面,受到封建统治者的大力提倡并以国家机器保障它在全社会的推行,以孝治天下成为封建统治者和儒生的共识。

"孝"从礼仪上来说,包括"事""葬""祭"三类,即《论语·为政》所说的"生,事之以礼;死,葬之以礼,祭之以礼"。《礼记》将其称为"事亲"之"三道"。其中的祭礼,尤其深受儒家学者的重视,缘于它能起到"追养继孝",即延续血缘孝悌之情的作用。由于祭礼发自人们内心的"追养继孝"的真情实感,是情感与礼仪(行为)的高度统一,因而是由"尽己"而"顺道"的理想的教化手段。"内尽于己"之"孝子之心",为忠君孝亲之所"本",是顺从君亲的品格的源泉。"是故君子之教也,必由其本,顺之至也。祭其是欤?故曰:祭者,教之本也。"儒家认为祭祀礼仪是培养由本而顺的基本手段,将祭礼列为礼乐教化之本。

在祭祀前首先要有哀思之情。为了强化这种在"如将见之"时的"凄怆""怵惕"之情,要事先进行斋戒。在斋戒期间,除戒除各种嗜欲外,还要专注精神"致斋"三日,回忆想象已故先祖的音容笑貌、志趣嗜欲,达到"精明之至""交于神明"的境界,"乃见其所斋者"(《礼记·祭义》)。在回忆和想象中借助已故亲人的鲜明形象,激发起强烈的情感、体验,使亲人恍然又现眼前。

在这种心理状况中,祭礼中充满着敬穆、虔诚的氛围。但是这种心理和情感状况,并非在于要把人的意识引向超自然、超人类的神秘境界,而是以这种礼仪为手段,将人的意识导向现实世界的伦理关系。通过祭礼中进退仪式的训练,培养恭顺听命、尊礼而动的情感品质,如同父母在世一样。

祭祀仪式是培养人从内心到言行、从情感到认识都自觉地遵循礼义规定的"成人之道"。其目的是"立爱自亲始,教民睦也。立教自长始,教民顺也",而"教以慈睦,而民贵有亲。教以敬长,而民贵亲",所以"孝以事亲,顺以听命,错诸天下,无所不行",即通过祭仪,由孝而顺,由事亲而听命。这就是被视为教化之本的祭祀礼仪的目的所在。通过这种反古复始的祭仪,感发人们的血缘亲情,"教民相爱,上下用情,礼之至也"。

祭礼中的乐舞在增强祭仪中的情感氛围方面有不可忽视的作用。乐舞在周初的祭祀礼仪中已经是一种不可缺少的因素,成为一种固定的程式。古文献记载,祭祀中的敬献仪式与歌、舞组成祭仪中的三个重要程序。祭礼中的敬献与乐舞都是增加虔诚之情的手段。

在祭祀礼仪中,为了适应实施教化的需要,儒家将君臣、上下、贵贱、爵赏、政事等政治伦理关系和父子、亲疏、夫妇、长幼等人伦关系都融入祭礼之中,成为祭祀礼仪所要表现的精神内涵,使祭礼成了伦理化的政治工具。祭祀祖先的仪式成为一种具有以情感人作用的礼乐教化工具。

第五节　祭政合一

早在原始社会晚期,中国已开始逐渐形成王权(世俗权力)和神权(精神信仰权威)相统一的传统,即所谓"祭政合一"。总的看来,中国"祭政合一"传统的发展趋势是神权越来越直接为王权服务,王权也越来越利用神权。

原始社会末期,巫术普遍流行,人人祭神,家家有巫史。帝颛顼当政后,任命少昊氏的大巫重为南正"司天以属神",说只有他与帝颛顼才有资格同上天沟通,把群神的命令会集起来,传达给下民。此外无论何巫全不得升天妄传诸神的命令。自此,祭祀权力高度掌握在统治阶层手里。与西方不同,中国古代世俗权力的建立和扩张,主要并非是通过向神权夺"权"的形式而得以实现,它更侧重于借助神权以突出和维护王权。以殷商为例,纵观有商一代,国王既为政治领袖,同时又兼任最高大祭司。商王朝开国君主成汤就曾为求雨而亲自"斋戒,剪发断爪,以己为牲,祷于桑林之社"。"成汤祈雨"流传相当广泛,《吕氏春秋》《淮南子》等都有类似的记载。由此传说可知,成汤既为一国之主,又兼群巫之长。显而易见,对最高祭祀权的垄断有助于加强和巩固王权,尤其在神事活动"卓有成效"之后。如果成汤求雨成功,将大大提高自身的威望,使万民敬服。

《诗经·周颂·昊天有成命》是一首周王祭祀成王时所唱的乐歌,其辞曰:"昊天有成命,二后受之。成王不敢康,夙夜基命宥密。"大意是文王、武王受天命取代殷商,成王继承上帝所给的王业,兢兢业业,不敢稍有懈怠。这首诗反映了"君权神授"的观念。周王自称"天子",即天帝之子。"天子"垄断对天的祭祀,用祭天的礼仪表明自己政权存在的合法性,并借此显示威仪。显然,周王通过借助、利用神权以强化王权。不仅如此,天帝以及其他受享神鬼的具体存在与否,也逐渐为周人所忽视。周人愈加注意的,是祭祀在世俗生活中所带来的实际功效。对此,《易·观卦·彖辞》有一句精辟的概括:"圣人以神道设教,而天下服矣。"

中国君王直接掌握最高祭祀权的一个重要目的就是"借鬼神之威,以声其教"。皇帝是世俗权威与神灵权威的统一,为了证明自身是天命选中者,他必须依据古典经书上的仪式和伦理规则生活与行事。与此同时,皇帝必须牢牢守护住自己的祭祀大权。以西汉为例,汉初,统治阶层信奉黄老思想,清净无为,造成从京师到地方皇族宗庙林立。至武帝、昭帝以后,一些儒者发觉此种局面不利于突出皇帝的最高权威,便提出罢除群国宗庙而仅留京师宗庙。几经反复,最终确立制度:只有贵为天子的皇帝才配享有主祭的宗法特权,群国不准建宗庙,诸侯王一律到京师"助祭"。主祭与助祭,一字之差,使君与臣的尊卑等级关系愈加粲然分明,中央政权的权威进一步增强。

这种现象一直延续到20世纪20年代。1914年9月28日,袁世凯亲临孔庙主持祭孔大典。而后,同年的冬至日,即12月23日,他又率领百官在天坛祭天,所用仪式基本沿袭清朝,惟改跪拜为鞠躬。袁世凯毫无民主共和观念,醉心于个人独裁统治,企图复辟帝制,建立袁氏王朝。为了达到这个目的,他积极挖掘旧的政治资源,又祭起了"天命"这个法宝,幻想借助天的神秘权威来实现他的野心。然而,时代毕竟不同了,蔡锷首揭义旗,全国同声相应,袁氏众叛亲离,忧悔而死,帝制迷梦83天即告收场。

　　借助于人们对鬼神的迷信心理来制约人们的行为、维护统治秩序,是帝王们高度重视祭祀制度、牢牢抓住祭祀大权不放的一个根本原因。在这方面,明太祖朱元璋花费了大量心思,来制定国家祀典。他直言不讳地说:他设立祭祀典制的目的,就在于"使人知畏","不敢妄为矣"。为了很好地达到使人有所畏的政治目的,朱元璋要求各地官员务必做好祭祀工作,如有失误,均按律受杖责。

　　在漫长的中国古代社会中,帝王垄断最高祭祀权的地位并非没有受到挑战,一种要求祭祀权力平等的暗流始终在社会中下层运行。大约在宋代后,民间已有各种方式祭天,到了晚清时期更加流行,官方也不加禁止。但在理论上,祭天是皇帝的特权,对平民百姓的祭天行为,国家祀典从未予以承认。戊戌变法时期,康有为明确提出允许人人祭天,这在当时是一项重大的改革措施。中华民国建立后,官方废除了天地、社稷的祭祀。

第三十六章

婚嫁同喜

嘉礼是和合人际关系,沟通、联络感情的礼仪。如果说,吉礼是沟通人与神的关系的话,那么嘉礼便是意在沟通人际关系的各种礼仪。《周礼》说,嘉礼是用以"亲万民"的,主要包括饮食之礼、婚冠之礼、宾射之礼、飨燕之礼、脤(社稷祭肉)膰(宗庙祭肉)之礼、贺庆之礼等。在等级制度下,无论任何礼仪都随地位的尊卑贵贱而有仪节繁简多寡的不同。"亲万民"并非是要对万民一视同仁,恰恰相反,嘉礼的目的正是为了在各种重要的人际关系交往场合体现出贵贱等级的差别。在嘉礼的诸多礼仪中,婚姻礼仪是最能体现中华民族独特的价值观念的传统礼仪,无论是内容还是形式,都充满了古老的东方文化色彩。而它在整个婚礼中充满的喜庆气氛,即反映了中国古人对婚姻生活和漫长人生里程的乐观的、美好的向往,也是中国礼乐文化精神最普遍、最直观的体现。

第一节 "礼之本也"

婚礼是通过嫁娶,男女结为夫妻之礼。因为古时娶亲以昏为期,故称"婚";女方因之而去,故称"姻",合称"婚姻"。由此组成社会的细胞——家庭,因而历来备受重视。在传统文化中,修身、齐家、治国、平天下是一脉相承的事情,也就是说,一个人欲治国平天下,必须以修身齐家为先决条件。孟子曾谓:"天下之本在国,国之本在家,家之本在身。"(《孟子·离娄上》)而家庭立基于婚姻之上。《礼记》说:"夫妇者,万世之始也。"孔子删诗书,订礼乐,修春秋,赞易象,而礼重婚冠,诗首关雎,春秋正名,易始乾坤,均以婚姻居于重要地位。

制礼作乐的先贤圣哲指出:"昏礼者,将合二姓之好,上以事宗庙,下以继后世。故君子重之。"初婚夫妇"敬慎重而后亲之,礼之大体,而所以成男女之别,而立夫妇之义也"。并认为:"昏(婚)礼者,礼之本也。"将婚聘礼仪上升到"礼之本"的高度,显然不仅仅是就新婚男女而言的。婚姻首先是家庭、家族的大事,它关系到家族世系能否延续的大问题,也就是所谓"上以事宗庙,下以继后世"。同时,这也是关系到整个社会的大事。上述"礼之本"即是说夫妇关系的好坏关系到国家的治乱。《礼记》说:"男女有别,而后夫妇有义,夫妇有义,而后父子有亲,父子有亲,而后君臣有政。"《周易》也强调:"有天地然后有万物,有万物然后有男女,有男女然后有夫妇,有夫妇然后有父子,有父子然后有君臣,有君臣然后有上下,有上下然后礼仪有所错,夫妇之道不可以不久也。"婚姻家庭被视为组成社会机体的胚胎。婚姻礼仪成了以礼治国的一个极重要的组成部分。

在以家庭为中心的传统社会中,结婚是一项非常重要的事情。它的礼节礼仪规定也是格外详尽周密。从神态举止、服饰器皿到规格程序以至于方位,都有整套严格的具体规定。这在浩如烟海的中国古代典籍中俯拾皆是。有关婚姻、庆典之礼的材料也是繁多而详尽。婚姻礼仪能够成为传统礼仪的一个主要组成部分并拥有种种繁复细密的仪式规程,正是中华传统文化中婚姻所被赋予的社会意义而导致的结果。古代中国是一个以血缘关系为纽带的宗法社会。在男耕女织自给自足的小农经济条件下,一个个小家庭就是组建宗法封建社会的基本细胞。于是,婚姻和家族传承、血缘关系及扩展以至社会秩序等重大问题紧紧联结。本应是基于男女两性相悦而缔结的婚姻,就成了可与治国、平天下相提并论的大事。

中国传统礼仪以儒家思想为核心而铺陈。儒家文化属于伦理性文化,在社会生活的诸多方面都特别重视人际关系。在婚姻礼仪方面,这种特点表现得尤为深刻。孟子说:"教以人伦:父子有亲,君臣有义,夫妇有别,长幼有序,朋友有信。"(《孟子·滕文公上》)"五伦"是孟子实施教化的主要依据,夫妇是重要一环。

夫妇关系是通过婚姻而结成的姻亲关系,是社会切入到血缘家庭的人伦关系。在父权社会里,男尊女卑被视为天经地义,夫妇分处于极端不平等的地位。夫为妻纲的伦理教条在全社会范围内被强迫信奉。夫权成为束缚中国妇女的一根主要绳索。

中国传统礼仪也提倡"夫妇合"。在礼仪观念上,规定夫妇要相敬如宾,并把夫妇合视为血缘家族兴旺发达的重要条件。但是这种"夫妇合"是建立在"妻从夫"的片面服从关系上的。封建统治者为了维护父权家长制的利益,给妇女戴上三从四德的镣铐,把广大妇女抛入苦难的深渊。

与男女夫妇之事完全服务于宗法社会秩序的需要相适应,在婚姻嫁娶的诸多礼仪中,大部分与生育有关。在男女结婚时,许多礼俗不是祝福他们相亲相爱,而是祈望他们多生儿女、早生儿女,为他们的家族添丁进口。

同样,由于婚姻的缔结主要是出于家族繁衍的需要,而不是以爱情为基础,致使许多人的婚姻完全依据"父母之命,媒妁之言"。《礼记》强调"男女非有行媒,不相知名","男女无媒不交,无币不相见,恐男女之无别也"。在婚姻问题上,个人完全失去自主权,听凭父母包办,媒妁说合。如果有人不经过媒妁之言而自行寻觅意中人,必将遭到世人的唾弃否定。此即孟子所说,假如婚姻"不待父母之命,媒妁之言",那么将"父母国人皆贱之"。在这种婚姻礼制下,许多人在婚礼举行之前,双方根本不了解,甚至于从未见过面。这自然造成了许多爱情悲剧。然而在古代社会里,夫妻双方是否相爱并不重要,重要的是他们可以一起生育家族后代,而且,通过婚姻中的异姓联姻,可以扩大家族。个人的婚姻沦为实现宗族利益的工具和手段。

在古代社会,只有遵循这种婚姻礼仪规范,才符合"取(娶)妻如之何,必告父母"以及"父母其顺矣"的孝道。古人相信以孝为道德纲领,协调好父子、兄弟、夫妇等家庭中的"三伦"关系,就会出现父子情笃、兄弟友爱、夫妇和睦、整个家庭兴旺发达的局面。

总而言之,中国传统婚姻礼仪文化中婚姻关系的缔结完全服务于维系家族群体存在与繁衍的需要。个人的意愿被漠视,爱情的存在与否对婚姻的缔结毫无影响。与之相对应,在婚姻礼制中,处处都笼罩着封建宗法婚姻目的的阴影。到 19 世纪末 20 世纪初,受西方文化特别是基督教的影响,社会上兴起新式婚礼。自由恋爱、自主婚姻的新风,终于在专制王朝临终之时姗姗来迟。

第二节　历史沿革

婚姻的形式随生产力发展、社会进步而不断变化。同世界许多其他民族一样,中国氏族社会也经历过血缘群婚阶段。传说中被尊为人类始祖的伏羲氏即与其妹女娲氏兄妹成婚,繁衍了人类。兄妹相婚的传说,是对古代血缘群婚的真实描写。

在原始社会的早期阶段,两性关系是混杂交错的,不仅兄弟姐妹之间的婚姻,即使不同辈分之间的婚配也丝毫没有限制。《吕氏春秋》记载说,在太古时代,人们聚集在一起,"民知有母而不知有父","无亲疏兄弟夫妇男女之别,无上下长幼之道、进退揖让之礼"。古代传说中也有"圣人无父,感天而生"的神话。这都是对远古时期的人类婚姻生活的生动描写和追忆。随着人类劳动能力和认识能力的提高,杂乱性交逐渐被排除。大约在周代,"娶妻避其同姓"已成为人们普遍接受的观念。从群居杂交到族外婚,然后到同姓不婚,人类就这样一步步地告别了蒙昧时代,开始了以礼为制约的一夫一妻制的婚俗。

婚姻之礼也是最早出现的礼仪文化中的一种。《礼记·礼运》中说:人的欲望众多,但最基本、最重要的,当数"食"与"性"。饮食、男女是人之常情,也是人之本性,"食色,性也"(《孟子·告子上》)。为了制约人类的天性、欲望,于是制礼予以调控。

中国最早的婚姻礼仪大约要从伏羲氏开始,唐代杜佑在《通典》中称伏羲氏"制嫁娶"以及"以俪皮为礼"。俪皮即鹿皮,原始时代人们以狩猎为生,所以结婚时,男方要向女方赠送两张鹿皮,即所谓的"俪皮之礼"。以后,除了"俪皮之礼",还要经过父母同意。到了夏、商,又增添了新郎要至女方家亲迎的礼制。周代的时候,人们对婚姻愈趋重视,一套完备的婚礼仪制逐渐约定俗成地形成了,即《仪礼》所称的"六礼"。自此以后,尽管各个朝代的婚姻礼制都有或多或少的变迁演化,各个地域之间也存在着差异,但六礼的基本内容却始终作为历代婚姻礼俗的重要成分而传承下来。例如,做媒提亲、致送聘礼等许多至今还在社会上广泛流传的风俗就是六礼中的"纳采""纳征"等礼在后世的演化。正是六礼的这些基本内容构成了独具特色的中国传统婚姻礼仪,它奠定了中国传统婚姻礼仪的基础。

第三节 婚聘之礼

我国传统的婚聘礼仪最突出、最典型的是"六礼",即纳采、问名、纳吉、纳征、请期、亲迎。六礼确立于周代,其内容、仪注都比较繁杂,但当时由于"礼不下庶人",并未达于民间,至汉代,六礼开始在全社会推行。隋唐以后,六礼被人们有意识地增添删减,如宋代,问名、请期两礼分别被合并到了纳采、纳征中,六礼仅存四礼。但从大的方面来看,后世婚聘礼仪大多未脱周代六礼的基本框架,而是在此框架内进行增减。增减的大致轮廓是:前五礼多有合并、减损,而最末亲迎之礼却大有增益。这种增益,说明了历史上不仅"六礼"的大框架有过增删,而各礼中的具体仪注则更趋活跃,更趋丰富,使我国的婚聘礼仪大放异彩。婚聘之礼的各项礼仪具体如下:

一、纳采

早在先秦时代就已确立的传统缔姻程序"六礼"中,第一礼是纳采。男大当婚,女大当嫁,在冠笄之礼以后,婚姻大事就提到了家庭的议事日程上来。纳采即男家请媒人到女家提亲,相当于后世的"提亲""说媒"。纳采就是将彩礼送到女家,表示求婚。采就是采择,一般指选择媳妇。我国传统上盛行包办婚姻,青年男女没有自主权,多由父母做主,请媒人说合。

纳采的仪式是男方家长请媒人带上礼物向早已物色好的女方家提亲,表达欲与对方联姻的愿望,献上礼物,并且将男方家世、姓名、年龄等通告女方。

纳采礼物用雁,这有一定讲究。雁是候鸟,冬天南飞,夏天北归,来去有时,从不失信。送雁象征恪守信义,而且含有告诉女方"女大当嫁"应该像雁那样适时选择所在地的意味。后世纳采的礼物大大丰富了,如合欢、胶、嘉禾、羔羊、白鹅等。总之,都是象征婚姻美满幸福的吉祥物。后世纳采礼物愈来愈趋于贵重,反映了婚聘重礼的不良风尚日益加剧。

二、问名

纳采以后，双方中意，接下来的就是六礼的第二礼"问名"。问名也就是双方相互探问待婚男女的姓名、年龄、生辰、籍贯、三代等，以便对对方有一个初步了解。如果缔结婚姻的意愿当事双方或一方提出，请媒人说合，他们之间已有了初步了解。此步骤可有可无。纳采既准以后，双方就要主动地将这些情况转告对方，除了托人口头转述外，郑重的形式是各自写帖子给对方，先是男方用红纸具列籍贯及曾祖、祖父、父亲三人名字及存亡、功名、居处，装入红封套中封好，再贴上红纸签，签上着一"喜"字，再在封套上书写求亲人的姓名、年龄、官职等。女方回帖格式大致相同。因为这种帖子还是初步的"草本"，所以叫做"小帖"。六礼简化以后，纳采和问名可以同时进行。后世问名所涉及的内容日益广泛，逐渐异化为男女双方的家庭门第等客观社会因素，并越来越对婚姻起决定作用了。问名也成为官僚阶层攀亲结贵的手段。

三、纳吉

纳吉也就是现在的订婚。我国传统的婚姻迷信"鬼神之兆"。问名之后的工作就是通过各种方式考察双方缔结婚姻是否适宜，即俗称的"批八字"。婚姻是否成立，这是要紧的一关。如果八字不合，即使其他方面再适宜，婚姻之约也要告吹。

"八字"合算好了请媒人告诉女家说，合婚的结果很好，特别告知你们喜讯，所以叫"纳吉"。纳吉礼是婚礼中的一个关键性环节，意味着双方正式订立了婚约。此后男女双方都要受到社会道德的约束。婚约的解除不再是随便的事情，而要经过双方协商或者第三方的调解。纳吉礼之后，男方每年节日都要到女方家送礼。正是因为纳吉礼的这种特殊意义，人们才对其象征性代表——帖子格外重视，称为"龙凤帖"。

四、纳征

纳征又叫纳聘、纳币,也就是俗称的"下彩礼",是男方家向女方赠送彩礼,包括饰物、绸缎或现金等物。纳即成,只有这仪式完成以后,男方才可娶过女方来。纳征以后,标志婚姻进入正式的准备阶段。纳征是我国婚姻礼仪中最重要、最独特的一环。纳征的仪式是:先选择良辰吉日,男方预备好定礼,并在礼品上写一些吉祥词语。然后,男方按选定的日子和时辰,和媒人到女家,送交定礼。女方接受后,也要回礼。

先秦时期,纳征礼品无非是布帛、毛皮等物,后来纳征之礼愈演愈烈,流风余韵波及现当代,在目前的社会生活中仍然具有很大的影响。

五、请期

请期指"请吉日将迎"。即男家下聘后,又派媒人"请"女方家长择定吉日成婚。这里的"请"只是为了表示对女方家长的尊敬,含有不敢自专之意。实际上是由男家择定迎亲吉日,照会女方,所以又称"告期"。在请期中,要请巫师依据双方出生年月日时来卜算宜于嫁娶的佳期,请期时也要向女方送上雁等礼物。近世以来,请期合并于纳征。

六、亲迎

亲迎礼最为繁缛,古今名称都不一致。一般认为由于古人重视礼仪,所以结婚时男方必须亲至女家以礼相迎,故称"亲迎"。古时婚姻以昏为期,因为亲迎必在黄昏以后,甚至深夜。因此古人说婚姻:"婚,昏时成礼也;姻,女因媒也。"

亲迎当天,男方在新房外盛婚宴,出门迎亲。届时男方仪仗队及轿夫拥抬着花轿,新郎则乘舆,至女方家迎娶新娘,乐队仪仗在外鼓吹作乐,由迎亲之人再三催促新娘上轿。新娘则故意拖延时间,然后整妆出阁。一般登上花轿之时,必须是良辰吉时,以符合大喜之意。后来迎亲多用花轿、彩车、彩船等。六礼中,亲迎的场面最具有喜庆色彩。迎亲的队伍往往十分庞大,蔚为壮观。在中国古代社会,无论是宫廷还是民间,亲迎这一过程都是高潮。

第四节　婚典仪程

亲迎是六礼中最后一道程序。把新娘接来以后,还要举行一系列的仪式活动,相当于后世的婚礼。从文献资料看,典型的传统婚典议程的环节众多,按其先后顺序,主要有拜堂、共牢、合卺、脱服、设社、脱缨等。后世的婚典礼仪有所发展。

拜堂:又名"拜天地",实际上不仅仅要拜天地神灵,而且要拜祖先和夫妻交拜。这是婚礼过程中最重要的大礼,盛行不衰。古人对男女结合非常重视,所以才会有此隆重而严肃的婚礼。因男女相交是从结婚开始的,遂有人伦之义,所以要拜天地神灵,用自然神的力量认可两性的结合。从结婚开始,女子才成为男方家族的一员,所以要拜列祖列宗,以取得祖先神的认可和保佑。从结婚才把男女的个体合为一体,所以新夫妇一定要交拜,以示郑重其事,合"二姓之好"。新娘迎回来之后,一定要经过"拜堂",婚姻始能成立,否则毫无意义。尤其近代婚礼普遍把拜堂的范围扩大了,不但拜天地、拜祖宗、夫妻交拜并且拜族亲宾客,甚至邻里街坊,统统都在"拜"的范围之内。

婚宴:即喝喜酒,这也是婚礼必不可少的内容,通过设喜酒以使新夫妇的姻缘得到亲戚朋友的认可。婚宴作为重要的宴饮活动有极多的讲究,如座次的排列、菜肴的配置、敬酒祝福等。喜宴上,最有象征意义的仪式是合卺。合卺是由一个葫芦分剖两半,新婚夫妇各持一半,相对饮酒。后世演变为新人喝交杯酒。喝交杯酒标志着男女完婚,有祝福新人和美的意义。由于合卺在传统婚姻礼俗中占有十分重要的位置,所以也有人把"合卺"一词作为婚姻的代称。

闹洞房:它是新郎新娘在新婚之夜接受亲友祝贺、嬉闹的礼仪。从史籍可知,这习俗古已有之,汉代已经十分流行。闹新房能够把洞房闹得热闹红火,驱除冷清之感,增加新婚的欢乐气氛。闹洞房还可以使亲友熟识起来,显示家庭的宾朋满座、兴旺发达,增进亲友间的感情、邻里间的和睦。

第五节 婚后礼仪

婚后礼中突出的仪式是新婚夫妇认识双方的家族成员。依常例有成妇、成婿礼、庙见、认大小、试厨、回门等。

新娘在新婚的第二天就要拜见公婆。这一天,新妇很早就要起床,然后沐浴并盛装,认真而恭敬地做拜见公婆的准备。《礼记·檀弓》有"妇人不饰,不敢见舅姑"的记载。唐代朱庆余的一首流传甚广的七言绝句"洞房昨夜停红烛,待晓堂前拜舅姑。妆罢低声问夫婿,画眉深浅入时无",生动地刻画了一个花烛之夜后早早起床、梳妆完毕而待见公婆的新妇形象。这种新妇拜见公婆的礼仪放在婚后进行是因为先有夫妇、后有婆媳的缘故。

回门。回门也就是婚典的第二或第三天,新郎新娘回到女家,女家设宴款待宾客,夫妻双双于日落之前返家。

试厨,即新婚的第三天,新娘子下厨房做饭,伺候公婆,"洗手做羹汤"。这一仪式清楚地表明了传统社会中男女地位以及角色的不同,颇具礼仪象征意义。

媒人作为婚礼的中介,既是沟通双方的使者,又是婚姻关系的证人。礼教规定:"非媒不行嫁娶"。《礼记·坊记》云:"男女无媒不交,无币不相见。"《礼记·曲礼上》云:"男子非有行媒,不相知名,非受币不相交亲。"古诗说:"取妻如何?匪媒不得。"在整个婚礼过程中,媒人几乎都是唱主角儿的,婚典时还受到格外的优待:"当迎亲之日,为媒介者,峨其冠,华其服,高视阔步,大有惟我独尊之概。"

上述婚聘礼、婚典礼、婚后礼的十几道程序,作为婚礼的基本组成部分,影响深远。但它绝非传统婚姻礼仪的全部,中间还穿插有拜别、障车、青卢、牵巾、撒帐、却扇、坐马鞍、去花、结发、验红等许多节目。历代因人而异,更有许多变化。如亲迎礼,后世帝王就自诩身份尊贵,不愿亲迎,而改由他人代行。

中国古代的婚姻礼仪是中国古代礼仪文化的重要组成部分。在人类社会的三大生产中,婚姻是实现人类自身生产的唯一方式,是社会伦理关系的实体。因此被称为"婚姻大事"。作为婚姻缔结标志的婚礼也被推到了"礼之本也"的高度,伴之而产生了瑰丽多彩的婚姻礼仪文化。

第三十七章

交际尚宾

交际往来,是人类生活中的普遍行为。形成习俗后,便具有了较为固定的特征。这种特征,是与特定的文化思想相关的。由于中国形成了和合、相互尊重为特征的礼乐文化传统,中国交际礼俗是以礼尚往来、交际尚宾为特征的。

第一节 交际礼仪的特点

一、卑己尊人,恭谦礼让

《礼记·曲礼上》说:"夫礼者,自卑而尊人。"把卑抑自己、尊崇对方及他人作为礼节的主旨。这种礼貌原则在称谓礼俗中贯彻得淋漓尽致。如双方接触及交谈时,凡是提到自己、己方之人,甚至与己相关的事物、行为,都要用卑贱性、贬抑性词语表示自谦,以自谦和卑抑自己表示对对方的恭敬;而称呼对方、对方之人以及与对方相关的事物、行为,则用尊崇性、褒扬性词语,以示敬重。谦恭的进一步表现是礼让,"让"也是礼的重要内容。《左传·襄公十三年》载,君子曰"让,礼之主也"。君子与人相处交际,应以恭敬谦让表示其礼敬的风度,即"君子恭敬尊节退让以明礼"(《礼记·曲礼上》)。《论语·学而》称赞孔子在周游列国时待人接物的重要原则即是"温良恭俭让",其中"恭""让",便是恭敬谦让。

二、温文儒雅、文质彬彬

举止仪容是礼节的重要内容。与人相见,要衣冠整齐,郑重的场合,还要穿特制的礼服；交谈语言、称谓，不仅讲究恭谦温和，而且讲求用语文雅，忌讳粗俗，以体现儒雅的礼貌修养。在官场之中、朋友之间，尤其更在意这一点。礼节举止及其所表现的礼意含蓄而不外露，温文而不狂热。所以中国人迎接来客，即便关系密近，也不像西方那样以拥抱、接吻等举止性礼节来表示热情与亲近。

三、交际礼节的亲属化

相处、交际，对年高年长之人，以尊、兄之礼事之；德业之师，尊之为"师父"，以敬父之礼待师；江湖之上、帮会之中以及一般人际关系亲密者，常结为异姓兄弟，拜把子，相约以手足之情相待，讲究哥们义气。有人称述这种结拜行为："男儿结交重义气，长者称兄幼者弟，拔剑起舞肝胆倾，相约不敢中道弃"（《清诗铎·交际·结交行》）。《论语·颜渊》中所谓"四海之内皆兄弟"，也被人们作为重视社会关系与交情的经常用语。不仅如此，连科举时代同年登科者也互相拉拢成亲属关系，互称"年家"，双方序成年兄年弟，家族成员序成年伯、年侄之类，以此密切关系，在仕途上相互提携。交际的亲属性色彩在称谓礼俗中也有普遍的表现。如乡人邻里之间，多以诸如张大爷、李二叔之类称呼，宛如家族、亲戚，体现了"乡亲"之情。帝王称其尊敬的大臣为仲父、亚父，如齐桓公之称管仲、项羽之称范增等例，不胜枚举。

四、男女之防

我国古代汉族地区，对于男女之间的接触严厉禁限，女子被排斥于社交场合之外，往来交际主要是男子之事。男子到某家拜访，该家女子回避。某些场合兼有男女之客，如庆吊之事，则男女不同座；宴请宾朋，男女分席。文人士大夫及诗书之家由于受儒家伦理观念影响较深，礼仪上男女之防尤为严格。

五、礼仪的等级性

古代属于等级社会，社会成员按等级划分，而礼仪制度又是体现等级的具体规则，因而必然带有等级性。《白虎通》云："人所以相拜者何？所以表情见意，屈节卑体，尊事之也。"《白虎通》中所言的跪拜之礼，一方面是"表情见意"，表示对对方的礼敬之意,同时也是卑下者以匍匐似的"屈节卑体"来表示对尊长的敬畏与顺从。在朝堂之上、官场之中,跪拜礼,被频繁使用。在"体制攸关"的封建时代,跪拜是最典型、最能体现等级性的交际礼仪。

六、繁缛性与形式化

古人交际礼仪,繁文缛节颇多,尤其是在官场、商、士绅之间,更讲究仪文。送往迎来、进门、出门、宴会入座、敬酒布菜等等琐细仪节、动作礼节,处处互相推让,甚至反复多次。有些礼节不过是循行礼仪客套,因而表现为形式化。明末来华的意大利著名传教士利玛窦在其所著的《中国札记》中描述到一些士大夫之家的接客待客情况,认为这种烦琐的形式化礼节是中国礼仪文化的一个特点,他颇有感触地说,士大夫们在遵循这种烦琐的礼仪方面浪费了大量的时间。

中国古代交际礼仪既有诚敬之意的礼尚往来,同时也存在礼节掩盖下的颇多陋俗。当然,礼尚往来中的某些陋俗绝不是主流。

第二节　礼节形式

一、举止性礼节

站立礼:站立礼有拱手、作揖、打躬等几种。这几种礼节都有一个主要动作,即一手半握,另一只手拢在其上呈抱拳式,然后加上手臂、头、上身的动作,形成上述不同的礼节。

拱手礼最简单,只是双腿站直,双手抱拳稍拱,所表达的礼意也最轻。路遇不相识之人问路,直接询问显得不大礼貌,因而拱手示敬,然后发问。因为不相识,估计对方与自己的身份地位不相上下,只要行这种拱手礼略表敬意与客气就够了。街头卖艺之人为表示对围观捧场观众的尊敬,希望各位多多关照,也多行拱手礼。还有习武之人比试武艺之前,也有互相拱手行礼的习俗,略表礼意,然后开打,这也可称作"先礼后兵"。

古代行礼讲究双方之间的等级身份,需要尊卑合体。卑者行较重之礼,尊者答礼略表回敬,回敬时也多行这种简单的拱手礼。譬如明朝洪武年间就规定,各衙门下属官员平日参堂见上司长官,行揖礼,"上司拱手"还礼,如果有公事跪报长官,长官也是拱手答礼(《明史·礼志十·品官相见礼》)。

作揖,是双手合抱拱起再按下去,同时低头、屈上身的动作。如《训蒙法》说:"揖时须是曲其身,以眼看自己鞋头。"《教子斋规》也说:"学揖,低头曲腰。"作揖因为比拱手加上双手向受礼者举而向下的示敬动作,且向对方低头弯腰,所以比拱手礼重。

明末来华的耶稣会士利玛窦据其所见,对当时的揖礼作了十分细致的描述:他们最常用的致意形式如下:把两只手拢在一起,缩在他们常穿的飘飘然的袍服的宽大袖子里,然后两人面对面,恭谦的仍然把缩在袖子里的手抬起来,再慢慢地放下,同时压低声调重复地说:"请、请"……在正式拜访或常常是朋友在街上相遇时,他们也如上述那样,把手缩在袖子里,弯着腰低下头。在几个人相聚在一起时,大家也同时进行这种日常的致意,这个习惯叫"作揖"(利玛窦:《中国札记》卷一《关于中国的某些习俗》)。

作揖作为一种站立礼比拱手重,但比起其他礼来说还是属于较轻的礼节。在很多场合中,没有必要施行过重的礼,而且在谦让时若行礼较重,也给对方答礼带来不便,所以在人们的日常交往中,它是最常见、使用次数最频繁的礼节。

打躬,或作打恭,是深深地弯下腰而作揖,属揖礼中的重礼。

打躬由于不仅作揖,而且上身深度弯曲,是对对方比较敬重或表示深沉谢意时所行的礼节。如《儒林外史》中写范进中举后,张乡绅来拜访,并送银钱房屋。范进非常感激,在张乡绅临走时,范进送至门外,来了一个深深的"打躬作别"。又如,人们熟知的《十五贯》故事中有一个细节,说的是刘官人的娘子听说丈夫把她卖掉,连夜出逃,次日在半路上遇上崔宁。崔宁见到该女子后边施礼边打听,其动作是,"放下搭膊,向前深深作揖",然后发话(《醒世恒言·十五贯戏言成巧祸》)。除了表示敬重和谢意,打躬还常常用作道歉、谢罪时的礼节。《红楼梦》第二十六回,薛蟠编造瞎话把宝玉骗了出来。宝玉发觉后,生气动怒,薛蟠"连忙打恭(躬)作揖赔不是"。

跪拜礼:跪拜礼的基本动作是膝部必须着地,即跪下。跪拜礼的规范行礼是在跪的基础上再施以腰、手、头的不同动作,以表示轻重不同的礼节。下面,我们以宋、明、清等时代为例,来看一看当时官场和民间行跪拜礼的一些情况。

宋代,各衙门下属官员参堂见长官以及地位低的官吏见地位高的官员,如州县官见宰相、枢密使等,皆行跪拜礼(《宋史·礼志·百官相见仪制》)。明代,公、侯、驸马这些地位大致相当者相见,"各行两拜礼",一品官如六部尚书见这些贵族勋戚,也行两拜礼,由于他们的身份低于勋戚,所以行礼的先后与位置有区别,官员位于大厅的右(西)侧,先行礼,贵族勋戚位于左(东)侧而后回礼。官员之间品级相近者也采用这种形式。但当品级相差四级,则卑者在下跪拜,尊者坐而受礼(《明史·礼志十·品官相见礼》)。清代跪拜礼有一拜、两拜(再拜)、一跪三叩、二跪六叩、三跪九叩等区别。官员之间品级相同或相近,行两拜或一拜礼;等级相差悬殊的,低等级向高等级官员行三叩及以上礼(光绪《大清会典》卷三〇)。

相对于官场中的礼制,民间行跪拜礼就显得比较随意了。只要某人对他人表示特别尊敬和感谢,便经常行跪拜礼。在我国古典名著《水浒传》中有多处叙述这种行礼的内容。第二十七回,武松路过十字坡张清、孙二娘的酒店,张清久慕武松的勇武侠义,有心结识。当他得知在此喝酒的正是武松时,他"纳头便拜道:'闻名久矣,今日幸得相识。'"还有第三十八回,写戴宗向李逵介绍他要去投奔的义士宋江,李逵惊喜异常,见了宋江"扑翻身躯便拜"。以上两例中的"纳头""扑"这两个动词,施耐庵用得十分传神,是中国古代民间百姓行跪拜礼准确而又略显夸张的表现。

二、配合性仪节

古人行礼时,还常常加一些其他动作或仪节,主要有以下几种。

趋:指见面时向前快走,是一种礼貌性动作。比如,孔子是个家教很严的人,当他在庭院中站立的时候,他的儿子孔鲤在他身边走过,必"趋而过庭",表示敬意(《论语·季氏》)。《儒林外史》第四十九回,写万中书去拜见翰林院的高翰林,高翰林叫管家开门把他请进来,自己拱手站在厅前,那"万中书从门外下了轿,急趋向前,拜揖,叙坐"。

像这样趋而示敬、趋进并行礼、趋与礼节动作相配合的方式,很早就被定为朝廷的礼制。大臣们上朝见君王，必须要急行数步前去行礼。汉代君臣朝会的朝仪便有传"趋"的一个程序，群臣在殿外立候，听到礼仪官高声喊"趋"后，依次"趋"行入殿，场面甚是壮观(《西汉会要·礼九·嘉礼·朝会》)。

唱喏：中国古代有一时期，人们在相见时，口中常发出"喏"的声音，来向对方表示应答、感谢、尊敬、问候或祝颂等意思。南北朝时这种礼俗就已经出现。唐宋时期，无论宫廷还是民间都已广泛流行。礼仪上又叫"应喏""唱喏"等。据《续文献通考·王礼考一》记载：宋代的朝仪自北宋徽宗政和年间增加了唱喏的内容。在宋代的阅兵仪式中，"皇帝进入校场幄殿，殿前三司官军排列，殿帅指挥，齐举黄旗，面向御殿，梆子响一下，齐唱喏，再响，高呼万岁，连响，呼万万岁，再响一下，唱喏。殿帅奏取圣旨"(周密：《乾淳御教记》)。唱喏的礼俗在《水浒传》中也多次出现。第十二回，梁中书叫新来的杨志上堂，于是"杨志转过厅前，唱个大喏"。第五十三回，戴宗寻找公孙胜，在蓟州城一家面店吃饭，见个老丈"便与他施礼，唱个喏，两个对面坐下"。

舞蹈：汉族人的祖先也和今天少数民族一样，能歌善舞。战国时期楚国的首都郢，有个善歌者在大街上唱，当他唱民间通俗流行的歌曲"下里""巴人"时，随着他对唱的有数千人。唱"阳阿""薤露"时，和者数百人；当唱比较高雅的"阳春""白雪"时，和者数十人(《昭明文选·宋玉〈对楚王问〉》)。这个例子说明那个时代，社会各个阶层的人都喜好乐曲。人们随时唱，伴着歌声翩翩起舞。

在朝廷的礼仪中也有舞蹈的动作，尤其是庆贺仪式，舞蹈更是其中重要的内容。宋代的宫廷礼仪中，为皇帝贺寿，要"三十三拜，三舞蹈"；元旦朝贺，"十九拜，三舞蹈"；冬至朝贺，"一十三拜，一舞蹈"(陈世崇：《上寿拜舞记》)。明代，在明太祖朱元璋登基大典上，也有隆重的大型舞蹈表演。只是朱元璋后的历代明朝皇帝，由于种种原因，中和韶乐设而不作，舞蹈仪节也免去了。清代沿袭明朝典制，在除夕、上元、万寿等节日，宴会上也有舞蹈，其中以宫廷侍卫表演的满族传统舞蹈"喜起""庆隆"最为著名(昭梿：《啸亭杂录》(续录)卷一《喜起兴隆二舞》)。

三、称谓礼俗

在人际交往中，双方互相称呼是必不可少的内容。在称呼上往往体现礼节和文化思想。我国古代,这种称谓礼俗非常细微和庞杂,其中最主要的乳名、名、字、号在礼节中有不同的运用。

乳名:人在出生后不久,由家长所取的用于孩提时代称呼的名字就是乳名,也叫小名。一般乳名不求真文雅,甚至有取"傻子""呆子"等鄙俚性名字的。民间为了让小孩顺利成长、不娇气,也常常以动物名命名,叫狗子、虎子、黑牛等等,如《水浒传》中的李逵,接他母亲上梁山时说:"娘,铁牛来家了!"(第四十三回)这"铁牛"就是李逵的乳名。

名:到了入学年龄,再由家长或老师另取一个名字,叫学名。即使不上学,因为这时已"长大了",也必须另取名字,所以这个名字也有称作大名的。《红楼梦》第三十一回,薛宝钗等提起他们的表兄弟、表姐时,以小名开玩笑,贾母对他们说:"如今你们长大了,别提小名儿了。"就是告诉她们要注意这方面的礼节了,人有了一定年龄再称小名就是对人的不尊重。明初人罗贯中著《三国演义》,有时用曹操的小名阿瞒,大概就带有轻贱之意。

字:人到成年,又要取一个名字,就是"字"。古人取"字",多是在为他举行冠礼之时,即所谓"冠而字之",取字和加冠一样,都是成年的标志。一般说来,名和字都是终身称呼,相比之下,字是具有尊重意义的名字。人们称呼时,为了表示对他的尊重,就应该称字了。《三国演义》中这种例子最多,譬如刘玄德、关云长、张翼德、诸葛孔明、赵子龙、曹孟德、周公谨、鲁子敬等,不胜枚举。朋友、师徒、异姓兄弟之间以字互称,显得尤为亲切、朴实。

对人称字为尊。反之,直呼其名,则在礼节上显得轻简。讲究礼节之人,更把此视为失礼的行为。南朝梁武帝宴请大臣,席间直呼大臣蔡撙的姓名。梁武帝连喊几声,蔡撙却置若罔闻,"竟不答,食饼如故"。梁武帝知道他生气了,想改口但一时想不出他的"字"来,只能称他的官爵"蔡尚书"。这时蔡撙才放下筷子,恭敬地答应了一声。梁武帝问道:"卿刚才耳聋,为何现在那么灵呢?"蔡撙不紧不慢地回答"以名垂唤",故而不答(《南史》卷二九《蔡廓传》附《蔡撙传》)。可见,古人的名字也不是可以随便叫的,即使皇帝也不例外。

号:分两大类。一类是自己取的号,叫自号。取自号的多是文人志士,这些人常常自己取个别名,来表示自己的情趣、志向、崇尚、性格。如唐代的贺知章性格豪放不羁，自号"四明狂客"。北宋大文学家欧阳修号"六一居士"。这"六一"指的是一万卷书、一千卷古金石文、一张琴、一盘棋、一壶酒、一老翁，以此表达其生活的旨趣。

号的另一类是别人给取的号，这类号较为复杂。

有名望或有某方面突出才能的人，人们送他个美称，表示对他的尊崇和敬佩。如三国时期的诸葛亮、庞统，被称为"卧龙""凤雏"，至今，人们还把有计谋的人称为"小诸葛"。

由大臣给皇帝、皇后、皇太后等生前所上的赞美颂扬性的名称叫尊号，也叫徽号。如唐玄宗的尊号为"开元圣文神武皇帝"。宋太祖赵匡胤的尊号为"应天广运圣文神武明道至德仁孝皇帝"。

人死后所给予的号叫"谥号"，谥号是对某人一生德行所作的评价性称号。本应有褒有贬，但后来很少有贬抑性谥号，多为褒扬。明太祖朱元璋的谥号为"开天行道肇纪立极大圣神仁文义武俊德成功高皇帝"，多达二十字。不仅是皇帝，官员时候也可以得到谥号，比如中国近代史上赫赫有名的"清末三杰"——"李文忠"（李鸿章）、"左文襄"（左宗棠）、"张文襄"（张之洞）三个名臣。这"文忠""文襄"即是他们的谥号。

以爵、官、做官之地、家乡地名作为某人的名字，也可作号。如大诗人杜甫，做过工部员外郎，所以人们叫他"杜工部"。清末维新变法领袖人物康有为，家在广东南海县，故人们尊称其为康南海、南海先生。

第三节 社交形式

社会交往诸如互相拜访、吉凶之事互相庆吊以及聚会宴请等，是人们社会生活中的重要内容，随之也形成了各种相应的礼仪习俗。

一、拜谒之礼

拜访之礼，由于拜访者与被拜访者之间身份地位的不同而有繁简之分。

平民百姓之间串亲访友或乡邻往来,没有过多的礼节,事先也没有必要一定通知对方,多随时串访。但也不可登门即入,至主人家门,一定要先敲门,主人答应后再进,这是最起码的礼节。《礼记·曲礼上》便有"将上堂,声必扬。户外有二屦,言闻则入,言不闻则不入。将入户,视必下"的说法。进门,若不"声扬"在先,无意窥见主人居室中的隐私,双方都会很尴尬。

　　官僚士大夫等有身份地位者互相拜谒,在礼节上很讲究,在拜访前必须首先投递"名帖",在"名帖"上写上自己的姓名、身份、籍贯、与对方关系、拜谒的目的等,交给门人进去通报。主人通过名帖了解来访者的情况,以便以相应的规格去迎接。"名帖"在我国很早就出现了,最早是竹片、木片,与简牍类似,所写内容也极简单,叫作"刺"或"名刺",也叫"谒"。后来,纸被广泛运用,"名帖"也开始用纸制作,被称为"名纸"。到了明清时期,由于社交活动越来越频繁,名帖使用量越来越大,制作也越来越考究(赵翼:《陔馀丛考》卷三〇《名帖》)。

　　除了投递名帖,拜客前往主人家拜访时的穿戴仪容和礼节也很重要。拜客衣帽整洁、衣冠齐整既是自尊的表现,也是对对方的尊重。利玛窦曾描述道:"大臣或有学位(指进士等功名)的人出门拜客时,他穿上一件特制的拜客长袍,和他日常穿的长衫大不相同。甚至没有荣誉头衔的重要人物出门拜客时,也要穿特别设计的袍服,如果他穿平时的衣服,就会被人见怪。"(利玛窦:《中国札记》卷一《关于中国的某些习俗》)

二、迎客之礼

　　首先,被访者如果事先知道将有宾客来访,应提前把自己的会客室整理得整齐洁净,台阶打扫干净,这是对访者的礼敬。

　　及至主客相见,互相行礼,互道寒暄。这时必须注意,在把客人让进庭院、堂室时也有礼节。凡遇到台阶、门,主人都要让客人先登、先进。

　　进入室中,立即上饮料。待客的饮料,唐代以后主要是茶。以茶待客是相当高雅的礼节形式,清人评论:"上自朝廷燕蒸,下至接见宾客,皆先之以茶,品在酒醴之上。"(福格:《听雨丛谈》卷八《茶》)明清时期,有上三次茶的礼节,而且家人从哪边端茶敬客都有规矩,敬茶先献客人,若客人坐在左边座位,则从右边走到左边客座敬献,这叫从"下首"到"上首",从下敬上。

主客交谈完毕,客人应主动提出告辞。客人走时,主人要送至门外,客人行礼劝主人留步,主人坚持要送。如此互相恭维一番,然后等客人上马或上轿,作揖或打躬作别。当然,作别礼节还要视主客双方地位高低不同有所差异。若身份高的人为主人,也可以不亲自送,让家人代送,或者只送到屋门而不送到街门。若关系深厚者,主人也可送出一段路程,并照例依依惜别。

此外,古代特别是秦汉以前,人们互相拜访,无论是贵族、官员还是庶民百姓,都要带礼物,尤其是初次拜见,必须携带礼品,这种礼物叫"贽"。执贽相见之礼便叫"贽见礼"。杜佑在《通典》中对此解释道:"古者,人君及臣重于相见之礼,所以相尊敬,故将有所见,必执贽……君子于其所尊,必执贽以相见,明其厚心之至,以表忠信,不敢相亵也。"(《通典·礼》)携贽拜访,主要还不在于礼品的经济价值,而是为了表示对对方的尊敬。

三、庆贺之礼

除有事拜访、年节往来外,亲朋邻里遇到有结婚、生子、老人寿日以及金榜题名、乔迁新居、店铺开业等等值得喜庆之事,前往祝贺,既是人之常情,也是调融与密切人际关系的礼节形式。正因为如此,为喜事之家增加欢庆意义和气氛的各种礼俗也随之产生。

庆祝迁入新居,称作贺"乔迁之喜",如汉代平恩侯许伯迁入新宅邸,"丞相、御史、将军、中二千石、皆贺"(《汉书》卷七七《盖宽饶传》)。南宋临安城,凡有新搬家者,邻里之人争相帮助安置,献上汤、茶,并告诉店铺等在什么地方,还"安排酒食,以之为贺,谓之'暖房'"(《梦粱录》卷一八)。清代,也盛行"暖房"的礼俗,又称为"温居"。邻里暖房,是为了以后与新邻居和睦相处,互相关照。

亲朋喜得贵子,携礼相贺,也是一种传统礼俗。刘邦生于战国末年,卢绾与他同日生,二人出生后,乡亲们"持羊酒贺两家"(《史记》卷九三《卢绾传》)。婴儿出生后有多次庆贺礼仪,如三日、满月、百日等。宋代,婴儿出生三日"落脐灸囟",满月举行"洗儿会",浴盆中放入香汤、果子及彩钱等物,亲朋盛集,十分热闹。百日,主家"开筵作庆",谓之"百晬"。周岁生日谓之"周晬",举行抓周礼,其日"诸亲馈送,

(主家)开筵以待亲朋"(《梦粱录》卷二〇)。

　　古代男子到20岁左右要举行冠礼,冠礼是人生中的一件大事。男子举行冠礼后,标志着其有参与诸如政治、婚姻等成人活动的权利。先秦及秦汉时期冠礼比较普遍,以后主要是皇家及部分官员士大夫家举行。加冠时,亲朋为其祝贺,受礼男子向父母、族中长者致谢。冠礼,在宋元以后的民间仍有遗俗,如浙江嘉兴地区,元代"男子十六始冠,亦有婚而冠者"(胡朴安:《中华全国风俗志·上编·浙江·嘉兴》)。

　　庆贺生日,也是一种相当普遍的礼俗,我国古代特别重视给老人祝寿。寿有长寿之义,古代称作是"五福之首",因而老人活到六七十岁,每年寿诞,儿孙多举行庆贺礼仪。亲友也来相贺。我国很早就有这方面的记载,《诗经》中"跻彼公堂,称彼兕觥,万寿无疆"的诗句,反映了早在春秋时期人们庆贺祝寿的礼俗。皇帝及皇太后的生日称"万寿节",与元旦、冬至并称三大节,不仅百官朝贺,就连各友好邦国也都前来祝寿,其规模盛大自不待言。譬如就有史书评价清朝皇太后的"万寿节"排场"为亘古所未见矣"(《清朝通志·礼略七》),由此可见一斑。

　　婚姻,历来是国人非常重视的大事,故而婚姻礼仪就显得十分重要。中国民间的婚礼最大的特点就是突出一个"红"字,也称其为"红事",贴红对联、挂红幛、送红请帖、娶亲铺红毡、新娘盖红盖头等自然都必不可少,甚至连那婚礼的司仪也"十字披红、金花插帽"。宾客庆贺婚礼,无论穿着还是携带的礼品,也大都遵循这一规律。除了"红"以外,各地还有一些特有的婚礼风俗。比较著名的有广东的"歌堂"、陕西的"会亲"以及江苏的"做三日"。它们与"红"一样,都寄托了家人、亲友们对新婚夫妇幸福生活的衷心祝愿和美好期待。

四、吊唁之礼

　　节日、喜事,人们互相庆贺,事之为礼。遇到丧事前去吊祭,并向死者家属慰问,也是一种重要的礼俗。古代称吊祭死者为"吊",劝慰生者即死者家属为"唁",丧事之家将死讯通知亲朋为"讣",俗称"报丧"。亲朋闻讯,即应迅速前去吊唁,路远不能去者,则寄信表示哀悼和安慰之情。丧事又叫"白事",为表示对死者的哀悼,丧家的场面布置及穿戴以白色为主,体现了庄严和肃穆的气氛。所以,前去吊唁无论亲朋还是好友,都应该穿素服前去,切忌穿红绿等鲜艳的服装,妇女最好也不要戴首饰。

吊唁礼俗最重要的程序就是"出殡"。到了那时,亲友跟随出殡队伍"送殡",出殡途中,还要举行"路祭",摆设贡品,吊祭亡灵。我国古代,贵族官僚交际面广,有些人也借此拉关系,有时会把路祭搞得十分隆重,仪式愈加烦琐。《红楼梦》第十四回宁国府殡葬秦可卿一节,就突出反映了清代与高门府第有交情的贵族、官员们送殡、路祭的状况:

> 那时官客(男客)送殡的,有镇国公牛清之孙现袭一等伯牛继宗,理国公柳彪之孙现袭一等子柳芳……这六家与宁、荣二家,当时所称"八公"的便是。余者更有南安郡王之孙、西宁郡王之孙、忠靖侯史鼎……神武将军公子冯紫英,陈也俊,卫若兰等诸王孙公子,不可枚数。堂客(女客)算来亦有十多顶大轿,三四十小轿,连家下大小轿车辆,不下百余十乘,连前面各色执事、陈设、百耍,浩浩荡荡,一连摆三四里远。
>
> 走不多时,路旁彩棚高搭,设席张筵,和音奏乐,俱是各家路祭:第一座是东平王府祭棚,第二座是南安郡王祭棚,第三座是西宁郡王,第四座是北静郡王……(北静郡王)命长府官主祭代奠,贾赦等一旁还礼毕,复身又来谢恩。

殡葬完毕,宾客们要陪同丧家之人至宗庙去,主人痛哭,宾客劝慰。丧事后,丧家去亲友家道谢,叫"道乏"。丧家百日后脱去孝服再到亲友处道谢,叫做"谢孝",因孝服在身时怕有的亲友忌讳,所以脱孝后去谢。一般是丧事时吊丧者是男客,则谢孝时男人去;女客来吊者,由丧事之家女人去谢孝,去时仍穿素服。

五、宴客之礼

无论是平时拜谒交际,还是往来庆贺,设宴款客,都是表达友好之意或建立与加强友情的重要方式,利玛窦甚至认为是"表示友谊的最高形式"(利玛窦:《中国札记》卷一《关于中国的某些习俗》)。此外,官方外交或是人请托办事,也常设宴

>>> 我国古代特别重视给老人祝寿,长寿之义,古代称作是"五福之首",因而老人活到六七十岁,每年寿诞,儿孙多举行庆贺礼仪,亲友也来相贺。图为清代吴友如《福禄寿》。

招待，以表敬意。因而，宴客的全过程都有相应的礼节。

首先，邀请客人在时间、次数上就很有讲究。俗话说："三天为请，两天为叫，一天为提。"说的是邀请客人，不能临时通知，只有提前几天，才具有"请"的意义，这样做既表示对被请人的尊重，同时也使人家有充裕的时间准备。

等到请来客人赴宴后，酒席上除了主人作陪外，还要请陪客。陪客与客人在身份地位、职业等级上要大致相当，或者高于客人一些，以表示主人对客人的尊敬。《儒林外史》第二回，申祥甫家请了个六十多岁的教书先生周进，设宴款待，这教书先生应划入"士"一类，所以申家特意请了身为秀才的梅玖作陪。《官场现形记》第一回，中举的赵家庆贺，所宴请的主客是退职官员王乡绅，在当地地位不低，所以赵家便请曾中过举的王孝廉作陪。此外，还有一点要注意，古代设宴讲究男女有别，宾客进宴，不可男女杂坐，应当分席。

宴席的座次，是宴请礼仪的重要内容。座次的上下尊卑之分，在我国古代是十分严格的，不可轻易造次。一般来说，古人设宴以北为尊。也就是说，宴席上坐北朝南之人为最尊贵。坐东朝西的座位次之，坐西朝东再次之，南边一般空出，不设座位。(见左示意图)如果每一边不是安排一个人，则再按左为上、右为下的次序排列。在这方面的实例，请看《红楼梦》第三回，林黛玉初进荣国府，贾母召集贾府众姐妹吃饭时的情节。

进入后房门，已有多人在此伺候，见王夫人来了，方安设座椅。贾珠之妻李氏捧饭，熙凤安箸，王夫人进羹。贾母正面榻上独坐，两边四张空椅，熙凤忙拉了黛玉在左边第一张椅上坐了，黛玉十分推让。贾母笑道："你舅母、你嫂子们不在这里吃饭，你是客，原应如此坐的。"黛玉方告了座，坐了。贾母命王夫人坐了。迎春姊妹三个告了座方上来，迎春便坐右手第一，探春左第二，惜春右第二。

酒席间，主人向客人敬酒叫"酬"。客人回敬主人，叫"酢"。酒席上这种主宾之礼叫"酬酢之礼"。酒宴中，陪客也是很重要的角色，因为主人反复敬献，礼节繁渎,客人也有拘束感。以陪客相劝,彼此都比较随意。劝酒是让对方喝好、喝足,不能"屈量",所以敬酒都是讲酒杯斟满。无论是敬酒还是陪酒,主客双方都要尽量把酒喝干,正所谓"干杯"。当然,"酬酢之礼"也必须量力而行,否则饮酒过度出现伤圻人身的情况,文明的礼仪反成陋俗。

第三十八章

丧 葬 慎 终

第一节　丧葬制度

人类在原始社会幼年时期没有丧葬制度。在考古发掘中,不管是元谋人、蓝田人、北京人,还是马坝人、长阳人、丁村人,都没有发现他们完整的骨骼,甚至连基本成形的也没有,只有一些零星的人骨。如果原始人类有墓葬,尸体被埋入地下,现在就不可能寻觅不到完整的遗骸。

那么,当时人们是如何处理遗体的呢？美国学者郑麒来给出了一个令人惊骇的回答——被活着的人吃了。在他所著的《中国古代食人制度》中,有这么一段叙述：

1927年,在北京周口店村旁的一个小山洞里,解剖学家戴维森·布莱克发现了一块北京人化石,他的头盖骨曾被砸开,可能是为了取食脑髓。他的腿骨也曾被砸开,可能是为了取食骨髓。某些人类学家推测,这个生活于50万年以前的北京人是个食人者。这个结论建立在其他地方所发现的相似证据基础上。

我国丧葬史的真正发端,是从旧石器时代晚期山顶洞人开始的。在北京人周口店遗址龙骨山顶的洞穴中,一万八千年前生活着另一种原始人群——山顶洞人。按照人类学的标准,他们属于晚期智人。在他们那里,人们发现了迄今为止中国最早的丧葬方式。山顶洞人的住区除了上室以外,还有一个下室。这下室便是他们的葬地。其中,考古人员发现了三具完整的人头骨以及一些躯干骨。它们分别归属于男性老人、中年或壮年人和壮年人各一人。五岁幼儿和初生婴儿(胎儿)各一人(吴新智:《周口店山顶洞人化石的研究》)。这种将老年男子、中青年妇女、少年幼儿和初生婴儿等不同年龄的男女老少合葬的情况,表明这是一块以二次合葬为形式的公共墓地,贯穿着氏族成员一视同仁的血亲关系和一律平等的社会地位。在人骨的周围,山顶洞人还撒有部分赤铁矿的粉末,堆砌着少量的随葬品。据贾兰坡等考古专家研究认为,撒赤铁矿是山顶洞人某种原始宗教意识的萌发。尸体上撒赤铁矿,表示给死者以新的血液,赋予新的生命,死者暂时的长眠只是再一次孕育生命的过程。此外,有的学者还认为除却原始宗教的意义,野兽害怕红色,防止尸体被野兽接近也是撒赤铁矿的另一项用途。

到了距今一万八千年至八千年,中国历史进入了新石器时代。在这一阶段,母系氏族公社经过了漫长的历史发展达到了高度的繁荣,处于氏族社会的全盛时期。这一阶段丧葬制度的特点是,形成了单一母系氏族的公共墓地。恩格斯曾对此作过生动的描述:"氏族有着共同的墓地……在墓地上,每一氏族都独成一排,所以,总是把母亲而不是把父亲和孩子埋成一排。"(《马克思恩格斯选集》第 4 卷)这种现象,在我国仰韶文化、大汶口文化遗址的墓葬资料中都得到了印证。值得一提的还有,棺椁葬具在这一时期也初具雏形。考古发掘中发现,不但这时死亡儿童的葬式多用瓮棺,而且在大汶口文化的墓葬中,出现了一种用木材(多用原木)围绕四壁、上覆以顶、下垫以底的墓穴,这就构成了原始棺椁的滥觞。同时也对应了中国古代典籍《易·系辞》中"古之葬者,厚衣之以薪,葬之中野,不封不树,丧期无数,后世圣人易之以棺椁,盖取诸大过"的记载。

到了新石器时代晚期,氏族社会连续出现了一些新的社会因素,这就是父权制的建立、私有制的产生、奴隶制的萌芽和阶级开始分化。这些巨大而深刻的社会变革,迫使传统的丧葬制度发生某种自觉的转型。其中最重要的变化就是墓葬间随葬品数量、质量的显著差异和夫妻合葬墓的出现。据山东大汶口墓地的发掘报告统计,在已发掘的 133 座晚期墓葬中,随葬品 30 件以上的不到 15%;这些墓葬出土的 1000 多件陶器中,有 1/4 集中在五座大墓中(高广仁:《大汶口文化的葬俗》);这种现象已然与处在母系公社时代的早期大汶口公共墓地的随葬情况迥然不同。此外,由于父权制的建立,男性祖先的崇高地位在灵魂观念中也相应确立了,反映在丧葬制度上便是妇女随夫而葬的男女合葬现象。同时,随着拥有私产的父系家族崛起,父系氏族晚期的氏族墓地内出现了相对独立的家族墓地。这些都表明,人们的丧葬观念开始打上了私有制和阶级的烙印。

夏朝是我国奴隶社会最早建立的国家。夏朝的丧葬制度在原始社会的基础上又有了进一步的发展,并呈现出四个显著特点:第一,人们的丧葬思想包含着浓厚的灵魂不灭观念;第二,厚葬的盛行;第三,奴隶殉葬制度的确立;第四,明器制度进一步发展,酒器在随葬品中具有显著的地位。

商代的墓葬,贵族大型墓与平民小型墓差异明显(见下表)。20世纪70年代后期发掘的安阳小屯村妇好墓,就是典型的商代贵族墓葬。妇好是商王武丁的妻子,是在商代甲骨文中经常被提起的女将军。她的墓没有被盗掘过,型制较为完整,被称作商代贵族墓葬的标型器。墓扩长5.6米,东西宽4米,深8米。墓口有房基,作为祭祀用。墓内有二层台与腰坑。墓内殉葬16人,随葬品共计1928件(参见《殷墟妇好墓》)。

墓主	墓室规模	棺椁情况	陪葬人殉	随葬器皿
贵族	面积很大,一般有几十平方米,有的甚至超过100平方米。	除装殓用棺外还套木椁,棺椁上雕以花纹。	用人殉陪葬,少的用一两人,多的用数十人,在安阳武官村大墓里,发现人殉76人。	有大量的玉器、陶器,特别是青铜器爵、鼎之类陪葬。
平民	墓室面积小,一般一两平方米,仅能容身。	有棺无椁,有的甚至连棺也没有,只有一席裹身。	绝无人殉陪葬。	陪葬品多为陶器,即使有铜器,也不过一两件,有的甚至只是一柄石铲、一只纺锤。

除了贵族与平民,商代的奴隶是没有墓葬的。他们生前为主人服役,老死后被弃之沟壑,这似乎又残酷地回到了原始社会"厚衣之以薪,葬之中野,不封不树"的状态。

西周墓葬表现出的最大特点,就是同一家族有计划的布置族葬,这其中又以等级的不同分为"邦墓"与"公墓"。宝鸡斗鸡台、长安沣西张家坡、房山黄土坡等诸墓葬,都是成片成组的集体墓地,每一墓地的葬制和葬俗都大体保持一致,说明葬者同属一个家族。在成片墓群中又远近结合成一定的墓组,像是大家族中伸出的分支(参见北京大学历史系考古教研室商周组编:《商周考古》)。春秋战国的墓葬多陪以鼎,分为四等。第一等:九鼎墓,诸侯王公一级的坟墓;第二等:七或五鼎墓,卿、大夫一级的坟墓;第三等:三、二或一鼎,士一级的坟墓;第四等:无鼎墓,庶人的坟墓(《商周考古》)。除了墓葬的等级之分,在入殓的期限上《周礼》也有明确的规定。《礼记·王制》中说:"天子七日而殡,七月而葬;诸侯五日而殡,五月而葬;大夫、士、庶人三日而殡,三月而葬。"其间,等级之规致森严、礼仪之烦琐刻板真是令人窒息。到了春秋后期"礼崩乐坏"后,这种现象才得以根本的改观。

秦朝建立了中国历史上第一个空前强大、统一的大帝国。秦王朝的皇陵也表现出这种排山倒海、气壮山河的气魄。《史记·秦始皇本纪》是这样记载始皇陵的:

> 始皇初即位,穿治骊山。及并天下,天下徒送诣七十余万人,穿三泉,下铜而致椁。宫观百官,奇器珍怪,徒臧满之,令匠作机弩矢,有所穿近者辄射之。以水银为百川江河大海,机相灌输,上具天文,下具地理。

秦始皇陵坐落在临潼县骊山脚下,是我国第一个皇帝的陵园。从现存的遗址看,陵园的建筑结构呈南北长、东西窄的长方形。陵园有内外两层垣墙,占地约2.5平方公里,现存高度43米(袁仲一:《秦始皇陵兵马俑研究》)。被称为世界第八大奇迹的秦始皇兵马俑坑只是其众多陪葬坑中的冰山一角,规模宏大,由此可见一斑。

汉代的墓葬有以下几个特点:

(一)出现了用砖或石砌成的墓室。

(二)权贵之家多在坟丘上竖立墓碑,刻以主人的身份、官职、生平事迹,以体现生前的荣耀。

(三)墓内模仿现实生活,修建仿真院落,置放鸡、猪等家畜模型,完全一派人间气象。

（四）墓中出现了非常精美的雕刻画,是祖国艺术宝库的一朵奇葩。

（五）地面上普遍筑有坟丘祠堂。

（六）随葬品中有一定数量的实物,但大多数是实物模型,即陶制的仿制品"明器"。

（七）普遍实行厚葬。（可以参阅王仲殊:《汉代考古学概说》）

由于社会动荡,战乱不断,特别是汉末黄巾农民起义以后,统治阶级的统治处于风雨飘摇之中,人们也就逐渐改变了过去奢靡的丧葬习俗。这方面,曹操率先垂范。汉献帝建安二十五年,曹操死于洛阳。在留下的《遗令》中,他语重心长地说:"天下尚未安定,未得遵古也。葬毕皆除服,其将兵屯戍者,皆不得离屯部,有司各率乃职,敛以时服,无藏金玉珍宝。"(《三国志·魏书·武帝纪》)曹操的长子曹丕追随父亲,也实行薄葬。他死后"葬首阳陵,自殡及葬,皆以《终制》从事"(《三国志·魏书·文帝纪》)。他的后人"一如《终制》",为他办了丧事。这个《终制》,其实就是曹操的《遗令》。三国及其以后的南北朝,连年的战乱煞住了两汉以来的厚葬之风。这虽然在一定程度上是为时势所迫,但毕竟是对传统陋习的一种改革。

晋人南迁,中原士族侨寓江南。他们思念故土,总想死后将遗骨归葬祖茔。于是在侨民中间盛行着一种新的葬法:将尸体埋入地下,三年后化去腐肉,再将遗骨拣出装入陶制大瓮重新埋下,待到光复中原后,让自己的子孙携归祖坟。只是,随着东晋王朝在江南偏安日久,恢复中原遥遥无期,拣骨入瓮之法逐渐演变成了一种单纯的葬俗了。

隋唐墓葬,多由直穴改为斜坡式墓道。道旁两壁设龛,道上开天井。龛数、天井数之多少,往往与墓主身份的贵贱高低成正比(参见秦浩编著:《隋唐考古》)。墓中多置彩绘陶俑,墓壁绘青龙白虎。中唐以后,这种豪华排场的墓葬不见了,墓道改为竖穴,墓室规模缩小,战争和动乱改变了人们的墓葬习惯。

北宋以来的墓葬,多筑以方木结构的砖室。墓室的平面也逐渐由方形、圆形转变为正多边形。室内多以壁画、砖雕代替过去的随葬品。砖雕画的题材采自日常的生活场景、孝子故事等,表现了当时社会思想的某种取向。北宋的帝陵在河南巩县邙山岭上,背洛水面嵩山。墓向一律北偏西六度,中轴线指向嵩山少室主峰。这样的设计完全是堪舆之术使然。所谓"堪舆"就是阴阳风水,它的风行大致就是始于宋代。

  元代无帝陵,自成吉思汗之后,他们的历代皇帝都葬于蒙古起辇谷,位于今日内蒙古鄂尔多斯右翼中旗、黄河西北阿尔泰山阴。葬地不起坟不立碑,没有留下任何标志。史籍载:"日久茂林蔽地,不辨陵在何树下,虽当日送葬者,亦莫能识。"(屠寄:《蒙兀尔史记·成吉思汗》)所以,元代皇帝墓从未被人盗掘。元朝以后,在中国的葬俗中开始盛行纸制明器,用纸扎偶人、家畜、银钱,在送葬的过程中加以焚烧。这样可以节约大量的金钱,以免白白埋入地下。而且,当时廉价轻便的纸张已经能够大量生产,也为这种新葬俗的推广创造了条件。由此,普通百姓的墓葬日益简单,由实物随葬向象征随葬转变。

  明代的帝陵,除孝陵外都集中在北京的昌平,叫做明十三陵。它们大都规模宏大,气势磅礴。1959年新中国的文物工作者发掘了明定陵(神宗万历帝朱翊钧的墓),发现其墓室内陈设奢侈,一如生前。清东陵位于蓟州与马兰峪之间,1928年,军阀孙殿英盗掘了其中的慈禧墓与乾隆墓,流散宝物不计其数。

  直到中华民国以后,人们为纪念国父孙中山先生,在南京建中山陵。一改数千年藏珠埋宝的旧习,只是放置灵柩供人瞻仰,于是陵墓变成了纪念馆,这应该是中国丧葬史上一次大的革命。

第二节 丧葬观念

  丧葬是一种极富特色的社会和文化现象。中国古代多层次的信仰结构和复杂的历史背景形成了特有的丧葬观念和由此产生的繁缛的丧葬习俗。丧葬,从表面上看是属于死者的,但实质上却是活人世界死亡观念的直接流露和充分表达。随着社会历史的发展,特别是进入阶级社会以后,人们越来越把现实生活中的伦理道德和宗法等级附会到丧葬之上,从而使得丧葬观念超越了具体的丧葬行为,日益成为传统丧葬文化的核心。

一、灵魂不灭与丧葬观念的起源

万物有灵。在人类的童年时期,先民们无依无靠,周围险恶的自然环境总是给人一种神秘而恐惧的感觉。在顽强的生存努力下,先民们开始思考并试图对困惑他们的自然现象进行解释。风狂雨暴、电闪雷鸣、山崩地裂、洪水滔滔,这一切的背后难道有什么东西在驱使?深山密林的回声、气流形成的幻影、狰狞恐怖的野兽,乃至日升月落、四季更替、草木枯荣、人类自身的生老病死,这一切莫不是来自某种冥冥的精灵?对于上述种种疑虑,经过数十万年的探索,先民们终于设想出那不起眼的甚至在现代人看来荒诞不稽的一点点观念:灵魂。并以此推而广之,认为世间万物都是受灵魂控制,它不以人的意志而转移,不以幻化为种种形态而改变,不以事物的生老病死而消失。灵魂不灭,灵魂永存。由是丧葬观念产生了。

这一发展过程,可以从考古发掘中得到丰富的物证。譬如在本章第一节中所提到的山顶洞人在死者周围撒赤铁粉。这是由于赤铁矿是红色的,其粉末表示给死者以新的血液,赋予新的生命,死者暂时的长眠只是再一次孕育生命的过程。再比如,仰韶文化时期出现的儿童瓮棺葬。新石器时代晚期的仰韶文化墓葬中有三分之一左右是埋葬小孩的瓮棺葬。这是以瓮、罐、钵、盆为葬具盛放儿童尸体的一种葬法。瓮棺一般放置在亲人身旁,在使用的瓮、罐等底部均凿有小孔,作为小孩灵魂出入的通道,以便随时与家人团聚。上述两种葬俗,可以反映出原始先民已经有了相当强烈的灵魂不灭、来世生活的丧葬观念。

二、从神本走向人本——夏商周时代丧葬观念的变迁

原始宗教经过长期发展,到了夏商时代,人们对上帝、鬼神的崇拜,几乎达到了登峰造极的地步。据古文献记载,灵魂不灭的观念牢牢地支配着夏代社会,"夏道尊命事鬼敬神"(《礼记·表记》),"有夏服天命"(《尚书·召诰》)。而到了商代,宗教期待和阴森恐怖的社会情绪更是越来越显得无以复加。"殷人尊神、率民以事神。先鬼而后礼,先罚而后赏,尊而不亲。"(《礼记·表记》)把鬼神看得高于一切,也重于一切。夏商社会尚鬼意识的流行必然复制出以神鬼为本的丧葬观念,其直接的反映就是厚葬之风的盛行,掀起了我国厚葬风俗的第一个高潮。

西周时代,奴隶制继续发展,但已显衰落的趋势。这在意识形态上表现为,一方面周人承袭了夏商尚鬼的观念,也把它作为一件国家大事来对待,正所谓"国之大事在祀与戎"(《左传·成公十三年》)。但其迷信的程度已经较前代要轻得多。另一方面,在"尊神"中纳入了"尊人",主张以德配之。居于周人思想中核心地位的已不再是"神"而是"礼"。孔子在《礼记·表记》中曰:"周人尊礼尚施,事鬼神而远之。"周人的这种尊礼和敬鬼神而远之的观念自然充分地呈现在其丧葬观上,突出表现为两个方面。第一,与《周礼》相适应的丧葬等级观念开始规范化、制度化,出现了平民与贵族截然分开的"邦墓"与"公墓"制度和列鼎制度。第二,殉葬奴隶呈明显递减之势,随葬品中青铜器也逐渐减少,厚葬之风得到了一定程度的遏制。

从"有夏服天命"到"周人尊礼尚施",从"率民以事神"到"事鬼神而远之",这些都表明,自夏商到西周,国人的丧葬观念已经逐渐剥离了鬼神的影响,开始摆脱迷信的枷锁,正从神本走向人本。

三、慎终追远的儒家孝道观——中国古代丧葬观念的主流

自商周后,儒家的孝道伦理开始大行其道。在孔子的心目中,孝道同时具有内外两重意义:对内借以启发人心的自觉,对外借以象征整个人类社会以及历史文化的精神。他认为,一个理想的人格应该朝这"内圣外王"两面去充分推广,而培养训练的始端便是孝道。此外,孔子还强调"孝悌"要建立在"正心"的基础上,真正的行孝道必须是真心诚意的,如果对父母只有物质的奉养而缺少精神的慰藉,则与牲畜无异。孔子曾说过:"今之孝者,是谓能养,至于犬马。皆能有养,不敬,何以别乎?"(《论语·为政》)

孔子非常明确地把"孝"与丧葬结合在一起。他曾告诫弟子樊迟:"生,事之以礼;死,葬之以礼,祭之以礼。"(《论语·为政》)强调在父母生前死后,都要严格地按照礼节的规定行使孝道,决不能有任何违礼的现象存在。正因为如此,当弟子宰我提出"三年之丧"为期太久的时候,孔子大发雷霆,怒斥其为"不仁"。并补充道:"夫三年之丧,天下之通丧也,予也有三年之爱于其父母乎。"(《论语·阳货》)"父在,观其志;父没,观其行。三年无改于父之道,可谓孝矣。"(《论语·学而》)由此可见,孔子所说的"孝"不仅仅讲内心的诚意,更是一种对先人丧礼体制存在事实的尊重。在这种尊重顾惜中,孔子油然体会到了"礼"的庄严与永恒。

孟子进一步发展了孔子"孝悌为本"的伦理思想,将"礼"和"孝道"作为丧葬观的基本内核,提倡"礼"即是厚葬、厚葬就是"礼"的观点。《孟子·公孙丑下》中记载了他厚葬母亲的事例,清楚地说明了这一点。与孔孟一样,荀子也十分重视"礼"在丧葬中的作用。他说:"礼者,谨于治生死者也。生,人之始也;死,人之终也。终始俱善,人道毕矣,故君子敬始而慎终。"(《荀子·礼仪篇》)荀子最早道出了"慎终"的真谛。

以孔子、孟子、荀子为代表的儒家对丧葬观的改造和发展,使传统的丧葬观更加彻底地"脱巫",即摆脱了宗教的影响,注入了世俗的成分,并逐渐政治化。从此,儿女对父母的孝以及为父母操办丧事,已经不只是晚辈对长辈生养哺育的回报,而是一种礼数、一种准政治性的行为,越来越受到社会舆论的监督。由此,儒家所倡导的以"孝"为核心的丧葬文化开始畅行天下,成为了两千多年中国宗法专制社会丧葬观念的主流。

四、返本归真——道家和道教的丧葬观

道家认为,人生在世受到无数外在的束缚,如肌肤之累、声色之乐、利禄之欲、死亡之惧等有形和无形的羁绊。只有超然于这一切之上,才能领悟到人生的真谛——道。道是世界万物的本源,也是宇宙运行的总规律,道生万物,道法自然。

由于道家持这种顺应天道、崇尚无为的超逸的世界观,所以在个体的生死观上表现出一种超然的乐死态度,把死亡看成是返朴归真、复归自然的过程。例如,庄子就对儒家倡导的孝道丧葬观非常反对,他在临死前对弟子说:"吾以天地为棺椁,以日月为连璧,星辰为珠玑,万物为赍送,吾葬具岂不备也?"(《庄子·杂篇·列御寇第三十二》)庄子要求薄葬的言行充满了理性主义的光芒,在春秋战国时代是难能可贵、令人佩服的。

到了汉末,道家从先秦学派转化为一种宗教——道教。道教虽然脱胎于道家,但其教义却与之背道而驰。道教追求享乐和长生不老,相信天上有神仙,凡骨可以飞天成仙。尽管如此,其在丧葬观上却是基本一致的,都主张薄葬。道士死

后一般葬在山上或崖上,四川崖葬流行于东汉至南北朝,这一时期正是道教最为流行的时期。南北朝以后,道教仍有长足的发展,在经历了隋、唐、北宋的兴盛期,南宋、金、元的革新期后,直到清代才逐渐走向衰弱。无疑,道家和道教返本归真、主张薄葬的丧葬观,是我国丧葬文化中的一朵奇葩,占有独特的地位。

五、转世轮回——佛教的丧葬观

与道教一样,佛教开始流传于东汉末年,南北朝时期走向繁盛。当时,中国正处于战乱不已、血肉横飞的时代。社会各阶层普遍有一种"人命若朝霜""人生若晨露"的忧生之感。强烈的忧患意识催动着人们四处寻找安身立命的所在。道教的流传,使百姓指望在神仙乐园中寻找一己的满足;而佛教的东来,更为人们开启了解脱的天地。

佛教对中国传统的丧葬观念最大、最深刻的影响主要体现在佛教宣扬的"转世轮回"理念上。它强烈地冲击了中国传统的"灵魂观念"。"轮回说"认为,人死是必然的,但神魂不灭。人的灵魂将在天、人、畜生、恶鬼、地狱中轮回,"随复受形",而来生的形象与命运则受"善恶报应"的原则支配。这种"转世轮回"的人生观对相信祖先灵魂永存阴间、能祸福子孙的传统汉文化产生了重大的冲击,很大程度上修正解构了我国传统的灵魂观念,使建立在"灵魂不灭"和"孝道至上"的传统儒家丧葬礼仪遭到了严重的破坏,从而改变了特定时期内人们的丧葬方式与丧葬观念。

当然,随着历史的发展和社会的进步,特别是到了隋唐时期,神州大地复归一统,人们开始安居乐业,休养生息。加之佛教自身也加快了世俗化和中国化的进程,佛教的丧葬观逐步融入了中国传统的丧葬文化之中。直到今天,很多丧葬习俗还渗透着佛教文化的因素,如家人死后请僧侣念经,为死者超度亡灵,把发丧称为"做佛事"。

第三节　丧葬礼仪

著名历史学家钱穆曾说过:"人生最大的问题,其实并不在'生'的问题,而是'死'的问题。"(钱穆:《灵魂与心》)有关死亡的礼仪行为,英国文化人类学家马林诺夫斯基作过这样的论述。他说,人类对待死亡的态度、情绪是非常复杂和相互矛盾的。其复杂和矛盾的关键点在于,一方面人们对于死去亲人的爱怜与不舍,另一方面对于他的尸体又是极度地恐惧和反感。在尸体的装殓、葬礼的仪式、葬后的祭祀等一切关于丧葬的风俗,都表现为这两种心态的混合。也就是说,生者对死者通常有着既怀念又恐惧的心理,这双重情感造成生者既欲断绝与死者的关系,又希望保持这种关系的态度与行为。因此,人类难以对死保持平常心,丧葬礼仪的背后即透露出人类要求永生不朽而不可得的无奈心态(马林诺夫斯基著,朱岑楼译:《巫术、科学与宗教》)。

当然,钱穆和马林诺夫斯基的话都是对死亡、葬仪比较笼统的说法,具体到中国的问题上则稍有些不同。中国传统思想的可贵之处是能够不依靠灵魂不朽而积极地肯定人生。立德、立功、立言是中国自古相传的三不朽信仰,也是中国人永生的保证。根据中国人的生死观,每一个人都可以勇敢地面对小我的死亡而追求积极上进。人活一日便尽一日的本分,一旦死去,则神散归于天地,乃无遗憾。此即所谓"善吾生所以善吾死",注重现世的生死观(余英时:《中国古代死后世界的演变》)。

中国古代的丧葬礼仪历来是中国礼制中的重要成分,官方或民间都十分重视。传统丧仪的一致性或共同性都是相对的,不同的时代、地域的葬礼方式有相当的不同。但是,如果忽略细节差异,对中国古代传统丧葬礼仪大致相同的基本过程和主旨进行概括性了解,还是有可能的。中国古代丧礼的文献记载,最早的是先秦至两汉,由儒家学者所完成的"三礼",即《仪礼》《周礼》《礼记》。它们对古代丧礼作了最早的记述。汉代以后的历朝政府开始有了官修丧礼,主要用于王室贵族。到了魏晋,官制丧礼制度逐渐扩及品官,这种官修丧礼在晋、北魏、北齐、隋、唐累世均有修订。唐以前历代官修丧礼的详细内容都没有流传下来,唐代制定的《开元礼》已有完备的品官丧礼,大致为后世丧礼的蓝本。代表宋代官修丧礼的《政和礼》、明代的《明集礼》《明会典》、清代的《清通礼》都留下了官修丧礼的文献资料。

官修丧礼的特色有三:一是明定皇室及品官丧礼的差等礼制,稳定社会阶层制度;二是殓葬(慎终)及祭祀(追远),以提倡孝道巩固传统家族制度;三是注重不惮其繁地修订五服之制,以稳定儒家伦理社会的基本体制。

但是,官修丧礼以皇室和品官之礼制为主,并不及于庶人。为了弥补官修丧礼之不足,明、清两代政府都推崇北宋思想家朱熹的《文公家礼》,颁行天下为百姓通用。这一私修丧礼,由宋朝至清朝,普遍为士人和庶民所依循,可称为传统丧礼的具体代表。(王明珂:《慎终追远——历代的丧礼》)

《文公家礼》把斯人去世、停尸入殓、棺椁归葬、亲属祭祀等丧葬仪礼规定为二十个步骤。它们分别是:(1)初终;(2)沐浴、袭、奠、为位、饭含、执事者设帷及床、还尸掘坎、除袭衣;(3)灵座、魂帛、铭旌;(4)小敛;(5)大敛;(6)成服;(7)朝夕哭、奠、上食;(8)吊、奠、赙;(9)闻丧、奔丧;(10)治葬;(11)迁柩朝祖、奠赙、陈器;(12)发引柩行;(13)及墓、下棺、祠后土、题墓主、成坟;(14)反哭;(15)虞祭;(16)卒哭;(17)祔;(18)小祥;(19)大祥;(20)禫。

如果把以上引用《文公家礼》的主要内容,加上其他文献,诸如清代初年的《家礼会通》《家礼大成》一起分析,就会发现中国古代传统的丧礼的内涵主要在着力整合四种关系,处理四对事项,即:(1)对尸体的处理(入土为安);(2)对灵魂的处理(把牌位入祭祠堂);(3)对人际关系的处理(通过丧礼联络家属、亲属之间的感情);(4)对心理的处理(调适心理从悲痛中走出来)。

由此可见,丧礼不仅是个人及家庭事件,而且也是家庭及社会事件。通过丧礼要做到从一种"均衡状态"进入"另一种均衡状态"。丧礼可以表现死者家族中权利义务的确认、调整以及转移和延续,同时也表现死者及家族社会关系的某些新的变化。家族成员通过对死者在家族中地位、权力的再分配,消弭一个人死亡给家族以及社会成员所带来的不安以及相关社会组织运作上的困难。这一点在帝王之家、皇家丧礼中表现得尤为明显。

第七编

东方神韵

  古代中国艺术都表现出形神兼顾、追求内蕴的审美趣尚,并因此导致了中国古代艺术对于神韵的特别的关注,成为传统文化精神的重要表征。这种文化特征的形成,不仅与中国的儒家文化、道家文化密切相关,而且还有着很深的佛教文化基因的作用,是儒家文化圈与佛教文化圈所共同具备的文化特征。而在历史演进的过程中,无论是儒道还是佛教,其影响范围都不止中国,而是包括东亚、东南亚各国的。因此,在今天习惯于进行东西方文化划分的情况下,这种体现着东方儒佛道精神的文化可以称为东方文化精神,而这种以追求"神韵"为特色的审美文化精神则不得不称为"东方神韵"了。

第三十九章

气韵生动

"气韵生动"一词,是古人品鉴艺术品时常用之语,似乎从一开始就是对精美艺术的赞美,实际上,它的内涵远不止此。"气韵"相叠而用,最初并非用于品鉴艺术品,其内涵指向是人而非物,也就是说,"气韵"是从人物品评切入,后来才用到对艺术品的品鉴上,与表现艺术生命的"生动"相结合。"气韵生动"整体上刻画了艺术品生命活力的强盛与充盈,其中是有着深厚的生命内涵的。

先来说"气"。从本源上讲,"气"反映的是古代中国人的生命观。在"天人合一"观念的作用下,这种气生命观被放大成为一种自然观、宇宙观。天地万物都是"气"运化的产物,气集则生,气散则死。祥云瑞气、天地正气、阴阳二气、五行之气等等,万物都由"气"凝聚而成,包括天地的运行、王朝的更替直至个体生命的产生与消亡,都是"气"运化的结果。在儒家理论体系中,在汉代今文经学派那里,气的思想朝着阴阳五行方面迈出了巨大的一步,当唐宋新儒学兴起时,"理"的成分被深入挖掘,气的思想也从原来的本源论朝着生成论迈进,跟道家道教、阴阳家实现了沟通。气不仅在理念上被看成是实现人与自然、社会与天道联系的方法,而且也被看成是实实在在维系生命、自然、社会、天道的基本物质。气成了"理"(天理)的外化或者物化。天地一理,体现这个"理"的气,本来是至纯至真、"浩然"存在的,但是,因为在天地间"滚来滚去"而染上渣滓,变得不纯粹,人得这种不纯之气而生,就有凡圣之别。为了去凡就圣,只有通过后天的道德修养(即所谓的"存天理,灭人欲"),才有可能恢复纯正之气,在精神上与圣贤相通。此气与道教中气的思想以及佛教中参悟"佛性"的理论接近。宋元时期,儒佛道三家思想在理论层面契合程度越来越深,新道教在佛教禅宗大盛而无以为继的情况下,大量借鉴吸取佛教理论而大力倡导气论,强调"精""气""神"三"全"的修炼,真气充盈,方能精神旺盛。"气"的修炼被看成实现从"精"到"神"质的飞跃关键所在,由凡达仙的关捩所在。于此可见,古代的气生命观虽然从包容天地万物开始,但传统文化精神中强烈的人生关怀,却使其最终指向人生。

再来说"韵"。如果说"气"是生命流动的物质,那么,"韵"就是这种流动的节奏与律动。因此,从本质上讲,韵无非是一种节奏感、一种律动,韵律也往往被合用。在"天人合一"的哲学基础上,这种律动被阐释为天地万物所固有,是天道的体现。天籁之音,四季运行,其中有韵,其中有律。人为天地灵气之钟,其律动节奏外与天地大道相合,内与生命运动相连,其自身很好地反映着天地大道的律动与节奏,也先天性地具备了"韵"的潜质,其一切活动包括艺术活动都理所当然地体现着这种律动,贯穿着这种律动。"韵""气"沟通,"气"为"韵"的根本,"韵"为气的体现,气韵相生,构成具有某种特质的人格,也从根本上决定了其艺术审美观照的形态与水准。由此可以看出,"气韵生动"这样的评价,源于古人的世界观,表现为人格并延伸到艺术活动之中。

"气韵生动"的人格内涵。人为万物之灵,气集则生,气散则亡,而气在天地间滚来滚去有了清浊之别。得气不同之人,其韵也各异:气清之士,富有风流雅韵;气浊之人,则满身俗气俗韵。这种气韵思想在群体价值占绝对优势的先秦及两汉时期,表现并不十分明显。经过两汉经学桎梏之后,人性复归,个体价值受到重视,气性韵致也就变得突出了,此时人物品鉴,便以气韵为重。最初,这种品鉴还带有一定的儒家道德价值观的特色,随着魏晋时期人性的不断觉悟,艺术人生的审美追求日益增强,品评人物时气韵方面的要求就越来越突出。在以"竹林七贤"为代表的名士们身上,很难再以儒家道德说教去规范,他们打动人的地方也不在此,而在于身上那种超常出众的气质与风度(实质上也是一种节奏感与生命律动的折光),也就是一种超越常人的"气韵"。《世说新语》中记载有许多当时人物的轶闻趣事,透过这些轶闻之事,可以看出作者关注的重点或者说剪裁的标准,不是人物的事功,也非其身份地位,而是其精神境界。几乎每一则小故事,都折射出所记人物的秉性气质,或风流倜傥,或潇洒放纵,或严谨真挚,或怪诞狡黠,全从精神境界上入笔。作者记载这些,很少存褒贬之意于其间,只是对人物所表现出来的不同的气性充分赞许或者认可。此时可以说是对人物气韵识鉴的黄金时期。

以气韵鉴人的传统在后世仍然存留,主要凝聚于名士风流这一特定的人格风范。在古代中国,名士被理解成为气韵生动的人格象征。魏晋时期大放光彩的名士风度在以儒家思想为支柱的正统社会里,不断地被改造,渗入儒家的道德观而渐趋于"中庸",使得后世所谓的名士,渐渐转向指那种介于"仕""隐"之间的知识分子。名士风流中富于韵致的人生观更受重视。博学多识、闲雅大度、淡泊功名、旷达洒脱、远世高志等成为品鉴名士的标准。名士虽得隐逸之趣,但本质上却跟隐士不同。隐士为了追求个性的自由,自愿放弃世俗生活,寻出世之乐以葆性情之真。名士虽也视精神自由为第一要义,但他们仍心存"兼济"之志,是身隐而非心隐,为了实现济世理想,名士可以在保持人格尊严的前提下,心存打通仕途的幻想。唐五代以后,私家讲学之风日益盛行,原始侠文化中重气节豪情的内涵又不断渗入,使名士文化渐渐向"有为"立身方面转变。名节之士,以布衣之身,从最初置身山林或行走江湖,一变而为设馆授徒、主持讲坛、批评朝政、裁量人物,虽然其干政的手段与亲身入仕的儒生不同,但这种时不时表露出激烈情绪的旁观清议,却显示出其强烈的"仕宦"情结。这时的名士,虽人在江湖,却心存魏阙,在洒脱的精神状态下,呈现出强烈的淑世情结,虽然离隐逸志趣已经很远,但在精神上却又超越了亲身入仕的拘泥与胶着,"仕"其心而"隐"其身。"气韵生动"中那个"气"字,更多地体现出孟子式的"浩然正气"的一面,而"韵"字中却又沉淀着许多林下风流的因素。至此,气韵生动的人格魅力才得以全方位显现。名士们虽有出"仕"的欲望,却又保持着"在野"的情怀。他们出仕绝不像真正的儒士那么执著,而始终对官场保持一定的距离,绝不同流合污。无论"仕""隐",对他们而言,都已落入第二义。洁身自好、守持心性的真实,才是他们最终的人生追求。所以他们能在强权面前从容不迫,不为淫威所屈服,面对物质生活的困窘也能泰然处之,安贫乐道,吟啸自如。名士文化最大的特色就在于它以精神上的超脱或者独立表现出人格完整的价值取向和个性自由的人生追求。

这实质上就是一种超越,这种超越用儒家的话来说,有安贫乐道与功成身退两义;用道家的话来讲,是纵情大化的自由;用佛家的话来说,是突破执迷不悟的沉勇。超越之始,在儒是始于修身,继以齐家、治国与平天下,并最终达到"浴乎沂,风乎舞雩,咏而归"的超然境界,以入世为务而以超越世务为终;在道则是经心斋、坐忘之后进入齐物、逍遥游的境界,而得到解脱,是从生命体验开始,最后达到精神绝对自由的最终目的;在佛则是入定慧生后的一种极乐。三者虽然表现形式各异,但对超越的追求却是一致的。在中国古代社会的后期,儒、佛、道三家思想紧密结合,共同浇铸出名士们"气韵生动"的人格魅力。"气韵"呈现的过程,也就是超越的过程。由于这种超越不以最终脱离世务为目的,因此,它导致的结果不是对世情的厌倦,而是对固执、愚昧、低俗的汰洗,通过更新社会观念引导思潮走向;同时,也不断提升自身的文化品位,名士文化因此具有活力并获得主流思潮的认可。

这一品位提升的过程,用传统中一句通俗的话来讲,就是弃俗趋雅。凡质俗韵为天所弃,为人所不取。雅俗之辨自古已然,而其内涵却代有不同,并且涉及古代文化的方方面面。源头正是古代人物品鉴的标准。而一旦剥离了"雅"的道德内涵,即可看出雅俗之别,集中体现在精神超越与否上。这种超越,虽然很多时候表现在物我沟通过程中超前发现或者整体把握的睿智与识鉴的精准与深入,但更为艰难也最能体现其精神实质的,则是自我超越时因为否定自我而获得的欢愉与怡悦。

"气韵"体现在生命活动中,表现在生命所创造的艺术形式之中,艺术与生命相互呼应,彼此借鉴,被解释成为生命节奏与律动的一种外化。古代乐舞诗三位一体,体现着生命的律动与节奏,都很强调节奏感,而作为韵律本质的正是乐者舞者歌者的生命的律动。气韵生动构成了古代中国人的艺术化人生观,因此,古代艺术理所当然地贯注着气韵的思想。

对气韵的追求,可以说是中国艺术精神一个极其重要的特征。而要将主体的气韵贯注于艺术作品之中,使之体现创作主体的精神与气质,就必然要求艺术品在技法之类形而下的东西之外,负载创作主体的审美情趣与创作理念等形而上的东西。这就决定了古代艺术的主体不是那些匠人,而是有着很深传统文化素养的文人墨客。为什么艺匠们不被承认?因为他们对艺术只作"技艺"层面的理解,对追求"气韵"的艺术精神缺乏理解。比较文人的书画与画匠的书画,其最大的不同,并不在画的结构布局或者是书法中线条的间架结构,而在于从画的技法、创意到意境是否具有超越性。画匠们作画,主要精力放在如何处理线条、色彩、构图、布景等方面,而忽视对笔意、画意、画境的领悟与创造性的运用,未能将创作主体的审美感受倾注其中。他们的艺术作品虽然也能在技法层面上给人以刺激,给人以节奏或节律感,但由于这种节奏与节律没有或很少有创作主体的"气"贯注其中,"韵"就显得僵硬、呆板、单调。"气""韵"两离,作品少了灵魂,就很难使人产生审美联想,获得审美愉悦。一句话,就是因为缺乏"气韵",难以"生动"感人。这样的艺术品,在欣赏者的眼里,只不过是线条、色彩、形象等技法的拼凑与组合,难以给欣赏者带来新的东西、激发起欣赏者的审美激情与再创造欲望,理所当然地被视为满是匠气而缺乏生机。

与匠人之作相比,有着文化素养的文士则能在精神上与艺术本质相切近。他们的艺术品位,本来就推重"气韵",因此,他们的艺术活动往往能先得我心,获得与之有着同样审美心理结构的欣赏者的共鸣。这些审美感受发达、审美情趣独立的创作主体,自从事艺术创作之始,就将关怀的重心放在对审美趣味的阐释与展现上,而不在艺术手段与技法的呈现与炫耀上。得鱼忘筌,得意忘言,他们着重要表达的是那些言外之意。因此,在他们眼底、手心、笔下,一切技法都是为我所用而不是限制我的手段:以我观物,物物皆着我之色彩;以我观技法,技法皆为我所用。于是,在进行艺术构思的时候,就已迈向了创造之途,而线条色彩布局结构等形而下的技法处理,则只是平时积累的临时运用,并不受重视。举一个最明显的例子,书圣王羲之留下的《兰亭集序》之所以被称为书法神品,从最基本的用笔技法来看,并不是因为《兰亭集序》中每一笔每一画都符合标准、中规中矩,而恰好是对当时已经为众人所熟悉的笔法的突破,是王羲之在酒醉的状态下,将平日里娴熟的书法技艺创造性地予以运用。通过平常的笔法,使笔法之中透射出王羲之在酒醉之中淋漓酣畅的"意",从而在那飞动的线条之中,展示出王逸少那飘洒不凡的气度、闲雅放旷的神情与从容不迫的人生态度以及对书法精髓的领悟与运用。据说,《兰亭集序》中有几个字是王羲之在酒醒之后,因为看出是笔误而作的修改。虽然此书的原本已不可得,但从几本唐人的摹本仍不难看出,对比一下他醉中所作与醒后所改,可以看出,醉中诸字,虽或倾或倒,却个个意态横生,妙能达意。而所改之字虽间架平稳工整,却了无生气。对这位生活于个性张扬时代的书圣,我们虽不能就此说他醒时是个书匠,醉中才是书圣,但通过他在两种不同精神境界中艺术创作效果的对比,却不得不说,醉中的王羲之对艺术精神的把握更为深邃,醉中之作能更加充分地展示其气性人格,因而也更加"气韵生动"。一个技艺高超的书圣在不同的创作心态下作品竟有如此差别,而对于不同的创作主体而言,是否贯注气性情感于作品之中,就更成了决定艺术品有无生命力的重要标志。因此,一般而言,匠人之作与文士之作最大的不同,表面上看是社会地位或者画风上的差异,背后却是文化底蕴的有无,深层的实质则在于能否将内在的气质个性与独特的审美情感倾注于艺术作品之中。

绘画、书法这些传统的代表性艺术是如此,其他艺术也是如此。特别是文学创作,尤其如此。"言为心声",就是要求作家必须利用文来传递其独特的审美感受,用心去写作,真情感人,才能达到艺术效果,否则花言巧语做成团花簇锦似的文章,虽然看起来炫人眼目,可仔细读下去,却不能引起读者的共鸣,或者因为感觉到伪情矫饰而生厌。虽然"气韵生动"的美学要求,在先秦文学里没有直接表述。但从孟子善养"浩然之气"的话语中,却已透露出对作家主体精神的强烈要求。而我国第一个有着强烈个性色彩的作家——屈原,在其作品中抒发的怨、愤、哀、叹之情,也全都可以说是其人格魅力的精彩折光!汉代司马迁著《史记》,于"究天人之际,通古今之变"后,缀以"成一家之言",且能身受奇耻大辱而矢志不移,证明司马迁确实是真情倾注。披阅《史记》,千载之下,犹能体会到著者那种与日月争辉的浩然之气!曹魏以来,人物品鉴,或借阅读其作品展开。如曹丕评"建安七子"或有"齐气"或"体气高妙",即是如此。随着时间推移,文章为"不朽之盛事"的观点,在被普遍接受的同时其内涵也获得了更充分的阐释。于是历代作家们更注重自我个性的文字显现,以求在文学史上占一席之地。不同时代作家群体的崛起,形成了那个时代区别于他代的特征,同一时代不同作家群体也显示出各自的特色。百舸争流,异彩纷呈,共同构筑起我国古代文学史的灿烂星河。

创作主体之外,不同文学样式也有讲究:晋人陆机《文赋》中所称"诗缘情而绮靡,赋体物而浏亮",对文体的体性特征已有了相当深入的认识与精到的论述。刘勰《文心雕龙》则更细致、更系统地阐明了这一点。文体有"气性",创作主体有气质,二者必须相符合,才能相得益彰,否则就必须扬长避短,以免彼此滞碍。"诗圣"杜甫于诗各种皆精,却不善散文;李白天气飘逸,少有律诗佳作,正是创作主体气性与文体之间彼此牴牾的结果。纵然是同种文体,也会因为习玩既久而丧失生气。"文似看山不喜平",所论虽然在文,道出的却是艺术审美的一般规律。其中的"平"字,既指文势文态以及章法格局上的平稳、平淡,又指文意文境的平庸、平常。批评的重点不仅在为文技法上陈陈相因,还在文意及观念上未能翻新出奇,未能在文章中传达出超越平常的独特审美感受与不平凡的情感体验。一句话,就是从中不能感受到作者特有的"气"质(即通常所谓的文章风格),未能达到"气韵生动"的境界。

值得特别一提的是,古代的围棋也很好地体现着古代知识分子的气韵与精神。虽然与传统的诗书画等艺术形式比较而言,围棋一般被视为游艺的一种,但是,在长期历史流传过程中,古人在围棋中所寄托的丰富的精神内涵,已使之能很好地体现传统文化艺术的精神了,因此,从文化心态上看,围棋不仅仅是一种游艺,而且是人与人之间彼此沟通的一条渠道。

作为人与人沟通的手段,一副楸枰于对弈双方而言,犹如茫茫宇宙,黑白棋子乃天地万物,双方以棋子相围,直观的表现是为生存空间而战,根源上却是对生命张力的理解与诠释。评判胜负的标准,以所围空间的大小论算,也就成了对生命力的认可与赞美。因此表面上看,棋盘中体现出来的满是杀机,对弈双方是借楸枰作生死搏斗,实质上是对生命的礼赞,是在寻求超越生命力度的快感。在这种文化心理下,中国古代棋文化中,从来就不把杀气浓重的棋风看得很高,而是对楸枰中透露出的轻灵飘逸之气情有独钟。因此,高超的棋境,是"手谈"而不是生死搏杀。对于达到此种境界的对弈双方而言,小小楸枰已化为人生舞台,对弈双方表现出来的,全然是作为社会成员的属性,即把个人的举止修为,浓缩于方寸之间,凝于满盘棋格之中,个人的雅俗气质尽显于一着一式之中,呈现于楸枰之上,交由对方评判与裁量。棋中的死活、气、眼、目等,如同人生道路上的一道道沟沟坎坎、喜怒哀乐。对弈双方下出的每一着,都体现着其性情和心境,是平和还是心急?是相争还是相让?是谋求和平共处还是想挑起事端?棋子一落下,即给对方传递出黑白棋子之外的东西——个人的修为、人格的健全与残缺、道德水准的高低上下等,即对弈方的气质与个性。

因此,古代中国有相当教养(不是棋技)的棋手、视个人道德修养为人生最终目标的对弈者,绝不会下出满盘杀机的棋。所谓"不战而屈人之兵,善之善者也",最好的战争,是兵不血刃,以德怀远。一个道德修养够高的对弈者,总是在看到对手杀机的同时洞悉其破绽,在对手的步步紧逼之下,一再退让,直到退无可退,让无可让,对手满以为大功告成、胜局已定时,才于关键之处加以点破,以无招破有招,将其如意算盘全部推翻,促其猛醒——若对手乃顽愚不化之辈,则连这最后一着也不点破,即弃子推枰,飘然而去,胜者不胜,输者不输,胜输之意在"气韵"的人格评判面前,完全倒置,从而获得超越争锋之后的愉快与满足。

　　本质上讲,这是一种用对象印证自身生命力的方式,所以,跟懂得天籁之人可手抚无弦之琴一样,一个真正懂得棋道的人,完全可以将围棋中所寓的人生哲理贯穿于生活之中,将生活化成一盘棋,用生命去完成它。这样的人,可以完全不懂棋为何物,也可以终生不与人对弈,却能将棋的精神贯穿于生活之中,或在脑海里与自己对弈,并通过这种"弈"棋,来提升自己生之愉快。在这样的人生之中,无时无刻不体现着棋之精髓,棋理之中也无时无刻不体现着他对人生的感悟。身与心,精神气慨与外形相貌相统一,神形相随,神形相映,使内在之"气"与外在之"韵"彼此吻合,相得益彰。这种结合,可以在不同层面展开:对于单个的创作个体而言,特定的气质与审美韵味结合,意味着艺术创作个性化的产生,也可能表现为对既成艺术风格的突破,总之是个体艺术生命力的高涨;对于一个时代众多的创作主体而言,特定时代的"气"与"韵"相结合,又意味着区别于其他时期的时代风尚的形成与艺术特质的完成(王国维"一代有一代之文学"即是从文学的角度对时代艺术精神的总结);对于某一地区某一国度的创作主体而言,特别的"气"与"韵"相结合,又意味着区别于其他创作群体的艺术风格的形成与成熟。因此,"气""韵"在不同层面的结合,会展现出不同层次的"气韵生动"的艺术魅力,导致品性风格迥异的艺术产品问世。就中国传统艺术而言,"气"与"韵"的结合是在形而上与形而下两个层面上展开,是在物我无间的状态下进行的(事实上体用一源的哲学思想已决定了形而上下的区分为多余),因此,传统中国艺术中"气"与"韵"也同时表现于主体与客体两个方面,并努力实现着主体与客体的密合无间与彼此映照。"气韵生动"的艺术生命力的产生,虽以客体的加工、改造、变形为主要的外在表现形式,实质上却以主体精神内蕴为背景;"气韵生动"虽然直观地表现为技法的娴熟、手法的灵动、创意的新奇等,实质上却是创作主体在创作理念上突破樊篱与超越自我。这种在物我无间的前提下不孤立地对待创作对象与创作主体的艺术态度,使得创作主体的艺术理念泉源于创作的过程中汨汨不断地倾注于艺术作品之中,使艺术创作过程转化为赋予艺术品以个性与人格的过程,艺术欣赏的过程转化为透过艺术作品对创作主体人格魅力的欣赏过程,使创作主体的人格魅力以作品"气韵"的形态打动欣赏者,激发起其审美愉悦。

创作主体的气韵究竟是通过什么方式传递到其艺术活动之中,使之能充分显示创作主体的"气韵"?"传神写照"将提供答案。

第四十章

传神写照

　　传神写照,最早是中国绘画中的术语,意思是绘画时不仅要绘其形,还必须得其神,神形兼备,将所描绘的对象的精神内涵表现出来。这种艺术追求,其精神实质与"气韵生动"完全一致,或者说是对"气韵生动"内涵的更为深刻的揭示。初看起来,"传神写照"是要求在"写照"之中,能传其神,似乎纯粹是一个艺术创作的技法的问题。实质上,"写照"之中如何才能传神,传的又是谁的"神"呢？回答这些问题,就必然涉及画家,涉及画家的气质、个性以及其独特的审美趣尚与特定的情感抒发。

　　"写照"存真,更重传"神",这种审美追求,决定了中国画不以写实为主而以写意为特色。说中国画不写实有失偏颇,事实上,写实画风不仅在中国存在过,而且还曾出现过黄金期,那就是北宋画院的画作,无论是摹形写态还是点染着色,都极工稳精致,力图再现事物的原貌,但是,写实画风在古代中国不是主流,却是不争的事实。在个体意识代群体意识成为主潮之后,文人写意画在中国画坛一直居主流的地位。

　　外师造化(大自然),内法心源,是中国古代画家们遵循的金科玉律。初看起来,在造化与心源之间,似乎存在着不可调和的矛盾,但在中国以"道"为本源的哲学思想里,"造化"与"心源"不仅可以沟通,某种程度上简直就是一回事,因为师造化强调的并不是描摹自然,而是在精神上接近自然的本真态,将创作主体的气性与天地大道相沟通,使内在心灵的律动与天地运化的规律相呼应,使创作主体内在的"气"质与风韵和外在的律动共振或者共鸣,从而使创作主体在天地大道中找到真实的自我,同时达到开启心源形成独特审美感受的目的。从这个角度看,"造

"化"与"心源"彼此相联,是画家感受其生命力与体悟审美趣尚的共同源泉,进行艺术创作时,二者缺一不可。

不过,"心源"与"造化"关于内外源头的说明,无非是想强调在艺术创作活动中,不仅要师"造化",即要有对客观对象的描绘与摹写,而且还必须法"心源",即要有创作主体的主观情感的参与。由于有"心源"的参与,画家在画面上所展现的,已不再是"造化"显现的表象或者某个简单的侧面,而是经"我"之"心源"过滤之后的景物,是"造化"中最能引起"心源"震颤的那一部分。为了使所表现的物景能最大限度地体现"心源",整个绘画创作过程中,从构思开始,直到整个画面完成,画家都要"随心所欲"地对物景进行加工变形、取舍剪裁,甚至夸张扭曲,使物物皆着我之色彩。通过这样的处理,整个绘画,从色彩线条、布局构图到创意设计与意境营造等各个层次,都能很好地体现画家的审美感受与趣尚。绘画的过程成为画家情感生发与实现的过程。画中的每一笔每一画,都不再是现实原型的复写,而是画家"心"中有了某种情感体验,借那特有的笔势与色彩、画景展示出来。画面上淋漓尽致,全是心境,画景中色彩斑斓,寓满写意的本旨,整幅绘画,承载、传递、表达绘画主体的思想情感。画即是人,人即是画,画中物景因寓画外之意而内涵丰富,因创作主体的生命贯注而气韵生动、神气充盈。古人强调"传神写照,正在阿堵中",还有"画龙点睛"的故事,用意都在说明如何才能把画家心中想说的话,通过关键或者特定的画景表现出来。在这样的审美要求下,"阿堵"之中所传之"神"至少有两方面重要的含义:其一,是指画中人物的姿态神情与它所表现的特定的审美内涵以及由此所带来的审美效果。眼睛是心灵的窗户,通过对"阿堵"物的特殊处理与刻画,传达出的是画面人物的心情与意绪,这是"神"的显态表现;其二,更加重要的是,画家通过特定的绘画语言对心情及审美情趣的诠释,使原本单一静止的画面给人某种趋势感,将主体意志蕴于作品之中,构成艺术张力,形成画外之音,将画中之景推向画外之意,赋予绘画以灵魂,从而形成画面之"神",这是"神"的隐态或者说潜在表现。我们通常所说的"传神",虽然多是从"神"的显态表现出发,但其归穴处却又总是指向"神"的潜在本质。

为了达到"传神"的目的,中国画注重写意之外,另一独特之处在于它的散点构图,这其实跟写意风格是紧密相联的。画家为了表现其心胸情怀,在创作时打通造化与心源之间的隔阂,于物我之间往返驰纵,心物交会,在画面上必然表现出无所顾忌地打破现实光线、点面体的布局规律,或将某个局部进行强化,或对某些物象视而不见,随心所欲地表现创作主体所欲表现的侧面。也就是说,画面上的物景布局,完全是按照画家作画时的心理结构完成的,是画者审美心理结构的一种外化,而不是客观物象的照抄与临摹。我们知道,目视景物时是必须聚焦的,但画家作画"以神遇而不以目视",使得聚焦显得没有必要。为了达到表意的目的,画家必然对现实景物进行移位、增删、夸张、变形等等;而且,"内法心源"时心理结构的流动与变化,更使得所绘之景趋"散"而不趋聚。故而散点构图便成为理所当然。这种着重体现创作主体审美情趣的画面结构一旦与欣赏者的心理结构相符,就意味着欣赏者与创作者心理结构深度契合,画中真意便被领悟,"写照"中之"神"便被掘出,从而最终完成"传神写照"的全过程。

欣赏者通过对画面物景、构图的理解认同达到与作画者心理同构,从而获得由画面景物激起的审美快感,从根本上讲已经超越了画面景物所涵盖的艺术气氛而形成了一种全新的艺术境界,这就是我们经常说的意境。它往往是画家最用意的部分,也是欣赏者最关注的部分。因为画家的情怀不是通过画面中实有的景物加以表现,而是以画面之外的意境作为载体予以传达的。唐代诗人兼画家王维画雪里芭蕉,宋代文豪苏轼的朱笔画竹,之所以能获得认可并被称赞,就在于画面之外,有王维与苏轼的情感存在,画面之外形成了一个与现实芭蕉、白雪以及绿竹不同的艺术的景象。它们虽然不是现实的存在,但由于负载着王维、苏轼特殊的情感,通过对现实变形的"写照",传达出雪里芭蕉、朱竹中所蕴涵的特定的审美之"神",因而获得艺术的生命力,给人超越现实的艺术真实感,从而获得审美的认同,即对这种变形所营造出来的意境的共鸣与欣赏。在欣赏时,这种变形的"写照"可以更直接地将观赏者带到超越现实的艺术境界之中,使欣赏者不局限于从画面获得色彩美感,而更关注借助画面去体会画家的精神,心领神会,获得审美快感。苏轼曾说,欣赏一幅画,如果看到的只是画面中的意思,说明其鉴赏水平极低,与儿童的见解相似。他所强调的正是希望欣赏者能积极地参与到画面再创作的活动之中。

这种对艺术意境的追求,使中国画极富空灵特色,意境虽不能脱离画面,但完全不胶着于画面,于画面之"形"外,另成一份"神"彩,给欣赏者以巨大的想象空间。作者未必然,读者未必不然,仁者见仁,智者见智,赋予了中国画极大的艺术张力和永恒的魅力。

这里的"传神"属于形而上层面,并非指变形与加工的技法技巧等,因此,它并不表示中国画只重创新而不重传统。事实恰恰相反,传统中国画十分注重从前人那里汲取经验,从具体的创作技法到艺术意境的创造,甚至创作主体的人格修养等等,都是如此,特别是技法的继承性更十分突出。古代中国有着极为强烈的临摹前人画作的风气,赝品甚至能达到乱真的程度,临摹习作远胜原作的情况也时有发生。在古人那里,临摹归根结底是对已有存在的照抄而没有"传神",因而只能是手段,是过程,临摹得技法之后进行切合自己心境的创作才是目的。对艺术品的临摹,为的是在心情气性与审美心理结构上与前贤获得一致,是为了在"写照"之后,获得"传神"的自由。那种临摹胜原作的现象,正好说明中国艺术精神重在"传神"而不重"写照",因为此时的临摹,已经不再是完全照抄前贤,而是在学习其技法的同时,领悟出如何利用这些手段传达内心情感,以心传心,将临摹变成了对先贤心意的学习与领悟、实践。一旦技法运用自如,而"心源"汩汩流淌之时,心手相应,在精神实质上接近前贤,获得一种创新的自由与审美的愉悦,最终便可创造(不是临摹)出胜于原作的作品。

绘画之外,古代的书法也很好地体现了"传神写照"的艺术精神。一般而言,书法艺术常常被视为与绘画不同类型的艺术形式,事实上,二者在本源及艺术精神上是一致的。书画同源之说古已有之。中国的书法跟绘画一样,承载有丰富的文化内涵,体现着中国人的形象思维与审美意识,其艺术精神可以说是完全契合的。中国文字以象形为发端,仓颉造书的传说,说明中国文字是从对外象的描摹与追踪开始的。许慎《说文解字》里总结的"六书"即六种造字方式,分别为象形、指事、会意、形声、转注、假借,代表着汉人的文字观,与上古创造文字的意识已有差距,如"转注"即非造字之法。"六书"中首重象形,说明迟至汉代,人们依然认为形象思维是形成古文字的基础。再从甲骨文、大篆、小篆等古代文字的字形看,虽然它们形态各异,象形也有直接与间接之分,总体趋势上呈现出不断抽象的特征,但与后来的文字相比,都具构图艺术的特性却是一定的。由此可见,古文字已具相当的构图艺术的基础。

　　古文字的这种构图特性,随着其实用功能的膨胀而不断丧失。从先秦大篆的形态各异到秦小篆的整齐划一,再到汉代的隶书,文字的实用性不断被强调,其原始的构图性却不断丧失,由隶而楷而行而草,更难看到文字的构图特征了。这似乎意味着书法艺术性的丧失,其实不然,因为在古代文字构图性丧失的同时,书法中抽象的线条艺术的特有魅力却不断地被挖掘出来。工整的文字笔画被抽象化为书法的线条加工,审美观照的重心由象形构图、笔画达意转向了对线条艺术背后的文化内涵的把握与展示。在书法实用化、原始的象形特征不断丧失的过程中,受天人合一哲学思想的影响,书法家的主体人格却又不断地被贯注于其中,因此,古代书法在其实用价值不断获得强调的同时,古代书家作为文化承载的主体在使用文字的同时,又不断赋予其文化内涵,使其艺术价值不断地被发掘出来,实用之中蕴涵着艺术的成分,将书法变成一种重要的艺术形式而不仅仅是记录语言的手段。

　　书家把写字记言变成书法艺术,赋予其艺术内涵,意味着书家直接将其气性贯注于线条、间架、章法等之中。因为书法所赖以传情达意的手段主要是线条,不像绘画还可以借助色彩或者墨的浓淡来加以表达。所以,如果说绘画在借助外在物象来表达创作主体的内在心性时,物象还具有重要的意义的话,那么,书法的艺术价值就更纯粹、更直接地依赖于抽象化的线条了,而线条艺术的审美刺激,主要不在具象刻画,而在"气韵",即通过线条的粗细变化、相背生克、结构的布置、体态的变换、章法的布局等形成节奏感与韵律感。而这种线条的气韵构成,可以说是书家内心的律动的直接外化。笔画的粗细变化,墨色的浓淡,运笔的迟疾,笔画间的相争相借相容相依,无不直接反映书家的喜怒哀乐、心情的动静躁闲以及或隽秀或雄浑或豪纵等审美趣味。因此,我们可以说,以线条艺术为主要表现手法的书法艺术较绘画艺术更直接地指向创作主体的个性气质与艺术修养。也就是说,在"传神"的艺术追求中,绘画尚存许多借"写照"之象以至"传神"之境的痕迹,而书法艺术由于文字构图性的丧失而失去了"写照"的依托,所以更准确地走上轻"写照"重"传神"的道路。具有绘画性的"鸟书",一直只能作为民俗文化被接受而未能入士林即是一个很好的例子。当然,书法在后来的发展中,也有故意留"形"的现象,但那所谓的"形"已不再是自然界的形(象形特征),而是涵容着书法家主体意识、主观情感之"形",本质上不是客观物象的"写照",而是书法性情之"神"的一种具象反映罢了。书法家的能耐,不在能摹其形,而在能得其神,包括临帖,也不在求其形而在求其神,因为这能充分展示出书家的气质个性及其特定的审美情趣与独特的审美感受。正是从文化学的角度着眼,书法艺术较绘画艺术更接近"传神"的艺术本质。

历史地看,真正自觉地以艺术的眼光看待文字书写,是"隶书"之后的事,因为自那以后,文字的书写者才是真正有气性与艺术眼光的文士。自魏晋时人将个体气性贯注于书法之中的风气一开,后代书家纷纷效法,并以之为书法艺术的高超境界而不断追求。魏晋书法之所以难以企及,就在于它第一次将书家的主体意识不受任何约束淋漓尽致地展示出来,笔意的自由与人性的张扬两相呼应,使那时的书法真正达到了笔墨酣畅的境界。后此书法,因为临摹,讲究笔法的运用,使原本应该无任何约束的书法创作行为成了有章法可依的运腕成书,在气性心态上,无法与魏晋人的自由与超然相比。但无论如何,书法艺术很好地利用了毛笔所能表现出的特有的构图艺术特征,如粗细的变化、笔的方圆以及运笔徐疾所形成的如"飞白"之类特殊的审美效果等。这些技法虽然有程式化的倾向,但总体上,通过书法家灵活而巧妙的运用,还是得到了最大限度的发挥。在那似断实连、笔断意连的线条当中,人们可以欣赏到笔势的飞动与灵活,于粗细变化以及笔意的方圆中又可透射出线条的紧张松弛与动静徐疾。而线条与线条之间的彼此凭势借力,所呈现出相克相生的妙趣,又于章法结构之外,传达出书法家对于天地大道的领悟与讴歌;甚至精美的线条与特殊的纸质的相互配合,有时也会生出中国山水画烟雨迷蒙或者龙翔云端的特殊的审美效果,于笔墨之外,让人感受到艺术生命的强大张力。可以说,用墨色所能展现的艺术效果,在不同体的书法之中,都获得了最大限度的表现。

直接展示书家内心性情的书法艺术,在主体意识极度膨胀的魏晋及唐代获得了充分的发挥,王羲之的书法,唐代颜(真卿)、柳(公权)、张(旭)、怀(素)的书法等,都是这方面的代表作品。特别是以张旭、怀素为代表的狂草,可以说是把墨色线条的艺术表现力发挥到了极致。与此同时,创作主体内心情感膨胀、宣泄与书法艺术对线条的依赖,使得主体内在的超越意识与外在的超越手段之间的矛盾不断激化。张旭那酒醉之后散发泼墨的癫狂行径,正是情感宣泄受到墨色线条限制的痛苦与无奈。因此,艺术的极限迫使书法家谋求新的宣泄方式,并因而将书法艺术与其他艺术方式进行媾和。宋元之后,士大夫文化急剧地朝着"内圣"方面转化。在前人努力的基础上,宋元时人创造性地将诗书画三种不同的艺术形式结合起来,创造出诗、书、画三位一体的抒情模式,利用三种艺术彼此的长处,融汇成一完整的艺术整体。"题画诗"作为一种文化现象,大量出现在宋元时期的文人画中,既是书画结合以求传神的客观要求,同时也意味着线条与绘画这类空间艺术彼此沟通仍未能满足创作主体的审美追求,因而与诗歌这样的语言艺术进行融合。因为作为语言艺术的诗歌在意象创造、时空转换等方面所显示出的优越性与绘画艺术形象表现的直接性方面的优势,对线条艺术表现力达到极限之后所显示出的缺陷正好作了很好的补充,于是三者也就自然而然地被嫁接起来,形成一个相对完整的新的艺术整体。

向诗歌和绘画靠拢,说明书法艺术虽能达到直接"传神"的目的,但这种空间艺术形式终究是有限度的而不是无限的。因为就"象"而言,以线条为主要手段的书法虽然淘洗了绘画构图的完整与繁复,在"传神"方面更为灵活与充分,但是线条的空间存在方式,又使它不可能像作为语言艺术的诗歌那样灵活变化、突破时间局限。因此,书法艺术虽然把源于绘画的"象"的因素降到了最低的限度,但终究未能摆脱其束缚,空间艺术的本质未变。

创作主体的超越意识不可能停歇,而绘画、书法作为空间艺术又有着不可避免的局限。如何解决这样的矛盾?宋元人诗书画三种艺术形式的嫁接给人们很好的暗示,即利用语言艺术在时空转换方面的灵活性,突破绘画、书法这类空间艺术的局限,从而使主体情感的宣泄与审美趣尚获得提升。这就涉及"气韵"与"传神"的语言艺术表达。

与线条与色彩比较起来,文学作为一种语言艺术,无论是其"气韵"还是其"传神"的审美追求,都脱离了具象的约束,而蕴含于语言之中。如果说一幅由文人书写的诗文词赋,还有着书法作为空间艺术的具象(抽象线条)的约束的话,那么,历史上久远传播的文学作品,却因为文字的定型而失去了这层光泽。后人在翻阅刻本时,面对的仅仅是剩下一大堆的语言符号。解读这些语言符号,重新形成一种意象结构,需要读者的参与。没有读者的积极参与,那些文学作品只不过一堆"死"的文字,不可能产生审美激动。如何激活这些"死"的文字?从一开始就使欣赏者摆脱了具象的约束,在对语言符号进行拼装组合的过程中,欣赏者必须跨超"得意忘言"这一步,"复原"语言符号的原始意义,从而获得"言外之意"。这个"言外之意"的获取,根本上讲,就是遗文字之貌,传文字之"神",也就是一种"传神写照"。

同样的道理在文学创作中也是存在的。一个优秀的作家,总是用最恰当的文字来最完美地表达他的思想感情。天才作家们即席赋诗,文不加点即成杰构,一直以来都被视为文坛佳话,很能说明作家对"传神"文字的企慕与艳羡。不能做到这一点,就必须不断地对作品进行修改。宋代大文士欧阳修每作一文,都要在墙壁上悬挂很长时间,不时修改,最后甚至面目全非,很可看出其寻找"传神"文字的良苦用心。据说,他那篇脍炙人口的《醉翁亭记》,光一个开头就伤了不少脑细胞。而王安石为"春风又绿江南岸"而伤透脑筋的故事,更是家喻户晓。文坛上"一字师"层出不穷,形象地描绘出苦苦寻觅的作家在被点醒后豁然开朗的大欢喜与大兴奋。晚唐以来,诗坛形成"苦吟"之风,甚至出现以"苦吟"著名的诗人群体,又从反面描绘了未能得到完美传神文字、志不得伸的局促与痛苦。

然而,如何才能让有"传神"之效的语言符号,从一大堆平凡的语言符号中突现出来,达到预期的目的呢?作家们可谓用心良苦。翻开古代文学批评的著作,很大的篇幅都是谈这个问题的。两汉以降,随着文学创作日渐丰富,文以传情的审美要求越来越强烈,于是论文者便开始很细致地研讨起来。《文赋》《诗品》《文心雕龙》等,都从不同侧面论而述之。到南朝时,受佛经翻译的影响,音韵之学兴起,诗坛兴起声律之说。"四声八病"的避讳,无非是挖空心思,想发掘语言内在的音乐性,使其更好地为传情言志服务。唐代诗歌大盛,诗歌语言日臻完美。与此同时,一套完整的诗歌语言体系也在悄无声息之中建构成熟。哪种感情该用哪些字来表达最为合适,哪些语言最易抒发哪种感情,似乎有了一种约定俗成的规定。特别是律诗中律对的讲究,似乎哪一句七言只宜作出句、哪一句只宜作对句,都有了一些不成为的规矩。所以到晚唐时,这些陈规陋习才成了束缚创作、扼杀天才的桎梏。宋人突而破之,别创一片天地,将"唐音"一变而为"宋调"。"江西诗派"学古而不为古所限,讲究"夺胎"、追求"换骨",要在古人成就上另立一番事业功绩,求"诗眼",讲诗法,要求作诗须字字敲打得响,要好诗圆转如弹丸。一时之间,笼罩了整个诗坛,也取得了相当的成就,但结果却走上了拗峭生硬的偏僻之途。经"中兴四大家"以及后来的"江湖"突破之,方才有了元代诗歌的"唐音"再现。随后明清两朝,也是不断地在荆棘与滞碍中寻求创新之路。所有这一切努力,归根结底,都是为了用最恰当的语言表达最完美的情感,都是为了使自己作品的"写照"能够"传神"。

这时的"写照"仅以语言符号为媒介,以"心源"重构后的一种"意象"态存在,而不是像绘画、书法那样存在于现实空间之中。这样的"写照"给了"传神"更大的自由伸展的空间。面对同一描述对象,不同的创作主体可能用完全不同的文字作合乎己意的描述;面对同一部作品,不同的欣赏者也完全有可能形成迥异的审美效果。一千个人看了《红楼梦》,就会形成一千零一个贾宝玉、一千零一个林黛玉——谁又能说自己心目中的贾宝玉、林黛玉就是曹雪芹心中笔下的贾宝玉、林黛玉呢?同理,一部《红楼梦》,道学先生看到的是淫,才子佳人看到的却是风花雪月。文学作品的这种审美伸缩度,是任何空间艺术所不可比拟的。

那么,利用诗歌语言的"暗示"进行内心形象重组,形成"意象"性的"写照",这个"写照"又是如何成"神"的呢?这就涉及人们通常所说的"境生象外"这个审美层面了。

第四十一章

境 生 象 外

　　以体用一源为哲学基础的上古艺术,较少关注艺术中的象外之境,或者说对于象外之境的追求不很强烈,"境生象外"的艺术追求,主要是佛教思想渗入之后的事情。因此,在具体分析"境生象外"的艺术特性之前,有必要对上古艺术精神与佛教思想作简单的分析。

　　虽然强烈的人文指向使得绘画书法等古代艺术特别注重营造色彩与线条之外的艺术空间,特别强调创作主体情怀的渗入与表现,但是,这种情感的注入,是"情"而不是"境"。空间艺术的具象性特征总是使这种审美追求受到限制。庄子在《逍遥游》一文中,就对各种"有待"的自由作了彻底的否定,虽然他最终以"逍遥游"作为最高境界,但那种逍遥还是带有粘滞之感,因为他所描述的精神虽然绝对自由,但那逍遥于无何有之乡的躯体却终归是"有待"的、有限的,纵然是邈姑射之山上的神人,能入水蹈火,妙若处子,也无法摆脱有形的躯体所带来的局限。老子就曾感叹:"吾所以有大患者,为吾有身,及吾无身,吾有何患?"(《道德经》)强调主体的艺术精神与物我无间哲学思想间的这种悖论,就像绘画与书法艺术一样,虽不断超越,最终却难以摆脱平面艺术、空间艺术的局限;虽然不断抽象,最终还是难以摆脱那墨色线条的限制。

　　所以,整体上,原始的或者说上古的中国艺术精神的主流是现实性的,其艺术风格也主要表现为沉雄、凝重、厚实与质朴等,很少显现出灵动、飘逸的一面,无论是上古时代的神话传说、青铜艺术还是战国时期各国的大篆文字以及汉代的石刻、绘画、隶书等,其价值指向几乎无一例外地都朝向现实。在众多的艺术形式中,特别应该注意的是,自《诗经》以来的上古诗歌,也以写实为主要特色,所谓"饥者歌其食,劳者歌其事",所谓"思无邪"等等,都将诗歌艺术的价值指向拉向现实关怀这方面,如《诗经·秦风》里《蒹葭》那样意境深远、含思婉转的作品是极为少见的。纵然是屈原那些古代巫风尚未蜕尽的诗歌,于古朴之中透射出原始的热力,呈现出浪漫的色彩,却终因九死未悔的执著期盼而少了渔父般的隐逸洒脱,诗思的驰纵因受儒家道德感的重压而变得笨重,失去了飞动与超然。明确的诗境指向更导致了诗境的创造呈现出写实的特色,也就是说,屈原虽然创造了诗境,但他的诗境是通过诗笔实实在在地给我们描绘出来的,而不是通过某种艺术手法激起欣赏者的审美观照创造出来的,欣赏者更多的是被动地接受,而不是主动地创造——尚实尚群的文化传统对上古艺术的影响明显而确切。

但是,不可否认的是,在这种尚实的上古艺术中,无论是题材上还是形式上都已经包孕着强烈的主体意识,都呈现出强烈的艺术审美追求的执著,这就为后代艺术追求灵动跳跃的艺术境界奠定了基础。秦代长城所突现出的雄视千古的豪气,汉代霍去病墓马踏匈奴石刻的恢宏气势,都透射出一种张扬的超迈豪情,显示出对人类伟力的礼赞与英雄的崇拜;屈原诗歌中那光怪陆离的色彩渲染与恢宏博大的诗境创造以及汉代大赋中所蕴涵的包容万有、虹吸百川的非凡气度,无不给欣赏者以强烈的艺术震撼。所有这些都表明,上古艺术虽因现实关怀而呈现出某种胶着之态,却由此决定了上古艺术审美追求中人生关怀的特色。虽然此时的人生关怀是以群体价值为基础的,却为人性觉醒之后,个性化艺术审美的人格追求作了准备。魏晋时期,玄学兴起,个体意识觉醒,尚实尚群的文化传统受到前所未有的挑战,文化品格的转变势在必行。因缘巧合,东汉时期传入中国的佛教刚好在此时切入于华夏文化精神之中,对古代文化精神的改造与重塑产生了有效的促进作用。

佛教强调肉身难永、佛性不灭,肉身被缩简成佛性劫难的一种表现,佛性则是与肉身相区别的另一种存在。为了使佛性光明,人必须皈依佛教,苦修肉身甚至舍弃肉身。依此见解,佛性被看成是跟肉身相悖反的另一种客观存在,大乘佛教尤其如此。"性"与"情",佛与"我",由此被区别为对立的两者。"我"要达到成佛的境界,就必须舍弃肉身获得"解脱",佛教所阐明的佛性因此不仅与儒家所谈负载道德内涵的善恶之"性"相差甚巨,与道家所论不可名状却具生化功能的"道"也有很大的区别。这种此岸与彼岸的界定,对原本以天人合一、体用一源为主体的古代中国的哲学思想是一个不小的冲击。但是有着强大受容能力与涵容性的中土文化,通过佛道之间出世无为这样的中介,在吸收佛学思想时又改造着它,通过不断汇熔融通,终于使之成为与儒道思想鼎足而三的一种代表思想,并使中国的艺术精神因此而发生重要变化。

开始的时候,佛教对参修过程的种种规定与约束,使得对于精神自由的追求显得障碍重重,随着佛教中国化的程度不断加深,特别是禅宗发展起来之后,达到精神自由的"佛境"获得了最大限度的"自由"。禅,既指佛教一大宗派禅宗,又指这一宗派最主要的教义。520—526(南朝梁普通年中),南天竺菩提达摩泛海入中土,在广州上岸,经金陵,以芦叶渡江,入嵩山少林寺,十年面壁苦修,终于大彻大悟,创立禅宗。这个创宗立派的禅宗故事,本身已在佛教神通中渗出对大彻大悟的强烈企盼。禅宗经慧可等人衣法相传,至五祖弘忍时大盛。弘忍以偈试诸弟子,上座神秀作偈:"身似菩提树,心如明镜台。时时勤拂拭,莫使惹尘埃。"另一弟子慧能见后,针锋相对,另作一偈:"菩提本非树,明镜亦非台。本来无一物,何处惹尘埃。"在这段著名的禅门公案中,慧能与神秀相比,对佛性领悟的湛深,表现在对色相的否定与超越,同时对人生作了更为彻底的否定,因此精神获得绝对自由的通透与解脱。正是基于这样的判断,五祖弘忍秘密以法衣授慧能。慧能隐居十五年之后,果然另创"顿悟"之说,禅学从此大盛。

在禅宗的历史上,慧能无疑是个至关重要的人物。禅宗的宗旨,综言之就是单刀直入、直指心源。佛教将人性喻为空,而一切源自现实世界的"色相"则是对"空"的佛性的侵扰。为了恢复本空的佛性,禅祖达摩提出"二入""四行"学说,成为禅宗根本典据。所谓"二入",是指理入和行入。理入,指凭借经教启示,令一切妄念归真。行入,则是指从亲身实践,于日常生活之中,参悟禅机,证得正果。"四行",则是指"行入"的四种途径,达摩称之为报怨、随缘、无所求、称法四种。禅宗前期发展基本上是"二入"并行;到六祖慧能时,因他悟性过人,又是一个不识字的樵夫出身,因此断了"理入"之路。自那以后,禅宗基本上是行入重于理入。而"四行"之中,并不强调颂经礼佛,而不立文字、直指心源、当头棒喝、呵佛骂祖、醍醐灌顶、看话默照等诸多法门,则无所不用其极。归于一处,则是打破言语束缚,切断

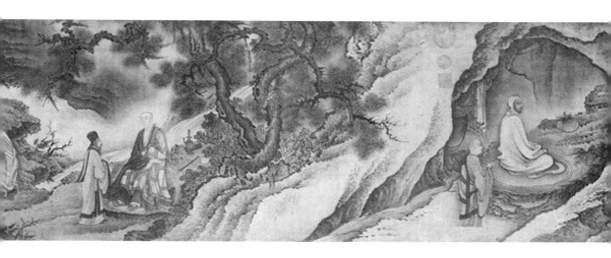

>>> 随着佛教中国化的程度不断加深,特别是禅宗发展起来之后,达到精神自由的"佛境"取得了最大限度的"自由"。禅,既指佛教一大宗派禅宗,又指这一宗派最主要的教义。南天竺菩提达摩泛海入中土,在广州上岸,经金陵,以芦叶渡江,入嵩山少林寺,十年面壁苦修,终于大彻大悟,创立禅宗。图为明代戴进《达摩六代祖师像》。

逻辑思维等现实的锁链,直接进入佛境,悟得禅那。这就使得禅师在日常生活中与普通人一般无二,但其内心却别具慧性。因此,心性的修养,成为决定是否"悟"的重要关键。《传灯录·慧海传》里,有这样一段禅宗公案,有源律师(律宗大和尚)来问:"和尚修道,还用功否?"师(慧海)曰:"用功。"曰:"如何用功?"师曰:"饥来吃饭,困来即眠。"曰:"一切人总如是,同师用功否?"师曰:"不同。"曰:"何故不同?"师曰:"他吃饭时不肯吃饭,百种须索;睡时不肯睡,千般计较,所以不同也。"从这个故事里可以看出,作为禅宗高僧的慧海,虽然行为举止跟常人无异(因此在律师有源眼里是没有"用功"),但他对"吃""睡"的理解,已经远远超过一般人的理解:吃饭睡觉与佛性无关,所以"饥来吃饭,困来即眠",心念却从未起过,真如不动,一切举止只不过是个"随缘"而已。这与普通人的吃饭睡觉时百般讲究、千般计较,自有天壤之别。

  与儒道二家本土思想不同,佛性追求超现实性及摆脱现实执著之后所获得的全新感受。这种追求,在小乘佛教中只不过以潜态蕴涵于其教义之中;在大乘佛教中则十分明显。当佛性超越参修个体属性的局限而指向众生时,参修者在超越个体属性局限性之后,在获得亲近佛性的快感时,在参透一切色相后也获得了对佛性广大无边的领悟,并因而获得精神超越的自由。这种世界观一旦落实到艺术创作之中转化成为一种艺术精神,与中国原本具有的人生关怀的艺术创作精神相结合,就改变了中国传统的艺术精神的品格,给上古艺术精神注入新的血液。佛教思想中对于此岸"色相"的摒弃和对彼岸世界的执著,表现在艺术活动中,就是对"色相"背后创作主体精神境界的展示与热衷。这就为玄远空灵艺术境界的开拓准备了条件。因此,在个体属性受到重视而佛教又传入东土之后,我国古代的绘画、书法、音乐、建筑、雕刻等艺术形式都有了相应的变化,这种变化最集中的表现就是对"境"的追求。在众多的艺术形式中,最显著的表现形式要数作为语言艺术的古代诗歌中对"意境"的追求。

  佛学思想渗入中华文化之中并催生出"意境"的历史,中间经历了一个漫长的过程。佛教最初主要是借助皇室的势力在上层流行,而其教义主要借助于本土的道教来宣传,因此其精义尚未完全展开,但是,种瓜得豆,随着佛教走出宫廷为士大夫所接受,东传佛教理论体系日益完整化与中国化,佛理也不断地渗入到中华文化当中并产生影响。六朝时期，在那些有着仙风道骨的画家及书法家的笔下，已有许多关于"境"的言论，透射出不少佛理，只是在"道"与"玄"的大背景遮掩下，少有人注意到这一点罢了。隋唐时期，士人对佛经的领悟更为精熟湛深，对意境的追求也更为自觉，而且此时绘画与书法理论更加成熟，因此将源自佛教的意境引入艺术领域也更为自觉，理论上的探讨也日益深入，特别是此时诗歌大盛，对意境的探讨便扩展到这一时代艺术样式之中。魏晋以来"玄言诗"中那种对于天地人生的深沉索解，在获得佛理支撑之后，显得灵动而脱俗。前辈们在作品中所透露出来的洒脱与超迈深深地感动着后来的文人，使他们对这种艺术境界的追求更为自觉。诗"缘情"已不能满足他们的需要，在"缘情"的过程中，还有更高层次的艺术性的甚至是唯美的追求。这种转化，集中体现在从初唐诗歌向盛唐转变的过程中。以"四杰"为代表的年轻诗人，胸怀着以天下为己任的大志走上历史舞台，诗歌中喷薄着朝气。但这种情绪，只以屈原式的直接与魏晋人的感喟出之，少了灵动之气。到盛唐时，诗人们在抒发一己情怀时，更注意艺术地"压抑"情绪，不再任情感倾泄，而是有"节制"地对之进行艺术加工。李白式的情感爆发，往往为人生的虚幻感所冲淡。杜甫深沉的人生感喟，也被组织到十分工稳的律句之中，从而获得一种"节制"。王维的飘逸与旷达，也在省炼的语言中，获得了"冷处理"。

　　创作主体情感的"节制"，语言形式的完美追求，"消解"了艺术黏滞于现实世界的执著，一定程度上冲淡了艺术作品与创作主体的联系，为接受者的审美再创造预留了空间。欣赏者在剥离掉洗练语言的逻辑链条后，发现，在跳跃的言语符号背后，有一个由作者之"意"与自己之"意"相沟通后形成的"境"。它跳荡如同佛理所言彼岸世界，于审美感动的刹那间生灭，倏忽而来，遽然又逝，让你心动，却难以捕捉。它不仅可以因人而异，还会因欣赏者的心境而呈异彩，其审美效应的持续性更是非一切具象艺术所可比拟。这种"象"外之"境"的魅力，给欣赏者"无待"的自由与超越，最大程度催发出欣赏者的审美潜能，所以最能打动人，对它的探讨也是持久而热烈，不断展开。在保存初盛唐人诗论的《文镜秘府论》中，有托名王昌龄作的《诗格》，其中已有关于诗境的较为直接的论述。跟王昌龄前后不远有"诗佛"之称的大诗人王维，则不仅在其绘画中融入佛境，创造出幽美的画境，而且还自觉地把对佛境的领悟用诗歌的形式加以表现。在他那些被称为"山水诗"的作品中，人们随处可以感受到省净画面背后那深蕴着的人生感悟。宋代大文豪苏轼称其"诗中有画，画中有诗"，就是指其诗歌语言富于构图性，其中富含深远的画境，也就是优美的意境。可以说，最迟到盛唐，诗歌中对于意境的追求已经非常自觉了。在随后的中唐及晚唐中，诗境的问题几乎成为当时诗歌理论中一个极为突出的理论问题，代表性的诗人及理论家都对此发言，表述他们的观点。诗中"境"的有无，成了评判诗歌成功与否极为重要的标准。如何才能营造出诗境，什么样的诗境完美，什么样的诗境为不完美，晚唐五代大兴的"诗格"一类理论著作中，已经讨论到了形而下的技法的层面，并作了许多在今人看来十分死板的规定，反映出当时人对诗境追求的执著。

对于诗境的不懈追求，正是唐诗达到后世无可企及的高度至关重要的原因，而唐诗的巨大成绩及其所标示出的诗境评判标准，又给后世诗歌的发展带来巨大的影响：既给后世诗歌的发展指明了方向，又限制了后世诗歌的突破与进一步发展。从思想层面上讲，再没有跟佛教那样影响深远、体系完整的哲学思想的介入。后世诗歌在"盛唐气象""唐音"的标举声中，表现出对诗境的眷顾时，也丧失了创新诗歌学的勇气。

宋人在诗学思想上曾有过较大的突破，他们在拓宽诗歌的题材、增加诗歌的表现手法、追求艺术形式的多样化精致化等方面都曾作过有益的尝试。对这种跳出诗歌"意境"约束的努力，历史上却褒贬不一。宋代诗歌理论家严羽即对宋诗提出批评，其中最重要的一条就是指斥宋人"以议论为诗""以文字为诗""以才学为诗"，而不是像魏晋及唐人那样于"理"外另求"别趣"，究其思想实质，无非是对诗歌意境的眷恋与向往。严羽所标举的水中月、镜中花，就是前面所说的意境，是境生象外的诗歌审美追求的宋代理性化表述。他所谓的"别趣"，究其实质，也就是"境生象外"。诗歌史上唐宋诗之争，表面上看是重"情"与重"理"的区分，究其实质，意境标准是否唯一或者是否最好，在其中所占的比重相当大。

公平地讲，唐宋诗歌可谓双峰并峙，但争辩之声鹊起。宋人拓宽诗歌题材以"理"入诗的尝试长期受到讥评的事实，表明古人文化上企慕诗"境"的强烈心态，诗歌中"境生象外"的艺术追求，如何在"别趣说""神韵说"以及"公安派"的诗学思想中一直被提倡和强调。但宋诗的开拓性已毕竟是历史的事实，而且其实绩也不容忽视,因此唐宋之后,对于诗"境"的追求,整体上给人的印象是理论探讨大过创作实践的实绩,在明人"诗必盛唐"的口号中,也透出了无法超越的无奈。这就说明,虽然在后世的诗歌中,对意境的追求一直被视为不可或缺的重要因素,但是,自宋诗以"议论"见特色,特别是理学在宋代大盛之后,其理论体系不断完善,成为古代社会意识形态的主要支柱,"理"渗入诗已成为既定事实,对诗"境"的营造起了一定的阻碍作用,因此,诗"境"已不再是诗歌审美的唯一标准。加上诗歌在唐代大盛,体式不断变化,由唐诗而宋词,由宋词而元曲,由元曲而明清小说,代表性文体不断变化。虽然在这些作品中也有相当的对于"境"的追求,而且在宋词特别是在声香色俱的北宋词以及元代散曲中,都有很优秀的"境生象外"的作品,但毕竟已不再是诗歌独领风骚的时代。代表性文体的转变以及多种文体的并存,也使得"境"的审美追求变得宽泛与灵活起来。由于这两方面的原因,使得诗"境"在理论上的探讨不断展开,而在创作与审美内涵上却少有突破。

　　诗歌中是如何营造"境"到达"境生象外"的呢?与绘画、书法等空间艺术形式相比,作为语言艺术精华的诗歌艺术是一种时空交织的综合艺术。它不再借助具象性的色彩、线条、画面来展示瞬间的思想或者灵感,而是将所有的情感锤炼之后,萃取其精华,借助语言、节奏、音律等表现出来。这样的艺术形式,由于舍弃了具象,似乎为"境"的出现增加了难度,殊不知这样正好为"境"的灵活与自由提供了更广阔的空间,因此,在这种综合艺术中创造意境有比绘画、书法、雕刻等更多的涵容性。

　　"境",如何由一堆语言符号建构出来?

　　前已述及,诗歌中,除了某些有特定意义的言语符号外,再无具象性的画面或线条,"境"的出现,不再依赖于有特定意义指向的色彩线条或者形象,而是那几十最多几百个能指极强的言语词汇以及这些特定词汇所形成的韵律与节奏。也就是说,创造"境"的手段,已经抽象到不具意指(如韵律、声律等形式结构)或意指不强的符号(言语)、符号系统(五七言及杂言体式等)及有着特定文化积淀的符号体系(成语、典故),这就最大限度地给意境的生发留下了空间,即人们经常所说的想象空间。也就是说,诗中之"境",在创作主体的精心安排下"潜藏"于某首诗歌特定的言语符号之中,这些言语符号具备了某些特定的意义指向。虽然这些言语符号碎拆开来，也许并不能产生什么特定的意境，但是，当它们被那些与创作者有着同样心理结构的欣赏者接受时，那些蕴涵其中的意指内涵便由暗到明，由潜而显，在欣赏者脑海里形成一种艺术化的具象世界，即所谓的"意境"。举例来说，"海上生明月，天涯共此时"两句诗，若单纯看"海上""明月""天涯""此时"这些词语，并无特别的内涵，即使是将"海上生明月"与"天涯共此时"分置两处，也没有太多的意义内涵可挖掘。可是，一旦欣赏者将"海上"与"明月"这两组符号所蕴涵的意指在脑海里进行具象重构，形成浩瀚大海及明月东升的"意象"，那么，这个经过欣赏者的"意"而创造出来的"境"也就诞生了。而一旦大海的广阔无边、明月的普照大地再与"天涯"相联想，那么，"海上生明月"的意境便进一步朝着更深的意指挺进，在宇宙的广袤无垠与人生的渺小短暂之间形成强烈对比，使欣赏者透过简短的符号在心里另构出一个包容其人生感喟与世界观的空间，于所营构的意象背后获得强烈的艺术审美震撼。这便是"意境"审美的感受，即通过欣赏者的审美想象产生的境象，它虽非诗歌言语直接勾画出来，却是由这些言语催生出来的。

　　意境中的意，着重说明艺术作品的创作主体的情怀、胸襟、想象等；意境中的境，着重的是通过一定的艺术手段把内在的情感以某种特定的艺术形象表现出来。意与境的结合并不是单纯的二语相加，就像我们平时所说的一加一并不等于二一样。在艺术的领域里，创造性的发散性思维会将艺术元素所蕴涵的艺术空间最大限度地拓展出来，形成最为广阔的艺术空间。虽然从本源上讲，一切意中之"境"，都一无例外地是现实世界的反映，但这个"反映"不是"模仿"，不是照搬照抄，意中之"境"，往往与现实生活有别，正是由于有了"意"的再加工与改造，才使得这个"境"摆脱了现实空间的局限，摆脱了"象"的约束，体现出"境生象外"的艺术的灵性和品格。

　　艺术所创造的意境，就像那水中之月、镜中之花、空中之音。它是月，但不在天上而在水中，是荡漾着的明月；它是物像，但不在你的眼前而在镜中，是通过明镜反映之后的产物；它是乐音，但并不直接刺激你的耳鼓，而是通过空间的转换之后作用于你的全身；如果水波乍起、镜面破碎、空境消失（原有的言语符号系统不再存在），那么，那月、那花、那音也就因而消失。艺术欣赏的过程，就是用"意"去呵护水月镜花那美的境像。欣赏者"意"的参与，使得艺术审美的主观性得以突现。

所谓作者未必然,读者未必不然,强调的正是欣赏者对艺术作品的再加工。如果艺术作品没有给欣赏者预留下广阔的想象空间,那么,那"未必不然"的艺术再加工也就不可能实现。艺术意境的追求将艺术创作与欣赏联为一体,打破了时间的界限和限制,使之成为永恒,使千载之上的艺术家与千载之下的我们在审美心态上达到同构,完成艺术上的时空转换——"意境"不仅是形成艺术美感的基础,也是艺术生命之源。

有了对意境的全面而深入的了解,就可以理解"境生象外"的具体内涵了。对于绘画书法雕刻之类具象的空间艺术而言,"象"是客观存在的,象外之"境"主要是指对这些"象"进行审美观照而获得的"境"。对于诗歌这类语言艺术而言,"象"不是具象存在的,而必须由"意"的参与才能完成,诗中之"象"即为"意象",而"意象"的诗歌表达即为"意境",因此,在诗歌艺术中"意象"与"意境"之间就审美观照而言,并没有多大的区别,只是"意境"更加强调审美观照的层深与完整而已。依此可以看出,"境生象外"的含义也是多重的。

首先,是超越具象性艺术媒介之后所形成的一种艺术境界。这主要是指在传统的绘画、书法、舞蹈、雕塑、篆刻等艺术形式中的"境生象外"。在这类艺术形式中,"象"或隐或显地存在着,特别是对绘画和雕刻这类艺术形式而言,"象"可以说是真实(是已有作者之"意"参与的艺术真实而非生活真实)地存在着,由于这类艺术形式中"境"在很大程度上还依赖于具象性的艺术媒介,而具象性媒介意义指向的相对明确(构图性的绘画艺术较线条性的书法艺术更甚),使得"意"的参与必须与媒介固有的意义指向相切合,因而"境"的再创造也相应地受到限制,"境生象外"的发散性特征并不十分明显。而且"象"的意义指向的确切性,也使得此类艺术的"象"外之"境"的审美指向从艺术品本身转向了艺术创造主体,即创作理念与审美趣尚的独特性等方面。因此,探究这类艺术的"象"外之"境"时,欣赏者的审美指向更多的是突破画面线条而追溯到艺术家的创作情怀,穿越形而下的具象性艺术形象而达到形而上的艺术审美理念层面。此时的"境生象外",是欣赏者与创作者借艺术形式达到心理同构后进行审美观照的一种愉悦。

其次,"境生象外",指在符号及符号系统中所蕴涵的特定的发散性的意义指向,在审美观照过程中被发现而形成的全新的艺术境界。这主要是指在诗、词、曲等语言艺术以及音乐等艺术形式中所体现出来的"境生象外"。由于在这些艺术形式中,已经没有了具象性的结构与形象,"象"也不再直接地呈现于欣赏者的面前,而必须由欣赏者对那些暗示性的符号或符号系统进行加工才可能出现,"象"更多地倚赖于欣赏者"意"的参与而不是艺术媒介的意义指向,所以与那些具象性艺术相比,这类艺术中的"象"更具暗示性与不确定性。人们常说一千个人看了《红楼梦》就有一千零一个贾宝玉、一千零一个林黛玉,就是指在作者曹雪芹之外,在那一千个读者的心目中,会有各不相同的贾宝玉、林黛玉形象。由于这类艺术中"象"的出现已很大程度上倚赖于欣赏者"意"的再创造,因此,其"象"外之"境",也可以很轻易地超越符号及符号系统所形成的约束(这种约束本身已较具象型艺术更小)而更多地向欣赏者的审美趣尚靠近。此时的"象"外之"境",可以说是欣赏者在对艺术品作审美观照后在精神上获得自我超越后的一种愉悦。由于这类艺术的象外之"境"自由度较具象型艺术大得多,所以,其艺术欣赏的企盼也更强烈,对欣赏者的审美水平、审美趣尚也相应地提出了更高的要求。同样一首诗一首词一支曲子,不同水平、情趣各异的欣赏者,其审美观照的角度完全可以相异,审美观照的重点各有不同,所获得的审美愉悦自然也有深浅的不同。阳春白雪和者甚寡的故事、曹雪芹那"都云作者痴,谁解其中味"的感叹,都是对高水平的艺术欣赏者的企盼,而高山流水中伯牙绝弦的故事,更是知音失去后的痛心疾首与绝望无奈。也正因如此,此类艺术也成了考验欣赏者审美眼光的试金石。一件能激发起众多艺术家审美情趣的艺术品,虽然可能"仁者见仁,智者见智",但它首先要求欣赏者必须是"仁者",是"智者",而且还要求他们作出"仁"与"智"的审美观照,否则不可能"见仁"与"见智"。因此,欣赏者情趣如何,在"仁"与"智"的审美判断中,可以一目了然。东方艺术对审美主体提出的审美要求,主要不是某些客观的标准,而是艺术活动中主体与客体亲密无间的交流,因此,在艺术欣赏活动中,对审美主体的人生品味随时都提出要求,这就使得那些"滥竽充数"者只能在宣王时得手而不可能在湣王时也得手。也就是说,在艺术欣赏过程中,艺术作品中特有的审美内涵与欣赏者审美情趣的相激互动,必然最终检测出审美主体的审美情趣与鉴赏水平。

最后,"境生象外"还指在审美观照过程中所获得的审美愉悦以及由此带来的人生感悟和情感陶冶。这个层面上的"境生象外"已超越了艺术鉴赏所带来的审美愉悦,是由审美愉悦激发起的对人格、生命的呼唤与感悟,这已经是从美学层面挺进到哲学层面的产物,是从艺术提升到人生,是艺术人格化的一种体现了。用前面所举的例子来说,如果说,由明月大海构成的画面还是由符号营构出的诗中"意境"的话,那么,由此时空交织所产生的人生感悟,则不能不说是"象"外之"境"所催生出的更深层次的"境"外之"境"了。与艺术审美所形成之"境"不同,这种人生感悟之"境"虽然由艺术审美刺激产生,却已脱离艺术品而直指欣赏主体的人生经验,其主观色彩更为强烈,此时的欣赏者不再关注艺术转而关注自身,艺术之"境"犹如一面镜子,照见的是欣赏主体平时忘怀的自我本真,使之返回自我,进行人性本源的体验。孔子称《诗》可以兴观群怨,对"绘事后素"的伦理化评价,季札观《诗》之论以及钟子期对伯牙琴声的评论,都不再指向诗歌内容、音乐旋律,而是转化成为一种道德判断了。这可以说是由艺术而人生的很典型也是很好的例子。虽然由于儒家思想的主导性使古代艺术功利性特征显得突出,使艺术化人生之"境"带有道德色彩而失去了道与佛的空灵飘逸,且在某种程度上掩盖了古代艺术中"境"中所蕴涵的人生关怀,但是,一旦剥离掉积淀于文化艺术中道德评断的外衣,就很容易看出古人艺术化人生与艺术创作中"境生象外"的审美追求之间的紧密联系。因此,我们说,古代艺术的终极关怀在人生,而古人的人生品格在艺术。艺术的人格化与人格的艺术化构成了东方神韵的根本。

依上所论,可以这么说:象外之境中的"境",既是一种艺术境界,也指审美主体的修为与人生境界。对于象外之"境"的追求,于书画雕刻以及诗乐等艺术形式全盛之后虽有所衰减,或者说因为跟其他艺术因素相融汇而部分地丧失了其原来的特性,但在此过程中却又使之弥漫于传统文化的多个方面,特别是对审美主体的人格熏陶方面,所产生的影响是明显而巨大的。艺术活动的人生终极指向将艺术境界注入到人生品格之中,不断完善着古人的艺术化人生。

艺术的人生指向与人生的艺术倾向使得一切艺术活动都变成了生命力(不仅仅是审美力)的展示,因此,在艺术活动中,创作主体精神与艺术品格的实现虽然以艺术媒介(如色彩、线条、语言、乐音、节奏、声韵等)为载体与手段,却远不如此简单。前面分析"气韵生动""传神写照""境生象外"等审美追求时,关注的重心在审美主体精神的实现上,而实现审美主体精神与艺术形象之间相激互动的根本保证或者说具体方法,就是通常所说的"意象浑成"。

第四十二章

意 象 浑 成

前面所说的"传神写照"与"境生象外",认定艺术境界的创造,就创作者而言,是如何将其"意"融入艺术品之中构成"意境",从而达到"传神"之效;就艺术欣赏而言,则是如何体味艺术品中所蕴之"象"与"境",从而获得审美愉悦。在这里,艺术活动被分成了创作与欣赏两个过程,事实上就艺术活动作为审美活动而言,创作与欣赏是同时存在的,"意""象""境"三者也是密不可分的,"意"的参与,是形成"象"和"境"的必要条件;而"象"与"境"之间,关系就更加密切了。在某些艺术形式中,"象""境"往往彼此融合或者说是同构的,无"象"也就无"境"可言,无"境"之"象"即失去了审美效果。"象"与"境"的差别,主要是"境"更具审美暗示性,某种程度而言呈现出脱离艺术品本身而更多地指向审美主体的心理结构。在艺术活动中,"境生象外"往往作为审美追求提出,"意象浑成"却侧重于表述达到这一审美追求的基础与方法,原因就在于此。不过,在艺术批评领域里,"境生象外"与"意象浑成"又分指不同特性的审美风格,二者之间并无因果关联。

在"意象浑成"的创作原则中,"意"不断发生变化,而不是凝固不变或者死板的。在东方艺术中,一切艺术活动都以人格为最终指向,"意"参与艺术活动,往往体现于"意在笔先",审美冲动首先即以"意"的方式表现出来,而此"意"又无时无刻不负载着审美主体的审美情感与人格追求。因此,就艺术创作过程而言,"意"自创作构思阶段甚至于创作冲动之始就已存在,直到创作活动完成才最后结束。由于审美冲动的非逻辑性(灵感的突然出现之类)、跳跃性,也由于审美创造过程中受媒介的限制或者艺术形式的局限,使得心意攀缘,审美情感于刹那间顿生顿灭,"意"也不断地变化。就审美欣赏而言,"意"的参与则从审美主体面对艺术品的那一刻起就已开始。在对艺术媒介进行直观审美时,"意"越活跃,越有可能获得审美愉悦,越可能不断突破艺术媒介单一构成的局限与约束,不断接受艺术媒介的刺激而在内心产生与之相类的审美心理结构,从而获得"心领神会"的妙趣,进而达到只可"意"会不可言传的妙境,在心中形成"意象"并延伸到象外之境。因此,在整个艺术活动中,"意"都是积极的、活跃的,艺术创造永无止境,在此过程中"意"的变化也是无止境的。

应该看到的是,虽然在艺术活动中"意"的活动原则上讲不受限制,但是,"意"的活动毕竟逃不脱时代与思想的约束,这正是形成时代和艺术精神的重要因素。特别是对于以人格为最终指向且受功利主义文艺观影响至深的古代中国艺术而言,"意"的约束就更加明显而突出了。"意"在上古直到先秦时代,是很少受约束的,诸子百家大胆争鸣中所体现的个性张扬,上古艺术中的夸张狰狞与抽象概括,都体现了这一点。随着儒家思想统治地位的确立,"中庸"思想对艺术人生的渗透,"意"的价值指向越来越明确,受到一定的限制也越来越显著。过犹不及,一切外向的、蹈厉的、直白的、显露的"意"都不被认可,只有那些含蓄的、隽永的艺术品格或者艺术种类才会被称誉。这样的观念不仅左右了后来的艺术审美情趣,而且也影响了艺术形式的发展。就绘画而言,文人画的备受青睐与画院作品的被讥评,就诗歌而言,对唐诗(后来也包括宋词)的雅誉,视元人散曲为俗品,都折射出这种审美情趣的特性,同时也显示出其缺陷与不足。

需要特别指出的是,在儒家功利艺术思想占据正统地位的时代,艺术的超功利性特征总是受到某种程度的压抑,即使是在某个特定的时期里儒家思想受到怀疑而出现超功利的创作倾向,也会在后来儒家思想恢复支配地位的时代里出现流传与解读的扭曲,甚至失传与曲解及误读,以至于掩盖原有的艺术品格。汉儒解《诗》即是最明显的例子。一部上古歌谣集,在独尊儒术的时代里被演绎成为歌颂功德的教科书,其中真挚热烈的情感被有意误读成符合儒家思想的道德说教。古代艺术中"意"在整体上或者说"意"的主流基本上一直保持着"发乎情止乎礼义"的限度,越过此限的作品,虽然在今天被奉为至宝,但在儒学正统的时代于正统儒士的眼中,却一直被讥嘲或者是被唾弃的。上古时代的人体艺术在进入"郁郁周文"的时代就基本上绝迹,虽然在一些远古生殖崇拜的壁画岩画遗迹中,我们还可依稀感受到星星点点与古希腊相媲美的上古艺术踪影,但在"非礼勿视"的圣训下,后代的人体艺术几乎绝迹! 当然,这都可以说是一些极端的例子。除此之外,我们今天视为古艺术精品的东西,如李白的诗歌,甚至杜甫的诗歌、徐渭的绘画与书法、李贽的言论、《西厢记》《水浒传》《红楼梦》等,都受到过或轻或重或此或彼的批评。这些批评,几乎无一例外地打着艺术批评的招牌,但在以人生为指归的古代艺术中,这些批评又无一例外地将批评的矛头指向了创作主体,指向了艺术家的"意",由此不难看出艺术创作中"意"所受的限制。因此,只能说艺术活动中的"意"在原则上是不受约束的,而事实上"意"却是自始至终受到儒家思想观念这样一个大前提的限制。这个大前提的存在,既使得古代艺术受到儒家道德规范的约束,同时,又使得艺术创造中的"意"趋于暗示性与启发性,是隐含的而非外露的,是曲折的而非直捷的。艺术活动中的这种"曲意逢迎",使古代艺术在具有功利特征的同时,也增加了其含蓄深永与隽秀娟美的神韵。

其次,在不同的艺术形式中,"象"的存在形态是多种多样的。艺术种类不同,"象"也有不同的存在形式与艺术张力,有有形之象,有抽象之象,还有无形之象。在那些空间艺术如绘画、舞蹈、石刻等艺术形式中,"象"是实际存在的;而在另一些符号化的空间艺术如书法等艺术形式中,象却被抽象成为某种超越现实的存在了;在那些语言艺术、时间艺术如诗歌、音乐等艺术形式中,象则完全不以具体有形的状态存在了。虽然象的存在方式各不相同,但是在艺术活动中,"象"的出现却都必须在"意"的参与下才能真正完成,因为一切象都必须通过创作与欣赏者的审美观照才能"生动",才能"传神",才能完成。《易》学中立"象"以见"意"的表达方式,文学创作中所谓的"形象思维",都从哲学、文学的侧面说明了这一点。古代"高山流水"的故事则更加形象地说明了艺术活动中,审美之"象"从无到有的生成过程。

象的存在方式不同,其艺术张力的表现也大不一样。一般认为,艺术活动中"象"的存在越是实在,象的艺术张力就越受影响,因为在创作过程中,为了完成"象"或者为了使"象"为受众所接受,往往会在潜意识里或者有意识地去迎合受众对"象"的要求,而艺术创作中对受众的考虑,必然会影响到创作的活力与激情,创作者的审美愉悦因为受"象"的约束而不得不对原有之"意"进行削减,因而出现创作中"不达意"的现象,难以做到"意"态淋漓;与之相应,在艺术欣赏的过程中,艺术品中已具之象的存在,又常常会限制或者扼制审美想象与联想的生发,使"意"的参与性大打折扣。这种观点初看似乎很有道理,实际上却是对艺术张力形态的片面理解。在艺术作品中具体存在的"象"对审美联想产生阻碍作用的表象背后,是艺术家突破实"象"的更为强烈的欲望,因为,艺术活动中实象对于"意"的压抑,只能使"意"更为活跃,于是在利用这些具有实象的空间艺术的表达中,"意"的参与往往走向了具体存在的"象"的背后,无论是创作者还是欣赏者,在面对艺术品的时候,"得意忘形""得鱼忘筌",遗貌取神,通过对有形之"象"的"透视",达到对"象"背后之"神"的领悟,从而完成艺术审美过程。

这些具象艺术的艺术张力,可以简单地归纳为"透视"性的艺术张力。对于那些抽象之"象"或者无形之"象"如书法、诗歌等艺术而言,"象"与生活实践的距离较远,"象"的出现,更多地不是实践经验的总结,而是审美感受的凝聚,因此,抽象甚至无象之"象"的艺术张力,虽然不能说比具象之"象"的艺术张力大,更为灵活却是一定的。在省略了具象"透视"过程后,"意"的参与少受限制,明于心即可明于口与手,任性发挥犹如今人所言的"意识流",艺术审美活动呈现出一定的开放性。当音乐在时间中展开的时候,想象的翅膀完全可以不受任何约束地自由飞翔。作者未必然,读者未必不然,在欣赏一首绝妙好诗词的时候,欣赏者完全可以凭借自己的人生经验与情感需要,对诗歌进行合乎己意的理解。这类艺术活动与具象艺术呈"透射性"特征相比较而言,其艺术张力呈现出"放射"性的特征。

在不同艺术品种中,艺术张力所呈现出的这种或"透视"或"放射"的特征,不仅跟"象"的存在方式有关,而且还跟"意"的参与方式也有很大的关系。如何表"意"绘"象",表面上看是一个艺术表达方式的选择问题,实际上却是艺术家审美趣尚与审美态度的曝光。因此,在排除掉艺术创作过程中那些形而下的技法因素之后,艺术审美过程中的"意象浑成",实质上是在"意"与"象"之间谋求某种平衡与融通。"意"与"象"之间的这种状况导致了第三个特点,即艺术活动中"意"与"象"这一对矛盾,在"透视"性艺术审美中,二者呈现此消彼长之态;在"放射"性艺术审美活动中,则呈现出彼此隐显之态。艺术活动中"意"与"象"之间的这种矛盾,决定了在艺术活动过程中,必然要求很好地处理"意"与"象"的关系。

由于在不同的艺术形式中,"象"的存在形态不同,"意"的参与方式也有别,因此,在进行艺术构思、艺术表达方式选择的时候,就已经开始进行如何处理"意""象"关系的思考了。艺术创作不同于写生,"象"从一开始就不是外在的,而是在"意"(审美观照)的参与下内法心源而成;艺术表达方式的选择,也是有"意"为之的,借什么样的表达方式进行表达,本身就是对艺术家艺术修养的检验。(古代艺术家跟现在不同,没有特别明显的分工,单会某种艺术表达方式的一般被称为匠,而不被称为艺术家。)在创作与欣赏过程中,"意"对"象"的不断超越,更是艺术修养的全面释放。从这方面看,似乎"意"在整个艺术活动中都一直处于主动地位,而"象"则是被动的。事实上并非如此,与"意"的主观性相比,"象"具客观性特点,有其独立存在的一面。在艺术活动中,审美主体的"意"总是必须借助"象"来进行表达的,纵然是在无形之象的艺术形式中,"象"也是激"意"的必不可少的因素,否则欣赏过程中的"象"外之"境"就无法生成,这也就是所谓形象思维的特性,因此,一定程度上讲,艺术活动中"象"对"意"的审美指向起着决定作用。

"意""象"二者有主客观特性上的差异,如何处理"意"与"象"的矛盾,协调二者之间的关系,就成了艺术活动中必须首先面对的难题与决定艺术活动成功与否的关键。从前面对"意""象"的论述中可以看出,"意""象"之间是在矛盾冲突中趋向于平衡与协调,从而获得艺术完美的:创作过程中,在主要的审美愉悦不受太大损伤的前提下,于象"不尽意"之时,或改"象"以适"意",或改"意"以适"象";"意""象"经过修改之后,形成新的审美愉悦,又生发出新"意"构成新"象"。艺术创作不停止,这样的活动也不会停止,艺术的成功,也就意味着二者之间获得某种平衡;在文学创作过程中,作家之所以不断地进行修改,吟安一个字,捻断数根须,目的在于"传神",在于恰到好处地表情达意。而从根本上讲,作家所欲"传"之"神"的出现,全赖"意"与"象"的平衡状态完成与否(当然,这种"平衡"态的艺术要求也因具体创作与表达环境而异,"意象浑成"的平衡态,并非简单地在二者之间寻找支点就算完成)。在欣赏过程中,对艺术品里所蕴"意""象"的领悟,并激发起审美愉悦,由所激发起的审美愉悦形成新的"意象"(即所谓"象外之境"),这一系列的活动,都是在"意"与"象"共同激荡下完成的。在这个过程中,"意"与"象"这对矛盾在冲突中不断展开,其特性也在变动中获得表现,并因而形成艺术张力。而这种艺术张力的形成,又使"意""象"在艺术活动中成为一个统一的整体,二者彼此相依。

最后,"意象浑成"的艺术要求,表明在艺术活动过程中"意""象"是相激相生的,而不是彼此割裂的。"胸有成竹"的成语,很好地说明了艺术实现时"意"与"象"的关系。胸中之竹,成于着笔绘画之前,它不以某种创作理念即抽象的"竹"的理念存在于创作主体的心中,而是以特定的形象存在于创作者的胸臆之内;而且,它还不以某些片段或者是零碎的局部的形态存在,不是以"竹"的某一部分存在,而是以"成竹"这样一个完整的"象"存在,竹的形态以及蕴涵于形态背后的情韵与趣味,都在"成竹"的形象之中了。这样的"成竹"已经是有"意"参与的审美活动在内心展开的结果。也就是说,在绘画之前,创作主体已经通过"意"的参与,在心中形成了某些特定的"象",艺术创作的过程"提前"在心中已经展开,到将之通过某种特定的艺术形式表现出来,已经是一个"外化"的过程。在这个"外化"的过程中,新"意"又不断参与且不断改变先前的"意"以及由此而产生的"象"。因此说,创作过程中,有意必有象,有象必有意,二者紧密相联。

同样的过程,也表现在艺术欣赏的过程中,面对有形或无形之"象"的艺术作品时,欣赏者通过"意"对艺术之"象"进行"透视"或者"放射"性的审视,从中挖掘出创作者蕴藏于其中的"意"(审美感受),并最终激发起欣赏者的本质力量,从而完成艺术审美过程。整个过程中,意起于象,象起于意,二者也是不可分割的。"意"因"象"生,"象"因"意"变,意象之间,彼此相激相生,使整个艺术活动显得灵动通透,生机勃勃。整个过程中,是"意"在"象"先还是"象"在"意"先,是一个先有鸡还是先有蛋的问题,很难回答也很难分辨。这可以说是"意象浑成"作为审美原则层面上的含义所在。

除此之外,"意象浑成"还有一层意思,即指一种特定的艺术风格。在源远流长的艺术长河中,不仅艺术形态各种各样,而且各种艺术风格也是或此消彼长,或相互共存。风格的多样化使传统艺术显得璀璨夺目,"意象浑成"就是其中很有代表性的一种风格。古人所著的《画品》《诗品》类著作中,都对风格作过很细致甚至在今人看来显得琐碎的划分,虽然这些划分很少进行理论上的界定,但从其艺术性的语言描绘中,我们仍可以较清晰地感受到古人对于艺术活动作成功与否的评判,"意"与"象"的关系一直是很重视的一个标准。"意象浑成"作为一种艺术风格,主要是指在艺术品中所体现出的艺术境界与主体审美心理结构的高度统一。虽然审美活动基于心理结构的外化,但审美主体"意"的参与所带来的主观性,往往会对"象"产生某种"副作用",艺术活动中必须面对与解决的矛盾就是"意"与"象"的矛盾,而"意象浑成"的艺术风格的形成,可以说是"意""象"矛盾充分解决,表现出统一性的一面而非斗争性的一面时的一种状态,是"意""象"之间副作用降低到最小时的状态。究其实质,可以说是在审美活动中,人的本质力量的内外呼应与彼此相吸,此时意与象之间相互攀缘,彼此借鉴,使艺术张力不断增强,使审美愉悦达到最高。

要达到这样的境界其实是很难的。因为艺术活动中,审美主体与审美表现是很难彼此平衡的,倘若审美主体的主观性略有显露,"意在笔先",在匠人所为,必然筋骨暴露;由大家圣手办理,也难免会有意脉隐现。而一旦审美主体之"意"过分隐伏,虽可达到"境生象外"的艺术境界,但"意"却流荡于"象"之中,其功能更多地表现在激发起审美联想对"象"的诠释与解读以激起象外之"境",其本身内涵只有在大音希声、大象无形的高超艺术境界中才可能与审美主体对接,此时纵然"意"因"象"生,在整个审美过程中,却已经是"象"在"意"先了。"意""象"之间的这种或先或后、或轻或重,导致艺术风格的不同,或雄浑或豪放或飘逸或隽秀,都不是"意象浑成"之境。所以说"意象浑成"至为难得。本来,陶渊明那"采菊东篱下,悠然见南山"的诗句,在一般人眼里,是易见其象而难见其意的,而它之所以能得苏轼会心,则不能不说是因为这位大诗人对意象的领悟超出凡俗,于"悠然"之处,透过"南山"之"象",而获得陶渊明隐含于"采菊东篱"这一特定动作中的深"意"。若非与苏轼这样的大诗人获得共鸣,陶渊明的这篇杰作佳构恐怕至今仍笼罩在钟嵘"下品"的评价之中哩。

综观整个文学史,真正能达到"意象浑成"这一高超艺术境界的作品、作家、作家群,严格地说几乎没有。若单从文学风格成熟这方面来考察,那么,诗歌方面,盛唐诗人群体共同构成的"盛唐气象",一直被描述为难以企及的巅峰,"气象"一词的概括,其内涵应该具"浑成"之意。诗圣杜甫之作一向被称为"沉郁顿挫",可为一例。散文方面"唐宋八大家"的作品也可为代表。但这种评价,只能停留在整体印象上,却不能一一落实到某个作家的某篇作品。风格的形成,以作家个性成熟为前提,以其作品的整体风貌为特征,却不能以单篇作品为对象进行把握。

由于一切艺术的最终价值指向都是人生,因此,"意象浑成"的艺术审美追求中还蕴涵着浓厚的人生品味。在古代艺术化的人生中,"意象浑成"也有着十分突出的表现,甚至可以说,构成古代士人重要人格的就是"意象浑成"。这里透过对茶文化的解读,来透视古人"意象浑成"的艺术化的人生。在古人眼里,茶并非简单地作为一种饮品而存在,而是以一种文化形态深深地契入到古代文化人的心里,化成了其艺术人生的一种表征。讲究茶道,从采茶开始,某茶于何时采、由什么人采,都有近乎"迷信"般的讲究,而沏茶工夫的细密讲究与饮茶时的动作手势,都有其道,茶道的精致乃众所周知之事。某种程度上讲,茶跟琴棋书画等艺术品种一样,是源远流长的传统艺术之一,茶在中华传统文化体系中所具有的特别的人文气息,足以说明这一点。

茶作为一种文化现象,在古代并非众人共饮之物,而是有特定的文化群体,即文士、清客。普通百姓饮茶,从未被视为"雅"事,因为茶正体现着士大夫的审美情趣与人生追求。新茶色淡味纯,老茶味浓色沉,品种不同,味道各别。茶初入口时,味微苦,继之以甘,细品之下,味平而悠远。茶之色香,在杯中也在饮者的心中,那馨香那淡色,在品尝的过程中从茶水中显示出来,也在饮者的内心不断升腾,品茶就如同士人的人生经历,平稳而不失情趣。杯中之茶清心明目,心中之茶涤荡胸襟,茶中所品的是社会的真实和人生的真谛,是饮者那超脱凡俗的意念与情怀。古人用"品茶"而不用"饮茶"来描述这一活动,即已经将之视为艺术人生的一种境界了。茶所包含的那种含蓄、隽永、兴味悠然,蕴含着的正是士大夫优雅、高洁、冲和的人生追求和审美趣味,因此,自古以来,茶就成了名士高人的随身必备之物,进而成为他们的象征。寒室苦茗,不见得是主人困窘无聊,而是清雅高洁、胸怀俊朗的外在体现;茶家牛饮,虽称痛快解暑,却与茶中真味了然无涉。唐代诗人卢仝在他那首茶叶赞歌里,将这种士大夫式的茶文化内涵揭示得再明显不过了。

也许有人会说茶文化中所包含的意义还只停留在修身层面。实际上,修身就如同建筑中的打基,以此为基础,在士大夫们齐家、治国、平天下的人生追求中,"意象浑成"也一直是终身相伴的。在以儒家思想为主干的传统价值体系中,士人们的人生价值指向理所当然地以出仕治国平天下为第一要义,但是,这种价值观又时时与释道二家出世、无为的思想互补。在淑世与遗世的变动选择中,士人们在精神上超越了"仕"的本位价值标准,形成了士大夫们越"仕"之"象"以见艺术人生之"意"的文化心理构成。纵然有"居庙堂之高,则忧其民;处江湖之远,则忧其君"的执著,也无不以人格的健全与士风的高尚为基础,更多的士人或者说标准的士大夫则往往是身仕而心隐,只要不为利欲所限,不为宠辱所困,保持精神的超然与人格的独立,则山林之外,市朝之中,皆可得"隐"。"仕""隐"之意,浑成于士人的心中,出入无间,情趣超然。而纵情高蹈者虽以鼓腹而歌为常态,却也能心安理得地结交王侯,只要保持高洁情怀,即使是权柄在握,也无损其高洁形象。"居士"文化现象的独特性,可以最好地说明这一问题:在"家"出"家",身在"家"而心出"家",既有对"家"的依恋,又不失挣脱"家"之束缚的动力,"家"中有事,则心归,"家"中无事,则心往,既往又返,既返又往,是往是返,唯我心知。士大夫们这种从容的人生态度,构成了其超然怡然的精神境界,折射出其脱离凡人的人生品格,就是所谓的风雅。究其实质,则不能不说是士人们在精神上努力追求"意象浑成"的结果。自唐宋以来儒释道三家思想在理论上相互融通之后,"居士"特别多,也特别受关注,其重要原因恐怕正在于此吧。

第四十三章

山 水 清 音

　　亲近山水,消融于山水之中,可以说是天人合一哲学思想中应有之意。在老子那"人法地,地法天,天法道,道法自然"的哲言之中,已包含着古人与山水的巨大亲和力。可以这么说,在传统文化中,绝对没有自然的山水,一切山水都是人格的外化。佛教里有一个阐明佛理的著名公案,是以山水促人开悟的:初习佛禅,看山总是山,看水总是水;参得禅理,看山不是山,看水不是水;既已开悟,看山仍是山,看水仍是水。山水本是客观的存在,但在传统文化中,山水却绝非天然,发达的山水文化已赋予它极多的人文内涵。禅宗的这个公案,正好可以移来说明东方山水文化的发展历程。

　　对于初民而言,自然无疑是美的,追求着"天人合一"的古人对此尤其有独特会解。中国的伦理型社会结构本源上讲就是先人"法地""法天"的产物,封建的宗法关系也都是以"天""道"为依据的。虽然老子在《道德经》里所讲的"自然"与我们现在所说的"自然"山水有着很大的不同,但是,自然界的山山水水,从一开始即作为心性本源的文化存在却是事实。儒家于奔走仕途之后,也主张功成身退,同于大道,"浴乎沂,风乎舞雩,咏而归",以事功为手段,最终还是欲求得与天地大道的融合无间。因此,自初民开始,山水就不是作为人的本质力量的异化存在,而是作为人之心性天道的表现方式存在,自然的山水虽然以天然的形态存在,但在这"天然"的背后却是与人性本真相沟通的宽广地带。在这种文化心态下,先民虽然"看山总是山,看水总是水",但那山山水水无疑已经被设定为先民心灵安慰的最好去处与最终归宿,山川之间弥漫着的是浓浓的人文气息。

　　对于追求人与自然和谐共处的古人而言,自然山水的美景作为寄情抒怀之地,在山水能"尽意"之时,人隐入山水之中,即可很容易地获得人与自然的和谐状态。值得注意的是,这种和谐状态的出现,已经是人为因素参与的结果了。自然已经成为一种人文化的自然。自古以来,名山大川都少不了名观宝刹,这就是人文因素参与到自然山水之中的一种比较典型的表现。隐于富春江的严子陵,浮家泛宅的张志和,置别墅于辋川的王维,隐于西湖畔的林逋,一方面通过他们的行动赋予那里的自然山水以人文气息,另一方面又以其高逸超迈的人格气质,赋予自然景观以更深厚的人文内涵,将某种特定的人文气息烙入那里的山水之中,赋予山水以新的内涵。比如一面对富春江,即想到严子陵;一谈到少林寺,就想到达摩面壁静坐,想到源远流长的中华武术;一看到墨池,即想起书圣王羲之;诸如此类,说明那里的山水已有了某种特定的人文指向,因特定人物的生活而增添了新的意义与内涵。也许,某些人文因素的参与是在无意识的状态下进行的,如道观的修建和佛寺的修筑,最初只不过是作为修行者的栖身之所,其实用功能超过人文内涵,但是,正如卞之琳《断章》里所写的那样,明月装饰了你的窗户,你装饰了别人的梦。当人与自然统一为一个整体之后,人与山水已经气息相通不可分割,成了自然山水的一个有机组成部分。于是,那些隐入山水之中的人及其栖身之地,对于观景者特别是对于后人而言,便不再作为生物个体或者实用的建筑存在,而是作为一种散发着人文气息的山水的方式展现出来。自然山水被赋予了人文气息,后人在游山畅情临水抒怀之时,也心仪那难忘的历史,追踪古圣先贤的遗迹,刺激出山水之外的灵异之气。此时的山水当然已非天然的存在,而是人文的山水。此时的山山水水无不透射出浓浓的人文气息,可以说此时在古人的眼中所有的山水都处在看山不是山、看水不是水的状态。

还有另外一种情况:在山水不能"尽意"或者为了某种特殊的需要,对山水进行人工加工以"适意"的现象。这样的人为活动必然改变山水的天然状态,赋予山水以人文气息。由于历史悠久,天下名山不为僧占即为道有,僧侣、道士作为传统文化载体中比较特殊的群体,在隐入山水之中的时候,会自觉或不自觉地对之进行人工加工。还有就是历代帝王的封禅、居跸、题辞、赐名以及历代文人骚客的舞文弄墨等活动,也会给自然景观以历史文化内涵。由于这些人文化的行为一般都是在天人合一的前提下进行的,人的活动一般是渗透到山水之中,而不以破坏山水作为表达的手段,因此,人文气息的参与虽不如前所说的那么自然,但其契入的方式总体上讲还是以顺应自然为主的,自然而然达到为山水增色的目的。即使有因为文化修养不够而出现某种"鲁莽"的行为,也会有后来者对之进行弥补,以求与自然达到和谐统一。在这种情况下,原本属于自然的山山水水,经过历代高僧老道文人墨客的不断"改造",形成深厚的文化积淀,负载许许多多的人文内涵。观此山水,自然山水获得人文的渲染,浓浓的人文氛围扑面而来,"看山不是山,看水不是水",也是理所当然。

但是,还没有完。既然可以给山水装点出人文气息,那么也完全有能力将自然与人工融为一体,彼此借鉴,互相映发,将那"不是山"的山、"不是水"的水"复原"到山水的自然存在状态。前面所说的人工的契入以"自然而然"的方式为主,即是这个意思。传统园林建筑中"借景"手段的利用,也无非是想以最从容的方式对自然进行人工表达。这种融人文于自然之中的本领,在江南园林中体现得最为充分。与北方园林的宽阔大气相比,江南园林以宛曲幽深见胜,"借景"是园林布局的关键。园林设计之始,建筑师就对整个园子如何借助山形水势作总体把握。具体设计过程中,还对每一处置景都巧运匠心,以最小的人工参与以求达到既不破坏天然美景又最大限度展现园景之美的目的,从而使人工的嵌入最终达到为天然美景增色的效果。哪怕是园中小道的一个弯曲,也必然是因地势而成,虽绝不渲染,却能借足地势达到抒发幽素情怀的目的,而那一弯之后,谁又能保证不会别有洞天呢? 还有就是那些透着浓郁人文气息的名山大川,在人文因素参与之初已很注意与天然的结合,经过悠久的历史延续之后,这种结合也被看成一种"自然",人文因素在久远的历史延续当中受"天道"自然的修正,人工之迹渐渐被浸蚀消磨而显得古朴、显得原始,也最终显得自然。置身于这样的山水之中,山水的自然与人工的自然浑然一体,哪是人工哪是天然已很难分辨,山水依旧是山水,但已与没经过加工的山水有很大的区别,人工虽然有人工,但人工又都以天然的形态存在。"看山仍是山,看水仍是水"——只是此时的山水已不再是空山虚水,而是饱含着人文气息、展示着你的本质力量也让你消融于其中的山山水水了!

对山水作这样的文化表达,本源上跟"天人合一"的哲学思想密不可分,在这种哲学思维模式下所形成的认知方式的特殊性,也是导致如此看待山水的重要原因。自古以来,代表性的儒道二家的思维方式就都带有"全息"的特色。作为封建宗法社会里支柱思想的儒家,其认知的方式就有这样的特色。孔孟建构的仁义礼知信的行为准则,其中的知虽然包括了科学认知的内涵,但其本意却是想将那一整套礼义秩序、仁德思想贯穿下去,使每个社会成员都心知肚明。孔子曾说:"生而知之者上也,学而知之者次之,困而学之,又其次也;困而不学,民斯为下矣。"他所谓"知之"的内容,主要是指礼、乐、仁、义等儒学思想。这就决定了儒学所谓知(智),具有整体意识。除有着很浓的伦理认识意味外,儒家所说的"知"还有丰富的实践内涵。宋儒整理《大学》《中庸》,将儒家对"知"的理解揭示得相当明晰,其途径也被具体化为实实在在的步骤:"博学之,审问之,慎思之,明辨之,笃行之。"即广泛地学习,详细地询问,仔细谨慎地思考,明白地辨别,真实地实践。在这段话里,"知"被划分为五个层次:"博学""审问""慎思""明辨""笃行",表明儒家强调的认知事物的途径是多种多样的,而其中最引人注目的就是"笃行之",即要真正达到"知",在通过严密的逻辑演绎得出结论之后,还得亲身实践,用实践对所"知"进行检验。

跟儒家的认知方式不同,道家强调离形去智,更强调用整体把握代替部分的认知,其思维模式是上古时代较为突出的注重整体性的典型。无论是老子还是庄子,都强调"知"应从整体上把握事物而不能片面地对待或者解剖分析。特别是庄子,他对整体把握最为强调。在他对"混沌"的论述中,即能见出此点。《庄子》里有一个非常有名的寓言:混沌能识天地至理,后倏忽被凿出七窍,本指望能助其更好地认识世界,没想到却因此导致了混沌的死亡。庄子在这个寓言里至少说明了两个意思:首先,事物是作为一个整体存在的,只有从整体入手,才能洞悉天地至理。其次,他对那种短暂或者是有限的认知(即倏忽)持否定态度,认为倏忽用有限的认识水平去看待混沌,作出错误的判断并因此害了混沌。也就是说,如果认识事物时,将之进行人为地划分和界说,用耳听,用鼻闻(即凿开七窍),那么,就会影响对事物整体的认识,如同瞎子摸象,只能得其皮毛,见其部分而不得整体,难以达到认识的目的。因而庄子主张绝圣去智,用"心斋""坐忘"的方式以求得精神上与大道相通,游于天地,化认知的过程为一种精神自由的追求。

庄子的这种认知方式跟后来传入东土的佛教的"悟"的认知方式有着深度的

契合，成为中国人认识世界的特殊手段，在佛教东渐且不断中国化的过程中，古代知识分子对其认知方式的接受可以说是其中关键的一步。在佛理中，从印度原始佛教强调的佛性本静，到中土佛教强调佛性本觉的变化，说明古代知识分子将中土的认知方式与佛教的认知方式融通起来后，对佛教的认知方式进行了为我所用式的改造。大乘佛教之所以能在中国兴盛，代表性的中国化的佛教之所以表现为"禅"，跟这种认知方式有着十分密切的关系。佛性本觉，自觉觉他，万物与我心彼此相息，而我心本觉，与佛性又相依相存，物我之间，此岸与彼岸彼此互存共有。

传统的整体思维与佛教"悟"的认知方式，形成了传统思维全息式的特色。古人从最初的"看山总是山"到最终的"看山还是山"，虽然被看的对象"山"从表面上看没有变化，但从"总是"到"还是"的判断中，却不难感受到先人对"山"的理解经历了从开始时作为"看"的对象存在，到最终"山""我"混一、彼此相生的认知过程的。由于在这个过程中，对"山"的认识自始至终一直是从整体上把握的，"山"并没有被肢解成某些片段，因此，"山"虽未变，而认识者对"山"的理解、"山"的内涵却发生了根本性的变化，即从原来的对象存在转变成为"我"的一部分。古人对于山水的理解，正是这种认知思维模式运作的结果，而这种对于山水的认同与亲和在文化上最显著的反映就是隐逸文化的特别发达。

从文化心态上讲，隐逸文化是以主体个性自由以及对客体的强大亲和作用为前提的。作为"出世"文化的一种典型范式，隐逸文化最初与以"入世"为特色的儒家思想是有着很大冲突的。儒学以人性的社会化作为最高理想人格，主张将个性消融于群体之中，隐逸文化则以主体的个性自由作为最终追求目标，二者之间犹如水火不能相容。孔子周游列国时，常受隐者的讥讽，而孔子也以与"鸟兽为伍"反唇相讥。有着浓厚的隐逸色彩的《庄子》一书中，就记载了许多儒道冲突的例子，其实质也在于出世与入世之间的矛盾冲突难以调和。而上古高隐如巢父、许由等人，也都是作为儒家"圣人"如尧、舜等的对立面存在的。从这些地方不难看出二家思想的巨大差别。

但是，正如前面所谈到孔子曾赞许曾参之志一样，儒士的人生追求在功成之后还有"身退"这一段，其"入世"有为，是为了清一天下，倘若天下太平，他们也是追求主体精神与自然的消融与和谐的，这就为儒道互补埋下了伏笔。随着山水人文意识的不断加强,"看山不是山,看水不是水",隐逸文化也不断地发生着变化,汉代玩世的东方朔"避世金马门",在皇帝身边过起了与世"隔绝"的隐遁生活,是所谓"朝隐"的典范。所谓"小隐"隐山林,"大隐"隐市朝,是隐逸文化从绝世索居到混世葆真的明显改变。所谓"隐"已不再强调地理或者空间环境,更重的是隐者的心态与价值观念,隐也朝着直截根源——心——的方向发展。以此为契机,山水也被搬入到室内,成为一种装饰,成为主体人格精神的一种表征。山水画的发达,"卧游"风气的盛行,说明了这种文化心态的普遍。

隐逸文化的这一转变,同时也拓展了与儒学价值观相通的路径,当儒学中心性成分被发掘出来并受到重视之时,也就意味着儒逸文化的成熟与发达。宋代以后,儒学思想发生了朝"内圣"方向发展的转变,心性修养的重要性得到充分的肯定,在"达则兼济天下,穷则独善其身"的儒训中,"独善其身"不仅是兼济天下的基础,甚至成为必要的条件:身修然后才能家齐,家齐才有可能治国平天下。从程朱到王阳明,儒学中心性成分越来越重,主体的个性也越来越受到尊重。陆九渊就曾提出"人同此心,心同此理"的著名命题,削平了凡圣之间的差别,也极大地张扬了主体的个性。儒学的这种转变,拉近了它与隐逸文化之间的差别。因此,宋代之后,儒士们都自觉地把仕隐作为可以互补的人生道路,在仕与隐之间不划截然的界线,出仕时带着隐逸的情趣,隐逸时心存出仕的念头。这样,儒学中增入了隐逸文化的成分,使隐逸文化普泛化与世俗化。宋元之后,隐士几乎全为儒士,即儒隐占据了主要位置,而隐逸的正宗传人——道者(道士或崇道之士)——却有退出隐逸文化舞台之势。

随着隐逸文化的不断发达,宋代以后,山水的文化存在方式也不断地演进着。原本被压缩到二维空间的山水,即山水画,已不能满足有着强烈"心隐"倾向的士人们的需要了,于是假"山水"即山水盆景便进入文房之中,与书卷墨香相混为一。宋元时著名画家多为山水圣手,而且此时的山水画风也有着很明显的转变,即从原来的全景式的大山水,一变而为局部描绘"残山剩水"式的小山水。山水的"适意"性有了更充分的表现。与之相呼应,文人雅士在玩山戏水之余,还刺激起了与山水相呼应的石文化的兴盛与发达。元明清三代,石文化显得特别发达,石的质性获得了更广泛的认同,也被最大限度地挖掘。作为古代艺术之一的篆刻,原本是以铜或瓦当为原料的,此时却被大量改用为石料,寿山等地因出上等的篆刻石料而扬名。另外还有石砚、根雕等艺术形式也日益发达。更有甚者,孙悟空为石猴所变,贾宝玉、林黛玉这对情人,也一是青埂峰上的顽石,一为绛珠仙草,更不用说蒲松龄笔下的那些充满人情味的仙狐灵草了。石文化的发达与演绎,从根本上来讲,都可以说是山水文化的派生物。于此可见,随着对山水理解的不断深入,越是到后期,文人雅士们越是与山水打成一片,不可分离了。

在山水人格化的过程中,除了上面所说的与山水打成一片外,还有一种文化发展趋势,就是对山水景物作人文阐释。试比较一下屈原笔下所描绘的山水与元明以来山水画中的山水,可以很明显地感到在生活于远古时期的诗人屈原心目中,山水是带有明显的恐怖与神秘色彩的,而元明以后文人画家笔下的山水却变得风光旖旎明媚动人了,即使是范宽那样的大山水,虽然巍峨却不狰狞,哪怕是满纸苍松怪柏千丈悬瀑,也不再给人阴森恐怖之感,只能激起欣赏者的好奇与感叹。而"八怪"笔下的山水虽然怪诞,却不巍峨,赏其画,激起的不是对山水的恐怖,而是对其内心不平与痛苦的深切同情。此外,我们还可以从古代山水神话的结构及价值倾向看到这一点。在古代山水神话中,上古时代《山海经》中那种作为令人恐怖力量存在的山水在后世文艺作品中消失了,取而代之的,是充满亲和力的山水,山水中无论是动物还是植物,都不再作为异己的力量存在,而是与人相沐相浴、充满人情味的东西。动物如鹤、鹿、玉兔等,包括鬼怪一类的狐等各种精怪,植物如绛珠草(化为人身为林黛玉)、灵芝等,都不具狰狞恐怖的力量,而是极富人情味。

在山水亲和力不断增加的同时,原始于初民心中的对于大自然的恐怖感却发生了向彼岸世界的转化。由于上古神话中有很大一部分被人文化而进入历史体系之中,因此,古代神话体系并不完整。即使是从这并不完整的神话体系中也不难发现,与和美宁静的山水相比,无论是阴曹地府,还是天庭仙境,都具有某种令人恐怖的力量,会利用超人的力量对人类进行惩罚。而且,神仙世界也被设计成并不像隐士和普通百姓想象的那样太平无事,神仙们各司其职,虽有行动的自由,日行千里不难,内心却孤独无比,或者说是孤立无援的,神仙之间甚至还会彼此妒忌。凡人想成仙,而神仙却每每动起凡心。"起舞弄清影,何似在人间",对生命对人生的深深眷恋,代替了对彼岸世界的热切企盼。所以神仙世界在高雅之士眼里,并不具有权威力量,相反那些避难居于绝境桃花源中的避秦人,却更为隐士所倾慕——山水才是古人最终的心灵归宿!在对山水作深入体悟之后,古人终于在文化心态上实现了"看山还是山,看水还是水"的审美追求。

作为山水文化的典型代表之一,即为山水文学。由于对山水的青睐打消了东方人对彼岸世界的企盼,使得山水文学随着山水文化的发达而发达。对美丽山水的热爱与歌颂,自古已然。《诗经》中已有许多脍炙人口的篇章,特别是诸国《风》诗中,劳动者息影自然之中,歌乐其事,隐然而且超然。两汉时期大赋繁荣。山水更是大量进入文学作品之中。《上林》《甘泉》等名篇可鉴。《两都》《二京》等赋,更是把人造之自然景观的描述发挥到了极致。进入两晋,朝纲的混乱,民族的冲突,使文士们倍感生命的无常与人生的痛苦,山水自然成为抚慰其生命的精神家园,山水文学更趋发达。《桃花源记》显示了文人对现实极端失望后对精神家园的拳拳眷恋之情。《北山移文》则是对践踏这个精神家园的愤怒控诉。山水诗继"玄言诗"之后兴起,且出现像谢灵运这样的大家。又有郭璞这样以仙游的方式对屈原以来骋神以往文学精神的继承,皆从不同的侧面反映出痛苦中的文人们,执着追求精神慰藉的焦灼与热情。

自那以后,山水文学更加发达。即使是在古代中国最称盛世的盛唐时期,也少不了以孟浩然、王维为代表的山水诗人,独自成派。王维好山水,有家庭的影响,有个人气质的作用,但也不能说没有山水文化的深层原因。孟氏受隐逸文化影响,处盛世而端居,有自"耻"之意,但在济世难成之时,山水忠实地陪伴着他,抚平了他心中的创痛,安抚了他痛苦的灵魂。身经重大时代变故,纵然没有王维,也会有张维、李维出现,把山水诗发扬光大、进行到底。晚唐五代,亡乱相逐。隐逸之风再炽,山水之风更盛。入宋之后,几乎所有的文士都热衷于功名,同时,几乎所有的文士又都保持着山水情怀。李白那种举酒邀明月、对影成三人的苦闷,在苏轼这里却一变而为以不"变"应万"变"的放旷。"明月几时有"的痴情,化成了《赤壁赋》中纵情大化之中的闲适。山水,在宋人的眼中笔下,仿佛已不再作为异己的力量存在,而是被"内置"为文人身心的一部分。《岳阳楼记》《醉翁亭记》,山水为人而设,人为山水所抱。其心不在洒而在山水之间的"醉翁"们,借山水以栖身心。自然的亲和力,时刻都打动着他们,抚慰着他们的心灵。《石钟山记》《游褒禅山记》以及"不识庐山真面目,只缘身在此山中""山穷水尽疑无路,柳暗花明又一村"的通透,仿佛山水成了参悟人生宇宙真理所凭借的手段。入元以后,异族的统治与民族隔离政策,使文士更对山水情有独钟。作为元朝"一代文学"代表的元曲,即有大量的山水之作。特别是散曲当中,抒发隐逸情怀,歌颂山水美景之作,更是举不胜举。如果说南北朝的山水文学(包括南朝山水诗和北朝郦道元的《水经注》等)是山水文学的第一次喷发,盛唐山水诗是山水文学的第一座高峰的话,那么,元代散曲中的山水咏唱,则是山水文学在高峰上开出的一朵奇葩。它突破了诗歌齐言的格式,以更加灵活的长短不拘的句式,以更轻松自在的态度,更加贴切地表达了纵情山水之中的自在与自适。继元之后,明代山水文学又有了新的走势:山水小品,以更自如从容的态度,更轻松的笔调,描摹山水,具丹青之妙,有诗词散曲之韵,更兼散文之趣。兴来走笔,兴尽即止。特别是徐霞客的《游记》,尤其博大精深,自然风物、人情物态,毕现于笔端。人入造化之中,尽得造化之趣。作者投身大自然,与之妙合无间的激动,溢满字里行间,让人感动。此种风气,由清人下延直至近现代,风气不衰。

除此之外,又兴"卧游"之风。前面提及的范仲淹《岳阳楼记》,即可谓是"卧游"之作。当年,滕子京谪守巴陵郡重修岳阳楼,只不过绘其状以呈,范仲淹也只不过借那一幅图画就写了那一名篇,他本人并没有到实地游赏。与实地游赏不同,"卧游"来得更省力,也更能骋情纵志,放笔走毫。千里江山,万顷云涛,聚于一壁。足不出斗室,即领略烟霞万千,其超迈得意,可想而知。此风日炽,还催生出一种新的艺术类别即题画诗的出现。文士们的题画之作,其最初动机,无非是"卧游"的感动。有感而发,遂提笔以志。最初不过偶一为之,习染既久,即成风气。题画的内容,也日益丰富。从品鉴画之得失,到体会画中真趣;从感叹画师技艺精湛,到领悟画外神妙。而题画诗以传统书法的形式,与精美画面结合在一起,可以说是把具象的空间艺术与抽象的线条艺术以及语言艺术完美地结合起来了,彼此相互补充,相映相得,所达到的艺术效果,是不言自明的。在那一刻,创作者淋漓尽致的酣畅,"卧游"者精神自由的愉悦,欣赏者心领神会的痛快,可谓毕现!历代题画之作,精品自存,这里就不再赘举了。

第四十四章

歌舞曼妙

歌舞的曼妙妩媚,是东方神韵十分典型的表现之一,但是,由于这种艺术形式的特殊性,使得它不可能像诗书画那样原封不动地被保留下来,只能是借助文字或者图画的记载与描绘来传形递貌,这就使得这种艺术形式的历史流传缺乏直观性而增加了研究的难度。虽然如此,通过对已有资料的分析,我们还是可以比较清晰地透视出古代曼妙歌舞的神韵。

在讨论古代的曼妙歌舞之前,我们先介绍一下古人对于乐的理解,因为在十分强调乐教的古代,歌舞往往被看成是对乐的一种诠释与表现。在不同的历史时期,古人对乐也有着不同的功能认同与价值理解。在上古时期,乐掌握于祭司巫史手中,用于祭神仪式中来娱神,即后世所谓庙堂之乐。在上古中国人心目当中,音乐不仅是由音符组合所得到的一串串乐音,其人文内涵是至深至广,被描绘成有着上通于天的神妙功用。在"天人合一"的思维方式支撑下,乐被理解成为人与神、人与天地、人与大道相沟通的工具。乐源于人之内心,乐也通于大道,大道与人心之间,乐是唯一也是不可缺少的工具。《老子》中有"大音希声"的话,就是视天地的空漠无声为"大音",为乐之至。《诗经·大雅》中那些歌颂先祖功德的篇章,保存着许多古乐的片段与影子。此时音乐的功能是娱神而非娱人。乐在后世被称为至神至妙的统治之术,其根本的原因即源于这种古老的娱神音乐理解。乐被用为神人沟通的工具这一传统,也在后世获得认同并不断承传。历代统治者在新建王朝之时,即要定音作乐,按照阴阳推算,依月律、方位以及王命的运化,择所谓的吉日颁行新乐、正乐,表示新王朝是奉天承运应命而生的。一遇祭天、郊祀等活动,更要大作其乐。从现存资料可以看出,在古代那一套套完整的演乐制度背后,蕴藏的正是古人祈求上天庇佑的原始思维与文化心态。北京天坛里有复原的清朝皇帝祭天仪式图景,于此不难窥见雅正音乐在皇家祭祀活动中的重要地位。

由于有"天人合一"的思想作为基础,天道与人心又是彼此相通的,那么,能上通于天的乐,也就可以深入到体现着天道自然的人的内心,于是乐又被解释为可以在不知不觉中引导百姓向着统治中心靠拢的工具,这就是所谓的乐教。那么,如何才能达到乐教的目的呢?一个外在的手段就是"观风"(察视民风民情),所用的方法就是将各地民歌收集起来,从民歌曲辞中找出民之所乐、民之所忧与民之所怨。乐者倡之,忧者分之,怨者改之,从而使民情不至怨沸犯上,达到巩固统治的目的,这是一种被动的实施乐教的方式。还有一种化被动为主动的"乐教",即在民心民情还没有流露或者表达出来之前,就对之进行正确的引导,让它朝着有利于统治的方向发展。春秋乱世,儒学创始人孔子在礼失则求诸野的心理驱动下,对上古诗、乐进行系统化整理,其中就有此心。相传《诗经》就是由他删定的,《诗经》中有很大的篇幅就是采集各地的民风。不仅如此,为了配合统治,儒家还制定了一部经典《乐经》,可见儒家对乐教的重视。季札观(注意:不是听)乐,得到的不是听觉感受,而是乐中所包含的政治统治的理与乱,民风的朴与淫,可见诗教在上古时代是有着许多乐教内容的;通过音乐的形式,表现出来的感情,为统治者改善、稳固其统治起到了不可替代的作用。民因乐而宣泄感情(怨情),统治者借乐改进其统治,"与民同乐",正是以此为前提的。自上古以来,乐教就受到相当的重视,而且,乐也成为时代精神的象征。古人一再强调,治世之音与亡国之音间的天壤之别,就是通过治世音乐的安详和谐与亡国之音的哀怨凄厉,来考察政治得失的。这是乐变为乐教以利于统治的第二阶段。

至神至妙之乐,既然可以深入人心深处,那么,它也就是最好的调节心性的工具。因此,在统治者以乐为统治之术的同时,乐也得到了士人的喜爱与文化认同。受过正规教育的士大夫们,为了追求理想的人格,也想从天地间找回灵气与本性,于是乐就成了帮助他们完成这一切的最好工具。在得不到现实世界理解的时候,或者在现实世界备觉愉悦的时候,以乐音表达出来,与天地交通,既有与天地交通的愉悦,同时又获得了人性张扬的快感,于是,乐的抒情内涵被发掘出来,这是乐变为娱乐工具的第三阶段。

就功能方面而言,古乐经历了从上古的娱神到辅治再到娱情的演进与变化,其功能的开掘,可以说是渐次剥离附着于其上的政教意图而不断接近本真的。就音乐的特质或者特征来看,代表性的音乐又可分为三种,即:先秦时期的雅乐;汉魏南北朝时期的清商乐;隋唐时期渗入诸多胡乐成分的燕乐。宋元以后,音乐虽然也不断改变,但总体而言是由燕乐化出,属于俗乐的部分。这样的划分,也大致上与古人对音乐功能的认识基本一致:先秦雅乐主要是以娱神为目的,清商乐则既有辅治的意义又带有娱情的成分,燕乐则纯乎为急管繁弦的娱情俗乐了。功能与乐质的不同,为音乐的区分提供了依据,而在等级社会里,这样的区分又成为等级划分的最好凭据,于是,乐在形式上也就表现出雅乐与俗乐的分别。撇开音乐特色的差别就音乐的功能而言,所谓雅乐,多数情况下是指那些附载了政教功能的音乐,而俗乐则主要是指以娱情怡性为主要目的的音乐。音乐的雅俗之辨,自孟子时代就已开始,当他面对只好当时音乐而不好古乐的侯王时,他所作的解释是"古之乐犹今之乐也"。这样的观点,对一心欲推行其政教意图的孟子而言,无疑是个不得已的结论,或者说只不过是个欲擒故纵的论辩手法罢了。从他所得出的"独乐乐"不如"与众乐乐"的结论看,虽然他所论的是带有娱情功能的音乐,却又在不知不觉当中为这种音乐附载上了政治内涵。孟子之后,音乐领域里的雅俗矛盾也随着绘画、诗文等艺术形式中的雅俗之辨而不断展开。特别是到了隋唐时期,伴随着杂有大量"胡乐"成分的燕乐的兴起,音乐领域里的雅俗之辨也更趋激烈。在此之前,虽然俗乐每每与雅乐相对抗,并最终渗入雅乐之中使之发生适应时代的改变,但总体上而言,是雅乐占主导地位的。隋唐之后,俗乐大量兴起,乐工也大量走向市井,使得俗乐成为主潮。兴起于晚唐五代、大盛于两宋的词乐;支撑起元代"一代文学"的音乐——元代的散曲与杂剧音乐;明清时代的民间乐曲等,无论是在流传的广度上还是在影响的程度上讲,都超过了限于宫廷传布的所谓雅乐。

在乐的功能不断演进的过程中,乐器也不断改进。在这个重乐的国度里,古代乐器的种类繁多,是令人吃惊的。撇开作为制度文化表征之一的宫廷钟鼓之类乐器不谈,在众多的乐器中,最受古人重视也最富人文内涵的,是琴。表面上看,琴只不过是乐器的一种。事实上,在悠久的历史过程中,琴所负载的人文内涵远过于一种乐器所能承载的分量。本来，在那种以娱神为主的带有某种原始巫文化色彩的乐文化时代里，祭祀之乐如钟鼓之类一直受到重视，但是，这些乐器在后来音乐功能发生改变后，就似乎被"凝固"于政教内涵的范围之中，而在众多的古乐之中，琴却独树一帜，适应音乐功能的改变而成为乐文化中的代表性文化象征。这当中的原因当然是多方面的，其中有一点是很明显的：因为古代中国的人文精神载体不在帝王而在士人，士人宴乐当然也讲钟鼓排场，但当他独处一处，体悟心性时，鼓琴就不能不说是最简便也最富个性化的行为了。钟鼓虽然也能体现天音，但那必须得他人相助，而琴则可以独立弹奏，琴音的变化也可以随弹奏者的喜好而不同，这就使得琴既可以与大道相通又可深入细致地表达内心情感，因而成为沟通内在与外在的工具，在心性体悟与娱乐之间往返无碍。

"琴棋书画"四艺中，琴居首，可见琴是被士大夫视为天人沟通的方式的。古人动琴，必先沐浴焚香，正襟危坐，敬之若神。弹奏之前，要调试弦音，若弦音不准，或表示有违天意，或表明意念纷杂，不宜动琴，于是宁愿不弹。若音杂不纯或无故弦断，则会被看成是不祥之兆，于弹者不利。古人赋予琴及琴音的这些神秘意味，似乎还保存着上古巫风的遗迹。而一旦弹奏，体现出来的，则是与神（天地大道）相沟通的愉悦，是弹奏者主观情感与大道的交流。通过弹琴的行动，弹奏者可以寂然同于大道。处于忘我状态之中的弹奏者在欣赏琴音之时，或体验到伦理秩序井然的愉快，或领悟到天地大道运化的玄妙，或感悟到人生的喜乐悲欢，或享受到精神超越的悠然自在。跳动的音符变成了心灵的震颤，仿佛心灵与自然碰撞后的回音。伯牙的高山流水，其意已不在琴弦，也不在乐音，而在那些琴音交织形成的"高山流水"的崇高感和悠然兴致。陶渊明抚无弦之琴，兴至则弹之，弹奏的不是琴弦，想得到的也不是琴音的悦耳，而是通过"抚"琴这样的动作，获得心性调节与张扬的兴奋与愉悦。诸葛亮在万不得已的情况下，不得不唱"空城计"，携上城楼的，也只不过一把琴，而前来攻城的司马氏也竟能听出其琴声背后潜在的忧虑与焦急。曼妙的琴音中，弥漫的是人与天地交通的舒畅，人与人之间的灵性沟通。无论是喜是忧，是悲是欢，琴音都能准确而恰到好处地予以表达。鼓琴者与听琴者之间心灵的沟通，就在那跳动的音符中完成。与另一"俗"乐器筝相比，琴音较哑，体现出纯正"宫"音的浑涵与雄厚，虽不激越，却更具穿透力，虽不如筝音

>>> 就功能方面而言,古乐经历了从上古的娱神到辅治再到娱情的演进与变化,其功能的开掘,可以说是渐次剥离附着于其上的政教意图而不断接近本真的。图为清代刘彦冲《听阮图》。

琮琮，却能于低沉之中透出喑哑，恰当地表达出古人居安思危，"如履薄冰，如临深渊"的人生心态与情感意指。

弦乐中以琴为首，管乐中则以箫最得士人欢心。跟琴音一样，洞箫之声也不以激越为特色，而是低沉之中透着沉稳，极富穿透力，苏轼在《赤壁赋》中以"呜呜然"来状其动人心旌之效。士人出于修养心性的需要，对琴与箫的要求，既非急弦亦非繁音，而是趋静求缓，于悠扬和谐之中，力求达到精神上与天地、与自然的相通相融。因此，琴曲箫声中绝不会出现那种一去不返的调子，也不以繁乱见长，而是以平和中正折射出鼓琴吹箫者对于天地人生的理解与阐释。琴音箫声的这种特性，可以说是集众乐之所长，且兼众乐之所独专，虽不同于其他乐器的乐音，却能表达出其他乐器所难以表达的内涵，于"希声""无形"之中，还可传达出其他乐器不可能负载的人文内涵。

跟古代音乐分成娱神、辅教、娱情三个阶段一样，与音乐密切配合的古代舞蹈也可分成三种大的类型，即娱神之舞、辅教之舞与娱人之舞。总体上看，三种不同功能的舞是有历史过渡的，虽然不是很明显。上古巫风盛行之时，乐以娱神为主，舞也理所当然地以娱神为主；后来帝王的力量不断增强，乐舞的功能也渐渐实现了朝着辅教方面的功能转化。这当中的变化迹象，可以通过对比先秦时期黄河流域的《诗经》与南方长江流域的屈原作品看出来。屈原所在的楚国，在周朝的爵位较低，又处于"南蛮"之地，文化上相对较为独立，受中原文化的影响较晚，所以，在屈原的作品中还保留着许多上古巫文化的因素，特别是他在楚地民歌的基础上加工而成的《九歌》，保留了很多上古巫风的东西。虽然现在的《九歌》只剩下诗句而不可能直接看到歌舞的规模与排场，但从歌辞所描绘的场景中，仍不难看出古代歌舞中强烈的娱神成分。与之相比，黄河流域周王朝统治下的诸国风《诗》中，却已经很少有娱神的成分，反而是"饥者歌其食，劳者歌其事"占了主要篇幅。这些诗从本质上讲，是以娱人为主的，但是由于解读者有劳动者与统治者的不同，在"观风"的诗教下，本来娱人的乐舞也被附着上了辅教的功能。除此之外，《诗经》中那些《颂》《雅》诗，更是明显地带有辅教功能。通过对《诗经》与《楚辞》中所留存的古代乐舞成分的分析，可以看出古代乐舞从娱神到辅教和娱人的过渡。

除了从舞的功能不同进行分类外，还可以从舞的风格即健舞与软舞来作历史区别。从风格的演化上看,古代舞蹈发生了由以健舞为主向以软舞为主的转变。上古之舞,以健舞居多,这类舞一般由男子来跳,以刚健劲拔为主要风格。特别是上古时期那些娱神的舞蹈,多由巫来跳。虽然是女巫男觋各司其职,也有女巫歌舞以娱神者,但在祭祀特别是祖先祭祀活动中,一般都是以男舞为主的。从现存于云贵川等地民间的"傩舞"形式中还可以约略看到一些娱神舞蹈的影子,其以男子充任舞者的风习,可以说是源自远古。随着"乐"渐渐脱离娱神的色彩,"舞"者也发生了由巫向一般人的转变,但主要仍以男子充任舞者。先秦时期的士甚至君王中都有以善舞见称者,那高歌"力拔山兮气盖世"的喑呜叱咤的盖世英雄项羽在穷途末路时,犹能拔剑起舞;赤壁鏖兵中雄姿英发的周郎在感怀自己遇主得意之际,也是剑舞尽欢;南北朝时期心存恢复河山清一宇内之志的祖逖"闻鸡起舞"的典故,更是众所周知的事。这些舞,既寓功夫锻炼之意,又有抒发情怀之心,但总体风格却是刚健的。这种健舞,迟至南北朝结束之后,在代隋而有天下且渗有不少胡文化成分的唐朝贵族那里还有许多保存,词史上有名的《秦王破阵乐》相传就是记载和演示秦王李世民当年勇猛杀敌的英姿的。而那个发动导致中国封建社会由盛而衰巨变的叛乱的安禄山也是"胡儿"出身,虽一身肥肉,其"胡旋舞"技却能在舞者如云的唐朝宫廷当中赢得满堂喝彩,甚至得到明皇宠妃杨贵妃的青睐。"安史之乱"中避祸入川的杜甫还曾看到公孙大娘舞剑器的飒爽英姿。这些舞蹈同是健舞,风格基本上是统一的。可见健舞之风至此不息。不过,从杜甫所见公孙大娘舞剑器,舞者由男而女,似乎暗示着舞蹈的主角将由男而女,舞蹈风格也将发生根本性的改变。

当然,在以健舞为主的上古时期也不乏软舞,而且也有相当的规模与市场。如先秦两汉及后来皇族、诸侯、官僚中都有伎乐,主要以妇女充任舞者,风格当与健舞不同。汉代赵飞燕、唐代的杨贵妃是女子舞蹈中的佼佼者。较为特别的更有《韩非子》一书中记载的楚王好细腰致使众大臣都饿肚皮一事,似乎楚国甚至有男子软舞的现象,但这毕竟是特例,软舞的主体还是妇女。受生理条件的限制,女子舞蹈不可能像男子那么刚健,所舞以婉媚柔曼为主要风格。而且,跳软舞的女子基本上没有人身自由,地位也都很低,特别是那些官妓、营妓,等同于女奴。舞者地位的低下,决定了她们舞蹈的品位不可能像健舞那么高,这也是为什么我们说上古时期代表性的舞风是健舞而非软舞的一个原因。

随着历史的推进,舞蹈风格发生了以健舞为主向以软舞为主的转变。这种转变也跟音乐上的雅俗分水岭差不多,发生在唐代,特别是那个风流皇帝唐明皇,更是标志性的人物。明皇统治时期,因为喜爱女乐,曾对宫廷乐舞的规模与体制进行改革,大力提倡当时流行的"燕乐",对古代流传下来的雅乐(即宫中的"太常乐")采取了某些限制的措施,同时增加女子软舞的成分与规模,为燕乐这种以女子为主的乐舞的发展与发达起了很大的促进作用。这种偏重"燕乐"的风气随着"安史之乱"的爆发、胡兵的侵入以及回纥部队进入中原而进一步发达起来。乱后各地割据的藩镇只图眼前享乐,女子伎乐日盛,到晚唐五代,天下瓜分豆剖,淫逸之风更盛,女乐也越来越受欢迎。五代十国有忘于伶人之祸者,有败于妇人之手者。作为这类乐舞副产品的是,晚唐五代时期配合这类音乐舞蹈的诗歌即长短句兴盛起来。诗乐舞三位一体,乐舞风格的改变,导致诗歌风格与内容也相应地发生改变,晚唐五代诗人香奁,词趋侧艳,正是这种乐舞风习熏染之故。赵宋立国,太祖采取"杯酒释兵权"的手法,夺武将之权,行右文之政,广蓄歌儿舞女成为士大夫风雅品味赏心乐事的一种表现,社会风气更趋奢靡,女子软舞更甚。此时士人很少再像前朝士人那样亲自参与舞者行列,基本上以观赏者的面目出现而不再表演了。歌舞表演者的专职化与女性主流化的兴盛,使软舞不断发达起来。

宋代以后,乐舞进一步普泛化,商人与一般百姓情趣的参与,使乐舞更向着"俗"的一面发展。这当中特别值得一提的是元代兴起的杂剧,可以说是古代中国乐舞文化的代表与结晶。杂剧虽然是融汇多种艺术形式而成,但不可否认的是它汲取了不少歌舞的成分,才使得杂剧从宋金时代以滑稽讽刺为主,转变为以歌舞抒情为主。从《青楼集》《录鬼簿》等元代人的著作来看,当时演杂剧的演员主要是妇女,甚至有女艺人专精"架头"(皇帝)剧者,可见妇女在杂剧中的重要地位。歌舞抒情与女子演出决定了杂剧中的舞蹈风格也基本上以曼妙柔软为特色,虽然在"唱念做打"中也有"打"这一科,但在四科中毕竟居于最末的地位,而唱念功夫对于杂剧成功与否的作用却被提到重要的地位。这种以妇女为主体的杂剧表演方式,虽然在后来的演进过程中有所改变,但总体风格基本未变。从明代的传奇直到近代的京剧、昆剧等较古老的剧种(受理学及政教的影响,京剧表演以男子为主,程式风格有刚健的一面,但且本戏里的做工却仍保持着轻曼的风格,纵然是男扮女装亦是如此),都基本上能保持这样的风格,特别是流行于南方的剧种,轻歌曼舞风格更加突出。

总而言之,古代歌舞从最初以娱神为主,到后来以娱君侯士人为主,发展到成为普通大众的娱乐方式,其中软舞的成分是不断增加的。由于这种舞蹈是与特定的音乐相配合的,以宫商角徵羽为五音的古代音乐中,雅乐以宫音为正声,最受重视,而俗乐则否,音色调式变化多多。与之相呼应,舞蹈也是姿态万千,婀娜多姿,这就决定了古代的歌舞以曼妙见胜的风格特色。软舞中轻盈的步态、飘动的衣袖与女子柔美的线条,与那变幻的乐音相互映衬与发挥,使得整个歌舞变得柔曼翩跹、曼妙妩媚,体现出东方的神韵。从现在敦煌壁画中可以看出,无论是舞动的飞天,还是反弹琵琶的仙女,都是长裾迎风飘舞,姿态轻柔线条优美的。据记载,唐明皇所创那"舞破中原始下来"的"霓裳羽衣舞",就是于终曲之时长引一声,余音袅绕于整个宫殿,不绝于耳。可以想象,与这样的音乐相配合的舞蹈,也必然是风格柔美而动人的。

这样的舞蹈语言,在对音乐内涵进行诠释的同时,也是对人体美的绝好的展示与表达。在时间中展开的音乐艺术与在空间中展开的形体艺术相互结合与彼此兼顾,导致古代歌舞对程式的重视:即特定的形体与特定的音乐的彼此匹配与呼应。而一旦这种匹配演化成为某种固定的程式,也就意味着对单方面的乐、舞内涵的超越。一个特定的造型(身形或者脸谱)就将人物的个性、情感甚至道德伦理的内涵展示出来;一段特定的音乐,立即就能将欣赏者带离现实而引向某种特定的环境氛围之中。这种乐舞相合而且程式化后所蕴涵的丰富内容,在至今上演的京剧、昆剧中都有很好的体现。特别是京剧中的脸谱艺术,可以说已经脱离舞台成为单独的一门艺术形式了。

这种脸谱与造型对于乐舞人物个性的抽象化表达,强调形象的类别特征而牺牲了个性化的表达,因此,单纯的乐舞配合,并不能很完整或者说充分地表现人物的个性,抒发特定的情感。所以,与乐舞这两种艺术形式相配合的还有另外一种艺术,即歌诗,也就是配乐歌唱的歌辞。古代中国自上古以来即强调诗乐舞三位一体,正是因为这三种艺术形式可以彼此互补,相映生辉。上古时期或许有娱神乐舞仅仅奏乐舞蹈而不歌者,但从上古歌谣冲口而出的特点来看,有歌必有节奏与乐律相随,有歌无乐的现象似乎不太可能。在乐舞的主要功能表现为娱神的时期,由于歌、乐、舞三种艺术"服务"的对象(神)的个性比较单一或者说简单,因此,对歌、乐、舞的个性要求并不高;随着娱乐对象从神转向人,不同娱乐对象气性上的差别,使得个性化刻画变得越来越重要。这时,类型化抽象的舞蹈形象刻画就显得手法太过单调,而音乐描绘形象的间接性,又必然影响表达的效果。故而,随着乐舞抒情娱乐功能的不断增强,诗歌作为语言艺术的优越性也得到了很好的表现。语言的个性化以及灵活多变的超越方式,使得它在诗乐舞这个三位一体的艺术组合中占有先机。在经过了先秦时期的赋诗言志那种断章取义式的生硬配合之后,诗歌的个性化表达终于被催生出来。虽然汉代一度因为政教的原因,诗歌的个性化发展受到限制,但以东汉末年《古诗十九首》为代表的文人五言诗的兴起,却标志着诗歌个性化的大发展时期的到来。在随后的魏晋南北朝时期,文学觉醒,其中一个重要的内容就是表现个人情感的诗歌的大发展。以此为基础,古代诗歌在唐代出现全面繁荣。至此,上古歌谣的集体创作形式所形成的类型化特征基本褪尽,诗歌出现古律之分,配乐与不配乐之分。一部分诗歌因为片面强调抒情言志而不再以配乐歌唱为主要目的,并因而脱离了诗乐舞这个三位一体,另一部分诗歌则通过形变(由整齐的五言、七言变为长短句,由长短句变为散曲、杂剧等,在格律上也发生了新的变化)配合新起的音乐歌唱而继续留在三位一体之中。虽然受乐舞等形式的限制,这类诗歌在后期更多地表现出叙事性的特征,呈现出脱离传统士大夫含蓄隽永的审美特征,但在其与乐舞相配合的过程中,诗歌中所表现出来的特定指向的内涵与乐舞的类型化描绘正好彼此呼应,相互补充,使诗乐舞这个三位一体既能充分显示出类型特征,又能很好地描绘与刻画特定环境与特定人物个性。而歌辞的"言情"特征,又正好与抒情的音乐和舞蹈相互结合,更增强了乐舞的曼妙风格。

总而言之,无论是从"气韵生动""传神写照""境生象外""意象浑成"等艺术精神来分析,还是对"山水清音""歌舞曼妙"等艺术理解与艺术形式进行解剖,古代中国艺术都表现出形神兼顾、追求内蕴的审美趣尚,并因此导致了中国古代艺术对于神韵的特别的关注,成为传统文化精神的重要表征。这种文化特征的形成,不仅与中国的儒家文化、道家文化密切相关,而且还有着很深的佛教文化基因的作用,是儒家文化圈与佛教文化圈所共同具备的文化特征。而在历史演进的过程中,无论是儒道还是佛教,其影响范围都不止中国,而是包括东亚、东南亚各国的。因此,在今天习惯于进行东西方文化划分的情况下,这种体现着东方儒佛道精神的文化可以称为东方文化精神,而这种以追求"神韵"为特色的审美文化精神则不得不称为"东方神韵"了。

第八编

四海一家

我们的祖先是没有狭隘的国家概念的,视线所及的地方均称之为"天下",且说"普天之下,莫非王土"。与"天下"相呼应的一个名词是"四海"。《尚书·大禹谟》说:"文命敷于四海。"一代儒学大师荀子更是大气地提出:"四海之内若一家。"

从此,"四海一家"的观念,在中国人的心中扎下了根。

当然,不是说自此人人都赞同荀子之说,仍然有华夷之辨,有中外之分,但不过是些支流,主流是"四海一家"。

可要将"四海一家"的宗旨予以落实,敢于将外来文化为我所用,敢于将中华文化送往他地,决非是那么容易的,需要有大气魄、大襟怀、大精神,需要有雄才大略的君主,需要有放眼看世界的官员,更需要一大批愿为开拓拼得性命的志士仁人。

环视中外历史,一代又一代的勇士,在吸纳外在文化、输出中华文化的宏业中,前赴后继,继往开来,作出了艰苦卓绝的探索,成为一颗颗朗星,闪烁在世界文化的长空中。

这样的朗星令人眼花缭乱,目不暇接,鉴于撰写的格式,现在只能聚焦在最耀眼的几颗上,用他们翔实却又灵动的求索轨迹,来对中外文化交流大观管中窥豹。将要进入我们眼帘的是:张骞通西域,玄奘取经,鉴真东渡,郑和下西洋,利玛窦来华,严复译书。

文化的交流,如同大江东去,如同大浪淘沙。然而,毕竟也有暗流,也有回流,也有闭关锁国的时候。

自中国在世界上落伍后,西洋文明让人用枪炮送进国门的事实,造成了半殖民地畸形文化的影响,造成了中国人文化观上的某种扭曲心态,或是高叫全盘西化,或是故步自封于中华传统文化。尽管也有呼吁中西合璧的声音,然缺乏汉唐那种自然融通却不失根本的海纳百川的恢宏气势。国人若能静下心来,重新审视因文化交流促进繁荣昌盛的时代,审视为文化交流作出不朽业绩的先驱,从中悟得经验和教训,从中汲取勇气和坚韧,对找回不偏不倚对待文化交流的心态当不无启迪。

一流的文化交流心态,方能让国步踏上一流的境界。

在今天的世界上,不管人们愿意与否,地球村的雏形已经出现,相信通过世界文化的深度交融,四海一家必将是这个蓝色星球的归宿。

第四十五章

大漠圣影——张骞通西域

丝绸,至软至柔,至亮至丽,很难将它与飞沙走石、旷无人烟的大漠联系在一起。然中国历史文化鬼斧神工,却创造了一个奇迹,硬是用丝绸在大漠上铺出一条路来,通向西域(即今中亚、南亚、西南亚以至欧洲)。

丝绸之路尽管在客观上存在,然首先提出这个名词的,是德国地理学家李希霍芬,具体见于他所撰的《中国》一书。他界定的丝绸之路,指的是汉朝与中亚以及印度之间以丝绸为主的贸易交通路线。李希霍芬之后的学者将这条路线的西端的概念延伸到了地中海西岸和小亚细亚。

闪着丝绸之光的路,人称丝绸之路。

唐诗人张籍有一首《凉州词》,其中一段,用凝练而又生动的语言描述了丝绸之路:

边城暮雨雁飞低,芦笋初生渐欲齐。

无数铃声遥过碛,应驮白练到安西。

这条丝绸之路从何时开启,现已难以考证。据生活在公元前5世纪的希腊历史学家希罗多德的记载,希腊人早就知道了"绢国之都"——中国,并且在公元前六七世纪,已有人远涉于此(关卫《西方美术东渐史》第一章)。至罗马帝国时,丝绸几乎与黄金等价,恺撒大帝曾经身着中国丝绸袍子到剧院观赏戏剧。时罗马人将中国称为"赛里斯"(Seres)——丝国。近代西方考古学家斯坦因研究后,得出的结论是:"中国出品中为使臣携至西方者,以细丝为最著。自是以后,希腊和罗马文化所被之都市,皆知织丝之西利斯(即赛里斯)人(Sik Wearing Seres)之名。西利斯者,即古罗马语对于中国人之称呼也。其后数世纪间,西方丝业皆为中国所专利,可知丝织品通商与中国关系之重大矣!"(张星烺《中西交通史料汇编》第一册)

虽然由此得知,中国丝绸很早就传入了希腊、罗马,但在中国的古籍上,却无同时期的这类记载。中国古籍最早关于丝绸西向的记载,是司马迁《史记》中的《货殖列传》有这样一段文字:"乌氏倮畜牧,及众斥卖,求奇缯物,间献遗戎王。戎王什倍其偿,与之畜,畜至用谷量马牛。秦始皇帝令倮比封君,以时与列臣朝请。"经核查,乌氏为秦朝的县名,而倮是人名,缯则为丝绸的别称。乌氏县位于今甘肃省平凉县西北,由此证明丝绸已有西向的萌芽。尽管秦始皇奖励了商人乌氏倮包括丝绸在内的贸易行为,也仅此而已,其中并未含有与国际交通之意。在这个统一天下的始皇帝的眼里,天下的概念不过是他用血和火混一的宇内。他虽然也曾动用了大规模的军事力量打击过北方的匈奴,只不过是为了维护他那个天下的安全。在他君临天下的时间内,一直忙于整合统一后的国势,忙于建立防御外患的长城,忙于追求长生不老,等等,尚未顾及通过大漠向西域眺望。

从国家意义上,对丝绸之路的开拓,始于雄才大略的汉武帝。

从历史意义上,在这条路上走上第一步的,是博望侯张骞。

不能说,在汉武帝设计国际交通战略之前,在张骞具体开拓西域交通线之前,华夏大地与西域没有联系。但那种联系的状态,由于彼此之间隔着许多部族和国家,且因互相之间缺乏文化交流的隔膜,多是民间的、零碎的、断断续续的,无法形成官方稳定的有规模的交通系统。

鲁迅曾说:本无所谓路,人走得多了,便成了路。然这条通向西域的路,不是乡间草丛,人随便走走,便成了路,而是充满了险,路险、沙险、风险、人险,更有许多莫名的险。要开通如此险的路,简直不是走,而是在凿,一步一凿。

由此,司马迁将张骞开通西域,敬誉为"凿空"。

为《史记》作索引的司马贞对此解释说:"谓西域险阨,本无道路,今凿空而通之也。"

做任何大事都有契机。汉武帝融通汉朝和世界的契机,是在制定对匈奴的战略中产生的。

匈奴是活动于北方的游牧民族,逐水草而居。由于生产和生活的游动性,作为游牧部族的匈奴,具有"国之大事,在祀与戎"(《左传·成公十三年》)的性质,在放牧的同时,还要狩猎,以对生活资料作补偿,久而久之,自然而然地认为:"可以用流血的方式获取的东西,如果以流汗的方式得之,未免太文弱无能了。"(塔西陀:《阿古利可拉传,日耳曼尼亚志》)军事掠夺成了他们生产的辅助手段,以解决生活所需,以至"进行掠夺在他们看来,是比进行创造的劳动更容易甚至更荣誉的事情"(恩格斯:《家庭、私有制和国家的起源》)。处于这样的经济特征下,军事与经济无多大的区别,"猎则别部,战则同行"。他们的战斗力是强的,但掠夺性和破坏性也相应增强了。

匈奴从春秋战国时开始,不断南下骚扰,抢掠内地的人口和财产。由此,秦、燕、赵、魏等国不得不筑长城,以抗拒匈奴。至秦统一后,大将蒙恬领十万之众进行北伐,迫使匈奴不敢南下。秦帝国崩溃后,匈奴首领冒顿单于乘中原大乱之际,向南大发展,渐渐拿下当时中国的东北部、西北部和西部的广大版图。

汉初和匈奴的关系,基本是汉朝弱匈奴强的态势。公元前201年,冒顿单于围攻马邑(今山西朔州),汉守将韩王信开城投降。随之,冒顿挥兵南下,直扣晋阳(今山西太原西南)。次年,汉高祖刘邦亲率三十万军队迎击。冒顿纵精兵四十万骑兵,将刘邦围于白登(今山西大同东)。处于窘境的刘邦用计后方得以逃脱。为了保证北方边境的安全,刘邦鉴于国势,不得已,派刘敬与匈奴"奉宗室女公主为单于阏氏,岁奉匈奴絮缯酒米食物各有数,约为昆弟以和亲"(《史记·匈奴列传》)。至汉孝文帝时,依然维持着这样的国策,赐给匈奴单于"服绣袷绮衣、长襦、锦袍各一,比疏一,黄金饰具带一,黄金犀毗一,绣十匹,锦二十匹,赤绨、绿缯各四十匹"(《汉书·匈奴传》)。这种畏缩的且代价高昂的"和亲"政策只能缓解一时,并不能彻底阻止匈奴南下。匈奴单于在索要不遂意时,毫无顾忌地将"和亲"的面纱撕去,换以铁骑和长矛。对于匈奴的肆意侵犯,汉朝根本无力制止。公元前166年(前元十四年),匈奴侵入朝那(今甘肃平凉西北)、萧关(今宁夏固原南),杀北地都尉。公元前185年(后元六年),侵入上郡(今陕西绥德东南)、云中(今内蒙古托克托)……

匈奴的侵扰,成了汉朝的心腹大患。

这种状况,汉朝一忍再忍,一直忍到汉武帝登位。文、景二帝的忍,忍出了"文景之治"。"文景之治"给汉帝国积下充足的物力和人力后,才有条件让汉武帝施展雄心,驱逐匈奴,将中国和世界融通。

汉武帝登位后,于公元前138年(建元三年),将灭匈奴之事提上了议事日程。研究形势,汉王朝认为大举攻打匈奴,时机已经成熟。

一是:当时新疆地区分布着三十六小国,其中著名的,有天山南路塔克拉玛干沙漠北道的姑师(后分为前、后车师,分别位于今新疆吐鲁番和吉木萨尔)、尉犁(今新疆尉犁)、焉耆(今新疆焉耆)、龟兹(今新疆库车)、温宿(今新疆温宿)、姑墨(今新疆阿克苏)、疏勒(今新疆喀什)等;塔克拉玛干沙漠南道的楼兰(今新疆鄯善,遗址位于罗布泊北岸)、婼羌(今新疆婼羌)、且末(今新疆且末)、于阗(今新疆和田)、莎车(今新疆莎车)等国;天山北路的东、西且弥(今新疆昌吉一带)等。汉代前期,它们因不堪匈奴的欺压,多次请求汉朝的保护。

二是:匈奴驱逐了居住在敦煌(今属甘肃)与祁连山之间的大月氏人,全部控制了河西走廊。不仅如此,而且据匈奴降人说,匈奴还杀了大月氏王,把他的头做成了容器,大月氏人报仇心切,一直在找同盟者,以共同讨伐匈奴。

据此,汉武帝认为如答应三十六国的请求,顺应形势,可从西侧建立一道对付匈奴的屏障。大月氏人的想法更和汉朝不谋而合。若派使者前去联络,可对匈奴造成前后夹攻的军事态势,收事半功倍之效。

这仅仅是战略构想,若付诸实现,尚需一个能担当此重任的使者,其不但要具有灵活机敏的外交手段,且需具有赴汤蹈火的大无畏精神、百折不回的成大事的素质。汉武帝环视朝廷命官,没有发现理想的人选,由是他下达了召募令,让有志之士毛遂自荐。

应募者不少。汉武帝最后选中的是汉中成固(今陕西城固西北)人张骞。他当时的身份是郎。郎,又称郎官,一般由高官子弟或富家子弟充任,是秦汉之际宫廷宿卫人员,也是官僚候补队伍,系光禄勋统辖。

使者人选确定之后,开始组建使团。使团有相当的规模,带队使者为张骞;副手为堂邑氏的家奴甘父,也是一个有很大能耐的勇者,他很可能希望通过出使西域来建功立业,以改变自己的奴隶身份;下面的成员有一百多人。

张骞及其使团的使命非但重大,且极为艰险。第一个艰险,到大月氏没有直达的路,甚至迂回的路也没有,唯一的通途必须借道匈奴浑邪王和休屠王统治的广大地区,以汉朝和匈奴敌对的视角来看,无疑是个很难克服的障碍。第二个艰险,是必须穿越杳无人烟的大沙漠。在广袤的沙漠上行走,难以辨别方向,无所谓路径,只能靠观察人和牲畜的尸骨或粪便来确定路线。更为困难的是水源奇缺,行人须忍受极度的干渴。此外,常刮足以让人畜窒息的热风,一旦热风起,骆驼埋鼻沙中,人以毡蔽鼻口,方得以避免。

面对艰险,张骞率领使团从长安出发,踏上了征程。这可谓是中国历史上第一次由官方派往西方的外交代表团。

使团的目的地是大月氏,可问题是大月氏虽然与匈奴有仇,但经匈奴的驱赶,究竟迁居到了何地并不完全清楚。因此,张骞还面临着一个寻找大月氏的任务,并必须穿过匈奴的居住地来寻找。

张骞及其使团在险中一路行来,西行后不久,踏到了匈奴的土地上,汉政府估计到的第一个障碍变成了现实。他被匈奴抓住了,被押往单于驻地,成员散了一批。张骞向单于婉转说道,要到大月氏去,希望能够放行。得到的回答是:"月氏在我的北面,汉朝怎么可以派使者前去!若是我派使者到南越去,汉朝能让我过境吗?"单于不由张骞分说,强行将他扣下。

这一扣就是十年。十年中,张骞遭受的是软禁的生活,单于强迫他娶当地女人为妻,并生了儿子。单于的目的,是想通过婚姻、家庭、妻子,来羁绊张骞,使他忘记使命,永远留在匈奴。可张骞的表现让单于很是失望,他始终保持着汉朝给他的使节,以此表示牢记着自己的使命。困在匈奴之地的岁月中,张骞得到了甘父的帮助。甘父本是匈奴人,熟悉那里的风俗习惯。

时间一长,单于放松了对张骞的监视。始终不忘使命的张骞,十年后,寻得一个空子,逃出了樊笼。他带着甘父等人,翻过葱岭,颠沛流离地向西行,路途断粮,善于骑射的甘父打猎充饥。经数十日,抵达了大宛(今乌兹别克斯坦费尔干纳城)。

大宛早闻汉朝是个富国,一直想建立外交关系,见张骞前来,盛情招待。大宛王问张骞欲何往,张骞针对其心理,说:"我为汉使欲去月氏,途中为匈奴所困。今侥幸逃脱,希望王能派人为向导送我。若得大月氏,返归汉朝后,将赠送不可计数的财物。"这番话打动了大宛王,他依着张骞的要求,派向导将他送到了康居(今乌兹别克斯坦撒马尔罕城)。

在康居,张骞再次凭着出色的外交才能,让康居人把他送到了大月氏。

在历尽艰难困苦进入大月氏境内后,让张骞遗憾的是,大月氏已经发生了巨变。在政治上,匈奴杀了原先的大月氏王,立其太子为王,也有一说是立原王的夫人为王。不管是谁为王,已结束了和匈奴相仇的局面。此外,其国势大增,以大夏(今阿富汗北部)为属国。在社会形态和经济上,因占据了妫水(今阿姆河)北岸一带地方,改变了游牧生活,变成了以农业为主的国家。在大月氏待了一年多,中间曾去过大夏,但张骞无论是从官方的回答中,还是自己得到的印象,大月氏人已不想回到从前居住的河西走廊,也不想再找匈奴复仇。

史称张骞这一年多的经历,是"竟不能得月氏要领"。不能得要领,指的是张骞不能说服大月氏,以完成汉武帝交给他的使命。然而,真应着"有心栽花花不开,无心插柳柳成阴"的那句民谚,张骞在大月氏的逗留,在地理上,开拓了汉朝的视野;在政治上,重新审视了各方关系,为以后汉朝的战略调整提供了第一手的资料。

鉴于大月氏难以成为汉朝的盟国,张骞启程回国。他想经河西走廊,穿越羌人地区回国,途中复被匈奴拘留。又过了一年多,适逢匈奴左谷蠡王攻其太子自立,发生内乱,他方于公元前126年(元朔三年)乘隙携带匈奴妻子逃回长安。

张骞的这次出使西域,前后历时十三年,出去时一百多人,回来时只剩下他和甘父二人。他虽然没有达到预期的目的,却为中国官方向西域派出使团启开了先河。

尽管张骞未能完成使命,但具有战略眼光的汉武帝看出了张骞此行对汉帝国的意义,从而拜张骞为太中大夫,甘父为奉使君。

张骞依据他带回的大量西域各地的地理资料和文化信息详细地向汉武帝作了汇报,也即述职报告。

在述职报告中,张骞一一介绍了他所历经的国家:

大宛,位于匈奴西南,其俗土著,耕田,种稻麦。有葡萄酒。多良马,马汗如血。有城郭屋室,属邑有大小七十余城,众达数十万。军队擅长弓矛骑射。

于阗,西面的河西流,注入西海(地中海);东面的河东流,注入盐泽(今新疆罗布泊)。盐泽之水为地下河,南向流出地面,是为黄河源。其地盛产玉石。

楼兰、姑师,有城郭,濒临盐泽。

匈奴右方,居盐泽以东,至陇西长城,南接羌。

乌孙(今新疆天山北伊犁河流域),在大宛东北,与匈奴同俗。军队数万,敢战。从前臣服匈奴,及壮大后,名义为匈奴属国,实不肯前去朝会。

康居,在大宛西北,与大月氏同俗。军队八九万人。与大宛邻国。国小,南臣服大月氏,东臣服匈奴。

奄蔡,多貂,畜牧水草,以前臣服康居。位于康居西北,与康居同俗。军队十余万。

大月氏,在大宛西,居妫水北。其南为大夏,西为安息,北为康居。西击大夏而臣之,定都妫水北,为王庭。其余小股,保南山羌,号小月氏。

安息,在大月氏西。其俗土著,耕田,种稻麦。产葡萄酒。城邑和大宛相似。其属有小大数百城,地方数千里,是大国。濒临妫水,有市。民商贾用车及船,行旁国可达数千里。以银为钱,钱上有国王像,王死换钱更像。文字书写于皮革之上,系横写。西为条枝,北有奄蔡、黎轩。

条枝,在安息西,临西海。气候湿热暑湿,种稻。有大鸟,卵如瓮那般大。人口众多,往往有小君长,臣属安息。国人善于变幻术。

大夏,在大宛西南二千余里的妫水南。其俗土著,有城屋,与大宛同俗。军队战斗力弱,畏战。人善贾市。及大月氏西徙,被攻败,臣服。大夏民多,多达百余万。东南有身毒国。

在大夏时,见邛竹杖、蜀布。问了当地人,回答是:商人与身毒贸易所得。据说,身毒在大夏东南数千里,风俗与大夏同,气候地理卑湿暑热。人民乘象以战。身毒国有蜀物,当离蜀不远。

这个报告,全面清晰地反映了汉朝以及匈奴的关系,提供的信息使汉武帝及时地调整了对匈奴的战略规划:放弃与大月氏的联盟,直接出动汉军,向匈奴出击,以打通河西走廊。汉武帝之所以能下这个决心,也有另外一个因素,即公元前127年(元朔二年),大将军卫青为反击匈奴的入侵,奉令率大军西出云中,迂回陇西,击败了匈奴的楼烦王和白羊王,夺回了长期失守的河南地区(今黄河河套一带)。

为验证张骞带回的信息是否正确,汉武帝于公元前123年(元朔六年),让张骞以校尉的军职随卫青深入沙漠击匈奴。这是一次试探战,张骞因久居匈奴之地,熟知水草处,使兵马获得充足的供养。此次出征,虽未获得大捷,但加深了对匈奴虚实的了解,张骞因功被封为博望侯。

张骞的这个封号,不是取自地名,而是对他能力的概括。学者解释说:"取其能博广瞻望。"

然"博广瞻望"的张骞才干在外交,而非军事。翌年,他以卫尉身份随名将李广出右北平(今辽宁凌源西南)击匈奴。他们兵分前后,李广领前军被匈奴所困,张骞所率后军未能按时赶到,遭致李广损兵折将。按军法,张骞当被斩首,他出金赎罪,被废为平民。

知人善任的汉武帝没有因噎废食,他相信张骞提供的信息是确实的。公元前121年(元狩二年),他让曾发出"匈奴未灭,无以家为"壮言的青年将领霍去病率兵执行廓清河西走廊的战略。霍去病不辱君命,在河西走廊西南的皋兰山(今甘肃兰州南部)下,痛击匈奴,取得大捷。旋即,率骑兵从陇西(今甘肃临洮东北)、北地(今甘肃环东南),拉出两千余里的战线,追击匈奴。尔后,越过居延泽(今甘肃额济纳北),兵迫祁连山下,斩得匈奴首级三万余。在汉军势如卷席地扫荡下,匈奴内部发生了分化,浑邪王杀了休屠王,带着四万余人投降。由此,河西走廊被彻底打通。

河西走廊是汉朝从西北地区通往西域的必经之道,是祁连山以北、合黎山与龙首山以南一条东西长约一千公里、南北宽约一至二百公里的狭谷地带。打通河西走廊,对中西交通有着决定性的战略意义。

打通河西走廊含着张骞的一份功劳。

匈奴虽然遭到了重创,但依然是北方强大的政治和军事势力,对汉朝仍有相当的威胁。为彻底剪除匈奴,汉武帝重新考虑如何联合各方力量。已沦为平民的张骞还念念不忘国事,就其熟悉的西域形势,向汉武帝提出了"断匈奴右臂"的策略。

张骞是这样具体考虑的:在西域诸国中,乌孙王昆莫一直和匈奴有矛盾。如今匈奴被我大汉击败,乌孙当有轻视匈奴之意。西域诸国都希望得到我大汉的财物,不如用厚物结拢乌孙,将其招回河西故地,并派出公主和亲,去做昆莫夫人,如此大汉与乌孙结为兄弟。联盟一结,当是断去匈奴右臂。此计若能成功,则乌孙之西的大夏等国均能招来为属国。

汉武帝当场拍板,肯定了张骞的策略。

不仅谋略被肯定,张骞本人也被重新起用。公元前119年(元狩四年),汉武帝拜他为中郎将,率领三百人组成的使团,携带成群的马、牛、羊,持着千万金币与丝帛,出使乌孙;另配多名持节副使,以便访问其他国家。

可是,在张骞抵达乌孙后,发现其设计的策略并未能生效:昆莫的态度是恭敬的,但他只想得到汉朝的财物,却不愿和汉朝结盟。而且,乌孙内部发生了严重的分裂,昆莫失去了统辖的能力。

张骞没有坐等,他分遣副使访问大宛、康居、大月氏、大夏、安息(今伊朗)、身毒等国,与这些国家或是加深或是建立了友好的外交关系,进一步开拓了汉朝与西域的交通,提高了汉朝的地位。后来这些国家都派了使节先后来到长安,史称:"于是,西北国始通于汉矣。"

乌孙虽没有和汉朝结成军事同盟,然在张骞返国时,派遣了使者数十人,携带马数十匹,到长安报谢。使者在入汉后,亲眼目睹了汉朝的富强广大。

就在张骞出使乌孙的这一年,汉武帝发动了对匈奴最大的一次战争。整个战争,由卫青与霍去病兵分两路出击,汉军旗开得胜,并追击到狼居胥山(今内蒙古苏克特北)、寘颜山(今蒙古纳拉特山)的赵信城和瀚海(今俄罗斯贝加尔湖),歼灭了匈奴军的主力。经此扫荡,匈奴远遁,逃往沙漠深处,基本解除了匈奴对汉朝的威胁,保证了丝绸之路畅通无阻。

很少有人将这次战争的胜利与张骞第二次出使西域联系起来。仔细推敲,张骞尽管未能与乌孙结盟，但他及其使团在各国的外交活动客观上加重了汉朝在西域诸国的分量，使这些国家不再与匈奴结盟。从而，造成了汉朝与匈奴一对一交手的格局，最终，汉朝终以强大的国势和兵力，战胜了走下坡路的匈奴。因此，"无功"的张骞，实际还是建立了不世功勋。

张骞在回国后不久，仅一年多点，因积劳成疾而与世长辞了。

张骞两次出使西域，以非凡的才干、意志和勇气，克服了许多无法想象的艰难险阻，考察和了解了西域诸国和地区的人口、物产、交通、气候、风土人情以及方位距离等，极大地丰富了汉朝的地理知识。司马迁的《史记·大宛列传》和班固的《汉书·西域传》对西域诸国和地区的叙述，主要材料来自于张骞的报告。

张骞不但是个勇者，还是个信者。他在西域建立了极高的信誉——他本人的信誉和汉朝的信誉。为保持这信誉，汉朝以后派遣使者都称为"博望侯"，以取信于西域诸国。

张骞之后，长安形成了出使西域的热潮，许多朝野热血之士竞相前往，蔚然成风。不仅成风，且形成了传统，汉朝每年都派出这样的使者，将张骞开出的路，不断地予以扩大和加实。

张骞是丝绸之路的开拓者，也是东西方文明大交流的奠基者。

凿空，张骞的事业在于凿空，功绩在于凿空，历史影响也在于凿空。我们把王羲之称为"书圣"，把杜甫称为"诗圣"，那么，凭借张骞凿空西域的功绩，是否可以把他称为"凿圣"？

"凿圣"跋涉于大漠的圣影，从驼铃声响到网络天下，在东西方文化交流的长途中，是一座千秋万代景仰的丰碑。

第四十六章

梵音化为唐声——玄奘取经

玄奘取经,是中国佛教及文化史上的一件大事,也可谓世界佛教及文化史上的一件大事。这件大事到后世越传越广,明朝的吴承恩演绎了一部《西游记》更是将玄奘传得家喻户晓。

玄奘,俗姓陈,名祎,洛州缑氏(今河南偃师)人。父亲陈慧为江陵(今属湖北)县令,后辞官归隐。他出生在隋朝后期,当时整个国度得了隋炀帝的倡导,沉浸在浓烈的佛教氛围中,他受此影响,从小笃信佛教,曾在洛阳净土寺内潜心学佛经《维摩经》《法华经》。

614年(大业十年),大理卿郑善果奉旨到洛阳剃度僧人,年仅13岁的陈祎闻讯前去,因年纪太小受到拒绝。经他苦苦要求,终于感动了郑善果,被破例收录。出了家,取法名玄奘。

剃度后,玄奘仍在净土寺内学经,他尤喜印度大乘瑜伽派创始人无著所撰的《摄大乘论》。此书开创了唯识学体系,重理性思维,玄奘由此进入了追求唯识学的境界。

618年(大业十四年),天下大乱,地居中原的洛阳更是战乱的中心。为躲避战乱,也为了访师求学,玄奘离开了净土寺,前往成都,后辗转荆州(今湖北江陵)、扬州(今属江苏)、苏州(今属江苏)、相州(今河南安阳)、赵州(今河北赵县),最后到达长安。这个大旅程于625年(唐武德八年)结束,长达八年之久。在这期间,他遍学各经,遍访名师。他以谦虚的态度、精湛的学问,受到了佛界的高度赞扬,并跻身于高僧行列。

已被视为高僧的玄奘,自己感觉仅刚刚起步。他非但没有丝毫的成就感,且充满了疑惑。这疑惑来自版本不一的汉文佛经,来自大师们各执己见的矛盾说法,来自佛教教义的混沌不清。为解决这疑惑,他逐渐萌生了亲往佛教发祥地——天竺(今印度)求取真法的愿望。

西行取经,玄奘并非第一人,东晋高僧法显、智严已有成功的经历。然而,尽管前有先例,但困难仍相当大,令无数高僧为之生畏。可玄奘排除万难,决心追踪法显等他心目中的英雄,用大丈夫的气概继承他们的事业。首先,他努力学习梵文,克服语言障碍;随之,他拒绝了长安庄严寺方丈之位,摈弃殊荣;最后,他冲破了关禁的阻力,偷越出国境。

629年(贞观三年),玄奘上路了。一路艰辛,且步步充满着绝望。玄奘在绝望中征服了大漠黄尘,征服了高山峻岭,征服了关卡盘查,征服了缺粮断水,征服了信徒挽留……历经重重劫难、重重魔障,三年后到达了天竺。

天竺,又称身毒,或称婆罗门国,玄奘始译为印度。时印度仅是个地区概念(今称为南亚次大陆),并非统一的国家。其分为东、西、南、北、中五个部分。玄奘遍游天竺,足迹印遍各国。

玄奘在天竺的岁月中,花在摩揭陀国中那烂陀寺的时间最长。因佛祖释迦牟尼在摩揭陀国中度过了大部分的时间,被佛界尊崇为圣地。那烂陀寺(遗址于今印度比哈尔邦巴特那东96公里的巴腊贡村)是天竺最大的寺庙,也被视为最高学府。寺南有一大池,相传池内有龙名"那烂陀",故名。玄奘拜主持该寺的戒贤法师为师,学《瑜伽师地论》,以解决唯识学中,佛性究竟是"本有",还是"始有"的问题。除此之外,他还学习了寺内所藏的各种经典,精通了梵文,在多次辩论中战胜了许多名僧。他综合大乘佛教的义理,撰写了《会宗论》。玄奘年轻在国内时,已经"广就诸蕃,遍学书语"(《续高僧传》卷四《玄奘传》)。至那烂陀寺后,专门攻习了婆罗门《声明记论》,解其变化,终能以梵文来撰写论文。

玄奘在那烂陀寺不仅学得了佛教的至高经义,并得到了佛界的普遍承认。

使玄奘在天竺名声大振的,是羯若鞠阇国戒日王在其首都曲女城(今印度北方邦卡瑙季)为他举办的盛况空前的佛教大会。在大会上,玄奘妙动莲花之舌,以崭新的说法阐释佛经,剖析佛理,诠解佛义,引起了一场场的大轰动。听者欢声雷动,各国国王争相施舍珍宝,场面极为壮观。尤其他在辩论中绝无对手的压倒优势,更是让大乘、小乘二派均心悦诚服。大乘派敬称他为"摩诃耶那提婆"(汉文意为"大乘天"),小乘派敬称他为"木叉提婆"(汉文意为"解脱天")。

玄奘到天竺,是为了取经,是为了将佛教真义传回给唐朝。大会之后,他决计返国。尽管各国国王一留再留,他还是坚决地走了。戒日王等国王派兵护送,并命沿途各国接连护送,直将他护送到唐朝的边境。

645年(贞观十九年),玄奘回到长安。与出国时冷清甚至违禁成鲜明对照的是,他返回长安时,受到了万人空巷的欢迎。民众自发的欢迎,政府组织的欢迎,唐太宗亲自接见的欢迎,掀起了此起彼伏的欢迎高潮。唐太宗推老子李耳为始祖,尊奉道教为最高宗教,本对佛教持有一种保留的态度。他以高规格的礼仪对待返国的玄奘,并非出于对佛教的热忱,而是出于对玄奘以九死一生求索精神的致敬。经过长时间的交谈,唐太宗认识到玄奘有高度的政治才能,前后两次殷切地要求他还俗,辅助处理国政,被玄奘委婉而坚决地拒绝了。唐太宗非但没有见怪,反而被其所感动,表示全力支持他的事业。

取经成功的玄奘带回了大量的佛像和经卷。经卷分别有:大乘经224部,大乘论192部,上座部经、律、论15部,正量部经、律、论15部,化地部经、律、论22部,饮光部经、律、论17部,法密部经、律、论42部,说一切有部经、律、论67部,因明论36部,声明论13部,共计520夹,657七部。

玄奘本要求去嵩山少林寺译经,但被唐太宗安置在长安城中条件更加优越的弘福寺,并由宰相房玄龄亲自关照其所需。在君主、宰相、王公等支持下,玄奘译经之事展开得极其顺利,五十多名学问高深的沙门被配备作为他的助手,所需的各种人力物力均得到了充分的保障。

他返国后的19年,也就是他的余生,全部围绕着译经工作。从贞观十九年到二十三年,他花了极大的精力,在翻译其他主要佛经的同时,翻译了大乘佛教瑜伽行宗学说的根本论典——《瑜伽师地论》,人称此论是玄奘冒险西行的原因之一,并写出了《大唐西域记》。从永徽元年到显庆四年,翻译了代表小乘佛教毗昙之学最后结论的《俱舍论》,还译出瑜伽行宗的其他重要论著。与此同时,翻译了《成唯识论》,以护法论师之学来折中诸家之说,对于诸多的佛教哲学理论作了抉择的结论,明示了瑜伽行宗学说的宗旨。从显庆五年到麟德元年,主译了《大般若经》,目

>>>玄奘到天竺,是为了取经,是为了将佛教真义传回给唐朝。大会之后,他决计返国。图为玄奘像。

的在于将瑜伽行宗的学说上达于般若,以调和大乘佛教的"空"(中观)与"有"(瑜伽)之争。

在玄奘译成《瑜伽师地论》后,唐太宗亲自为他作了《大唐三藏圣教序》,太子李治作了《述圣记》。

李治为其亡母长孙皇后建造了大慈恩寺后,玄奘迁入此寺继续他的译经事业,并主持寺务。唐高宗登基后,特敕在寺内西院用砖砌造一座石塔,让玄奘储藏带回国的经本、佛像,以防火灾。玄奘亲自身背竹筐搬运砖石,在他的感召下,匠工们尽心尽力,用了两年时间,将塔造得气势宏大,极为壮观,成为长安城中的一处胜景。此塔名唤大慈恩寺塔,后人称为大雁塔。

由于玄奘名震天下,前来礼谒者纷至沓来,络绎不绝。玄奘穷于应付,译经之事受到了很大的影响。由此,在他的要求下,唐高宗安排他去了僻静的宜君山中玉华寺(故玉华宫)。在这里,他翻译了《大般若经》。

终玄奘后半生,总共翻译了经、论 75 部,达 1 335 卷。

玄奘是被世界历史所承认的最杰出的文化传播使者之一,他取得了常人难以望其项背的超凡成就。在宗教、哲学、旅行等各种成就中,最引人注目的,是他在翻译事业上的建树。中外翻译史上,玄奘堪称为首屈一指的翻译大师。这种肯定已经超越了国界,印度学者柏乐天说:"无论从哪方面看来,玄奘也是古今中外最伟大的翻译家。在中国以外没有过这么伟大的翻译家。在全人类的文化史中,只好说玄奘是第一个伟大的翻译家。中国很荣幸的是这位翻译家的祖国,只有伟大的中国才能产生这么伟大的翻译家。"(《伟大的翻译家玄奘》)

玄奘在翻译事业上的建树,是他开创了前所未有的新式译经方法和模式。

学术界和翻译界一致认为,玄奘的译经,无论是数量,还是质量,都开创了中西翻译史上的一个新时代。

回溯玄奘之前的译经情况,自东汉末佛教传入中国后,经本也相应地在中国开始流传。但直到西晋,流传的经本极大多数是中亚的胡本,换言之,也就是西域各种语言掺杂的本子,如焉耆语(吐火罗语 A)和龟兹语(吐火罗语 B)等转译的本子,真正的印度梵文本不多见。译品几乎都是零星的,很不成系统。而且译者多为中亚、印度僧人或侨民,中国本土的直接译者几乎没有。就是有中国人加入其中,也不过是根据西域人的转译,大致写出汉语意思。由此,整个译经情况是,数量小、质量低,且很多概念和术语被讹译,甚至用"外书"(中国道、儒二家哲理名词术语)来附会"内学"(佛教教义)。

进入东晋南北朝时期,译经的规模开始趋向庞大,并出现了正规译场。第一个值得称道的译场是由名僧道安、赵整(政)主持的,不仅有着细密的分工,且有着负责的考校。然由于主持者虽有高深的佛学底蕴,但因不懂梵文,惟恐翻译有失原义,而用了几近晦涩的直译法,令人读得很困难。于此基础上,在后秦官府的介入下,翻译大师鸠摩罗什组织了规模宏大的译场,参加者时称三千。然鸠摩罗什尽管精通梵文和佛学,可汉语却是能解不能写,只得"手执胡本,口宣秦言",让助手笔录润色。隋统一后,特设译经馆,前后译出了九部佛经。主持者彦悰把佛经原文分为经、律、赞、论、方、字、杂书七例进行编目,依次予以翻译。这些由佛教大师所主持并得到政府支持的译场,在中西合作下,以意译为主,能够较为准确地传达原文的意思,在汉语文字上也较为流畅,但这些进步不过是相对前时而言,实际仍存在许多不尽如人意处,经后人校对,发现有不少以词害意或误译的地方。

待到玄奘出来,译经事业的程度与成就才焕然一新。由此,新儒学奠基者之一的熊十力以玄奘为分水岭,将他前后的译经划为两个时代:"佛法东来,在玄奘未出以前所有经论,总称旧译(亦云旧学)。玄奘主译之一切经论,是谓新译(亦称新学)。"(《中国哲学史论文初集》)

之所以能划出两个时代,关键在于玄奘的新译能大力改观旧译的不足。而之所以能实现新译,关键在于玄奘有以下一些条件:凭借自任译场主持人的优势,不再受制于他国的僧侣,真正实现了中国人自己为译主的局面;凭借政府的信赖,得以从容地调配一切人力物力,不受反对者的干扰,为他的新译做全方位的准备;凭借对中梵两种语言的熟识,能直接贯通两种语言,在意境上达到自由切换;凭借对佛典的精通,能曲径通幽地把经本中许多词义、术语和思想,用中国人熟悉的语言方式表达出来;凭借对旧译诸多之误的切身感受,以更切合真实的新译名来替换长久以来谬误百出的旧译名。

凭借这些时代和个人的有利条件,玄奘展开了大规模的译经事业。

参照前时的经验,汲取以往的教训,玄奘所主持的译场规定所有佛经都由集体合作翻译,在具体程序上采取了分工负责制,并按照事前确定的翻译计划来进行。从有关记载来看,玄奘主持的译场以及翻译程序的结构大致如下:

译主,由精通梵、汉二语及佛经者担任,不仅负责主译,同时还是译场的总负责。其当通解大小乘的经论,辨析名相,证解微义,判断疑义。

证义,为译主的副手,对译后的汉文进行审查,看译文与梵本在意义上是否有出入和谬误,若有发现,须和译主斟酌商量新的意义。

证文,在译主宣读梵本之时,其手持同样的本子,以校察译主的宣读是否有错误。

书手,又称度语,将梵文的音义译成汉文。

笔受,将梵文字义译成汉文字义。

缀文,将梵文结构和文法调整为汉文结构和文法。

参译,一是校勘原文,二是将译文返证原文。

刊定,基于梵、汉文的不同语体,来刊定译成的句节章,去芜存菁,使之得以简要明确。

润文,对译成的汉文进行润色,其要在于流畅优美。

梵呗,通过上述的九道手续后,用梵音对译文进行唱念,以修正音节不谐之处,便于传诵。

对于译经,玄奘要求自己全身心投入,若白天不得已要应付俗事,必在晚间弥补所损失的时间,时常"三更暂眠、五更复起"(《大慈恩寺三藏法师传》卷七)。像玄奘对于事业这般兢兢业业、不遗余力的,在世界文化史上也是不多见的。

玄奘对佛经的翻译成就是全方位的:

第一,全面而又系统地介绍了印度佛学,对印度佛学的中土化构建了里程碑式的大厦。有学者说:玄奘对佛典的翻译"都注意到各家学说的来龙去脉,而作了完整的介绍。吾人可以在他的译籍里了解到印度佛学的全貌,而他一生绩学,虽没有佛学专著遗留下来,也于此可见其深广的造诣"(游侠:《玄奘法师的译经事业》)。熊十力则站在更高的高度上说:"佛法至今得存于中夏,奘师规模扩大,故吸收能广耳。"(《中国哲学史论文初集》)

第二,在文字与学术统一的基础上,打破直译与意译的界限,融合中梵,首次译出了美轮美奂的佛经。近人严复在翻译事业上也是个大成功者,他根据自己的翻译体会,用了三个字概括,即:信、达、雅。这是一个出色的总结,总结了优秀的翻译作品所应具备的三要素。用严复确立的翻译三原则来对照玄奘的翻译,可谓是丝丝入扣,不谋而合。对于一个上乘的翻译者来说,必须具备这样一些条件:有本国语言的扎实功底,有对被译作品之语言的深切了解,有把这二者结合起来的对应技巧,有熟悉本专业领域的博厚知识与思想,有让译文对读者产生视觉与思维双向冲击力的本领。玄奘的天分、悟性、才干、勤奋以及中西的经历,使他对此达到了出神入化的境界。玄奘的翻译境界甚至在近现代学者们也望尘莫及。曾仔细对勘过玄奘译本与《瑜伽师地论》梵文残本的张建木说:"五体投地地佩服汉译本是那么谨严,近代翻译少有赶得上的"(《论吸收古代的翻译经验》)。对梵汉佛经皆有研究的季羡林由衷地说:"玄奘的翻译对原文忠实,读起来又不别扭,达到了登峰造极的地步"(《"五四"谈翻译》)。

第三,以贯通中梵的文化融合态度,确立了对前人扬弃的独特翻译机制。柏乐天通过对勘佛经梵文原本和汉文译本后,得出玄奘的翻译有七个特色:代名词(的运用);翻合译;增益;删略;变位;译名的假借;余论。(《伟大的翻译家玄奘》)。此外,就翻译标准而言,玄奘结合前辈的观点,加上自己对佛经的体会,就音和义的问题,借鉴史家的凡例,提出了"五不翻"论:"(1) 秘密故,如陀罗尼;(2) 含多义故,如薄伽梵具六义;(3) 此无故,如阎浮树,中夏实无此木;(4) 顺古故,如阿耨菩提,非不可翻,而摩腾以来,常存梵音;(5) 生善故,如般若尊重,智慧轻浅,而七迷之作乃谓释迦牟尼,此名能仁。能仁之义,位卑周孔。阿耨菩提,名正遍知。此土老子之教,先有无上正真之道,无以为异。菩提萨埵,名大道心众生,其名下劣,皆掩而不翻。"以白话文来说,这"五不翻"就是秘密不传事不翻,多种含义的词不翻,中土没有的物不翻,前人约定俗成的词不翻,尊者的名号不翻。这些原则,成了后世译经的准则。

第四,翻译量大大地超过了前代任何一个译经者,达到了历史的巅峰。据《佑录》等书著录,以翻译之盛而传为佳话的鸠摩罗什十多年仅译经 300 卷左右。据《大唐贞元续开元释教录》著录,从隋文帝登基那年,即 581 年(开皇元年)算起,到安史之乱后的 789 年(唐德宗贞元五年),在前后 208 年的时间跨度内,总计有译者

54人(包括玄奘在内),所译的佛典为2713卷。而玄奘之际,就译了1335卷。在这些经卷中,有相当的部分是中土从未译过的新经卷,但也有很大的部分是重译,即将已曾译过的经卷重新加以翻译。玄奘进行重译的依据是:改变恣意妄为的意译与佶屈聱牙的直译,译出文美意切的新本;补全只有节译的旧译本,译出卷帙完整的全本;订正旧译中的舛误和遗漏,译出令人信服的善本。

第五,数量庞大质量完美的译本,不仅为中国的文化增添了新的内容,且为印度保存了大量的珍贵文献。除了把印度佛经译成汉文外,玄奘还将在中土流传但在印度久已失传的《大乘起信论》重新返译为梵文,为印度佛教界恢复了遗珠。此外,玄奘又将中国道家道教的元始哲学著作《老子》也译成了梵文,使之传播于印度。由此,可以证明玄奘对文化的态度不是单向的汲取,而是对流性的互动。据季羡林1978年访问印度的报告说:印度小学的教科书中有关于玄奘的内容,印度一直将玄奘尊为"圣人"。

第六,通过译经与讲学以及阐述义学,培养了一大批对佛教深有造诣的弟子。这些弟子在日后的岁月中,不但深刻影响了中国本土,还发展到海外,特别在日本、朝鲜等国对佛学的弘法起了重要的作用。如玄奘的主要助手窥基撰注了不少佛学著作,人称"百部疏主"(《宋高僧传·唐京兆大慈恩寺窥基传》),并协同玄奘创立了法相宗。另一大弟子圆测与顺璟等人在朝鲜壮大了佛学。弟子道昭将法相宗带往了日本,成为日本法相宗的开山祖,至今法系承传。在这个意义上,玄奘不仅交流了中印文化,且对世界文化的融合作出了巨大的贡献。

在佛教的教派上,玄奘与其弟子窥基创立了法相宗,又称唯识宗、法相唯识宗、慈恩宗,与三论宗、天台宗、华严宗、禅宗、净土宗、律宗、密宗合为唐代八大宗。

法相宗,其基本概念体现在"法"与"相"之上。"法"有两解:一是指现象,涵盖物质和精神现象;二是指方法,也即点教众生的"佛法",包括四谛、十二因缘、六度等。"相"揭示相状、属性、特征等,认为一切现象都有特自的相,如牛有牛相,山有山相,并以各相相异而得以区别。因该宗以此为宗旨,也以此为研究对象,故名法相宗。

据佛教教义,万事万物在相之上虽有区别,但有着内在的共性和普遍性,也即共同的根本的普遍的相。所有现象,包括宇宙的本质与本体,寓于各自的相中,并通过各自的相表现出来。本体的相,大乘佛教称之为"真如""实相""法性"等,窥基列举了31个不同的名称(《大乘法苑义林·唯识章》)。法相宗将本体定为"识",认为一切现象都是由识所变现的,换言之,在整个世界中,唯有识是存在的。所以,法相宗又被称为唯识宗。

"法相"和"唯识"二义并存,又合称法相唯识宗。

因此宗的创始人玄奘、窥基长期居于慈恩寺,也称为慈恩宗。

玄奘创立的法相宗,在学义上师承了中外之说。在中土,他师承了在梁陈时期摄论学派的真谛大师,在印度,则师承了唯识学大师无著、世亲、陈那、护法、戒贤。对于唯识学,玄奘用尽了毕生的心力。他在印度取经期间,用梵文撰写了《会宗论》《破恶见论》和《三身论》,遗憾的是均已佚失。返回中土后,因忙于译经,未再撰写唯识学的论著从而没留传下任何有关唯识学的论著。今天研究玄奘唯识学的思想,只能从他所译的《成唯识论》经卷中探析。《成唯识论》是对世亲《唯识三十颂》的解释。在印度本土,解释这部《唯识三十颂》的,有护法、德慧、安慧、亲胜、难陀、净月、火辨、胜友、胜子、智月十家。在翻译时,玄奘听取了窥基的建议,将十家的解释融于一体进行翻译,时称揉译,也即今天的编译。在揉译的过程中,玄奘根据自己的理解给予了取舍,并加以条理化。因此,《成唯识论》可以在相当的程度上反映玄奘的唯识思想。

玄奘在创立法相宗时,因学理的需要,移植了印度的因明学。

因明学属于逻辑学。在世界古代逻辑学范畴内有着三大体系:古希腊的亚里士多德创立的《逻辑》,中国先秦名家创立的"名学",印度古代社会及佛教创立的"因明"。

"因明"为梵文"醯都费陀"的意译,意思是关于"因"的学问。因明学产生于公元前7世纪,佛教问世后,进行了发扬光大。在因明学的发展过程中,瑜伽行派起的作用最大。瑜伽行派特别注重因明,本派的大师同时也是因明学大师。其用因明学阐发唯识学,将二者水乳般地交融在一起。玄奘在印度从瑜伽行派学习唯识学的同时,追随戒贤等因明学权威,精心研习了因明学七年。回国时,玄奘带回了36部因明学论著。在全面翻译佛经时,他译出了商羯罗主的《因明入正理论》、陈那的《因明正理论门》、清辨的《大乘掌珍论》、护法的《广百论释》。在译场中,他对弟子们精妙地阐述了因明学。正因为因明学的深奥,形成了以学因明学为荣的学术风气。

把印度的因明学介绍到中国并有所丰富和发展,丰富了中国的逻辑思想,这是玄奘对中国逻辑学的重大贡献。

法相宗因玄奘以及唐太宗、唐高宗的关系,风靡一时,然终因与中国国情不太符合,在四十多年后归于冷寂。

玄奘在佛教及其宗教文化上的功绩,是世界文化史的奇迹。然而使他成为世界最著名的人物之一的,却是他游历印度返国后所撰写的《大唐西域记》。

玄奘于贞观十九年回到阔别已久的故土时,正是取得"贞观之治"辉煌成就的唐太宗在国际舞台大展身手之际。为进一步了解印度及西域的情况,他要求玄奘将一路所见所闻记录下来。

由此,玄奘在组织译场的同时,着手撰写了这本题名为《大唐西域记》的游记。此书由玄奘口授,由博学多才的辩机笔录整理,所用时间仅一年。

《大唐西域记》共有12卷,共记录了138个国家,其中,玄奘亲自游历的为110国,传闻的为28国。卷一,记录了进入印度之前的国家,地理跨度是从阿耆尼国(今新疆焉耆)至迦毕试国(今阿富汗喀布尔北)。卷二叙印度总况,内容涉及历法、度量衡、建筑、服饰、日用器具、习俗、文字、礼仪、教育、军制、刑法等方面。从卷二后部分到卷十二,分叙各国,范围为印度诸国、中亚和新疆部分地区。叙述的角度为幅员、都城、山脉、河流、气候、矿产、农业、商业、风俗、货币、语言、文字、文艺、传说、政治、历史、宗教等。所用文字典雅简洁,所具材料翔实丰富。

早在西汉张骞出使西域时,就带回了关于印度的信息。自佛法东传,中印僧人开始互相往来。进入魏晋南北朝,西行求法的中土僧人不断增加,并写下了一系列的游记,如法显的《佛国记》、释道安的《西域志》、支僧载的《外国事》、智猛的《游行外国传》、释昙景的《外国传》、竺法维的《佛国记》、释法盛的《历国传》、竺枝的《扶南记》、惠生的《惠生行记》等。但这些游记都已佚失,仅留下一部法显的《佛国记》。然《佛国记》不过记录了三十多个国家,不到一万言,与巨制性的《大唐西域记》不可同日而语。

古代印度有各种神话传说,但无一部像样的史书。在印度外部,也即整个世界,对古印度的记载也少而又少,可谓凤毛麟角。古希腊"历史之父"希罗多德的记载依据的是波斯人的传闻。古罗马阿里安的《亚历山大远征记》、无名氏的《亚历山大大帝的历程》的记载相当零星。公元4世纪的麦伽塞因斯曾在孔雀王朝当过使节,著有《印度记》,但已不存世,只有点滴资料散见于他书之中。这些资料根本无助于世界对古印度的全面研究。

因此,《大唐西域记》不仅为唐帝国的国际交通提供了切实的地理资料,尤为可贵的是,为印度乃至整个世界保留了印度及南亚、中亚的史料,弥补了世界性的缺憾。至今,此书仍是唯一关于中世纪印度及西域的权威之书,成了不可替代的名著。近百年来,此书的法、英、日、德、俄等文字的译本纷纷问世。

吴承恩的《西游记》使玄奘在中国家喻户晓。而玄奘本人所著的《大唐西域记》,则使他在印度妇孺皆知,在世界享誉千古。

玄奘西行17年,行程5万里,历经110国,据此写成的《大唐西域记》对深化中西交通、交流中西文化起到了非同凡响的作用。其与法显的《佛国记》、园仁的《入唐求法巡礼行记》、马可·波罗的《东方见闻录》被后人称为东方四大游记。

664年(玄奘于麟德元年)二月初四撒手西去,去时用右手支头,左手平放体侧,伸直双腿互为交叠向右侧卧,呈涅槃状。

第四十七章

永恒的使者——鉴真东渡

中国的盛世有好几个峰峦,其中的巅峰是盛唐。那个时代,被后世的史学家称之为黄金般的岁月。盛唐之所以盛,除了一流的国力、一流的经济,更在于一流的文化。这个一流的文化,具有开放的精神,具有海纳百川的胸襟,具有大交流的活力。

盛唐文化的大吐纳是种时代的气象,是深植于国民的信念,是上下默契的共同行为。然而,在具体的实施上,政府与民间有合拍,也有分歧。合分中的微妙之处在于政府认为,文化是可贵的资源,故而文化的交流即这种资源的流通其主导权应该由他们来掌握;可民间则认为文化的交流是每个有文化底蕴的人都可自行参与的事,不仅如此,且人人有责。在文化交流过程中,政府强调对国门把关,民间则要求打破关碍,这种因位置不同而造成的认识差异,导致了一些冲突。冲突的过程中也产生了一些令人遗憾之事,多少影响了文化交流的幅度。然而,民间不少有志者不畏政府的禁令,将生命化为文化交流之舟,化阻力为动力,九死一生地创造了文化史上的奇迹。

鉴真便是一个在传播文化上创造奇迹的奇男子。鉴真不是独创奇迹的人,在他的前面,有着一面旗帜,这就是唐初西天取经的玄奘。鉴真是向海外传播文化,玄奘是从域外吸收文化,一传一吸,虽流向不同,但是殊途同归,添加了唐文化的博大。

鉴真,广陵(今扬州)江阳人,俗姓淳于,出生于一商人家庭。扬州在唐代是块富庶之地,人称"广陵大镇,富甲天下"。其繁华程度,除两京长安和洛阳外,可谓天下第一。故而"时人称扬一,益二"。扬州的富庶繁华得利于其地理位置。扬州有运河与两京相通,隔长江遥望金陵(今江苏南京),东出长江,经海航可抵日本、新罗、南洋等地。因此,成了唐朝内外贸易的重要港口和重镇,大批外商纷至沓来,其中尤以阿拉伯、伊朗、日本、印度等国商人为多。鉴真的父亲是商人,自然和外商建立了许多业务联系,鉴真自小生长在如此的环境中,耳濡目染,从熟悉的外商的口中听闻了许多海外的事物。他心中逐渐滋生了四海一家的观念。

虽鉴真具有比较优裕的生活条件,并凭此条件饱读了经书、诗文,然因出身商人家庭,而商人是被科举制度所排斥的,他不可能在科举上找到前途。他性喜静,想过有规律的生活,不愿继承父亲那起伏不定的商业生涯,却因袭了父亲虔信佛教的成分,希望出家为僧。14岁时,经父亲同意,他在本地大云寺经禅师智满的剃度,入了山门。智满是天下名僧,武则天有诏令说:"天下诸州度僧,便就智满禅师。"一入山门,便得名师传业,鉴真有了一个好开头。

然而,此时的鉴真在名分上还只是微不足道的小沙弥,要成为被教内承认的真正和尚,尚有两个台阶要跨:一个台阶,是修行基本合格后,得授"菩萨戒";另一个台阶,是对佛学研习达到精湛地步后,再受"具足戒"。鉴真在大云寺待了四年,在智满禅师的指点下,学习佛经已有了让人刮目相看的长进。旋即,他到越州(今浙江绍兴)龙兴寺从名僧道岸学戒律,受了"菩萨戒"。两年之后,他风尘仆仆北上,在长安实际寺,接受律宗法师弘景所授的"具足戒",参加仪式的有道岸、法藏等十多位名僧。从入山门到具受两戒,鉴真仅用了七年时间,成了当时佛教界中的青年才俊、律宗界中的翘楚。

律宗依据戒律而立,和佛教其他宗派遵照定、慧之修不同。它传戒和受戒的目的来自于释迦牟尼的"止恶兴善"的教条,以此追求如何从内心巩固和发展这一教条。

受戒后,鉴真往来于西京长安与东都洛阳之间,遍访名师,悉心学习佛教的经典仪式以及戒律。两京,尤其是长安,是闻名世界的唐文化象征,是各国学子心目中的圣地,他们到长安来学习,有如玄奘到印度取经。在两京的日子,对鉴真来说,是在当年扬州熟悉外国商人的基础上又熟悉了外国学子,提升了向世界看文化的视点。在这些外国学子中,特别引人注目的是日本学子。日本学子中有相当一些人是学问僧,也即日本派来学习佛教的和尚。通过与这些学问僧的接触,鉴真了解了日本佛教界的大致状况。

　　日本与中国一衣带水,在中国隋唐之前,处于尚未开化的状态。到隋代之际,日本主持政权的圣德太子辅佐推古天皇,积极改变日本未开化状态,因中国具有高度的文明,他提倡学习中华文化,并派遣使者入隋,以通双边关系。使者受到了隋文帝的接见,被提供了学习中华文化的便利。使者返国,带去了大量的中华文化典籍,圣德太子从中吸取儒、法、佛等思想,制定了《十七条宪法》,进行政治改革。尔后,再次派遣大臣小野妹子为使节,入隋建立友好睦邻关系。不久,隋炀帝坐了龙廷,这个有雄心的君主,特派大臣裴世清等十三人组成代表团随小野妹子回国,受到了日方"设仪仗,鸣鼓角"的隆重欢迎。裴世清带去了隋炀帝亲致推古女皇的国书,其中一段这样说:"知皇介居海表,抚宁民庶,境内安乐,风俗融和,深气至诚,远修朝贡,丹款之美,朕有嘉焉。"代表团使命结束,小野妹子又奉命为遣隋大使,和代表团共返中国。随同小野妹子前来的人员中,有第一批留学生和学问僧八名。

　　入唐以后,中日两国各方面的交流进一步加强,特别在文化交流上,更是唐朝与各国交流中的典范。日本政治精英和知识精英十分仰慕唐文化,迫切需要借助唐文化来改造本国文化,坦率地表露:"大唐国者,法式备定,珍国也,常须达。"在大量吸收唐文化后,日本自发地从上而下地发生了革新运动。645年,以大臣藤原镰足和中大兄皇子为首的革新派铲除了掌权的豪族苏我氏,拥立孝德天皇登位,改元大化。次年公布革新措施:建立以天皇为首的中央集权国家;土地收归国有,取消特权阶层的私地,代之以授土和食封;建立新的行政机构,中央设二官、八省、一台机构,地方设国、郡、里三级机构;土地实行班田收授法,统一税制,征课租、庸、调及杂徭。史称"大化革新"。从革新的具体措施看,无论是哪个角度,都鲜明地带着唐朝政治、经济、文化等烙印。"大化革新"之后,因两国的文化趋同性,中日关系进入了蜜月。

　　在"大化革新"前后,日本似乎形成了一套不成文的规定,定期或不定期地派遣唐使团来中国,以学习中国的政治、经济以及文化。根据学者统计,日本在中国唐朝时期共派遣过十九次遣唐使团,其中有一次是特地迎接日本遣唐使回国的"迎入唐使使",三次是陪同唐访日使节回国而派遣的"送唐客使",有两次因故未能成行。因而,日本正式派遣并成功的遣唐使有13次。遣唐使团的规模从前到后不断扩大,起先每次1~2船,每船120人到130人不等。进入盛唐后,每次约4船,使团人数多达五六百人,有比较严密的组织。使团的团长和副团长称为持节使、押使、大使、副使,官员有判官和录事等,工作人员有造舶都匠、船匠、射手、医生、翻译、书记、音声长、音声生、舵师、水手长、水手、画师、玉生、铸生、细工生等。遣唐使来华学习文化和制度是主要任务。因此,遣唐使团成员中最多的是留学生和学问僧。此外,还有自己通过某种渠道来唐的留学生和学问僧。在唐文化中,他们以学习佛教为重点,故而,在整个留唐学生中,学问僧占了四分之三。在两京,时常可以看到学问僧求学的身影。至盛唐时,学问僧已与唐朝文化界、佛教界相当融合,渐次出了一些名僧。如善围棋的辨正和尚多次入宫与唐玄宗李隆基对弈。精通佛经的道慈和尚返日后,成为传播唐朝佛教法规的高僧。

通过和日本学问僧的直接和间接的接触,鉴真从佛缘的角度认识了中日佛教关系的渊源。在一些传说中,他感触最深的,是中国古代有个叫惠思的高僧,圆寂之后,转生于日本王室,成为王子;王子笃信佛教,大力推广佛教,从而使日本成了佛教之国。他还听闻,日本有个叫长屋王的大臣有很高的汉诗修养,崇拜佛教,曾制作1000件袈裟,皆绣有四句偈诗:"山川异域,风月同天。寄诸佛子,共结来缘。"托人带到唐朝,分赠中国名僧。对这些传说,鉴真从心底里吐出了这样一句话:"日本真是佛法兴隆有缘之国。"佛法讲究个缘字,得了此缘,才促成鉴真日后不辞辛苦危险往日本传法。

713年,也即揭开"开元之治"序幕的那年,鉴真结束了在两京的问学,南下回了故乡扬州。斗转星移,返回扬州的鉴真,依照广传佛法、普济众生的信念,大建寺庙,治病救人,兴隆律宗,收得4万多弟子,其中成为名僧的有230多人。由此,鉴真不仅在南方,且在全国成了佛教界的一代宗师。

鉴真在江南大兴律宗之时,在日本正当奈良时期。奈良时期的日本,天皇在其治下大力推广佛教,尊崇佛教,以佛教为国教。佛教在各宗教中独占鳌头,全面控制了各个阶层的意识形态,成为臣民的主要信仰,进而成为支撑中央集权政府的有力支柱。然而,事情总是有利有弊,其弊大约有三:

其一,当佛教中支持中央集权的因素被天皇和日本政府所用之时,佛教中关于众生皆能成佛的思想,却成了下层民众反抗人间黑暗的利器。正因为佛教是国教,具有无可争辩的合法性,故而当这利器被不满现实的民众掌握后,统治者便很无奈。出于生存的困境,对政权抱敌视态度的民众打出佛教的旗号,或纠集于山地,或汇聚于海岛,"多则万人,少乃数千",或用言论扩大队伍,或以武装对抗政府,中央集权政府受到了严重的挑战。

其二,日本政府为了扶助佛教,给予佛教很大的优惠政策,诏令僧侣可以免除租税。许多农民迫于生计,为逃避租税,纷纷进入寺庙削发为僧,以享受这一特殊的优惠政策,致使政府税收大减。

其三,在日本政府扶持佛教的政策下,佛教界上层僧侣形成了特权阶层,构成了统治者的组成部分。有不少高级和尚滥用特权,或凭借权势,欺压民众;或生活腐化堕落,放纵欲望,甚至弃佛经、寺院不顾,牟取私利,暗养妻妾,从而极大地损害了佛教的纯洁性和威信,使佛教陷入了危机之中。

这样的局面是日本政府不愿看到的,于是采取了一系列措施,对佛教界进行整顿与改造,希冀佛教界回到与政府的密切合作中来。针对第一个问题,加强了佛教教义中和政权相关的含义,减弱民间利用佛教的成分;针对第二个问题,实行了"僧尼公验"制,规定每个合法的僧侣当持有政府发给的证件,否则,即使受过剃度也为不合法,以此控制民众私行剃度。针对第三个问题,建立了僧纲制,即用行政机构的方式来管理佛教,在佛教界中设置最高行政机关,以僧正、僧都、律师三级僧官来具体管理广大僧侣的日常事务,并整肃僧侣们的风纪。三个措施虽产生了一些效果,但从根本而言,还是无法杜绝种种弊病。

日本政府和佛教界中的正统力量竭尽全力不能彻底扭转局面。于是,他们再一次放眼关注唐文化,希望从中寻到医治弊病的良方。在唐文化熏染后开化的日本,上下已达成了这样的共识:建筑于汉文化基础上的唐文化所具有的文化含量,因历史进程的前瞻性,已包含了解决日本当时所存在的各种问题的方策。只要能妥善地与日本现实相结合,是可以借助唐文化来化解日本的弊端。其他事务是这样,宗教事务也是这样。日本有识之士在唐朝较为盛行的佛教律宗中看到了解决弊端的方案。

律宗就是鉴真所修的那一宗,主体基本分为两大部分:一是戒律理念,二是授戒制度。戒律，是律宗严于其他宗派的制约僧侣行为的戒规，在实际生活中有相当强的操作性。授戒，是律宗授予本门僧侣合法地位的高级仪式，规定一个僧侣要取得合法地位，都得经过名师主持的授戒，且在仪式上，需"三师七证"，即必须有十个名师到场，其中三个是授戒师，七个是证人。"三师七证"的名声高，则表明受戒者的学问相应也深。有资格成为"三师七证"者，在律宗内部被唤为律师。

时在日本的佛教界，律宗之风已有所化度，并产生了一些律师。然而，民众出家用的是"自誓受戒"，即站立佛前，宣誓恪守戒规，自己承认自己的僧侣身份。在掌握戒律方面，还缺乏深厚的背景学识；在进行授戒操作方面，还缺乏德高望重的律师。因此，派人入唐学习律宗及其戒律理念与授戒仪式，成了日本政府与最高佛教机构的迫切愿望。但他们觉得仅此并不够，最好还能邀请到唐朝律宗中的高僧东渡扶桑，帮助日本建立有体系的律宗，同时传授戒律学问，主持授戒仪式，以高级且完整的形态吸引并点化日本朝野的僧侣，改观现实存在的弊端。

第一次明确提出这一想法的是已有律师名分的隆尊和尚。在第九次遣唐使团出发前，他对政府说：我悟性不高，学问寡陋，虽说已担任律师，但实在名不副实，难以完成皇上委托的重任。我长期向往赴唐学习，但不仅缺乏才力，且身系繁务，以致不能如愿。他推荐了两个年轻的和尚，要求政府批准他们前往唐朝，完成使命。政府在审查了两名被推荐人的资格后，很快给予了批准。

隆尊所推荐的两个和尚，一个叫荣睿，一个叫普照。两人相较，以荣睿更为出色，他聪明好学，有机变，善辩论，尤其可贵的是，"常患戒律不完备，始有跨海学唐朝之志"。

733年，遣唐大使多治比广成率领遣唐使团，从难波津（今大阪）乘船出发，荣睿和普照随团而行。途中备遭风险，数月之后才抵达中国。他们进入洛阳后，受到了唐玄宗的接见。此后，荣睿和普照在洛阳和长安一待就是九年。九年中，他俩兢兢业业地学习戒律，同时千方百计留心高僧，相邀东渡。在他们诚心诚意的说服下，洛阳大福先寺的道璿、印度僧婆罗门菩提、长安安国寺的道杭和澄观、洛阳僧人德清、高丽国僧侣如海等人接受了他们的邀请。

使命初步完成，他们面对的难题是如何将这些僧侣带回国。因为，唐朝的法律规定，未经政府批准，私人不能出国，私渡属于违法行为。为突破这关口，他们打通了宰相李林甫之兄李林宗的关节,到扬州办理船只,然后以天台山国清寺朝圣的名义出海,中道相机行事。抵达扬州后,在李林宗的侄儿、在扬州担任仓曹的李凑的帮助下开始造船备粮。

等候之际,他们一行中的道杭准备去看望住在大明寺(今法净寺)的师父鉴真。鉴真是名贯南北的高僧,荣睿、普照早有耳闻,于是提出一同前去。入得寺内,荣睿、普照虔诚地拜谒了鉴真,表示了仰慕之情,真切地发出了东渡的邀请,说:"佛法东流至日本国,虽有其法,而无传法人。""为使日本国佛教的兴盛,殷切地希望大师父东游兴化。"早就有惠思和尚转生日本、日本国大臣长屋王制袈裟等传说垫底的鉴真,极为爽快地接受了他们的邀请。他不仅表示了自己甘冒风险东渡扶桑的决心,且说服了众弟子一起前去。

能请到鉴真这样的大师,实出荣睿、普照的意外,极大地满足了他们的心愿。一切准备就绪,在扬帆出航之前,却发生了一个大波折:鉴真的弟子如海,因年纪尚少,被道杭等人所排斥。他一气之下,跑到官府告密,捏造道杭与人勾结海贼,在城内造船备粮,准备侵扰扬州。官府急忙派兵搜捕,结果荣睿、普照、道杭等一行人多被抓入大狱。经审讯,道杭说出了李林宗、李凑叔侄帮助的原委。得知原委,官府没收了船只,放了道杭等中国僧人,再向上呈文请示对荣睿、普照、玄朗和玄法四个日本僧人的处理。呈文层层上报,最后,唐玄宗做出决定:荣睿等人为日本国僧,入朝留学,今欲归返故国,当热情欢送。荣睿等四人得以释放。

虽说所有人员均未受到法律的追究,但鉴真大师的第一次东渡便功亏一篑了。

然而,在大挫折之后,荣睿、普照之志不灭,他们决定自谋返国,前去找鉴真商量东渡方法。鉴真为他们的诚心和意志所感动,慷慨解囊,拿出了筹备资金。他们购了一艘军用船,采办了所需相关物品,雇了十八名水手,因有到日本建筑寺庙之需,特招聘了八十五名工匠。743年的隆冬,东渡之船终于起航了。出大运河后,沿长江而行,半途在狼沟浦(今江苏南通狼山)地段,船被大浪击破。他们不畏寒风冰水的围困,抢修船只后重新扬帆起航。取道大盘山(今浙江舟山群岛),直向日本。但在桑石山(又名桑子山)附近,船触暗礁,沉入海底,人员虽得以登上荒凉小岛,但粮食与淡水全部失去。经三日饥渴之熬,幸得渔民救助,又得明州(今浙江宁波)官府相救,他们被送往名刹阿育王寺安顿。第二次东渡,告终。

第三次东渡,无功而返。

第四次东渡,有人告密再度失败。

第五次东渡,还是望洋兴叹。

五次东渡,鉴真师徒从扬州出发,足迹几乎踏遍南方山水,历经今江苏、浙江、安徽、福建、海南、广东、广西、湖南、江西等多省。他们饱受灾难,有巨浪毁船之难,有断粮缺水之难,有内部告密之难,有官府围捕之难。这些难加在一起,使东渡之难,难于上青天。除大难之外,尚有大痛,有荣睿受尽折磨后夭折之痛,有普照凄惨分手之痛,有得意弟子祥彦命归黄泉之痛,有鉴真本人双目失明之痛。然而不论是大难还是大痛,鉴真从未失去东渡的信念,他以凤凰涅槃的精神发誓说:"不达日本国,壮志不息!"

正当鉴真一行被灾难打得七零八落时,日本的第十次遣唐使团到达了中国。这次使团的大使是藤原清河,副使是大伴古麻吕和吉备真备。他们受到了唐玄宗的接见,又从普照口中得知了鉴真五次东渡的壮举。藤原清河以外交途径,就邀请鉴真东渡之事向唐政府作了多方的交涉。由于唐玄宗要求日方邀请鉴真的同时必须同时邀请道教僧侣,而日本尚不需道教,藤原清河停止了外交努力,决定私带鉴真回国。在盛礼欢送第十次遣唐使团返日时,唐玄宗赋诗一首,相赠藤原清河,以表中日邦交的友好:"日下非殊俗,天中嘉会朝。朝余怀义远,矜尔复途劳。涨海宽新月,归帆驶夕飙。因惊彼君子,王化远昭昭。"同行回国的,还有日本留学生朝衡(又名阿倍仲麻吕),他在太学毕业后,在唐担任秘书监兼卫尉卿,留唐已有36年,深得唐文化的精髓,与王维、李白等文人结为密友。

遣唐使团抵达扬州乘船,拜谒了鉴真。双方沟通后,摆脱了官府和寺院的监视,鉴真与弟子法进、昙静、思托、义静、法载、法成以及藤州通善寺尼智首等三人、胡国(匈奴国)人如宝、崑仑国(古西戎国)人军法力、瞻波国(占婆)人善听、扬州优婆塞潘仙童等24人秘密登上了日本使船。然船行至黄泗浦,藤原清河反复思量后恐惹出外交麻烦,不得已要求鉴真等人下船。幸亏副大使大伴古麻吕暗中帮助,把鉴真师徒接到了自己船上。

船共有四只,藤原清河、朝衡坐第一船,鉴真师徒分坐于第二、第三、第四船。

不幸中的大幸是，第一船途中遭到了大风暴，漂流到了安南（今越南）海岸，全船180人，有160多人遇难丧生。藤原清河、朝衡劫后余生，重返长安。而唯有鉴真等人所坐的第二船以及第三船经阿儿奈波岛（今冲绳岛）、益救岛（今屋久岛），于753年的岁末，终于到达了日本萨摩国阿多郡的秋妻屋浦（今鹿儿岛县川边郡坊津町字秋目村）。

东渡终于成功，代价是巨大的。从时间上说，整整花了11年，鉴真大师从壮年变成了身体羸弱的66岁老人。从人员上说，前后参加的人不计其数，但中途被迫放弃的有280余人，有36人丧身于鲸波之中，唯有普照与思托二人从始至终跟着鉴真同达彼岸。

鉴真的到来震动了日本朝野。鉴真在北九州大宰府受到当地政府的盛情接待。副使大伴古麻吕到首都奈良向孝谦天皇做了汇报后，孝谦天皇特派专使安宿王在奈良罗城门外举行了盛大的仪式，迎接鉴真来奈良。奈良城是典型的仿唐建筑，参照唐两京长安和洛阳的式样而建，只是规模略小些。进了奈良，鉴真被安顿在名刹东大寺内。东大寺成了全日本关注的热点。从政界到佛教界，各路要人纷纷前来，拜谒这位远渡重洋的高僧。

对鉴真的最高评价是孝谦天皇托遣唐副使吉备真备带来的慰问："大德和尚远涉沧波，来至此国，实与朕意相合，喜慰万分。朕造东大寺，经十余年，欲立戒坛，传授戒律，自有此心，日夜不忘。今大德和尚远来传戒，使朕多年心愿，得以实现。自今以后，授戒传律，一任和尚。"通过天皇的口谕，鉴真成了全日本最高的授戒传律的大和尚——应称为大和上，即最具德行和威望的和尚。

经过法号和法位的甄别，孝谦天皇授予鉴真及其弟子法进、普照、延庆、昙静、法载、思托、义静等人"传灯大法师位"。

东大寺内的卢舍那佛像前设立了戒坛，鉴真大师登上戒坛，为圣武太上皇、皇太后、孝谦天皇授戒，随即又为皇室成员以及佛教僧侣四百四十多人授戒。

在空前的授戒仪式过后，按着孝谦天皇的御旨，于东大寺大佛殿的西面建造了戒坛院，以为鉴真师徒作传律授戒之用。

鉴真在天皇及其政府的扶持下，在日本授戒传律的工作有着惊人的发展。但在普及方面仍有相当的障碍，障碍就是其本土的"自誓受戒"。其不仅还有市场，且得到日本高级和尚志忠、灵福、贤璟等人的支持。据此，鉴真派出普照、思托等弟子去劝解这些和尚，同时展开讲经等辩论活动，以完备的律宗授戒观念证明"自誓受戒"的非法性。经过卓绝的努力，终于让这些高级僧侣也走上了戒坛。

从此，律宗的传律授戒在日本朝野如春风野火般地蔓延开来。

日本的佛教界面貌焕然一新。

鉴真出色的传道能力使孝谦天皇对他更为器重，下诏任命他为大僧都，由此成为日本佛教界的主要领袖之一；并在东大寺戒坛院的北面建造唐禅院，专供唐朝来的鉴真师徒居住和传律授戒。另把备前国（今冈山县）的水田一百町拨给唐禅院作为活动费用。

不久，日本政坛发生变动，孝谦天皇退为太上皇。鉴真以大僧都的名分和其他佛教领袖一起上表，奉上"宝字称德孝谦皇帝"的尊号。孝谦天皇回赞鉴真的同时，特赐"大和尚"称号。继位的淳仁天皇继续奉行尊重鉴真的政策。他们父子二人共同将奈良城右京的一块旧宅地赐给鉴真，让他仿照中国五台山清凉寺和衡阳岳寺建筑一座新寺院。新寺落成，取名为"唐招提寺"，孝谦太上皇亲自书写了匾额。此外，复将平城宫中的东朝集殿赐给唐招提寺。又拨越前国（今福井县）水田六十町、备前国旱地十三町用作经费。

雄伟壮观的唐招提寺是世界建筑史上的一个瑰宝。它的许多建筑尽管在历史的变迁中遭到损毁，但保留下来的金堂却是现存的最完美的唐式木结构建筑，不仅是日本奈良文化的象征，且是唐文化外传的象征。

唐招提寺与东大寺是鉴真师徒弘扬唐朝律宗之地，也是他们传播唐文化的中心。他们师徒在文化传播上范围极其广泛，不仅影响了日本的意识形态，且部分地改观了日本的日常生活。

除建筑唐招提寺等寺庙外，鉴真东渡带去了48部佛典以及玄奘的《大唐西域记》。此外，鉴真对日本的佛经校勘作了很大的贡献。时日本的印刷业处于起步阶段，相当数量的佛经出于手抄，错误很多，双目失明的鉴真奉天皇之旨，以对佛经的背诵之功校正了各种错误。

唐招提寺中的佛像大多是木雕，另有一部分是干漆夹纻像。从造型到色彩，极具唐朝佛像的风格。鉴真的弟子思托、如宝、军法力等人擅长雕塑和绘画，不仅在佛像的雕塑上,且在壁画的制作上,将唐朝的美术技艺留在了唐招提寺。其中最有价值的雕塑是鉴真圆寂之前,其弟子忍基根据师父的形容所制作的干漆夹纻像,现已成为中日两国共同的珍宝。

鉴真精于医道,并间接地受了孙思邈《千金方》的影响。在圣武天皇患病时,众多懂医术的和尚进行会诊,鉴真的诊治特别有效果。鉴真还以丰富的中草药知识,并根据在日本为人就诊中的实践,撰著了《鉴上人秘方》一书。惜此书今已失传,在日医所著的《医心方》中,还可找到一些鉴真的药方。鉴真的弟子法进曾在大安寺以讲座的形式传授了鉴真的医药法。

中国的书法传向日本,鉴真东渡当是一个里程碑。鉴真带去的王羲之和王献之的真笔字帖在日本掀起了崇王的书法之风。同时,鉴真和弟子法进以自身高超的书法修养在日本留下了弥足珍贵的墨宝。

鉴真的弟子普照根据他在中国长安、洛阳树木夹道的城市绿化经验,说服淳仁天皇,在奈良城内外的道路上进行仿效。

最具生活色彩的是豆浆和豆腐的制作。传说是鉴真把这项技术传到日本的,至今日本的豆腐店还把鉴真奉为祖师。有趣的是,1963年,日本举行鉴真逝世1200周年纪年活动时,许多豆腐店老板踊跃参加。

上述之事,仅摘取了鉴真师徒文化传播的一些闪光点。

除此之外,鉴真师徒还带去了百家争鸣的中国典籍,带去了巧夺天工的手工业技术,带去了出神入化的艺术成就,带去了天机云锦的文学创作……尤为重要的是,他们带去了先进的盛唐文化的精髓,带去了卓绝的中华文化的灿烂。

763年,积劳成疾的鉴真在唐招提寺圆寂。

时任图书寮兼但马守的藤原刷雄赋诗一首以为悼念:"万里传灯照,禅光耀百倍。哀哉归净土,寄语腾兰迹。风云远国香,戒月皎千乡。悲哉赴泉场,洪慈万代光。"

后1200年,日本作家写了小说《天平之甍》,并改编为戏剧。

纪念鉴真的诗文不计其数,其中以郭沫若的一首七绝最具总结意义:"鉴真盲目航东海,一片精诚照太清。舍己为人传道艺,唐风洋溢奈良城。"

鉴真不朽,因东渡的精神而不朽,因传播唐文化而不朽,因缔造中日友谊而不朽。

第四十八章

海风好个大——郑和下西洋

中国的地理形势有如一把巨大的躺椅,西高东低,背靠欧亚大陆,面对茫茫大海。由于航海条件的时代限制,早先的帝国只能从西北的沙漠、西南的高原如此极其险恶的环境中打出通道来,如张骞等人开通丝绸之路以作中西交通。审视中华文化,可谓之为大陆文化;审视中西交通,当以陆上交通为主。

在陆路交通的驼铃声响中,帝国没有忘记蔚蓝的大海。统一宇内的秦始皇就曾数次巡海。当时还发生了徐福渡海去日本之事。到汉代,加大距离地形成了一条较远的航线。这条航线的终点,据中西交通史学者张星烺的说法,是非洲的埃塞俄比亚;更多的学者认为是斯里兰卡。到唐代,产生了两条北道海路:一是从登州(今山东蓬莱)出发,经渤海往朝鲜、日本;一是从楚州(今江苏淮安)出发,出淮河口北上,东渡黄海至朝鲜、日本。在南方,尤其是设立市舶司的广州,港口中布满了大食、波斯等国的船只。证明在当时已形成了从印度洋至波斯湾、阿拉伯半岛的航线。历史发展到宋代,指南针的发明更为航海技术提供了一个前所未有的大变革条件。元代在这基础上航船驶向了东非。

值得指出的是,不能因为上述的航线误认为中国在明代以前已经有了发达的航海业。其时的航海还是缺乏规模,始终没有出现政府组织的大船队;此外,是外船来得多,国船出得少,始终没有出现震惊世界的壮举。就世界的航海史而言,尚未实现大突破。但是,长期以来的航海给后世提供了航海的知识,积累了航海的经验,增长了航海的技术。如此的量在积聚,到明初的时候,产生了质的飞跃。

这个飞跃的标志,就是郑和的七下西洋。

郑和,于朱元璋创立明朝的第四个年头,也即1371年(洪武四年)的春季呱呱坠地,来到人世。他的祖先原是西域人,具体何国则不详,因故迁居云南昆阳(今昆明)。本姓马,世信伊斯兰教,他的祖父与父亲都曾去过天方(今沙特阿拉伯麦加)朝圣,因此经历,被本教中人尊称为"哈只"(又称哈夷),意谓巡礼人(朝圣者)。

后有传闻,说郑和的三十七世祖为伊斯兰教创始人穆罕默德。无论祖先姓甚名谁,有一点是可以确定的,就是他祖先的经历以及由此产生的家庭文化熏陶对他日后作中西交通肯定有着潜在的影响。影响来自两个方面:一是其父祖从云南去天方朝圣,必经海路,由此所见所闻及航海知识当对郑和有所提及;一是其父祖因宗教信仰的缘故,也会自然地将伊斯兰教文化向郑和灌输,从而使他产生一种对西域一带伊斯兰教地区的亲和感。

郑和依据家庭的地位,本可以在云南伊斯兰教中获得一个不错的前途。他十二岁时,一场有关家国的巨变,使他沦为宦者。1382年(洪武十五年),朱元璋派出大将傅友德攻占云南,消灭了元朝的残余势力梁王政权。依附梁王政权的郑父阵亡,小郑和被明军所俘,惨遭阉割,旋即被配至燕王朱棣的府邸中听用。

身入燕王府,郑和吃苦耐劳,机灵勤奋,恭敬待人,渐成为朱棣的近侍,受到高度的宠信。1399年(建文元年),燕王发动了"靖难之变",郑和随军亲临战阵,多立奇功。朱棣黄袍加身(明成祖)后,任用郑和为内官监太监,专门负责宫室营建和皇室供应,并赐姓郑,取名为和。郑和虽为内侍,然有德望,人称"三宝太监",又称"三保大人"或"三宝大人"。

尽管郑和有德望,但谁也没有料到,带有屈辱印记的他竟会被永乐大帝明成祖委派去领导破天荒的大航海。

明成祖之所以被称为永乐大帝关键在于他有雄才大略,有大气魄。他审时度势,在明朝国力蒸蒸日上后,修正了父亲明太祖制定的"海禁"政策,以开放的精神把视点移向了海洋。面对海洋,他的考虑是:将明文化推向海外,以树立大明帝国在世界上的至尊地位;拓展朝贡贸易经济,扩大明王朝的资源来路;寻找失踪的前皇帝建文帝的下落,以消弭政治隐患。

明成祖敢作向海洋奋进的考虑,决非是在御榻上的空想,除了政治、军事、经济、文化的因素外,关键在于明朝的航海技术和条件已足以与君主的这个蓝色之梦相符合。

以宦者郑和为航海统帅人选,是明成祖郑重考虑的结果。在明成祖眼里,郑和尽管是个宦者,在这一点上不及那些体面的文臣武将,确实是一弊,但此人身上具备着四利:一是有做大事的大志向,且有与这大志向相应的大才干,是个领袖型的文武全才;二是他忠于王事,勤于王事,德望卓著,是个可以信赖的大使者;三是他出身伊斯兰教家庭,懂回文与回人习俗,且是个佛教徒,由此不论去伊斯兰教地区或者佛教地区,都有极大的便利;四是他相貌堂堂,器宇不凡,足以为"天朝上国"的代表。以四利易一弊,明成祖觉得郑和是个理想人选。大臣袁忠彻记录说:"……永乐初,欲通东南夷,上问以三保领兵如何?……对曰:'三保姿貌才智,内侍中无与比者,臣察其气色诚可任。'"(《古今识鉴》卷八)

有理想的船队,有理想的统帅,明成祖下定了决心,要实现征服海洋的壮观理想。

限于时代对世界地理的认识,尤其是对海洋的认识,明朝政府把航海的范围定在了西洋。明初的"西洋"概念与近代的西洋概念绝然不同,也与明中叶欧人东渡之后的概念不同。当时所谓的"西洋"并无严格的界说,大体指的是亚洲南部与非洲东部沿海诸国家和地区。直至明中叶以后,才始有东、西洋的分界之说。时人张燮的《东西洋考》说:"文莱即婆罗国,东洋尽处,西洋所自起也。"到万历年间,又有了大西洋、小西洋之分。大西洋谓意大利、葡萄牙等国,小西洋谓欧洲殖民的东印度——果亚(今果阿)。清初改称明初的"西洋"为东南洋及南洋,清中叶概称为南洋;遂将西洋专指西欧各国。

明初的下西洋共有七次,均是郑和统帅,故史称郑和下西洋,或说郑和七下西洋。其中六次在明成祖朝,一次在明宣宗朝。时间跨度是,从1405年(永乐三年)起至1433年(宣德八年)终,前后28年。

七下西洋的往返年月,因各种史书记载的差异,如《明实录》《瀛涯胜览》《星槎胜览》及《西洋蕃国志》等书,虽经国内外史学界的考证,但长期仍无法形成统一看法。自刘家港《通番事迹碑》与长乐《天妃灵应之记碑》被发现后,由于这两碑系郑和一行所亲立,可视为可信的第一手材料,史学界意见逐渐趋于一致。

依据这两通碑的记载,郑和七下西洋的往返年月以及所经主要国家基本如下:

>>> 限于时代对世界地理的认识,尤其是对海洋的认识,明朝把航海的范围定在了西洋。下西洋共有七次,均为郑和统帅,史称郑和七下西洋。图中中间坐者为郑和。

第一次：1405 年（永乐三年）冬出发，经占城、暹罗、苏门答剌、旧港、满剌加、锡兰、古里等国，1407（永乐五年）九月返国。

第二次：1407 年（永乐五年）冬出发，经占城、爪哇、满剌加、暹罗、渤泥、锡兰、加异勒、柯枝、古里等国，1409 年（永乐七年）夏返国。

第三次：1409 年（永乐七年）九月出发，经占城、爪哇、暹罗、满剌加、苏门答剌、阿鲁、锡兰、柯枝、古里、溜山、阿拨把丹、小葛兰、古把里等国，永乐九年六月返国。

第四次：1413 年（永乐十一年）出发，经占城、爪哇、满剌加、锡兰、柯枝、古里、阿鲁、彭亨、急兰丹、忽鲁谟斯、溜山、木骨都束、麻林等国，1414 年（永乐十三年）七月返国。

第五次：1437 年（永乐十五年）冬出发，经占城、爪哇、满剌加、锡兰、柯枝、古里、阿丹、剌撒、木骨都束、麻林、卜剌哇、忽鲁谟斯、苏禄、彭亨、沙里湾泥等国，1419 年（永乐十七年）七月返国。

第六次：1421 年（永乐十九年）春出发，经占城、暹罗、满剌加、榜葛剌、锡兰、古里、阿丹、祖法儿、剌撒、溜山、柯枝、木骨都束、卜剌哇等国，1422 年（永乐二十年）八月返国。

第七次：1431 年（宣德六年）冬出发，经占城、满剌加、苏门答剌、暹罗、锡兰、溜山、小葛兰、加异勒、柯枝、古里、忽鲁谟斯、祖法儿、剌撒、阿丹、木骨都束、竹步、天方等国，1433 年（宣德八年）七月返国。

郑和的七下西洋大致可分为三个阶段：第一至三次为第一阶段，航程的地理仅限于东南亚和南亚一带，可视为序曲；第四至六次为第二阶段，船队横渡印度洋，航程远及阿拉伯及东非沿岸等国，可视为高潮；第七次为第三阶段，可视为尾声。

下西洋的船队由 200 多艘各种船只组成，是当时世界上最高级的特混联合舰队。船队中，最大的是宝船，长四十四丈，阔十八丈，上有九桅十二帆，在大风巨浪中如履平地；其次是马船，长三十七丈，阔十五丈，上有八桅；再次是粮船，长二十八丈，阔十二丈；又次是坐船，长二十四丈，阔九丈四尺，上有六桅；最小的是战船，长十八丈，阔六丈八尺，上有五桅。各船均置罗盘导航，采用二十四方位，借助天干、地支、八卦、五行来标示航道。

船队极其庞大,人数多至二万七八千人。分工明确细致,有指挥系统,有航行事务系统,有外交、贸易、总务、后勤系统,有军事护航系统,有联络通讯系统,等等。

各种记载和实物证明,郑和船队在航行中综合利用了当时世界上最先进的航海技术,如天文航海、地文航海、罗盘指向、利用风帆和季风以及测量水深和海底土质方法等等。

帝国的盛大气象带着船队的壮观、航海技术的发达,向西洋卷去,向世界卷去,激起了文明的大碰撞,激起了文化的大融合。

15世纪的初叶,西洋范围的许多国家与中国相比还处于相当落后的阶段。如尼科巴群岛处于"人臂巢居穴处,男女赤体如禽兽然,无寸衣着肤"(《西洋番国志·锡兰国》)的落后状态中。今马尔代夫群岛等地区当地人的生活,也处于"巢居穴处,不着衣衫,只以树叶遮蔽前后。平生不食米谷,唯于海中捕鱼虾而食之"(巩珍《西洋番国志·溜山国》)的原始状态。很多地区如暹罗、榜葛剌等地使用初级的贝币。历法更为落后,比如占城国,"不解朔望,但以月生为初,月晦为尽,不置闰,分昼夜为十更"(《明史》卷三二四"占城传")。吉里地闷国甚至于不知年岁的说法。爪哇国在日常用品的使用上,"国人坐卧无床凳,饮食无匙筯。饭用盘(蒇签盘揲)盛,沃以酥汁,手撮而食"。又"采树叶蒇签作盏杓,一人傍执臽酒,传递到手即饮之,掷于地以伺再传,淋漓不顾"(《西洋番国志·爪哇国》)。

在如此文化的差距下,郑和船队一次次遍历诸国,给西洋各国带去了中国高度发达的文明,提高了这些地区和国家开化的程度。可以说,郑和下西洋,对于传播中国文明,对于世界文化的发展是有巨大贡献的。

郑和船队带去的中国文明主要以物品交流的形式进行。郑和船队每次下西洋都要带去大量的中国物品,手工业品中有丝织品、瓷器、铁器、铜钱等等。丝织品的输出,使各国人民的衣着更舒适美观。青花瓷器的输出,使得原来以蕉叶盛食物的一些地区开始用瓷器作餐具。中国铜钱的输出,则使许多国家的币制从贝币逐渐过渡到铜钱。铁器、农具的输出,传播了中国先进的农业生产技术。总之,通过各种物品的输出,中国先进的文化被传送到了亚、非各国。

郑和船队有数量惊人的成员,通过这些成员在各国、各地的活动,甚至在当地落户为华侨,与当地人民频繁的交往,使中国文明的生活方式、生产方式以及思想文化渗入足迹所到之处。

有效的文化交流帮助郑和船队完成了明成祖所托付的政治使命,即建立明朝和西洋地区国家的睦邻关系。

郑和下西洋的政治使命是发展中国和亚非地区各国之间的和平友好外交关系。郑和七下西洋最重大的成就之一是建立了横跨亚非的友谊之桥,为后世留下了友谊纽带。

郑和船队是以和平友好使者的面目出现在西洋各国的。船队每到一地,先作开诏、颁赏等外交活动,即宣读明成祖的诏书,说明船队的来意和希望建立朝贡关系。随即进行颁赏,赐予各国国王及臣民诰命银印、冠服礼品以及其他物品,以实物表示友好交往的愿望。如此做法受到了各国的热烈欢迎,不仅国王及上层人员相当兴奋,且常常举国欢腾,并以遣使入华朝贡作为回应。"其所赍恩颁谕赐之物至,则番王酋长相率拜迎,奉领而去。举国之人奔趋欣跃,不胜感戴。事竣,各具方物及异兽珍禽等件,遣使领赍,附随宝舟赴京朝贡。"(巩珍《西洋番国志·自序》)

郑和下西洋扩大了明朝与海外各国的友好往来。在洪武年间,印度洋、东南亚一带前来明朝朝贡的只有十几个国家和地区。到永乐年间,这些地区有三十多个国家前来朝贡。1423年(永乐二十一年)郑和第六次下西洋返国时,"西洋、古里、忽鲁谟斯、锡兰、阿丹、祖法儿、剌撒、不剌哇、木骨都束、柯枝、加异勒、溜山、喃渤利、苏门答剌、阿鲁、满剌加等十六国,遣使千二百人贡方物至京"(《明成祖实录》卷一二七)。这是中国外交史上空前绝后的盛事,从而可看出郑和船队是如何出色地完成政治使命的。

因郑和船队活动的作用,不仅西洋各国纷纷遣使来华朝贡,且一些国王亲自率领妻子臣僚前来明朝访问。

第一次下西洋之际,郑和在此程的终点古里(即印度的科泽科德,位于印度半岛的西南端)代明成祖诏封古里国王,并赐予印诰、文绮等物。为了纪念这两国关系的大事,郑和在此建立了一个碑亭,立石刻碑,文曰:"其国去中国十万余里,民物咸若,熙皞同风,刻石于兹,永昭万世。"(冯承钧:《瀛涯胜览校注·古里国》)古里国王受封之后,多次遣使朝贡中国,两国关系日益发展。古里成了与明朝关系极为密切的国家,也成了以后郑和船队下西洋的中转站。

第三次下西洋时,郑和特至地处南洋与印度洋要冲的满剌加(即今马来西亚之马六甲)宣读中国皇帝诏敕,赐国王双台银印、冠带袍服。郑和返程时,满剌加国王拜里迷苏剌率妻子、陪臣等共五百四十余人随同来中国朝贡。明成祖赐予满剌加国王"赐王金绣龙衣二袭,麒麟衣一袭,金银器、帷幔衾裯悉具……濒行,赐宴奉天门,再赐玉带、仪仗、鞍马、黄金百、白金(银)五百、钞四十万贯、钱二千六百贯、锦绮纱罗三百匹、帛千匹、浑金文绮二、金织通袖膝襕二……"(《明史》卷三二五"满剌加传")此后,一直到1433年(宣德八年),满剌加国王曾亲自来明朝三次朝贡。16世纪初叶,葡萄牙人入侵其国以前,中满两国一直保持非常友好的关系。

在郑和船队的影响下,苏禄(Sulu,今菲律宾南端的苏禄群岛)与中国之友好往来达到了高潮。1417年(永乐十五年)八月,苏禄东王、西王和峒王各率其属及随从头目凡340余人,奉金镂表来明朝贡贺,且献珍珠、宝石、玳瑁等物。他们受到了明成祖的隆重接待,并赐予三王诰命、印章、冠服等物,随从人员亦各赏赐有差。且三王均受中国皇帝的封号,东王为正,西王和峒王为副。东王巴都葛叭答剌自北京返国途中不幸患病不起,于同年九月死于山东德州。明成祖闻讯,即遣官赐祭,命葬以王礼,并亲自写了碑文,赐谥号曰"恭定"。又封其长子为东王,回国继位。次子温哈剌、三子安都鲁俱受明廷俸禄,其后世子孙温、安二姓至今在华绵延不绝。东王墓在清雍正年间曾加修葺,至今保存完好。这是中菲传统友谊的实物见证。

这些使者或国王入华后,亲身感受了中国的文明,返国后,更为有力地促进了中国文明的传播。

在此,可以作一个东西方航海家的历史性文化比较,比较点可以设在对待土著居民的态度上、对待资源的态度上以及由此反映的各自对外政策。

明太祖曾经以史为鉴地确定了明朝对外政策,他说:"海外蛮夷之国,有为患于中国者,不可不诛;不为中国患者,不可辄自兴兵。古人有言:'地广非久安之计,民劳乃易乱之源。'如隋炀帝妄兴师旅,征讨琉球,杀害夷人,焚其宫室,俘其男女数千人。得其地不足以供给,得其民不足以使令,徒慕虚名,自弊中土,载诸史册,为后世讥。朕以诸蛮夷小国,阻山越海,僻在一隅,彼不为中国患者,朕决不伐之。"(《明太祖实录》卷六八)作为继承人,明成祖继续奉行这样的国策,但发展了文化传播的成分,他说:"朕丕承鸿基,勉绍先志,罔敢或怠,抚辑中外,悉裨生遂……恒使敷宣教化于海外诸番国,导以礼义,一变其夷习。"(《御制弘仁普济天妃宫婢》)还说,"宣德化而柔远人"(《长乐天妃灵应之记碑》)。这是当时的一种和平外交政策,以中国安全为基点,以彼此亲和为方针,体现了泱泱大国的雍容大度的气象。

而西方殖民者的航海活动,自地理大发现伊始,葡、西两国就狂妄地把地球分为东西两半球,各自侵霸其一。西班牙国王曾给麦哲伦以及骑士法里罗订立了发现香料群岛的协定,文中有一段文字这样说:"特责成你们在属于朕的海洋里发现丰富的香料以及朕最需要而且使我国获利的其他东西……考虑到由于你们的效力,使朕获得很多福利以及扩大我们卡斯提王室的版图,为补偿你们的劳绩和面临着的危险,朕愿下令赐给,从你们发现的岛屿和大陆获得的一切利润和收入以及捐税和替朕征收的其他进款中,除去你们负担的开支后,给你们留下二十分之一。朕也把朕在上述地方和岛屿的钦差和总督官衔赐给你们、你们的子孙与合法继承人。"(《世界通史资料选辑》中古部分)这份文件极具西方殖民者对外政策的代表性,充分体现了掠夺性与自益性,以牺牲他国利益为前提来实现其大国沙文主义的称霸目的。

明成祖命郑和出使西洋,"赍币往赉之,所以宣德化而柔远人也","宣教化于海外诸番国,导以礼义,变其夷习"。与此文化传播相比,西方殖民者在广大的亚、非、美洲地区的航海活动"展示出一幅背信弃义、贿赂、残杀和卑鄙行为的绝妙图画"(《马克思恩格斯选集》第2卷)。他们的地理大发现是强行占领别国土地,进行残酷的灭绝种族的屠杀,在殖民地内推行极端落后和野蛮的奴隶制,并把这一切美化为带给土著居民的"文明"。

弘扬郑和船队下西洋传播中国文明的功绩,并不能否认其在整个过程中曾经使用武力的事实。然郑和船队的使用武力与西方殖民者的航海活动在性质上有着天差地别。

郑和第一次下西洋时,在旧港即今之印度尼西亚巨港,有以广东潮州人陈祖义为首剽掠商旅劫夺财物的海盗,严重地阻断了中西交通的海道。郑和期以和平解决,遣使招降。陈祖义诈降,暗中却准备偷袭郑和船队,结果被郑和大败其众,陈祖义被擒后受诛,由此打通了海道,保证了商旅的安全。

也在第一次下西洋时,郑和船队曾至锡兰。锡兰国王亚烈苦奈儿不仅对郑和侮慢不敬,且有加害之心,幸得郑和察觉,得以及时而去。此外,亚烈苦奈儿自恃强力,屡屡打劫周边国家使臣,为害一方。郑和第三次下西洋再经其地,亚烈苦奈儿派人索取金银宝物遭拒绝后,出兵五万来劫郑和船队。郑和用计,直取其首都,生擒亚烈苦奈儿以及家属头目,并大败锡兰军,将亚烈苦奈儿等人带回国中。此举不仅挫败了明朝的敌对势力,且恢复了当地各国的安宁,有效地提高了明朝的国际威望。

郑和第四次下西洋时又发生了一次军事冲突。郑和船队抵达苏门答剌时王子苏干剌预谋弑主自立,因恨未得郑和的赏赐,率兵攻击郑和船队。郑和领众力战,将苏干剌及其妻子俘回国。这次军事冲突主要出于苏门答剌国内的矛盾,郑和为了自卫,也为了帮助苏门答剌平定内乱,被迫采取了军事行动。军事行动保卫了船队的安全,也稳定了苏门答剌的国内局势。

郑和的军事行动扫清了东西方海路交通的障碍,使亚非航道得以畅通,重振了明朝在这些地区的国威,而且使紧张的东南亚国际局势得以缓和,获得和平与安宁。

郑和下西洋,每到一地,在完成政治使命之后,主要是进行贸易活动。郑和船队有宝船六十余艘,宝船又名取宝船或宝石船。由此可知下西洋的主要目的之一是获取宝货——珍珠玛瑙、奇禽异兽等等,以供皇帝及其家族享受,此即所谓办皇差。此外,还进行一般的贸易,有官家进行的,也有以私人名义进行的。

贸易活动促进了中西各国的物资交流,丰富了彼此的物品。据各书记载统计,进口物品的种类有很大增加,计有五金类17种,药品类22种(香料不在内),珍宝类23种,食品类3种(番盐、糖霜、胡椒),布类51种,香类29种,用品类8种(金属品不在内),木料类3种,颜料类8种。此外,满剌加国王进贡了犀角、象牙、玳瑁、玛瑙、鹤顶、珊瑚树、鹦鹉、黑熊、黑猿、白鹿、布匹、香料等,忽鲁谟斯进贡了狮子、麒麟(长颈鹿)、珍珠、宝石、金钱豹、大西马等,阿丹进贡的长角马哈兽等,木骨都束进贡的花福禄等,不剌畦进贡的千里骆驼、驼鸡(即鸵鸟)等,爪哇、古里进贡的麋里羔兽等。郑和船队还从各国买回相当多的贵重物品,如阿丹的大猫眼石、宝石、珍珠、珊瑚树、白鸠等，祖法儿的乳香、没药、安息香、芦荟、苏合油、木别子等，溜山的龙涎香和椰子等。郑和船队不仅带回了皇室所需的奢侈品，且带回了布类、药品类、香料类、食品类这些与人们日常生活密切相关的物品以及五金类、木料类、颜料类等重要的工业原料。

中国输往西洋地区的物品种类不仅丰富，也有很大的增加。据有关记载统计有：青花瓷器、青瓷盘碗、绸缎、绸绢、丝棉、漆器、雨伞、湖丝、金、银、铁鼎、铁铫、铜钱、金属制品、茶叶、麝香、烧珠、樟脑、橘子等。

郑和下西洋虽未称地理大发现，但在航海事业上的巨大成功堪称地理大发现的先导，也是人类征服海洋的壮举。

有一点是可以肯定的，郑和下西洋当远在欧洲人的地理大发现之前。郑和下西洋于 1405 年始，哥伦布 1492 年才到达美洲，达·伽马 1497 年才到达印度加里库特，麦哲伦 1519 年才进行环球航行。郑和下西洋比这三者分别要早了 87 年、92 年、114 年。此外，不仅在时间起始上郑和下西洋要早于他们，且前后持续了 28 年，在时间的跨度上也超过了他们。

把郑和下西洋称为地理大发现的先导，还在于其为欧洲人的航海提供了路线上的经验。1418 年左右，郑和船队抵达了非洲东海岸南纬三度左右的麻林，已经越过了赤道。而当时欧洲人对于沿非洲西岸的南向航行还有着难以克服的观念障碍，即认为沿赤道的海水是沸腾的，船队无法穿越，由此长时间地局限在于非洲西岸，不敢向南越雷池。直到 15 世纪 80 年代，即在郑和过赤道的六十年之后，葡萄牙人方从非洲西岸越过赤道进入刚果。此外，郑和下西洋所开拓的南亚海路，就是从中国直达波斯湾、红海及非洲东岸，也为欧洲人绕过好望角航行至印度预作了铺设。

从整个世界航海运动来看，郑和船队的西去为欧洲人航海的东来以及海洋文化的展开作了前导。

就郑和下西洋的范围而言，南洋海道的开通，在亚、非洲之间建立了国际海上交通网，其作用除了把东南亚联成一气之外，还与非洲建立了洲际交通线。具体地说，郑和船队打通了由中国横渡印度洋，到达波斯湾、阿拉伯海、红海以及东南非洲的航路。

记载郑和下西洋的各书,如《瀛涯胜览》《星槎胜览》《西洋番国志》以及《郑和航海图》等,经统计,共有亚、非各地的地名500个左右,其中中国地名大约200个,外国地名大约300个,许多外国地名在中国历史文献中首次出现。郑和下西洋空前地了解了亚、非地区的情况,故有人说"西洋之迹,著自郑和"(黄省曾《西洋朝贡典录》序)。因此,这场史无前例的航海极大地丰富了中国人的地理知识。

尤其值得指出的是,郑和下西洋对于中国地理学、航海学的重大贡献有相当的部分体现在《郑和航海图》中。在航海学上,这是一部图文并茂的海图,把每条航线的航程方向、道途远近、罗盘针路、天文地理、航海知识以及各航道港口的山川地势、浅滩暗礁统统记载得一清二楚,是具有很高实用价值的重要航海手册。在地理学上,在近代西方地理学传入中国以前,可谓在中国占统治地位达200年之久最精确的亚非地图。200年后,张燮撰《东西洋考》一书,内附一幅亚非地图,还不及《郑和航海图》来得详细、准确和清晰。

郑和下西洋在人类航海史上取得了空前伟大的成就。然而在世界史的研究中,没有得到应有且公正的评价;在许多世界通史著作中谈及地理大发现,却回避了郑和下西洋,这是需要纠正的。在欧美文化的强势之下,把欧洲人的地理大发现渲染成古今独步,实际上,郑和下西洋的航海水平与成就大大地超过了欧洲的航海事业。

郑和下西洋为中国航海史矗立了一座高耸的灯塔。他是继张骞、班超、法显、玄奘等人之后,对中西交通做出了巨大贡献的伟大人物。

第四十九章

西学东渐——利玛窦来华

明朝末叶耶稣会士来华,是中西文化交流的大公案,其中利玛窦的来华更是公案中的公案。

对利玛窦的来华,在他身后的时代里,中西方依照各自的语境,给予了差若天渊的评价。从宗教和民族角度出发,站在西方基督教立场上的人,称他以及其他传教士为"圣洁的布道者";站在中国民族立场上的人,则称之为"西方海盗向东方侵略的先锋军"。在中西文化互动的意义上,有人褒为西洋文明的伟大传播者,有人则贬作西欧殖民势力对华的文化侵略。然而,无论依据什么史料并怎样评价,有一个事实是不能否认的,即利玛窦等传教士的来华,毕竟揭开了西学东渐的序幕。

利玛窦来华的身份是耶稣会士。耶稣会是基督教的别支。其始创的背景是以罗马教廷为中心的基督教(旧教)为抗衡马丁·路德所创立的新教而予以设置的,其宗旨是从新的视点入手,来争取会众,巩固和发展旧教。争取会众有两个问题需要加以考虑:一个是传教的地区,环视全球,应逐步向南美、非洲和亚洲渗透;一个是传教的形式,当抛弃旧式纯宗教的传教方式,裹以新颖的文化知识性包装,从而须培养一批博学多才的传教士。利玛窦之所以能踏上时代舞台,是他本身的条件符合了教廷的发展战略。

利玛窦出生于意大利贵族家庭,年轻时入当地的耶稣会书院就读,随后,前往罗马神学院深造,加入耶稣会。利玛窦是聪颖的,他边攻读神学,边钻研欧洲新起的自然科学,尤其对数学下了大功夫。学成之后,他被派入东印度传教团,在印度传教数年,1582年来到澳门,旋即从南部深入中国内地,历经多地。

基督教在中国传教,在利玛窦入华之前就有着一段漫长的历史。早在唐朝,就以景教之名传入。至元朝,称作也里可温教。然在明代之前,其影响十分有限。到明朝中期,葡萄牙开始与中国交通,为加强对中国的渗透,葡萄牙国王约翰三世请求罗马教皇派遣传教士来华。天主教修会耶稣会传教士圣方济各·沙勿略成了首批人选。沙勿略于1552年乘船至广东海面的上川岛欲往广州,因船的缘故而未果。1557年,葡萄牙人获得明政府批准,交纳地租在澳门建屋居住,传教士得以就势而来,展开了传教活动。在澳门的华人入教者被要求学习葡国语言,取葡国姓名,按葡国习俗生活。

在此基础上,1581年,利玛窦和另一耶稣会士罗明坚到澳门学习中文,准备进入内地传教。罗明坚扮成商人打前站,再用厚礼疏通广州和肇庆地方官员关系。两年后,罗明坚复与利玛窦再至肇庆,向地方官员赠献了日晷、羽翎、自鸣钟、三棱玻璃镜等让人称奇之物。在拜谒知府时,他们按照中国的习俗行了跪拜礼,诚恳声明他们是"事奉天地真主的修士,仰慕中国政治昌明,由西洋航海而来",从而得到了当地政府的批准,建造了一处寓所和一座教堂。

利玛窦由此进入了中国,并稍稍扎下了根。扎下根的利玛窦,身负耶稣会的使命,使出了各种才能,在中国展开了传教活动。对罗马教会来说,他的传教活动执行了新式的文化知识性战术操作,在传输西方文化的同时实施宗教的目的;对中国的受教对象而言,他采取了对中华传统文化融会贯通的做法,以消除华人对外来宗教的心理障碍。

利玛窦是聪明的,他明确自己的任务是传教,传的是基督教,而基督教在中国的影响根本无法和早已根植大地的佛教相比,由此他采取了移花接木之计,穿上袈裟,将自己打扮成和尚,并把教堂称为寺庙。此外,他极力迎合中国人的猎奇心理,在教堂内陈列了西方所制造的钟表、日晷、浑天仪等物以及手抱婴儿的圣母玛利亚油画像、印刷精美的画册和西洋书籍等等,以吸引人。最显目的是,他在墙上悬挂了一幅用汉文标明的世界舆图,为迎合中国士大夫的自大心理,他特地篡改了一个重要的标记,"把地图上的第一条子午线的投影的位置转移,把中国放在正中"。法国学者裴化行在《天主教16世纪在华传教志》中评论这一做法具有这样的效果:"这正是一种适合于参观者的脾味的地图。众司铎(即传教士)相信,以后在演讲时,一定能有许多便利,来宾见到西洋各国与中国的距离几乎远得无法测量,又有重洋相隔,便不再畏惧有外力来侵略。"利玛窦在《入华记录》中,阐明了这张地图的另一作用,说:"此图表现海洋广浩,而欧洲诸国,去中国至远,彼等将不复虞欧人之东来侵略。此其坚拒信教要因之一,将不复存在矣。"又说:"欲使中国人重视圣教事宜,此世界地图盖此时绝好绝有用之作。"在肇庆的传教是成功的,当地官员逐渐对罗明坚、利玛窦稀释了排外心理,对他们待以秀才的礼仪。

1589年的春季,利玛窦以肇庆为跳板,前往广东的韶州传教,然后经南雄,转至江西南昌、江苏南京和苏州等地,深入内地传教。

步入内地后,通过深入的了解,他发现:中国的意识形态,儒教比佛教有更大的主导作用,以儒教为信仰的士大夫比和尚具有大得多的影响力。极为机变的利玛窦脱下了袈裟,换上了儒服,并戴上儒冠,改以儒者的面貌出现。然仅有外表是远远不够的,深谙文化底蕴的利玛窦和其他传教士一起,在搞懂和精通中国儒教文化上着实下了大功夫。他们悉心学习华语,学习儒教礼仪,学习儒教经典,除了高鼻深目无法改变外,一切都化入儒教境界中去。利玛窦的原名是玛泰奥·利奇(Matto Ricci),为中国化,他改称姓"利"名"玛窦"。这一招是有效的,和他交往的中国士大夫呼他为"利先生"或"利子"。"子"是中国士大夫对有大学问者的尊称,仅此一点,便可看出利玛窦自我儒化的成功以及他在中国士大夫心目中的地位。

利玛窦非但对儒教经典刻苦研究,在此之余,他对中国历史、诸子百家、音韵、训诂等学也积累了颇深的造诣。据艾儒略所著的《大西利先生行迹》说,利玛窦在这方面,"按图画人物,倩人指点,渐晓语音,旁通文字,至于六经子史等编,无不尽畅其意义"。利玛窦在《上明神宗疏》中也自称"颇知中国古先圣人之学,于凡经籍亦略诵记,粗得其旨"。利玛窦等传教士来华的目的,自然是在传教的大前提下,把西学引入中土,以让西学征服中学;可在实现目的之前,却有一个不得不被汉化和儒化的过程。

确实,利玛窦等人的汉化和儒化是为了借助中国传统的语言、文字和思想找到因地制宜宣传基督教义的切入口,可在这一过程中,他们也有被精深的中学所折服的成分,这在利玛窦的中文著述以及与士大夫的酬唱应和之作中可以透出消息。后到北京,利玛窦把儒家经典中的《四书》译成拉丁文,传向欧洲。他还编了一部手抄本的《中意葡字典》，撰写了一本《中国文法》，以供欧洲人学习汉语所用。又通过书信，向欧洲人介绍中国各方面的状况。在利玛窦的帮助下，耶稣会士范礼安汇编了一书，称为《中国之奇异》。顾名思义，就可知是向欧洲人介绍神秘的中国特有的风物。利玛窦在生命的最后岁月，将他以往在中国的日记改写为回忆录。通过传教士金尼阁的整理，后在罗马以拉丁文印行，取名为《天主教传入中国史》，后又改称《利玛窦日记》。此书被译成多种文字，其中英译本的前言说，此书向欧洲人"揭示了一个新世界和一个新民族"。不止是介绍，利玛窦在书中还详细地对比分析了中西国情的异同。如纽约出版的《利玛窦日记》中说："在一个几乎可以说疆域广阔无边、人口不计其数、物产丰富多样的王国里，尽管他们有装备精良、强大无敌的陆军和海军，但无论是国王还是人民，从未想到要发动一场侵略战争。他们完全满足于自己所拥有的东西，并不热望着征服。在这方面，他们截然不同于欧洲人；欧洲人常常对自己的政府不满，垂涎于他人所享有的东西。"通过这段文字可以了解，利玛窦等传教士看事物的立场还是比较客观的，并非全是西方殖民主义者的口吻。后人又将利玛窦在中国搜集的各种资料汇编成《中国札记》和《中国书简》，于20世纪初在欧洲出版，成为西方人了解中国的重要历史文献。上述各种文献影响了欧洲的近代文化，尤其是思想界、文学界、艺术界。这说明，中学通过传教士同样影响了西学，构成了中西之学互动的格局。甚至可以这样说，在"西学东渐"的同时，也存在着一个"中学西渐"的过程。

利玛窦是传教士中的佼佼者，他对中华文化的精识极大地便利了他在中国的传教活动。他博学多才，但决非龟缩在书斋中的书生，而是一个相当务实的活动家。他每到一地，先进行细致的调查，以了解当地社会的政治、地理、经济、文化、民俗风情。由此，他较全面地掌握了中国传统与现实的关系，掌握了各地文化的异同，掌握了社会上下的差异，从而能在同中觉异、异中求同，灵活多变地进行传教。总的说来，在具体传教中，他根据中国社会不同阶层不同文化程度的状况，采取了不同施教的做法。日本学者稻叶君山在《清朝全史》中，说利玛窦等传教士"对于下等社会，则以浅易演说，讲明基督教之福音；对于士人社会，则用流畅醇雅之汉文，从科学上立论，渐次说及基督教之精神，使之自然感化"。

仔细条析史料，可以发现，利玛窦的传教重点在上层，而非下层；在官场，而非民间。利玛窦在中国的长期居住使他得出了这样一个印象：中国的政治结构，官方与士人比民间有大得多的发言权和影响力，只要说服上层，便能事半功倍地带动下层。从而他加大力度，走上层路线，与地方官吏和士大夫结交，并向更高的权力阶层渗透，以争取有权势的信徒。

利玛窦力争上层信徒，还有一个重要的原因，即随着他在中国居住时间的推移及对中华文化的进一步了解，他发现儒学虽又被称为儒教，然究其实质，毕竟不是正式的宗教，而基督教传教的对手，当是佛、道二教，尤其是佛教。为了改变基督教在中国势单力孤的局面，联合儒学共同抗御佛、道二教，以扩大基督教的影响，是应该采取的权宜之计。而联合的对象——儒学，其真正的根基扎在以官场和士大夫为核心的上层社会。走上层路线更能取得效果。

为让儒教和基督教联手，利玛窦等传教士对儒教明智地作出了妥协和让步。他们表示尊重儒教的教义，尊重中国人的纲常名教，尊重中国人的祖先崇拜。不仅如此，他们还迂回地借助儒教的教义来阐释基督教的教义，以此对原本为儒教所影响的人士产生一种亲和力。如此，利玛窦等传教士和中国士人性质的官员建立了密切关系，其中尤以徐光启为典型。在利玛窦借助儒教教义宣传基督教教义之事上，他在南昌刊刻的《天学实义》——后改名为《天主实义》——最为著名。此书首次借助儒家观念来论证基督教教义，其中有一段话这样说："吾天主乃古经书所称上帝也。中庸引孔子曰：'郊社之礼，所以事上帝也。'……周颂曰：'执竞武王，无竞维烈，不显成康，上帝是皇。'……商颂曰：'圣敬日跻，昭假迟迟，上帝是祇。'……历观古书，而知上帝与天主，特异以名也。"他把中国古籍中的上帝和基督教的天主混为一谈，有意让传教的对象产生一种误会，即信奉天主与信奉中国固有的超自然的人格神不仅可以并行不悖，且完全是一回事。

对于利玛窦等传教士将儒学通融的做法，耶稣会总部很有意见，批评他们不忠于本教的宗旨。罗马教廷则指责他们本末倒置，过于注重儒教，对儒学的评价过高，忽略了基督教的传教使命。实际上，利玛窦等传教士在儒教问题上的灵活做法，正是他们在中国传教能取得空前成功的关键所在。这是因为，利玛窦等人认识到文化的传播不是单向的而是对流的。

从肇庆到苏州，利玛窦在中国各地活动了将近20年。20年的活动，让他吸收了数量不少的信徒,并确立了他在中国的传教事业。于此基础上,他开始向中国的政治中心北京进发,以期获得以皇帝为首的最高当局的最终支持。1600年(万历二十八年),利玛窦携同庞迪我、熊三拔三人,一起到达北京,用巨资买通了万历帝身边的宦官,争取到向皇帝进贡西洋物品的机会。他们进献西洋物品,被万历帝认为是远国来向上国朝贡的表现,从而以上国君主的泱泱大度,表现出了欢迎的态度,破例批准利玛窦等传教士在北京居留,并赐屋赐物,允许建立教堂。据高龙倍的《江南传教史》记载,利玛窦等人"所需皆由朝廷供给,每阅四月,颁赐银米,约合每月六至八金盾之数,足敷神甫们需用"。万历帝之所以能破天荒地善待利玛窦等传教士,除了虚荣之外,也有实际的考虑:这些远来的传教士身上具备着中国人所缺乏的某些东西,如对经济问题的新见解、对改良武器的新技术,等等,这对纠正明帝国存在的财政、军事等弊端有一定的借鉴之处。关键之关键,利玛窦等人能被万历帝所接受,还是那将基督教和儒教合一的策略起了效果。据费赖之所著的《入华耶稣会士列传》说,利玛窦为争取万历皇帝的支持,在御前宣教时,把基督教称作是对儒教的补充,他说:"上帝就是你们所指的天,也曾经启示过你们的孔丘、孟轲和许多古昔君王,我们的来到,不是否定你们的圣经贤传,只是提出一些补充而已。"这个说法,坚定了万历帝心中儒教是万教之首的感觉,放松了对基督教的警惕。

在北京站住脚跟后,利玛窦等人依靠明廷的支持,堂而皇之地在首都传起教来。因他的传教是合法的,甚至是合乎皇帝御旨的,从而让来投教者去掉了不少心理障碍。未出几年,基督教便在北京,特别在上层社会,形成了相当的格局,其中入教者不仅有贡士、举人、秀才等一般士人,且有宗室、高官、太监。最令人注目的是,文渊阁大学士徐光启、太仆卿李之藻、大学士叶益、少京兆杨廷筠、左参议瞿汝说、吏部给事中瞿式耜等人先后入教,并成了中坚骨干。黄伯禄在《正教奉褒》中称他们"为奉教中尤著者"。在利玛窦等人的努力下,耶稣会在中国创开了先河,经后来的传教士的接力,到清兵入关后,他们在中国发展的教徒达到15万人之多。

然而,利玛窦等人在中国的传教并非一帆风顺,曾遭到剧烈的反击。反击来自社会,更来自于朝廷中一些维护儒教的高层官员。当时明廷内部对传教士带来的西方文明分为两派：一派是徐光启和李之藻等人，持着拿来主义，勇于接受；一派是礼部侍郎沈淮等人，以天国自居，态度相当抵触。后一派向万历帝陈言，说利玛窦等人所传之教与中国儒教不是一回事，其间差别大相径庭，要求把他们赶出国门。这种言论听多了，万历帝改变了原先包容的态度，下令将利玛窦等人遣赴广东，然后归还本国。然利玛窦在上层打下的基础起了作用，一些入教的官员纷纷出来为其辩解，其中以徐光启的说法最为有力："彼国教徒，都讲究修身，以事天主；而中国圣贤之教，也是以修身为重，彼此的理想是相符合的。"在徐光启等人的帮助下，万历帝收回了成命，使利玛窦等传教士避免了功亏一篑的命运。

利玛窦等人在中国的传教之所以能冲破各种阻拦，蔚成气候，除了利用儒教为基督教遮掩外，其大力译介西方学术论著，让中国人打开眼界，以此触动想改变中国现状的知识界精英的心弦，更是一个重要的原因。这也是利玛窦等人不同于其他前来华传教士的特别之处。当初，利玛窦在抵达肇庆之后，就曾如此实践，介绍西方的数学、地理、天文等知识，结果引起一些华人的好奇心，然后曲径通幽，再宣传基督教教义。北上入京后，他扩大和加深了他的做法，不再局限于口头或一般介绍，而是以一个学贯中西的大学者的姿态出现，在他生命的最后十年中，或是独译，或是和中国学者合译，一连译著了《几何原本》《乾坤体义》《圜容较义》《同文指算》《测量法义》《经天该》《万国舆图》等西洋图书，其中最得力的合作伙伴是徐光启、李之藻等人。译介的学术范围有古典哲学、逻辑学、艺术、自然科学，其中以自然科学的成就为最大。

利玛窦到中国的行囊中，放进了德国数学大师克拉斯维注释或撰写的几种数学讲义，其中的《几何原本》和徐光启合作翻译，即"泰西利玛窦口译、吴淞徐光启笔受"；《同文算指》则与李之藻合作翻译，即"西海利玛窦授、浙西李之藻演"。翻译的分工，是利玛窦口头译传原文之义，再由徐光启、李之藻等人撰成中文。

《几何原本》为欧洲欧几里得平面几何的权威系统著作。中国原来的几何学理论较为简单，仅有平面图面积、内外切圆、平行线等。《几何原本》则有严密的公理，大幅度地丰富了中国几何学的范畴，还完善了表述形式，并确定了点、线、面、直角、锐角、平行线、对角线、底边、立方体、体积、比例等专用名词。这个译本意思正确，文字优美，被梁启超赞为"字字精金美玉，为千古不朽之作"。

《同文算指》内容是西方数学中的算术知识。中国原有的算术方法是筹算和珠算，这个译本的功用在于增加了更为便捷的西洋笔算法。还首次介绍了"验算"之法，如"以减试加"或"以除试乘"等等，从而丰富了中国算术领域。

以上两书是数学。在物理学方面，另一传教士邓玉函与中国学者王徵合译了《远西奇器图说》，介绍了物理学中的杠杆、比重、重心、滑轮等原理以及简单的机械制造法。

与利玛窦同时的传教士熊三拔著有《泰西水法》，此书不到两万字，是一部专讲水利的专著。徐光启与熊三拔合作翻译，传入了三件水利器具、一种水库修建法。徐光启利用译本，结合中国的水利经验，完成了他的《农政全书》中的水利专章。

传教士汤若望所著的《远镜说》在译介后，将西洋光学传入了中国。

关于地理学，在明代以前，我国制绘地图的方法是在旧有的基础上逐步改进而发展的。利玛窦初抵澳门，就搜读我国各种地理书籍，而融会以西洋新的知识，作成《华译坤舆万国全图》。带入北京后，由李之藻刻印而成。其中介绍了世界五大洲说。由是中国人对于外国地理始有所认识，扩大了中国人的世界地理概念以及中国人对于外域的知识。由于利玛窦在中国日久，所绘中国部分之图实有胜过旧图之处。

此外，庞迪我翻译的《海外舆图全说》专记"外国地理"。艾儒略据此绘图立说，演绎为《职方外纪》，其中许多内容为中国历代地理图书所不记。该书编辑的样式是："前冠以万国全图，后附以四海总说。"

利玛窦等传教士带来了欧洲近代地理学知识，改变了中国人原先陈旧的地理知识。尤其是"地圆学"，打破了为时已久的"天圆地方说"，更改了中国人的宇宙观。明末清初思想家刘献廷论述道："地圆之说，直到利氏东来，而始知之。"

天文历算学本是中国的一个强项，然在理论、运算、观察和仪器上，比之欧洲近代科学则有很大的差距。利玛窦在华著了《乾坤体义》，介绍了亚里士多德—托勒密体系，说地与海合为一球，居天之中。在此之外，徐光启、李之藻修改历法时，得到了利玛窦、汤若望等人的协助，从而得以借助欧洲数学运算方法以及天文仪器修成了相当准确的《崇祯历法》。这个阴历一直沿用至今。

到明朝末,传教士帮助政府在制造武器军火上取得了明显的成绩。这个成绩主要是汤若望的。他根据兵部命令设计并监造火炮。他先铸了钢炮二十尊,崇祯帝派人验收,得出的结论是"精坚利用"。由此,他再奉令铸钢炮五百尊。除实际制造,汤若望还与焦勖合著了《则克录》一书,又称《火攻挈要》,专论火炮、炮台、火药、铸造和教练等技术。

利玛窦等传教士传播了西方的学术、技术及各种科学知识,还传入了先进的实证理论和具体的实验方法。这些知识和方法极大地丰富了中国知识精英的思想体系,改善了他们很多陈旧的观念,注入了更为理性的科学思维。特别是徐光启、李之藻等"西学派"将传统的知识和新颖的思维有机地结合于一体,在数学、历算学、农学、地理学等领域中取得了突破前人的骄人成就。徐光启在他所著的《时史本传》中称自己"从西洋人利玛窦学天文、历算、火器以尽其术,遂偏习兵机、屯田、盐笑、水利诸书"。后来,梁启超充分肯定了传教士在明末"西学东渐"中的作用,并提到中外文化大接触的历史高度,他说:"明末有一场大公案,为中国学术史上应该大笔特书者,曰,欧洲历算学之输入。""中国智识线和外国智识线相接触,晋唐间的佛学为第一次,明末的历算学便是第二次。"文化的活力在于交流,交流的效果在于扩大、改进和提高文化的效应。明末的西学大输入为中华文化解决自身社会问题以及融入世界文化圈铺垫了一个大台阶。

对利玛窦在"西学东渐"中的功绩,万历帝比一些守旧的官僚要看得清得多。利玛窦死后,他赐予其在北京城外厚葬。自明朝开国以来,外来者从未享受过这个殊礼,由此很多人大感不解。针对疑问,并非是基督教徒的首辅叶向高解释说:"你们见自古来宾,其道德学问,有人如利子吗?不说其他,仅译《几何原本》一书,当给此礼遇。"这是一段趣话,但从这趣话中,却透析出了明朝政府对利玛窦文化传播功绩的明智态度。

利玛窦等传教士传播西洋文化和科学是值得肯定的。然必须指出,他们毕竟是传教士,其根本宗旨是奉着罗马教廷与耶稣会之命来中国传教的,他们的使命是实现基督教对中国的宗教占领。在当时的世界形势中,罗马教廷、耶稣会与欧洲早期殖民主义势力有着千丝万缕的关系。16世纪,欧洲如葡萄牙、西班牙这样一些早期殖民国家已把目光盯住了东亚和中国。他们想在此地区打进他们的殖民主义势力,遗憾的是,他们对此地区所知甚少。为弥补缺憾,联合罗马教廷、耶稣会,共同派遣传教士先行进入此地区,用宗教和文化打前站。罗明坚、利玛窦等传教士就是在这样的背景下被派入中国的。他们一面忠于罗马教廷和耶稣会,担任了传教使命;一面接受葡萄牙国王的津贴,为殖民主义者探道。故而,一开始对中国还不了解的利玛窦完全站在西方立场上说:"我们耶稣会同人依然照本会成立的宗旨,梯山航海……做耶稣的勇兵,替他上阵作战,来征讨这崇拜偶像的中国。"然而,在进入中国之后不久,目睹了真情实况,他们修正了自己的观点,不但设法远离葡、西等殖民主义势力,且从崇尚武力的立场上作了转移,说:"到中国来传教决不是强大的舰队,声势浩大的军队,或是其他人类的武力所能奏效的……要传扬圣道,总得凭书籍才行。"(《利玛窦司铎和当代中国社会》)

然而,观点的某些修正,立场的某种转移,都未改变利玛窦等传教士来华的根本使命——传教,把基督教的种子撒向中国这块广袤的大地。利玛窦清楚,在文化层垒深厚的中国,若要获得宗教这类文化征服的成功,首先得在文化上攻进中国这个古老的堡垒。实施的步骤,就是先和中华文化混同,然后施以西洋文明,在学术上赢得中国最具发言权的士大夫的看好,如此方能奏效。在这个过程中,利玛窦等传教士把他们与中国士大夫合作的资本,也是唯一的资本,放在西洋文明和科学上。为了让这资本产生持久的作用,能持久地吸引中国士大夫,他们采取了逐渐施放、但作保留的做法。具体的操作是:图书可以和你合作译介,但仅译介一部分,决不搞完。否则,一旦文化资本用尽,他们的学术与人格价值将与此同时丧失,不但会失去他们在中国立足的基点,且传教事业也将烟消云散。因此,他们极为珍视他们对西洋文明和科学的垄断权,以在风云多变、险象环生、远离本土的中国大地上把握主动权。在译介《几何原本》时,原书共有 15 卷,在与徐光启合作翻译了 6 卷后,利玛窦却寻了借口停止了工作。想获得全部内容的徐光启要求继续下去,而利玛窦却再三推托。利玛窦在《译几何原本序》中解释了为何仅译六卷的原因:"太史(徐光启)意方锐,欲竟之。余曰:止,请先传此。使同志者习之,果以为用也,而后徐计其余。"他明说是待在实践中证明有用再译,实则却是一个托词,真正缘故是决不肯说明的。从而,当时付印的《几何原本》不过是一个缺本。熊三拔和徐光启合译《泰西水法》时也遇到了相类似的拖延情形,薄薄一书竟译了两年之久。

利玛窦的传教士在华之行迹是个复杂的历史公案,任何一种单向的评价都不能揭示其实际的情由。公允而论,他们首先受着其自身欧洲背景的局限,然在入华之后,面对中国的实际状况,在较大的幅度上改变了他们原自以为是的西方绝对胜于东方、西方高踞东方之上等观念,在中西文化交流中,逐渐抱以正常的心态。他们尊重中国的政府、皇帝、官员,并未做出什么干涉中国内政的举动,因而并非是"西方海盗的合作者"。无论他们当初的动机如何,据客观的效果而言,他们在"西学东渐"和"东学西渐"的双向流程上做出了先行者的贡献。

仿效利玛窦传播文化的来华传教士,从明末到清初,形成了一个不小的浪潮,在康熙年间有着更显目的表现。到雍正时,对传教士作出了苛刻的"禁约",将有文化专长的传教士几乎全部扫地出门。自乾隆以降,闭关自守的文化专制政策愈演愈烈,"西学东渐"之风遂被中断,那已是后话。

第五十章

跨出帝国门槛——严复译书

国难当头,严复是伴着中华民族空前的大难来到这个世界上的。他 1854 年诞生时,第一次鸦片战争仅过去了十余年,在他数岁时,又爆发了第二次鸦片战争。列强从中国由南至北的沿海线直侵入清帝国的心脏,外患深重。在此前后,太平天国以卷席之势占据南中国,与清朝分庭抗礼。内乱弥漫。天下大势混乱,皇室腐败,官场腐败,政治腐败,整个社会一片腐败。深刻的民族危机激起了政界、军界、学界的反思,许多有识之士从各自的角度向洋看世界,要求变法,要求维新,要求开展洋务运动,暮气深沉的帝国注进了一缕缕生气。

与国难同步,严复的家庭也陷入了窘境。父亲严振先于他 13 岁时病故。失去比较富裕的经济条件,从小接受儒家治经家法的严复不得不放弃科举入仕的道路,报考了福州马尾船厂附设的船政学堂。这是一所海军学校,为洋务派新创,开中国海军院校的先河。入学需考试,他的作文题目是《大孝终身慕父母》,因感父亡家寒,文章极动人心。身任船政大臣的学堂校长沈葆桢阅卷后,对这个青年才俊刮目相看,以第一名将他录取。这所学校分为前后两堂,前堂为"法国学堂",用法语教授,学习造船技术;后堂为"英国学堂",用英语教授,学习驾驶技术。课程设置有外语、几何、代数、化学、航海、天文等。除此之外,也学习中文课程,学生被要求必须诵读《圣喻广训》《孝经》,兼习策论。正是科举道路的中断,塞翁失马,严复才得以进入这所中西文化合璧的新式学校,开启了他的学子生涯。

四年的学堂生活,严复的成绩保持着优等。毕业后,他被分配在军舰上实习。于此之际,他走出了国门,先后到过新加坡、日本等地。距离虽不远,但毕竟开了眼界,看到了与中国同处东亚文化圈的国度如何向西方先进事物学习的状态。

1877年,在沈宝桢、李鸿章等朝廷重臣的倡议下,以"图强""求富"为由,派出了第一批留欧学生,以望在这批学生中培养出具有先进理念的海军将才。这批学生以福州船政学堂学生为主要选拔对象,成绩优异的严复首当其冲地被选中。他被派往英国,先后入抱士穆德大学、格林尼茨海军大学攻读数理化,又系统地学习了海军战术、海战公法、海军炮堡建筑等课程。在英留学期间,严复得益匪浅,他不仅系统地学习了海军技术,且广泛地了解了西方近代科学。可是,与其他学生不同的是,他没有局限于此,而是将大量的时间和精力放到了钻研西方哲学、社会科学上,尤其花大力气精读了亚当·斯密、边沁、卢梭、孟德斯鸠、达尔文、赫胥黎等人的著作。他深入考察西欧国情,以比较中西政教的异同。他通过对照,体悟出了清朝国家落后、政治腐败的某些根源。他高超的西方学术造诣得到了具有维新思想的驻英公使郭嵩焘的高度赞赏,评价他:深识世界大事,当是杰出的驻英公使候选人才。

1879年,严复在学成归国,他面前并未呈现出让他大展身手报效国家的前景,仅被派往马江船政学堂担任教员。他将原名严宗光改为严复,字几道。后转调天津北洋水师学堂担任总教习(相当教务长)。十年之后,被升为学堂总办(相当校长)。他始终未能进入军界或政界,其原因之一是,他锋芒毕露,喜欢慷慨陈词、评论国是,显示出西方自由主义的倾向。这点深为当政的李鸿章所忌讳。

严复自身怀才不遇,生活清贫。举目国家更是每况愈下,日本公然侵吞琉球改为其冲绳县,海军内部腐败愈演愈烈,朝廷丧权辱国越走越远。残酷的事实,让他省悟到,洋务派提倡的洋务运动不能救中国,科学技术也不能救中国,唯有从改变中国专制政治体制、改变中国颓废的风俗入手,才可能济事。确立这种思想,并非是他异想天开,而是有着两个借鉴:一个是远例,即西方列强凭借其政制和科学技术的优势,在世界上取得了最大的发言权;一个是近例,即邻国日本通过明治维新,改变了落后的态势,迅速增强了国力。然而,严复此时的思想基本还是停留在理论上。

促使严复思想发生根本性变化的是随之而来的甲午战争。日本国力增强后,立即走上了军国主义的道路。以朝鲜为契点的中日甲午战争终于爆发了,从1894年8月打到次年2月,威海卫失陷,北洋水师全军覆没,清廷签订了极其耻辱的《马关条约》。旋即，发生了"三国干涉还辽"事件，即俄、德、法三国为了扩展在中国的权益，让清廷增加对日本的赔款，以"赎回"条约中割让给日本的辽东半岛，但条件是清廷授予他们租借军港、修筑铁路、开采矿山的特权。甲午战争对严复是个大刺激，他彻底抛弃了所有对清廷残存的幻想，决心用自己学贯中西的知识结构，通过手中的笔来抨击现实，唤醒国人。

在战争失败后的三个月内，严复接连在天津《直报》上发表了五篇文章：《论世变之亟》《原强》《辟韩》《原强续篇》和《救亡决论》。

他出言非同凡响，在《论世变之亟》里写道："中国最重三纲，而西人首明平等；中国亲亲，而西人尚贤；中国以孝治天下，而西人以公治天下；中国尊主，而西人隆民。……其为学也，中国夸多识，而西人尊新知。其于祸灾也，中国委天数，而西人恃人力。"他痛斥顽固派好古非今，愚蠢地幻想"跨海之汽舟不来，缩地之飞车不至，则神州之众，老死不与异族相往来。富者常享其富，贫者常安其贫"。他认为这些坐井之蛙无视世界浩荡的潮流，死抱祖宗成法不放，不图改革，只能引起列强更大的宰割，是在往绝路上走。

他在《原强》中，提出了启蒙主义的救国纲领：鼓民力，开民智，新民德。鼓民力，为禁止鸦片、禁止缠足。开民智，为废除八股、提倡西学。新民德，为提倡自由平等、设立议院，逐步实行君主立宪制。他认为战争的失败并不足悲，可悲者是民智、民德、民气的丧失。唯有上下同心，革除积弊，才能保国保种而避免印度、波兰式的亡国命运。他还具有超前意识地看到，如只吸收西方的科学技术，而不引入先进的人文和制度，终究只会造成"淮橘为枳"的结果。

《原强续篇》进一步阐述了《原强》的新政新风之意。

《辟韩》以自由资产阶级的民权思想为武器，向两千年来的专制政体发起了猛烈的冲击。他说："秦以来之为君，正所谓大盗窃国者耳。国谁窃？转相窃之于民而已。"他认为所有的君主都从民众那里窃得国家，故而全是窃国大盗。

《救亡决论》指出："四千年文物，九万里中原，所以至于斯极者，其教化学术非也。"他断定，中国陷入如今这样的泥潭，正是长久以来的封建名教所致。只有抛弃名教，才有救亡的希望。

严复的言论不仅被顽固派且被洋务派视为是大逆不道。《辟韩》刊出后，立即引起了轩然大波,尤其为所谓"一代儒宗""清流名士"的张之洞所痛嫉,命人撰文进行诘难,攻击严复"溺于异学,纯任胸臆",甚至还想进行人身加害。严复毫不畏惧,抱着"尊真理"的精神,意气飞扬地予以了还击。

总之,严复通过这五篇文章,介绍了西方文化与其资本主义制度,呼吁建立君主立宪国家,产生了强烈的社会反应。同时,严复也成了启蒙思想家、维新理论家的代表,以全新的姿态开始影响中国近代政治。

五篇文章仅是个开头,影响虽大,但究其深度和广度以及系统性而言,毕竟是单薄的,是介绍性的、呼喊性的,难以蔚成大气候。看到这点后,严复酝酿进入一个更高的层次,"致力于译述以警世",即翻译西方对资本主义制度形成、发展有重要作用的名著,以将其理论系统地输入中国,以此改变国人的观念,向传统文化以及制度挑战。

翻译得有两个条件,一个是西学的基础,一个是国学的功底。这两个条件在严复的身上得到了至佳的统一。对西学,他不仅在留学期间广涉博览,且在回国后继续钻研,密切注意西方理论界的新动向。他在给儿子的书信中说:"我近来因不与外事,得有时日多看西书,觉世间惟有此种是真实事业,必通之而后有以知天地之所以位、万物之所以化育,而治国明民之道,皆舍之莫由。"对国学,他自幼受家学熏陶,年轻时又受教于桐城派大家吴汝纶。由此,梁启超称赞严复"于西学中学,皆为我国第一流人物"。

从1895年开始,严复全力以赴,进入翻译西学的状态。他接连翻译了11部西方资产阶级政治、经济、哲学等著作,具有代表性的是后来商务印书馆汇辑的"八大名译",即《严译名著丛刊》(8种):赫胥黎的《天演论》、亚当·斯密的《原富》、斯宾塞的《群学肄言》、穆勒的《群己权界论》、甄克思的《社会通诠》、孟德斯鸠的《法意》、穆勒的《名学》、耶方斯的《名学浅说》。另外三部是宓克的《支那教案论》、马孙摩等人的《英文汉诂》、卫西琴的《中国教育议》。严复译书的政治目的十分明确,他每选译一书,都有相应的针对性。

其中最为闻名、最有影响的是赫胥黎的《天演论》(即《进化论与伦理学》)。这部译作的伟大,在于向守旧落后的中国提供了进化论的新观念:"物竞天择,适者生存。"其中有一段文字这样说:"吾辈生当今日……固将沉毅用壮,见大丈夫之锋颖,疆立不反,可争可取而不可降。所遇善,固将宝而维之;所遇不善,亦无慊焉。早夜孜孜,合同志之力,谋所以转祸为福,因利为害而已矣。"此书的主调是:自然界生物进化的规律不仅适应于自然界,且同样适应于人类社会。无论是国家还是民族,如若抱残守阙,不顺应潮流而行,必将被物竞天演的规律所淘汰所灭亡。而唯有发奋图强、合齐人心,方能力挽狂澜,在世界上占据一席之地。

严复译《天演论》的宗旨,吴汝纶认识得最清楚。他在给严复的信中写道:"执事之译是书,盖伤吾土之不竞,惧炎黄数千年之种族,将遂无以自存,而惕惕焉欲进之以人治也,本执事忠愤所发,特借赫胥黎之书,用为主义谲谏之资而已。"吴汝纶在《〈天演论〉序》中又说:"严子之译是书,不惟自传其文而已。盖谓赫胥黎氏以人持天,以人治之日新,卫其种族之说,其义富,其辞危,使读焉者怵焉知变。"

严复在翻译《天演论》时,没有进行纯西学的翻译,而是结合国学的内容作有机的诠释。他指出,《春秋》和《易》中就含有西方实验科学的归纳、演绎(即所谓内籀和外籀)之学。由此证明他在努力探求中西文化的契合点或某种同构关系,在文化的价值取向与历史感情的矛盾中求得调和与平衡。

时日、英、俄、德、法列强正在加紧瓜分中国,国难进一步加重。《天演论》的精神是适得其时的警世之钟,故而尚未出版已不胫而走。出版后,更是风行海内。此书对整个中国社会具有振聋发聩的作用,对几代探寻救国真理的志士与团体产生了难以估计的影响。后来,章太炎喊出:"竞争出智慧,革命开民智。"邹容则高呼:"革命者,天演之公例也。"都是《天演论》在中国传播的有力明证。

继《天演论》之后,严复出版了《原富》,用意在于借鉴西方理财观念来比较中国理财问题,也即以前者之利,来惩后者之弊。他在《原富》译事例言中说:"计学以近代为精密,乃不佞独有取于是书,而以为先事者,盖温故知新之义,一也。其中所指斥当轴之迷谬,多吾国言财政者之所同然,所谓从其后而鞭之,二也。其书于欧亚二洲始通之情势,英法诸国旧日所用之典章,多所纂引,足资考镜,三也。"他又说:"夫计学者,切而言之,则关于中国之贫富,远而论之,则系乎黄种之盛衰。"他强调经济学不仅关系到中国的贫富,更关系到中国的存亡。同时代人郑太夷看到《原富》以后说:"此书竟成,百家当废。"

严复翻译《穆勒名学》和《名学浅说》,是向中国学术界介绍西方的逻辑学,促使中国的学术研究踏上科学的轨道。他认为,中国当时那种"徇高论而远事情,尚气矜而忘实祸"的陈旧治学方法是"学术末流之大患",只能造成"锢智慧,坏心术,滋游手"的结果。而正确的治学方法不应恪守古训,而应以务实的公例为依据,从而作出客观的推导和结论。严复通过"名学"大力推崇西方文化,抨击中华传统文化里的消极因素。他认为科举文化、儒家经典之学概不仅"无用",且"无实"。他还用英国的哲学经验论批判了中国的宋明理学中的陆王心学。他根据中西文化的对照,断定在封建伦常支配下的中华民族文化心理结构不能适应近代社会发展的要求。中国人经过三千多年的文教,已经养成了"拘虚束教,囿习笃时"的思想方法,当近代"变革心习之事理纷至沓来",就"相与骇愕而以为不可思议"。打破这种积习,树立务实的观念乃是当务之急。

在《译〈群学肄言〉自序》中,严复解释其动机是"饬戒学者以诚意正心之不易"。希望人们学会用科学的方法实在准确地观察认识客观事物,而绝不要向壁虚构,主观臆断。

至于翻译《社会通诠》,他认为资鉴此书"则吾国所以不进,如视诸掌矣"。换言之,也就是观此书可以将西方的各种先进比较中国的各种落后。

严复在译书中,通过编译、批注等方式,将他对西方资产阶级政治民主、经济自由、思想改良的景仰旗帜鲜明地带给了读者。故而,后世对严复翻译西方名著有着非常高的评价。费孝通说,严复"翻译这套书,看来是有选择的……这一套著作奠定了人类历史的一个时代——资本主义时代的理论基础。赫胥黎《天演论》里讲的'优胜劣败,物竞天择',用现在的话来说,就是我们不能落后,落后了就要被淘汰。这个很简单的道理,鼓动了我们上一辈的知识分子,如梁启超等,发扬民族意识,探索强国之道,从而引起了中国的维新运动"。毛丹撰文评论严复的思想演变时说:"严复选择、译介各部书的具体用意互不相同,但总体都服从于救亡图存、发蒙思想的大目标,通过译文和大量按语,严复将西方资产阶级的经典经济思想、政法理论、社会学说、科学方法论、实证哲学,一齐介绍到中国,使得近代'西学东渐'从此获得了系统完整的理论内容与形式,从而也奠定了他自身'西学第一'和启蒙思想家的不拔地位。"

确实,严复是我国一位独具特色的杰出翻译家,不仅在中国翻译史上,且在文化史上占有超群绝伦的地位。并非是说他的翻译方法完美无缺、无可挑剔,而是他的译著已成了中国资产阶级启蒙运动的代表作,是借鉴西学以救中国的政治学经典。因此原因,他的翻译意义远远超出了翻译活动本身。再者,他译书不是将其视为简单的文字转换,而看成是艺术创造,从而呕心沥血,步入翻译的至高境界。他的译书是语言形式与思想内容有机结合的统一体,并具有独立于原作的文学和学术价值。

在中西文化关系的问题上,张之洞一系的洋务派改造了早期改良派提出的"中学为体,西学为用"的主张,换汤不换药地变为"旧学为体,新学为用"。他在《劝学篇》自序中说:"中国学术精微,纲常名教以及经世大法,无不毕具。但取西人制造之长,补我不逮,足矣。"洋务派的"中体西用"宗旨是,用西方的科学技术来挽救中国的封建专制政体。梁启超等维新派也曾呼吁过"中体西用",欲在中国实现君主立宪,争取资产阶级民主权利,以发展资本主义。可严复的看法不同,他要用西方文化为参照系来批判中华文化。他在《论世变之亟》《原强》等文章中,强调了科学与民主的一体性,落实到中国,也就是先进的西方科学文化不可能与落后的中国封建文化结合起来。后来他在《与〈外交报〉主人书》中又举了"未闻以牛为体,以马为用"的例子,并斩钉截铁地说:"中学有中学之体用,西学有西学之体用,分之则并立,合之则两亡。"中国旧文化缺乏的正是平等、自由、民主和先进的科学知识,当中西两种不同质的文化发生剧烈的撞击时,为了有利于异质文化的导入,必须对传统旧文化作较多的批判。

维新运动期间,严复除了撰文和翻译,还办了报纸。随着维新运动的深入,原支持维新的张之洞开始产生歧见,封禁了维新运动的一大阵地——上海强学会。为了继续宣传变法,维新派骨干黄遵宪、汪康年、梁启超于上海创办了《时务报》,梁启超担任主笔。在他们的努力下,此报成了维新派在南方的主要喉舌。严复不仅汇款一百元予以赞助,并联络王修植、夏曾佑等人,在天津办了《国闻报》。两报南北呼应,大力宣传维新运动。

《国闻报》以报道和评论中外时事为主,但仅发行了一年,就发生了戊戌政变,被人奏劾而被迫转让。在为时不长的发行期内,该报共发表了社论42篇,其中的24篇经确认为严复的手笔。严复在该报上所撰的文章文风热辣,宣传西学,针砭时弊,其中尤以讽刺八股文人的《道学外传》最为传神。

严复所译之书,为当时极需的维新理论作出了杰出的贡献,因此他获得了巨大的名声,引起了光绪帝的注意。戊戌变法之前,严复在《国闻报》上发表了《拟上皇帝书》,指出国家落后的根源,"由于外患者十之三,由于内治者十之七",并相应地提出了治标治本的途径:"标者,在夫理财、经武、择交、善邻之间;本者,存夫立政、养才、风俗、人心之际。"两者相较,因为形势危急,不得不先行治标,并提出了具体的建议:(1)皇帝出国从事外交活动,以"联各国之欢";(2)皇帝到各省巡视,接触民众,以"结百姓之心";(3)皇帝改变守旧派把持的政局,实行变法。这些建议虽不很切合实际,没有考虑施行中的财政困难,但还是引起了光绪帝的兴趣,在政变前一星期召见了他,进行了交谈。光绪询问了有关海军和《国闻报》的情况,并提出要阅览《拟上皇帝书》,命严复修缮进呈。

然而,未等他将书呈进,慈禧太后就发动了政变。政变的当天,严复得到信息后去了天津。康有为、梁启超亡命海外,谭嗣同等六君子被杀于菜市口,维新运动遭到失败。随之,《国闻报》被封禁,不久转入日本之手。因严复未直接介入维新变法的政治活动,又得往日相交的洋务派说项,才得以逃脱迫害。可他的心情是极其悲伤的,他在《戊戌八月感事》一诗中吟道:"求治翻为罪,明时误爱才。伏尸名士贱,称诏疾书衰。燕市天如晦,宣南雨又来。临河鸣犊叹,莫遣寸心灰。"

维新运动的失败,加上本人的失意,现实的境遇,使严复独崇西学的观念发生了变化,感情逐渐向国学倾斜。义和团运动后,严复认为中国民智百年难开,维新自强困难重重,维新派充其量只是填海的精卫。以后的岁月,他除了翻译西书之外,开始醉心于研究中华传统文化,将《庄子》《老子》《王荆公集》和太史公书批校了十多遍。他的文化观念中保守因素日益上升,从凭借西方文化冲击中国旧文化的立场渐渐向调和中西文化转移。

进入20世纪,严复除了翻译还出版了两部著作:一部是《侯官严氏评点〈老子〉》,另一部是《政治讲义》。

前一书是严复的学生熊元锷帮助在日本出版的。此书的特色在于疏通沟贯了中西两学,如严复在"天地不仁,以万物为刍狗,圣人不仁,以百姓为刍狗"一句上批道:"此四语括尽达尔文新理。至哉!"他非常同意王弼在原批中对"刍狗"一句的解释:"地不为兽生刍而兽食刍,不为人生狗而人食狗。"严复认为这是进化观点。然而,他又很赞同老子提出的"人法地,地法天,天法道,道法自然"的道家自然人文观,于纯进化的立场向后退了一步。

后一书出台的背景是清政府迫于形势,为挽救危机,宣布"预备立宪"。此时严复正在上海,为年轻人开讲座,主题是西方资本主义国家政治和立宪问题,共讲八次。后商务印书馆汇印成书,名《政治讲义》。严复在讲演中说:"政治之学,乃历史术,乃比较术,乃内籀术。"这是科学的方法论。他重申社会达尔文主义的观点:"国家既为天演之物,则讲求政治,其术可与动植诸学,所用者同。"他详细解释了斯宾塞的社会有机体论,还提出把"有机"——Organism 一词译作"官品"。他对"自由"的解释是:仁政之下未必有自由,暴政之下未必不自由;按照中国国情,民众有自由不利于国家强盛。他的结论是:中国应该仿效英国模式建成君主立宪国家,由议会投票决定国家的大事。

严复在北洋水师学堂待了 20 年,戊戌变法后,到上海参加了唐才常以保种救国为宗旨而组织的"国会",担任副会长。尔后,北上天津主持开平矿务局的工作,到北京出任京师大学堂编译局总办,其间往返于沪皖两地办学,曾为开平矿诉讼事赴英国交涉并顺道游历西欧三国,回北京受聘为审定名词馆总纂。最终,跻身于为洪宪帝制效劳的筹安会。事败,凄凉地走完了人生之路。

晚年的严复认为通过翻译的渠道输入西方文化,不过是为了丰富和改善中华传统文化,即"用吾古以翕收之以成吾大",不再宣扬改造传统文化。随着时局的发展,他原先美妙的理想均化为泡影,对中西文化的看法更是剧烈地向后退,最后来了个一百八十度的大转弯,彻底否定了他原先热情讴歌的西方文化,力主尊孔读经,回到中华文化体系之下。

尽管严复走过了从悉心学习国学,到把西学作为批判国学的利器,到调和中西之学,再到完全否定西学之路,但他所传播的西学观念已在中国蔚成了大风,卷起了巨浪。

第九编

诸教会通

　　相对来说中华民族是一个鲜少宗教性格的民族,但是华夏文明的成长史上还是打下了色彩鲜明的宗教烙印,无论是哲学思想、文学艺术,还是政治经济、道德伦理乃至社会习俗和民众心理,无不受到宗教文化的渗透。从社会的价值取向和共同素质到个人的心态结构和行为模式,都与宗教有着不可分割的联系,宗教文化因而成为中华文化史上一个不可或缺而又散发着独特魅力的部分。

第五十一章

概　述

　　回溯一个民族的文化史,不能不提及它的宗教文化发展历程。作为一种世界性的文化现象,宗教在人类历史上扮演着十分重要的角色,人类文明的各个部门、人类活动的各个方面都同宗教有着起初浑然一体、尔后又相互渗透的关系。尽管相对来说中华民族是一个鲜少宗教性格的民族,但是华夏文明的成长史上还是打下了色彩鲜明的宗教烙印,无论是哲学思想、文学艺术,还是政治经济、道德伦理乃至社会习俗和民众心理,无不受到宗教文化的渗透。从社会的价值取向和共同素质到个人的心态结构和行为模式,都与宗教有着不可分割的联系,宗教文化因而成为中华文化史上一个不可或缺而又散发着独特魅力的部分。

第一节　三教概说

　　提及宗教,人们自然而然地会想起僧尼的庙宇、道士的长袍乃至基督天主的十字架,甚至更远一点,想到佛的四大皆空、道的羽化成仙、基督的原罪与救赎,可以说这就是宗教,但是宗教又不仅仅限于此。如何去定义或描述这样一个概念,实在是一个古老的难题,因为宗教所走过的历史行程,几乎和人类的历史一样久远,正因为久远,才更扑朔迷离。一般说来,宗教是"对生活的终极意义和相应地该如何生活的一种解释",通常所有的宗教都包含信纲、规范、崇拜、社团结构等要素,并以超越者为其旨归。信纲是指宗教的认识方面,即进入了对生活的终极意义之"解释"的每一种东西。规范是指行为或伦理规范,包括那些随信纲而来的一切行动规则和惯例。崇拜指的是所有这样的礼仪活动,这些活动直接或间接地使信徒同超越者之某一方面相关联。社团结构指的是信徒之间的种种关系。因其宏大的包容性,宗教不仅是人类意识形态领域里的一朵瑰丽之花,同时亦结出种种社会实在之果,即它不仅具有着形而上的关怀,又有着形而下的实在。它向往着彼岸世界的美好祥和,又没有彻底摆脱此岸世界的万丈红尘;它试图以超然出世的姿态远离政治,却又摆脱不了"不依国主,则法事难立"的尴尬命运;它尝试摒弃经济上的欲望,却又时刻仰赖着人间烟火和五谷杂粮的供养,无奈地受制并附着于一定的物质条件中。总之,宗教是一种社会性的存在,放在人类历史的发展长河中来看,它还是一种历史性的存在,即它并非变动不居的,而是与时俱进的。正由于宗教有着这样的特性和角色定位,它才在各国、各民族有着异彩纷呈的表现,展现出独有的魅力。

中国的宗教传统几乎与中华民族有着同样古老的发展历程。莽莽远古,原始宗教就已经自盘古开天辟地、女娲搏土造人、伏羲结网渔猎、燧人钻木取火这些神话故事里开始萌芽。我们的祖先自人类童年时代,就对另一个世界充满了敬畏与渴慕之情。及至后来,除了传统的敬天、法祖和土生土长的道教以外,一些外来宗教也成为我国丰富的宗教资源的构成部分,如从印度传入的佛教,从阿拉伯国家传入的伊斯兰教以及三度进华的天主教,在中国历史上曾经留下过短暂痕迹的祆教、摩尼教等。

但是中国古代的宗教还是以儒释道三教为主。其中对于儒家学说是否可以称之为宗教,历来众说纷纭,莫衷一是。主张是宗教的一方认为,儒教是一种以天地君亲师为崇拜对象,而以其中的天神崇拜与祖宗崇拜(敬天法祖)为核心、以对超验的人生境界的追求(天人合一)为终极目标的宗教信仰体系。儒教的独特性在于它不像基督教等那样是一种严格的制度性宗教,因为它不具有自身独立的宗教教团的组织结构。所以说儒教是一种不具严格意义上的宗教。而反对宗教主张的一方也多站在当今宗教定义基础之上,认为儒教有着复杂多元的神灵系统,难以称得上是高级宗教;他们还对儒教的超越性和出世性提出怀疑,认为其没有西方宗教意义上的灵魂观念和对永生的追求;此外,他们还从儒教没有独立的宗教教团组织和崇拜仪式以及纲常的神义论色彩稀薄等角度对儒教的说法提出了质疑。但儒学的宗教性应是可以承认的。儒释道三教并称,三教又称"三圣人之教",指三种不同的教化手段,与今日所说宗教之含义有别。

道家与道教也不宜混为一谈。先秦无道家,只有老庄哲学以及老子学派和庄子学派。汉代的道家代表西汉时期融合各派的一种思潮,它以黄老清静无为思想为基础,包括了儒、墨、阴阳、名、法各家的部分内容。而道教是东汉末年形成的,它有团体、教派、教义、宗教规范和仪式、宗教组织等要素,是中国本土土长的宗教形态。

儒、佛、道三教是三个思想文化流派,三教会通的主要结合点也是在这一层面上展开的。作为三者中的最突出者,儒学的现世性和宗法性很具表征意义。它的现世性表现在厚生人、黜彼岸;明伦理、主自律;合人群、辨等差;尊理性、重经验;参天地、育万物。总的来说,是肯定人生、面向自然,从而成为治理人生和控制自然的内圣外王之学。张载的"为天地立心,为生民立命,为往圣继绝学,为万世开太平",可说是较为全面的概括。而儒学的宗教性则主要体现在它的宗法性上。它强调亲亲、尊尊、长长、男女有别以及三纲五常的宗法性等级秩序,这种由日常伦理开出的规范体系,进而上升到维护政治秩序的高度,对中国的各个领域都产生了深远的影响。儒佛道三教的会通也主要体现在强化伦理道德和有资于王权统治这两点上。当然,佛道无疑丰富了中国人的意义系统和人生追求。

总之,在中国古代,宗教发展形态表现为以儒为主,佛道两傍,如鸟之双翼,在儒教的带领下引领着中华文化飞向历史的辉煌。在历史的长河中,尽管三者的命运跌宕起伏,但是总起来说却是走向了"和而不同"的会通之路,乃至基督教入华后,也渐与中华民族的思想、文化、习俗相融合,逐渐具有了某些中国特点。这就是中国特有的情境下,中国宗教所走出的有别于其他民族的特色之路,即"诸教会通"的道路。

第二节 会通内涵

何谓"会通"?从字面上理解,有会合变通之意。《易·系辞上》有言曰:"圣人有以见天下之动,而观其会通。"谓各种运动现象都有其相合和相通之处。郑樵治史也倡"会通",即会聚文献,贯通年代,以寻求历史变迁的轨迹,可谓高扬了汉时司马迁所倡导的"究天人之际,通古今之变,成一家之言"的著史精义。唐时佛教思想家宗密也主"会通",他是个调和论者,常以"会通本末"的方法来给予佛教各派、三教学说一个浅深适当的位置,进而把他们包含在其构造的体系中。而到了明末,徐光启为中华文明的包容和融合机制所推动,为替已趋腐败的传统价值寻求新的学术基础,提出了"会通"中西文化的方针。他早年信奉儒释道的"三一教"主会通,即使对于当时形同水火的朱学和王学论争,他也能超脱门户之见,以会通的心态博采两家之所长。后来他又成为来华天主教的代表性护教人物,虽然其会通的目的在于超胜西方之学术,但毕竟迈出了会通中西文化的重要一步。不管是会通古今还是会通中西,简而言之,"会通"就是融会贯通。不同的文化系统之间横向地互相扩展和传播、冲撞和融合,给原有传统注入新的内涵和活力,表现出文化系统的开放和兼容,从而产生出新的文化形态,这一过程就称为"会通"。

会通的核心为融合,"熔彼方之材质,入大统之型模"。表现在中华民族的宗教文化史上,各种宗教功能有别,和而不同,历史上儒释道三足鼎立,共同支撑起中华文化精神的基本架构。在漫长的历史发展过程中,它们相互吸纳,寻求共同性和互补性。而到了明清时期,天主教来华,尽管天主教的在华传布再次遭遇到挫折,但并未影响它短暂的在华历程与中华传统文化之间历史性的会通。诸教之间所走的这条会通之路,既不是一种表面上的混杂,又不是一种完全抹杀各教个性的融合。各教之间相互吸收,不仅表现在仪式、组织等方面,更进入思想和精神领域,目的在于通过调适与融合,乃至相互吸收和仿效,呈现出一种诸宗教之间你中有我,我中有你的一种浑然一体的存在状态。

儒、释、道三教关系是中国从汉至清思想界乃至政界一直关注的大问题,亦可以说是中华文化史上的一个"永恒"话题。三教之间既有斗争,又有调和,还有互摄,呈现出纷繁复杂微妙的会通图景。但总的来说,各种学派、各种理论、各种人物的交锋,总的趋势是愈来愈走向调和,也就是三教会通逐渐成为主旋律。以三教会通的历程为主线,便能理解中国古代思想的走向,亦能窥见中华文化混融一体、呈"大团圆"之势的历史渊源。

在中外宗教的会通方面,佛教由于已经很好地实现了它与中华传统文化的融

>>> 儒、释、道三教关系是一个大问题,也是中华文化史上的一个"永恒"话题。图为明代丁云鹏《三教图》。

合与贯通,成了中国化的宗教。相对来说,基督教与中国宗教乃至整个中华文化的融合则较属不易。一方面因为在文化层次上,基督教的上帝论、神创说与《礼记》中的"万物本乎天,人本乎祖"大相径庭,基督教的原罪说更与儒家宣扬的人性本善伦理观相悖;此外,灵魂不灭说、天堂地狱说等教义以及基督教的一系列宗教仪式都与儒家为主体的中华传统文化存在较强的斥力。另一方面,由于基督教具有较强的宗教排他性,它所依赖的又是居强势的西方文明,这就都导致了基督教融入的困难。明末天主教的遭遇可被视为会通失败的例证。但最终,经过来华传教士更主要是经过中国本土基督教徒的努力,促成了基督教会内部的改革,奉行"孔子加耶稣"的传教策略,实现了天主教在华的中国化,基督新教则实现了本土化,基督教也就最终实现了与中国宗教以至整个中华文化的会通。

第三节 文化背景:伦理—政治型文化范式

文化范式也可以说是一种文化结构,它是一个文化共同体成员所共有的东西,是由制度规范、价值观念和个体行为三个部分构成的。正是这样一种文化范式,产生了文化共同体发展的"特殊的连贯的传统",具有一种较为神秘的影响力和强制力,驱使着生活于其中的每个成员的行动价值取向。

文化范式的核心是存在于人的行为背后的价值观念。它是由人们的价值观念系统构成的。不同民族的文化差异主要就是价值观念系统的差异。中华文化范式以社会群体为价值主体,形成了一种社会本位的价值观念系统。在中华传统文化范式中,社会群体被看作产生一切价值的最终实体和衡量一切价值的最终依据。中华传统文化中的"天""道"等观念作为自在本体能够实现对个体的绝对支配,就在于它们代表了作为价值主体的社会群体。中国传统的伦理道德总是以社会群体的秩序和利益作为终结价值目标,传统的仁、义、礼、智的道德规范,最终只是为了实现社会的利益,维护国家和社会的秩序。以中国传统道德的核心——"仁"为例,自孔子创立以"仁"为中心的伦理思想体系后,"仁"几乎成了道德规范体系的总和。从语源上说,"仁"本身就是一种和谐的社会关系。许慎的《说文解字》

云:"仁,亲也,从人,从二。"一切个体要服从于仁,其实就是要求服从"亲亲""尊尊""孝悌""忠信"的社会道德秩序。所以说,"仁"的伦理观念本身就体现了一种社会本位的价值观念,道德价值观念的实体是社会群体而不是个体。

与此相应,中华文化范式的社会本位的价值观念,导致了义务本位的制度规范系统。任何价值观念总是通过制度规范体现出来的。中国古代的社会规范体系,如仁、义、礼、智、孝、忠等等,无不以义务的形式实现对个人行为的制约,这就使作为价值主体的社会群体又成为规范系统中的权利主体。礼是中华文化范式的主要规范系统,是以义务为基本特征的。《礼记》有言曰,礼可以"经国家,定社稷,序民人"。也就是说,国家的治理、社会的安定都依赖于礼。一切个体行为受到礼的规范制约,实际上即是要服从国家和社会的群体需要。而礼的社会规范又来自于天,"礼以顺天,天之道也"。上升到形而上的高度说明它对个体行为的规范具有某种强制性,人要受"天道"的限制,其实就是要受国家和社会群体对个体的强制。

中华文化范式的规范系统是以义务为本位的,这也就规定了个体行为以义务为出发点。个体行为又与个人的社会角色分不开。在宗法等级制的中国社会,最基本的社会角色有君、臣、父、子、兄、弟、夫、妻等,这些角色构成了基本的社会关系。正是由于这些角色的限定,规定了个人的行为是义务性的。《礼记·礼运》就规定了:"父慈、子孝、兄良、弟弟、夫义、妇听、长惠、幼顺、君仁、臣忠。"各种社会角色都有相应的必须履行的道德义务。在社会本位的价值系统中,个体行为的趋向为社会角色所节制,个体行为的取向也就面向群体而不在个体。对于君王而言,必须先要端正自己的德行,做臣民的表率,做到如孔子所说的"为政以德,譬如北辰,居其所而众星共之"。对于士大夫来说,也要修养德行,以求成圣成贤,并通过自己的德行和知识来影响社会,移风易俗。而平民百姓则需要"明人伦",服从国家和社会群体的政治秩序和利益。

这样的一种社会本位和义务本位的文化范式是由其所处的宗法专制的社会结构决定的。"百代皆行秦政制",在两千余年的专制社会结构中,中华文化始终受到强大的中央集权政治力量的控制与支配,从而形成以国家和社会秩序为目标的政治型范式。龚自珍在《治学》中说:"一代之治,即一代之学也。一代之学,皆一代王者开之也……是道也,是学也,是治也,则一而已矣。"治学的目的就在于"求治"。与此同时,在中国传统社会中,一家一户为单位的农业型自然经济是当时的主要生产组织,这种以家庭为单位的生产组织保持着强烈的家族关系和家族观念。产生于宗法社会的家族制度和产生国家后的政治制度合而为一。《易传·序卦》就说:"有天地然后有万物,有万物然后有男女,有男女然后有夫妇,有夫妇然后有父子,有父子然后有君臣,有君臣然后有上下,有上下然后礼仪有所错,夫妇之道不可以不久也。"这正是古代中国以血缘为纽带的宗法关系在观念上的反映。根据这种观念,先有家庭的血缘关系,后有国家的政治关系,家族是国家的基础,国家制度相当于家族制度的扩大。同时,宗法国家也进一步巩固和加强了家族关系和家族观念。

家族的群体价值与国家的群体价值,家族的伦理道德义务和国家的政治义务,家族里的个体行为取向与国家的集体行为取向混为一体,成为相互感通、相互转化的联合体。于是,履行对家庭的伦理道德义务就可以转化为对国家的政治义务,伦理—政治型的文化范式于是形成,成为中华文化范式的核心特质。

第五十二章

分化中的成长

　　各宗教并非一开始就走向会通之路。如同百川入海,它们各自有一个漫长的发展过程。各宗教最初都循着各自的生长轨迹前行,尽管一开始它们之间就呈现出一种暧昧而牵扯不清的关系,但是它们还是力图展现出各自的个性,体现出各自的社会文化特征和伦理特征。儒教是一种入世性的宗教,道教关注祛病健身和修炼成仙,佛教则追求精神不灭和涅槃境界。

第一节　"内圣"与"外王"——儒家的社会文化特征

　　儒学是一个发展了的历史概念,在古代中国历经两千年的演变,在不同时期具有不同特征的理论形态。"儒"在殷商时期就已经存在,他们身通礼、乐、射、御、书、数六艺,并以此教民。春秋末期,他们峨冠博带,谙熟诗书礼乐的古训和仪式,儒家就是在这群人中生成。诸子中,孔子创立的儒家重血亲人伦,重现世事功,重实用理性,重道德修养的醇厚之风,独树一帜,与墨家并称为时代的"显学"。孔子极度推崇周礼,用周礼约束人们的一切行为,强调"君君、臣臣、父父、子子"的等级秩序,要求人人都明白自己在社会之网中的位置。在"隆礼"的表层结构之下,孔子创造的儒家的思想核心是"贵仁",儒学正是以"仁"释"礼",力图将社会外在规范化为个体的内在自觉,从而铺垫了中华民族文化心理、文化精神的根基。仁强调血缘纽带,这也是决定儒家思想区别于其他各家的最大特征。仁是人的本性的最高表现,是人的美德的最高概括,此学说的最微妙之处,就在于把外在的等级制度、历史传统转化为内在的道德伦理意识的自觉要求，从对社会的整合，从最基本最一般的家庭关系入手，讲求父义、母慈、兄友、弟恭并以家国同构精神推而广之，讲求"父子有亲，君臣有义，夫妇有别，长幼有序，朋友有信"，从而扶宗法等级大厦之将倾。这种由血统而政统再到道统的路径，深刻启发了后世儒者，创造出一整套正心诚意、修身齐家、治国平天下的理论，先由社会政治收缩为家庭人伦，再由家庭人伦发散到社会政治。完成这样一次往返之后，"仁学"便因其植根于亿万人心深处最切近、最亲密、最难以摆脱、最本能捍卫的血亲观念之上，而获得远胜于其他学派的巩固地位，从而构筑起中华传统文化伦理—社会—政治学说基本框架的理论基础，既强调"内圣"，又注重"外王"。

孔子死后，后继者中的集大成者为孟子、荀子。孟、荀二人代表孔子的两大方向，孟子重"仁"，把孔子仁学思想发挥到极致。他继承发扬了孔子"为仁由己"的思想，凸现"心性"，大大强化了儒学的"内圣"走向。孟子确信人通过自我努力可达至善，体现天道。因为"仁"为人性所固有，因此，只要人能够保有本心，涵养善性，就能成为善人，并与天道通融为一体。从"人人皆可成尧舜"的观念出发，孟子十分注重个体的自我修养；从"仁者爱人"的理论出发，孟子提出以"明人伦"为目的的教育。"父子有亲，君臣有义，夫妇有别，长幼有序，朋友有信"的"五伦""仁政"以及与之相适应的"民本"思想，体现了孟子的政治思想和主张，是仁学在社会政治领域的延伸和体现，因为只要把人性固有的善性发扬光大并进而扩充到社会政治领域，即为"仁政"。

荀子综合百家，调和儒法，在儒学中独树一帜。荀子反对孟子的性善论，认为人性与礼仪从根本上是相互违背的，如果任其发展，不加克制，势必导致争夺，犯上淫乱，而必须用辞让、忠信、礼仪等道德规范去引导、约束人们。他一方面强调个人自我修养，圣人、君主们对臣民礼乐教化是必要的；另一方面，又看到只讲"礼仪"，不重法度，只重教化、不重刑罚并不足以维护社会统治秩序，因而他不只局限于个体的仁义孝悌，而强调整体的礼法纲纪。

如果说孔子开创的儒学以"内圣—外王"为宗旨的话，那么孟子主要继承、发挥了儒学的"内圣"方面，注重的是个人通过内在修养实现圣贤人格；荀子主要继承、发挥了儒学的"外王"方面，注重的是推行王道于天下。不过，春秋战国时期，儒家只是百家争鸣中的一个学术流派,百家争鸣的各派学说无不以匡时救世为理论目标。"王道既微,诸侯力政"的春秋战国时代,各学派均为剧烈的政治斗争所左右,政治依附性很强,面对生死攸关的军事政治斗争形势,容不得士人们一味从事高远的玄思和从容不迫的纯学术研究。孔子也是一生奔走列国,以周礼之模式去矫世、救世、经世,出入公卿之门,游说于公卿大夫之间,其忙碌之状有"席不暇暖"之说。此时的儒家正因其时代特征留下了一个显著的理论倾向,那就是"入世—经世"的倾向;重应世的方略而非玄妙的理论,自觉不自觉地选择了"入世—经世"的价值取向。原始儒教经典作为宗教原典也具有着世俗化的基因,虽经后世教徒不断注入新义,但无法从根本上抹去那世俗和人文的痕迹,这样一来,儒教教义中始终拖着战国社会思潮的痕迹,很难实现理论上的超越。

儒墨在当时并称"显学",但没有取得独尊地位,从理论的或然性来预测,所有的学派都有可能成为一统天下的指导思想。儒家的独尊地位是在汉代才实现的。随着礼法制度的建设,特别是经西汉后期谶纬神学思潮的洗礼,汉代儒学逐渐向政治化、经学化、宗教化发展。董仲舒的儒学思想以神学化的天人感应说为其显著标志,他以儒家学说为基础,吸收了阴阳五行理论以及道家等有关学说,建立了天人合一的新体系。他一方面把儒学伦理纲常完备化,对"三纲"和"五常"说做了全面系统的阐述;另一方面,又把儒家这套伦理纲常神秘化,建构了一个以天人感应为核心的理论体系。他把自然界的"天"塑造成有目的、有意志的人格神,通过阴阳五行来主宰人间秩序,认为自然和社会的一切变化、国家的兴旺都是天的意志的体现。董仲舒为儒学披上了神学的外衣,使儒学具有了浓厚的宗教神秘色彩,实为后来谶纬经学的滥觞,由此开启了中国思想文化的新纪元。经学的一大特点是儒学的谶纬化,"谶"是一种宗教性的预言,即所谓"诡为隐语,预为吉凶"。它是用诡秘的隐语和预言作为神示,向人们昭告吉凶、祝福、治乱兴衰的图书符箓。纬是用图谶的观点结合邹衍阴阳五行思想来解释儒家经书,推验灾异祯祥。经学与谶纬相结合,儒学谶纬化,孔子成了儒教的神圣教主,儒家经典也被神圣化了。

儒学由百家争鸣的一家变为"独尊",由民间学说变为官方意识形态。经过董仲舒的改造,完成了统一秦汉思想的最后一道工序。董氏学说的特点是以儒家思想为中心,以奉天法古为旗号,以先王之道为楷模,吸收阴阳五行说,纳韩非思想,推天道以明人事,极力宣扬王权神授,论证儒家的纲常名教,为儒家的伦理道德披上神学外衣,建构成以天人感应为核心,以阴阳五行为骨架的神学观念体系。经董氏改造,儒学已非先秦正统,杂以燕齐方式和黄老刑名思想,形成一个新体系、一次大变化,孔子成为儒教的教主。经书体系建立,经学阐释体系和经师体系日益完整,儒教也就彻底成为政治神学。

儒学的谶纬化使神秘主义思潮在西汉末年大流行,东汉的白虎观会议制定的《白虎通义》使整个儒学官方化。这种做法虽增强了纲常礼制的权威性和统一性,但却减弱了纲常礼制的道德感染力,太多地依赖于神权和政权,比较忽视民间的人情和实际需要,这与儒家的修己以安百姓、实行道德教化的主流主线有所背离。两汉曾一度光辉夺目的儒学至东汉末年已颇为黯淡,接踵而起的大动乱更是宣布了儒学的"不周世用"和思想的烦琐与空泛。儒学由此陷入了深刻的危机中。经学在魏晋南北朝时期受到了前所未有的冷落,与儒学失落同步,名教也在这一时期陷入了危机,其道德哲学受到了全面的挑战。

儒学信仰的危机,对人生意义的探求,把魏晋思想引向了玄学。玄学是一种主体面貌与两汉儒学大不相同的学术思潮,两汉儒学着眼于实在的王道秩序与名教秩序的建构,玄学却以探求理想人格的本体为中心课题。两汉儒学热衷于"天人感应"的神学目的论,魏晋玄学却从汉代的宇宙论转向思辨深邃的本体论。因此,玄学的风行就为佛道的发展提供了绝佳的契机。玄学的风行也突出了中国儒士们的"内圣"品格。他们改造和征服现实的理想无法实现后,就转而"法自然",顺情适性,高扬自然之情。

孟子和荀子两人奠定了"内圣—外王"的儒学发展路径,随着历史的推移,孟子地位愈趋提高。汉代赵岐首尊孟子为"亚圣",唐代韩愈则把孟子视为孔学衣钵的嫡传正宗,提出"尧—舜—禹—汤—文—武—周公—孔—孟"的"道统"论。宋代理学家则从理论上阐扬"道统",发展孟子"内圣"之学,将其进一步与"外王"之学分离,明确提出内外本末、修身为始、治平为终的观点。到元明两朝,"内圣"之学大盛于天下,其片面性也推向了极致——"道问学"的程朱派日趋空疏,"尊德性"的陆王派流于禅释,终于导致了明末的"空论亡国"。所以明末清初的顾炎武、黄宗羲和王夫之等又重倡"明道救世"之风。由是观之,从两汉儒学、魏晋玄学到隋唐佛学,再到宋明理学,其间虽有变通,但都大体继承了"内圣—外王"的传统。内圣指的是内在修养,对善的觉悟和对道德的把握;外王则是指将修养所得推广于社会,使天下道一风同。儒学可以概括为"内圣外王之道"。

第二节 "离世间"而"入世间"——佛教的社会文化特征

佛教作为外来宗教从印度输入中国,大约是在两汉之际,约公元1世纪时。作为外来宗教传入中国,首先需要得到统治阶级的支持并在民间流行才能立足。东汉时,皇室信奉黄老之学和神仙方术,佛教的教理同样被视为"清虚无为"而与黄老之学相提并论。释迦牟尼被认为是大神,而佛教的斋忏等仪式被视为和祠祀相类似,因此也为帝王所崇尚。《后汉书·楚王英传》载:"楚王(刘英)诵黄老之微言,尚浮屠之仁祠。"汉桓帝也崇奉佛教,在宫廷中铸黄金佛像,与老子并列供奉,以祈求长寿多福。因其与黄老之学的相似性,佛教入华之初就已经在世人心目中留下了强烈的"出世"宗教的印象。

得到了帝王统治者的支持,佛教在三国两晋时代开始流传开来。魏明帝曾兴建佛寺,陈思王曹植也喜读佛经。吴国孙权曾建寺塔,号建初寺。在宫廷奉佛的影响下,佛教信仰开始向民间流布。史载西晋时以洛阳和长安两京为中心,修建佛寺180所,僧尼也有3700余人。说明佛教在中国已具有一定势力。东晋十六国时代南北分立,北方更处于四分五裂的状态。南北两地的多数统治者,尤其是北方少数民族的统治者为了维护自身的统治,都大力提倡佛教;而长年的战乱,民不聊生,生命难保,人们希冀求神拜佛以解除苦难。上层统治者的支持与提倡、下层群众的需要与向往为佛教的发展提供了肥沃的土壤,使佛教获得了蓬勃的生机。此时,西行求法活动兴起,祈求往生弥勒净土和弥勒净土的思潮也出现了,般若学"六家七宗"的形成和僧肇"不真空论"的建立,更把中国般若学的理论推向高峰。

南北朝时期是中国佛教进一步流传发展的时代,以研究某一部分佛典为中心的各种学派纷纷出现,各派自立门户,独尊一经一论,彼此争鸣,呈现出空前繁荣的景象。南朝历代皇帝大都重视提倡佛教,梁武帝更把佛教几乎抬高到国教的地位。北朝统治者的大多数也都重视利用佛教,但也出现了北魏太武帝灭佛的事件。从南北两地的佛教来看,南朝偏尚理论,以玄思拔俗为高,佛教内外的义理争辩激烈,在涅槃佛性和顿悟渐悟等问题上都展开了激烈的辩论。而佛教界与无神论界在因果报应和神灭神不灭等理论问题上更是唇枪舌剑,就其规模之大和论战之激烈来说,在中国古代思想史上是罕见的。而北朝的佛教崇尚实行,禅风特盛。规模宏伟、技巧精工的云冈、龙门等石窟就是在这一时期落成的。而唐代堪称中国佛教发展的鼎盛阶段,其后,佛教在衰微状态中延续,而逐渐与儒道接近。

纵观中国佛教发展的历史,其实是一部与儒道等中华传统文化激荡融合的历史。而中国佛教的突出特点表现在它的调和性上,它逐渐调和与中国政治、伦理等之间的矛盾,成功地实现了在中国的本土化。面对教理与现实的矛盾,它更将出世的教理与入世的姿态融合在一起。

佛教初传时披着黄老的外衣,散发着空灵的气息,引起了人们的关注和重视,随之被吸收改造和接纳。其后,佛教尽可能地避免与儒道两家的冲突,甚至不惜改变自己的某些教义。然而,随着佛教在中国的发展和壮大,其内含深刻哲理和鲜明个性的文化内核逐渐凸显出来,特别是它倡导平等自由的主张,强调出世独立的思想,与儒家突出社会伦理、讲究在世治世的理论形成强烈的反差。

一般而言,以彼岸世界为终极目标的宗教都有强烈的出世色彩,佛教更将此推至极致,它对人生世间甚至人性本身采取了彻底否定的态度。这种态度表现最为突出的是原始佛教时期释迦牟尼最初说法时,即宣示了苦、集、灭、道四圣谛,其中又以苦谛为根本。人生是苦,为全部佛教的出发点,是佛教对人生的一种根本态度。人生是苦,不是说人生之中有痛苦,而是说苦是人生的根本体验和感受,有受皆苦,在现实生活之中,根本没有快乐可言。佛教还贬低人性,指出人的种种弱点,目的是让人们认清自身的缺点,了知人生的无可爱乐,从而消除人对色身的贪欲,使人不再对现实世界产生留恋,厌弃世俗生活,出家修道。佛教的这种人生观自然决定了它的出世倾向。佛教不仅否定人生价值,也对人生世界和现实社会彻底否定。出离轮回的佛国净土很难在现实社会中找到自己的归宿,佛教众生平等、自由自在的理想也根本无法在人间得以实现,因而只能通过离世出世的方式实现自己的追求。佛教的这一立场对它的发展是不利的,也往往成为其他教派攻击它的口实。慧远倡导沙门不敬王者,坚决维护佛教徒的社会地位,但最终还是以对王权的服从,换取免除形式上"形屈之礼"。当时的儒教容忍了佛教继续持守其宗教行为方式,但佛教也作出了实质性的妥协,即服从普遍王权。禅宗秉承不结交国王大臣的宗旨,与统治者采取不合作的态度,结果屡受打击,不得不有所改变。

佛教这一特征的形成是由其所处的社会环境决定的。入佛深者往往只看到佛学与个人生存和人生心理的均衡关系,却看不到有一只巨大的权力之手时刻控制着正在发生的一切。佛教在原佛时代以后经过了多重国家意识形态的过滤,在传入中国之初,必定有国家意识形态的支持才有可能走向兴盛。民间难以获得接受的权力,也缺乏应有的凝聚力量,帝王、士大夫和贵族文人们看到儒或道并不能成为解读一切社会人生之灵丹妙药,佛教新的解释空间和解读方式便具有扬新的优势和求奇的吸引力,利于国家存在方式和人生修养方式,利于以意识形态的力量重构与利益分配不平等制度相配套的社会心理秩序。既然有深层次社会政治功利贯穿在佛教东渐的历史过程中,就不难理解佛教何以依靠官方文化特权进入中国社会,何以起初不具社会性的开放姿态,而只限于宫廷和文人圈子。中国佛教从一开始就呈现出组织体制化和学术体制化的官方管理特征,所以,那时的佛教和佛学只活跃在非常狭隘的生存圈内。它对农民的现实关怀和农民们对它的当下性关注都还似有似无。这种过于体制化、形式化和贵族化的意识形态,使佛教和佛学虽然在社会上层闹腾得很热烈,甚至也使下层百姓盲从性地卷入不同程度的热烈之中,但佛教精神并没有在中国人精神结构中扎下根来。它们实际转化成为中国人日常文化精神的一个部分是在禅宗兴起以后的事情。禅宗将佛教基本精神与中国思维传统结合起来,使之中国化和本土化,使得文化学上通常所说的"文化借代"得以成功实现。

到了"三教合一"的宋代,佛教更持援儒入佛、以儒论佛的立场,调和了与中国政治制度及伦理道德的冲突,消解了"出世"与"入世"的矛盾。契嵩即是其主要代表人物。他把佛教的不杀、慈悲和不盗、布施分别归结为儒家的仁和义的内容,强调佛教的"五戒"和慈悲等教义等同于儒家的"五常"观念。对儒教和佛教,他得出了这样的结论:"儒佛者,圣人之教也。其所出虽不同,而同归乎治。儒者,圣人之大有为者也;佛者,圣人之大无为者也。有为者以治世,无为者以治心……故治世者非儒不可也,治出世非佛亦不可也。"(《镡津文集》卷八)儒教之治世与佛教之治心相辅相成,缺一不可。两教只是各自分工不同,目的却是一致的,归根到底是为了治人治世,维护王权统治。这已经站在了儒家"入世"的立场上来论述佛教,从儒佛的相似性、一致性等方面来调和儒佛,宣扬儒佛合一,共同维护王权统治。

第三节 "仙道贵生"——道教的社会文化特征

道教文化是华夏母体上土生土长的文化,集中国士大夫雅文化和民间俗文化于一体,熔上层正统思想与下层异端意识为一炉,与中国人的传统文化、传统思想和传统生活贴得最近,最能充分反映中国人传统的宗教生活和精神世界。道教从东汉张道陵创建五斗米道迄今已有一千八百多年的历史,它的形成主要有三个来源:鬼神崇拜、方仙之说和老庄道家哲学。道教的渊源可以追溯到公元前一千余年的上古三代夏商周时期,卜筮流行,崇祀神鬼。战国时,神仙方士自成一家,长生之术和阴阳五行相结合,使其有了系统理论。西汉初年,黄老思想大兴,社会推崇黄帝和老子,特别是东汉初期,佛教传入中国,在宗教的组织、仪式和教规等方面,为道教的形成提供了可供仿效的借鉴。于是,在东汉民众反抗统治阶级的群众运动之中,逐渐形成了道教。汉晋期间,奏响了道教从起始到成熟的三步曲。

道教的正式诞生是在东汉之末。道家本来就偏重说玄理,讲养生,不可避免地被方士利用,与其方术及其鬼神崇拜糅合在一道,建立起一种宗教神学,导致道家、道教界限模糊,道家的老子一跃而变为道教的太上老君,老庄的道家著作成了道家的经典。另一方面,东汉末年天下大乱,早期道教的主张和口号以及一些具体的做法给走投无路的穷苦百姓带来一线希望,下层群众的自救组织应运而生。道教最初兴起时,也曾试图建立一种普世性的组织,如太平道和五斗米道,但"国不堪贰",国中之国和权外之权显然不能为官方所接受,所以他们不免覆灭的厄运。魏晋南北朝时期，几百年间，国家分裂，社会动荡不安，门阀士族政治腐败，精神空虚，许多人讲玄学，追求长生。为了维护门阀氏族的统治，一些上层道士如葛洪、寇谦之、陆修静、陶弘景等便从理论上改革民间的原始道教，将之改造成贵族道教。

葛洪系统地总结和阐述了战国以来神仙方术的理论，丰富了道教的思想内容，同时竭力攻击原始道教，并将道教的神仙方术与儒家的纲常名教结合起来，为官方道教奠定了理论基础。寇谦之改造天师道的教仪，清整组织，创立新天师道，改革天师道的总原则为以"礼度为首"，合乎儒家礼教的就保留增益，违背的就革除改造。天师道经过寇谦之的改造，早期原始性减少了，发展的成熟度加强了，特别是在性质上发生了很大变化，使一个民间宗教变为符合统治者需要的工具。经南北朝时期的改造，道教无论在教义思想、科仪规戒还是在神仙体系以及庙堂设置等方面都已逐渐完备，走上了全盛时期。太平道发展为黄巾事变，借用生命信仰发展出异端政治信仰。经过南北朝时葛洪和寇谦之等对道教的改造，道教又被重新引导到生命宗教的轨道上来，消除了黄巾的阴影，变成了真正的民间宗教。过程是漫长的，但最终是成功的。

两晋南北朝时期，道教把佛教的轮回善恶报应说教、儒学中的封建伦理道德观念传统加以引进，编造了大批道教经典，指定了道教的乐章诵戒，确定了斋戒仪范，还把地上的封建等级制度搬到天上，最后完成了宗教形式。道教在两千多年的风雨历程中，特别是在汉武帝独尊儒术以政治的权威左右学术的发展之后，在儒家的挤压和外来佛教的冲击之下，没有像墨名等家走上不归路，一直毅然挺立，以其独特的哲理情思温渥斯土斯民。

在漫长的历史中，道教的教义不断变化，不断适应着新的社会条件，而其根本信仰是"道"，一切教理教义都由此而衍化产生。道教宣称它最高的信仰是"道"，这个"道"既有道家所谓的宇宙本原的哲学含义，又有作为宗教实用的含义，有时谓为最高天神"太上老君""太上道君""元始天尊"等神灵，有时谓为生命的要素、事物变化的基因、方术、道德观念等等，有着很强的社会适应性。同时，道教又宣称它的最高信仰为神仙信仰，相信神仙、仙境的存在，相信凡人经修炼可以登仙境而长生不死。

>>>葛洪系统地总结和阐述了战国以来神仙方术的理论,丰富了道教的思想内容。图为元代王蒙《葛稚川移居图》。

道教的原始教义本不诱导人们从宗教的幻想中逃避现实世界，它欲借神仙的权威与风范，以道功道术为手段，追求幸福，控制与调节宇宙万物之间相互依存的关系，使之永远和谐。道教以神仙、不死之说为中心，神化老子及其关于"道"的学说，吸收阴阳五行家、道家、墨家、儒家包括谶纬学的一些思想，在中国古代宗教信仰基础上，由方仙道和黄老道演变而成。早期主要在民间流传，魏晋以后为官方御用。道教的主张和所追求的理想境界是双重的。一是在世俗的、现实的世界上，按道教教义建立一个理想的王国，即一个公平、和平的世界，人人都安居乐业，竟其天年，世界上没有水旱灾害，没有战争疫病；另一境界为得道成仙，可以外生死，极虚静，超脱自在，在仙境过仙人的生活。道教乐生、重生和贵术，认为生活在世界上是一件乐事，死亡才是痛苦的，鼓励人们至少要争取竟其天年，达到长生不死的最高理想。对长生的追求，势必使道教沉浸在浓厚的生活气息中，因为求生本身意味着对世间生活的留恋，求道、求长生就不必与世俗的情欲生活势不两立。

道教从一开始就有强烈的干预政治的愿望，它在理论上要求把"养生"和"治国"结合起来，在要求"出世"得到解脱成为神仙的同时，又企图把社会治理好，以实现"致太平"的目标，这一特点可以说深深地打上了中国传统思想的烙印。葛洪认为道教的最高境界应像黄帝那样，在积极处理政事的同时又能"养生"而成神，既能造就太平盛世，又能升仙，从而达到比尧舜更高的境界。

道教这种既出世又入世特点的形成，无疑是受了当时所处社会环境的影响，尤其受到了儒学和佛教的影响。道教发展之初，因五斗米道和太平道所采取的与主流社会相对抗的姿态，给后世道教在社会上的公开存在带来相当大的麻烦。而巫魅传统的延续也使后来的道教受到各方面的抨击。面对主流社会的鄙视和争夺生存空间的佛教，如何使自己的信仰经典化、知识与技术合理化、组织形式合法化、道德律令神圣化，成了道教当时面临的难题。道教采取的生存策略是把自身的宗教行为放置在以儒家思想为依据的意识形态和政治权力所允许的范围之内，做到与世俗社会伦理互相协调，甚至在与佛教伦理逐渐磨合过程中也循着这样的思路。这种对主流意识形态的认同与对既定秩序的臣服是情势使然，当儒家牢牢占据着上层社会的权力中心时，其他的一切知识与技术都被边缘化了。就在这样的思路中，道教建立了自身的规范与秩序，在宗教化过程中，一方面使自己圣洁化，成为一个严格的宗教教团，一方面也调整着自己的姿态与定位，进入了主流社会与思想认可的意识形态。在这一过程中，道教确认了属于世俗社会的宗教地位，确认了自身社会功能的生活化、俗世化的过程。

道教当立"黄天"的努力遭到失败后，就仅剩下对生命死亡的朦胧恐惧，只能无奈地满足于"永生快乐的神仙世界"，强烈的救世冲动落寞地埋葬于"羽化登仙"的梦想之中，单纯的求生欲望显得比一切救世想法更有吸引力，也更迫切。佛教的灭世思想激发了中国社会的救世永生思想，构成了道教的主体思想，南北朝时期，通神求生的思想在道教中占了上风。

道教以追求长生为宗旨，在很大程度上决定了它在修炼上个人各自为政。另一方面，初期道教组织建立太平世界的尝试惨遭失败的事实表明强有力的政权体制下决不允许出现一个统一严密、成员之间有牢固联系的宗教大组织。为此，道教把行善爱人与利生相结合，道教的发展加重了神仙形象中的道德成分，于是积善成仙说风行起来，并把行善作为白日升天的条件之一。将积善成仙功利化的首推葛洪，他把神仙方术与儒家的伦常名教相结合，认为道教徒必须以儒家的忠孝、仁恕、信义、和顺为本，先立善功才能成仙。道教组织的戒律纷纷把维护伦理纲常作为其主要内容之一。道教发展初期，其教义中所禁止和所提倡的东西已经具有戒律的意向，伦理的倾向已经十分突出；道教成熟以后把维护纲常作为太平世界的前提，就与社会的统治意识一致起来。因此在道教正式具备戒律以后，纲常伦理始终被列为戒律的主要内容。道教由此获得的报酬是在群体社会中受到以皇权为代表的统治力量的青睐，有了执行宗教或准宗教职能的广泛机会，把追求个人的长寿永生与社会的和谐安乐联在了一起。

道教最初的经典《太平经》里包含着不少儒家名教成分，其中宣扬忠孝之处不下二三十处之多，一方面，道教越来越致力宣扬长生之道，号召修炼，而非救世。同时，道教在庄子和玄学的影响下，注意生命的丰满度，主张充分地发挥人的自然本性，就像鸟飞于空、鱼游于渊般地自由与逍遥。道教将这两个看似极端的人生追求绝妙地统一起来。道教所鼓励的任欲也是有限制的，往往是在名教许可的范围里。道教的灵活性在于随时可与名教保持"脱离"的姿态，或遁入深山，或居于楼观，不与名教相干而自在于天地之中，既不受干预，又不相冲突。只要愿意，仍可过问政治,享受人间的尊荣。

　　道教作为宗教,必有一"彼岸世界"(超现实世界),而"此岸世界"往往是与"彼岸世界"相对立的。中国的道教虽然构造了一个彼岸的神仙世界,但这个彼岸的神仙世界可以就在此岸的现实世界之中。此岸的所谓太平世界,就是不认为现实世界为"苦海"或者罪恶的渊薮。所以,道教是"乐生恶死"的。道教作为中国的宗教,有着与其他宗教显然不同的特点,它追求的是人如何不死,着重现实生活。"行动多于思想,术数多于精神,日常关怀多于形上思考",可以说是对其的生动概括。

第五十三章

会 通 态 势

魏晋南北朝是一个宗教大发展的时代。道教在理论上和组织上趋于成熟,从民间宗教转向社会上层。佛教也在统治者的直接倡导和支持下,发展成蔓延之势。而儒学则无大的进展,玄学经学以道家解儒经,偏于玄远空谈,训诂之学和礼制之学未能超出汉代经学的水平而形成统一的儒家新理论体系,故儒家影响力相对降低,从独尊儒术变成了儒、释、道三教并存。

第一节 "三训殊路,而习善同辙"——三教合流的伦理基础

众所周知,中国是在血缘纽带解体不充分的情况下步入阶级社会的,这就形成了独特的宗法制度。与之相随,血亲意识,即所谓"六亲"(父子、兄弟、夫妇)"九族"(父族四、母族三、妻族二)观念继续构成社会意识的核心,形态愈益精密化。经过历代统治者及士人的加工改造,宗法制度下的血亲意识有的转化为法律条文,更主要的是形成宗法式的伦理道德,长久地左右着社会心理与行为规范。

宗法制度以血缘关系确定了国家、宗族、家族的层次网络。家族作为社会群体细胞,是宗法制度存在、延续的基础;依次往外推,再到宗族,乃至以天子为代表的国家。这样一种以血缘为网络、以家族为中心的制度,确定了主从依附、政治利益、财产等经济利益的分配,也确定了个人及团体应有的权利和义务以及应有的伦理道德。所以宗法制度下的伦理道德就必须重亲疏、尽忠孝、讲仁义。正是宗法制度确立的这种差序格局促使日常伦理向宗法伦理演变。

孔子的哲学以日常伦理为主,他注意在日常生活中提取个人的道德修养准绳,"君子欲讷于言而敏于行","质胜文则野,文胜质则史。文质彬彬,然后君子"。他认为道德修养的提高、人格的完善与平凡的日常生活是分不开的。"弟子入则孝,出则弟,谨而信,泛爱众,而亲仁,行有余力,则以学文。"虽然孔子思想也涉及政治生活,如他讲:"为政以德,譬如北辰,居其所而众星拱之。"但可以说孔子的思想是以阐述日常伦理为主的。而到了孟子,伦理与宗法制度交互生长、相互融合趋势已初见端倪,主要体现在他提出的"父子有亲、君臣有义、夫妇有别、长幼有序、朋友有信"的五伦学说及仁政思想,正所谓"老吾老以及人之老,幼吾幼以及人之幼,天下可运于掌"。

秦汉之际,儒学中宗法制度与伦理进一步合流,不再以日常伦理为主,而转向以宗法伦理为主,表现出宗法制度与伦理一体化的特点。在《大学》《孝经》等儒家典籍中,伦理与宗法制度你中有我,我中有你,相互渗透,难以区分。《大学》围绕三纲八条目,将道德完善与个人修养、治国安邦融于一体。《大学》开篇便说:"大学之道,在明明德,在亲民,在止于至善。"而这三纲领的实现依赖于八条目,以八条目的实现为基础,"古之欲明明德于天下者,先治其国;欲治其国者,先齐其家;欲齐其家者,先修其身;欲修其身者,先正其心;欲正其心者,先诚其意;欲诚其意者,先致其知;致知在格物"。《孝经》则将属于日常伦理范畴的"孝"予以新的诠释,通过抬高"孝"的社会地位与作用,将其转变为宗法伦理范畴:"夫孝,始于事亲,中于事君,终于立身",据此阐述了从天子至于庶人的不同孝道。汉初大儒董仲舒根据"阳尊阴卑"的原则,在先秦儒家"五伦"学说的基础上,进一步概括出封建宗法伦理的三纲五常。

中国传统伦理道德从日常伦理向宗法伦理转化进而与宗法伦理相混融的特征,给佛道两教与儒教的融合提供了伦理基础。

佛教学说包含戒、定、慧三学。这三学中戒学和定学主要属于道德修养方面的学说,慧学中也贯穿了某些佛教道德学说的内容。所以,佛教是一种伦理道德色彩相当浓厚的宗教。佛教以人生为苦,把追求人生的解脱作为自己的最高理想,为了实现这一理想便提出了一套去恶从善的理论学说和伦理道德准则,形成了有关宗教伦理道德的思想体系。佛教自传入中国,它的伦理道德思想,尤其是它的众生平等、出离家庭和超越当前社会秩序的观念与中国宗法等级制度及儒家纲常伦理观念互相颉颃,形成尖锐的矛盾。佛教在华流传过程中,由于受到中国社会政治、经济状况的制约和决定,也受儒家传统观念的抵制与左右,只能沿着适应中国政治、经济、文化等多方面结构的轨迹演变和发展,形成了调和儒家思想、宣传忠孝观念的中国宗法性伦理道德学说,既区别于印度佛教伦理道德,又对中国古代传统伦理道德思想作了补充。佛教的一套心性修养途径也为唐以来儒家学者所吸取,并熔铸为儒家的道德修养方法。

佛教的孝道论最为明显地表现了这一变化。本来,印度佛教认为男女、父子、夫妇、主仆等都是平等的关系,应当互相尊重、平等对待,这和中国宗法伦理身份高下的服从支配关系、绝对隶属关系产生了紧张的矛盾。为了调和这一矛盾,佛教在入华之初,就在佛经翻译上作了变通,编造佛经(所谓伪经)以及注疏《盂兰盆经》,举行为拔救双亲以至七世父母的盂兰盆会乃至举办"俗讲"等,大力宣扬孝道论。汉时的《牟子理惑论》也着力调和出家与孝亲的矛盾,强调两者的一致性。而到了宋代,契嵩的《孝论》对佛教的这种新孝道论作了最系统、最全面的概括。他认为孝是"天经地义",从天地的根本法则和报答父母的内在自觉去论证孝行;同时,他把孝、戒、善三者合而为一,孝就成了佛教的戒,是佛教徒所必须遵守的道德,甚至是成佛的根本。

佛教中国化最突出、最典型的表现就是伦理道德的儒学化,它在吸取、调和儒家的道德伦理来改造和充实自己的同时,也发挥了对儒家伦理道德加以补充的社会效能。它从出世法的角度论述了孝的极端重要性,从人生解脱角度阐发了禁欲主义思想,还从认识论和人性论相联系的角度提出了知、智慧是人心之体、人的本性以及一整套的修行方法。同时它也使理学家重视调动人的内心深处敬畏的力量和自觉的动力,去实践封建宗法的伦理道德,这也正是儒佛两教能得以融合的伦理基础。

至于道教伦理,乃是应中国封建宗法伦理早期的危机而产生的。东汉时期,封建宗法伦理体系的神圣性受到了社会和思想界的怀疑,其理论基础亦逐渐发生蜕变。宗法伦理因其过度强调外在的强制性,在社会生活中引发的道德问题已相当严重,传统的道德说教以及统治者的宗法伦理体系已失去昔日的光彩,遭到了普遍质疑。面对这一危机，对儒家伦理的种种缺陷，道教试图通过信仰化的"神道设教"方式，在结构和功能上予以弥补，即用宗教化的思想来指导人的人伦道德。道教伦理对宗法伦理的弥补主要通过两种形式实现：其一，道教伦理使传统伦理思想融入道教的修道模式之中，信仰者的基本社会伦理义务成为必经的第一个修行步骤。如《太平经》强调：修道的原则是养生与积德并重，"内以致寿，外以致理"，它重视忠君、敬师、事亲，认为"父母者，生之根也；君者，授荣尊之门也；师者，智之所出，不穷之业也。此三者，道德之门户也"，"不孝而为道者，乃无一人得上天者也"。于是，道教伦理对信仰者形成至为深刻的思想影响力和行为控制力。其二，道教伦理思想将宗法社会伦理准则同道教的宗教神学相契合，使社会伦理规范被转换为宗教神学形式，形成新的伦理观念。《太平经》将阴阳之道作为天意的表现，所以人要顺应阴阳之理，社会才能太平，"天乃为人垂象作法，为帝王立教令"，人必须"案考于天文，合于阴阳之大诀"。

综上所述，三教之伦理实有结构互补之特征。道教在讲求修长生不死的过程中，贯彻了它的社会思想。佛教在追求来世美好、否定和厌弃现世生活的"修来世"过程中，促使人们抑制极易膨胀的世俗欲望。同时，佛道两家的神学对人们构成强大的威慑作用，使人慑于报应而不敢胡作非为。儒家则通过对"三纲五常"的极度推崇，为人们在社会生活中寻找自身价值和归宿提供了基本的衡量尺度。这些成为三教合流的伦理基础。

第二节　会三归一的呼声——三教合流的思想基础

三教各有长短：儒学长于社会治理，以伦理纲常教化民众，维护社会的稳定和民族团结；短处是缺乏思辨哲学来影响人、打动人。佛学长于治心，以心性哲学和思辨哲理来论证其教旨教义，利用宗教消除内心的紧张，求得心灵安宁；短处是不讲社会治理，其出世主义的宗教信仰与中国宗法等级社会及其制度形成矛盾，与适应宗法制社会伦理关系的儒家思想尖锐对立。道教长于养生，通过修炼得道成仙，与大自然合一，宣扬道为宗教本体，万物之源；短处是在思辨哲理上不及佛教，在治世上不及儒学,故迎合、吸取佛、儒处甚多。正因为三教各有长短,单用一家之说不能满足多层次的需要,所以,三教会通成为历史之大势所趋。但儒释道三教的会通不是三者的简单相加和混杂而处,而是以儒家的伦理学说为本位,吸取佛教的思辨哲学及道教道法自然的思想,三者有机结合,从而形成新儒学的思想体系。

当时,一部分世人已经认识到了三教的一致性与互补性,并以此立论,兼修三教或二教。成书于汉末三国时的牟子《理惑论》就倡导佛、道、儒三教一致。牟子首先以儒家推崇的三皇五帝来比配佛陀,又以道家神仙家之言来解释佛陀,认为"佛乃道德之元祖"。在佛教的教义上,他为了论证佛教与传统思想无异,不仅改造了佛教的出世之道,也改造了老子的自然之道。在牟子看来,佛教与老子之道和儒家的五常之道虽然在形式上有所不同,最终所起的社会作用却是相同的。他以此来论证佛教的存在与发展是合理的、必要的。至于佛教的出家生活与儒道在形式上有所不同,牟子认为这只是"苟有大德,不拘于小",实际上,一旦成就佛道,"父母兄弟皆得度世",可以说是最大的孝。

自牟子《理惑论》最早提出佛道儒一致论以来,"三教合一"说一直在三教之争中占主要的地位。魏晋南北朝时期,世人多从本末内外论、均善均圣论和殊途同归论三个角度展开三教会通的理论。

在本末内外论方面,玄学家在探讨儒、道两家关系时多持此论。葛洪在《抱朴子·明本》中说:"道者儒之本也,儒者道之末也。"沙门也借内外论来说明佛、儒的关系。东晋慧远在《沙门不敬王者论》中说:"求圣人之意,则内外之道可合而明矣。"儒家自然始终把儒学视做治国之本。晋傅玄认为:"夫儒学者,三教之首也。"三教在持此论时,都有把本教居于三教中心的倾向,但并不排斥其他两教,只是把其作为本教的辅翼。

均善均圣论承认三教各有利弊,可以互补,故都有存在的必要。慧琳所作的《白黑论》又名《均善论》,主张"六度与五教并行,信顺与慈悲并立"。梁代沈约作《均圣论》说:"内圣外圣,义均理一。"

殊途同归论则认为三教发展的路径虽有所不同,但最后可同于劝善化俗,有利于教化民众,巩固宗法等级制度。如北周道安的《二教论》说:"三教虽殊,劝善义一,途迹诚异,理会则同。"即使是著《夷夏论》、排佛态度强烈的顾欢也承认"道则佛也,佛则道也。其圣相符,其迹相反",佛道两教最终还是可以同一的。三教其实就是在儒家纲常名教的旗帜下找到了相互吸引、相互补充、相互融合的基础。

在三教会通论的影响下,三教并行不悖的观念逐渐深入人心。谢灵运著《辨宗论》,折中儒佛,主张"去释氏之渐语,而取其能至;去孔氏之殆庶,而取其一极",将佛、儒的哲理精华熔于一炉。晋宋之际的宗炳在《明佛论》中指出:"孔、老、如来,虽三训殊路,而习善共辙也。"南齐时的道教信徒张融临终时遗命:"左手执《孝经》《老子》,右手执《小品》《法华经》。"梁武帝"少时学周礼""中复观道书""晚年开释卷",并以皇帝的身份大倡佛教,同时又提出了"三教同源"说。有"山中宰相"之称的道士陶弘景也大力宣扬"百法分凑,无越三教之境",主张三教合流。他兼崇佛、道,又习儒术,著《孝经集注》《论语集注》。三教兼宗的实践在上层人士之间蔚然成风,从而形成了一种比较宽松、宽容的社会风气。学者们不拘一教,多元吸收,推动了三教思想的相互融合与发展。

第三节 多元激荡中的交融——三教合流的历史基础

儒佛道三教在思想上的争辩由来已久,且始终没有中断过。在魏晋南北朝时期达到前所未有的高峰。这一时期,三教的思想激荡融合,在争辩中逐渐走向融合,构成了三教合流的历史基础。

第一次大的争论主要发生在儒、佛之间。庾冰与何充、桓玄与慧远围绕着沙门要不要参拜王者的问题进行了两次辩论,争论的实质就是佛教与王权政治的关系问题。东晋成帝时庾冰与何充辅政,庾冰反佛,何充崇拜佛。庾冰代皇帝下诏,令沙门跪拜王者,认为名教不可弃,礼典不可违,不容许域内有不敬王者的不臣之民。而何充却认为沙门虽礼仪有殊,但尊重王权,而其"五戒之禁,实助王化",因此不必强求出家之人。结果,沙门竟不施拜。后来到了东晋安帝时,桓玄下令裁汰沙门,并勒令和尚跪拜王者。慧远于是作了《答桓太尉书》和《沙门不敬王者论》,系统地阐释了佛教的社会功能,竭力调和佛教礼仪与封建伦常的矛盾。虽然最终桓玄收回成命,但实际上佛教是以承认王权作为妥协之方,免除了"形屈之礼"。

刘宋时期的白黑论之争主要也是在儒、佛之间展开的。还俗沙门慧琳作《白黑论》,设白学先生代表中华传统文化,设黑学先生代表佛教,借白学先生之口对佛教哲学及因果报应进行了多方责难。于是宗炳作《明佛论》,系统论述了儒、道、佛的优劣,认为佛教哲理精深玄奥,可以在功德上超过儒学,在玄虚上超过老庄。该论确切指出了儒学在宇宙观上的缺陷。于是何承天转而攻击佛教的因果观,作《达性论》,用儒家天、地、人三才说反对佛教的众生说,认为佛教所谓的杀生受报说完全是无稽之谈。尔后,宗炳和颜延之等人又予以反驳,认为因果报应是一种客观的必然规律,逐渐将这一辩论推向深入。

佛教作为外来之教,因民族文化的差异成为排佛者的口实。在宋齐之际,道士顾欢作《夷夏论》,借儒家"夷夏之防"的民族文化观否定佛教在中国传播的合理性。而佛教徒也纷纷撰文立说,反击顾欢,形成了声势浩大的反驳之声,扩大了佛教的声势,但夷夏论流传甚为久远,在历次反佛风潮中都余音未绝。

神灭论之争发生在齐梁之际。梁武帝宣布"舍道归佛",后范缜发表《神灭论》,在全国引起了轩然大波。梁武帝组织名僧、名士六十余人,在中国思想史上形成了一次关于形神关系的大讨论。神灭论之争从佛教的因果论开始,进而深入到形体与精神的本用之争。但佛教的发展势头并未因无神论思想的一次胜利而有所遏止。

四次大的理论争辩较为集中地反映了儒佛道三教的冲突关系。有了观点的交锋才会有思想的融合。魏晋南北朝时期成为儒佛道三教思想大融合的时期。

在佛教方面,魏晋时期,中国古代的学术思想出现了一个重要转折,与汉代学术界的思想重心多拘于天道物理之探求不同,魏晋时期的思想家多致力于万物本体之体会。当时的玄学家多以谈有说无为旨趣,以体道通玄为终极之目的,从形而上谈有无之理,进而在人生学上以反本为鹄,实是当时玄学家的共同风尚。这种社会思潮对当时的佛教产生了深刻的影响。当时的佛徒名僧也多通世典,好谈虚玄,传法讲道。魏晋时代之佛学不论在行事风格抑或在研读书籍及所用之名词术语方面,均与玄学家没有多少区别。至于思想内容方面,则常常玄佛互证,以

"无"谈"空","涅槃""本无"遥相符契,真可谓名人释子,携手并进,玄谈佛理,人共一流。魏晋时期的"六家七宗"学说集中反映了这种玄佛合流的情形。高僧名流常常玄佛互证,以般若比附《老》《庄》,以外书注释内典,思想界这种局面的直接后果,使魏晋时期的般若学被打上了玄学的深刻印痕。佛教的中国化也就表现为般若学与玄学的交融汇合。

佛教对儒家思想的吸摄主要表现在两个方面,一是儒家的入世精神,二是儒家的伦理思想。"入世"精神方面,佛教高僧大多把儒家齐家治国平天下的"外王"思想纳入佛教教义中。比如支道林就认为,佛教彤淳反朴、绝欲归宗,为的是辅助王道,显外王之功。而慧远在《沙门不敬王者论》中也认为:"是故悦释迦之风者,辄先奉亲而敬君,变俗投簪者,必待命而顺动。若君亲有疑,则退而求其志,以俟同悟。斯乃佛教之所以重资生,助王化于治道者也。"把帮助君王治理国家视为佛教本有之义。佛教对儒家伦理观念的吸摄,在一定程度上是对儒家"入世"精神的吸摄的具体表现。如慧远就认为,佛教教义就有入世、出世之说,入世佛教徒正可实践儒家伦理,而出世佛教徒也有助于社会风俗的净化。

在道教方面,道教也吸摄了儒家的入世精神与伦理思想。道家、道教是具有"在世"倾向的,但同时必须指出,道家、道教的"在世"与儒家那种强烈的"入世"精神是有差别的,儒家是直接参与社会,以济世救民为己任;道教则主要是一种肉体的关怀,且以个体为重。但至葛洪时代,道教的"在世"明显向儒家"入世"靠拢,把儒家的礼转化为道教戒律。如《灵宝智慧罪根上品大戒经》中云:"与人君言则惠于国,与人父言则慈于子,与人师言则爱于众,与人兄言则悌于行,与人臣言则忠于君,与人子言则孝于亲,与人友言则信于交,与人妇言则贞于夫,与人夫言则和于室,与人弟言则恭于礼,与野人言则劝于农,与道士言则正于道,与异国人言则各守其域,与奴婢言则慎于事。"儒家的礼被融于道教之中,成为道教戒律的基本纲架。

道教对佛教伦理戒律和仪式等也有所吸摄。道教有斋醮科仪,斋醮科仪中又有坛场转经,设法师、都讲等职,这都仿照佛教相关仪式而来。如陆修静提出"斋有九等",即金斋、黄斋、明真斋、元斋、八节斋、自然斋、洞神三里之斋、太一斋、指教之斋等,并强调斋戒为立德之本。陆修静还认为,履行斋戒不是外在的,要在心灵上做到"心行精至""洗心净行"。陶弘景更是在融摄佛教教理上身体力行,"在茅山中立佛道二堂,隔日朝礼。佛堂有像,道堂无像"。

在儒学方面,在其与非儒学思潮互动过程中,逐渐暴露出如下不足:精深的伦理道德思想缺乏哲学本体论根据;丰富的伦理道德概念和范畴及其关系缺乏思辨性论证;对境界的追求极为执著但不具有宗教超越性。这些不足,通过吸摄佛、道相关思想得到较大程度的改善。魏晋南北朝时期儒学式微,佛教兴盛,为儒学建构本体的思想家往往不是儒学大师,而是当时的高僧。如支道林把佛教确定为儒家仁义之本体,"夫立人之道,必仁与义。然则仁义有本,道德之谓也"。而慧远则把因果报应说作为儒家君君、臣臣、父父、子子之伦理的前提,而因果报应论又以"法性—神"为本体。到了僧肇那里,"圣心"被视为成佛之本体,但作为佛教道德根据之圣心,必须同时具有"不有""不灭"之特征,因为"不有","圣心"本体才区别于具体事物,以为万物之根;因为"不无","圣心"本体才不至空洞无物,以为万化之根。唯此,"圣心"才可成为心想俱灭的佛教伦理境界和万理斯弘的佛教伦理实践的本体。这一本体论的表述法直接影响了宋明时期儒家伦理本体表述的形式,如周敦颐之"无极而太极",朱熹之"理一分殊",其思维上、思想上的相承性十分明晰。

有了儒、释、道三教的互摄互补与内聚式发展,三教会通的态势渐已成型,可以说,三教发展的历史就是一部交融互补进而合流会通的历史。经过魏晋南北朝时期的发展,"三教合一"的会通态势形成了。

第五十四章

诸教合流

第一节 "泛滥于诸家,出入于释老"——儒释道三教"一体两翼"格局的形成

自汉末三国时牟子《理惑论》提出最早的佛道儒一致论以来,"三教合一"说一直在三教之争中占主要的地位,但佛道儒三教之间的争论从未间断过。儒家在吸取佛教思想的同时,常以佛教与传统礼教不合等为由,激烈地排斥佛教;而佛教却始终以与中华传统文化妥协调和为主要策略,逐渐实现在中国的本土化;佛道之间则在相互吸收利用的同时,展开了激烈的竞争。

一、三教鼎立,融合发展

隋唐时期,三教相互竞争的格局转变为三教鼎立的局面。由于结束了近三百年南北纷争的局面,全国实现了统一。国家的强盛、宽容开放的文化政策和宗教政策的推行,唐代各种学说和各种宗教都得到了较充分的发展,并且形成彼此和平相处的局面。颜师古撰《五经定本》,孔颖达撰《五经正义》,儒家经学实现了文字和注疏上的统一。贞观礼、显庆礼、开元礼的陆续修成,使传统的宗法性国家祭祀礼仪统一化和齐备化,形成了统一国家宗教祭祀的常制。而佛教此时达到极盛,意图争雄,大乘八宗形成,其中且有具纯粹中国特色的天台、华严、禅、净土四宗。教义哲理有重大的创造和飞跃的发展,出现一大批高僧大德,求法、译述与传教活动也空前活跃。道教经过融儒援佛,不断推动道教教义趋于深化,外丹术盛极转衰,内丹术随之崛起,道藏的编撰开始进行。除这三教之外,随着与西亚、中

亚和西域各国的频繁交往,景教、伊斯兰教、祆教、摩尼教也传入内地,并获得合法的存在与发展。儒、释、道三教经过魏晋南北朝的冲突与融合,已逐渐形成合流态势,而且三教在各自的发展过程中也都深切感受到了相互补充、相互融合的必要性,因而表现出了强烈的融合彼此理论精华的主观倾向。三教的合流态势进一步增强。

这一合流态势在国家的制度层面上得到了充分体现。自隋文帝始,三教并重政策就得以推行。至唐太宗贞观年间,三教并重被定为国策,而不以皇帝个人的喜好为转移。就唐太宗而言,他个人虽笃信儒学,但同时大力褒扬佛道两教,礼敬玄奘,撰《大唐三藏圣教序》,又推崇老子,抬高道士的社会地位。他从国家政治需要出发,把佛道看成安定社会、纯洁民风的有力手段,故同时奖掖儒释道三教,而不以个人好恶来确定国家的宗教政策。太宗以后诸帝,除武宗外,大都沿袭了三教并重、多教并存的政策。即使偏重佛教的武则天也明确宣示三教任务相同,命人撰写《三教珠英》;朝廷如遇大典,常令三教代表人物上殿宣讲各自经典。所以就总情势而言,唐代的儒释道三教并行不悖,形成了三教鼎立的整体格局。

三教鼎立格局的形成,深层原因在于三教的融合趋势进一步加强。三教的冲突虽因政治利益有异还存在,但在学术文化层面上,三教的必然融合趋势为大家所共识。唐代虽有韩愈的谏迎佛骨、武宗的佞道毁佛,但更多的是儒者爱好佛法,认为儒佛之间息息相通,可以互补。如李翱虽在政治上斥佛,但却致力于理论上的儒佛融合,著有《复性书》,将孟子性善说、《中庸》至诚至性说与禅宗"见性成佛"说结合起来,以性为善,以情为恶,主张去情复性,最后达到复性成圣。李翱对佛教宗派的心性学说加以改造利用,可以说是儒学在哲理上融会佛学的一次有益的尝试,开了宋明理学扛儒教大旗出入佛道的先声。也正是在这样一种三教合流的社会氛围里,儒士们形成了三教或两教兼习的风气,并且热衷于与僧道交游,而僧道们也多结交儒士与朝官,并研习儒教学说,彼此推扬,更加强了三教之间的渗透与互补。如宰相韦处厚佩服儒学,又栖心空门,外为君子儒,内修菩萨行。

就佛教而言,唐代的佛教已基本实现了中国的本土化。在唐代佛教诸宗中,以天台宗、华严宗和禅宗本土化程度最高,尤以禅宗为甚。天台和华严都用判教的方式统一佛教史上众多的派别,天台有"五时""八教"之说,华严有"五教"和"六教"之说,分别把佛教诸流派纳入统一的佛教体系的不同档次,而以本派为最高,华严宗密甚至将儒、道纳入,列为最低层。这种判教方式显然是受了儒家道家的"殊途同归""本末内外""和而不同"等包容精神的影响。而禅宗则受儒道两家影响最深:它提倡人人皆有佛性,只要"明心见性"即可成佛,这正容摄了孟子的性善说,所以特别强调自力,而非他力;它否定语言文字的作用,放弃诵经守戒和正常的思维程式,主张顿悟,只要觉解身物两空,便可成佛,这是受了道家和玄学"得意忘言""坐忘""合内外之道"直感悟发式思维模式的影响。禅宗站在佛教的立场上,将儒家的心性论、道家的自然论与佛教的基本思想融会贯通,形成了特殊的中国化的佛学理论和修行实践。禅宗这种在佛教立场上实现的三教合流,对宋明理学在儒家的立场上实现三教合流产生了重大的影响。

  从道教方面来看,唐前期出现的清净无为学派,如成玄英、王玄览、司马承祯等人,其学说皆援佛入道,轻炼丹符箓重清修养神。道教的理论一向比较粗浅,戒条教规也不完善,缺乏系统性。在佛教的影响之下,唐代道教开始注重创立理论体系,完善戒条教规。成玄英的"双遣"体道,王玄览的"三世皆空"以及司马承祯的"净除心垢""与道冥合",都可以发现佛教的影响。佛教的报应说、轮回说、天堂地狱说都渐次为道教吸收。道教的五戒、八戒和十戒等也都基本上模仿佛教。唐后期的钟吕金丹道既讲内修真功,亦重外行,即忠孝信仁,积善行德,进一步把儒家思想纳入到修道规程,采儒家名教之内容充实自己的教理。

  唐代的三教合流在维护国家统治这一点上已具有了一致性,虽然三教都还是立足于本教而容摄其他两教以丰富提高自己,为宋代的三教思想上的进一步融合,进而最终确立三教合一的整体格局奠定了坚实的基础。

二、三教合一,共铸理学

  入宋以后,儒佛道三教之间的相互影响和相互渗透日益加深,唐宋之际形成的"三教合一"的思潮逐渐成为中国学术思想发展的主要趋势,以儒家学说为基原的"三教合一"构成了近千年中国思想发展的主流。儒佛道三教从早期强调"三教一致"到唐代的"三教鼎立",入宋以后发展为思想上的"三教合一",标志着三教关系随着社会经济和政治的需要而进入了一个新阶段,儒佛道三教形成"一体两翼"

的格局。这个"体"就是以儒家为主体的思想文化,而佛道为之两翼,儒佛道三教都找到了自己的位置,形成了以儒为主、佛道为辅的最佳组合形式。需要说明的是,所谓三教殊途同归,指的是归于同一个服务对象,即封建宗法制度。

儒释道三教共同为封建统一的政治服务,封建政权又有意识地利用和发展三教。三教合一既是思想发展的自然过程,又是社会政治的实际需要。

秦汉隋唐高度集中的中央政权到宋朝进一步发展,主要表现在削弱了地方政府的权力,财权、兵权都集中到了中央。大一统的社会结构驱使社会意识走向混一。宋代的帝王沿袭了唐代三教并用的政策。如崇道最甚的宋真宗谓:"三教之设,其旨一也。大抵劝人为善,唯识达之士能一以贯之,滞情偏执,于道益远。"宋孝宗认为:"以佛治心,以老治身,以儒治世斯可也。"(《大正藏》)这些主张可以说集中反映了宋统治集团的态度。

三教合一思想经过前几代的积累已趋向成熟,已从少数人的倡议变为社会上下的共鸣。儒佛道被认为都是菩萨。四川大足石刻造像中,儒佛道三家的像被刻在同一洞窟的石壁上,可见在当时人们的心目中,儒佛道三家已是难分难舍。

三教合一的完成,建立在三教内部认同的基石上。道教南北朝时期"三教合一"思想初显端倪,经过隋唐五代的全面发展,到了宋朝,"三教合一"思想成型。北宋道士张伯端率先打出了"三教合一"的旗号。他主张"教虽分三,道乃归一"。并在其内丹理论中,吸收儒家性命之说,主张性命双修;又吸收佛教禅法,以充实其修性内容。南宗五祖白玉蟾继续高扬"三教合一"的旗帜,谓"三教异门,源同一也。""道释儒门,三教归一,算是平等齐肩。"(《正统道藏》)金初王重阳创立的全真道三教合一的思想尤为鲜明,在立教之初就以"三教圆融""识心见性""独全其真"为立教宗旨,以《般若心经》《道德清净经》《孝经》为经典。关于三教合一的言论也颇多,如:"三教者,如鼎之三足,身同归一,无二无三。三教者,不离真道也,喻曰:似一树生三枝也。"(《正统道藏》)

佛教经唐代之鼎盛后渐趋衰微,宋儒多站在儒家正统立场上反对佛教,特别是对佛教的出世主义和虚无主义加以排斥。但他们在口头上排佛的同时,却大量吸取佛教思想,佛教的心性论成为宋明理学思想体系的重要理论来源。宋代佛教也在思想深层次上与儒学融为一体。打通儒释、援儒入释是一个普遍的社会潮流,兼通儒释的禅僧在丛林中并不罕见。如契嵩调和儒释的理论就是高层次的,他不像早期佛教徒那样,简单地在文字层面上寻找两家的相似之处,而是首先在心性论上找到两者的理论结合点。他认为各家圣人不过是从不同角度发明本心,殊途而同归,皆为劝人向善。在此理论基础上,契嵩全面调和佛教戒律与儒家纲常。佛教的五戒成了出世的名教,儒家的五常成了入世的戒律,此岸彼岸打通为一。契嵩还大讲孝道,从出世的立场神话孝道,他认为这与儒家从入世的立场上阐扬孝道是"其所出虽不同,而同归乎治"。所以他直接向宋仁宗呼吁:"愿垂天下,使儒者儒之,佛教佛之,各以其法赞陛下之治化。"(《辅教编·戒孝章》)儒佛两家最终在巩固现行制度的立场上结合了起来。

宋代佛教与儒家的全面融合促进了中国封建社会后期官方哲学——宋明理学的产生。儒家自创立之初就存在一个明显弱点,即过于强调"经世致用",而缺少关于价值本体的理论思考。这使儒学在形而上学领域经常遭到道家与佛教的挑战。但宋儒已认识到,韩愈提出的"人其人,火其书,庐其居"的行政干预手段并不能消灭佛教这样已植根中国本土的社会意识形态。要复兴儒学,必须走"修其本以胜之"的策略。于是宋明理学家都采用了出入佛老、取其精髓以自强的道路。他们借助佛教的思辨哲学体系来升华儒家的纲常伦理,用扬弃的方法胜过了佛教。周敦颐沿着"出入于释老"而"反求诸六经"的路数,以道教《太极先天之图》与陈抟的《无极图》为主要依据,又参照佛教的《阿黎耶识图》,并融合了自古相传的阴阳、五行、动静等观念,构制了《太极图说》。程朱理学主要是借助华严宗"四法界"的思想,构建了以"天理"为本原的哲学体系。程朱认为儒家纲常是天理在人际间的必然表现,用代表宇宙普遍法则的天理来提高封建纲常的普遍性和必然性。朱熹还借用佛教"月印万川"之喻来论证名教与天理"理一分殊"的关系。他说:"然虽各自有一个道理,却又同出于一个理……释氏云:'一月普现一切水,一切水月一月摄。'这是那释氏也窥见得这些道理。"(《朱子语类》)陆王心学在本体论上则更多地承袭了禅宗"心生则种种法生,心灭则种种法灭"的主观唯心思想。陆九渊把禅宗的语言变成了"宇宙便是吾心,吾心便是宇宙"。在修养方法上,周敦颐以"主静"为道德修养的重要原则,他说:"圣人定之以中正仁和而主静,立人极焉。"(《太极图说》)二程把修养过程分成"静坐""用敬""致知"三步,几乎就是佛教

"戒、定、慧"三学的翻版。他们要求弟子在静坐中体会"喜、怒、哀、乐未发之前气象",与禅宗参"父母未生之前,如何是本来面目"的"话头"如出一辙。在讲学传道的方式上,宋明理学家也自觉或不自觉地模仿禅宗。如理学家所办书院的"书院规约"多受禅宗"丛林制度"和"百丈清规"的影响。《语录》《学案》显然也受到禅宗各类《语录》《公案》的启发。"泛滥于诸家,出入于释老",成为濂、洛、关、闽各大家著书立说、创立学派的共同经历。从哲学思辨的角度来看,经过宋代的"三教合一",中国哲学进入了一个比较理论化、系统化的高级阶段,佛道两家的哲学思想为儒教所吸收,彻底完成了外来哲学的民族化进程。这一合流完成以后,中国思想界进入了理学占绝对统治地位的中世纪。

第二节　三教鼎立捍王权

在整个中国传统社会中,宗教与王权政治的关系,主要表现为普遍王权下对宗教的控制。这既曾表现为消极的排斥、毁弃,也曾表现为积极的利用,还曾表现为不冷不热的容忍态度。统治阶层充分意识到,超自然的观念和相应的宗教实践既有利于民众对王权及其制度架构的接受,也有可能会被其他组织所利用,作为一种具有竞争性的权力中心。因此,传统的王权统治总是千方百计地对超自然的力量进行控制,垄断宗教仪式和对宗教事务的解释,对宗教组织和神职人员施加行政性的控制,预防和镇压异端性的宗教运动。

一、王权之下,匍匐难盛

王权政治与诸教的关系具体表现在以下三个方面:

(一)世俗王权对国家神灵系统及其仪式的掌控。这突出表现在国家宗教儒教中,其神灵系统的差序等级基本上是按照世俗政权的等级结构建构的,世俗政权通过各级政府和神灵系统这两大系统的紧密结合,来共同维持世俗的伦理——政治秩序。由于世俗政府与神灵系统具有结构性的对应关系,因此,政府官员便能掌控神灵系统中等级较低的鬼神。这样一种上下级从属关系的确立,就促成世俗政府的官员可以按照需要,对超自然的鬼神世界里的级别较该官员低的神灵给予奖惩,或按需驱使和利用神灵为自己的统治服务。这样的两个系统往上扩展,我们可以看到君权虽名义上在"天"之下,君权神(天)授,君即为天在人间的代理人。天应该说具有至上性,是无可僭越的。然而在儒教系统中,天(神)又不过是遥远而又模糊的崇奉对象,现实而具有绝对权威的乃是神格化了的人,即天子。因此,王权才具有真正的第一位格,神权就成了王权的护身符。因此,儒教的大祭司也就是君王可以按照神灵的功绩对其赐封晋爵。在祭祀的仪式上,也形成了相应的垄断。君王秉承天意,在天(神)脚下匍匐供奉,祭天的仪式为君王一人所独有,任何人也不能染指这一特权。依次往下,各级政府官员掌握着一套祭祀仪式,不容向上僭越。世俗政权的此种对超自然力量的掌控不仅广泛使用于儒教的神灵世界,也同样适用于民间宗教的神灵世界。一般而言,民间崇拜的神灵如未被列入祀典,就被称为淫祀,也就是未被官方认可的崇拜。世俗政府正是通过这种方式来掌控民间宗教的发展,一旦某种民间崇拜的神灵被认为有利于一方的安宁与福祉,官方便通过赐封晋爵的方式予以承认。同样,如果某一神祇屡求不应,君王还可以降低该神祇的爵位,甚至禁毁其祠庙以示惩戒。所以在历史上就可以看到百姓向城隍祈雨未果后,地方官抬出神像游行甚至鞭打神像的记载。

这样一种世俗政权对神灵系统权力的存在,既可以顺应和安抚民间的宗教感情,也表明了世俗王权的普遍性,即王权的权威并不仅局限于世俗世界,它作为天的代表,可以跨越阴阳两界,及于超自然的神灵世界。这无疑有利于增进被统治者对世俗权威的敬畏。

(二)政府对寺观庵院和僧道的行政管理。此种管理职责在清代由礼部负责,其行政功能之一是核准、批复新的寺观庵院的建立。寺观庵院的建立只有在得到朝廷的准许后方可进行。目的主要在于遏制异端教派的产生和发展,以寺观庵院的数量限制僧道的数量。此外,度牒和簿籍制度也有控制宗教发展规模的作用。唐开始建立严格的官度(敕度)僧道及簿籍制度。凡度僧道,必须按照皇帝专门发布的诏令,由州县主管部门掌握执行,严禁私度僧尼。官度僧由祠部发给度牒,作为身份证明。明太祖从开国之初,即清理释道两教,三年一度给牒,限制出家人数和出家年龄。清乾隆时对全国僧道喇嘛进行清理:造册,发给度牒,勒令一部分喇嘛还俗参加生产,限制强壮劳动力出家。这种对僧道数量的控制出于政治和经济两方面的考虑,既可以减少因此引起的纷争与不和,也可以避免国家税收的流失。

与此等管理制度相配套,政府还实行了僧官制度。僧官是中国传统社会中逐渐形成的在政府管制前提下,以教(僧道官统治教团)管教(宗教)的机制,是中国传统社会宗教管理的一个重要特点。最早有记载的宗教管理机构出自佛教。东晋皇始年间(396—397),沙门法果为监福曹道人统,令绾摄僧徒。北周始有道官记载,置春官卯,下有司寂、上士、中士、下士,掌道门之政。隋时正式把宗教管理作为鸿胪寺的主要职事之一,下设崇元署,专掌佛道教事。唐袭隋制,从德宗时,置左右街大功德使,下设道录司、僧录司,分管僧道;地方各州设功曹、司功掌理。对于其他宗教,有祠部下萨宝府管理。广州等穆斯林侨商聚居区设都蕃长、蕃长管理。元设宣政院、集贤院掌佛教与道教,设崇福司、回回掌教哈的所等机构,掌握基督教和伊斯兰教。在此期间,宗教管理机构体系已基本形成,即:中央的礼部祠部为政府管宗教的职能部门,主要是管有关宗教方面的政令颁布等宏观事务;鸿胪寺管僧尼簿籍管理等具体宗教事务。鸿胪寺下设僧录司、道录司,由朝廷任命僧官。地方的宗教管理机构为:府设僧纲司、道纪司,州设僧正司、道正司,县设僧会司、道会司。从僧道中挑选任僧官的管理机制,似乎带有自治性质,但这并不妨碍代表政府的俗官将佛道事务牢牢控制在手中,因为俗官负责至关重要的寺僧名额分配和僧官的遴选。

(三)世俗政权对宗教的排斥与禁毁。世俗政权采取此种措施时主要出于以下几方面原因:第一,经济上政治上存在的威胁。以唐代的佛教为例,据《新唐书》记载,曾共有佛教寺庙5358所,僧75524人,尼5576人。他们占有大量田地和财富,拥有一大批享受免除兵役、劳役、纳税等特权的僧众,有的名刹大寺还拥有僧兵等武装力量,"天下僧尼数盈十万","凡京畿上田美产,多归浮屠","十分天下之财而佛有七八"。(《全唐书》)此等描绘虽有夸张,但佛教势力之膨胀可见一斑。佛教势力的过分膨胀,经济上、政治上对封建王朝形成一定威胁,这也是唐武宗灭佛的最主要原因。第二,对儒教正统地位的挑战。在乾隆时期,河南省的三一教运动颇为强盛,其活动场所不少于六百处,各处皆立佛陀、老子和孔子像,而以佛陀居中,老子居左,孔子居右,且孔子的塑像最小。乾隆乃于1744年敕令佛陀、老子像各归寺庙道观,孔子像立于学堂,三一教堂所改为儒教教育的场所。第三,外来宗教与中华传统文化的冲突。佛教入华之初,就常被认为是"胡教",只适合于未开化的外人,也发生过"沙门不敬王者论"的争论。清前期的"礼仪之争"中,罗马天主教廷对教徒立下若干禁条,如不许用"天"字;初一、十五不能入孔庙行礼;不许入祠堂行一切之礼;在家、祭祖坟或逢丧吊之事,俱不许行礼等等,从而激化了天主教与清廷的矛盾。清高宗连发两谕禁天主教,将天主堂改为公庙,"礼仪之争"使天主教在中国的传播沉寂于雍、乾、嘉三朝。第四,统治者个人的好恶。如唐武宗在尚未登上皇帝宝座之前就笃信道教,即位之初,他就"召道士赵归真等81人入禁中,于三殿修金箓道场",在崇奉道教的同时,连年下令限制佛教。宋徽宗赵佶是个狂热的道教徒,并在一片排佛声浪中亲手导演了一出道化佛教的闹剧。第五,宗教与农民起义相融合。如东汉时太平道以"苍天已死,黄天当立,岁在甲子,天下大吉"谶语为号召,发展道徒,形成席卷全国的黄巾军大起义。元末明初兴起的白莲教孳生演变成的数以百计名目众多的教、会、道、门等组织,多打着宗教旗号,或掺和某种宗教色彩。

诸教之上较为严密的王权统治,必然使中国传统社会中的宗教很难越出其规定的轨道,也成了宗教功能发挥的决定性因素。

二、各取其用,各司其职——诸教社会功能的分层

社会功能指的是某一社会子系统或社会现象在维持社会秩序、保障社会系统正常运作方面所具有的影响力。宗教的社会功能体现在心理调适、社会整合、社会控制、社会认同等方面。与此同时,宗教的社会功能具有两重性,既具有正功能,也具有负功能。比如,心理调适的正功能背后,可以发觉宿命论、消极对待或逃避现实的负功能。宗教的社会整合功能若为竞争性的权力中心所利用,就可能导致偏离行为,进而促使社会解体。在中国的传统社会中,儒释道三教发挥着什么样的社会功能呢?

通过对三教合一历史的考察,可以发现这一格局的形成是与其相应发挥的社会功能分不开的。也就是说,它们的社会功能决定了统治阶级对其采取何种政策

和策略，反过来又进一步指导着各宗教功能发挥的趋向。以儒教为主体，佛道为之两翼的结构也相应地限定着三教各自功能的发挥，此种等级结构也规定了三教社会功能的分层结构。关于三教的功能，有宋孝宗的"以儒治世、以佛治心、以老治身"之说，三教平停，不复轩轾。清雍正也曾颁布谕旨，"三教虽各具治心治身治世之道，实缺一不可者"。我们通常说儒家治世，指的是儒家重视政治、道德等社会外部关系，能使社会秩序正常化和稳定化；佛教治心，是指佛教比较重视人的内心修养和思想的熏陶；而道教治身，则指道教较为注重养身修行。

　　以儒家为主的社会整合和社会控制功能，具体体现为以儒教为主体，维系宗法性社会结构和社会秩序。中国传统的宗法性社会结构持续的时间长达数千年，儒教一直都以积极捍卫、巩固这一社会结构为职责。其社会功能表现为两种形式：一是为普遍王权和宗法性社会结构秩序提供超自然的合法性依据，从而实现其社会控制的功能；二是为血亲家庭、进而为整个宗法性的社会结构体系提供各种社会整合的功能。如汉代董仲舒以高度理论化的儒教神学论证了封建性的三纲五常的合法性。他论证道："君臣父子夫妇之义，皆取自阴阳之道。君为阳，臣为阴；父为阳，子为阴；夫为阳，妻为阴。"阴阳之尊卑主从，决定了人间礼制的等级名分，礼制也就是天神意志的体现。程朱理学使君主专制主义理学化。他们认为上下之分，尊卑之别，为"理之当也，理之本也"。君尊于上，臣卑于下，尊卑大小，截然不犯。他们申言"宇宙之间一理而已……其张之为三纲，其纪之为五常，盖皆此理之流行，无所适而不在"（《程氏文集》卷七〇）。宋明以下，君主专制愈发增强，这与理学化的"君尊臣卑"理论恰好互为表里。同时，儒学的"入世—经世""内圣—外王"价值取向也成为知识阶层普遍的人生目标。他们"居庙堂之高则忧其民，处江湖之远则忧其君。是进亦忧，退亦忧"，"在本朝则美政，在下位则美俗"，素以治国平天下为自己学术成就与人生价值的最高实现目标。即使"入仕"不成，仍要求以出世之心，行入世之事。理学的"存天理，灭人欲"鼓吹一种禁欲主义的思想，试图更好地协助统治者实现社会控制和社会整合的目的。

　　道教作为中国土生土长的宗教，在确立和发展的过程中，吸取了儒教的思想成分。早期道教从一开始就不是作为主流宗教文化儒教的对立面出现的，而是作为其辅翼出现的。比如，早期的道教都自觉将维护礼教视为头等教戒，多强调忠君、孝亲、敬长。后来的道教大都采取忠于宗法等级制度的立场,绝不反对纲常名教。可以说,道教很自觉、积极地将自己的功能角色确定为"助天治"和辅佐王化。

佛教作为一种外来的宗教,在履行维护中国宗法性社会结构与社会秩序的功能时,显得较为消极被动,它在争取主流儒教文化容忍自身的宗教诉求和宗教生活方式的同时,在教义与实践方面也努力做到与中国的宗法性社会结构和秩序相适应。如在对待王权的问题上,佛教徒只礼拜佛祖,对包括帝王和父母在内的任何俗人都不跪拜。这种宗教实践或行为与中国宗法性的社会秩序可以说格格不入。但在佛教入华后,经沙门敬王之争,实际上是以对王权的服从换取免除形式上的"形屈之礼"。

以佛教之"出世"为主的心理调适功能主要表现在宗教可以通过使人的精神超然于现实,助人暂时摆脱现世和人生的各种烦恼以及消除人们的愤懑与怨恨之情,从精神上对社会不公加以补偿。佛教认为人生就是苦,一切感受都是苦,乐也是苦的一种特殊表现。正由于佛教把人生描绘成苦难的历程,大千世界,红尘滚滚,这就奠定了超脱世俗的基本立场。它促使人超越现实与自我,淡化人对现实的关注,松动人心中解不开的死结,逐渐通过超脱来获得解脱。许多佛寺有这样一副对联:"天下事了犹未了,奈何以不了了之",阐述的就是这样一个道理。此外佛教的业报轮回说强调个人作"业"的作用,宣扬一切都是自作自受,善得福报,恶得恶报,也可视为在既定的社会秩序条件下,一种心理的安慰与补偿机制。

其实,儒教的"内圣"、道教的"羽化成仙"也体现了这样一种心理调适功能。在"求仕"不得时,则有"归隐"一途。所谓"采菊东篱下,悠然见南山",所谓"人生在世不称意,明朝散发弄扁舟",都是非常生动的人心写照。

以道教内丹为主的身心修持功能因其终极诉求是得道成仙、长生不老,此种逆自然规律的追求促成了道教一种抗命逆修的精神,发展出了一套健身长寿的养生之道,对中国古代生理学和医药学发展的推动是不争的事实。道教史上的一些著名道士如葛洪、陶弘景、孙思邈等人都是大医药家,道教的重要典籍《道藏》中有关养生、医药的著作多达两百多种,是中国古代医药卫生方面的珍贵遗产。道教的内丹修持方法通过清净养心,往往能使修持者的心态调节到较佳的状态,使人由修身而达到强身健体之目的。

在三教"一体两翼"格局形成的过程中,儒释道都具有着一种共同的思想倾向,即将外在的修养转向内在的修养,以至在"修心"问题上达到大体一致的认识。所谓"外在的修养",即注重于修身处世的行为规范、律仪要求,突出表现为该教所独有的外在特征。所谓"内在的修养",则指各教在教义理论方面对道德意识和思想目的实质的追求。这也正是三教优越性得以体现的共同之处,即归到己身内在之修养,如萧应叟认为三教皆由心地发明,儒重存心,仙重修心,而佛重顺心。尤其是在实践方面,清净养心的修持方式对于心理卫生之养成有莫大的作用。中国以往的学术精要在于侧重个人人格的完成,即所谓成德,而三教的融合,能求同存异的基础在于"内圣"。

汤因比在其《历史研究》中认为宗教的糅合乃是一种"文明成长中的杂乱感"。因此,有人就认为三教合一只是一种初步的混合为一,不具备高度的开创性思想。当然,三教的糅合为一既缺乏概括原理的抽象性思考,也缺少庄严而凝固的宗教信念,而只趋向于道德、心灵的陶冶及辅佐王治力量的和谐。但我们应该看到,中国在多元民族多元文化激荡和冲突的情况下,实现其相互熏陶,乃至熔铸合一,这一三教混融的历史经验,足以成为人类文明成长的教训与借鉴。反观三教合一的历史,我们发现,它的政治成就似乎高于其宗教成就,至少在中国历史上,我们很少见狭隘性的宗教迫害和斗争的情况,宗教的对立竟无形消融于和谐共处、并行不悖的状态之中,民间各自为教,各自追求他们的安身立命之境。就整个国家而言,这么一种较为闲散的状态未能形成一种强大的宣教力量,但即便如此,统治阶级也可毫不费劲地得到无形的人心上的安顿之方,这也就是三教合一有资于治道、有裨于政教的归旨之所在。但与此同时,三教合一的思想至于明清后期,渐渐成为一般秘密结社与地下活动的信仰依据,这些流派反而成为现行政治的反抗力量。

第五十五章

古道西风

第一节 僧袍儒褂的传教士

明末以降，基督教继唐代景教、元代也里可温教后又卷土重来，是为第三次基督教入华。但这一次与前两次不同的是，此时的基督教依托的时代大潮是欧洲列强开始拓展海外殖民事业，而传教士输出基督教的热忱也空前高涨。明末清初的基督教入华掀起了一次中西文化交流的热潮，其影响和意义空前巨大。法国汉学家谢和耐在《中华文化与基督教的冲撞》中称明末的中西文化交流"是一千六百年前后的一件极为有趣的事，因为这实际上是两个完全独立发展的伟大文明第一次真正的接触"。

一、僧袍儒褂，学术传教

耶稣会来华传教始于其创办者之一、西班牙人方济各·沙勿略。他于1540年奉葡萄牙国王若奥三世派遣，并以教皇宗座钦使的名义来东方传教。他在东南亚各地留下了最早传教的足迹，被天主教会尊为"远东开教的元勋"。沙勿略的"远东开教"之举可被视为基督教第三次入华的开端，虽然其入华传教的尝试未获成功，客死于广东海外的上川岛，却标志着中国基督教史上一个崭新时代的到来。

最早进入中国内地展开传教活动的是意大利传教士罗明坚。罗明坚曾于1582年和巴范济受两广总督陈瑞之邀抵达肇庆，居东关天宁寺四月之久。可见当时中国官员把初入中土的传教士作为僧人对待。后利玛窦经范礼安的派遣来华协助罗明坚,于1583年应新任两广总督郭应聘之邀,两人获准驻居肇庆,从而奠定了天主教近代入华传教之基,开创了耶稣会士定居中国之始。

罗明坚初来肇庆时,就曾"改著僧众服装",出入佛教寺院。此次携利玛窦同来,为传教之便,两人都穿上了僧服,剃去发须,并以"西僧"自称。1584年,他们求得肇庆知府允准,在崇宁塔旁建造天主教堂及上下两层的住院,取名"仙花寺"。"西僧番寺"成为当地一景,拜访者络绎不绝。后因新任总督刘节斋占用"仙花寺",利玛窦被迫移居韶州南华寺。在此期间,他建成中式住宅及礼拜堂各一处,并开始研习儒家经典,接触官绅儒士。苏州瞿太素曾从利玛窦学习几何、天算之学,见利玛窦着僧衣僧冠,遂谏言改衣儒服。利玛窦通过多年来的亲身体验以及与士大夫、朝廷官员的广泛接触,亦感到僧侣的地位远不如儒士,尤其不为社会上层人士所器重。他也看到儒家思想在中国的地位之高和影响之深诸教莫及,于是向范礼安建议传教士蓄须留发,改称"西儒"。1594年,此建议获准施行,耶稣会士从此广交官绅文人,天主教在华亦渐行传开。

从僧袍到儒袢,这一细小的变化反映了以利玛窦为代表的西方传教士采取了合儒弃佛的传教策略。究其原因,一是在于明末佛教已渐趋衰微,如1587年,万历皇帝应礼部之请,禁止士人在科举考试中引用佛经。同时官方对僧人也毫无敬意。但反观儒家士大夫却是最受尊敬的阶层。二是由于天主教的排他性。作为一名虔诚地执行其传教使命的天主教徒,对制度性的佛教有一种本能的拒斥,将佛教徒一概斥为偶像崇拜者,有时甚至斥为魔鬼。于是,穿上儒服、尽力与有影响的士大夫结交,成为利玛窦传教策略的主要特点之一,也构成明末来华天主教传教士的主要特点之一。他们走上层路线,采取社会上层人士的传播途径,取得良好的效果。如利玛窦与瞿太素交好,李贽曾在山东帮助利玛窦实施进京计划,至于徐光启、李之藻、杨廷筠等名公巨卿,更被利玛窦等传教士视为教中支柱,世人誉为"护教三柱石"。

同时,利玛窦等传教士也十分清楚地意识到,要真正进入中国社会,必须深切了解中国的国情和民心,并顺应中国习俗。为此,他们"习华言,易华服,读儒书,从儒教,以博中国人之信用"。由于利玛窦对从中国政坛气象到民间风俗民情的中国国情有较为深刻的把握,他的传教方法就能因时因地而异:对上等社会,以浅易演说讲明基督教之福音;对士人社会,利用流畅醇雅的汉文,从科学上立论,渐次说及基督教之精神,使之自然感化。他所绘制的世界地图,将中国绘在地图正中,就以良苦之用心迎合了华人"中国为天下之中"的心理。利玛窦还尊重中国民俗,分别将"敬孔"和"祭祖"解释为"敬其为人师范""尽孝思之诚"的非宗教礼仪,在这种解释的基础上,尊重士大夫和平民的祭祀习俗。这样就使当时的中国教徒,特别是那些具有一定政治和社会地位的信徒,在需要参加"敬孔"和"祭祖"仪式时不至于产生宗教上的心理障碍;同时,利玛窦以儒家经典中天、上帝称呼天主教的"唯一真神",后来的康熙皇帝将此称为"利玛窦规矩"。

当然,走接近士大夫的上层路线以及尊重中国的风俗民情都还只是克服传教障碍的被动策略,而真正要使世人坦然接受并认识基督圣化的价值,必须采取更积极有效的策略,这就是学术传教,即以西方的科技、伦理以及宗教思想吸引中国士大夫。法国作家夏多布里昂对来华的耶稣会士做了这样的描述:他们"用望远镜、罗盘武装起来登上去中国的旅途,他们以路易十四宫廷里的温文尔雅,又附带了科学和艺术的精品出现在北京的朝廷上"。正是如此,利玛窦等传教士在学有专长的中国士人协助下,展开了大规模的西洋学术译著工作。欧洲的古典哲学、逻辑学、艺术,尤其是自然科学被大量介绍入中国。如利玛窦的译著有《天主实义》《几何原本》(与徐光启合译)等15种,龙华民有《地震解》等8种,庞迪我有《人类原始》等7种,熊三拔有《泰西水法》(与徐光启合译)等3种,艾儒略有《几何要法》等25种,汤若望有《浑天仪说》等23种,南怀仁有《康熙永年历法》等13种。西洋学术成果的确起到了吸引士人甚至皇帝的磁石作用。万历皇帝正是因为地图、传教士的历算知识以及自鸣钟而默许利玛窦等人留居北京。当时的士大夫也以与利玛窦订交为荣,并经常与之讨论天文、历算、地理等学科知识。正是这种"需要—满足"而不是"强迫—接受"的关系,才使得以传教士和士大夫为中介的中西文明真正和平的对话成为可能。科学为媒,以徐光启等为代表的士人与利玛窦等传教士的深厚友谊不仅传为千古之佳话,他们精诚合作为科学技术的传播作出的贡献更具有深远的历史意义。

二、调和与批判

以利玛窦等为代表的西方传教士的传教策略带有较多的权宜性的功利色彩，目的在于减少天主教在华传播的阻力。僧袍儒褂、顺应民俗、学术传教等手段都还只是一些外在的权宜之计，当面对中西迥异的两个宗教系统时，来华的传教士则采取调和的策略。这可具体分三个层面分而述之。

一是神哲学层面。一般认为，利玛窦等传入的神学思想属于中世纪欧洲正统经院哲学理论体系。在阿奎那的正统神学理论中，人是由灵魂与肉体组成的一个统一的实体，而其灵魂学说又是建立在亚里士多德形式与质料学说基础上的。魂之于生物，犹如形式之与质料，魂无非就是其物体的"实体形式"，所以魂是生命的第一原则，它不是物体，而是物体的活力。人的灵魂是"人的肉体的形式"，灵魂是人们藉以生活、感觉和运动的首要东西，也就是人们藉以理解的首要东西。灵魂与肉体的对立，以至由此引申出来的天堂与地狱的对立，在中国语境中是很难被理解的。因为中国传统观念中，不仅很少灵魂与肉体实质对立的意识，而且常常认定所有灵魂迟早是要消灭的。所以，传教士们没有从纯哲学的角度按亚里士多德的形式质料说详细地向中国人说明人魂不灭这个命题的哲学依据，而是尽量在儒家经典中寻求附会性证据。在利玛窦的论述中，占大量篇幅的是或从经验事实出发或从道德出发的论证：人心之欲传播善名、忌遗恶声；人之冀爱长生且祈望来世之福；人心之难从现世事物得到满足；人性之惧死；善恶之报应与现报之不公平……均被用作证明灵魂不朽的经验事实。利玛窦还认为中国人祭祖之礼的前提是承认灵魂不死，正因为灵魂不死，先祖才可"听吾告哀"。这种以贴近的生活现象证明玄远的灵魂不死结论的方法，意在使士大夫们较容易地理解、接受天主教教义。

二是信仰层面。基督教的一神论是用"三位（圣父、圣子、圣灵）一体"这样一种非常特别的神学主张来展现的。圣父、圣子、圣灵，"三位一体"，三个位格，一种本质，是基督教的根本教义。"三位一体"，把天与人、灵与肉、认识与信仰统一起来。天主教基督教的核心不是三，而是一。"一"就是"天主"（"上帝"）。"三位一体"是一种按中国传统观念很难接受的信仰。因为在儒家思想中，既缺少像耶稣这样的人格神,也没有把具体的个人与抽象而绝对的精神相联系的习惯。所以耶稣会士采用了一种理性化的传教方法,以儒家思想和日常人伦来说明问题。他们借用《诗经》《尚书》中的"上帝"来比附天主教之"上帝",用儒家"父孝"的观念来推论"大父"的存在。同时,他们采用程朱一派"格致说"之认识论的路径,介绍"逻辑""数学"和"几何"等学科知识,向中国信徒和儒家士大夫演示完整的逻辑过程,推导出"上帝"的存在,用知识证明"上帝",从而论证"上帝"既是绝对的、超于经验之上的,又是与经验合一的。

三是伦理道德层面。可以说,基督教与儒教之间最能进行富有成效的对话的论域是人文主义的伦理道德。明末的耶稣会士与部分接受"天学"的士大夫就在这一领域完成了儒教与基督教历史上第一次卓有成效的对话。在人性论问题上,由于当时天主教的人性论中认为人性包括三个阶段:原初之性,即上帝按照自己的形象创造人类时赋予的人性,为善;堕落之性,为恶;得到救赎之性,即人因上帝的神恩而获得新生时的人性,为善。所以,在中国人没有原罪观念的情况下,利玛窦有意地对原罪教义避而不谈,只谈原初之性。他对原罪的解释是模棱两可、含混不清的,并只强调性善。即使含混地提到原罪,但仍坚持原罪无妨人性之本善。在他们看来,原罪并不妨碍上帝的至善,也不能对人的原初之性的本善有什么影响,而恶乃是人滥用自由意志的结果。这种做法显然是想与主张人性善的正统儒学调和。在道德的神圣化问题上,因儒家的伦理规范体系缺乏一种终极性的道德来源和根基,如何使这种伦理规范体系具有切实的普遍有效性呢?利玛窦从道德上论证上帝存在,认为天主是道德之源。受这一观念影响的士大夫如徐光启就将天主教视为一种道德和政治教化的理论,并从这个角度赋予"天学"以一种道德来源与根基的意义。而李之藻也曾将"天主"理解为事亲等世俗伦理原则的根源和基础。这些观念的产生,促使世人对儒家那套道德规范体系的普遍性产生了怀疑,而由自律道德向他律道德转变的观念也出现了。

但也应看到,在明末天主教与儒教的调和过程中,利玛窦等对儒学的调和是有限度的,他们主要调和儒学与天主教宗教道德中有些许相似性的世俗道德观念、规范,也就是合乎自然理性的部分,若超出了这个限度,利玛窦等则转而诉诸批判。在批判过程中,中西哲学和宗教在宇宙论、世界观、人生观等方面的思想差异显露出来。

在本体论问题上,利玛窦认为理没有本体功能。他将万物分成两类,一类是自立者,一类是依赖者,而只有自立者才能成为本体。而在理学看来,理先气后,气(物)有生灭,理作为形而上的本质则无生灭,且能独立存在,甚至在物尚未产生之前即已存在。而利玛窦将理界定为依赖者,从而否认其独立存在的能力,表现出一种温和的唯名论。既然理不能独立存在,就不能作为他物存在的依据,也就不能为万物之源。同时,他还否认理有动静、有意、有灵觉,不能根据自己的意志控制动静而生物,更不能生出灵觉之物。他将生成之力量来源归于一个全能的作为终极因的第一推动者,也就是上帝。事物生成、变化及其性质的根本原因不在事物的内部,而是先验的、形而上学的,因而,理不可能像上帝那样具有人格功能。这种超自然主义的世界观与中国士大夫们熟悉的有机的自然观真可谓是格格不入,凸显了中西哲学形而下与形而上的矛盾。此外,以气一元论为基础的天人合一、万物一体论也受到了利玛窦的批判,这也暗含着中西"天人合一"与"天人相分"的矛盾。

但温和的批判即便存在,利玛窦等更多采用的是调和、附会儒学的策略。这两种策略其实是交相互用的。这也是明末天主教在华的传播取得较佳效果的根本原因之所在。利玛窦死后,那些在"礼仪之争"中对利玛窦的传教策略持否定态度的传教士将基督教的排他性发展到极端,甚至不能容忍像敬孔祭祖这样的举动。如此,基督教初入中国时,便在它对教义"纯洁性"的坚执中,丧失了它在中土得以扎根、发展的最重要的条件,清初禁教便是基督教不妥协的排他性的直接后果。从明末天主教在华的传播可以看到,儒家与基督教这两大文化系统的对话并不是不可能的,两种文化站在平等的原点上,真正的对话其实已经发生,因此,这仍不失为一次"伟大的相遇"。

第二节 王学风行与耶教之兴

由于以利玛窦为代表的来华传教士采取了合儒的策略,天主教在华的传播一度取得很大进展。1603 年教徒只有近五百人,而 1605 年,就有逾一千人,而到了

>>> 天主教在明末得以传播和流行,同王阳明的心学取代程朱理学成为儒家的主流是分不开的。图为清代焦秉贞《王阳明像》。

1608年，则有两千多人。但最终明末的天主教还是音沉响绝。这固然是由于来华天主教坚执排他性，而产生了"礼仪之争"，从而导致天主教在华被禁绝，但从中国当时思想文化上来分析，可以发现这一兴衰与儒学有关联。

天主教在明末得以传播和流行，同王阳明的心学取代程朱理学而成为儒学的主流是分不开的。明中叶以后，社会危机爆发，农民起义烽火相连，封建统治日益腐朽僵化，新的社会经济因素也开始出现。被奉为官方哲学的程朱理学将天理作为外在的绝对命令而宰制主体行为的理论已不能适应时代的需要。王阳明以合心与理为一的良知取代超验的天理，经由泰州学派和王畿的弘扬与发展，成风行天下之势，为天主教的传播和流行提供了适宜的社会思想环境。

首先，王学的良知准则论对程朱理学的权威地位发起了挑战，创造了天主教得以输入和传播的文化氛围。王学勃兴以前，程朱理学在思想文化界有着绝对权威。理学只强调一个外在的普遍之理，没能和人的个体意识结合，这一理学的痼疾导致了"学术之不明"，从而导致王阳明所认为的"士风之衰薄"，进而导致"天下之不治"。且由于理学的权威"言不合朱子，率鸣鼓而攻之"，这样一种僵化的文化氛围由于王学的崛起而被打破。王学针对朱学的"析心与理为二"和"支离决裂"展开批评，揭露了朱学将世界二重化以及片面强调天理的外在强制之缺陷，使"学术之不明"具体化，鼓动人们挣脱程朱理学的羁绊而另辟新径的学风，"文成以绝世之资，唱其新说，鼓动海内。嘉靖以后，从王氏而诛朱子者始接踵于人间"（《日知录》卷一八）。而王门后学的王畿和泰州学派更是对程朱理学之权威大加挞伐。王畿对不自信其心而一味仿循格套之世儒提出了批评："自圣学不明，世之儒者，以学在读书，学在效先觉之所为，未免依籍见闻，仿循格套，不能自信其心。自然之机，遂郁而不畅，弊也久矣。"（《书贞俗券序》）先觉之所为，典籍之义理，构成了社会对个体的普遍要求与规范，若仿循格套，只是机械地模仿与服从。泰州学派甚至认为那套喋喋不休地注解儒家经典的"格式道理"不但无助于"明道"，反倒会"障道"。他们都将矛头指向了程朱理学。由于王学对程朱理学权威地位的挑战，程朱理学的权威大大降低了。

程朱理学在当时学术界的权威遭到贬黜，一统天下的局面被打破，人们纷纷把目光转向了新学异说。这样一种文化氛围为天主教的传入提供了空间。天主教的学说对于士人们来说自然是前所未闻的,这就吸引了一部分趋新学人,如徐光启、李之藻等对之发生了兴趣。

其次,王学注重自觉原则与自愿原则的统一,这为天主教教义的传播提供了必要的思想铺垫。自愿原则强调道德行为出于意志自由的选择,而自觉原则认为道德行为出于理性的自觉。由朱熹集大成的正统理学遗弃了先秦儒家注重自觉的原则。他把理归结为超然于主体之上的主宰,这种超验的主宰又作为"天之所命"支配主体的行为,实际上是以天理的外在强制排斥了主体对行为的自主选择。因此,朱熹对主体的自愿采取了虚无主义的态度,将自愿原则消融于自觉原则之中。而王阳明注重个人意志,将意志与主体的内在自愿相联系,"从心所欲不逾矩,只是志到熟处"。(《传习录上》)所谓"从心所欲",即是出于内在自愿。王阳明把"志到熟处"作为达到"从心所欲"的条件,也就是把出于内在自愿看作是意志功能的具体体现。

天主教在伦理学上继承了西方哲学注重自愿原则和意志自由的传统,认为人在道德和信仰领域应有出于意志自由的自主选择,人是否服从或信仰上帝都应是自愿选择的结果。主体的自愿与服从上帝的赏善罚恶的自觉是联系在一起的。在善恶问题上,南怀仁在《善恶报略说》中认为,"善恶有人自专而定","天主不强阻恶以存其自专",为善或做恶均是出于自由意志,为善去恶的自觉是与个人的自愿选择联系在一起的。而王阳明在对待善恶问题上也坚持自愿原则,他认为人之趋善当如悦美色,弃恶则应如憎恶臭,而这一选择的作出应"发自真心"。"人于寻常好恶,或亦有不真切,惟是好好色,恶恶臭,则皆是发与真心,日求快足,曾无纤假者。"(《与黄勉之》)在尊重伦理的自愿原则上,天主教与王学可以找到契合之处,它的风行也使得在王学熏染下的士大夫能较快地领悟和接受天主教教义所包含的自愿原则。徐光启就看到,中国历来"帝王之赏罚,圣贤之是非,皆范人于善,禁人于恶,至详极备,然赏罚是非,不能及人之中情"。他批评了正统儒学要求人们遵循道德规范只依赖于外在的规范和禁令,而不是出自个人的心甘情愿。同时他也看到天主教的"生育拯救之恩,赏善罚恶之理,明白真切,足以耸动人心,使其爱信畏惧,发于由衷故也"(《辩学章疏》)。由此可以看到,王学的风行便于士大夫们理解天主教的自愿认信原则,为天主教的传播做了思想上的铺垫。

此外,王学的非理性化倾向也给天主教先验性信仰的传播提供了嵌入的契机。王阳明将现成良知与"不假思为"联系起来,开了非理性主义的先声。其后的王畿则把先天与明觉合一为现成良知,旨在突出见在明觉的作用,这样一种把先天之知绝对化的倾向就导致了本体与理性工夫的分离,蕴涵着引向非理性主义的契机。泰州学派直接以忘知取代了致知,否定了从本然到见在(现实的道德意识的形成)要经过一个致知过程,导向了一种非理性主义。而孔子后的儒家不语怪力乱神,敬鬼神而远之,成为理性化的学说。这自然不利于天主教的"上帝"等先验性信仰在华的传播,而风行的王学的非理性化倾向就为天主教的先验性信仰的嵌入提供了契机。

从上述可见,王学取代程朱理学而成为儒学的主流这一历史性的转换,为天主教在华的传播提供了重要的思想条件。

王学虽说一时成为了儒学的主流,且为天主教的在华传播开拓了思想文化的空间,但最终天主教与儒学能否融合,能否和平共处,需要双方的进一步磨合才能得到答案。以利玛窦为代表的西方传教士为了在中国传播天主教而又不与居中国思想文化主导地位的儒学发生冲突,采取的是天主教儒学化的策略,以实现与儒学的融合。但"合儒"乃至"超儒"的策略,虽使天主教在华取得了较大的发展,得到了一部分儒生的认同,但面对天主教与儒学在学理上的深层矛盾,天主教的儒学化未能实现与儒学的深层融合。这正是天主教在清代中叶销声匿迹的深层原因。

天主教和儒学在学理上深层的冲突集中起来,表现于入世和出世、理性和信仰的冲突。

佛教的儒学化是由禅宗来完成的,它很好地调和了出世与入世、信仰与理性的矛盾。佛教本重出世,但禅宗将世俗与天国统一起来,认为"佛法在世间,不离世间觉,离世觅菩提,恰如求兔角",将佛教的彼岸理想和儒学的现实理想沟通融会起来。即使是顿悟也不能离开现实生活,王维的《六祖能禅师碑铭》云:"举足下足,长在道场;是心是情,同归性海。""担水斫柴无非妙道",一举一动都不离道场,不管是用心用情,都会归与性海,成就佛道。而顿悟是以"触类是道"为前提的。所谓"触类是道"即个人的一切行为均应合乎普遍之理(道)。禅宗与中国其他的佛教宗派一样,强调"转识成智",认为人的解脱要依靠智慧。这就使佛教具有信仰主义色彩的"悟"和儒学理性主义矛盾得以调和。由此可见,佛教在深层面上与儒学实现了有机融合,从而成为真正中国本土化的宗教。

而利玛窦等所持的"合儒"则有一定限度。"合儒"只是肯定古代儒学经典中的宗教成分以及儒学中合乎自然理性的部分世俗道德观念。而在深层次的学理层面上,他们仍坚持天主教的出世理想和信仰本质,并对儒学展开了批判。所以,明末天主教的儒学化只是表面的、较为浅显的,没有真正达到学理上的有机融合。如利玛窦试图接近儒家之仁学,断言君子之学以仁为主,但他却申明仁的内容首先是恭爱上帝,以上帝为成己之根据,并认为上帝较之人之父母与人更亲。这就是对儒学理性自觉的否定,而主外在的信仰超越。更严重的是,以上帝之爱的宗教戒律否定以血亲之爱为基础的儒家宗法人伦纲常,成为士大夫们拒斥、批判"天学"的重要原因。

结果,那种简单的附会融合反而招致了反天主教的士大夫的猛烈批判。如钟始声的著作《天学初征》《天学再征》就从各个角度对利玛窦"吾天主,即所谓上帝也"的附儒之论作出了最周全的辩驳。天主教最核心的教义——存在着一个超理性的、外在的人格至上神,即天主或上帝——要在那时的思想环境中被理解乃至接受,便成为不可能。由于中西文化中的入世与出世、理性与信仰等根本性冲突的存在,而来华天主教的儒学化又较为表面和肤浅,未能如佛教一样将之消解,成了天主教在清代中叶衰败的思想文化上的深层原因。

第三节 破邪破佛的唇枪舌剑

耶稣会士入华之初并未与佛教这一中国的制度性宗教交恶,以至罗明坚和利玛窦最初穿着僧袍进入中土。应该说,天主教和佛教具有一定的相似性,比如二者皆信灵魂不死,都有天堂地狱之说,佛教还有某种形式的三位一体(即法身、报身、应身三身),强调独身,甚至在宗教仪式上也有一些相似之处。但也正是由于两者的相似性,才导致天主教对佛教的驳难,因为天主教的排他性把佛教视为在中国的竞争对手；佛教的偶像崇拜以及许多说教，诸如轮回、戒杀生等也是天主教所不能容忍的；此外，对佛教的驳斥也有利于帮助自己获得名儒的身份，而这是进入中国上层社会所必需的。由于以上原因，利玛窦等耶稣会士出于现实的功利性考虑，采取"合儒排佛"的策略就成为必然。

此时的佛教虽说已处于较为衰弱的状态之中，但作为已经中国化的外来建制性宗教，已经与中华文化的主脉——儒家文化相辅相成，形成儒释道"治世、治心、治身"的分工协作模式，且内化于这一模式。但天主教的到来打破了这一平衡格局，随着天主教在华的传播，有佛教徒甚至"弃佛归天"，这自然促使佛教引以自危。且天主教向佛教率先发难，佛教界因此与天主教展开了破邪破佛的唇枪舌剑。

天主教与佛教的论辩开始于利玛窦与李汝祯，论辩的结果是"利神父使对方承认了，佛教像似一个苹果，一部分是好的，一部分是坏的；好的部分可以接受，坏的部分就应该抛弃"。（利玛窦《中国传教史》）第二次则是李汝祯专门请来了当时的禅学大师三淮与利玛窦辩论，结果由于三淮的态度傲慢，众人对利玛窦的赞许颇多。

利玛窦进北京后，名望日渐提高，也引起了明末高僧们的注目。由于利玛窦在《天主实义》中对佛教的轮回杀生、天堂地狱等说法进行了详细的批判，佛教界为之震动，于是推举佛教界的领军人物云栖袾宏做出回应。结果云栖袾宏便在《竹窗随笔·天说》中对利玛窦的批评予以回击，后来利玛窦等人再作《辩学遗牍》予以答对。

利玛窦之后，同佛教的论争始终是在华耶稣会士和士大夫基督徒们的重要工作，艾儒略的《三山论学记》、陆安德的《真福直指》、徐光启的《辟妄略说》都曾对佛教、道教展开过批判。而佛教界也有黄贞将佛教界诸多反对"天学"的文献与部分儒士辟天主教的文献结集成书，是为《圣朝破邪集》，此书在袾宏的论点基础上进行了深化和补充，并增加了对天主教"以夷变夏"的攻击，从而将天主教推向了危及王权的不利地位。

明清之际的佛天交锋，激烈的论辩主要在以下几个方面展开。

（一）关于六道轮回。关于六道轮回这一佛教的基本教义，天主教与佛教进行了比较多的辩驳。争论首先因利玛窦的《天主实义》而起,在以后的天主教文献中几乎都涉及这一问题。天主教首先抨击佛教的轮回学说并非自创,而是剽窃了在西方不为人重视的毕达哥拉斯的轮回说;同时又从生物学的角度对之进行了质疑,认为不同种类的生物不可能相互转生;此外,天主教还批评轮回转生是对儒家人伦道德、日常生活的一种破坏。而佛教方针也对此批评进行了辩解,如释如纯在《天学初辟》中列举了古代神话来证明轮回说的现实性:比如人转化为熊(鲧)、龙(望帝)、鱼(徐伯)。同时通过列举人能回忆前生的事例,来论证轮回说的真实性,认为只有轮回说才能解释"灵魂附体"的现象。对于轮回形成的原因,佛教界也进行了解释:众生之所以在三界(无色界、色界、欲界)四生(化生、湿生、卵生、胎生)六道(天、人、阿修罗、饿鬼、畜生、地狱)中轮回,原因就在于"业"。释如纯还将天主教的天堂地狱"定性"为一种轮回,认为从天到地再升天,其实正好是一个轮回。

(二)关于灵魂。对天主教灵魂说进行批判始于袾宏,他在《天说》中从道德教化的角度对灵魂说的存在提出了自己的怀疑:既然灵魂不灭,那么中国历史上的圣主明君当然会保佑自己的子孙,但事实上祖先的灵魂却并没有"警戒"后人。释圆悟则认为天主教的灵魂是人们妄见的识神,并非实有,更无不灭。而天主教则试图用"三魂说"(天主创造的世界有三种魂,即生魂、觉魂和灵魂)来说明灵魂的存在。

(三)关于杀生。杀生戒是佛教的重要戒律之一,也是佛教慈悲精神在现实生活中的体现。佛教将戒杀生纳入自己的思想体系,并使之系统化、理论化:世间万物以自己所作的"业"作为轮回的评判标准,杀生与否直接决定自己"业"的好坏,人甚至有可能因为杀孽太重而导致自己丧失成佛的机会。而天主教传教士根据"天主生天地万物,无一不是生之以为人用""一物有一物之用"的准则,对佛教戒杀生的戒律进行了批驳。

(四)关于世界本原。双方首先都对对方教主的地位表示了怀疑或者攻击,后来转向了双方哲学本体论的争论,这集中表现在天主教对佛教"空无说""万物一体说"的诘难。而佛教界则围绕"行无常、法无我"展开解释,从本性的角度论证万物都处于流转、轮回的过程之中,因此也就没有属于自己的长久特性,在这一点上万物都是相同的。

（五）关于具体的宗教性活动。在一些修行的具体仪式上，天主教对佛教的念经诵佛、超度亡灵、偶像崇拜以及斋戒等佛教的修行方式进行了诘难。作为反驳，佛教对天主教的受洗仪式、集体弥撒等一系列宗教仪式也表示了自己的不解。

（六）关于世俗问题。在天主教与佛教论辩过程中，双方都希望得到官府的支持而在辩论中占得上风。双方都不约而同地从正统思想拥护者的角度批评对方有悖传统、不利社会。部分佛教徒和儒士认为天主教的传播有碍于王朝统治，因为根据天主教的教义，天主是世界唯一主宰，人只能听从天主的安排，当皇权与天主教发生冲突时教徒必然以天主和教会作为第一考虑。而天主教也从是否有利于王治的角度对佛教予以反击，他们从历史上论证信奉佛教的王公贵族，比如刘英、梁武帝等都未能有好的历史功绩，因而佛教对治世无益。同时，天主教还认为佛教的说教有悖于人伦，也不利于王治。这样的论争实际上已超出了宗教论争的范围。

这场破邪破佛的唇枪舌剑，最终因天主教的被禁而偃旗息鼓。但综观此次辩论，可以发现，辩论双方都曾力图向官方靠拢，但这并不妨碍辩论成为一次平等的宗教交流或宗教对话。参与辩论的重要人物之一利玛窦在《天主实义》中首先给整个辩论定下了一个基调，那就是"恨之不如辩之以言，辩之不如析之以理"，并声称"钟不考不声，石不击不光，共相悯恤，深相诤论"。同样，佛教方的袾宏在其反驳性文章《天说》中也是言之凿凿，语气也相当平和。就连后来的天主教人士也评价说："《竹窗天说》四端，虽旨归不同，然据彼理辩论而已。"两人的辩论模式基本上贯穿了整个佛天交锋的过程。这样的一种辩论始终保持了宗教对话的特色，并没有发展成宗教性的迫害甚至战争。

此次辩论的内容也主要集中在两个层面，一个是伦理层面，一个是哲学层面。相比较而言，双方的辩论又主要集中在伦理层面展开，在哲学层面的对话则显不够。其实从宗教哲学的角度，佛教与天主教的异同还有很大的探讨空间，比如，佛教的轮回和天主教的灵魂看似两个风马牛不相及的概念，但都强调对"来世"这一终极关怀的关注。而双方的辩论更多是从实证经验的角度对对方进行驳难，而没有从哲学思想体系的角度着手。其实轮回说和灵魂说都拥有完整的哲学体系背景,其深层又牵涉到佛教因缘说和天主教的原罪说的对比。而若把这些问题放到中西哲学体系里面加以考虑,更可以发现这又凸显出中西哲学诸如自律与他律、主客二分与"天人合一""征服"与"和谐"、理性与信仰等观念的差异。这些问题直到今天依然还有探讨的必要和价值。

第五十六章

风雷激荡

1840年鸦片战争以后,中国逐步陷入半殖民地的泥沼,中外关系发生了根本性的逆转,中国不得不承认天朝与外邦是平等的国与国关系。中国人绵延数千年的"中央帝国""天朝上国"的迷思自此被彻底打破。但在与西方的关系上,"平等"却成了难以落实的美梦。靠着炮火与不平等条约体系的支撑,西方各主要资本主义国家获得了凌驾于清政府与人民之上的特权,中国政府的权威和中华文化的尊严,在西方咄咄逼人的攻势之下,处于岌岌可危的境地。这一时期,基督教随着西方列强的坚船利炮再次进入中国,并在不平等条约的庇护下,一改明清之际的谦卑,昂首阔步地把传教活动扩展至中国全境,俨然成为近代中国一股特殊的势力。十字架与大炮的联姻,激起中国各阶层对基督教的民族反感。尽管在华基督教会在传播西方文明新知、更张社会风俗方面成效卓然,但中国官民对"洋教"的戒备与嫌憎并未消减。从清末到民国,基督教在一波又一波的反教浪潮中,或被迫、或自觉地不断改变、调整传教策略,以回应来自各方面的挑战。如何融入中国社会,始终是困扰基督教会的一个大问题。更由于这一时期的中国在内忧外患的窘塞中艰难地开始由传统向近代转型,基督教与中华文化的交流、碰撞处于一种更为复杂的境遇之中。

第一节 颐指气使的"洋教"

传教士范礼安于明末来到澳门,面对广袤的中国大地却不得其门而入,于是他发出这样的悲鸣:"磐石呀,磐石呀,什么时候才会裂开呢!"两次鸦片战争的炮火,使这块磐石被震出了斑驳裂隙,老大帝国的衰颓,为基督教的入华传播提供了千载难逢的良机。全国有统计的25个省中,有21个省在1860年至1900年间传入新教,传教士从1844年的40余人增至19世纪末的1500人,教徒从6人增至19世纪末的9.5万人,而天主教信教人数也从1860年的40万人增至19世纪末的74万人。在条约制度的保护下,西方传教士从沿海通商口岸深入内地的穷乡僻壤自由传教,基督教在中国大地上获得了前所未有的扩展。早在战争前数年,就有传教士对基督教在华前景作了十分乐观的计划:"上帝的荣光一定要在中国显现,龙要被禁止,在这个辽阔的帝国里,基督将成为唯一的王和崇拜的对象。"(《中国丛报》)然而,同基督教的迅速扩张如影相随的是波澜迭起的排教、反教浪潮,以至于基督教在晚清的对华传播史几乎可以看作是一部教案史。

一、插入龙躯的十字架

自从康熙五十九年下令驱逐西洋教士离境开始,历雍正、乾隆、嘉庆等朝百多年,禁教法令均一再被重申提出。中国政府禁止基督教在华传教,西洋传教士一律不得居留中国,国人若有奉教者,皆处死刑。外国人被禁止学习中文,国人若教授外夷华语,一经发现,即处死刑,以至于第一个来华的新教传教士马礼逊的中文教师有随身携带毒药者。在这种严苛的环境下,除少数天主教徒冒死隐匿在偏远民间以外,基督教在中国境内几近绝迹。但基督教本身是一种带有强烈对外扩张性格的建制宗教,对中国传教的努力始终没有停止过。机会终于在西方列强军舰与大炮的护驾下降临了。

清政府在鸦片战争中失败,被迫改变对传教的政策,基督教在华的环境发生了根本的变化。最初,英国在议和时着重要求商业上的利益,跟踪而进的法国则胁迫清政府改变禁教政策。清政府与英国签订《南京条约》后,美国与中国的《望厦条约》就有了准许美国人在通商口岸建立礼拜堂的条文。1844年10月24日,法国全权代表拉萼尼与清朝钦差大臣耆英签订《黄埔条约》,获取了同英、美一样的五口通商、协定关税、领事裁判权等权利,并在条约中规定法国人可在通商口岸建造礼拜堂、创办学校及从事其他文化活动。不仅如此,拉萼尼还要求清政府改变禁教政策,由皇帝下旨解除教禁,宣布习教无罪。在法国人的恫吓欺诈下,道光帝在二十四年十一月批准耆英拟的弛禁节略。法国人继而要求发还康熙朝所建、至今尚存的天主教堂,并将谕旨张榜晓谕。清廷也不得不在1846年(道光二十六年)正月一一同意。1858年(咸丰八年),在侵略者的炮口之下,惊慌失措的清政府被迫分别与俄、美、英、法等国签订《天津条约》,其中都对传教事项作有规定。虽文字措辞不尽一样,但大旨略同,基督教以劝人行善为本,得在中国内地自由传习,对此中国官方予以保护,不得苛待禁阻。及至1860年(咸丰十年),英、法、俄等国又分别强迫清政府订立《北京条约》,除了重申《天津条约》中有关教务方面的规定外,法国在条约的中文本中还私自添上了"并任法国传教士在各省租买田地,建造自便"的字句(这在条约法文本中是没有的),还强迫清政府同意将给还教堂旧址的内容写进条约中。由此,通过两次鸦片战争,西方列强同清政府签订了一系列不平等条约,基本内容是割地赔款、开口岸通商、关税协定、领事裁判权与租地造屋。在诸多条款中,传教自由占重要位置。十字架终于凭借强力插入中国龙的身躯。西方传教士借助所在国家的力量,以法理的形式肯定了基督教会在中国沿海及内地更为广泛的权益,在华基督教会蒙上了一层政治与外交色彩。

而西方传教士的传教活动也因此显得面目模糊,传教士所充当的实际角色由单一变为多重,除了"教"而外,亦"商"、亦"军"、亦"政"。在战争之前,就有传教士为了取得合法居留中国的地位,加入外国在华的机构工作,这些机构包括半政治半商业性质的东印度公司,也包括外国驻华的外交和商务的官方代表。由于他们是早期几乎唯一通晓中文的洋人,故在这些机构里多从事与语言有关的工作,如翻译、书记之类。一旦外国政府对中国采取任何武力行动时,这些传教士都会被派调往战场,担任情报搜集和随军翻译的角色。在侵略军占据中国某些地方后,他们也自然地被选任做占领地的民政官。在战争胜利缔订条约的过程里,传教士亦预闻其事,充任翻译之职。例如马礼逊先后担任东印度公司及英国驻华商务监督的汉文翻译及汉文正使,李太郭(G. Lay)是英国参与南京条约谈判的代表朴鼎查(Potihger)的传译秘书,后被派为英国驻广州首任领事,此外还有裨治文、卫三畏、柏驾、郭士立等,不胜枚举。更有一些传教士在相当程度上放弃了基督教义中的一些基本原则与伦理要求,公然鼓吹对中国的侵略,例如柏驾在转任外交官以后,积极要求美国政府加紧侵略中国,侵略长江沿岸,他还建议美国应占领台湾,以为向中国胁迫更多利权的凭借。美国新教教士丁韪良发明了这样的逻辑:按照上帝的意志来看是必须的,首先应该使用武力,令这些高傲的亚洲人谦恭下来,然后才能用福音把他们抬高。卫三畏竟宣称:这四国的兵舰和公使汇集在中国京城,是我们对中国传教工作的一部分。尽管动机各异、程度不同,但传教士卷入西方列强对华侵略活动当是无法否认的事实。这对基督教的在华形象造成了十分恶劣的损害。

明末利玛窦等先驱以虔诚的布道者和儒雅的文化使者的角色来华传教。尽管其宣教活动与彼时的皇朝政权及政治活动具有千丝万缕的联系,但大体上仍可以认为是比较严格地限定在宗教领域,观点的交锋、理论的辩难甚至礼仪之争,总体而言没有溢出思想、文化的界限,虽然可能会引起一些政治性的后果,但教会及其传教士的活动对现实政治的直接影响比较有限。教会及传教士的活动基本上可判定为比较单纯的宗教、文化活动,基督教同中华传统文化处于一种良性互动的状态,即使有冲突与论争,也是文化传播与文化交流中不可避免的正常现象。鸦片战争后基督教重返中土,则是"骑着炮弹飞来的"(蒋梦麟语),在华基督教会成为一股具有政治意义的势力。虽然凭借条约的保护,基督教取得了合法的地位,但由于它同西方列强对华政治、军事与经济政策及活动牵涉太深,因此埋下了阻碍正常文化交流的基因。在其后半个多世纪的排教、反教浪潮中,文化差异的表象之下,始终涌动着政治与经济斗争的暗流。

二、染血的十字架

鸦片战争后禁教令的解除,使基督教获得了比较迅速的拓展,但基督教的"洋教"面目非但没有消除,其所遭受的抵拒无论在规模、方式还是激烈程度上,都远远超过了明清之际。19世纪基督教传教困难除了文化的原因外,政治原因更是根本性的。鸦片战争后弛禁传教与顺治、康熙时期的允许传教大不相同。顺、康时立法执法掌握于朝廷,而道光君臣是在胁迫下同意弛禁,主客地位逐渐颠倒。不少官员对趾高气扬的外国领事、教士甚至他们保护下的教民或心存畏惧,或强烈不满而无可如何。从鸦片战争后一直到义和团运动期间,由传教士引起的大小教案共达四百余起,大部分集中在19世纪最后30年。晚清的教案由于文化层面的对立与不信任同政治层面的斗争纠结缠绕,显得十分频繁与惨烈。

(一)借权而侮民。传教士依据其本国政府的殖民政策及在华特权,试图把他们的治外法权扩大到那些皈依者身上,把这些中国的基督徒置于中国法律之外。领事裁判权不但使遍布中国各地的外国教会都成了完全不受清廷制约的拥有自己法律的第二政府,而且也使受教会庇护的中国教民成了不受官府管辖的特权阶级。通常情况下,衙门也不愿轻易去招惹教民,免得多生事端。而接受教会洗礼的许多华人基督徒并没得到积极的教化,加入基督教并非由于信仰,而是纯粹为了得到政治与经济上的利益,成为臭名昭著的"吃教者"。这些人在意外地获得了迥异于其他同胞的特权后,民族的劣根性便充分地暴露了出来。教民在普通民众中表现出的那种强烈的优越感是激起民族主义强烈反弹的很重要的诱因之一。而更多的恶霸无赖也借着入教来逃避官府的管辖,以教会的特权为掩护为非作歹。章太炎观察到:"基督教之来也,常挟国权以俱来,而所至有陵轹细民之事,入教者又藉此以武断闾里之间,是所以促其反动。"(《〈社会通诠〉商兑》)

因教士及信徒的政治特权而导致的冲突大体上集中在三个方面:一是房产与土地纠纷。外国传教士依其特权,常常勒索房地产,霸占民地,或将绅民拥有的高华巨室硬指为战前被清政府没收的教堂,勒逼民间还让;或将会馆、公所、庵堂抵作教堂;或是在建立新堂时,谋田地房产,不先禀商地方官,硬立契据。此类事件几乎遍及全国各省,引发民间激烈反抗。二是干涉民间词讼,包庇罪犯,欺压中国百姓。传教士入华后大量吸收教徒,有教徒依教士而为非作歹,引发大量民教诉讼。传教士自己都说,哪里有教民,哪里就有词讼。民教诉讼中,传教士为教民包揽词讼,而地方官屈从教士,明知教民不是,反责押平民。义和团的兴起则与此有很直接的原因。某官员写道:"(地方官)一味庇教而抑民,以致良懦者赴诉无门……小民以自卫无术,往往入拳会以求保护。"三是官阶品位的问题。一直以来,中国都以天朝大国自居,视其他国家的人为番邦蛮夷,因此并不以平等的地位和礼仪待之。鸦片战争后,逐步形成了传教士的某一级神职品位可比附中国地方政府的某一职级的规则。本来这样做两方可以相安无事。但有一些嚣张的传教士为了增加自己在地方上的尊崇地位,滥用这个官阶品位的对照表,比拟中国政府官员,乘坐紫呢大轿,与官吏用印信照会往来等。儒家士大夫最重位份及礼规,对传教士的逾礼僭越的做法自难以容忍。

所以,基督教在晚清的扩张实在很难说是完全由于其教义的吸引力。时人评价,民人"一经投教,即倚为护符",入教的诱人之处不仅在于灵魂方面,在物质与政治方面带来的好处似乎更为至关重要。"皈依"基督教成为颇具吸引力的生存策略。

(二)与社会习俗对立。在文化层面上,基督教与中国几千年来在意识形态领域中占统治地位的儒家思想、在这种思想支配下的传统风俗习惯及掺杂着佛、道、巫等宗教的多种崇拜形成激烈冲突。传教士按其教规、礼仪强制或半强制地支配教徒及中国民众,冲击中国民众的思想意识、价值观念与社会习俗,尤其是野蛮地干预民间祭祖尊孔、迎神赛会、求神祈雨及纲常伦理,激起中国民众强烈的反感。

祭祀祖先在中国宗法社会家庭制度原则中占有十分重要的地位。儒家又给敬天祭祖加上感恩报德的道德意识。近代,儒释道三教都已接受祖先崇拜的信仰。在中国人的思想中,最大的罪就是不祭祖先。但这是基督教的一大仇敌,均斥为邪。按基督教义,耶稣说:"我喜爱善,不喜爱祭祀,喜爱认识上帝,胜于燔祭。"所以,中国社会的祭祖习俗长期被基督教否定。1877年上海首届"基督教在华传教士联合会议"上,祭祖问题作为一个专题讨论,结果大部分传教士认为祭祖是偶像崇拜,不可容忍。直到1890年第二届大会时,祭祖仍成为争论焦点,主张不妥协者仍占大多数。基督教的这项义理激起士民的反感。为缓和这种矛盾,1892年李鸿章在《酌拟教堂禁约十条》中规定:"禁教士诋毁儒教,尤不宜驳祭祀祖先及拜圣贤偶像之说,则士民自不起忿恨之心。"但这一情况并未得到多大改善,一人入教,在宗族祭祖之日,往往就是教案发生之时。

迎神赛会是中国民间普遍的社会习俗,所需费用均为分摊。天主教弛禁后,教民以不信杂神为由拒绝,民教冲突加剧。1861年,法国传教士福安当在山西拟章程送交山西巡抚英桂,规定教外之人不许向奉教人摊派唱戏祭献修庙等钱。由此而起的教案颇多。又因传教士称迎神赛会为异端,更受士人反对。王炳燮对天主教反对神道斥驳最力,认为:"鬼神之道,自古有之","今天主教则谓自天之上,至于天下,但有耶稣为之主张,一切神道,皆为毁弃,夫四海之大,人物之众,王法所不及治者,幸有神道默助至教,今天主教抹去神道,使人心无忌惮,而惟彼教之是从,与诸邪说实出一辙,此其居心安可问乎?"鬼神与上帝的选择体现在平民与教民身上就成了教案,其中祈神求雨占较大比重。阴阳风水也是泛神论,在中国民间影响甚大,与基督教的一神信仰也有冲突。建造教堂常被认为是破坏风水,由此而激发冲突。

男女交往方面的习俗,中国与基督教传统相差甚远。中国严格男女之别,形成一套礼制,男女不杂坐,不握手,行时别于途等。男女无别则乱生,而同禽兽。夫妇之外,男女接触,会认为是有暧昧关系。宋明之后尤甚。长期浸淫在理学传统中的近代士绅是男女之别的卫道者。在基督教里,男女交往比较随便平和,信徒无论男女,入教均受洗礼,可到教堂礼拜。这些举动,受到中国社会反对。民众认为教堂男女杂处,相习成风,以致疑有"秽乱之事"。而传教士对此极为反对,坚持收妇女入教,由此引发冲突。

此外,在社会上还广泛流布着关于基督教的千奇百怪、耸人听闻的讹言传闻,这是造成晚清反教论的重要文化成因。这类流言反映出很多人对基督教的基本情况及更广阔的西方文化背景缺乏起码了解。根本上是长期与外隔绝的社会文化环境造成的对西方文化隔膜的表现。除了大量民间反教揭帖外,即使一些开明的时代先行者,其认识也是大有偏差的。如魏源《海国图志》中《天主教考》,肯定性地大量引录清初盲目排外的顽固官僚杨光先的反洋教代表作《不得已》中辟教的内容,还叙述了传教士授人丸药,服化后化为"女形数寸",可"手抱人心",使"终身向信不改教"以及传教士"用华人眼睛点铅成银"之类事情。这些内容成为反洋教宣传中的重要素材。

第二节　互相敌视的文化精英

基督教在中华民族危机加剧的时刻作为一种外来势力进入中国社会,教会的传教活动在条约制度下呈现出强烈的政治化倾向,由此而导致的晚清反教风潮无可避免地带有民族自卫的性质,不能完全归结为文化冲突。但政治层面上中国民众对基督教的反感与厌恶沉淀在民族文化心理的深处,无疑更加剧了文化交流的困难。这是基督教在近代始终无法顺利融入中国社会的主要原因。而作为文化精英的上流社会官绅对基督教尤为反感,他们对基督教的抨击在思想和内容上虽然并没有超出利玛窦时代排斥异端的传统,但态度更为坚定,立场更为鲜明,情绪更为激烈。所以张之洞指出中国人反教大抵"学士倡之,愚民和之,莠民乘之,会匪游兵藉端攘夺,无故肇衅"(《劝学篇·非攻教》)。与底层民众不同,官僚士人更重视基督教在文化层面引起的冲击,更重视其异端性质中隐含的威胁,即可能颠覆中国传统伦理。儒家士大夫攻击基督教的理由主要在三个方面:

第一,坚持中华文化悠远绵长,举世无伦,历代圣哲先贤已为后世创立了一套完美无瑕的知识和生活规范,这是天下最完备的道理,千古不易、万世不移。因此,中国人无论在知识以至道德上皆是自足的,中华文化自成道统,根本不需要考虑来自蛮夷之地的其他文化。基督教既是一种外来的文化,而中华文化又已是自足的,自然应被摒弃。如冯桂芬《校邠庐抗议》虽鼓吹西学,但仍斥基督教为"率猥鄙无足道"。这种以儒家文化为主体唯我独尊的传统文化力量,造成了对异域文化即基督教文化的斥拒心理,使之无法彻底改变洋教的面貌而在中国生根。这种本土文化优越感,使中国士绅认为基督教等皆不出儒教之宗旨。西方传教士也不得不承认这一点,说中国人认定上帝远远比不上孔子与其他中国哲人,基督教的宗旨不论从深度还是高度,都无法同他们自己的圣人与智者的说教相比。近代西方的入侵,使中国人更急剧地强化了保文保种的防御意识,强化了卫圣道、攻异端的信念,强化了反基督教的思想。

第二,儒家关心的是现实人生的问题,对鬼神、来生等向来并无太大兴趣。虽然自汉儒以后儒家逐渐掺杂了阴阳、道、佛的宗教成分在内,发展成一个拥有庞大的形而上学及宇宙论的思想建构,但其主调并未偏离。孔子的"未知生,焉知死"及"不语怪力乱神"的态度仍大致被后世的儒者所遵从。这种理性主义态度使儒家士大夫拒绝接纳基督为童女所生、天堂地狱等基督信仰的超自然部分。基督教之指称人皆有罪以至原罪论等,亦常被国人误解为与儒家的性善说水火不相容。1844年梁廷枏出版《耶稣教难入中国说》,是这一时期难得的理性思考基督教的专著,比较准确地介绍了基督教的教义、教规、教史及入华传教史,认为基督教比佛教更合人情,但却绝无法取代儒学。梁氏认为基督教有许多学理上的错误。如复活之说就与人死不可重生的常理有悖,而末日审判更是无稽之谈。基督教既无明确的最后审判时间,也不可能有足够大的空间容纳等待审判的灵魂。

第三,在道德伦理方面,儒家的基本关怀是人与人、人与社会的关系的和谐;为了确保这个和谐能够达致,除了每个人需要自律和克己外,更要在人际关系中遵守道德礼法。道德礼法被视为维系整个人伦秩序、社会安定的基础,其核心是三纲五常,西汉以来就支配中国社会,所有外来宗教皆需无条件地认可及遵守此礼法,而基督教宣称只有上帝是创造万物的主宰,上帝面前人人平等,这种异端遭到中国士绅反对。另外,尽管在基督教道德伦理中也包含忠与孝的思想,则其表达方式与儒家大异其趣。例如对中国人来说,孝的一个重要表达是祭祀祖先,慎终追远;基督教传教士却禁止信徒祭祖,如此便很难使国人不怀疑基督信仰是反对孝亲了。基督教的道理与儒家的礼法不合,常常是冲突和误会的主要来源,儒家士大夫甚至指斥不拜祖先为泯灭人性的行为,并以人禽之辨来反对基督教在华传播。如王炳燮从《圣经》中证得基督教无父无君并无母,认为耶稣不认其母,犬羊不如。而晚清反教文献《辟邪实录》亦最强调这一点。

而太平天国把一知半解的基督教教义改造为自身的意识形态,也极大地损害了基督教的形象。官僚士绅难免会把基督教的传教事业同太平天国的"倡乱"作因果上的联系。曾国藩在《讨粤匪檄》中攻击太平天国"凡民之父皆兄弟也,凡民之母皆姊妹也",这无疑符合中国民众对基督教最显著特征的理解。曾国藩认为太平天国运动将导致"千年礼义人伦,诗书典则,一旦扫地荡尽,此岂独我大清之变,乃开辟以来名教之奇变,我孔子孟子之所痛哭于九泉"。曾国藩的此番话,尽管是针对太平天国而言,但也集中反映了19世纪中后期中国士绅对传统文化所面临危机的强烈忧虑。在这种文化心理下,作为外来文明代表的基督教遭到中国知识分子普遍的拒斥。

而晚清来华基督教本身除了挟政治之威权之外,更表现出强烈的种族与文化优越感。这也造成了传教士与中华文化精英的交流障碍。与明末耶稣会修士不同的是,晚清来华传教士的主要传教对象是社会底层民众,这极大地影响了他们对中国的看法。他们接触到的绝大部分是中国社会和文化的黑暗面:愚昧迷信的风俗(庙宇林立、满街偶像)、残忍荒谬的行为(缠足、杀婴、蓄婢……)、环境污秽、卫生恶劣、盲目无知、故步自封,还有政治贪污腐败、司法不公正、教育泯灭个性等等。而教士对中国士绅也最为敌视,认为儒士们在儒家温文尔雅的外表下,是狡诈、愚昧、粗野及对外来事物的仇恨。所以,有的传教士在布道时斥责民众搞迷信是错误的、儒家学说有很大缺陷,直截了当地命令皈依者们抛弃自己的祖先、自己的传统,乃至要求受旧教育的绅士放弃三纲五常。当然其中也有少数例外的,如理雅各便是一出色的汉学家,将不少传统典籍翻译成英文,为将中华文化引入西方作了相当的贡献。不过这样的人委实只是极少数。即使一些有兴趣研究中国的传教士,其实都只是企图全面了解这个古老的异教文化而已。在他们的论著中,极少带着肯定或欣赏的态度。对中国持有某种文化上的偏见无疑是晚清在华传教士的主流。传教士的这种心态与中国官绅的文化心理针锋相对,水火不容。这两种对立心态必然导致两种文化无法进行平心静气地交流。

第三节　对话的可能性

尽管基督教在 19 世纪后半期遭到中国社会激烈的抗拒,中华文化精英与西方传教士各自坚持自身的文化正统,正常的文化交流始终未实现,但对话的可能性仍然存在。从传教士一方来说,马礼逊、理雅各、李提摩太、林乐知、丁韪良、李佳白等少数新教传教士有意识承袭利玛窦倡导的天主教与儒教思想结合的"文化适应"方略,主张与儒家思想结合。马礼逊强调传教士应了解中国的文化与社会,尽管其目的是为了实现"神迹的彰显",但对中华文化表示出了应有的尊敬。翻译大量中国古代经典而在中西文化交流中作出重要贡献的英国传教士理雅各更强调儒家思想与基督教不是敌对的,呼吁在华传教士了解中国儒家著作与思想。1860 年以后,比较系统地研究基督教与儒家思想相融合问题的是林乐知,他指出儒家的君子三戒与基督教上帝十诫有相通之处,儒教的五伦五常亦为基督教所重视,所以"耶稣心合孔孟者也",两者"心与理是相通"的。林乐知并用儒家思想的基本理念与常用词汇表达基督教教义,从《四书》《五经》中寻找上帝、天道、忠、恕、诚、敬等理念,以与基督教教义相沟通。林乐知主持的《教会新报》还发表了一系列引儒书以证教的论文。19世纪主张会通儒耶的传教士思想主旨可概括为1890年丁韪良所提出的"孔子加耶稣"的命题。甚至有少部分传教士突破神学思想上长期存在的禁区,赞成中国信徒实行祭祖礼仪,认为祭祖只是对先人的一种尊敬,并非偶像崇拜,若允许中国人施行此种礼仪,将为传教工作扫去一大障碍。

部分传教士也敏锐地意识到影响中国知识精英的重要性。林乐知就承认中国的"高等阶级社会"是有教养和讲礼貌的,从中可以学得许多宝贵的经验。而李提摩太更把传教重点置于中国知识精英身上,注重向上层官绅人士传教与游说。在经历了不成功地向下层民众传教后,李氏改变传教策略,改穿儒生长袍,并带上假辫子,学习儒家典籍,了解儒道释三家思想体系,与地方官吏与士绅交游。李鸿章、翁同龢、孙家鼐、康有为等均同他保持着良好关系。特别是在维新运动期间,李提摩太更是积极参与,他同其他几个传教士如李佳白等人经常与维新人士聚餐,讨论改革计划与办法,梁启超更是充任了李提摩太的中文书记。

但即使如此,在华传教士的思想主流仍认为基督教的精神价值高于儒教。传教士普遍认为,儒教只涉及在世五伦,而未论及天伦与物伦,所以儒教可以言道而不可尽道,可以尽道于国家,不可能尽道于天下,而基督教则可补儒教之不足。再者,儒教圣人孔子为人,而基督教之耶稣则为上帝之子,所以基督教高于儒教。传教士特别对宋明以后理学,特别是其中的"太极论"持批评态度,因为太极论中"无极生太极"完全否定了创世说的可能性。对佛教与道教则完全持驳斥的态度。接纳祭祖之说更是应者寥寥,以至于传教士李佳白气愤地指出,反对祭祖不仅有碍传教,而且反映了西方人的高傲。

而在中国士绅防教、禁教、拒教的保守气氛下,也有一些不同的声音存在。首先是少部分处理教案的清廷官员在列强压力下主张守约护教。如曾国藩在处理天津教案中,极力主张辟讹释疑,认为种种反洋教檄帖中的恐怖传闻均是误会所致。这一立场导致曾国藩几乎名誉扫地。而到了洋务运动时期,持容教论的官员逐步增多。张之洞便是对基督教及西方文明持客观公正立场的官僚之一,在晚年的《劝学篇》中他更是称各种关于基督教的传言决不可信。光绪末年已有不少士绅的容教宣传品面世,如高步瀛、陈宝全的《民教相安》等。这些小册子试图使读书明理之士明白基督教的源流及教义教理,从而冰释成见与猜疑。这些清醒的士绅中已有人注意到教案大多与天主教有关,而新教则相对平和文雅,少与民争,倡言对新教的容受。容教论者并不背离儒家义理,首先承认儒家思想为正道,但同时列举长期以来儒与释、道共存之实,来说明基督教也是可以同儒教并存的一个教种,并承认基督教也是一种文明教化,并非禽兽之教。曾国藩曾说:"内地已有三四教,复加一教亦仍无碍。"而部分官绅如郭嵩焘、李鸿章等更从学理层面提出儒耶相通、耶胜佛道的主张。如郭嵩焘认为基督教教义"可深长思也",李鸿章则认为基督福音"近于吾儒之圣道"。与反教论者的盲目排外的保守主义相比,容教论者要开明、公正得多。

事实上,中国人对宗教基本上采取容忍的态度,大部分宗教都获准自由传播、甚或获得政府的资助;除非该宗教被视为对政权或社会结构造成危害,否则不会受到禁止。也有一些统治者因崇佛或道的缘故而排斥其他宗教,但为数不多。在中国历史上,宗教战争绝无仅有。正因为中国有宗教宽容的传统,所以外来的宗教很易与传统信仰会通,佛教便是明显的一例。但是,中国人对宗教采取容忍宽厚的政策却不等于政府采取放任的态度。因为宗教并不单纯是精神领域的信仰问题,它蕴含着独特的世界观和人生观,并且在社会上是一个有强烈内聚力的社会组织,具有潜在的政治力量。历代中国统治者都希望宗教团体的社会功能必须仅仅限于宗教,不应涉入政治、社会、经济领域,且不能构成对其他社会组织的妨害。唐武宗时的灭佛便是因为佛教僧侣和寺产的增长严重地影响了国家的徭役税收,于是予以全面压制。

而基督教是外来的建制宗教,无论其实际的传教活动还是它的教义信仰,都对中国社会构成了威胁。再加上西方传教士在总体上对中国持有一种居高临下的态度,激起从中国社会底层民众到中上层文化精英的普遍反感,文化交流的可能性淹没在激烈的冲突与对抗之中。章太炎为此段历史作了精辟的总结:"今日亦有以彼教为无君无父而视之如洪水猛兽者矣,然人民之愤起排教者,其意乃绝不在是。浸假而基督教人之在中国循法蹈义、动无逾轨,则人民固不以异教而排斥之,亦不以异种而排斥之,其相遇也,与昔之天竺法师无异。虽以百千士人著书攻击,犹往日宋儒之辟佛而已,而人民不因是以起其敌忾之心也。"(《〈社会通诠〉商兑》)在多种因素的复杂作用下,终于酿成了1900年的义和团运动,对基督教的排斥与敌视达到了顶点。而基督教与中国社会在文化、政治上的全面冲突无疑是这场悲剧的重要诱因之一。

第四节　20世纪非基督教运动

进入20世纪,特别是民国建立之后,儒家思想作为国家意识形态已失去了皇权制度与科举制的制度保障,更在五四运动中受到激烈的批判。基督教在中国的最大对手已颓然倒地。同时,庚子事变后,在华基督教会在传教策略方面也作了检讨与调整,更由于半个世纪以来在教育、医疗、慈善救济方面所作出的卓有成效的努力,使中国民众对基督教的恶劣看法已大有改观,抵触情绪有所缓和。中华民国成立后,在《临时约法》中以法理的形式肯定了公民有信教的自由。所以,在20世纪最初的20年里,基督教的外部环境有了很大改善,教会及信徒的数量都有了进一步增长,以至于这一时期被称作中国教会的"黄金时代"。然而,从1922至1927年,中国社会又爆发了声势浩大的非基督教活动。同19世纪以"教案"形式表现出的激烈对抗不同,20世纪初叶的这场"非基"运动主体是知识分子,对基督教的批判也主要发生在学术与思想领域,尽管也酿成了数起暴力冲突,但总体上态度是理性的,方式是说理的。然而正是这种理性的批判对基督教的冲击更甚,以至在运动的大部分时间内,基督教几无还手之力。

"非基"运动的第一次高潮发生在1922年3—4月间,为抗议世界基督教学生同盟第十一次大会在中国的召开,上海高校学生首先成立了"非基督教学生同盟",并通电全国学界,北京知识界与学界积极响应,成立了以反基督教为主并同时反对其他宗教的"非宗教大同盟"。全国各主要城市知识界也相继成立了反基督教组织。1924年广州圣三一学校开除学生领袖,导致非基督教运动的再次爆发。此时,国共两党亦积极介入运动,并将非基督教运动的目标引导至反对教会教育、收回教育主权等具体方面。1925年"五卅惨案"又激起了非基督教运动的第三次高潮,并与全国范围内强烈的民族主义与反帝情绪相结合,声势十分浩大。

仅1925年,全国教会学校就发生学潮四十余起。许多期刊杂志刊登大量激烈的反基督教言论,形成强大的舆论压力,北京政府教育部不得不于当年11月间通过法案,规定学校不得以传布宗教为宗旨、不得列宗教科目为必修课等。直到1927年国共分裂,国民革命陷于低潮以及1928年济南惨案导致全国反日情绪高涨,局势进入一个新的阶段后,非基督教运动才逐渐沉寂下去。

非基督教运动中新式知识分子不再用传统夷夏之见作为反教的理论与思想武器,而是在民族意识的内核以外,包含着来自西方的思想与理念。各派别学说虽各有侧重与来源,但总的来说都有着明显的科学主义特征。在新文化运动时期,科学被广泛接纳和推崇;国人不独对科学的研究和成果全然接受,甚至采用自然科学的方法和价值观来重组他们对社会人生的态度,以求弥补由于儒家思想遭到否定而留下的精神与价值空虚,宗教因而被视为违反科学与理性的。再加上民族主义思潮的再度勃兴,来自西方的基督教及其教会再次被置于批判的中心。是以列文森指出:19世纪中国人反对基督教,是因为她与传统中国相违背;但20世纪中国人的反教,却是指其与现代科学相冲突。

在"非基"运动中,一切宗教的合法性均受到了质疑。在近代科学主义思潮影响下的中国知识分子以进化论、唯物主义、实证主义等思想理论武器批判宗教是迷信,是反科学、反理性、反知识的。必须以科学的价值观与判断标准考察宗教的意义与社会价值。宗教是由于错误的信念与伪善而产生,是限制人类自然发展的。它使人逃避现世,只顾来生,蔽锢人民的思想,使他们拒绝接受新知,因而成为人民的精神鸦片;它减低人民积极面对现实、改变现实的能力,从而成为统治者麻醉人民的工具。所以,宗教在现代社会已无存在的功能,它是过时的产物。青年知识分子们宣称,新生的中国不需要任何宗教,更不需要一个外来的宗教,矛头直指基督教。在青年学生中有很大影响力的胡适评价达尔文进化论是"证据战胜传说",打倒了两千年尊崇的宗教传说。蔡元培更是指斥当今各种宗教均是陈腐的主义、诡诞的仪式、夸张的宣传,是无知识人的信仰。

对基督教的批评除了包含上述科学主义思想外,又在民族主义情绪支配下加入了政治批判的内容。社会主义、无政府主义、民族主义、国家主义等政治思潮成为批判基督教有力的思想武器。中国知识分子认为,基督教是帝国主义侵略中国的工具,压迫中国的帝国主义国家就是那些将基督教传给中国的国家。历史上,基督教是伴随着帝国主义来到中国的,进入20世纪,传教事业仍是在不平等条约的保护下。教会在中国拥有大量学校、医院及种种慈善事业,吸引了广大群众。他们即使不成为帝国主义的走狗,也会因此而有亲英、亲美的思想,从而最低限度减少了国家精神。宗教都具排他性,但基督教的排他性尤为厉害,除天主教与东正教势如水火外,不同宗派间也互相攻讦,如此妨碍了中国人的团结。

在各种思潮中,社会主义思潮在具有浓厚民族主义意识的20世纪初中国知识分子中有很强的吸引力,尽管其内容十分驳杂,但影响甚大。社会主义思潮怀疑资本主义本身的合理性,由此而认为现代基督教及基督教会就是"经济侵略的先锋队",传教士所到之处就是洋货泛滥之地,就是"资本主义开辟新市场"。无政府主义思潮则抨击以宗教与教会为外壳的神,认为这是一种专制的力量,造成了人类痛苦的根源。自由主义与人文主义思想则认为,只有以西方式的文艺复兴与启蒙运动为先导,才能建立一个现代民主国家。基于这一认识,胡适提出,必须以一种人文主义的思想文化来代替宗教的功能。而蔡元培更是具体提出了要以美育代宗教。

非基督教运动与新文化运动在精神上是一脉相承的,是新文化运动中科学与理性精神的再度阐发。但由于批判者大都毫无例外地受到民族主义思想与情绪的支配,所以对基督教的批判大多集中在社会与政治方面,对其终极意义与精神价值则很少涉及。梁漱溟是极少数从宗教本身的价值着手进行思考的学者。尽管他站在佛教徒的立场上,对基督教持反对态度,但对宗教的存在显然有更为深刻的见解。梁漱溟承认宗教的先验主义与知识是相悖的,但他更强调宗教的重要性,认为宗教能破除人类不可避免的终极忧虑。而屠孝实认为宗教与科学并非不相容,宗教本质在直接的主观经验,属直觉且永远为真,而科学属理智,两者都是对宇宙的不同态度,可以并存,排挤是一种偏见。周作人从艺术的角度认为艺术与宗教都使人与最高的灵性合而为一,只要有艺术,宗教就会存在。但他们对宗教的理解,应者寥寥。在1922年的非基督教运动中,周作人与北京大学四教授发表宣言,主张宗教自由,反对非基督教,但受到嘲讽与严厉斥责。

第五节　走向本色化

面对中国人民日益高涨的爱国主义与民族主义情绪,一部分外籍传教士和中国的教牧人员开始认真考虑基督教会与中国社会之间的关系,于是出现了一场促进中国基督教与民族文化相结合的"本色教会"运动。本色教会运动主张逐步实现基督教与中华传统文化的结合,以消除基督教的"洋教"面貌。教会内部本色化运动直接受到"非基"运动的刺激而兴起。

义和团运动以后,部分教内人士就开始对在华基督教会的历史与现状进行反省,从而掀起了一场旨在脱离西方教会的"自立"运动。然而直至20年代,虽然教会中中国籍神职人员人数有显著增加,但外籍传教士仍占主导,他们的神学思想及对中国社会的看法、传教的策略无疑仍带有浓厚的西方色彩。基督教要真正成为"中国的"宗教,首先要求基督教会证明自己在政治与社会功能上对中国有益,改变其西方帝国主义文化侵略工具的形象。因此,不少教内有影响的人士都试图对中国人民表现出友好与理解的姿态。例如新文化运动和五四运动就有不少教会人士参与其中。中国教会领袖成静怡对五四运动有很高评价,认为这是中国青年表达对国家热爱的"突出而有序"的方式,并号召中国基督徒为发展自己的国家担负更大义务。美国传教士乐灵生对20世纪初的中国民族主义情绪亦持理解的态度,针对非基督教运动提出教界不应简单地予以否定,而要对基督教本身作出反省与革新。乐灵生深刻地指出,非基督教运动的实质是保护中国不受外来政治与文化侵略,因此他十分赞同非基督教运动中中国人民提出的废除不平等条约的要求,并主张传教士也应当为此做出努力。司徒雷登则在《基督教与民族主义》一文中主张一切不公正的权益都应该取消,认为支配中国人民思想的民族主义感情是这个国家最有希望的现象。著名的教会领导人吴雷川认为,在华基督教会的困难来自于教会本身的失误,西方传统的基督教没有和中华文化的精神调和融会,传教士在没有真正体验中华文化精神的情况下,将西方基督教传统的教义与组织强加于中国,由此而导致士大夫对基督教的恶感,甚至激起无谓的仇视,根本原因在于传教者"未得着合宜的方法与工具"。另一著名的教会领导人吴耀宗则指出,宗教应体现在人的全部生活中,而不能脱离他所处的社会,主张基督教对中国社会的当下危机要作出独特的贡献,而不能退守到个人灵修的狭小圈子内。

针对非基督教运动的挑战,不少教会领袖致力于神学思想理论的中国化问题。他们倡导基督教思想与中华文化结合,或用儒家思想去阐释基督教教义。他们认为基督教的本质其实就是耶稣基督的博爱精神,这种博爱精神无论在任何情况下,都是中国急需学习的。吴雷川发现,基督教与儒家思想在宇宙观上是共通的,都表达了对宇宙主宰的本质与意志的体认。在他看来,"上帝"等同于儒家的"天"与"神",代表着同一的宇宙原则或力量。赵紫辰认为,中华传统文化的最高理想是人与自然的合而为一,这个自然就是上帝,所以最终也是"人神合一",同基督教跟随上帝的旨意在意思上是一致的。乐灵生在《基督教在中国的归化》一文中着重探讨了自传问题,提出应建立完全由中国人自传的教会。他认为,中国人的思想中有显著的宗教因素,将宇宙视为一种基本的道德,人们因而生活在一个道德宇宙中,同基督教的思想没有冲突,因此可以接受基督教。所以,传教士应致力于以纯粹中国方式表达基督教精神,而不是强迫发展出一种西方的形式。司徒雷登则倡导中国的神学家以中国的传统文化对基督教教义作出创造性解释,并明确提出,没有必要让中国信徒抛弃敬祖的习惯。部分教内人士对同样是外来宗教的佛教表示了浓厚兴趣,比较有代表性的是赵紫辰的观点。赵紫辰试图总结与吸收佛教的经验以推动基督教的发展。他认为,佛教在文化交流方面提供了一个范例,基督教应汲取佛教的精神,从而建立"大乘基督教"。

在组织建设方面亦有比较实质性的进展。基督教在19世纪再次入华后,在中国形成了形形色色的宗派性团体,彼此隔绝,互相排挤。非基督教运动中,西方差会主持下的基督教会宗派林立,是中国知识分子批判的重点之一,认为这导致了中国人的不团结。经合一运动后,全国各小宗派按其教派归属成立了若干全国性的教会组织如"中华圣公会""中华圣公会布道部"以及长老会与伦敦会、公理会联合组建的"中华基督教大会"等,冠"中华"之名,以求消减"洋教"的形象。此外,各基督教会还联合成立了超宗派性的教会团体或机构,如青年会、世界基督教学生同盟等。1922年的"全国基督教大会"更提出了"本色教会"的主张,其目标在于提倡自养、自治、自传,促成教会自立,以致中华民族化。在西方差会及传教士中,已开始重新关注基督教教义与中华文化结合的问题,并倡导教规与仪式的中国化,试图把中华文化的形式作为包装与基督教的内容相结合,以求生长出中国本色的基督教。

尽管其后不久,日本帝国主义发动的侵华战争中断了此次教会本色化的尝试,但它所提出与思考的问题在今天仍具有十分重要的意义。

第十编

文化遗产

　　人类文化有物质的、精神的和制度的方面,精神文化和制度文化又常常以"物"的形式而表现出来。如中国古代的建筑、园林、石窟、陵园等等,都蕴涵着丰富而深刻的文化内涵,是精神文化乃至制度文化的载体。在这些古代的文化遗存中,凝结着先民们的聪慧和才智,积淀着中华民族的传统和精神。中华民族五千年文明史为我们留下了丰富的文化遗存,其中,那些极具历史、科学和艺术价值而又保存较为完整的文化遗产以其迷人的魅力走向世界,被联合国教科文组织列入(或将被列入)《世界文化遗产名录》。它们是中华民族优秀文化的杰出代表,具有强大的民族凝聚力和感召力,鼓舞和激励着海内外的炎黄子孙以赤子之心去保持和发扬民族的历史和传统,在新的历史时期不断开拓、进取,为创造中华民族新文化而努力。

第五十七章

民族精神象征——长城

长城是我国古代一项伟大的军事防御工程,是在特定的历史条件下,中国境内民族间互相对抗的结果。长城也是古代一项伟大的建筑工程。古代中国把这一伟大工程的修建传承了近两千年。自东周时列国筑长城开始,秦、汉、北魏、东魏、北齐、北周、隋、金、明各代都筑有长城,地域遍及十六个省、市、自治区,总长约五万公里,其中秦始皇长城、汉长城、明长城都超过五千公里。仅就修筑明长城所耗土石计,如用来修一条宽一米、高五米的城墙,这座城墙可绕地球一周多,可见长城工程之浩大。在世界历史上,筑过长城的并不只有中国,古希腊、古罗马、英国、丹麦、朝鲜都筑过长城,但中国的长城无论在时间、长度、所跨地域、建筑规模和质量上,都是举世无双的。中国长城对中国历史的进程产生过不凡的影响。长城是和悠久的中华文明联系在一起的。

第一节 长城之史

一、东周列国长城

春秋战国时期,社会动荡,列国纷争,战争频频,各诸侯国为了防御强敌,纷纷在边界利用山岭河川之险,修筑连续不断的城堡和长墙。就军事上来说,防御方不同防御方法的产生,总是与进攻方的进攻方式直接相联系,长城的修筑与骑兵的兴起有密切的关系。春秋战国时,虽然兵车依然是各国军队的重要组成部分,但已出现了骑兵。与骑兵相比,兵车御手即使再训练有素,行动总是不够灵活,尤其是对付游牧民族的骑兵,兵车毫无用武之地。骑兵可轻易跨越小涧,跃上山坡,来去自由,只有筑起高墙才能有效抵挡骑兵入侵。于是,人们把高耸的城墙推广到漫长的边陲,修筑成一道延绵不断的长墙,以保护自身的安全。

春秋战国时代在边境筑起道道长城的诸侯国有齐、楚、燕、赵、魏、秦、中山。其中齐、魏、楚、中山和赵南界、燕南界长城,是为抵御敌国侵犯而建的,属于内地长城,一般较短。而秦、赵北界、燕北界长城则是抗击匈奴诸胡的防御线,不仅比内地长城建得长,而且防御措施也更严密。

楚长城又称"方城",是我国最早见于记载的长城,坐落于楚北境,其位置起自今河南邓州北,至泌阳县中阳山而上,全长约三百公里。长城城垣以土筑为主,"无土之处,累石为固",今楚长城大都已毁坏,仅存两处遗址:一为位于方城县东北的大关口长城遗址,存有共长约一千余米依山而筑的南北两段残垣;另一位于泌阳县城北的象河兰长城遗址,全长六公里,旁有烽燧遗址,可能是一处关隘遗址。

齐长城是东周长城中较早修建的长城之一,但它究竟始建于何时仍是一个谜。齐国东、北两面临海,西有黄河(改道前的古黄河)天险,南虽有泰山、沂山,然不足为凭借,因此齐国在南境修建了长城。这道古长城西起山东平阴东北古济水今黄河之滨的钜防,经长清县五道岭、泰山、博山、穆陵等地,入胶南县西南直至海滨,全长约五百公里。齐长城城垣多用石块筑成,无石地方以土夯筑。如今山岭上还留有长长的碎石带。

魏长城修筑于魏慧王时。韩、赵、魏三家分晋后,魏国处于中原腹地,四面受敌,尤其是西边的强秦不断地攻打魏国,拔取城池,魏国筑长城主要是为了抗击秦国的侵略。魏长城有两道,一道是今河南开封之西,因在河水(古黄河)之南,故称"河南长城",全长约二百公里;另一道在西境,因在黄河以西,故称"河西长城",全长亦二百公里左右。今仍能见到两道长城断断续续的残垣,或为黄土夯筑,或为石块砌筑。

战国时赵国在其南北边境也修筑两道长城,南界长城位于今河北、河南交界的漳河北岸,是赵肃侯在位时为防御魏国所修筑。北界长城建于赵武灵王"变俗胡服,习骑射,北破林胡、楼烦"之际。根据文献记载"筑长城,自代并阴山下,至高阙为塞"(《史记·匈奴列传》)。北界长城位于内蒙古阴山、大青山一带，今考古调查发现，城墙用夹黄土夹大量砂粒夯筑而成，有的先用石块铺基再夯黄土筑成，其断续的墙体仍可寻。

燕国长城有两条，一条在燕下都南、易水之滨，又称"易水长城"，也称"燕南长城"；另一条在燕国北部边境，称"燕北长城"。燕南长城约建于燕昭王之前，用于防御赵国和齐国。利用古易水的堤防与筑墙相结合而成。燕南长城起太行山下，沿易水北岸东行，越徐水、爆河、萍河、大清河，止于子牙河。长城墙体除西端为石垒砌外均为夯土筑成，今易县、徐水境内仍存有13公里保存较好的。

燕北长城建筑于战国后期，是为抵御来自北方的游牧民族东胡、山戎侵扰而修筑的。西起张家口，东北行经内蒙古、河北、辽宁等省区交界处，一直延伸到今朝鲜清川江北岸。

秦长城系秦昭王时修筑，又称"秦昭王长城"，以区别于后来秦始皇统一六国后修筑的长城。

秦国崛起于西北戎地。秦国在与西戎斗争中逐渐壮大，到战国时已成为"七雄"之一。但秦的西、北境常遭西北草原地区匈奴部族的袭扰。为了解除攻取中原的后顾之忧，在陇西、北地、上郡修筑了一道长城，以拒匈奴。

秦长城西起甘肃临洮的洮河边上，向东北横贯黄土高原，止于内蒙古托克托县黄河南岸，历经甘肃、宁夏、陕西和内蒙古四个省区，全长约两千公里。秦长城至今依然蜿蜒在西北黄土高原上。秦长城的修筑质量很高，充分采用了因地制宜、就地取材的方法。

二、秦始皇长城

秦始皇统一中国后，不顾"天下之心未定"，遣蒙恬率大军北逐匈奴，在北部边防修筑长城。长城西起临洮，东至辽东，延袤万里余，这是中国历史上第一道万里长城。过去人们仅根据文献记载推测以为秦始皇长城只是对旧战国长城加以修补，未单独新建。近年考古发现证明秦始皇长城有新筑的。秦修筑的长城主要有三段：西北段，西南起临洮，东北至九原(今内蒙古包头西北)，除部分利用秦旧有长城外，大多因河为塞，并在险要处新筑了许多亭障；北段和东北段大抵在战国时期赵、燕国旧长城基础上修缮连接和新筑而成。

由于秦始皇筑长城的徭役骚动全国,死伤无数,给人民带来巨大苦难,因此对秦始皇修筑长城的功与过,后人的评价毁誉不一。历代的评论以谴责为多,文人墨客中有不少因怀古而抨击秦始皇筑长城的,汉代的一些政治家甚至把筑长城也归为秦朝灭亡的重要原因之一,孟姜女的故事更是道出了百姓的心声。但也有少数人对秦始皇筑长城持肯定态度。如清马恂《长城歌》写道:"亭障罗列百万兵,牧马无人七百里。英雄举事必无穷,害在一时利万纪。"认为从长远利益考虑,对国家安宁是有利的。

就当时的边境形势而论,秦始皇筑长城是需要和必然的。战国时期以头曼单于为代表的匈奴贵族统治者乘内地兼并战争日趋激烈,赵、燕北边的防御力量削弱之机,占领了赵自阴山至"河南地"(今内蒙古河套南鄂尔多斯一带)的大片地区,并继续南下侵扰,造成对秦帝国北边的严重威胁。为解除侵扰、安定北边、维护国家统一,秦始皇本想在兼并六国之后立即出师北伐,因李斯的谏议才暂时作罢。因秦刚兼并六国,帝国草创,大规模对匈奴战争条件还不具备,于是秦始皇在军事上采取积极防御、委任蒙恬等加强对北边的屯戍政策。秦王朝建立五六年之后,公元前215,秦始皇命蒙恬发兵三十万向匈奴开战,先收取河南,后又接连收复阴山一带的广大地区。为巩固在战场上取得的成果,秦深感要防御匈奴贵族再次南下,营造一条更大规模长城尤为必要,于是命蒙恬主持修筑。长城确实在一定程度上起到了阻挡游牧民族侵扰的作用,对保卫国家安全起了巨大的作用,对此应予以公正客观的评价。

三、汉代长城

汉初,北方匈奴连年南下侵扰,汉兵无力抵抗,只能委曲求和。汉武帝即位后,国力已强盛,便采取主动出击匈奴的方针,派卫青、霍去病等将军率兵多次征战,重创匈奴,终于将匈奴驱回漠北,消除北方边患。为保卫北方疆土安全、保障汉王朝与西域各国的通道,汉武帝在与匈奴战争的同时又在西北和北部边境陆续修筑了计逾一万公里的防御工程,汉代人称之为"塞"或"边塞",包括长城亭障、烽燧等军事设施。障,为塞边小城,建置于险要之处,可以自障蔽而伺敌,有军官驻于障内。燧，或称烽燧，平面呈方形或圆形，夯土筑成。汉称此土筑高台为"亭"，亭的上部建有望楼，望楼高处可伺望敌情和举烽火报警。

汉长城有三段，西起新疆，东抵辽东，穿越浩瀚的戈壁沙漠，横亘于无垠的草原，翻越崇山峻岭，绵延一万余公里。关，建置在塞墙内侧的驿道上，汉代河西四郡设有四关：玉门关、阳关、金关、悬索关。玉门关和阳关是通往西域的门户，是历史上的名关。长城沿线还增修了许多边城障塞和烽火台，还大力开展军屯，并徙民实边屯田，筑起了一道坚固的防御线。西段长城基本上用夯土或土胚垒成，出敦煌以西不筑长城，而是绵延的亭障和烽燧，伸向无边的天际。汉长城在历史上有力地阻止了北方游牧民族对人民的侵扰，对保卫黄河流域先进的经济、文化的发展，促进西域地区农、牧业生产、社会进步，尤其对保障"丝绸之路"畅通，发展汉朝与亚欧各国的经济文化交流起了重大作用。

四、北方民族修筑长城

中国古代的长城并非只是中原地区汉民族的作为。北方民族入主中原以后，为抵御北方边境另外一些民族的侵扰，也都修筑过长城。

北魏明元帝时期，为了抵抗北方劲敌——柔然汗国的侵扰，保卫当时北魏都城平城（今山西大同）的安全，北魏在今山西、河北境内，先后修筑过两道长城。到534年，北魏分裂为东魏和西魏时，北方柔然又再度活跃起来，威胁着东魏，控制黄河下游地区的东魏不得不筑长城以防柔然。

北齐、北周时期，突厥崛起，并灭了柔然，突厥代替柔然成为北齐的边患。北齐为防突厥，多次筑长城，设障置戍。同时为防北周的攻击，北齐在西境也建筑了长城。577年，北周灭北齐后，突厥屡犯边境，北周因此修缮了北齐的长城。

581年，隋王朝建立时，北方突厥汗国势力正强，屡屡寇边。为解除边患之扰，隋文帝在立国之初即开始修筑长城，及至隋炀帝当政，先后七次修筑长城，役使民夫上百万，但所历时间并不长。唐朝建立时，突厥内部为争夺王位发生纠纷，分裂为东、西突厥。唐太宗乘突厥国内战乱，又遭连年大灾，发兵进攻突厥予以重创，657年，西突厥被唐消灭，745年，东突厥为回纥所灭。唐时没有了北方边境之患，故唐朝没有大兴长城之役。

公元12世纪,崛起于白山黑水之间的女真族先灭辽,后在黄河流域建起了金王朝。在金国称雄中原之时,活跃在北方草原的蒙古族也日渐强大,屡屡向南袭扰。金朝为了对付来自北方的威胁,在与蒙古人相接触的西北边境开掘界壕,兴建城堡,进而连成长城。金界壕是掘地为沟堑,以阻止骑兵的进攻,但因地处塞外草原,人烟稀少且风沙大,沟堑常被湮灭,所以沿沟堑的要塞处又筑有边堡,以屯成军卒,形成一条军事防线。

金长城主要分布在今内蒙古自治区境内,分南北两线。南线自内蒙古莫力达瓦达斡尔族自治旗嫩江西岸,向西南延伸,越过大兴安岭,直抵河套阴山北麓。北线东起自呼伦贝尔盟额尔古纳右旗上库力村,向西延伸,一直到外蒙古的乌勒吉河河源之北的沼泽地,已深入到外蒙古和俄罗斯境内。

金长城的形制除掘地为堑壕外,还将堑壕内挖出的土石堆筑在内侧,并加夯实形成长墙。现壕一般宽5~8米,深2~3米;墙基宽5~8米,高2.5~5米。这种墙、壕并立的做法,对防范骑兵很有效。金长城的防御体系较前代更为完善,并被明朝长城继承。

五、明代长城

明朝近三百年间(1368—1644),北方边患始终未断。残元势力、鞑靼、瓦剌、女真不断侵犯边境,威胁着明朝的安全。明朝开国之初国势尚强,曾分兵进击漠北,经略松辽,打通河西走廊,将边界推进到大兴安岭以西,但始终未能彻底打垮北方游牧民族。明朝不得不在北部边境筑长城以自卫,历明一代修筑不绝。

明前期的长城工程重点主要是修缮北京西北和山西大同的外边长城和山海关至居庸关的沿边关隘,局部地段土垣改为石墙,增建烽堠、戍堡等。大规模兴筑长城开始于明中期。明朝把整个长城沿线划分为九个防区,称"九边"或"九镇"(九镇分别是辽东镇、蓟镇、宣府镇、太原镇、大同镇、延绥镇、宁夏镇、固原镇、甘肃镇),设总兵官统辖,由九镇分别调集军民分段进行修筑,然后再连为一体。九段长城完全连接之后,就形成了东起鸭绿江、西抵嘉峪关的全长6 300多公里的万里长城。明后期对长城进行了重建,在长城上建大量空心敌楼,将大多数地段的墙体外表换成砖石结构,并增建排水道、边堡和墩台,还将固原镇、甘肃镇两区段长城城墙从黄河沿岸向北推进了300公里。长城翻越于崇山峻岭之上,穿过浩瀚的戈壁沙漠,磅礴而雄壮的气势丝毫不比秦始皇长城逊色。今天人们看到的较完整的长城就是明朝修建的长城,其结构之坚固、工程之浩大,是以前任何一个朝代都无法相比的。

明长城集历代长城防御设施之大成,在长城沿线建造了许多烽燧台、敌楼、堡寨和关城等,且较前代更为完善。长城沿线建筑烽燧从长城伊始就有,用以传递军事情报。战国秦长城上出现墩台,既可点燃烽火报警,也可以作为站台。明代建于长城上的墩台一般用于抵御敌人,故又称战台、敌台(当然也有举烽烟报警的功能)。

在长城沿线建有许多堡城。在长城的通道险要之处(往往是出口)还设有关城。全线约有关城一二百处。著名的有山海关、黄崖关、古北口、慕田峪关、居庸关、紫荆关、倒马关、雁门关、宁武关、偏关、嘉峪关等。

第二节 长城之美

美学家宗白华曾这样说:"中国最伟大的美术、最壮丽的美,莫过于长城。"长城作为中国古代一项伟大的军事防御工程,经过两千多年沧海桑田的历史变迁,其实用功能已经消退,而它的审美特性却在历史的演进中不断积淀、增长。今天的长城,已成为我们民族精神、审美理想的象征。

长城的美是阳刚之美,即壮美、崇高美,无论从它雄壮的外在形式还是从它深厚的精神内涵,都体现出雄伟、刚健、崇高、宏大的阳刚之美的特质。这对于鼓舞一个民族的自信心和振奋民族精神都具有不可估量的意义。

长城之美首先来源于它外部的巨大体积所形成的磅礴气势。人们在初次看到长城的一刹那,心灵会被它那奇伟、雄险和绵延万里的雄姿所震撼。从茫茫的西北戈壁到浩瀚的东部海滨,长城像一条巨龙,涉大河巨川,穿崇山群岭,越危崖绝谷,过荒漠草原,气吞山河,势不可当,具有壮美和崇高美的审美特质。

长城之美其次在于建筑和自然和谐地融为一体,展示出一种天人合一的人文和自然相结合的境界。

东部的长城多建于崇山峻岭之上,墙体以条石和砖块砌成,与山石融为一体。利用高山深谷的天然地势筑成屏障城垣,城体顺山势盘旋于陡峭的山峦脊背,敌楼虎踞群峰之巅,居高临下,一目了然,谷间峡口筑以关塞城,扼制险要。长城和悬崖危谷互为映衬,使险峭峻拔的气势相得益彰。

西部的长城多坐落于戈壁大漠之中,墙体以黄土夹以芦苇和柳条夯实而成。这种土夯城墙与沙漠、戈壁的色调融为一体,茫茫戈壁之中,有土垣垒成的城堡或建筑——玉门关遗址和仅残存一座烽火台的阳关遗址,在四周无垠的戈壁滩,这两座体积微小而经历千古岁月沧桑的遗址依然突兀地矗立在苍茫的大漠中,展现出一种纪念碑式的历史永恒感。

长城之美还来源于它"悲剧性"崇高美的精神内涵。一部长城史是中国古代劳动人民的血泪史,为修筑长城历史上有多少劳动人民付出了汗水、血泪和生命!长城的历史蕴涵着古代劳动人民勤劳、善良、勇敢和智慧的优良品质,显示出一种崇高美。一部长城史同时又是一部民族独立、自强不息的斗争史。从秦、汉大规模筑长城抗击匈奴,到 20 世纪三四十年代,中国军民在长城的古北口、山海关一带奋勇抗击日本侵略军。几千年来长城脚下演出了一幕幕抵抗外来侵略的英雄悲剧。"把我们的血肉,筑成我们新的长城!"这是中华民族英勇不屈的民族精神之写照,这些惊天地、泣鬼神的英雄悲剧,展示出激动人心的崇高美。

长城以它那雄伟的外貌和悲壮的精神内涵,震撼着我们的心灵。长城是中华民族精神的象征。

第五十八章

帝王之尊——故宫

北京故宫是中国明清两代帝王的皇宫,也是至今中国唯一保存完整的封建帝王的宫殿。在五百多年的风风雨雨中,不论是农民起义者还是封建统治者乃至外国侵略者,在攻占了北京城之后都没有轻易地破坏它,一条重要的原因即它是举世罕见的建筑艺术珍品。故宫不仅继承了中国明清以前宫殿建筑的传统,而且更有所创新,它是中国古代宫殿建筑艺术的集大成之作。

第一节 设计思想

故宫作为古代帝王的宫殿,是封建时代的政治性(礼制)建筑。它首先体现封建统治者的意志,体现皇帝对美的追求。帝王们认为建筑要求不只为视觉上的好看,更重要的是对封建伦理观念和建筑的象征内容的体现。北京故宫的设计以南京紫禁城和安徽中都凤阳紫禁城为蓝图,而南京紫禁城和安徽中都凤阳紫禁城的布局又都继承和发展了明清以前宫殿建筑的传统。中国古代宫殿建筑传统最迟至少可上溯到周朝。

一、沿袭传统 依礼布局

周朝在历史上被认为是一个礼制完备的朝代,历代封建统治者在处理人际关系或营建宫殿建筑时,都以周朝的礼制为准则。周朝对宫殿建筑的营建曾作出规定,据《周礼·考工记》记载,天子建都立国,要"辨方正位",营建都城应在国之中央,皇宫设在都城的中央,宫墙的门和宫殿门都朝南开;王宫的左侧设宗庙,右侧设社稷坛;处理政务的"前朝"置于南面,作为"后寝"的居室位于北面;宫墙以内的主要宫殿必须建在高台上,并坐落在一条贯穿南北的轴线上;帝王临朝视政,采取坐北朝南的方位。由于自古以来,中国传统观念认为中央方位最尊贵,所以要在国的中央建都城,在国都的中心建皇宫,所谓"王者必居天下之中,礼也"(《荀子·大略篇》)。历史上为何宫城大多位于都城的南北中轴线上,原因就在于要作为城市的主体以突出其尊贵地位。

明清两朝作为皇宫的紫禁城建在北京都城的中心,以宫城为核心,几乎贯穿北京城南北中轴线,是历史上最符合《周礼·考工记》中所述周王朝都城的实例。

古代文献记载,周王室建筑有"三朝""五门"制度。天子的"三朝"指外朝一、内朝二,内朝又分为治朝和燕朝,外朝用以布政,治朝用以处理日常奏事,燕朝用以宴饮等。天子的五门为皋门、库门、雉门、应门和路门,要到周天子住的寝宫须经过这五道门。纵观故宫中轴线的布局,虽然门的数目、名称以及朝的设置同周制不完全相同,但基本精神是一致的。从最南段的大清门(明代称大明门)开始进入故宫,大清门内是天安门(明代称承天门),为宫城的外部皇城的正门(相当周制的皋门),再进去是端门(相当于库门),接着是午门(类似雉门的形制),再往里是太和门(明代称奉天门),明朝常朝和"御门听政"即在此进行,相当于周制的应门。进入太和门就是三大殿,穿过三大殿接着是皇帝的寝宫乾清宫,乾清门相当于周制的路门。如此布局,体现了周代王室宫殿建筑的"三朝""五门"制度。

"前朝后寝"也是中国古代宫殿建筑布局上的一个基本秩序。在商周时代的宫殿遗址中,已有作为前朝的"堂"和后寝"室"的分区,堂和室各自成为独立的房屋,呈一前一后排列。以后历代的宫殿建筑虽空前繁复庞大,但前后的分区仍十分清楚,即前部是朝,后部是寝。故宫的布局也分前朝、后寝两大部分,前朝以"三大殿"(太和殿、中和殿、保和殿)为主(亦称"三朝"),坐落在皇宫的前半部(亦即南面的方位上),是处理政务、举行大典的重要场所;后寝以"后三宫"(乾清宫、交泰殿、坤宁宫)为主,位于皇宫的后半部(即北面的方位上),是帝后居住的生活区域。三大殿和后三宫共为六个主要宫殿,都位于皇宫中央一条贯穿南北的中轴线上。轴线两旁则按文东武西的礼俗,左为文华殿,右为武英殿,其后东为皇子居所,西是太后花园,东有奉先殿,西有养心殿。后三宫之东西各有六宫。皇宫的正门——午门前左侧为太庙,右侧为社稷坛。故宫城北面城墙以外设集市,宫城南面,自皇城正门——前门内,天安门以外的左右两侧为御街。如此分布完整体现了古代宫殿建筑的基本规则,遵循了"礼制"所规定的方位、等级秩序和尊卑观念。

二、阴阳五行,象天立宫

"阴阳"最初的含义是指日光的向背,即向日为阳,背日为阴,古代哲学认为自然界一切事物都互相对立,互为依存,阴阳交替是宇宙万物变化的根本规律。"五行"指人们生活实践中接触最密切的五类物质:木、火、金、水、土,这五类物质的"相生相克"理论是五行学中的基本内容。战国末期,阴阳与五行、堪舆及天人感应等学说结合,成为中国古代哲学中的一个重要思想体系。这些古老的学说对整个中国古代社会都发生深刻而久远的影响。故宫建筑的整体布局也明显地受制于阴阳五行思想的规范。

故宫总体布局分前朝、后寝两大部分。前朝位于南部属阳,它以三大殿为主,太和殿左右又配有文华、武英两座宫殿,布局疏朗开阔,建筑高大,气势雄伟,显示出阳刚之美。后寝位于北部属阴,宫室布局严谨,建筑体量小于前朝。它以乾清、坤宁二宫为主,采用十二宫,十所环顾,体现阴柔之美。前朝后寝,左文右武,东西六宫等区域的建筑布局,阴阳调配十分和谐。

阴阳学认为,在数字中奇数为阳,偶数为阴。这在故宫前朝后寝布局中也有充分体现。前朝中轴线上有纵向三大殿太和、中和、保和,横向则为武英、太和、文华三殿,都用了奇数三。三大殿的台基位于三重须弥座上,称作"三台",亦用奇数三。此外,前朝的踏跺(踏步)级数、台基和坎墙砌砖的层数等,也用三、五、七等奇数,以表现阳刚之气。相对地,后寝宫则多用偶数布局。乾清、坤宁两宫为后寝部分最主要建筑,成偶数。左有东六宫,右有西六宫,合为十二宫;在千婴门、百子门之北的东、西五所为皇子的住处,合在一起亦为阴数十。此外,内廷中的坎墙、台明、山墙、檐墙和宫墙下肩、踏跺层数也大都采用偶数。

阴阳学中,根据事物的复杂性和多样性,阴阳又可划分为阳中之阳、阴中之阴和阳中之阴、阴中之阳这几个层次。这在故宫建筑也有许多表现。如太和殿的规格是最高等级的,最为宏伟壮观,体现皇权的神圣威严和至高无上,可谓阳中之阳;乾清宫的屋顶、殿前御路、丹墀陈设、室内天花、宝座等皆与太和殿基本相同,仅台基部分与太和殿不同,故可称为阴中之阳;坤宁宫与乾清宫同位一座台上,但前者是须弥座式台基,汉白玉栏杆,后者则是青砖台基,琉璃灯笼砖栏杆,坤宁宫可谓阴中之阴。保和殿为阳中之阴,东西六宫及其他宫室的前殿又皆为阴中之阳,其寝室又为阴中之阴。太子居住的东、西各五所,五为奇数属阳,而五所位于东、西六宫之北,亦即阴中之阳。阴阳变化与礼制等级相融合,是故宫建筑千变万化的指导思想。

五行说中,色彩、方位、季节与生化过程等都有相辅相成的关系。相传周代居火德,以红为尊,秦始皇统一六国后,居水德,尚黑。汉武帝确立居土德,黄色遂为汉皇权象征,以后各朝代都以黄色为贵。黄色属土,土方居中,代表国家。故宫建筑群的屋顶大面积地覆盖黄色琉璃瓦,以象征中央"土"为黄色,表示尊贵。五行相生说认为,火生土,火为赤色,土为黄色,所以故宫建筑的墙面、柱子以及门、窗等亦多用红色,以示兴旺发达。故宫总体颜色以红、黄为主,乃寓有循环生化、吉祥之意。

故宫布局中把太子读书处设在故宫内东方的文华殿,东方属木,殿顶用绿色琉璃瓦铺盖,以示五行中的生化过程为"生",色彩属"青"。故宫正门——午门位在南,属火,赤色,故午门彩画多用红色,以表示喜庆吉祥。五行中的"水"属北,御花园北部建钦安殿,内供奉玄武(北方之神)。位居故宫最北的神武门内东西大房屋顶用黑色琉璃瓦。这些"五行相生"理论的运用,在故宫建筑中的例子随处可见,故宫设计者对阴阳五行学理论在宫殿建筑中的运用十分娴熟。

第二节　锦上添花

一、宫殿嘉名

故宫建筑在装饰、宫殿名称等方面,也蕴含了帝王之尊、国泰民安、君权神授等封建统治思想,反映出帝王们倡导和遵循的哲理及其治国安邦、齐家修身的纲

>>> 中国古代帝王都自认是"天之子",因而帝王之居也当和天宫一样,于是皇宫建筑也极力效仿天宫的规则,如北京故宫亦名"紫禁城",这一名称的由来就与此有关。图为清代徐扬《紫禁城》。

领和心愿,同时也表示了他们的文化艺术修养和审美情趣。

中国古代帝王都自认是承上天之命来统治天下的,是"天之子",因而帝王之居也当和天宫一样,于是皇宫建筑也极力效仿天宫的规则。如北京故宫亦名"紫禁城",这一名称的由来就与此有关。古人把天象分为三垣、二十八宿、三十一天枢。"三垣"是太微垣、紫微垣、天市垣。太微垣居上,紫微垣居中,天市垣居下。《晋书·天文志》:"紫微,大帝之座也,天子之长居也。""紫微"即紫微垣,是由十五颗环绕北极星的星座形成的天体,古人以为紫微垣为上天的中心,是天帝居住的地方。皇帝既然是天帝之子,那么所居的宫室,自然也应为紫微宫,所以皇宫取名"紫宫"。又因为皇宫禁卫森严,秦汉时已有称之为"禁中"的,所以明代把宫城称为"紫禁城"。

故宫后寝部分的布局亦仿紫微垣设计,乾清宫、交泰殿、坤宁宫是后寝的主要宫殿,位于中央,乾、坤两宫其名取自《易经》中的两个卦名,"乾之象为天","坤之象为地"以示天地,"交泰"意"天地交而万物通也"。乾清宫院内的东门称日精门,西门称月华门,以天地日月作为后寝的中心。乾、坤二宫的两侧,有东、西六宫,合为十二宫,象征十二星辰拱卫天地日月,而十二宫与乾清、坤宁、交泰三宫相合之数,正符合紫微垣十五星辰之数。如此把皇帝及其家族居住地比拟为人间的天堂。

在大型宫殿建筑群中,每座宫殿及宫门都赋予嘉名,并题匾额悬挂其上,这是中国古代建筑的一个传统。宫殿或宫门的命名不光是为了方便使用,同时还能表达宫殿主人的审美情趣和某种心愿。所以,封建帝王对宫殿建筑的命名都十分重视。故宫各殿的命名即反映了明清帝王的思想。

前朝三大殿为帝王举行大典的重要场所。明永乐年间建成后,沿用南京明宫三大殿的名称,分别命名为"奉天""华盖""谨身"。"奉天"见于《尚书》:"唯天惠民,惟辟奉天。"朱元璋以"奉天"为主要宫殿的名称,即表明自己及后代子孙们都是奉天之命行使权力,治理国家,要顺乎天意。

"华盖"一词源于古天文所称紫微垣中的一个星座,它呈圆形,有柄,和中和殿建筑的圆顶相似,故名之,具有护卫皇权的象征。

"谨身"出自《孝经》,用意是皇帝儆戒自己,教育后代,以保住统治地位。朱元璋选用这个殿名,可能与自己贫穷出身有关。

明嘉靖年间,重修前三殿后,更名为"皇极""中极""建极"。"皇极""建极"皆取自《尚书》"皇建其有极",意为帝王为治国安邦,要建立至高无上的伦理道德标准,而皇极、建极两殿则是推行这些标准的殿堂。

清初重修三大殿后,又易名为"太和""中和""保和"。此意出自《易经》"保和大和乃利贞"。古时"大""太"通用,"大和"即"太和",指世界万物都依照自然规律和谐地运转。"保和"意为永远保持这种和谐的运转关系。"中和"出自《礼记·中庸》"致中和,天地位焉,万物育焉",意为任何事物都要做得不偏不倚,不过又无不及,保持和谐,则天地万事万物就能兴旺发达,此引申为帝王和臣民之间的关系也要保持和谐,以利于天下。

其他宫殿的命名则主要据其功用而给予美的名称,如后三宫的"乾清""交泰""坤宁"。"乾清"意为天下清宁平和。"坤宁"意为大地安宁,也有双关之意,表祝皇帝、皇后清宁平和之意。"交泰"源自《周易》"天地交泰",泰为吉卦,有祝愿帝后家庭幸福、兴旺发达之意。

故宫中那些由皇帝钦定的联、匾,内容多取自《四书》《五经》中的名句或历朝名人诗句、历史典故等,大都哲理深邃,词藻华美,构思精巧,表达天人合一、君权神授、江山永固、万寿无疆、多子多福和清静无为等意境,题材广泛,也反映了儒家思想在中国封建文化中的主体地位和影响力。

二、真龙天子

在故宫的建筑物上、服饰上、家具什物上乃至手工艺品上,到处可见龙的装饰,这与中国古代从帝王到民间都把皇帝视为真龙天子有关。龙原本是神话传说中的一种动物,相传龙具有上天入海和呼风播雨的本领,曾经是中华远古民族的图腾。至于龙如何与天子相联系,可能与司马迁《史记》中把汉高祖刘邦写成是其母刘媪梦中与蛟龙交合而生有关。龙既然可以生皇帝,皇帝就是龙的化身,"真龙天子"的传说以及后来大量把龙和皇帝联系在一起的习俗、典制等,都具有浓厚的君权神授色彩。龙作为皇帝专用的装饰图案,可能从唐宋以后成为定制,民间若有以龙为装饰者,发现后将被定罪。

故宫建筑是遵照皇帝意志而设计的,故宫内的装饰大量采用了龙的形象,尤以太和殿为最。有人统计太和殿里里外外、上上下下共有 12 654 条龙的形象,简直是龙的世界。大殿正中高高的平台上,设有金漆圆雕龙的檀香宝座,宝座前置一雕龙御案,宝座后的一巨大金漆屏风上也雕满了龙,宝座旁还有六根沥粉贴金蟠龙柱,殿顶布满了蟠龙吊珠藻井,再加以明黄色地衣,构成一个金光灿烂的境界,显得无比尊贵和堂皇。这一只有皇帝才可拥有的华贵非凡的空间,烘托着皇帝的超人性、神秘性。

第三节　故宫之美

故宫以其宏伟壮丽气势、金碧辉煌的色彩与完美和谐的艺术效果而博得世人的赞誉。故宫作为封建时代的产物,其艺术之美的创造,受到当时社会历史条件的制约。一方面,它是帝王的宫殿,体现了封建统治阶级的意志,成为封建帝王至高无上的象征;另一方面,它又是由劳动人民创造的,凝聚着劳动者的智慧和力量。尽管从整体上看,一切形式的运用都严格按照统治者的意志和需要而进行,但在实际建造过程中,却处处体现出劳动者在长期生产实践中所积累的经验(包括美的创造)。因此,故宫之美具有两重性。故宫建筑的内容充分表现了封建社会皇权至上的意识,但它的形式则具有中华民族独特的建筑形式和艺术风格,形式美与实用内容的完美相结合,把建筑功能完全融合在建筑艺术形象中。

一、形式与内容结合的典范

为了充分体现帝王的至尊,在故宫建筑总体布局和艺术处理上,设计者采用了突出重点,强调南北中轴线、左右对称、主从分明和比例均衡等艺术手法。

故宫的各个建筑都在一条由南到北的中轴线上展开,中轴线两侧的建筑保持对称均衡的格局,前朝太和、中和、保和三殿和后寝乾清、坤宁两宫共同坐落在一条贯串南北的中轴线上,并占据轴线的中心部位。前朝三殿是举行大典的重要殿堂,是皇权的象征,因而是整个皇宫的重点,所以在布局上,三大殿占据中轴线上的重要位置,以突出重点。

三大殿中又以太和殿为首,为了突出其至尊至贵的地位,在建筑规模、结构、用料、装饰等方面都是最高等级的。从正阳门到太和殿有三个高峰:天安门、午门、太和殿。太和殿高 35.05 米,是故宫建筑中最高的,太和殿的体量在故宫里也是最大的,进深五间,面阔九间,形成"九五之尊"的室内体制。屋顶采用最高贵的重檐庑殿式。太和殿前面还有一个面积达三万多平方米的大广场,如此宽阔的空间,衬托出太和殿的高大、庄严和宏伟的气势。

在这条中轴线上,故宫建筑设计者运用了抑扬顿挫的艺术手法,把建筑的形体、轮廓、装饰等,组织成一道高低起伏的,大小疏密井然有序、有开有合、富有节奏感的风景线,犹如一幅优美的画卷。

二、运用对比手法的杰作

运用对比的手法达到变化和统一的艺术效果,这是一般艺术创作中最常用的方法。故宫建筑群在这方面的运用可以说得到了最充分的发挥,设计者在形体、空间和色彩等方面,大量地运用了对比的手法,造成一种多样的统一。这方面的例子信手可拈。例如在天安门宏伟的城楼下,巧妙地安置了两间小屋,在艺术上对天安门起衬托作用,这种大与小的对比虽并不改变天安门原有的体量,但可使人在视觉上产生强烈的差异感。又譬如在太和殿的周围采用低矮的回廊,高与低的对比,更加烘托出故宫建筑群的核心——太和殿的崇高。从正阳门到太和殿所形成的狭长空间与太和殿前广阔空间形成宽与狭的强烈对比,使人对太和殿产生一种强烈的精神上的震惊。故宫建筑屋顶的金黄色琉璃瓦与青绿色为基调的檐饰相对比,宫殿白石台基与红色的墙、柱相对比,冷暖色调的对比,给人以强烈印象,强化故宫的色彩金碧辉煌之效果。在造型上,天安门、端门、午门的门洞是圆形,而午门的门洞是方形,金水桥是半圆的弧形,这种方与圆、弧形的对比,使建筑造型上更加变化多端。建筑本身是静止的,但由于空间与形体的关系处理得当,可使之呈现出流动的节奏感。有人把坐落于中轴线上的故宫建筑意境比作交响乐,从永定门至大明门一段的平缓意境,犹如乐曲中的"低沉旋律";从大明门至外金水桥一段豁然开朗的意境,好比是乐章的"序曲";自承天门至午门一段犹如"高昂旋律的第一乐章",内金水河至三大殿为乐曲的高潮,从乾清门至御花园一段是

"第三乐章",是由高潮进入收尾的过渡;从玄武门(神武门)至万岁山(景山)一段是乐曲的"尾声"。这一比喻形象地描述了中轴线上建筑的空间与形体的变化而产生的艺术效果。

故宫建筑通过上述的大与小、高与低、宽与狭、明与暗、动与静、方与圆等一系列对立因素的统一,产生一种和谐美,充分显示故宫设计者运用对比的艺术手法的驾驭能力。另外,故宫建筑在许多地方把实用与美结合得很自然巧妙。如三大殿的三层白石基座,既有防潮的作用,同时也使三大殿显得更宏大、更安稳。基座上的排水管道口采用螭首,口含一圆孔,三层台基共有 1142 个螭首,每当大雨滂沱,积水流入螭口中,又从圆孔泻出,形成千龙吐水的壮观景象。又如宫殿的屋顶采用琉璃瓦,色彩鲜艳,又不吸水,盖在屋顶上既保护屋顶不被水浸,又起装饰作用。斗拱是中国木结构建筑特有的形制,它起着承托上部支出的屋檐并将其重量传送到柱上的作用。宫殿中的斗拱经过装饰,既有实用功能,又在外形上表现出一种错综精巧的美感。由于中国古代建筑几乎都是木结构,木构件易遇水受潮而腐烂,故宫殿内的梁柱、内外檐和殿顶的藻井均饰以精美的油漆彩绘,既显得华丽,又能起到防潮防腐的作用。

在上述的实用与美的结合中,设计者既有对传统的继承,又有所创新,正如古建筑学家于倬云之所说:"故宫建筑又是古代宫殿建筑艺术史上实用与美结合的典范。故宫建筑在设计中充分运用了形式美之法则,即继承与发展了历代宫殿的规模、布局、形式、轮廓、线条、色彩以及权衡比例等方面的形式因素,进行有规律的空间组合,直接给人以美感。"同时,故宫建筑中又"蕴含着内在美的规律与功利之间的相互关系,即形式美所体现的内容"(于倬云《紫禁城宫殿所体现的真善美》)。

第五十九章

千古一帝——秦始皇陵及兵马俑

中国古代的帝王陵园是社会政治生活的一个重要组成部分,帝王的陵园制度是封建统治者推崇皇权、加强专制和维护封建等级制度的一种手段。历代统治者为了巩固其统治,宣扬至高无上的尊严,往往不惜集中全国的人力、物力、财力营建陵园,把生前奢侈糜烂的生活带进冥冥世界。中国第一个帝王陵——秦始皇陵,在中国古代帝王陵中占有特殊的地位,具有开先启后的作用。秦始皇陵位于陕西省西安市临潼区城东约5公里处的骊山东北麓,是中国历史上第一个皇帝秦始皇嬴政的陵墓。秦始皇陵园占地面积达56.25平方公里,地上地下均有丰富的历史文化遗存,迄今已发现皇陵周围的各种陪葬坑、陪葬墓达600多处,气势恢宏的秦兵马俑即出自陵园东侧约1500米处的陪葬坑。秦始皇陵无愧为世界上规模最大、内涵最丰富的帝王陵墓之一。

第一节 秦始皇陵

秦始皇陵始建于公元前246年,秦始皇嬴政13岁即位之时由丞相李斯主持督建,大将章邯监工,动用劳役最多时达72万人(还不包括当时要为修陵者运输粮食的人)。皇陵修筑时间长达38年(公元前246—前208),由于秦始皇的猝死而停建,其工程之浩大、气魄之宏伟,创历代统治者奢侈厚葬之先例。

秦始皇陵之所以选在骊山北麓,与古人讲究风水有关。

中国古代从位居至尊的帝王到普通的平民百姓,在选择墓葬地时,无不受到风水说的影响。古代风水学(亦称"堪舆学")认为,风水有好有坏,选择好地方,则子孙荫福,选择坏地方,则祸患无穷。"山环水抱必有大发者",有山有水之地是古人选择居址和建造陵墓时必须考虑的重要因素。秦始皇陵修于骊山北麓,渭河在其北面,"背依山峰,面临平原的山冲",正处于骊山北坡的大水沟和风王沟之间的开阔地带,位当渭河南岸三级阶地与骊山地之间的台原上,不但地势较东西为高,且受东西两侧水流的拱卫,符合古人讲的风水好条件。"秦始皇大兴后葬,营建冢塘于郦戎之山,其阴多金,其阳多玉,始皇贪其美名,因而葬焉。"(北魏郦道元《水经·渭水注》)虽修建秦始皇陵时,秦始皇尚年少,未必懂得风水好坏之事,但当时的皇太后及丞相(吕不韦)一定是在对陵墓所在地的风水进行评估后才选定的。

古代统治者生前在国中为帝王,期望死后在另一个世界仍然像生前一样,是"阴间"的"人上人",享受统治者的生活。在这种"事死如事生"的思想支配下,他们都仿造人世间的都城去设计和修建自己的陵墓,并使用大量的随葬品。"其设阙庭,为宫室,造宾阼也,若都邑"。(《吕氏春秋·安死篇》)秦始皇陵的设计和建造亦如此。陵园以陵墓为中心,呈"回"字形,筑有内外两重夯土城垣,象征都城的皇城和宫城。外城为长方形,四面各开一门。陵墓位于陵园南部。陵园中发现的六百多个陪葬坑、陪葬墓就是按秦始皇生前的要求建造的,既有表现生前军队的兵马俑坑,表现其车驾巡行的车马坑,生前狩猎的珍禽异兽坑,又有供应其膳食的饮宫,供祭祀用的寝殿、便殿以及用来养马的马厩坑等。其地宫中的随葬物品更是豪华无比。据文献记载,秦始皇陵的地宫规模非常浩大。从《史记·秦始皇本纪》的文字可知秦始皇陵的地宫挖得很深,直到地下水,用铜液浇灌,上面再放棺椁。地宫中有文武大臣的位次,并有大量的珍宝器皿、珍禽异兽。地宫门上安置有自动发射的弩机暗器,以防盗墓。墓室顶上绘有天文星宿图像,墓室模拟山岳九州的地形,又灌大量水银做成江河大海,以机械动力使之川流不息。用娃娃鱼脂膏做成长明灯,长久地在地宫内点燃。虽然地宫至今并没有考古发掘过,但我们有理由相信司马迁《史记》中的这段记载是可信的。因司马迁生活的年代距秦始皇死仅七十余年,他写《史记》不仅遍览宫廷档案石室金匮之书,还作了大量的社会历史调查,"网罗天下放失之旧闻",遍访全国人文胜景,他对当时的情况是比较了解的。另外,《史记》对地宫中的记载有些已被今天的考古资料所证实。如有专家通过地球化学探矿方法,对秦始皇陵封土堆中的水银含量进行了测量,发现封土堆的水银含量大大高于其周围地区,说明两千多年来,地宫中水银不停地挥发,直至今天仍在发生作用,证明《史记》中关于地宫中"以水银为百川江河大海"的记载是可靠的。

以好大喜功而著名的秦始皇在陵园建筑上是不受任何约束的,他穷天下财力、物力,使整个陵园富丽华贵、雄伟壮观。项羽率兵入关后,怀着对秦始皇强烈的复仇心理,对秦在关中所修的建筑(包括陵墓在内)肆无忌惮地进行破坏,火烧咸阳宫、阿房宫,并把雄伟壮观的秦始皇陵地面建筑全部烧毁,正是"楚人一炬,可怜焦土"。今天留给我们的只是被烧焦的砖瓦、土地及一些建筑材料,但通过考古发掘揭示的这些大型地面建筑遗址,还是能想象出其当年的壮观景象。

第二节　兵马俑坑

在秦始皇陵以东三华里的地方,有一大片荒野,当地人称之为"石滩洋"。1974年3月,陵东的西杨村村民在该处打井时,意外地挖出了一些兵马俑的碎陶片,由此拉开了20世纪最伟大的考古发掘工作的序幕。秦兵马俑虽然在古代文献中并无任何记载,但在此以前,兵马俑并不是无人知晓,只是人们没有认识到它的价值所在。早在汉代就已有人在兵马俑坑的上面挖墓穴,挖到陶俑、陶马,被打碎堆放在墓穴一角。解放前村民们在打井修渠时,也曾经挖到过一些破残的陶质人头或残腿断臂,但村民认为是兴妖作怪的"瓦神爷",把它吊在树上用棒打得稀巴烂。而今打井的地方正好位于后来被称为秦始皇陵一号陪葬坑的东南角。假如农民打井的地方再向东偏一米,兵马俑或许就此与我们擦肩而过,至今仍埋在地下。

秦兵马俑坑目前已发掘和正在发掘的主要有三个坑,即1号坑、2号坑和3号坑。一号坑总面积14 360平方米,预测内有陶俑、陶马约6 000个,战车40余乘,是一个以步兵和车兵相结合的长方形军阵。一号兵马俑坑坐西面东,呈东西向的长方形阵列,目前已出土俑1 087个,木质战车8乘,拉车的陶马32匹。根据兵马俑出土的位置，可知手持矛、戈、戟、铍、弓和弩等各种不同兵器的步兵兵俑呈方阵式排列，符合古兵书上所言"长兵在前，短兵在后"、"材士强弩，翼我左右"的兵器配置原则。1号坑是一个组织严密、排列有序的长方形军阵，兵士个个呈现出戒备森严、整装待发的神态。

2号坑位于1号坑的北侧，面积约6000平方米，其平面呈曲尺形，由四个兵阵组成。曲尺形东端为手持弓弩的步兵组成的弩兵阵；南半部为战车组成的方阵；中部为车步骑组成的长方阵；北半部为骑兵长方阵。四个小阵兵俑有机结合形成曲尺形军阵，即古代兵书上讲的方、圆、曲、直、锐五种军阵中的曲形阵。四个小阵组成一个大阵，形成大阵套小阵，大营包小营，阵中有阵，营中有营，互相勾连，分开时各自是一个独立的作战单位，合起来时又成为一个整体。这样的阵形可应付各种不同的环境，有利于作战将领利用分和奇正的变化，灵活运用，对付各方面的敌军。

从1号坑、2号坑兵马俑的军阵，可以反映秦军作战并非仅使用单一的兵种和阵法，而是采用多兵种、多单元、多手段和多样战术的合成阵法击敌。秦军之所以能"横扫千军如卷席"，一举消灭六国，建立秦帝国，除了政治上一系列成功的改革之外，军事上的谋策也是一个极为重要的原因，从兵马俑坑军阵中我们再次看到了这一点。

3号坑位于1号坑的西端北侧，范围较小，平面呈不规则的"凹"字形，分为车马房和南北房。出土指挥车一乘，卫士俑64个，出土的兵器大多为仪仗用的礼兵器殳。3号坑似按古代军事指挥部形状构筑，故可能为军旅统帅机构。

秦始皇为何要用这么多的陶俑来陪葬？又为何要形成军阵形式？由于史书中未曾记载，因而人们看法不一，众说纷纭。一种观点认为秦俑军阵与秦始皇陵无关，只是用来为秦始皇作纪念碑的，秦俑军阵的性质是表彰武功，是秦始皇好大喜功性格的表露，这也符合军阵产生时代的历史。春秋时代形成了一种筑军阵表彰武功的传统，秦俑军阵正是这种传统的产物。秦俑军阵既继承了春秋以来的传统，同时又把这种传统发展到极致，之后的杨家湾汉俑军阵又继承了秦俑军阵。这一观点虽为一著名的秦汉史专家所提出，但大多数学者仍倾向于"秦兵马俑是秦始皇陵的一部分，反映的是秦始皇生前的军事情况"的观点。可是在具体问题上,观点又有不一致。有的认为秦俑坑陪葬的这支秦俑军阵是秦始皇加强中央集权的象征,也是秦国强大军事实力的形象记录;也有的认为秦兵马俑坑象征着驻在京城外的军队,可称为秦始皇的宿卫军、拱卫京师,反映秦始皇希冀加强中央集权、维护江山统一的愿望;还有的认为秦俑军阵实际上是一项未竟工程,全部建成应有五个兵马俑坑,按前、后、左、右、中配置兵力,为秦代八种作战阵法中最基本的阵法——方阵。

关于秦俑军阵的说法有许多。相信随着考古工作的进一步深入和新出土材料的不断面世,对秦俑军阵这一问题的研究会继续深入,最终得出一个大家公认的结论。

第三节 雕塑艺术

秦兵马俑不仅是秦国军队的生动写照,而且是中国古代雕塑艺术史上的一个奇迹。秦兵马俑艺术可用"大、多、精、美"四个字来概括。陶俑、陶马个个体形高大,气势恢弘,形成的军阵千军万马气吞山河,场面极为壮观。三个兵马俑坑有陶马、陶俑近八千,每件兵马俑又都经过精雕细刻,从面部表情到发型服饰,都一丝不苟地进行刻画,各陶俑不同的官级和身份都清楚地区别开来。每个兵马俑的面部表情表现出喜、怒、哀、乐不同的神态,从而出现千人千面的景象,给人一种真善美的感受。

秦兵马俑的雕塑是写实的艺术,写实的特征首先表现在陶俑、陶马的塑造上,都是以真人、真马为模特;其次,表现在对每个陶俑的细部塑造上,这么多的秦俑中有将军俑、军吏俑、士兵俑、跪射俑、立射俑等等各种不同身份,雕塑者通过其服饰和不同的神态,将这群体中的个性一一表现出来。如将军俑都气宇轩昂、老练持重;军吏俑都威武刚毅;士兵俑则千差万别,有的天真活泼,眉宇舒展;有的面带微笑,表情随和;有的愁眉不展,似有重重心事。各种秦俑的不同年龄、阅历、社会地位等通过这些形象表现得淋漓尽致。又如在表现陶俑的年龄与个性特征上,雕塑者注意通过陶俑面部肌肉的变化以及额上的皱纹多少与深浅来进行刻画。有的陶俑额上仅刻一道浅浅的皱纹,有的则有三四道较深的皱纹,还有的则有五六道深深的皱纹,由此将秦兵俑中年轻的士兵、中年军吏和老年将官的不同形象塑造出来。

对头面部的刻画是秦俑艺术精华所在,从陶俑脸部形象甚至能反映出秦国军队的兵源来自于不同地区。"有的大口、厚唇、宽额、阔腮,纯朴憨厚,似出身于关中地区的秦卒;有的圆圆的面庞、尖下巴,神情机敏,似来源于巴蜀地区的士卒;有的额头微向后缩,高颧骨,宽厚的耳轮,不大的眼睛,薄薄的眼皮,结实、强悍,具有陇东人的特征。"(袁仲一:《秦始皇陵兵马俑》)雕塑者对眼睛的造型和塑造尤为精细,在已出土的陶俑中几乎找不到两件眼睛、眼神完全相同的头像,即使在一个俑头上的两只眼睛,其尺寸大小也有细微的区别,雕塑者的匠心由此可见一斑。

秦兵马俑之所以富有艺术感染力,给人以明快、深沉、雄大的印象,不仅在于它对描绘对象的真实刻画,还在于抓住关键部位进行适当的艺术夸张,这种夸张恰到好处,并不让人感到虚假,反而给人一种明晰、洗练之感,使得被塑造对象的性格特征更加鲜明、突出,如秦俑坑中出土的数百匹同真马一样大小的陶马就是如此。马头方正,棱角显露,两耳竖起,双目圆睁,鼻广口阔,马身浑圆,腿部矫健,肌丰骨劲,富有活力,形神具备。

秦兵马俑所要表现的是秦始皇当年气吞山河、"横扫六合"的壮观场面,这种特定的题材要求以个体的单调重复来突出主题,达到气势宏伟以及整体上的协调统一。为避免雷同,雕塑者在有限的空间创造出数千个看似相同而又不同的秦俑雕塑,达到了宏伟与精细、威武与真实的浑然一体的融合,这在世界雕塑史上是罕见的。

秦兵马俑艺术在中国雕塑艺术史上具有承前启后的作用,汉代的陶俑艺术明显地继承了秦兵马俑艺术传统。今考古发现的汉代陶兵马俑很多,著名的主要有三处:陕西阳陵汉俑群、咸阳杨家湾汉俑群以及江苏徐州狮子山楚王陵的汉俑群。该三处已出土各式陶俑八千多件,据考古专家推算,仅咸阳杨家湾一带汉帝陵陪葬俑坑就可出土陶俑四万多件,汉俑群在数量上可能超过秦兵马俑,但汉陶俑在形制上远远小于秦俑,仅为真人的三分之一高(约40~60厘米之间)。这三处的汉俑群也呈军阵排列,也是以单调一致的个体动态来体现整体壮观的气势,在不少方面明显地继承了秦兵俑的创作手法和传统,由此可见秦兵俑艺术对汉以及汉以后雕塑艺术的先导作用。

第四节 科学内涵

中国古代青铜艺术在商周时代已发展到极高的水平,春秋战国时代由于铁器的产生和发展,青铜艺术逐渐走向衰落,到汉代已成落日夕阳。过去由于秦代青铜器遗物发现少,人们认为秦代青铜器水平和汉代差不多,现在秦陵发现的铜车马以及兵马俑坑出土的青铜兵器,使人们对秦代青铜工艺水平有了新的认识。

1980年,在秦始皇陵园西部陪葬坑中的一个车马坑内,发现两乘青铜车马,均为单辕双轮,前驾四匹马。一号车重1 061公斤,二号车重1 241公斤,这是目前世界上发现的最重的青铜器。青铜车马是按秦时实用车的二分之一比例缩小制作的。车马上所有的一切部件一应俱全,两车的零部件共达7 000多个,极为细致复杂,最大的部件长达246厘米(龟背形车盖),面积达2.5平方米,最小的部件不足0.5平方厘米,从重量上讲,最轻的部件尚不足1克重。两乘车马的车舆之门窗等部位都装有活动轴或活动铰页,均可随意开合。这青铜车马无论从形态大小、分量轻重以及制造精巧上都无愧为中国"青铜之冠"。

两乘铜车马的铸造都是大型的组合铸件,工艺难度极大。以车舆为例,由舆底、两奇、车耳和车栏及其他附件组成,铸造面积达数平方米。如此巨大复杂的铸件,不仅要求有高超准确的分型技术,而且要求有相应的铸造工艺,工匠们采用分合范、外范合模、外范合模加芯、铸造等多种工艺解决了这一难题。铜车马上的车伞盖面积大而薄,又呈拱形,系一次性铸成,这在铸造工艺上难度也是相当高的。即使在科技发达的今天也并非易事,铸造的关键在于要保持足够的铜液流性和充型能力。两千多年前的古人已掌握了这种铸造工艺,这是青铜铸造史上的奇迹。

铜车马的几千个零部件是怎样连接起来的呢? 据专家们研究认为,至少采用了不可拆卸连接法和可拆卸机械连接法这两大类冶金铸造的连接法。在可拆卸连接法中,采用了键连接、铰链连接、锥度紧配合、弯钉连接、销钉连接等法。不可拆卸连接法有铸焊、钎焊、红套、镶嵌等。铸焊是铜车马铸造中使用最多的一种方法,凡是不能一次完成的复杂铸件都需要铸焊连接。钎焊多使用在小型零部件的焊接,如铜车上方壶的铜环,是用直径仅为半个毫米的细铜丝弯曲组成双曲链环对接钎焊成,焊接点极细微,只有在显微镜下才可看到。红套技术主要使用在轮毂与辐的连接上,是利用金属热膨胀系数较大的特点进行装配连接的技术。

青铜车马无论在冶金铸造技术上,还是在焊接、金属冷加工和装配技术上都已达到极高的水平,表明秦代是中国古代冶金史上的一个集大成时期。

除了青铜车马之外,秦兵马俑坑中出土的数万件青铜兵器亦反映了秦代冶金工艺水平。秦俑坑中的各种青铜兵器均为实战兵器,经分析检验,青铜兵器所含各种金属的配比基本符合《周礼·考工记》记载的合金配比。令人惊讶的是,通过对秦俑坑兵器的实测,发现青铜兵器中的数百件弩机的牙、栓、悬刀和其他部件完全可互换通用,轮廓误差不足 1 毫米,四种类型的铜箭镞,三个面的轮廓误差不大于 0.15 毫米,镞头锋刃的流线型三维空间曲线,放大 24 倍后与现代生产的手枪弹头轮廓线重合。由此可见秦代的部分兵器生产已使用了先进的"标准化工艺",规格和式样已规范化、系列化。

考古专家发现,秦俑坑中出土的青铜剑、镞、矛、殳等兵器,虽埋在地下两千多年,但出土后表面仍光洁铮亮,寒光闪闪,原因在于其表面有一层含铬化合物的氧化层,起着良好的防锈作用。世界上最早的电子镀铬技术出现于 20 世纪 30 年代的德国,而化学镀铬技术至少在中国两千多年前秦代就已发明。可惜关于这一工艺的具体方法,今天已不得而知。

秦始皇陵兵俑坑的出土物给我们提出了许多中国科技史上值得研究的新课题。

第六十章

皇家祭坛——天坛

中国古代对天神的崇拜由来已久。远古先民们在自然神崇拜的过程中，逐渐认为天空中的神更具重要性，于是将高天之神从自然神中分离出来，称之为"天神"。先民不但认为天神的神力是最巨大的，而且认为天神是善的，会保佑人们的，主动崇拜天神、祭祀天神，可以获得天神的保佑，免除灾祸。因此，把崇拜天神的活动视为各种祭祀中最重要的活动。

祭天，就是崇拜天神的一项最主要的活动。

古代把用于祭天、礼地、祀神等大事的台型建筑都称为"坛"。帝王祭祀天地的祭坛是祭祀时象征性的媒体，也是祭祀场所整体建筑群的统称。古人的祭天活动最初可能是在林中空地筑土为坛而行，后来又转而往高处筑土为坛。考古学家发现，在新石器时代红山文化和良渚文化的遗址中，都存在把祭祀地点建在山丘之顶的现象。这样做是为了距离天更近一些，古人以为离天近，祭祀和祷告容易被上天感知。泰山是中国古代帝王祭天的重要坛场之一。从中华民族历史上看，无论哪个民族，一旦成为中华民族的最高统治者，就前往泰山封禅或在郊外筑坛祭祀天神。古代帝王之所以热衷于上泰山封禅，意在体现"王权天授"的正统，"受命于天，代天行令"；体现皇帝为民向皇天上帝祈求风调雨顺、赐福人间的观念形态，以达到维护其统治的目的。南宋以后，各代帝王多在国都南郊圜丘祀天（筑坛行露天祭天之礼）以取代泰山封禅之礼。源于史前时代的祭天活动，在中国数千年的历史发展进程中，构成了中华民族文化的一部分。在一定程度上，对中华民族的形成，对中华民族的凝聚，都起过历史性的作用。

第一节 概述

从传说中的三皇五帝开始,历代帝王都建有各自的皇家祭坛。然而,北京天坛却为明清之前历代皇家祭坛之所不及。天坛位于北京市东城区永定门内大街东侧,是明清皇帝祭天求雨和祈祷丰年的圣地。每年的"三孟"(即孟春、孟夏、孟冬),皇帝都要到这里举行祭祀仪式。孟春为正月上辛日,皇帝在祈年殿祈谷,祀皇天上帝保佑五谷丰登;孟夏为夏至日,在圜丘坛祈雨免旱;孟冬为冬至日,在圜丘坛祀天,禀告五谷丰收,感谢皇天上帝恩情。天坛总面积273万平方米,始建于1420年(永乐十八年),初名天地坛,中心建筑为矩形的"大祀殿",用于"合祀天地"。1530年(明嘉靖九年)改行"天地分祀",在大祀殿正南建祭天专用的"圜丘坛",同时在北京城的北、东、西郊建造地坛、日坛、月坛,分祀地、日、月。"天地坛"遂改称"天坛"。1545年(嘉靖二十四年)拆除大祀殿,在原址上建造大享殿,用于祈祷丰年。1751年(乾隆十六年)又对大享殿进行改造,并更名"祈年殿"。天坛经明清时代的扩建、改建和调整、充实,遂成为中国现存规模最大的皇家祭坛,也是现存世界最大的祭天神庙。

天坛坛域由内坛和外坛两重坛墙环护,建筑布局呈"回"字形。坛内祭祀建筑集中于内坛,分为南北两部分,南部是"圜丘坛",北部是"祈谷坛",南北两坛通过丹陛桥连成整体。圜丘坛是明代嘉靖朝到清代各朝皇帝每年举行冬至祭天大典的主要场所,由圜丘台、棂星门、皇穹宇、神库、神厨和宰牲亭组成,又称"祭天坛"。皇穹宇位于圜丘之北,是供奉皇天上帝牌位处,为单檐圆亭式殿堂,鎏金宝顶,碧蓝琉璃瓦,由八根金柱和七根檐柱子承托,殿内七彩斗拱支撑三层天花藻井,层层收进,构造精巧,为中国古代建筑中所罕见。

祈谷坛主体建筑有祈年殿、皇乾殿、神厨、宰牲亭和长廊等,其中以祈年殿最为重要,是明清两代帝王于年正月上辛日举行祈谷大典的地方。祈年殿的形制,下为三层台基,中为内外二十八根落地柱,上为三重檐亭式圆殿,宝顶鎏金,碧蓝琉璃瓦,檐顶以柱和枋桷支撑,构架精巧独特。其竖向组成,符合中国古建筑三段式的传统。

外坛西南有神乐署和牺牲所等附属建筑以及九龙柏、七星石等,无论是环境、空间、造型、比例、布局和象征手法,都达到了完美的艺术高度。

第二节　文化内涵

古代天坛祭天、祈谷的功能早已成为历史,但天坛所蕴涵的深刻而丰富的历史、文化和艺术内容无可争辩地成为中华传统民族文化的重要组成部分。天坛所包含的博大精深的历史文化内涵至少可以从以下几个方面来理解。

一、敬天法祖,天命人从

在中国古代"五礼"(吉礼、嘉礼、军礼、宾礼、凶礼)中,祭天之礼位于"五礼"之首,称为"吉礼",可见祭天之礼的重要性。天坛祭天之举是封建皇帝的专利。历代帝王不惜一切代价建造祭天场所,不惜一切代价举行祭天大典,毕恭毕敬地"招待"皇天上帝,目的就是向人们传递"天命人从""王权天授"的思想。"天命"思想早在三代已出现,"夏有多罪,天命殛之","皇天上帝,改厥元子"(《尚书·召诰》)。这种思想认为天是人格化的神,是主宰一切的皇天上帝,历代的改朝换代乃至个人富贵贫困,都由上天决定,"死生有命,富贵在天"(《论语·颜渊》)。包括人在内的宇宙万物,都是皇天上帝造就的。人间的帝王是受皇天上帝之命派到人间的"天子",人间的一切事物都由"天子"代天进行管理。"天子"按照"天"的意志"敬天""保民"。帝王的祭天,一方面是天子作为天的儿子对天的孝敬,表明"受命于天",同时,也祈求上天保佑国运昌盛,"既受永昌"。中国古代泰山封禅和后来的圜丘祀天以及明清帝王天坛的祭天活动都是在这种思想支配下进行的。"天命"思想经过汉代儒家的整理,使"天命人从""王权天授"更加系统化、理论化。伴随着儒家思想作为封建时代的正统思想,人格化的"天"即皇天上帝,在中国人的宇宙观中,长期占据着主导地位。中国的历代封建帝王正是利用天坛的物质形态所承载的"天命人从""王权天授"的观念形态,达到维系他们封建统治的目的。

天坛的"天"是指皇天上帝的"天","人"指的是"天"之子——人间帝王那个孤家寡人的"人"。天坛承载的"礼",把封建皇帝代民向天祈求的这种直接与间接的天人关系和皇帝与臣僚与人民之间的人际关系表现得泾渭分明。"人道经纬万端,规矩无所不贯"(《史记·礼书》)。皇帝利用天坛的祭天活动,把天与人、君与臣、父与子、兄与弟、夫与妇之间的等级序列关系界定得清清楚楚,同时把君仁、臣忠、父慈、子孝、兄良、弟悌、夫义、妇听等这些相应的行为规范也确定得清清楚楚。皇帝在天坛同皇天上帝进行"交流",是用以协调皇天上帝与他本人这一层次上的天人关系,而后再以此处理皇帝与臣民的人际关系。天坛从选址到总体规划,从平面构图到竖向设计,从建筑布局到林地配置,从建筑造型到组合用色,从氛围营造到功能的满足,都无不体现旨在处理好"天人关系"和"人际关系"这两大主题,并通过帝王的祭天、祈谷活动得到充分的表现。

二、天圆地方,象天法地

天圆地方是中国古人对天地宇宙的认识,"天圆如张盖,地方如棋局"(《晋书·天文志》)。古人以自己为中心产生对天地的直观感觉,经过长期的积累与提炼,概括出"天圆地方"的概念。只要对天坛留心观察,就不难发现天坛的规划设计很巧妙地包含着古人的这一理念。整个273平方米的天坛坛域为南方北圆形态;内外坛墙沿内外坛域边界亦砌筑成南方北圆;圜丘坛内三层平台,围以圆形与方形遗墙;圆形院墙内,圆形的皇穹宇及其圆形的石台座,配殿则为方形;祈谷坛中圆形祈年殿坐落在三层圆形平台上,其外院墙为方形;在祈年殿内部纵向空间的许多圆形结构中,也穿插了方形的结构,有圆有方,圆方对应使用,其意在于体现"天圆地方"的理念。

三、阴阳五行,阳数构图

阴阳五行思想是中国古人对天、地、人、物之间相互联系、相互制约以及生成变化的自然哲学体系,具有中华民族的特色。天坛作为中国古代的皇家祭坛,处处显露出设计者们为体现阴阳五行思想的匠心所在。天坛选址"天干"定位法建在国门外南方"丙位",主体建筑坐北朝南,决定了北为上南为下、上为天下为地的格局。天是阳，地是阴，所以坛域北圆南方，符合中国古人"天圆地方"的理念。天坛建筑的色相运用也同样包含着阴阳五行思想。代表天（阳）的建筑物包括墙在内，均覆以蓝（青）色琉璃瓦，代表地（阴）的建筑物包括墙在内，均覆以绿色琉璃瓦。坛域植柏树以示绿色的大地（阴）。圜丘坛和祈年殿最能代表天坛内涵的阴阳五行思想。

圜丘坛的尺寸和构件的数量集中并反复使用"九"这个数字，以象征天、强调与天的关系。圜丘坛是三层圆形的石台，上层石台直径九丈（一九），中层直径十五丈（三五），下层直径二十一丈（三七），以会自然数中一、三、五、七、九之全阳数。上中下三层台直径合计四十五丈，为九与五的乘积，与《易经·乾》中"九五，飞龙在天，利见大人"相合，有吉祥瑞气之兆，又有九五之尊的含义。上层坛面中心为一圆形大理石，名为"天心石"，自然代表阳数。由此向外，三层台面均以扇形石板环铺，每层九环，上层第一环以9块铺成（一九），第二环为18块（二九），如此每环递加9块至第九环为81块（九九）；中层第一环自90块（十个九）递加至第九环为162块（一十八个九）；下层第一环自171块（一十九个九）递加至第九环为243块（二十七个九），均为九的倍数。各层石栏板亦取九的倍数，上层栏板四组，每组九块；中层栏板四组，每组18块；下层栏板四组，每组27块。

祈年殿以圆形和蓝色象征天，殿内大小不同的28根落地柱形成内、中、外三个同心的圆圈，殿顶九龙藻井极为精美，藻井周边8根童柱与落地柱同心形成一个悬在上空的圆圈。内圈4根高大的龙井柱，寓意一年中的春、夏、秋、冬四季；中圈12根金柱，寓意一年之中的12个月；外圈12根檐柱，寓意一昼夜的12个时辰；中外两圈合计24根柱子，寓意一年之中的24个节气；4根龙井柱、12根金柱、12根檐柱合计28根柱子，寓意28星宿；这28根柱子再加上8根童柱合计36根柱子，寓意36天罡；遮掩在藻井之上的雷公柱，寓意皇帝一统天下。

《易经·系辞》云："天一地二，天三地四，天五地六，天七地八，天九地十。"从一到十的自然数被划分为天地两类，凡是奇数都划在天（阳）的一类，九为阳数之极。在天坛主体座建筑中使用数量如此之大的九和以九的倍数之数，并且寓意阴阳五行和天干、地支、时序、节气、方位、星宿等中国古人的时空观念，这在中国古代建筑中是罕见的。

第三节　审美意境

从审美的角度看,天坛给人的感受犹如读一首充满哲理的诗,又如欣赏一幅水墨酣畅的写意画。它的意境不是停留在一般个人的情趣上,而是体现了天地间的化育生机,它那凝练的艺术形式表现出博大深邃的精神内涵。天坛的意境可用三个字概括:高、圆、清。

天坛的高在一种上升运动中显示出来。从天坛南北中轴线看,南端的圜丘高5.18米,皇穹宇高19.2米,祈年殿上升到38米。祈年殿成为中轴线上的高峰。在祈年殿、圜丘四周设置的低矮遗墙与主体建筑形成高低对比,衬托了主体建筑的崇高。四周低矮的围墙和开阔的空间,祈年殿和圜丘的整个外轮廓都直接和天空连接,祭坛仿佛高入云霄。

祈年殿内部的空间设计也突出纵向的高。在祈年殿内部,三层柱子密集于殿的外沿,中心部位留出空间,由内层的四根通天柱围合成一个纵向的空间,逐层向殿顶的藻井收缩。一进入祈年殿,便不由自主地仰视,注意力为纵向的"高"所吸引。

天坛建筑不仅通过视觉中的具体形象象征天高,而且还通过数字作一种理性的暗示。古代采用九的数字象征天的至高,如称天为"九霄""九重""九天"等,圜丘坛三层坛面的铺石块数和石栏板数字以及台阶的级数都采用九或九的倍数,以此象征帝王在人间的至尊,象征皇天上帝在宇宙中的至高无上。

圆所具有的审美特性不仅在于外形,而且还富有哲学的意味。圆是一种生命的象征,蕴涵着宇宙万物循环往复,周而复始。在天坛建筑中,圆的造型非常突出,天坛南北中轴线上的主体建筑——圜丘、皇穹宇、祈年殿都是圆形,而且在每一建筑中又形成很多同心圆。如祈年殿以圆形宝顶为圆心,扩展为三层琉璃檐,再扩大为三层圆形祭坛。圜丘则以太极石为中心,扩展为三层圆形祭坛,每层祭坛坛面铺设的石板也都形成同心圆。由于石板是扇面形状,形成一种辐射线,更增强了层层同心圆向外扩展的效果,使建筑中圆的扩展与穹隆形的天空成为一个圆融的整体。

　　天坛建筑的圆不仅表现于空间，也表现于时间的推移。祭天、祈谷体现了中国农业社会的特点，不仅祭天时间的选择都在特定的时令，如冬至、正月上辛和孟夏等，而且也体现在建筑的构思上。如祈年殿内、中、外三层的柱子分别象征不同的季节、月份和时辰等。这种周而复始的时间推移也是通过圆形来表现的。

　　清也是天的一种特征。古人以为"清阳者薄靡而为天，重浊者凝滞而为地"（《淮南子·天文训》）。天坛建筑群都覆盖以蓝色的琉璃瓦，并且种植大量的柏树，这是带有特殊含义的。古人在礼制上有"礼神者必象其类"之说，即所献祭之物在形态与颜色上，必须与被祭祀的对象相一致。古人以"苍璧礼天"，苍是指青色，也包括蓝色，璧的圆形和青色都是天的象征。在天坛建筑中，祈年殿、皇穹宇的檐都采用蓝色琉璃瓦，这与蔚蓝色的天空很协调，而且深蓝色的琉璃和浅蓝色的天空形成深浅对比，更显出天的澄清、明朗。反过来天的澄清、明朗又使得祈年殿的外轮廓分外醒目。加之天坛的大片松柏树郁郁葱葱，对天空的明净也起着烘托的作用。四季常青的松柏树使天坛生意盎然，也体现了天地化生万物的思想。

第六十一章

东方艺术宝库——三大石窟

中国自古以来就有广泛吸取外来文化的传统,而有系统地、大量地接收外来文化,可以说是从佛教文化开始的。源于印度的石窟文化伴随着佛教一起来到中国,尽管它是外来品种,但能在中国土地上生根开花,反映了它强大的生命力。同时,中国的本土文化能接纳和吸收西来的石窟文化,也表现出中华文化巨大的包容性。

第一节　石窟文化的勃兴

佛教石窟文化早在东晋和北魏时期就已进入中国,随着敦煌、云冈、龙门等石窟的相继开凿兴建,掀起了凿石开窟的热潮,开窟造像之风一直延续了上千年,形成中国石窟以西北、中原和西南三个地区为主要区域的分布格局。西北地区石窟寺分布基本上沿着古代丝绸之路形成一条漫长、狭窄的裙带。中原地区主要包括山西、陕西、河南、河北诸省,以山西大同云冈石窟和河南洛阳龙门石窟为代表。西南地区的石窟寺又可分为四川、云南、广西壮族自治区三个区。如果以长江为南北分界,则北方的石窟(造像)明显多于南方,中国最著名的三大石窟敦煌莫高窟、大同云冈石窟和洛阳龙门石窟都在北方,不仅如此,除大足石窟在四川之外,其他的大型石窟也都集中在北方。

造成这种地域分布的特点有一定的原因。首先是地理位置的关系。佛教通过古代中国的三条丝绸之路而传入中国各地,一条是从中亚经河西走廊到达中原地区的西北丝绸之路;另一条是通过印度洋到达中国东南沿海地区的海上丝绸之路;还有一条是从印度经缅甸到中国西南川滇地区的西南丝绸之路。这三条路线中的后两条因交通与其他缘故,没能形成持续发展的势头,后来都中断了,只有河西走廊的西北丝绸之路在传播中始终畅通无阻,成为佛教文化东渐的中转驿站,将佛教及其造像艺术源源不断地输入中土大地。北方地区有"近水楼台先得月"之便利条件。

其次南北方文化的差异也是重要原因之一。从魏晋到隋唐时期,在对待佛教及其造像上,南方注重佛教义理的研究,多在繁华之地修塔造寺,探骊索奥,以求明本;而北方则注重实践活动,多在偏远山区开窟凿龛,苦行修炼,积累功德。这样就形成了北方佛教造像多于南方的格局。

由于石窟文化是一种外来文化,所以石窟所在的地理位置与佛教造像艺术的中国本土化进程的先后也存在一定的相关性。西域地区是我国佛教造像最早传入和兴盛地区,佛教造像艺术首先立足于该地区,然后逐渐向内地传播,如新疆拜城克孜尔石窟、森木塞姆石窟和库木的吐拉石窟寺,显示出西域文化与佛教艺术交汇的特异风采。这些石窟形态的艺术范式是河西走廊和中原地区石窟的雏形。十六国后,河西走廊地区的敦煌莫高窟、永靖炳灵寺石窟、天水麦积山石窟的出现和迅速发展,完成了由边疆向内地传送的第一站任务。河西走廊更接近中原,其大规模地开凿石窟,直接影响到了大同云冈石窟的开凿,而云冈石窟的开凿标志着传送已完成第二站任务。云冈石窟开凿不久,便传到了洛阳,龙门石窟的开凿完成了由西北向中原输入的第三站(也是最后一站)的任务。如果借用器物类型学的方法将佛教造像进行排列,可以清晰地看出佛教石窟艺术随着由西北向中原的传播,异域文化逐渐与中华民族文化融合的发展轨迹。"印度佛教及石窟文化经由中亚、中国西域进入河西走廊传入云冈,最终抵达中原腹地,洛阳龙门石窟的出现结束了其在东亚大陆的漫漫之旅,完成了石窟文化中国化的伟大进程。"龙门石窟又"以自己成熟的体系及强大的辐射力对云冈、麦积山、敦煌及西域、中亚等地发挥其作用,使这些地区的佛教石窟因受到中原汉化石窟形态的影响而发生了形态、格局、美感及内蕴的诸多变化,从而建构了中国石窟文化的总体面貌与态势"(宫大中:《龙门石窟艺术试探》)。

第二节　敦煌莫高窟

敦煌位于河西走廊西端，是古代西北丝绸之路上的咽喉重镇。它西邻新疆，南近青海，东通中原。古代著名的长城关隘阳关和玉门关都在敦煌境内。敦煌总扼丝绸之路南、北两道的玉门关和阳关，是古代中原的门户。

佛教自古代印度北传，经过中亚进入新疆，再向东进，即至敦煌，石窟（艺术）文化亦随着佛教的传播到达敦煌。据莫高窟保存的一块碑文记载，366 年（前秦建元二年），一个名叫乐僔的僧人来到鸣沙山脚下，在莫高窟首开凿窟记录。接着法良禅师请人开凿了第二个洞窟。以后经过当地地方官员的大力提倡，洞窟越凿越多，到唐代圣历年间，开凿的窟龛已达千余个。这种开凿于山石、崖壁间的石窟，原为佛祖释迦牟尼及其弟子们坐禅或苦修的石室（佛语称之为"僧迦蓝"）。在以后漫长的岁月中，随着佛教文化的传播和西域文化的交汇，渐渐地由单一性洞窟"僧迦蓝"的功能发展为集建筑、雕塑与壁画于一体的佛教石窟文化综合体。敦煌莫高窟就属这种类型的石窟。

莫高窟的洞窟分布于鸣沙山东麓的崖壁上，洞窟之间上下相连，左右毗邻，层层叠叠，密若蜂房。整片洞窟可分为南北两区。南区洞窟 493 个，洞窟内多有壁画和塑像；北区洞窟近 280 个，多为僧人坐禅的禅窟、生活用的僧房窟，少数洞窟内有壁画和塑像。由于鸣沙山的石质不佳，结构疏松，不适于雕刻，于是古代的匠师们因地制宜，运用彩塑（泥塑之后上彩绘）和壁画两种艺术手段，创造出色彩斑斓、瑰丽多姿的佛教艺术品。莫高窟的现存洞窟分属于十六国末、北魏、西魏、北周、隋、唐、五代、宋、西夏、元诸朝代，从 4 世纪中叶以后至 14 世纪的千余年间，莫高窟的凿窟活动几乎没有中断过。莫高窟现存壁画面积 45 000 平方米，彩塑造像两千余座。莫高窟规模之大，洞窟开凿时间延续之长久，彩塑和壁画遗存数量之巨，在世界佛教石窟之林中实属罕见。

历史上，莫高窟的开凿主要在北朝、隋唐和五代宋元这几个时期。北朝开凿的洞窟有 30 多个，分属于北魏、西魏和北周三个朝代。隋唐开凿的洞窟将近 300

>>> 图为莫高窟第三〇窟中的千手千眼观音。

个,是莫高窟发展的鼎盛时期。五代宋元开凿的洞窟数量少,但规模巨大,是莫高窟开凿活动的尾声阶段。

北朝时期开凿的洞窟有中心柱窟和佛殿窟两种,这两种洞窟虽源于印度,但传到中国以后很快被加以改造,使之在形式上逐渐本土化。如中心柱窟的柱前窟顶呈前后两面坡形,这是中国传统的屋顶样式,使用了突起的椽子和檐枋以及斗拱等构件,窟顶的形式完全仿造中国式的屋顶。佛殿窟呈平面方形,窟顶为四面坡式的覆斗形,整个洞窟的空间形式颇似凿在山岩中的一座帷帐,亦具有中国的特色。

隋唐时期开凿的洞窟主要为佛殿窟形制,还出现了佛坛窟和涅槃窟等新的形式,与前期相比较,唐代佛殿窟形式的变化主要在佛龛的样式上。唐以前的佛龛龛口外敞方形,唐代后期的佛龛龛内下部有倒凹字形佛坛,龛顶变成盝顶,佛龛犹如一座帷帐。

佛龛中的佛陀形象,虽不同时期有各自不同的特点,但总的趋势是逐步本土化。如北魏洞窟中的佛像身着袈裟,袒露右肩,面部神态庄严肃穆,完全是从印度照搬过来的形象。而到了西魏时期,洞窟中的佛像形体修长,面相清瘦,身着宽肥的中国式衣袍,服饰和形象都已发生变化,融合了这一时期中国士大夫们所追求的"秀骨清相"审美观念。佛教人物形象与中国士大夫的形象近似,正是佛教艺术在中国开始本土化的写照。

唐代洞窟中的佛教人物形象几乎完全中国艺术化了。佛陀的形象丰满圆润,头和身体比例适度,菩萨身躯的线条显示女性的柔美。天王和力士的威武勇猛,佛弟子的深沉和含蓄都被一一刻画出来。如此生动的形象和神态,显然都是彩塑匠师们以现实中的模特儿塑造的,反映出唐代现实主义的艺术风格和艺术家纯熟高超的艺术技巧。

五代宋元时期的洞窟中出现大型供养人像行列,这些供养人像大多与真人等身,最大的竟高达 3 米,与北朝时期矮小的供养人像形成巨大反差。显然,晚期开窟造像的施主除了虔诚地供养佛之外,还有欲表现自身或通过供养人的形式把自己与清凉世界融为一体的愿望。

莫高窟中大量的佛教壁画也是莫高窟佛教艺术的重要组成部分。壁画位于洞窟的四壁和窟顶，北朝洞窟中的壁画内容主要为佛传故事、佛本生故事以及佛陀讲说的譬喻、因缘故事等。壁画采用单幅构图或用横卷式连环画的构图方式，通过情节曲折而离奇的故事形式颂扬善行，寓说教于故事之中，将深奥的佛教义理以通俗易懂的图说故事形式向信徒解说，令信徒仿效修行，从而达到教化众生的宗教目的。这对于广大文化水平很低的佛教信徒来说，不能不说是最合适的方法了。

北朝时期洞窟中的壁画题材内容主要为佛教故事、本生故事和因缘故事。唐代洞窟中的壁画则以"经变"（即各种佛教经典的变相）画为最流行的题材，其中又以"净土变"为最多。唐代净土变壁画的流行与净土宗思想及其广泛播扬有密切关系。净土宗提倡的往生净土的方法简易便捷，因此净土信仰受到广大佛徒的欢迎，净土思想遂成为唐以后中国影响最大的佛教宗派思想之一。

五代宋元时期的洞窟壁画在表现上更加程式化，缺乏创新性，但在形体的塑造和线描的表现技法上却更为高超和成熟。在第六十一大洞窟的西壁，有一幅面积达60平方米的大壁画，描绘的是五台山胜境，其中绘出五台山附近的60多个寺院、20多座塔以及170多座城镇建筑物，同时还将从河北道至太原一带的山川、地形、城镇以及过往人物都纳入其中。莫高窟的壁画不仅具有极高的艺术价值，同时也是一个丰富的历史形象资料库。从北魏到宋元时期，历史上许多已经消失了的古代人们生活、生产等活动的景象都真实地保存在壁画之中，为后人的研究提供了极具价值的形象历史资料。所以，莫高窟作为一座艺术宝库具有宗教的、艺术的和历史的多重价值。

第三节　云冈石窟

在山西省大同市西郊武州山南麓、武州川的北岸，有53个大中型佛教石窟依山开凿，东西绵延1公里，还有1100多个小型窟龛，最大的佛像高17米，最小的龛像不足10厘米，大小造像51000多身，它是中国古代最大的石窟群——云冈石窟。

大同是北魏时的平城,自 398 年(北魏道武帝拓跋珪天兴元年)从盛乐迁都平城,到 494 年(孝文帝太和十八年)又从平城迁都洛阳的这近一百年时间里,大同一直是北魏封建统治的中心。北魏皇帝自明元帝始,曾先后七次到大同西郊的武州山祈祷,武州山被统治集团视为祈福的"神山",在这里开凿石窟,形成都城附近的佛教"圣山"。

云冈石窟大部分开凿于北魏文成帝和平年间到孝文帝太和十八年之前的三十多年间,其余小型窟、龛的开凿,一直延续到孝明帝正光年间。北魏之所以大兴开凿石窟之风,和北魏的大多数皇帝虔诚信佛、狂热地提倡佛教密切相关。文成帝相信其祖父太武帝之死与废佛有关,即位后立即恢复了佛教,并于 460 年在云冈(武州山)首开凿窟造像的记录。

作为一种外来文化的佛教在传入中国之后,必然会与中国本土文化相碰撞,比如,在"敬王"还是"礼佛"的问题上,就曾有过激烈的争论:沙门应不应当敬王者? 教徒出家是不是孝父母? 这是佛教要想在中国生存发展所必须回答的问题。佛教以其所具有的巨大调和性和应变性,根据不同文化背景和民族心理进行自我调整,与中国传统思想观念调和,从而在新的环境中得到生存和发展的空间。在北魏道武帝拓跋珪时,任道人统的沙门法果审时度势,大胆提出皇帝就是"当今如来"的观点,打破"沙门不礼俗"的旧框框,带头礼拜皇帝。这样,礼拜皇帝就是礼拜佛祖,礼佛就是忠君,拜佛与忠君的关系解决了,孝的问题也就迎刃而解。据云冈石窟中造像的题记来看,有不少是为"亡去父母,七世父母"作"功德"而开窟造像的,宣扬忠孝的佛教"睒子本生"之类的题材亦不少。可见北魏时佛教已开始与中华传统文化观念的融合。根据文献记载,云冈石窟中的五座大窟——"昙曜五窟",即第十六至二十窟是为北魏皇帝开凿的,窟中佛祖造像的形体和身样都仿照皇帝来雕造。452 年(兴安元年)文成帝"诏有司为石像,令如帝身。既成,颜上足下,各有黑石,冥同帝体上下黑子"(《魏书·释老志》)。这五窟中的主像面相粗犷丰满,两肩宽厚健壮,具有鲜卑民族的形象特征,而服饰等则为犍陀罗和中亚地区民族服饰的样式。除石窟之外,佛寺中的佛像亦有类似。兴光元年(454)又在京城"五级大寺内,为太祖已下五帝(即道武帝、明元帝、太武帝、景穆帝和文成帝自己)铸释迦立像五,各长一丈六尺"(《魏书·释老志》)。

云冈石窟按其石窟形制和造像内容、样式的发展,可分三期。第一期石窟开凿于北魏文成帝时,由沙门统昙曜主持。"和平初……昙曜白帝,于京城西武州塞,凿山石壁,开窟五所,镌建佛像各一,高者七十尺,次六十尺,雕饰奇伟,冠于一世"(《魏书·释老志》)。这五所石窟,即云冈石窟中部偏西的第16~20窟。

昙曜选择了三世佛(过去佛、现在佛和未来佛)的题材作为五座石窟中的主像,以期证明佛法源远流长。同时又为了取悦于皇室和便于佛教的推广,他模仿皇帝的形象雕造佛教主像。这五所石窟,如果依据为太祖以下五帝各铸一像来考虑,16窟"相当于当时的文成帝",17窟"相当于没有即位就死去的景穆帝",18、19、20窟"则应分别相当于太武帝、明元帝和道武帝"(《云冈石窟》)。

第二期石窟开凿于465年文成帝死后至494年魏迁都洛阳前后的二十多年间。这段时期是云冈石窟开窟的盛期,一大批精美华丽的石窟出现在这阶段,同时也反映出外来的佛教石窟艺术逐步东方化的特征。石窟形制中,中国传统的建筑形式及其装饰日渐增多,如有的石窟雕造成平顶、方整平面的殿堂式,有的雕出前后室,或雕出楹柱,或雕造出盝顶帷幕龛面,或有斗拱的屋形龛面等。在造像方面,形象题材多样化,出现了世俗的供养人行列,在部分石窟中,佛像的服饰中还出现了褒衣博带式的中原样式冕服,菩萨则上著帔帛,下著大裙。许多学者认为,佛祖、菩萨衣着汉族士大夫的服饰是北魏孝文帝推行"汉化政策"、实行服制改革在佛教艺术中的反映。

第三期石窟是494年孝文帝迁都洛阳以后开凿的。这一时期皇室的大型工程停止了,但往来于洛阳、平城之间的上层贵族和平城一带的官民还在继续开窟凿龛,一直延续到524年(孝明帝正光五年)。第三期石窟都为中小型,形制繁多,包括了第一、第二期所有石窟的形制,但都缩小、简化了。佛教人物形象上,"秀骨清相"特征更加显著,菩萨的服饰中还带有玉环璧的佩饰,受南朝风习的影响显而易见。

北魏末年,内忧外患,平城地区战乱相继一百多年,石窟开凿从此中断。至唐代起才对个别石窟进行了修缮。北魏未完工的第3窟,窟内西侧高10米的倚坐大佛和他左右高6.2米的胁侍菩萨就是唐初补雕的。文献记载,唐代还有一个高僧智俨禅师曾在云冈"修理孝文石窟故像"(《古清凉传》)。此后,11世纪中期辽代对云冈也进行过较大规模的重修,一处辽代云冈铭记中云:"修大小一千八百七十六尊。"辽代修补造像大部分是在石像外面涂薄泥层,然后贴金敷彩,也有补雕的形象。有学者认为,云冈许多大型佛、菩萨面相的瞳孔里镶嵌着光亮有神的黑眼珠,很可能是辽人补装上去的。辽代的重修工程还包括在云冈修建了十座佛寺,它们都是后接石窟、前建木结构殿堂的寺院。这十座佛寺虽今已不复存在,但云冈崖面上部残留着大量的大大小小梁孔椽眼和各种沟槽等建筑遗迹,仍能使人想象出当年云冈石窟群的壮观、盛极之貌。

第四节　龙门石窟

龙门石窟位于素有"九朝故都"之称的洛阳。在洛阳市南 12.5 公里处,坐落着东西对峙的两座山,伊水流于其间,该处隋唐时称"龙门"。龙门石窟即分布在伊河两岸东山和西山的峭壁上,现存洞窟和龛像约有 2 100 个,大小造像近 10 万身。

龙门石窟主要开凿于北朝和唐朝。北朝时期又以北魏为最盛,唐朝洞窟的开凿则主要在唐前期,唐中期以后,石窟的开凿趋于衰落。五代到清代虽有少量造像,但已不能和繁荣时期相比。一般认为,龙门石窟的始凿年代在 493 年(北魏太和十七年),现存最早的龛像集中在古阳洞。

古阳洞位于西山南段山崖上,是利用天然溶洞加以扩建、改造而成的佛教洞窟。古阳洞不仅开凿年代早,而且窟内遗存小龛的数量也最多,达 1 350 余龛。著名的"龙门二十品"中有十九品位于此窟内。

龙门石窟是佛教石窟艺术由印度犍陀罗艺术风格向中国化转变进程的最后一站,北魏时期洞窟中佛教人物形象已表现出开始逐步向中国化转变的特征。古阳洞内最早的龛像为正壁的三尊主像和南北两侧壁统一规划的八个大龛。正壁主尊释迦牟尼,面相长圆,明显清秀,身着褒衣博带式袈裟。八个龛内的释迦牟尼坐像,服饰多为右袒式样,内著僧祇支。从佛祖的不同衣着表明,最初佛教来华时千篇一律印度服装的佛主形象开始起了变化。

北朝时期规模最大的洞窟——宾阳三洞开凿于北魏孝文帝迁都洛阳之后，历时 23 年，耗费 80 多万个工，仅完成了其中的中窟，其余两窟凿出之后，直到唐代才陆续完成。其中宾阳中洞主尊释迦坐像通高 9.35 米，身着褒衣博带式袈裟，内著僧祇支，胸间系带，两种不同文化背景的服饰同时出现在佛祖身上，这一现象表明，这一时期的佛教石窟艺术正在向与汉文化融合的方向发展。

唐代龙门石窟的开凿约始于 637 年（贞观十二年），天宝以后趋于稀少，其间的一百多年是造窟盛期，开窟凿龛约 1 200 多个。其中大洞窟就有 35 个，规模最大者首推奉先寺卢舍那像龛。窟龛前平面宽约 33 米，进深约 40 米，正壁窟面高约 35 米，主佛卢舍那坐像通高 17.14 米，丰颐秀目，双眼凝视前方，嘴角稍含笑意，形象庄严雄伟而不失睿智慈祥。左右胁侍弟子迦叶、阿难文静而聪慧。两菩萨面相丰满，端庄秀美。南北两侧的天王、力士威武雄壮。这组造像造型优美，对不同人物的性格刻画恰到好处，体现了盛唐艺术的卓越表现力。

唐代龙门石窟的佛教造像形体富于变化，衣冠服饰更趋东方化，人物造型丰腴肥硕，更加写实，体现了唐人的审美情趣。富有才能的唐代艺术家根据自己的人生理想和审美要求，对脱胎于印度母体的佛教石窟艺术进行了融化和改造，创造出极富中国特色的石窟文化，使民族形式在石窟领域中占据主导地位。唐代洛阳龙门石窟的出现结束了印度佛教石窟文化在东亚大陆的漫漫之旅，完成了石窟文化中国化的伟大进程。同时，龙门石窟又以自己成熟的体系及强大的辐射力对云冈、敦煌及西亚、中亚等地发挥作用，使这些地区的佛教石窟受到中原汉化石窟形态的影响而发生形态、格局、美感及内蕴的诸多变化，从而建构了中国石窟文化的总体系。

第五节　三大石窟的近代劫难

敦煌莫高窟、云冈石窟和龙门石窟所保存的佛教建筑、佛教雕塑和佛教壁画是一千多年间中国佛教石窟艺术发展历史的缩影。在这一座座佛教艺术的圣殿中，我们可以尽情地享受古代佛教艺术的情趣，领略古人虔诚的宗教情结，并可追寻中国古代佛教艺术的演变规律和不断本土化的踪迹。但是我们不能忘记这三大石窟在近代历史上所遭受的劫难。现今当我们进入三大石窟时,不难看到在许多洞窟那一尊尊佛陀、菩萨的造像上,佛头都已不知去向,壁面上留着累累的凿痕,一幅幅辉煌壮丽的巨大壁画中缺少了若干部分……这些目不忍睹的惨状,是中国古代艺术品被盗凿、被掠夺的历史见证。据不完全统计,从19世纪末20世纪初至新中国成立前夕的近半个世纪里,云冈石窟被盗走、打坏的佛头、佛像达1400多个。抗日战争时期,一些外国学者探险家打着"学术研究"的幌子,为了掠夺资料,不惜毁洞凿像。云冈石窟第15窟附窟内三尊精美的北魏造像1934年被盗凿,后被美国纽约市艺术馆收藏。中国石窟中规模最大、艺术价值最高的浮雕壁画《帝后礼佛图》是北魏时期雕刻于龙门石窟宾阳洞中的稀世杰作,20世纪30年代也被盗凿,流落海外,原物现存在美国的两家博物馆内。

三大石窟中,被盗数量最大的是敦煌莫高窟。1900年(清光绪二十六年),在敦煌莫高窟意外地发现了一座藏经洞,从洞中发现了四万多件古代佛教典籍的写本、印本、社会文书、佛教文物等。这一惊人发现的消息不胫而走,以至招来不断被劫掠的厄运。纷沓而至的探险家先后有英国人斯坦因,法国人伯希和,日本人橘瑞超、吉川小一郎,俄国人鄂登堡等。1907年捷足先登的斯坦因在到达敦煌后,以极其低廉的价格,从王道士手中搞到了许多文书、经卷和绘画,运到伦敦大英博物馆的佛经写本、历史文书等物共24箱,另有珍贵的绢麻织物佛画工艺品五大箱。次年来到敦煌的法国汉学家伯希和将劫余物中的数千件精品用十辆大车捆载而去。接踵而来的俄国人鄂登堡和日本人橘瑞超、吉川小一郎也各有所获。鄂登堡将一批文书和塑像、壁画运回俄国,交给冬宫博物馆收藏的纸本、绢本佛画有177幅,还有64座塑像和一些壁画零片等。橘瑞超、吉川小一郎运回日本的敦煌文物达40箱,其中包括唐代经卷近500卷,还有绘画、雕塑、染织、刺绣等艺术品。

在掠夺敦煌文物的外国人中,还有美国人华尔纳。1923年,他使用当时西方新研制的一种喷胶技术,成功地揭走了12幅精美的唐代壁画。又锯下两尊塑像带回美国,送到哈佛大学福格艺术博物馆,使这座博物馆身价倍增。

敦煌莫高窟藏经洞的发现,被学术界誉为20世纪中国古代历史文献资料最重大的发现之一。然而,其中的许多稀世珍品却被劫掠至海外,分别收藏于英国、法国、美国、日本、俄罗斯等国家的博物馆或图书馆中。20世纪初以来,这些国外学者对敦煌莫高窟和藏经洞发现物投以极大的兴趣和研究热情,敦煌学由此诞生。敦煌文物是中国人创造的,但是敦煌学却在国外产生,这使中国人感到痛心,国学大师陈寅恪曾万分沉痛地写道:"敦煌学,吾国学术之伤心史也。"

20世纪上半叶,中国三大石窟的遭遇是一段不堪回首的历史。

第六十二章

雪域明珠——布达拉宫

在白雪皑皑的西藏高原,有一座带有浓厚藏传佛教色彩的宫殿——布达拉宫。它是藏传佛教寺庙与宫殿建筑相结合的杰出代表,也是中国最著名的古代建筑之一,从土木工程、宫殿布局到雕塑铸造、壁画装饰等,都显示了我国古代藏族人民的建筑艺术的优秀传统和独特的民族风格,被誉为"世界屋脊的明珠"。

第一节 红宫白宫

布达拉宫位于西藏拉萨的红山上,总面积13万平方米,始建于公元7世纪吐蕃王朝松赞干布时期,17世纪中叶,五世达赖喇嘛阿旺洛桑嘉措重建。后经过多次增建,才渐成现在的规模。

公元7世纪初期,松赞干布征服了西藏境内的各部落,建立起统一的吐蕃政权。为了政治和军事上的需要,把首府由雅隆地区迁到逻娑(今拉萨),在红山上修筑宫殿,并先后迎娶尼泊尔公主和唐文成公主。但这座红山宫于芒松芒赞时期(650—676年在位)和赤松德赞时期(755—797年在位)曾遭受兵焚和雷击,宫殿建筑遭到严重破坏,仅存少数宫室。以后,吐蕃王朝瓦解,西藏陷入长期战乱状态,宫室更加颓废倾圮了。公元12世纪时,红山上已变成了宗教活动的场所。

17世纪中叶,五世达赖喇嘛阿旺洛桑嘉措在蒙古和硕特部的帮助下,建立了噶丹颇章王朝,并于1645年(藏历第十一绕窘木鸡年)在红山重建宫室。历时三年,建成了以白宫(颇章嘎布)为主体的建筑群,并改名"布达拉宫"("布达拉"为"普陀罗"的译音,即菩萨居住的宫殿的意思)。此后,布达拉宫便成为历代达赖喇嘛居住和进行政事、宗教活动的场所。

古代西藏地区政教合一,主要流行的是藏传佛教,藏传佛教是佛教三大支系(即汉语系佛教、藏语系佛教和巴利语系佛教)中的一支,俗称喇嘛教。公元7世纪,佛教先后从中国的中原地区和尼泊尔传入当时的吐蕃,先是在王公贵族中间流行,后来逐渐推广到民间。在其传播的过程中,吸收和融会了西藏固有的原始宗教——苯教,形成了属于大乘佛教的藏语系佛教——藏传佛教。藏传佛教在漫长的发展过程中形成了许多教派,主要有宁玛派(俗称红教)、萨迦派(俗称花教)、噶举派(俗称白教)和格鲁派(俗称黄教)等,其中以15世纪初宗喀巴对宗教进行改革后创立的格鲁派影响最大。该派后来形成达赖、班禅两大活佛系统。

五世达赖圆寂后的第八年(1690年),为了纪念五世达赖喇嘛并安放他的灵塔,当时的最高执政官桑杰嘉措主持修建了红宫,历时四年竣工。这是继修建白宫后,布达拉宫第二次大兴土木。由此而后,红宫成为供奉各代达赖喇嘛灵塔的地方。

布达拉宫的红宫和白宫因宫墙分别涂成红色和白色而得名。布达拉宫主楼13层,高近116米,东西长400米,由红宫、白宫两大部分和与之相配合的各种建筑所组成。白宫是达赖喇嘛进行政教活动和生活起居的地方。主要殿堂东大殿坐北朝南。达赖喇嘛坐床等重要大典都在此举行。殿堂背面设达赖宝座,殿内四壁绘有宗教故事和历史人物的壁画。

白宫顶层的达赖喇嘛寝宫包括朝拜殿、习经修法殿、护法神殿和达赖卧室等建筑。十三世达赖晚年又在东边修筑一组寝宫,称东日光殿。故原寝宫改称西日光殿。

宫城城墙与山顶建筑相联,城墙的东、南、西面各有一座三层门楼。城墙的东南角与西北角各建一座角楼。这种山顶建宫室殿堂、山下为城堡的建筑布局是藏族碉楼建筑的传统特点。

红宫是宫殿、佛堂和灵塔殿三位一体的多层建筑群,主要用于供奉佛神和宗教事务。红宫位于布达拉宫的中心,东靠白宫,西邻僧舍,虽众多的建筑属不同时代建造,但都十分巧妙地利用了山形地势,使整座宫殿建筑显得非常雄伟壮观,而又十分协调完整。

红宫中的西大殿系五世达赖灵塔殿的享堂,位于红宫之中心,是红宫最大的殿堂。大殿西端正中设达赖宝座,前梁上方悬清乾隆皇帝御书"涌莲初池"匾额。门楣上部、殿堂四周和内院回廊满绘壁画,其中以五世达赖喇嘛进京朝见清顺治皇帝的壁画最为著名。殿内还保存着清康熙皇帝赐给达赖喇嘛的大型锦绣幔帐一对,这对幔帐被称为布达拉宫的稀世珍品。幔帐精美别致,绣有吐蕃三法王(松赞干布、赤松德赞、热巴坚)及达赖喇嘛等像。

红宫内主要佛殿有:达赖世系殿、持明佛殿、菩提道次第殿、药王殿、时轮佛殿、释迦牟尼殿、法王禅定定洞、圣者殿、无量寿佛殿、殊胜三地殿、坛城殿、上师殿、弥勒佛殿等。

红宫内的灵塔殿是安放达赖喇嘛灵塔的殿堂。除六世达赖喇嘛外,在红宫安放的五世达赖喇嘛到十三世达赖喇嘛的八座灵塔中,有的建有专门的灵塔殿。其中,五世达赖灵塔殿高达十四米之多,是布达拉宫内最高的灵塔之一。十三世达赖灵塔殿的享堂内,四壁满绘壁画,用连环画的形式,记录了十三世达赖喇嘛的生平和传记。其中以1908年(清光绪三十四年)十三世达赖喇嘛赴京觐见光绪皇帝和慈禧太后以及游览京城的情景最有历史价值。

第二节　藏族风情

布达拉宫是一座充满藏族特色的古建筑,其内部装饰集中体现了藏族人民在绘画、雕塑和特种工艺等各方面高度的艺术成就。在布达拉宫建筑艺术中,绘画是它的重要组成部分,主要表现在壁画、唐卡(卷轴画)和其他装饰彩绘方面。

藏族的绘画艺术历史悠久,风格独特,明清以来又有新的发展。在17世纪布达拉宫修建和以后的扩建中,集中了西藏地区各画派的优秀画师从事壁画的创作。布达拉宫的壁画琳琅满目,美不胜收。壁画取材多样,内容丰富,技法工细,色泽明艳。就壁画题材而言,有表现历史人物、历史故事方面的;也有表现宗教神话、佛经故事方面的;还有表现建筑、民俗、体育、娱乐等富于生活气息的画面。

历史人物画有吐蕃王朝时期的松赞干布、赤松德赞和热巴坚等；有各代达赖喇嘛、班禅喇嘛和西藏历史上有影响的人物桑杰嘉措、拉藏汗等人的肖像。历史故事画以史实为依据，表现西藏重要的历史题材，如白宫门廊北壁的"唐文成公主进藏图"，通过"使唐示婚""五难婚使""长安送别""公主进藏"等画面，生动地记录了641年（贞观十五年）唐蕃联姻史实，讴歌了藏汉民族间血肉相连的姻亲关系。红宫西大殿一组《五世达赖喇嘛朝见顺治皇帝图》以及十三世达赖灵塔殿内的《十三世达赖喇嘛进京觐见图》，都反映了清朝时西藏地方和中央政府之间重要的政治活动。

布达拉宫壁画表现宗教神话、佛经故事的题材具有浓厚神秘色彩，是宗教意识最集中、最形象化的表现。这类壁画每组画面往往都安排一尊大型佛像或菩萨像作为壁画的中心，构图严谨，线条简练，色彩富丽，具有鲜明的藏族艺术风格。

在那些以表现建筑、民风民俗、体育娱乐等内容的壁画中，建筑题材的壁画特别引人注目，从中可以看到大批工匠在聚精会神地叠石砌砖；成千上万的民工抬着巨木，背着沉重的石块，艰难地一步步爬上山坡；工场里在冶炼加工各种用于建筑的零件……这是公元17世纪时修筑布达拉宫的画面，对研究西藏古代营造施工技术的历史是十分珍贵的形象资料。布达拉宫的壁画艺术集中代表了藏族绘画艺术的精华。

唐卡历来被藏族人民视为珍宝。"唐卡"系藏语音译，是一种很富有藏族特征的卷轴画，画在绢、布或纸上，用彩缎装裱，为了便于悬挂或收藏，两端加了木轴，木轴两头的轴头以银质或铜质制成。唐卡可以是单幅的，也可以是成套的。单幅的，如各种佛像、菩萨像以及西藏佛教各代达赖喇嘛、班禅喇嘛的肖像画；成套的，如反映佛传故事、宗教教义或神话传说等题材。这类唐卡宗教气息浓厚，也可以说是宗教画。但唐卡的内容不仅仅局限于宗教内容，还有相当一部分取材于西藏历史故事、生活习俗、天文历算和藏医藏药等题材。

布达拉宫保存的唐卡多达近万幅，大小不一，其中最高的唐卡达几十米。宫内珍藏的唐卡大部分是明清以来西藏地区各画派著名画师的作品。除了绘画唐卡外，还有刺绣、织锦、贴花和缂丝等织物唐卡，这些唐卡工艺复杂，技术要求高，效果独特，尤为唐卡中之珍品。

布达拉宫内还集中保存了大量的雕塑珍品，其中以金属塑像数量最多。如供奉于达赖世系殿中的重达 1 679 两的纯金质释迦牟尼像和重达 1 246 两的纯银质五世达赖像等，造型精美，刻画细致，形态传神。还有许多金属塑像表面都饰以鎏金，金碧辉煌，闪闪发光。藏族的鎏金技术有着悠久的历史，据说在吐蕃王朝时代，藏族人民已掌握了这种工艺技术。公元 17 世纪修建布达拉宫时，广泛地应用了这种技术。最为显赫的是五世达赖灵塔，塔身全部鎏金，并镶嵌以各种珠宝玉石，仅黄金耗费就达 11 万两。

布达拉宫珍藏着极为丰富的历史文物，这与三百多年来布达拉宫作为西藏政教合一的权力中心这一特定地位是分不开的。除了文中已提到的壁画、唐卡、灵塔和塑像等珍贵文物外，还藏有大量经书，包括贝叶经、甘珠尔和丹珠尔等。各类文物中具有特殊历史价值的是明清和民国以来敕封达赖喇嘛的各种诏书封文、金册、玉册、金印、礼品、供器、法器等。这些文物表明了历史上西藏地方与祖国中央政府的隶属关系。

建筑在海拔近 4 000 米的布达拉宫是世界上海拔最高的宫殿，无论从宫殿布局、土木工程、金属冶炼，还是雕塑、壁画等方面而言，都集中体现了古代藏族劳动人民的勤劳智慧和藏族建筑艺术的伟大成就。公元 17 世纪修建布达拉宫时，动用了巨大的人力物力，并集中了全藏最优秀的建筑、冶炼、绘画和雕塑等各类匠师，同时，当时的清朝中央政府也派出大批汉族、满族能工巧匠参加工程。可以说，布达拉宫的建成，是以藏族为主，汉、蒙、满等各族人民同心协力建设的成果。如今，宏伟壮观的布达拉宫依然矗立在拉萨的红山上，它是西藏人民的骄傲，也是整个中华民族的骄傲。

第六十三章

林泉之致——中国园林

在世界园林中,中国园林是一个历史悠久、风格独特的园林体系。它以"皇家园林"和"私家园林"两大类型为代表。皇家园林即帝王的御苑,规模宏大,多半与郊外的行宫相结合,少数建在都城内而毗连于皇宫;私家园林即民间的地主、富商、官僚、士绅在城市里建造的宅园或在郊外建造的别墅。两类园林都利用或者模拟天然山水作为造园的基础,结合建筑的经营、花木的栽培,创造一个布局极为自由、曲折有致而又赏心悦目的优雅环境。中国园林艺术根植于中华传统文化的沃土之中,所追求的是一种诗情画意般的意境,与欧洲园林中讲究规则几何形式完全不同,与单纯模仿天然风景的"英国式"园林也不一样。

从地域分布来看,皇家园林主要分布在北方,而私家园林则分布在南方。北京颐和园和河北承德避暑山庄体现出皇家园林的风范;而苏州的拙政园和留园等则为典型的江南私家园林的代表。皇家园林面积开阔,种植观赏花木,叠置大型假山,以豪放自然、清幽纯朴取胜;私家园林则更讲究园内假山、水和花木的布局、配合、映衬及建筑的不对称美,体现自然之趣,以玲珑雅致见长。

第一节 皇家园林

据文献记载,中国古代皇家的造园活动约发端于秦汉时期。秦始皇在渭水之南建上林苑,苑中建阿房宫。汉高祖刘邦建未央宫,凿太液池,池中设蓬莱、方丈、瀛洲、壶梁岛屿,象征海上仙山和龟、鱼。汉武帝重修上林苑,在苑中造建章宫,凿昆明池。皇家园林中象征"一池三山"的格局初步形成，这种景观对后来的皇家园林的理水方式一直产生着重要影响。

隋唐时期，隋炀帝在洛阳建西苑，方圆二百里，苑中水池周边十余里，池中有三仙山。唐玄宗在长安（今西安）建华清池。北宋，宋徽宗在汴梁用了十年时间经营金明池，建造寿山艮狱，搜集江南各地奇石，不惜一切代价运至京师，这就是历史上臭名昭著的"花石纲"。皇家园林的兴建在清代达到了高峰，其代表就是从康熙到乾隆年间、在北京西北郊修建的一批大型皇家园林，即著名的"三山五园"——畅春园、圆明园、万寿山清漪园、玉泉山静明园和香山静宜园。这些园林在继承历史上皇家园林传统的基础上，又吸取江南园林的意趣和造园手法，既不失北方的恢弘气概，又体现江南水乡的婉约多姿，兼具南北之长。尤其值得一提的是具有"万园之园"之称的圆明园，首次吸收了西方园林的布局方式以及喷泉、雕塑、迷园等西方古典园林手法，成为世界上中西园林艺术合璧的典范。令人痛惜的是，如此杰出的艺术精品，却于1860年被英法联军一把火焚为灰烬。

一、颐和园

颐和园最初为1153年（金贞元元年）建的帝王行宫，清乾隆年间，该处挖湖堆土，形成"万寿山"和"昆明湖"，又于园静寺旧址建大报恩寺，成为清"五园"之一的"清漪园"。1860年，英法联军入侵，清漪园毁于一炬。1888年，慈禧太后挪用海军经费在清漪园废墟上重新修建，改称"颐和园"，取"颐养冲和"之意，作为避暑胜地。除了部分建筑物有所变动外，整个园林的规模和规划布局并没有更改，依旧保持着大型天然山水园林特色。故仍可以视为皇家园林极盛时期的代表作。

颐和园位于北京海淀区，占地290公顷，它不仅是中国最后的皇家园林，也是当时中国的实际统治者皇太后慈禧长期居住的地方。为适合慈禧太后在这里接见臣僚、处理朝政之需要，园中专门建置了一个宫廷区，因此，颐和园实际上是兼有"宫"和"苑"双重功能的园林。在总体布局上，它形成"宫""苑"分置的特点，即占地极小的"宫廷区"相对地独立于广大的"苑林区"，二者既有分隔又有联系。

宫廷区设在园的前部而紧接于园的正门"东宫门"，是以仁寿殿为正殿，包括仁寿门、东宫门以及分列两侧的配殿、内外朝房、值房共三进院落的一组严整均齐的建筑群。它的中轴线一直延伸到东宫门前的影壁和牌楼,构成一个规整而又有节奏的空间序列,以此来突出封建王权的尊严。但它与紫禁城宫殿不同的是,建筑物屋顶均用朴素的青灰瓦代替华丽的琉璃瓦,庭院内栽植常青的树木点缀着山石花坛,使得它具有更多一些的庭园气氛,与苑林区的风格统一起来。

苑林区以万寿山和昆明湖为主体。万寿山高约60米,东西长约1000米,山的南坡全部濒临于辽阔的昆明湖,湖面上布列着长堤和岛屿,将昆明湖划分成若干水域。湖、山、堤、岛组合成苑林区内两个不同景观特色的景区:开朗的"前山前湖景区"和幽静的"后山后湖景区"。

前山前湖景区约占全园面积的十分之九,万寿山南坡屏列于北,昆明湖横陈于南,成北实南虚之势;东堤之外是田野,西堤之外则为水域,又形成东实西虚之势。南面的"虚景"一直往南延伸而消逝于天际,西面的"虚景"则以远处的玉泉山和西山群峰为衬托。这个景区具有如此开阔的景界,在景区内的任何部位都能观赏到幅度极大的景观。

昆明湖以杭州的西湖为蓝本而加以改造和修建,湖中的三个小岛成鼎足而三的布列,沿袭了汉代以来皇家园林的传统,即在御苑内开凿水池、堆筑三岛以作为东海三仙山的象征。

中国园林之所以具有巨大的艺术感染力,一个主要原因就是建筑美与自然美的巧妙结合。颐和园的建筑布局采取大分散、小集中的方式,即将园内绝大部分的建筑物集中为许多建筑群,再分散配置于全园之内。它们之中,有的建置在景界开阔的地方,以个体建筑物和建筑群体组合的形象作为点缀风景的重要手段,或者作为观赏风景的特定场所。有的建置在环境幽闭的地段,结合局部的地貌而成为小型园林的格局。这种布局方式,既能够适应帝王园居和宫廷生活的需要,又能够充分利用地形和环境的特点而因地制宜、因势利导,创造出丰富多样的园林景观。

万寿山的前山虽仅占全园面积的很小一部分,却集中建置了大量的建筑群,这是出于三个方面的考虑:首先,前山接近于帝、后居住的寝宫,交通往返方便。其次,前山南面,建筑物都有好的朝向,居高临下,可以从不同的角度观赏湖面和园外的景观。第三,前山的山形较呆板,缺少起伏之势,故以较多、较浓重的楼宇殿台来点染,弥补山形不佳的先天缺陷。造园匠师们大胆地运用了突出重点、烘云托月的手法,在前山的中央部位建置一组体量大而形象丰富的中央建筑群,整个前山的建筑布局即以它为中心而展开。这组建筑群以一重重华丽的殿堂台阁密密层层地将山坡覆盖住,构成一条贯穿前山上下的中轴线,它的东西两侧又各有对称配置的建筑群形成两翼的陪衬。园内最大的建筑物——高达40米的佛香阁是重点建筑物,它的八角形、四重檐、攒尖顶的形象使得在园内的不同地方、不同的角度和不同的方向都能够看到完全一样的轮廓。21米高的巨大的石砌高台在半山腰上把它托举起来,使它的顶部超过山脊。左右配以两座重檐方亭,前面是金碧辉煌的排云殿,背后又衬托着山顶的光彩夺目的众香界和智慧海。佛香阁益发显得气宇轩昂,凌驾于一切之上,而成为前山乃至于整个景区内部总绾全局的中心。

颐和园以佛寺作为园林的主要建筑,佛寺建筑不仅在颐和园的全部建筑物中占很大的比例,而且还是两大景区的中心建筑群。所以,这座园林在宫廷色彩之外,还弥漫着浓厚的宗教气氛,这是其他园林所不经见的。

颐和园中还包含着许多小园林,即所谓"园中有园",这是清代皇家园林的一个突出的特点。18世纪中叶,乾隆主持经营的北方皇家园林中,不仅大量汲取江南风景的意趣和江南造园的手法,还直接仿造江南私家园林。颐和园中的谐趣园,其前身"惠山园"就是仿造江南私家园林的典型例子。但此种仿造并非简单的抄袭,而是"略师其大意……就其天然之势,不舍己之所长",亦即运用北方的建筑形式,结合北方的自然条件和种植特点来表现江南园林的情调,但求其神似而不拘泥于形似,可以说是以北方雄健之笔书写江南柔媚之情的一种因地制宜的艺术再创造。

二、避暑山庄

避暑山庄位于河北承德北部,占地560余万平方米,是中国现存最大的古代帝王宫苑,也是世界上现存最大的皇家园林。避暑山庄与周围的庙宇始建于1703年(康熙四十二年),1792年(乾隆五十七年)竣工。避暑山庄原名"热河行宫",因康熙亲笔题写了"避暑山庄"的匾额而得名。作为清王朝的夏季行宫,清代许多皇帝先后在这里起居，处理军务、民族及外交事务，成为当时仅次于北京的一个重要政治中心。

1644年满族贵族入关以后，为了保持本民族尚武的生活习性，每年都要到长城以外靠近草原的木兰围场来行围狩猎。1703年七月，康熙皇帝在北巡行围结束的归途中，看到武烈河畔热河泉一带万壑松涛与东山卓然耸立的磬锤峰相映成趣，突发了营造"热河行宫"的念头，遂下令筑堤浚湖，辟治园林。一个集中国南北园林之胜的皇家宫苑就这样出现了。

避暑山庄倚山濒湖，总体布局按照"前宫后苑"的规制，分宫殿区和苑景区两大部分。宫殿区位于山庄前部的平地，苑景区属于山庄的后部，长达十公里的宫墙起伏跌宕、曲折连绵地环绕着山庄。宫殿区有正宫、松鹤斋、万壑松风和东宫四组建筑，是清帝理朝听政、举行大典和寝居之所。建筑风格朴素淡雅，但不失帝王宫殿的庄严。苑景区借助自然和野趣的风景，融会江南水乡和北方草原的特色，形成了东南湖区、东北平原区和西北山区，构成了中国版图的缩影。

避暑山庄采用散点布景的构图方法，山庄内七十二景，不论是万壑松风、月色江声，还是清舒山馆、水心榭等，每一景都是自成一个单元的建筑群。根据园林功能的要求、风景构图的需要以及周围环境的特点等，这些建筑群大小不一、形式各异、自然灵活地分布于全园各处。"山庄有斋亦有楼，随宜构筑佳景收。青者为山绿者水，底须山水之处求。"乾隆的这首诗，正是这种布局方法的形象说明。这种布局方法加强了建筑本身的艺术感染力。山庄的建筑虽然很多，但疏朗自由，并不显得拥挤。这也符合我国古代造园理论所要求的"有远有近，有大有小，有显有隐"的布景原则。

康熙、乾隆皇帝曾多次下江南，非常向往江南园林之美，故在避暑山庄营建过程中，很巧妙地布置了若干模仿江南的小巧园林，集中于山庄湖区的如意洲。如金山岛模仿江苏镇江的金山寺天开地造，"双涧常流月，千峰自合云"，曲廊环绕，形如半月；青莲岛与如意洲之间用曲桥相连，仿造嘉兴南湖的烟雨楼，妙在形似与不似之间；文园狮子林仿苏州的狮子林；文津阁模仿宁波的天一阁；笠云亭仿苏州寒山的笠云亭；曲水流觞亭仿绍兴兰亭；一片云仿杭州万松林的"一片云"等等。这些形式各异、外观秀丽的江南建筑，丰富了山庄的园林景象，清朝几代君主对中

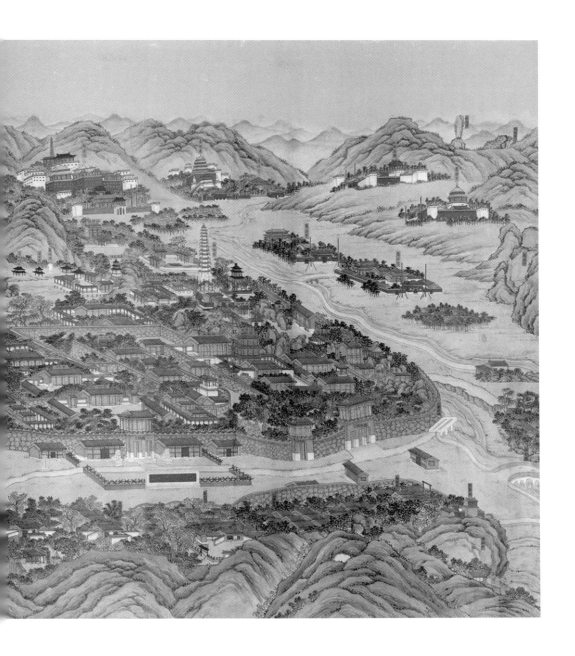

>>> 康熙在北巡行围结束后,突发"热河行宫"的念头,于是在承德建造皇家宫苑。

原传统文化的向往与热爱也由此可见一斑。

避暑山庄的园林建筑广泛吸收了我国古代传统的建筑艺术手法和技巧,把宫殿建筑的严谨宏伟、北方民居的方整密合、南方园林建筑的小巧玲珑等特点熔为一炉。同时,又与当地的自然环境和气候条件紧密结合,充分体现了山庄独特的园林内容和艺术风格,有着强烈的个性,在我国古代造园史上独树一帜。

就营造园林的特点来说,同样是皇家园林的避暑山庄又与颐和园有所不同,具体体现在"野"和"古朴"上。山庄虽是一座园林,但却在最大程度上保持了大自然的原生环境。"自然天成地就势,不恃人力假虚设"是当时的营建思想,山、川、林、泉都是真的,即使是土木建筑,也是遵循"随山依水""守拙舍巧"的施工原则,各种动物随处可见,任其繁衍,自生自灭;作为皇家园林,山庄的建筑风格有着朴素的情怀,在色彩上没有追求雕梁画栋,而以色调上的素淡见胜;宫墙不饰朱红,用当地的自然毛石砌成;宫殿采用北方居民四合院形式修建,青砖白灰勾缝,以其"淡妆"与颐和园的"浓抹"形成鲜明的对比。

清朝统治者在承德营建避暑山庄,不光是夏季避暑的需要,还有着重要的政治背景,即安抚东北少数民族,尤其是蒙古贵族。康熙时,由于清朝对于全国的空前统一,在边防的观念上与以前的历代统治者不同了。清王朝不再把北方草原的游牧民族作为敌视的对手,而是以防御外国的侵略作为边防基本政策。

清军之所以能顺利入关灭明,很大程度上与蒙古诸部结成联盟有关系。清朝建都北京之后,仍然十分重视和蒙古的关系。康熙皇帝选择木兰围场秋猎并建造避暑山庄,也是为了结好蒙古王公以巩固中央和北部边疆。

清朝皇帝在避暑山庄的主要活动,除了娱乐、休息之外,还进行一系列政治活动,如接见、宴赏蒙古族及其他少数民族的王公贵族。这在某种程度上决定着园林的面貌和性格。因此,避暑山庄内不但有许多清帝接见少数民族王公的活动场所,并把许多边疆风景纳入园林的风景构图之中,在历史上第一次把边疆地区少数民族的建筑纳入园林,所以,人们把它看成是中国统一的多民族国家建立的象征。

从1713年(康熙五十二年)到1784年(乾隆四十九年)之间,在避暑山庄外围陆续修建了十二座庙宇,在清朝官方文献中通称为"外庙"。其中的八座由朝廷统辖且地处塞外,故人们俗称为"外八庙"。外八庙是清代康、乾两朝利用避暑山庄进行政治活动的产物,这些建筑群与避暑山庄结合在一起,以形态各异的建筑风格,构成规模宏大、绚丽多彩的皇家寺庙群,从而丰富了中华文明物质文化的宝库。

溥仁寺、溥善寺是山庄外最早建造的两座喇嘛庙,是为祝康熙帝六十大寿而建。山庄北面的殊像寺是清朝统治者为了确立自身信仰地位而建筑的宗族之庙。它与前两者一样,同为汉式结构的寺庙。另有四座汉藏结合式的寺庙。其中,普宁寺是清朝平定准噶尔割据势力、巩固西北边疆的标志。寺内立有乾隆亲自撰写碑文的《平定准噶尔勒铭伊犁之碑》和《平定准噶尔后勒铭伊犁之碑》。普宁寺仿西藏的桑鸢寺而建,因蒙古贵族信奉藏传佛教,它表达了清帝团结蒙、藏兄弟民族"合内外之心,成巩固之业"的政治意愿。普佑寺的建造,既是为了庆贺乾隆帝和皇太后生日,更是为了纪念清军平定西北回部大小和卓乱,结束西北边疆地区的割据混乱局面。安远庙仿新疆伊犁固尔扎庙式修建,用于安抚投归清廷的准噶尔达会达瓦部,记录着我国民族团结、维护统一的英雄业绩。普乐寺的命名取意普天同乐,用于接待信奉伊斯兰教的西北少数民族首领。其布局既体现了儒教的礼制特征,同时也宣扬了喇嘛教密宗的修炼思想仪轨以及阴阳相合的道教思想,象征多民族国家的和谐与"皇权神授"归于一统的主题思想。

外八庙之外的其他寺庙在主体上属于藏式风格。藏式寺庙的建造是清朝统治者"尊其教不易其俗"的民族宗教政策与"以俗习为治"的统治思想相结合的具体体现。普陀宗乘之庙保存着两块用满、汉、蒙、藏四种文字刻写的石碑(《土尔扈特归顺记》和《优恤土尔扈特部众记》),记录了1770年土尔扈特部在首领渥巴锡率领下摆脱沙俄羁绊,重返故土的悲壮史诗,使普陀宗乘之庙成为土尔扈特回归祖国的纪念碑。须弥福寿之庙是外庙中最后建造的一座,也是最金碧辉煌的一座。乃是为了接待六世班禅额尔德尼来避暑山庄为乾隆皇帝祝贺七十寿辰,特意仿照班禅在西藏扎什伦布寺的规制为他建造的行宫。

外八庙将寺庙同传统园林建造艺术结合在一起的建筑手法,不但从形制上囊括了中国佛教建筑汉式、藏式和汉藏结合式三大类型,而且也充分体现了中国儒、道、释三教之间通过相互借鉴与融通走向结合的历史。外八庙与避暑山庄是一个统一的宏伟艺术的整体,交相辉映于壮阔的群山川流之中,既展示出帝王宽广的政治胸怀和治国平天下的雄伟抱负,又体现出对蒙、藏民族"尊其教而不易其俗"的治世思想。那一座座金碧辉煌的庙宇,把遥远的边疆与中央政权紧紧地连接在一起。

第二节 苏州园林

"江南园林甲天下,苏州园林甲江南。"苏州园林是中国私家园林的杰出代表。苏州的造园活动已有两千五百多年的历史,经过长期的发展变迁,苏州园林不但形成各自的鲜明个性,而且由于政治、经济、文化、地域等影响,还带有一定的共性。它们以私家园林为代表,构筑精致,意境深远,艺术高雅,内涵丰富,形成了独特的文化景观,成为与皇家园林并称的中国两大园林体系中私家园林的典范,对中国乃至世界造园活动产生深刻的影响。

相比皇家园林而言,江南的苏州园林无论在外观还是内涵上都轻松了许多,园林的主人不比帝王的胸怀,主要的目的仅仅是休憩和观赏。作为小型的私家园林来讲,其共同之点在于:无论站在哪个点上,眼前总是一幅完美的图画,有"不出城廓而获山林之趣"。假山的堆砌重峦叠嶂,多用太湖石,多窍洞,玲珑剔透,以皱、瘦、透、漏为美;池沼中的水平静如镜,河道的边沿高低交替、屈曲顺其自然;高树与灌木俯仰生姿,没有修剪得像宝塔那样的松树,没有阅兵式似的道旁树;间或一古老的藤萝,盘曲嶙峋的枝干,就是一幅好画;花墙和廊子似隔非隔,界而未界,更增添了景致的深度;雕镂琢磨的门和窗工细不庸俗,简朴而别具匠心。

一、文化内涵

苏州园林与中华传统文化一脉相承。从春秋时期吴王的离宫别苑开始,经六朝、唐宋,"文人写意山水园"发展为造园的主流,至明清私人园林建设达到前所未有的高峰,苏州园林无一不是中华传统文化的映照。苏州园林深受隐逸思想的影响,隐逸主题是苏州古典园林特殊的文化现象。另外,苏州园林也受到传统绘画

(尤其是吴门画派)的影响,具有浓郁的文化气息,在隐逸思想和文人画传统的互相作用下,以一种独特的方式创造意境。

尽管早在汉代已出现了私家园林,但以自然山水为园林景观重心的真正意义上的私家园林,是到魏晋南北朝时期,随着老庄哲学成为时代的主要精神,随着清谈玄理、无为隐逸的时尚,随着"朝隐"新观念的出现而诞生的。尽管士大夫隐逸的目的各不相同,但都以回归自然为口号,山水林泉成为隐逸者居住、休憩、观赏、体验现实生活亲切存在的理想环境。要复归自然,享受林泉之趣,必须舍弃城市生活的繁荣和华美,但士大夫既要坐享山林之美,又不愿意脱离尘世,如何是好?"大隐"隐于朝,"小隐"隐于山,"中隐"隐于市。解决这一矛盾的两全其美的方法,便只有在城市里模山范水,营造园林。

既然隐逸者的最高追求是返璞归真、回归自然,因此造园的最高境界也就是"虽由人作,宛自天开"(计成:《园冶》)。在尊重自然的前提下,改造自然,创造人与自然和谐相处的园林形态,成为园林规划设计的原则。因此,苏州园林中,到处都是模山范水的美妙景致。苏州园林的发展历史十分典型地体现了这种追求隐逸的思想和模仿自然的设计原则。

苏州园林发展的历史轨迹也清晰地反映了中国传统绘画(尤其是文人画)的影响。宋代造园以山林野趣为特征,与追求消散简淡的绘画理论一脉相承,着力为山水写真传神;元代造园以文人气息渗透为特点,文人参与造园设计,将画的移情寄兴手法带进造园。如狮子林,是邀请大画家倪云林给予指点完成的,仿天目山的狮子岩带有倪云林简笔山水的情调。明代中叶,中国画坛吴门画派崛起,这些画家多为文人,能诗善文,所绘山水以写意见长,从而使得造园艺术中"文人写意山水园"的体系臻于完美。大到布局、造景,小至匾额、楹联,都可见到文人画影响的形迹,如拙政园就是大画家文徵明协助规划的。造园者将他们对自然的理解和对自然美的高度鉴赏能力,用写意手法融入于造园艺术中,在体现文人隐逸思想的同时,还努力体现文人画的画意,"多方胜境,咫尺山林",使园林成为"无声的诗,立体的画",充满"诗情画意"。文人画与造园艺术结合,形成了苏州园林特有的风格,奠定了它在中国乃至世界造园史上的地位。

苏州园林的意境创造,一方面采取虚实相生、分景、隔景、借景等手法,组织空间,扩大空间,丰富景观,给人以美的感受;另一方面,也注重利用声、光、影、香等虚景,创造出象外之象、景外之景的效果。这些虚景得其"时"而出,诗情画意盎然而生。诸如月影、花影、风声、雨声之类的各种虚景,在构成苏州园林的意境中起着十分重要的作用。造园家为了让人们从这些虚景中获得意境,还借助古典诗文来构成虚实交流的桥梁,如拙政园的远香堂和留听阁,均为夏日赏荷之处。"留香"出自北宋哲学家周敦颐《爱莲说》的"香远益清"之句;"留听"则是李商隐名句"留得残荷听雨声"一句的摘词。这些词句既点出了风景特色,又沟通了视觉、听觉、嗅觉之间的联系,还暗喻园主人赞美荷花"出污泥而不染",洁身自好、不媚权势的清高气质。融景物情思于一体,提示人的审美自觉。

苏州园林文化内涵淳厚而丰富,蕴涵着中国古代的哲学思想和审美情趣,带有鲜明的时代痕迹。它是融中华传统文化于一体的综合艺术。

二、艺术特色

与皇家园林相比,私家园林的面积要小得多,要在小小的空间里感受大自然之美,领略大自然的精神内涵,造园艺术必须在空间的处理上别出心裁,要在有限中求得无限。加之私家园林又以追求"自然之趣"为原则,因此所采取的各种造园手段必须围绕山水、花木、建筑等这些园林要素的有机组合等,以体现自然之美。

园林中对空间的分隔一般多以门、廊、墙、屋宇、假山、水池、树木等作为手段,苏州园林采用的几种典型的分隔空间的手法,各有千秋:如以入门蔽曲空间,即让人一进门,但见里面遮遮掩掩,曲曲折折,变化多端,找不着北,而后豁然开朗,仿佛进入"世外桃源"一般,这是一种欲扬先抑的审美效果;用山池变换空间,即将山池作全园的主景,周围设以若干次景,贯以小桥、游廊,使之有对比,有变化;也有的以山取胜,即将自然界丰富的山体形象缩纳在有限的空间里,既有雄奇峭拔之势,又有洞谷幽绝之趣;有的以水见长,最大限度地利用水的聚散开阖,构以溪口、湾头等,造就池水汪洋弥漫之感,使有限的空间变得无比广阔,达到"山高水远"的效果。还有的用建筑分合空间,使景致有开有阖,有虚有实,增加了景观层次和深度;如利用院墙和廊屋分隔空间,可以形成相对独立的园中园;如用敞轩、敞亭、洞门、空窗、漏窗来通透空间,开阖收放,明暗交替,似隔非隔,可以使人产生一种空间无限延伸之感。以植物间隔空间,也是苏州园林中常用的一种手法,所谓"春色满园关不住,一枝红杏出墙来",即是植物划分空间"半藏半露"的范例。

造园家们要在这面积只有几亩或几十亩的"方塘之地"创造"咫尺山林""天然图画"的艺术世界,需要采用各种手段。其中,最常用的手段是模拟缩写、巧于因借、衬托相映、虚实对比等。"师古人不如师造化",造园家"师造化",对自然景物加以分析,评其妍媸,撷其精华,然后模拟自然山水,缩写自然山水。如拙政园中部池岛模拟太湖湖岛风光,四季景色依时变换,春天桃红柳绿,夏天荷香飘远,秋天枫红橘黄,冬天芦苇摇曳,颇得自然山林之韵味。

苏州园林多巧用借景手法,突破空间局限,扩大视野,丰富景色,使得盈尺之区,俨然广地。造园家将借景概括为"巧于因借,精在体宜"八字,惟此才能达到诗情画意的效果。另外,苏州园林也常用衬托手法,使两种或两种以上的景物配置一起,互相衬托,相映生辉。常见的有用建筑物和白粉墙来衬托花木、峰石的姿态和轮廓,如白墙布满爬山虎,枝条纵横,夏秋季节树叶色彩不同,可使平淡的墙壁成为一幅奇异的装饰画。

中国古代文人的精神追求是向往自然,并把这种精神移植到造园中。造园活动中,如果说历史文化的因素是精神要素,那么山水、建筑、花木即是物质要素。这些要素,并非各自孤立地存在于园林空间,而是融成一体,彼此照应,彼此依托,相辅相成地构成园林艺术作品。

"天下之山,得水而悦;天下之水,得山而止。"山水是园林的骨架和灵魂,古人十分重视园林山水脉理之法。宋人曰:"山以水为血脉,以草木为毛发,以烟云为神彩,故山得水而活,得草木而华,得烟云而秀媚。水以山为面,以亭榭为眉目,以渔钓为精神,故水得山而媚,得亭榭而明快,得渔钓而旷落。此山水之布置也。"(郭熙:《林泉高致》)陈从周先生则归纳为"山贵有脉,水贵有源,脉理相通,全园生动"。理水和叠山在造园中不可分割,水给山带来生气,山使水浩渺蜿蜒,山水之间,山因水活,水绕山转,相映成趣。

苏州园林中所采取的理水形式往往以水池为中心,辅以溪涧、水谷、瀑布,配置山石、花木、亭阁,形成各种不同的景观。池面曲折多变,间列岛屿,横以小桥,空间上有所间隔掩映。池水边缘有曲岸水口,故筑许多湾头,仿佛水流又由此而去,无尽无终,有深壑藏涵之感。水边多叠石造山,峰峦起伏,雄浑挺拔,洞壑宛转,峰石玲珑。山水气脉连贯,形成一种向心、内聚的格局。

假山在苏州园林中占有重要的地位。"池上理山,园中第一胜也。"苏州园林的造山叠石以"做假为真,以假乱真"为最高追求,"虽由人作,宛若天成"。苏州园林的用石以太湖石为首选,以瘦、透、漏、皱为假山叠石的审美标准。苏州环秀山庄的假山峥嵘峭拔,气势雄伟,为苏州园林湖石假山第一。

园林中的建筑是生活方式、精神向往的物质依托。苏州园林中的厅、堂、楼、台、亭、榭、轩、斋、廊等,都是构成园林景观的要素之一,其类型的繁富、样式的多变、形体的各异,堪称集江南园林建筑之大成。厅堂是园林中的主体建筑,为园主人聚会或宴请宾客的活动场所。苏州园林的厅堂形式多样,以四面厅、鸳鸯厅和花篮厅最有特色。馆与斋的建筑形式也属于厅堂类型,规模大小不一,一般布置较随意,是园主读书、吟诗、作画、抚琴、品茗的天地。苏州园林中的楼大都分为两层,个别为三层。阁与楼相似,也是可供登临的建筑。榭多临水而建,或建于花石之畔,形制随环境而异。亭为园林中体量较小的建筑单位,多为开敞式,无门窗,下半部砌半墙或设半栏,有的置鹅项形短栏,供坐憩。苏州园林的亭各具特色,特别是拙政园的亭,达二十多座,或建于平地,或立于山巅,或构于水际,或筑于路边,各具样式,可谓集古亭式样之大成。廊是园林建筑组合的纽带之一,它将房屋山池等连成一体,不但为烈日或雨雪中游园提供方便,并且起划分空间、增加景深的作用。廊的样式有空廊、半廊、复廊、回廊、水廊、楼廊等多种。苏州园林亭台楼阁的装修以轻便灵巧、构图精美、雕刻工致为特点,集中了民间雕刻艺术的精华。此外,各式的墙、洞门、空窗、漏窗、铺地等建筑装饰工艺也是苏州园林艺术中不可或缺的组成部分。

苏州园林不仅讲究造型的优美和空间的灵活组合,而且也讲究与建筑整体相结合的内外陈设,使环境统一和谐。园内的陈设布置不但是实际生活的需要,而且也烘托建筑的氛围,使人们得到美的享受。同时,它也从一个侧面反映园主的经济状况和文化品位。陈设布置的内容主要有家具、灯具、屏风、盆景、古玩、字画、匾额、楹联、文房四宝等。苏州园林现存的家具主要是明清两代的,可分为凳椅、桌案、几架、橱柜、榻和屏等六大类,用料均为上品,有紫檀木、楠木、红木、乌木、瘿木等。园林中大量的书条石和碑刻不但是园林中的重要点缀品,也是苏州"文人写意山水园"的重要标志。匾额、楹联更是诗意、书艺、意境享受的综合体,它们不仅为建筑作典雅的装饰,而且为景观起到点题的作用,将文学融会于园林造型艺术中,激发人们的联想,深化人们对景观的理解,从而品味园景的立意以及含蓄深远的意境。

苏州园林凝聚着中华民族的审美情感,焕发着迷人的艺术魅力。20 世纪 90 年代,美国纽约大都会艺术博物馆专门辟出一块地方,陈列展示仿造的苏州园林的一部分。苏州园林作为东方园林艺术的代表正在走向世界,正在为更多的人所了解和认识。

第六十四章

古城风韵——丽江、平遥

城市是社会生产力发展到一定历史阶段的产物,是人类文明进步的结晶。中国古代传说中的"三皇五帝之都",至今尚未得到考古遗存和实物的证明。历史文献中记载的中国最早的城市是鲧城和禹都,考古学家在一些被认为是夏文化的遗存中,发现了古城遗址,说明夏代已出现早期的城市。城市随着社会生产力的发展而发展,由雏形,而形成,而发展,城市的发展又影响和带动经济、文化乃至整个社会的发展。在中国五千年的悠悠岁月里,一座座城市见证了王朝兴衰、风土人情。然而,时过境迁,这些古城大都已经湮没在历史长河之中。至今保存完好且独具地方民族特色的,当属云南丽江和山西平遥这两座古城。它们饱含着浓郁的中华历史文化底蕴,凝聚着中华民族的智慧和精神,在中国历史发展长河中,具有典型意义和代表性。

第一节　云南丽江

丽江古城位于云南西北高原玉龙雪山旁,三面由金沙江环绕,至今已有八百年的历史,主要居民为纳西族。丽江城古朴自然,兼有水乡之容、山城之貌。从城市总体布局到工程、建筑,融汉、白、彝、藏各民族精华,并自具纳西族独特风格。它包容着丰富的纳西族传统文化,充分体现了地方民族宗教、美学、文学等多方面的文化内涵、意境和神韵,展现出历史文化的丰厚底蕴。内涵丰富的东巴文化、白沙壁画等传统的文化艺术更为人类文明史留下了灿烂的篇章。

"智者乐水,仁者乐山。"古城丽江用一种神奇的构思,把"山"和"水""智"和"仁"有机地统一起来,它兼有山的峻拔、水的灵性。纳西族先民既是智者,也是仁者。古城不仅反映出古纳西族在城镇建筑上高超的技艺和智慧,也体现出纳西族仁德之心,即从古城建筑上体现出的真、善、美,强调人与自然的亲和、情与景的交融

一、布局风格

　　丽江古城布局的一个最基本特色,是突破我国中原地区建城受礼制的影响而形成的"方九里,旁三门,国中九经九纬,经途九轨"的方城模式,在选址上充分利用高原坝子的地理环境和黑龙潭丰富的水源,西枕狮山,东北依象山、金虹山,从整体上形成坐西北而朝东南的格局。以两山为屏,挡住了冬季来自西北的寒风,东南连接辽阔的平川,春迎朝阳,夏驱暑热,建筑依山傍水,层叠起伏,错落有致。在无序里求有序,在杂多中求统一。

　　房屋、城镇的一个重要功能就是起防卫作用,所以城墙对城镇来说是必不可少的。然而丽江古城却是一个没有城墙的城镇。民间传说,因为长年统治丽江的土司家族姓木,从拆字的角度来看,木字加上四方包围便成了困字。故而木氏土司就不愿修城墙了。但实际上古城并不是一个不设防的城市。纳西族先民由游牧流动转入农耕定居,曾经历了"负险而居,酋寨星列"的阶段。丽江古城承袭了"负险而居"的传统,它以大江深峡、高山险关为依托,在城四周设关隘防守。西北设塔城关,西设石门关,西南设九河关,东北设太子关,城南设邱塘关。它们既拱卫着古城的安全,又没有小城墙建筑的禁锢感,这一独特创造,令人叹为观止。

　　山为水之骨,水为山之魂。丽江古城的水系也颇为独特。位于古城西面的黑龙潭和白马龙潭是古城的主要水源,龙潭水流经古城区,临街穿巷,流遍全城,形成"主街傍河,小巷临水,跨水筑楼"的景象。丽江古城桥梁多达三百五十余座,造型各异,大都建于明清时期,桥梁密度居全国之冠。"小桥流水人家"随处可见,"城依水存,水随城在"的水系乃丽江古城最具特色的地方。

　　古城的街道空间也有独特的个性:以四方街为中心,通过六条主街向四面延伸,四方街既是各条街道的起点,又是终点。明代以降,丽江古城逐渐成为滇西北

高原的贸易集散地,而四方街就是贸易的中心。四方街是由店铺围成的一块方形广场,据说这个贸易广场由传统的露天集市发展而来,现仍保持着露天集市的许多特点。古城中这种方街的布局是纳西族传统的聚落形式,在古城周边的束河、白沙两镇都还可以找到这种方街的雏形,它们也是处于束河、白沙的中心位置。古城四方街,只不过是这种雏形的拓展而已。

二、建筑特色

民居是古城建筑艺术的主体。它包含着技术和文化的双重内容,显示出强烈的地域性和民族特征。

丽江古城传统民居完全是土木结构的瓦屋楼房,是纳西族在吸收了本民族"一梅体系"和"天柱体系"的传统"原质"民居的基础上,以"汉化"为主导倾向,再融进白族、藏族民居等多质文化而形成的。建筑专家把这种院落式民居类型称为"纳西传统文化的'变异'"。

古城民居的合院式建筑布局形式各异,以三坊一照壁和四合五天井为典型。民居房屋的门楼、照壁、门窗、梁枋等均饰以各种图案。纳西族民居从总体结构到局部装饰都隐含着某种象征语言,要通过民族社会文化心理的作用去意会。如纳西族早期民居都与纳西族远古时期的社会形态和原始的宇宙观发生联系,从房屋建筑空间上体现出宇宙的社会化。建筑专家把这称之为"宇宙—社会"图式。这种象征性都被纳西族后来合院式民居承袭下来。比如,颜色的象征,纳西族崇尚白色;数字的象征,纳西族多盖奇数的房子,禁忌建偶数的房子;还有形形色色的抽象符号的象征、图画的象征、某些实物的象征等等,都可以在古城民居里找到许多生动的事例。

明代是古城丽江的繁荣时期。明代土司最高权威的代表性建筑——府城,即丽江军民府和木家院,是新的城镇凝聚中心的重要标志。府城衙门分布在一条长369米的东西轴线上。中心一组建筑由最东端的玉带桥起,按顺序排列为玉带桥、忠义坊、府门、议事厅、万卷楼、护法殿、光碧楼、玉音楼、三清殿,直至狮山御园,气势雄伟壮观。府衙背面建有三进三院宽阔的宅院,是木氏土司的私宅。明末著名地理学家徐霞客在《滇游日记》里,对木府曾作过生动的描述,称之为"宫室之丽,拟于王者"。

宗教建筑是丽江古城的重要组成部分。现存的宗教建筑主要有白沙建筑群和五大喇嘛寺。它们是北岳庙、琉璃殿、磊宝积宫、大定阁、大觉宫、福国寺、文峰寺、玉峰寺、普济寺、指云寺、靴顶寺等。从总体看,丽江古城寺庙及其宗教文化有以下三个特点:第一,古城宗教文化具有强烈的包容性。这里是汉、藏、纳西文化的交汇点,在宗教方面也体现出多元文化的融合。第二,古城宗教建筑及其宗教文化带有强烈的人间性和世俗化的性质,在人神关系上有更多的亲和性。第三,纳西族宗教文化还保留着较浓厚的原始宗教色彩。在古城周围形成一道拱卫的精神屏障,为人们提供了一个精神活动的环境。

三、东巴文

在古城丽江至今还保留着古老的纳西象形文字,而且还在民间使用。有的用来记录宗教经典,有的作为书信往来、记账、书写对联等。在此基础上还衍生出独特的象形文字书法和绘画。

纳西象形文字,纳西族语中意为木石之痕迹,指写在或刻在木石上的文字符号。象形文字又称为"东巴特额",意为东巴文或东巴书。表明这种文字创造之初,主要是为了记录宗教经典之用。用东巴象形文字书写的宗教典籍称为东巴经。据不完全统计,现存东巴经约四万册,其中,有相当一部分已流散海外。东巴经是关于纳西族古代社会的百科全书,内容非常广泛丰富,除宗教典籍外,还包括:天文气象、医药卫生、生产生活、阴阳历算、哲学法律、历史地理、语言文字、农业水利、经济文书、婚姻制度、饮食起居、谱牒世系、神话传说、诗歌谚语、音乐舞蹈、工艺绘画、民情风俗等等。东巴经已成为历史学、人类学、文字学、语言学、民族学和民俗学等的珍贵资料。

第二节 山西平遥

汾河之滨的平遥位处三晋大地,是一座有着悠久历史的晋中城市,也是我国目前唯一保存完整,集明清时期城墙、街道、店铺、庙宇、民居于一体的古建筑群和中国古代"县城"原型。早在以"封禅"美名流传后世的尧帝时代,平遥在中国的历史上就占据一席之地。当时,平遥地区被列为帝尧的封地,尧即陶唐氏,因此平遥又被称为古陶地。西周周宣王时代,为了增加军事防御能力,增建了古陶地西北两方的城墙,这是平遥古城最初的轮廓。春秋时代,平遥为晋国古邑。战国时,归属赵国,称为中都。北魏时称平陶,因避太武帝拓跋焘名讳,遂改名平遥,一直沿用至今。

一、城墙古风

平遥古城的城墙是目前全国保护得最好的古城墙之一。现存砖石城墙为明清规制,周长六公里,平面略呈方形,东西北墙为方直,南墙依据古代"因地制宜,以险制塞"的建城思想,随中都河蜿蜒而建。墙外筑护城壕,深、宽各一丈。墙身内部素土夯实,外周青砖砌裹。墙高十米,顶部铺砖排水,城墙四角各建角楼。全部城墙共筑有城垛、垛口三千个,马面、窝铺七十二座,意喻孔门三千弟子、七十二贤人。平遥城门共有六座,东西各二,南北各一。每道城门都突出墙体外部,呈瓮形。瓮城上筑重檐歇山顶城楼,城门外设吊桥。平遥城墙东西两面之所以各多设一道城门,并非行政等级之所需,而是与交通和商业有密切关系,体现了平遥明清时代商贸和金融重镇的地位。

环顾整个城墙,东、北、西三墙基本成直线,惟南墙依傍中都河蜿蜒若龟状。据传,南门为龟头,南门有里外两门,相互直通,如龟头向外探伸,门外的两眼水井象征龟的双眼。北门为龟尾,北门的外门向东弯曲,好像龟尾东甩。东西各两门为龟的四脚,上西门(永定门)、下西门(凤仪门)、上东门(太和门)的外城门均向南门方向弯曲,恰似龟足向前爬行。唯有下东门(亲翰门)瓮城的外城门径直向东而开。传说,这是古人营造城池时唯恐"乌龟"一步步爬走,故将其后腿使劲拉直,并用绳索紧紧地绑好,牢牢地拴在距城东北十公里外的麓台塔上。这虽属传说,却反映出古人对乌龟的极其崇拜之情。先人希冀借神龟之灵,使平遥古城坚如磐石,固若金汤。

二、金融之乡

平遥是晋商的发祥地之一。在中国历史上,山西票号作为中国封建社会末期的重要信用机构于19世纪首先诞生在古城平遥,并逐渐形成了著名的平遥帮。清中后期以后,平遥票号活跃于大江南北,使古城迅速成为全国的金融中心。票号是主要经营存、放款与汇兑业务的私人金融机构,有些类似于今天的银行。1823年(道光三年),"西裕成"颜料庄大掌柜雷履泰看准了平遥商业活动发展的大好时机,说服东家把颜料庄改为票号"日升昌"。他的一时创举改变了中国金融史的进程,从此中国金融业有了一个划时代的开始。日升昌的生意异常兴隆,其他商贾也纷纷效仿。到1896年(光绪三十二年),平遥票号已达二十二家,形成了一股强大的势力。平遥票号在全国设的分号组成了一个庞大的金融网络,主宰了当时中国金融流通的大部分业务。票号的产生,大大加快了经济交流的速度,有效地解放了自然经济下的生产力,促进了商品经济萌芽的产生。

二十二家票号中,日升昌建立最早,规模最大,设有分号三十五处,"汇通天下"。它采用"东掌合作"的经营方式,即东家出资,掌柜经营,东家无权直接插手票号事务,掌柜全权制。这是中国最早的公司制和股份制的雏形。继日升昌以后兴起的蔚泰厚票号创办于1826年(道光六年),发展很快,经营规模与日升昌不相上下,分号遍布全国各个重要商埠和城镇。蔚泰厚票号信用度之高,为国内商号、清政府、日本人同声叹服。由祁县渠氏家族渠源祯等人创办的百川通票号开业于1860年(咸丰十年),是最早使用电汇的票号之一。百川通票号和殷实的富商之间连环保结,并在政府注册,因此以汇兑官司款为主。百川通也是最早与外商发生存、放款业务的票号。

平遥票号无论规模大小,票号中均供武圣关羽,信奉"诚、信、义"的原则,在一百多年的票号史中,票号本身从未有过失信和欺诈的行为。民国初年政治腐败,纸币贬值,平遥票号为保信誉,足银汇兑,承受巨额亏损,此后,一蹶不振。平遥票号产生于商品资本的土壤,造就了众多富商巨贾,反过来又推动了商业和手工业的繁荣,在中国金融史上具有重要的地位。

三、民居特色

平遥民居大都建造精良，再加上多年来的严格保护，基本上保持了明清时期的原貌，成为我国境内现在最为完整的明清县城。平遥民居属于晋中建筑体系，是我国北方汉民族四合院建筑的典型代表之一。在整体布局和规模等级上，深受传统的封建社会宗法制度和伦理制度的影响。平遥民居多是二进院、三进院以上的大宅。院落之间，用矮墙或装饰华丽的垂花作为分隔，有的院落还在后面或旁侧建有花园。整个院落功能齐备，富丽典雅。宅院的外墙均采用砖砌，做成清水砖墙，高达七八米，形成一个完全封闭的建筑结构，就像是中国传统思想框架的物化一样。

俯视平遥民居，平面呈"日"字型。在平遥，构成这种四合院造型的有木构砖瓦房和独立式窑洞。独立式窑洞是平遥民居建筑的一大特色，窑洞全部用砖砌成，富裕居民的砖窑前，往往加筑一道木廊瓦檐，墙壁上饰有精美的砖、木、石雕刻和彩画，以竞相比富。平遥的民居几乎家家都建风水墙、风水楼、风水影壁，以祈求发家致富、子孙兴旺。这和清代提倡嘉奖大家族的风气是分不开的。平遥现存的四合院总计多达 3 700 多处，窑洞已经成为平遥乡土文化中最有代表性的特色之一。

平遥古城是随着商业的发展而建立起来的。但繁荣的商业气息丝毫没有减损这里儒家文化的传统。中国社会自古重农抑末，平遥的"逐末"始终以尊儒为本，严格恪守礼制。不但富商巨贾，平民百姓的建筑亦依礼制而建，不能逾规一步，平遥古城的整个规划更是儒家思想的集大成者。平遥古城依据汉族传统"礼制"进行规划和布局，处处以"礼"为本，完全反映了明清时期的汉族历史文化特色。整座平遥古城方正端庄，经纬分明，中轴对称，强调面南为尊。平遥古城由四大街、八小街、七十二巷构成的街巷格局经纬交织，井井有条。县府衙门位于全城的中心段落，"左文右武"，以文庙和魁星楼为首的文系建筑都建在东半城，右边西半城则是以武庙为首的武系建筑。古城的规模大小严格遵守国家典章制度的"礼"序标准。城内布局，大到整个城区，小到四合院，都追求"人、天地、建筑"之间的和谐，充分反映了中国古人一以贯之的"天人合一"的思想。

四、文物宝库

平遥堪称文物宝库、旅游胜地。境内名胜古迹星罗棋布,举目可视。除了古城墙和日升昌票号旧址外,还有双林寺、镇国寺、文庙等文物古迹。双林寺重建于北齐年间,现存彩绘泥塑两千余尊,多为明代遗作,金刚、观音、罗汉等佛教人物造型优美,栩栩如生,大者丈余,小者尺许,个个气韵生动,比例适度。其中,尤以罗汉殿十八罗汉最为突出,不仅塑造技法娴熟,静中有动,而且表情如生,个性鲜明,具有极高的艺术水平。双林寺被中外艺术家称为"东方彩塑艺术宝库",确是当之无愧的。

镇国寺始建于963年(五代北汉天会七年),寺内古建有天王殿、万佛殿、三佛殿等。万佛殿是我国现存最古老的木结构建筑之一,殿内的十一尊五代彩塑佛教人物面形丰满,颇具晚唐风格,为全国寺观庙宇所罕见,是研究我国彩塑发展史,尤其是认识唐宋两代雕塑演进过程的珍贵资料。

此外,还有为全国各地孔庙唯一保存完好的金代建筑文庙大成殿;有重建于金代的古刹慈相寺及麓台塔;有重建于元、明时期的道教建筑清虚观,内有"悬梁吊柱"、结构奇特的龙虎殿;有重建于清代、雄踞全城中央的古市楼;有元代始建的金庄文庙等。平遥古迹像璀璨的明星点缀在古城中,为千年古城增添色彩。

第六十五章

真武道场——武当山古建筑群

在中国现存的古建中,宗教建筑占有相当大的部分,而宗教建筑中,道教建筑则是很重要的一部分。道教建筑是道士祀神、修炼、传教以及举行斋醮仪式的场所,其兴建和演变与道教的产生和发展密切相关。汉末道教初起,开始建筑的祀神场所称"静室",取其清净、安静之意,其中较大的静室称"治"。南北朝时,南方传道场所称"馆",北方传道场所称"观"。初唐沿用北方的称号,道教建筑一律称为"观"。唐太宗李世民自称是老子的后人,供奉老子的场所遂被称为"宫"。此后,道教建筑中规模较大的都称为"宫",略小的称为"观",一直沿用至今。

几千年来,道教代代相传,历朝历代,上至帝王贵族,下至黎民百姓,总有人信奉道教。因此,道教尊神宫观基本上香火不断,道教宫观也越修越气派。目前我国尚存的著名道教宫观有几十处,基本上都已被列入国家级或省市级重点文物保护单位,成为我国重要的历史文化遗产,其中,1994年被联合国教科文组织作为文化遗产列入《世界遗产名录》的武当山古建筑群,是现存中国道教建筑中规模最大、规制最高的,是中国道教建筑的杰出代表。

第一节 道教建筑特色

道教的主题是教徒们通过修身养性,得道成仙,道教建筑必须服从道教的这种需要,与其他古建相比较,道教建筑在这方面的特点是很鲜明的:

其一,顺应自然,回归自然。道家创始人老子在《道德经》中指出:"地法天,天法道,道法自然。"道教宫观的建筑明显体现出道家崇尚自然、顺应自然、返璞归真这一基本思想。道教宫观既为道教徒祭神礼拜的场所,亦为道士们修身隐居之处。为了便于修身养性,这些宫观大多建于幽静秀丽的山林之中,并且顺应自然,巧妙地利用自然,或依山就势,或见水筑桥,或因高建殿,或就洞修宫,灵活布局,就地取材。既给人以天造地设之感,又不乏巧夺天工之意。

其二,体现道教的教义。道教教义中融合了黄老道、阴阳八卦等思想观念,这种思想观念不仅渗透在道教的宗教活动中,也反映到道教的建筑上。道教宫观一般都坐北朝南,体现天南地北、乾南坤北的阴阳八卦方位,并以子午线为中轴,将道教尊神的殿堂建在中轴线上。左右二路根据日东月西、坎离对称的原则,建造供奉诸神的殿堂或众道士的居室。

道教宫观多为四合院格局,四方代表金、木、水、火,中间则代表土,说明五行俱全,吉祥如意。宫观的围墙一般涂成红色,红代表火,属阳,取其吉利之意。也有的涂成黄色,黄代表土,又代表中央,表示处于坚固的中心地位。

道教建筑还有壁画、浮雕等装饰,多为四灵、龟、鹤、鹿等象征长寿的形象以及反映吉祥如意、长生不死及飞升成仙等内容。总之,道士们希望逢凶化吉、遇难呈祥,羽化登仙的思想在道教建筑中都有体现。

其三,体现严格的等级思想。道教是一个多神教,众多的神仙也有严格的等级划分。陶弘景在《真灵位业图》中,把神仙世界分为七级,道教建筑亦据其所供奉的不同仙道诸神而有不同的名称。道教尊神地位最高,相当于人间的帝王,因此他们在天界的住处相当于帝王的宫殿,故而被称为"宫"。如武当山供奉的是道教真武大帝,故而房屋建筑多冠以紫霄宫、玉虚宫、太和宫等名称,以示真武大帝至尊身份。一般的仙人真人,其地位只相当于人间的各级臣子,故供奉他们的地方称"观"或"庙"。还有一些道士结草为庐的,称为"道院"。

道教宫观的等级划分不仅与所供神仙的地位有关,而且与人间帝王的尊崇程度有关。如明成祖朱棣尊奉张三丰,于是大建武当山宫观,不仅建了金殿,还修了紫霄宫。说明道教宫观地位的高下不仅受等级观念的影响,而且与封建朝廷有直接关系。

第二节　武当山宫观

　　武当山是中国著名的道教圣地之一,位于湖北丹江口境内,春秋战国时期属楚国管辖。"楚人信巫鬼,重淫祀"的风俗在这一地区有很大的影响,是为武当道教滋生的温床。关于武当山名称的由来,有学者认为,"武当"与"巫丹"音相近,最初可能与巫山、丹水等地名有关。宋代以后,武当山逐渐成为真武大帝的道场,人们遂将山名与真武崇拜联系起来,因真武"得道其中,改称武当,谓非玄武不足以当此山"(《明史》),武当之名就这样流传下来了。

　　真武,本名玄武,据传乃二十八宿中北方七宿之化身,为龟蛇相缠形象,与青龙、白虎、朱雀等分别为四方护法神之一。北宋年间,为避宋真宗祖父赵玄朗之讳,改名真武。宋代起,玄武神在道教中的地位升格为镇守北方、法力无边的真武大帝(又称玄天上帝)。

　　武当山最早的宗教建筑建于唐代早期,宋徽宗赵佶自封教主道君太上皇帝,1116年(政和六年)敕建"紫霄元圣观""五龙观",全山道教建筑形成一定规模。元代统治者欲利用道教安定江南,亦在武当山大兴土木,对道教宫观进行修建。明成祖朱棣更是自命为真武转世,封武当山为"大岳太和山",地位在五岳之上,并于1413年(永乐十一年)役使军工、民夫三十万人,耗时十一年,修建成主祀真武大帝的八宫、二观、三十六庵堂、七十二岩庙的大规模建筑群。其工程之大,耗费之巨,不亚于北京紫禁城的修建。明嘉靖年间,世宗皇帝再次下令对武当山宫观进行改建,扩建庙房955栋、宫墙4万公尺、石桥28座,并建石牌坊一座,在石坊上御题"治世玄岳"四个大字,表示要用武当道的精神治理国家。这不仅表明武当山作为皇室"家庙"的特殊地位,更重要的是完善家庙的格局,使山上山下有了明确标志,强化了宗教范围,增加了武当山的气势。行人到达玄岳门即有"进了玄岳门,命运交给神;出了玄岳门,才是阳间人"的威严感。

　　经历了五百多年的风风雨雨,武当山建筑群虽已遭到一些毁坏,但仍保持着一定的规模。现存的武当山道教建筑群主要分布于以天柱峰为中心的群山之中,

>>>武当山是最著名的道教圣地之一。图为明代谢时臣《武当霁雪图》

可分为老营、太子坡、紫霄宫和金顶几个区域,并且都沿一条登山道分布。武当山第一重大门为镌刻明世宗御题"治世玄岳"四个大字的石牌坊,又名玄武门,清楚地表达了明王朝欲借玄岳的神威来统治天下的初衷。玄武门以西一公里处的遇真宫,系明成祖朱棣为纪念张三丰而建。遇真宫以西二公里的元和观是武当道教监狱。道教设监狱以处罚违犯清规者,这在全国也是独一无二的。

磨针井、太子坡、龙泉观、玉虚岩等构成了太子坡景区建筑群。这组建筑群乃按照《真武经》中真武修真的故事精心设计。据传,当年净乐太子在武当山上学道,受涧边磨铁杵老妇"铁杵磨绣针,功到自然成"一番言语的启示,大彻大悟,潜心苦修,终于得道升天,成了北方的真武大帝。

武当山现存宫观中规模最大、保存最完整的一座宫殿是紫霄宫。它面对禹迹池,背倚展户旗峰,四周岗峦环抱,素有"紫霄福地"之称。据传,距紫霄宫2.5公里的南岩宫为真武得道飞升的"圣境"。在紫霄宫建筑群区域中,以天乙真庆宫石殿最为神奇,犹如一幅浮雕镶嵌在危岩峭壁中。

金顶建筑区域主要由太和宫和金殿两部分组成。太和宫依山傍岩,精巧瑰丽。金殿则矗立在天柱峰顶,光灿夺目。金殿建于1423年(明永乐二十一年),重檐庑殿式仿木结构,通体皆由纯铜铸就,殿内供奉高三尺六的铜铸鎏金真武大帝。中国古代的铜构建筑多保存于道教的建筑之中,武当山的金殿是其中的代表。它是我国古代建筑和铸造技术相结合的一件稀世奇构。

第三节 独特风格

武当山的道教建筑群除了具有一般道教建筑的特点之外,还有自己鲜明独特的风格。首先,它高度突出真武信仰的主题,建筑的布局设计皆以真武出生、修道、飞升、受封的神话为依据。如五龙观、紫霄宫、南岩宫是传说中真武的修炼之处。玄帝升天后,被封为"玉虚师相",故玉虚宫为武当第一大宫观。磨针井、太子坡、九渡涧、天津桥这一连串建筑更是按照真武修道的神话精心设计与安排的,使善男信女们一踏进武当山的大门,便不由自主地沉浸在真武信仰与崇拜的氛围之中。

其次，其建筑的整体布局具有统一性和完整性。武当山建筑群与其他名山道教建筑的一个很大不同在于，它是在唐宋元代建筑的基础上，又经过明代朝廷的统一规划，设计、投资和建设的。在明代中央集权制的条件下，全山建筑景点的设计有一个完整的思路，即以"一柱擎天"的金顶金殿为中心，以八大宫为主体，以盘旋曲折的神道为脉络，把宫、观、庵、堂、亭、阁、桥、洞联成一体。主题突出，散而不乱。

第三，在建设宗旨上，它突出了顺应自然、利用自然的思想。当年修建武当山时，明成祖朱棣一再下旨强调"其山本身份毫不要修动，其墙务随地势高下，不论丈尺"，要"相其广狭"，"定其规制"。因此，武当山道教建筑的修建特别注意保护和利用自然景观，殿、墙、道、桥无不依山就势，与山石林木、涧水溪流融为一体。就连神道两侧的花草树木亦不加人工修饰，野树修竹，老藤杂花，皆妙趣天成，最大限度地保留了武当山的原始风貌。

武当山道教建筑群是道教文化的物质表现，其中不仅蕴藏着道教高深的哲理，而且凝聚着我国古代劳动人民的创造智慧。它是我国古代名山规划与开发的顶峰之作，是古人留给后人的一座富有传奇色彩的"仙山"。

参考文献

冯天瑜、何晓明、周积明:《中华文化史》,上海:上海人民出版社1990年版。
冯天瑜:《中华元典精神》,上海:上海人民出版社1994年版。
田广林:《中华传统文化概论》,北京:高等教育出版社1999年版。
张岂之:《中华人文精神》,西安:西北大学出版社1999年版。
邵汉明:《中华文化精神》,北京:商务印书馆2000年版。
许苏民:《中华民族文化心理素质简论》,昆明:云南人民出版社1987年版。
王葆珍、徐远和:《中华文明观》,北京:东方出版社1998年版。
周桂钿:《中国传统政治哲学》,石家庄:河北人民出版社2001年版。
李宗桂:《中华文化概论》,广州:中山大学出版社1988年版。
刘泽华:《中国传统政治思想反思》,北京:生活·读书·新知三联书店1987年版。
刘泽华、汪茂和、王兰仲:《专制权力与中国社会》,长春:吉林文史出版社1988年版。
刘泽华:《中国传统政治哲学与社会整合》,北京:中国社会科学出版社2000年版。
刘广明:《宗法中国》,上海:上海三联书店1993年版。
马振铎、徐远和、郑家栋:《儒家文明》,北京:中国社会科学出版社1999年版。
吕锡琛:《道家与民族性格》,长沙:湖南大学出版社1995年版。
陈启云:《中国古代思想文化的历史论析》,北京:北京大学出版社2001年版。
魏光奇:《天人之际:中西文化观念比较》,北京:首都师范大学出版社2000年版。
张忠利、宗文举:《中西文化概论》,天津:天津大学出版社2003年版。
刘承华:《文化与人格》,合肥:中国科学技术大学出版社2003年版。
林仁川、徐晓望:《明末清初中西文化冲突》,上海:华东师范大学出版社1999年版。

后　　记

本书编写的缘由是《中华文化通志》出版对我们的激发。《中华文化通志》十典百卷，4 000 余万字，体系宏大，门类齐全，研究精深，获得学术界的高度评价。然而，它的主要读者是学术研究者，很难达到普及的效果，我们希望为具有中等文化水平的读者编写一部普及读物。《中华文化通识》有别于以往的中华文化史，不以章节体的形式撰写，而是分成若干专题，从宏观层面叙述中华文化知识。为使具有高中文化水平的读者都能看懂，在写法上尽量深入浅出，且不引用大段的资料。

中华文化源远流长、博大精深，要编写一部具有一定特色的中华传统文化读物，实非易事，我们只能尽力而为。本书系集体劳动成果，写作过程中，虽孜孜以求，但难免会有疏漏舛误，祈读者不吝指正。本书作者分工如下：

总述：何平立、郭红、王卫东；

第一编　多元一体：田兆元、罗珍、李登科；

第二编　天人合一：陈勇、方旭东、郑红萍；

第三编　人文化成：张元隆；

第四编　星汉灿烂：王光乾；

第五编　格物成器：张江华；

第六编　礼仪之邦：刘长林、李云飞、李迅；

第七编　东方神韵：罗立刚；

第八编　四海一家：赵剑敏；

第九编　诸教会通：赵迟、朱文娟、黄海波、袁蓉；

第十编　文化遗产：吕建昌。

编　者

2018 年 3 月